U0928872

万卷方法学术委员会

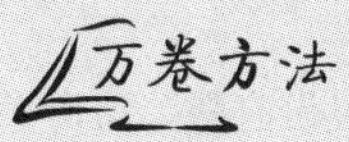

LIANGHUA YANJIU
YU
TONGJI FENXI
SPSS (PASW)
SHUJU FENXI FANLI JIEXI

量化研究与统计分析

——SPSS（PASW）数据分析范例解析

邱皓政 著

重庆大学出版社

量化研究与统计分析——SPSS(PASW)数据分析范例解析。原书由台湾五南图书出版股份有限公司出版。原书版权属台湾五南图书出版股份有限公司。
本书简体中文版专有出版权由台湾五南图书出版股份有限公司授予重庆大学出版社,未经出版者书面许可,不得以任何形式复制。

版贸核渝字(2011)第198号

图书在版编目(CIP)数据

量化研究与统计分析:SPSS(PASW)数据分析范例解析/邱皓政著.—5版.—重庆:重庆大学出版社,2013.6(2019.9重印)
(万卷方法)
ISBN 978-7-5624-7311-4

Ⅰ.①量…　Ⅱ.①邱…　Ⅲ.①统计分析—统计程序
Ⅳ.①C819

中国版本图书馆CIP数据核字(2013)第071559号

量化研究与统计分析
——SPSS(PASW)数据分析范例解析
邱皓政　著
策划编辑:林佳木　邹　荣
责任编辑:邹　荣　版式设计:林佳木
责任校对:刘　真　责任印制:张　策
*
重庆大学出版社出版发行
出版人:饶帮华
社址:重庆市沙坪坝区大学城西路21号
邮编:401331
电话:(023) 88617190　88617185(中小学)
传真:(023) 88617186　88617166
网址:http://www.cqup.com.cn
邮箱:fxk@cqup.com.cn(营销中心)
全国新华书店经销
重庆升光电力印务有限公司印刷
*
开本:787mm×1092mm　1/16　印张:25.5　字数:589千
2013年6月第1版　2019年9月第6次印刷
印数:18 001—23 000
ISBN 978-7-5624-7311-4　定价:58.00元

简体中文版序

前些天，我与学生随兴地在课堂上讨论学术是否是一种宗教现象，学生们七嘴八舌，从宗教劝人为善的初衷到信徒走火入魔的迷信，纷纷拿来解释校园中的各种现象，有一段发言特别令我印象深刻，大意是大学教授就好像修行者或传教士，说好听是执著，有时则不通情理，平时不是抱着经书要来教化他人，就是想尽办法想把他所信奉的教义理想四处传播，自己辛苦不说，底下的人若没有慧根哪容易理解那些深奥的道理（尤其是统计学），于是逃课的逃课，睡觉的睡觉，考试不及格的人一堆，还惹得老师不高兴发脾气，实在没必要。学生们听了这段话无不哄堂大笑，纷纷鼓掌表示赞同。

对于学生们的天真，我并没有什么不高兴，因为说得倒也十分传神。当老师这么多年，不敢说自己牺牲奉献了些什么，延续求学时代的严肃心情日日夜夜做学问，被讥笑成没有生活质量，兢兢业业上课考试，被学生视为不通情理，但总是一直故我，没有稍改。一位学生从康乃尔大学拿到博士毕业回来看我，听我说起前面那一段，感叹地说道身教比言传更重要，现在的学生越来越不知福气，我笑说她的语气还真有几分像我，不愧是同一个教派出来的。

学术真有几分似宗教，但科学不走旁门左道。一般宗教所具有的普世价值，以及追求真理良善的动机，则与学术的内涵相仿。除了从事研究工作，我一向重视教材的发展，就好像宗教也需要经书来传递义理，宣扬该教派所谓的真理教义。传教士辛苦四处奔波，不如一本浅显易懂的经书容易影响众人渊远流长，这也就是传统士人著述立言的价值，能够通过文字展现知识的力量，留芳万世。

我说这些绝非意在自我溢美，而是一种自我督促。若非前人留下诸多典籍文献与教材教案，我们这些学术工作者或是学生们从何学习成长？当然如果能亲耳聆听师长传道授业可以解惑启发更多，但更多时候我们只能在静止的时空中，领悟历史洪流中曾经创造的人类智慧文明并加以学习。作为学术工作者的我们，其责任亦是追随前人脚步，既要传承也要开创，否则断裂了世代，遗落了真理，对社会民族的发展，绝非好事。

这本书的初版，是我初任教职无意间写完的一本教材，当时的想法简单，是为我所教授的文科学生在学习统计与数据分析时，撰写一些浅显易懂的教材与软件操作范例，后来把它整理重编后，即成为本书的初稿，没想到这样的傻瓜书却也受到相当欢迎，几年间有了多次的改版，成为今日的样貌。如今能由重庆大学出版社在中国内地出版，一方面让这本书重新出发,另一方面也让我有新的视野,更意味了个人责任的加重。

本书的内容,除了简单扼要地介绍量化研究与统计分析原理,并以相当的篇幅介绍SPSS软件的应用,以期能协助读者建立一套研究的学理—统计的知识—操作的能力,三方面完整的知识与技术。本书设定的性质为大学院校社会科学领域统计学、研究方法与数据分析的教科书。为了提高学习意愿与接受度,本书在基本原理与公式推导方面做了相当程度的精简,重在强调统计软件的实例分析,事实上,本书也不失作为学术研究工作者一本简单易懂的量化研究工具书。

最后,本人愿在此与家人朋友再次分享成书的喜悦,其实著述立言,真的不容易,除了感谢相关工作同仁的努力让本书顺利出版,更期待各界先进不吝指教,给予在下更多建言。

邱皓政

2009年3月16日

谨志于台湾αβγ计量实验室

第5版序

熟悉创造力研究的人应当都不陌生有一个“十年法则”，意思是说如果要在某一个领域出人头地，至少要努力十年。这个论调和中国谚语中的“十年寒窗”也有异曲同工之妙，只是中国谚语中的十年添加了“寒”气与萧瑟，令人不禁抖擞。我很幸运，书房中虽有寒气，但却是发自现代化的空调冷气，让我这十年来，每回都可以避开暑热，完成每一次的改版，这种寒窗，古人一定很难想象，心里不觉莞尔。

这本书自2000年出版以来，距今恰好十年，大修五次，小修更是不知几回。修版完成时，虽然感到无限疲惫，脑海却也再次浮现博士学业完成后的某一天与我的指导老师的对话场景。Dennis 说，他从我初进南加大读博士就从来没有把我当学生看，而是把我当作一起共事研究的同事。他认为博士生除了学习与研究之外，也要早一点开始适应学术生态。在学术圈，虽然多少会有论资排辈的现象，但是要获得同侪的尊敬，最重要的还是看个人的实力，以及对学问的态度。而其中的关键，则在于专注、坚持与谦卑。

Dennis 说，有人一个议题作十年，最后才能获得自己的学术地位，有人一本教科书写十年，最后才得完善，但是还要能不骄傲狂妄自大，才能真正被人佩服。他对我说，“There is a ten-year rule for being outstanding, and you start from here after graduation. I know that you're never aggressive against others, but have to be patient, and concentrate on your track to success!”。这是他送给我的毕业缄言：“专注”做一件事，“坚持”做十年，“谦卑”接受检验。当下我似懂但非真懂，却也开始了漫漫学术生涯。直到今天，才越来越真懂，真懂他这句话的语重心长。不只是，在我这本书的十年之路获得了应验，更是在我这些年来在学术圈行走的每一分秒，他的这席话都让我受用。到今天，我还能感受到，他说那些话时的认真语调，与他平时跟我轻松闲谈是那样的不同。

这一次改版，真正的原因其实与十年法则一点关系都没有，而是因为不断有人写信给我，问我怎么作中介效果分析、什么是调节效果、回归怎么处理类别自变量等问题。再加上 SPSS 软件从第 12 版大改版之后，到了 17 版被 IBM 收购后又有了大幅度的变动，因此我才决意改版。改版的幅度算大了，因为许多章都改写。原来的结构方程模型那一章正式删除了，但补上了对量表编制有实用价值的验证性因素分析。更重要的是增加了第 12 章介绍控制、调节、中介与路径分析这四个当代重要的方法学议题的原理与操作的内容。相信可以让这本书除了能跟上 SPSS 的改版，也更能与当代议题接轨，提高实用性。

说真的,改版完成后恰好是初版后的十年,这是刚刚才发现的事情。看到初版序的落笔时间后,自己在桌前发呆了半晌,才知道真的是十年过去了。我不知道十年来,是否真的做到专注、坚持与谦卑,但是至少,我认真地看待每一次改版,以及读者们的任何意见。十年来,当有人批评我的著作时,我会难过反省;当有人赞美时,也会偷偷开心。一路走来冷暖自知,不足为外人道矣。

写这篇序时心里多了几分沉重,还有另一个原因。前些时日陪父亲看病,他听到我即将要去师大任教,抛来淡淡一句:“也好,在那里教书比较有意义,把学生教好,他们才能去好好的教别人,教育真的很重要。”我双亲终身奉献教育,两人在基层校园停留时间超过七个十年,终究回归平凡。不论是十年法则,十年寒窗,还是十年树木,为师者,所为何来?不外是为了百年树人的基业,奉献一些牺牲。也好!

学术、教育,都不是肤浅的为着当下的自己,而是有着更实际的道理,更深刻的责任与高远的使命。我会继续努力,还望各位多给在下建言。

邱皓政

2010 年 9 月

于台师大管理学院

目 录

范例目录

第一篇 量化研究的基本概念

作为社会与行为科学研究的主流方法，量化研究在学术与应用领域扮演相当重要的角色。本篇主要介绍量化研究的基本学理与重要概念，希望读者在进入实务操作之前，能够建立一套量化研究的基本架构，以协助发展适切的研究系统，顺利衔接后续的数据处理与分析。

社会与行为科学的量化研究，是实证科学范式的产物，依循科学研究的概念与逻辑，主要的研究方法包括了调查、测验与实验法。近年来在计算机科技的发展下，量化研究有着快速的发展。

测量理论是量化研究的核心知识，提供量化研究数据采集与处理的技术与知识，并据以发展研究所需的测量工具。

第一章 科学研究与量化方法

科学是什么?哈佛大学教授托马斯·库恩(Thomas Kuhn)以"解谜的活动"来定义科学(Kuhn,1970)。就好比有些人热衷于玩猜字谜游戏(crossword puzzle),科学家就是一群充满好奇心,具有解题的能力、技巧与创造力的解谜者(puzzle-solver)。在人类世界中,充满有待解决的谜题(puzzle),经由科学研究活动,人类的知识领域大为扩展,逐渐挣脱了懵懂、无知、迷信及神秘的牢笼,创造了人类今日的文明。

而科学不同于字谜游戏,能够为人类求知获解,主要是因为它采用一套特殊的方法与程序。从科学发展史中,我们可以清楚地看到人类追求知识的活动,逐渐从启蒙运动之后的唯心传统,配合19世纪末数学与逻辑的发展,走上一条量化、实证、非历史、非主观的科学实证范式。在学术领域,一套以数学为基础的符号逻辑思考体系,取代了亚里士多德以来的形式逻辑概念,发展出以**量化研究**(quantitative research)为主轴的科学研究范式。多年以来,这群主导**常态科学**(normal science)的学者专家,共同建构了一套区分科学与非科学的科学程序与检证标准,而这套逻辑即决定了20世纪以来科学的发展。虽然20世纪末期,主张后实证科学的学者,来势汹汹地挑战实证范式的科学传统,但是库恩所谓的科学革命(scientific revolution)似乎尚未发生,实证主义下的符号逻辑思考体系,仍是当代科学研究的主流思想,量化研究方法作为学术训练的主体的现象,仍然普遍存在于各学科之中。

科学活动的探讨,可以区分为**方法论**(methodology)与**研究方法**(research method)两个层次。科学研究的方法论,涉及科学活动的基本假设、逻辑及原则,目的在探讨科学研究活动的基本特征。其内容多属基本概念,牵涉各门科学在方法上共同具有的特征。相对于方法论所具有的浓厚的知识论色彩,研究方法则是指从事研究工作所实际采用的程序或步骤。由于不同的科学学科所关心的问题不同,研究方法自有差异,本书作为量化研究的工具书,所讨论的内容属于研究方法的层次,内容为社会与行为科学研究领域进行研究所实际运用的程序。

第一节 科学研究的概念与方法

一个研究要符合科学的原则,必须具备科学的精神,并使用科学的方法。美国心理学会将科学的最低要求定位在具备理解、执行、应用研究发现的能力(APA,1952)。不论是学术研究者或是实务工作者,科学的精神与方法是他们日常生活的基本态度与工作方式。基于这一概念,我们可以将科学定位成一种**态度**(attitude)与**方法**(method),以进行有系统的观察与控制,精确地定义测量与分析,完成可重复检证的发现。而科学研究就是采取“有系统的实证研究方法”所进行的研究。

对于科学家而言，他们所研究的现象往往不能够亲身经验，因此科学活动所采取的过程与标准，是决定一个“真相”是否存在的重要依据。一般而言，科学的知识，必须得到**逻辑**（logical）与**实证**（empirical）的支持，以使其不但能够合理地解释各种现象，也符合经验世界的观察。这两个重要的科学判断标准的实践，使得知识的发生具有**自我修正**（self-correcting）的功能，也就是能够从旧的发现到新的发现之中，找到更具有解释力的结果。或是从客观数据当中不同的线索与事实的辩证中，得到最符合真实的结果。

本书所提及量化研究与统计分析的概念，基本上以社会与行为科学为范畴，涉及的学科包括了社会学、心理学、经济学、人类学与教育学，以及管理、传播等相关应用领域。这些学科的共同性，是对于人类社会的现象、活动与行为特质的好奇。过去，这些学科统称为**社会科学**（social sciences）；对于探讨人与社会相关的议题，且符合科学原则的研究，称之为**社会研究**（social research）（Neuman，1991）。其后，因为科学心理学在美国的高度发展，一群美国学者倡议在社会科学之外，另行发展**行为科学**（behavioral sciences）的概念，因此逐渐分离出所谓社会与行为科学两个科学领域（Miller，1955）。事实上，两个学科出自同源，皆以“人”与“社会”作为研究焦点，研究方法与策略亦相通，本书将不针对社会或行为科学做特别区分与介绍。

一、科学的目的与功能

科学活动是一套以系统化的实证方法，获得有组织的知识的过程与活动。科学的知识可以用于对于现象的**描述**、**解释**、**预测与控制**，最终改善人类的生活质量。

从学术研究者的立场，研究工作的主要目的在于进行社会现象与行为特性的**描述**（description）与**解释**（explanation）。对于某一特定的社会现象或行为模式，研究者首先必须能够清楚而完整地加以描述，使得研究者本身或他人能够完整而明确地理解该议题内涵与属性，进一步通过实际的研究，发现事情的成因与关系，提出合理解释。

描述与解释可以说是科学的基本目的，科学活动所产生的结果与发现，不但可以让我们对于所研究的主体有一个清楚的了解，同时这个了解还可以扩展到相类似的情境当中。然而，在类别化的过程中，往往会遇到一些歧异的状态，需要进一步的探索与再解释，或是通过单一的研究，为所观察的现象或现象间的关系提出充分的描述解释，因此，这个描述与解释的过程是动态与持续进行的。经由科学发现的累积，最终可以形成一个完整的描述解释系统，也就是理论的提出。通过理论，我们对于世界可以提出完整有效的解释与说明。

除了能够描述与解释之外，科学的活动还能达成**预测**（prediction）与**控制**（control）等积极功能。相对于描述与解释的消极性，预测与控制则包含有预知与介入的积极意义。其中，预测是基于先前研究的发现所发展的概念架构，或是运用知识或理论**逻辑意涵**（logical implication）的推导，对于尚未发生的事项所做的推估。预测的功能除了具有实用的价值，还可用作实际行动的依据，也具有研究的价值，引导研究假设的发展。而控制作为科学的最后一个目的，即在于其具有超越预测的功能，可经由研究者或实务工作者操纵某一现象的决定因素或条件，产生预期的改变。

一套发展成熟的科学知识，不但能够描述、解释与预测人类行为与社会现象，最重要的是具有实务运用的价值，可以用于改善人类的生活质量，为人类社会的发展贡献力量。

二、科学研究的特性

(一)传统的知识活动

人类使用科学方法来追求知识或解决问题是近几世纪的事。在此以前,人类往往采用一些非科学的方法来追求知识或解决问题,Helmstadter(1970)指出四种过去常用的知识获取策略:第一,**惯常法**(the method of tenacity)。人们对于现象的了解基于惯例、传统及先入为主的印象或观念,过去总是如此或天经地义的事情,便认为是真实的或可信的。第二,**权威法**(the method of authority),人们对于现象的了解是来自于权威的个人、团体或典籍。全盘接受来自于权威的想法与观念。第三,**直觉法**(the method of intuition),人们的观念与知识诉诸于直观与直觉,人们相信自己的经验、判断与知觉,从个人的顿悟与奇想中,发现新的想法与概念。最后是**推理法**(the rationalistic method),强调**推理**(reasoning)或推论的可靠性,认为只要推理或推论是对的,所得的结论便是真实或可信的。

学术工作者在追求知识或解决问题时,在起点或是过程当中虽有可能运用上述传统的策略,但是研究的完成,则须依循系统化的实证步骤。杜威(Dewey,1910)指出,研究者面对问题时,解决的程序有五个阶段:遭遇问题与困难、认定和界定问题与困难、提出问题的解决方法与假设、推演假设的结果、检验假设。这五个步骤也可被视为科学方法的基本步骤。研究者同时需要运用**归纳**(induction)与**演绎**(deduction)的原则与方法,来整合知识并扩大其范畴。归纳法是通过观察、记录访问等各种方法,针对具有同一特质或现象的不同案例,探求其共同特征或关系,进而寻求一个具有解释力的普遍性结论。相对的,演绎法则是自一项通则性的陈述开始,根据逻辑推论的法则,获得对于现象的个别性陈述。

(二)科学研究的特性与精神

一个符合科学精神的研究,应具有系统性、客观性和实证性三个特征。研究活动以一个清楚明确的问题为起点,以获得显著结果的结论为终点。虽然并不是每个问题的研究都有特定、相同的系统步骤,但是任何科学研究的本质都具有相当的系统性,学者称之为纪律的探究(disciplined inquiry)(Cronbach & Suppes,1969;Wiles,1972)。一般而言,科学研究的呈现,无不详细交代研究样本选取的过程、变量的选定与界定、实验的操纵与控制、测量工具的发展过程与特性、数据收集、研究发现与限制因素等,使他人能够理解,甚至重复研究,这些学术工作者所普遍接受的程序,反映了科学研究系统性的特性。

客观性(objectivity)是科学研究的另一个重要特征。所谓客观性,是指研究者所使用的一切方法和程序,均不受个人主观判断或无关因素的影响。一个没有客观性的研究,无法进行比较,不具有应用的价值。要具备客观性,研究者必须使用或设计有效的测量工具(包括测验、量表和各种仪器),在一定的程序下进行观察、测量和记录。同时,所收集的数据分析与解释,必须尽可能不涉入个人的成见或情绪色彩。控制实验情境时,研究者应排除无关的因素干扰,确立研究程序的标准流程与步骤,使不同研究者得以重复进行研究。

实证性(empirical character)是指科学研究的内容,必须是基于实际观察或数据收集所得，可从中获得明确的证据来支持或否定研究者所提出的假设。一个没有实际数据证据的概念或想法，仅是一种臆测或个人的推想，无法被接受为科学的证据。通过集体的努力，学术工作者得以建构出整合性的知识，推导出理论的发展。研究的成果，除了必须能够通过其他研究者重新验证的检验之外，更能够启发新的观念与想法，扩大科学活动的意义，并延伸其影响的层面。因此，科学活动具有集群性与合作性的特质。

最后，科学活动除了上述的特性，同时也是一个连续、循环发展的过程，其成果的发展具有累积性。当科学家发现了某一个问题，从一个混沌未知的谜团，逐步厘清其脉络，建立一套解释性的知识架构，到最后能够提出一套为人们所运用的实用知识，展现了科学活动的严谨与丰富内涵，为人类生活带来源源不绝的发展动力。一个社会拥有完整成熟的学术体系，也正代表该社会持续发展的可能性。

三、科学研究的内容

（一）变量与操作性定义

回顾科学发展史，以数学为基础的符号逻辑贯穿了 20 世纪以来科学活动的核心内容。科学研究所处理的内容，主要是实证性的概念或变量。实证研究常与量化研究拉上等号，统计学成为许多不同学科的共同必修课程。在量化研究的架构下，科学研究的基本元素是由数字构成的**变量**（variable），科学知识的基本单位则是描述变量与变量之间关系的**假设**（hypothesis）。所谓变量，是在表现被研究对象的某一属性因时、地、人物不同，而在**质**（quality）或**量**（quantity）上的变化。单一的变量，仅能作为现象与特征的描述，通过变量之间关系的描述与验证，我们才能了解现实世界的种种情况，发展具有意义的知识与概念。因此，大部分科学研究，目的在探讨多个变量间的关系。

在科学研究的范式下，一个符合实证精神的概念或变量由**操作性定义**（operational definition）决定。相对于操作性定义对于研究过程的角色，一般科学领域对于现象进行的描述，多采用**文义定义**（literary definition）来进行。这两种定义，前者多由研究者与相关同好者约定，后者则涉及现象真实意义的描述。Mandler 与 Kessen（1959）以**约定性定义**（stipulated definition）与**真实性定义**（real definition）来做说明，认为前者是基于使用者的需要、特殊目的或方便性，所做的关于某个概念的说明，例如“智力”可以被界定为“认知思考的能力”或“以 100 乘以心理年龄与生理年龄的比值”。此类定义无明确的真假。相对的，某些现象有其一定的界定方式，而不能以研究者的意愿来定义，称为真实性定义。在界定一个概念或变量时，举出测量该变量或产生该事项所作的操作活动，而非描述变量或现象的性质或特征者，称为**操作性定义**（operational definition）（Underwood，1957），前述“以 100 乘以心理年龄与生理年龄的比值”对于智力的定义，即属一种操作性定义。除了“变量”是直接由操作性定义决定其内容，一个**概念**（concept）是否算是一个科学的概念，亦视此一概念是否具有操作性的定义而定。

（二）假设、假说与定律

所谓假设（hypothesis），简单来说，是研究者对于一个有待解决的问题所提出的暂时性或尝试性答案。其形成可能来自于研究者的猜想与推论、过去研究的引导与暗示，或从理论推导而来，以作为研究设计的依据。若以量化研究的术语来说，假设是指变量间的可能关系或对于变量关系的陈述,且其内容必须是具体而可以被客观程序所验证的。在形式上可以由条件式陈述、差异式陈述、函数式陈述三种不同方式来呈现。

首先,在条件式陈述中,假设是以“若 A 则 B”的形式加以表达,其中 A、B 分别代表两个不同条件;A 代表**先决条件**(antecedent condition),B 代表**后果条件**(consequence condition)。例如 A 是指“父母使用民主的教养方式”,B 则可能是“子女的学习行为倾向主动积极”,以若 A 则 B 的形式表示则为“如果父母使用民主的教养方式,则子女的学习行为倾向于主动积极”。

第二,差异式陈述是表现不同个体或事物之间是否存在差异的假设形式,内容多牵涉分类。在某个分类架构下,研究对象被区分为不同的组别,假设的内容在于说明各组间在其他变量上的可能差异。例如,不同性别的学生对于婚前性行为接受度不同。

第三,函数式陈述多是以数学方程式的形式,表现变量之间的特定关系,其基本形式是“y 是 x 的函数”,其中 x 称为自变量,y 称为因变量。与条件式和差异式假设相较,函数式假设更能表现假设所涉及的变量关系,一般多个连续变量之间关系的检验,多以函数式的假设来表示。例如,“年龄越大,对信息科技的接受度越低”“学习动机越强,学习成果越佳”。

在一个量化研究当中,假设有下列几项功能:第一,研究假设可引导研究的方向与内容,扩大研究的范畴。研究假设的拟定,除了具体指出研究所欲探讨的变量内容与关系,更具有演绎推论的功能,研究者可自特定的假设中,延伸出更特殊的现象或关系,扩大研究的范围。第二,假设有增进知识的功能。因为假设通常自某一个理论演绎推论而得,假设的支持或推翻,皆有助于科学知识的进步。如果某一个假设获得证实,此时便成为被实证数据证实的一套命题**假说**(assertion),也就是说,假说是具有实证证据支持的假设。

如果一个假说的真实性经过了反复证实,最终获得相关研究者的一致认可与接受,便可视为**法则**或**定律**(law)。在自然科学中,法则与定律的数目甚多,但在社会及行为科学中,法则与定律的数目则很少。假说与法则,并不代表真理,而假说与法则的身份亦可能被推翻,如果假说与法则无法解释某一个新的现象,或曾经解释的现象经再次验证不再受到支持,或有新的证据显示假说与法则的缺陷,此一假说与法则即可能会丧失身份,再度成为假设层次的概念。

四、理论及其功能

科学的目的是对于自然或人文现象进行描述、解释、预测及控制。因此,科学知识不能以记录零星事实与孤立的科学发现为满足,而应以发展一组有组织、架构与逻辑关系的知识系统为目标,也就是**理论**(theory)的发展。

理论的建立可以说是科学的主要价值之所在,因为理论能够统合现有的知识、解释已有的现象、预测未来的现象,并进而指导研究的方向。由于理论能够统合现有的知识,使不同研究者的研究发现系统化、结构化,并据以用来解释各种现象,进而形成科学的共识。

进一步的,理论能够根据由实证数据整合分析得到的假说与命题,推论、引导出尚未发生的现象。正如理论是解释的主要工具,理论也是预测的主要依据,通过理论的陈述与推导,研究者可以获得更多可待研究的假设,扩展研究的空间,进而影响现实生活空间的运作。

简单来说,理论是科学领域对于特定现象所提出的一套解释系统。这套解释系统可能是科学研究所证实的普遍法则所构成的理论,或是通过某些中间机制所形成的概念与解释性系统(Anderson,1971)。此一中间机制牵涉到其他的相关概念或理论观点,间接协助了科学家去理解未知的现象。Arnoult(1976)把这个中间机制以四种不同形式的理论本质:**隐喻式**(metaphorical)、**类化式**(analogical)、**公约式**(reductionistic)与**抽象式**(abstract)理论,做了更清楚的说明。

首先,隐喻式理论是指将现象利用某些概念或符号系统的譬喻来加以解释与说明,例如用草莓族来说明时下青少年的特质。Arnoult 认为此种理论非常肤浅与粗糙,不应被视为科学化的理论。类比式理论则是利用其他已被众人了解与普遍接受的现象,来类比所欲说明的现象的一种解释策略,并利用实证数据来进行佐证,例如以计算机操作系统来类比人类的认知过程,形成了**信息加工理论**(information process theory)。此种理论虽然是一种可为科学验证的理论,但是却往往受限于类比的概念的局限,导致理论的解释力不足。

公约式理论则是利用一个较简化的现象来解释较复杂现象,例如本土心理学者以关系取向或关系主义来说明华人人际互动的特性,就是一种公约论的观点。最后,抽象式理论则是以抽象概念或符号系统来解释现象。例如以**原欲**(libido)来说明人类行为的内在动力,或是以数学关系式 $e=mc^2$ 来解释质能互换的相对论。

基本上,不论是哪一种形态的理论,一个优越的科学理论,必须能够清楚、正确地说明变量间的关系与现象的特征,因此好的理论应具备**可验证性**(testability)、**简约性**(simplicity)、**鉴定力**(power)与**丰富性**(fertility)几个基本特质(Arnoult,1976)。尤其是可验证性的存在,使得理论能够在有凭有据的基础上,对现象进行合理的说明。因此往往被列为首要的条件。

对量化研究而言,理论的验证性也正是量化研究最能够有所发挥的优势。通过假设的检验,研究者得以建立法则、定律或假说,进而形成理论。然而,由于假说与定律的特性,理论应被视为暂时性知识,而非绝对的真理,理论、假说或定律应持续地被直接或间接验证,如有疑义应进行修改,以使其更为精确。此种实事求是、精益求精的精神,也是科学研究的重要价值之一。

第二节 主要的量化研究设计

几乎所有的研究方法都会涉及数字的使用,不同的研究方法因为数据获得的方式与来源的差异,对于数字处理的需求也就不同,因而必须选用适切的统计技术来进行不同程度的分析与应用。有些研究方法对于研究过程所产生的数字,仅做最简单的**计数**(counting)处理,甚至将数字数据作为**文本**(text)数据来运用,这类研究多着重于现象的探讨,以质性研究的逻辑进行概念与意义的分析,对于数量化的数据分析需求也就相对较低,本书不予介绍。而各种量化研究方法当中,与数据分析最为密切的研究取向为调查法、相关法与实验法。分别介绍如下:

一、调查法

社会科学研究者经常向一群受访者发放问卷(questionnaire),或是经由面对面、电话

访谈(interview),由访问员来填写受访者的答案,作为收集经验性数据的一条重要途径,这被称为**调查研究**(survey research)。调查法的原理是通过一套标准刺激(如问卷),施予一群具代表性的受访者所得到的反应(或答案),据以推估全体总体对于某特定问题的态度或行为反应。此种方法除了使用在学术研究中,更被大量地使用在民意调查、消费者意见搜集、市场营销调查等各种应用领域。调查法最大的优势是能够在最短的时间内搜集到最多且严谨的量化数据。

调查研究最重要的工作,是在通过样本去推论总群体的特性,因此,样本的选择成为调查研究的重要工作。例如要想了解女性消费者对于不同品牌洗发精的喜好程度,必须挑选一群足以反映女性消费族群的女性样本,对其进行调查,才能有效地推论全体女性消费者对于各厂牌洗发精的态度。为了确保推论的准确性,调查法的样本必须具有随机化、代表性与足够的数量。换句话说,调查研究的样本应能完全反映总群体的各种特性(例如人口学特性),所搜集得到的统计数据才能据以推估到总体之上,除了以**随机样本**(random sample)的方法来避免系统化的偏差,样本的代表性必须通过严谨的抽样设计与确实的执行来确保。此外,根据抽样的统计原理,样本人数越多,抽样误差越小,因此调查研究的样本多为超过千人的大样本设计。

调查法所使用的工具,形式上可以区分为结构式与非结构式两种类型,内容上则可区分为事实性问题与态度性问题。通过调查问卷所搜集到的数据,多以描述统计的次数分布与百分比来呈现受访者的反应,同时研究者多半会取用一些人口变量(如性别、居住地)或背景变量(教育水平、社会经济地位、职业类别),以卡方检验来进一步分析受访者的反应倾向,即俗称的交叉分析。

从测量的观点,调查法的主要问题在于受访者回答问题的真实性。除了迎合一般社会所期待答案的**社会赞许性**(social desirability),受访者还会回避敏感与禁忌的话题,或是夸大某些个人的感受与负面的意见(John & Robin,1994)。因此,调查研究者必须详细评估所使用的工具与问题,从数据分析的观点来看,研究工具设计不当与执行过程的缺失无法通过统计的程序来予以补救,事前严谨的研究准备是调查研究成败的关键。

二、相关研究法

除了利用调查法的代表性样本去推估总体的特性,社会科学与行为科学研究者经常遇到的另一类研究问题,是关于两个或多个变量之间关联性的讨论。探讨多个变量之间关联性问题的研究,即称为**相关研究**(correlational research)。此法通常涉及测验或量表对于某一现象精密的测量,测定两个或两个以上的变量之间的关联情形。所谓精密的测量,主要是以连续性的分数,对不同被试在某一概念反应的程度进行评定与测量,例如以十个题目来测量学生的自尊,被试以1(非常不符合)至5(非常符合)之五点量表来评定每一个题目,而自尊的高低即以十个题目的总分来代表,可能的分数介于10至50分之间。两个以上的连续性变量,其间的关系强度可以借由**相关系数**(correlation coefficient)来表示,正相关代表两个变量具有相同的变动方向,负相关则代表两个变量数值的变动方向相反。

相关研究所测量的变量,多为无法直接观察的抽象概念或心理属性,研究的成败取决于抽象变量的定义与有效的测量,因此又称为测验研究法。此类研究的限制是只能说明变量之间的相关,但不能推断因果关系与影响的方向。例如,相关分析指出学生的焦虑感与学业成绩两个变量,具有明显的负相关,此时,我们可以明了这两个变量的互动关系,但我们并没有充分的证据可以证明是焦虑感决定学业表现或是学业表现造成了焦虑。虽然统计学者发展了许多分析技术,使得相关性数据可以进行预测或因果性的分析(例如回归分析、路径分析等),但是这些研究数据距离真实的因果关系尚有一段距离。

三、实验法

实验法(experimental method)是一种精密而严谨的控制研究,源自于自然科学对于物理、化学、生理现象的研究。与其他研究法相似,实验法亦在探讨多个变量之间的关系,但实验法的变量可以明确地区分因(自变量)与果(因变量)。通过严谨的实验操作与被试随机分配程序,研究者得以将一群实验被试随机分配到实验因素(自变量)不同的实验处理中,并控制其他条件使每一位被试在实验处理以外的情况都保持一致,然后对于某一特定的行为或态度加以测量。此种研究方法多在实验室中实施,又称为实验室实验法。简单来说,实验法的基本要件是将被试"随机分配"到不同的实验处理中,然后"操作自变量、观察因变量、控制干扰变量"。如果在现实生活中的开放场域进行实验研究,称为场地实验研究,此种方法通常无法做到被试完全的随机分配与严谨的环境操控,因此又称为**准实验法**(quasi-experimental method)(Cook & Campbell,1979)。

实验研究的主要目的在于探讨因变量的改变来自于何处。在其他可能影响自变量与因变量关系的第三变量被合理控制的情况下,因变量的改变可以被归因于随机波动与自变量因素两种影响来源,当统计分析指出自变量的影响大于随机波动,因变量分数的变动即可被视为来自于自变量的影响,而获得因果关系的结论。

实验法的成败取决于自变量是否是引起因变量改变的唯一原因,因此干扰的排除或环境的控制即成为重要的工作。一般在实验过程中,自变量之下可以区分为有自变量效果的"实验组"与无自变量效果的"控制组"两群被试。实验组的被试则可能分别接受不同的实验处理,而"控制组"被试则完全没有接受自变量的影响或"实验处理",然后比较各实验组与控制组在因变量得分上的差异。

从数据分析的观点,统计分析的角色是协助研究者厘清因变量分数的变动是否受到自变量的影响。而自变量多是类别变量,因此多涉及平均数差异检验(如方差分析)。但是,由于不同的实验设计在自变量的设计与安排方面有许多变异(例如使用重复量数设计、协方差的处理等),因此发展出不同的方差分析技术,来解决不同的实验设计问题。在各种研究方法中,以实验法所涉及的统计分析最为繁复。

四、量化方法之比较

(一)就研究目的来比较

相关法与实验法的目的在于特定变量之间关系的找寻,相关法的优点是可以在研究中同时探讨多个研究变量的关系,进而在统计技术的协助下,进行变量间交互关系的探讨,相比之下,实验法虽然不适合同时处理多个变量,探讨其间的共变关系,但是通过严谨的控制程序,实验法得以确立特定变量间的因果关系,两种研究方法各有所长,终极的目的均在建立一套社会与行为科学的通则,探究各种现象之间的关系。

调查法与相关法及实验法最大的不同,在于调查法的主要目的是就样本的统计量去推估总体的特性,而非建立一套行为通则。如果所选择的随机样本具有相当的代表性,调查所得的数据即可用以估计总体的特性,此一从样本推估总体过程的成败,取决于抽样过程的严谨与否,高等统计分析所扮演的角色相对较小。

(二)就样本特性来比较

为了有效降低抽样误差,提高推估总体的正确性,调查法所需要的样本数目通常不会少于 1 000 人。从统计学的原理来分析,1 000 人所获得的意见调查,抽样误差约为 3%。目前许多民意调查机构多以容许正负三个百分点来进行调查,其样本数即需大于 1 000人。

实验法与相关法的样本需求与统计分析方法的数学原理(如第一类型与第二类型错误、统计检验力)有关,实验的组数越多,样本需要越多,以统计的正态性为基础,每一组须至少有 30 个被试才能维系抽样分布的正态性,当有 K 组时,样本数则为 30 的 K 倍之多。

Cohen(1988)曾编制一个对照表,研究者决定 α 与 β(第一类型错误与统计检验力)的大小,以及各组之间的平均数差异为几个标准差等三个条件,可以换算出每一组所需的人数。

相关法的样本需求与研究所使用的测验与量表长度有关,量表越长,样本需求越高。此外,当统计分析较为繁复时,样本也须较大,样本的大小必须能够提供一个变量足够的统计变异量,同时能够维持正态分布的假设不被违反。Ghiselli, Campbell, & Zedeck (1981)建议牵涉到量表的使用时,样本人数不宜少于 300。以**因素分析**(factor analysis)为例,样本数约为题数的 10 倍,一个 50 题的量表,即需 500 人样本,如此才能获得较为稳定的统计分析数据。

整体而言,三种研究方法中,以调查法所需要的样本规模最大,而以实验法所需的样本最少,相关法居中。调查法的样本数需求大,为考虑问卷发放与数据处理的便利性,调查研究所使用的工具受到相当的限制(如题目较少)。实验法的重点在于样本是否随机分配到不同的组别,样本越多虽然可以提高统计检验力,然而实验效果是否显著,主要并非取决于统计的程序,而是控制的严谨程度与实验的效果。相关研究的重点在于测验的信效度,因此样本的大小与研究设计及信效度的提升有关(Cohen,1988)。

(三)就研究工具的特性来比较

调查研究为了在短时间内收集大样本的数据,在问卷上多力求精简易懂,便于调查人员的实施,避免过度冗长与艰涩的问题,使问卷回收后得以在最快的时间内完成键入与分析。在一些民意调查机构甚至使用计算机软件将调查过程与数据库相连结,使得调查数据得以在第一时间即获得系统化的处理。相对之下,相关法的研究工具则多为必须经信效度检验的测验或量表,测量工具的长度较长,问卷的实施须由受过训练的人员,在标准的情境与程序下进行,测量分数的运用与解释多需经过专家以特定的方式来处理。实验法为了探讨因果关系的存在,在测量上亦力求单纯、明确,甚至借助实验仪器的精密测量。

就问题的内容而言,调查法问卷内容多为具体、客观的问题(例如人口统计数据、个人生活状态、行为频率等),或是一些与态度及意见有关的问题。态度问题视问题所涉入的深度、理论的有无,而可能越趋接近测验或量表的形式,此时即需进行较为严格的工具编制过程,以确保量表内容的信效度。相关法的问卷则多为抽象概念的题项,无法用单一题项来获得具说服力的数据,通常研究者为了自编一套量表,要花费相当的时间额外进行另一项研究,或者是采用其他研究者编制完成的测验或量表,以缩短研究的时程。相关法也时常会针对一些态度或意见进行测量,例如工作满足感的测量等。一般而言,不论是调查法或相关法,当测量的内容涉及抽象概念的评量时,必须依据测验工具编制的原理与要求,进行较为严格的独立研究作业。

(四)就统计分析需求来比较

每一个研究,由于研究假设的差异,测量的变量形式的不同,所适用的统计方法即有所不同。因此无法明确地指出调查法、相关法以及实验法在统计方法的需求上有何确切的差异。但是,一般而言,调查法所牵涉的统计问题较为单纯,多采用与类别、名义变量有关的描述统计或区间估计;在数据分析实务上,次数分布、列联表或是统计图形即可对调查法的数据进行清楚的说明;而在推论统计上,则多使用无总体分析(如卡方检验)。相较之下,相关法与实验法在统计分析的运用上,就显得多变与繁复,同时必须建立在特定的统计假定之上。

相关法与实验法的因变量多为连续变量,此类变量有着丰富的变异量,可以进行各种分析。同时拜计算机科技发展迅速之赐,许多繁杂的统计运算过程均可运用计算机来进行运算,更进一步刺激了高等统计的发展。实验法的统计技术,则多涉及方差分析,配合各种实验设计,ANOVA 已成为许多研究学府高等统计与实验设计课程的基本内容。在统计技术与分析工具的高度发展下,学生学习的内容与难度也就相对增加。调查法、相关法及实验法三种方法的比较列于表 1.1。

表 1.1 三种主要的量化研究设计的比较

	调查法	相关法	实验法
主要目的	由样本推论总群体 对于总体的描述与解释	探讨变量间关系 建立通则与系统知识	探讨因果关系 建立通则与系统知识
样本特性	大样本 具总群体代表性	中型样本 立意或配额抽样	小样本 随机样本、随机分配
研究工具	结构化问卷	测验或量表	实验设备、测验量表
测量题项	事实性问题 态度性问题 行为频率	态度性问题 心理属性的测量	反应时间 行为频率 心理属性的测量
研究程序 (学理基础)	抽样与调查 (抽样理论)	测验编制与实施 (测验理论与技术)	实验操纵 (实验设计)
测量尺度	类别变量为主	连续变量为主	类别自变量 连续因变量
统计分析	描述统计	线性关系分析	平均数差异检验
常用统计 技术	次数分布 卡方检验 无总体统计	相关 回归 路径分析	t 检验 方差分析 协方差分析

第三节 量化研究的结构与内容

从事科学研究的主要任务之一,是提出研究报告或论文。一篇好的研究报告,可以千古流传而不坠,但是也有不胜其数的研究报告,完成之后束之高阁、无人问津,随着时光的消逝而散失。作为研究者的第一步,便是明了一份研究报告的基本格式与结构内容,使得研究者的心血与心得,得以形诸于文字,发表于公众领域,流传于同好之间,进而影响世人,在学术领域贡献力量。

一、学术论文的形式

学术上所称之正式论文,大体可区分为学位论文与期刊论文两类。学位论文系指学术机构培养研究学者所要求的正式研究论文。在英文上,学位论文有 thesis 与 dissertation 之分,前者指硕士论文,后者则为博士论文。在世界各国,政府或学术机构对于学位论文的格式均有明文规定与特定格式,同时赋予一定的法律地位。由于篇幅较长,并具有学位授予的功能,一般并未广为出版与流通。

另一类正式论文,称为期刊论文(journal articles),不但数量庞大、流通性大,同时也具有实质影响力。根据美国心理学会(American Psychological Association;APA)出版手册第六版(APA,2010)的内容,期刊论文有五种主要形式,即**实证研究**(empirical studies)、**综述性论文**(review articles)、**理论性论文**(theoretical articles)、**方法学论文**(methodological articles)与**案例研究**(case studies)。

实证性研究为研究者原创性的研究报告,多半具有实际的数据与分析;综述性论文是将过去有关文献加以整理、归纳或加以批判的论文或研究,包括**后设分析**(meta-analyses,也译为元分析、再分析),所使用的素材多为二手数据;理论性论文则是研究者根据既有文献数据所提出的新观点或理论架构的论文,重点在于理论性的阐述,而非举证。

特别值得一提的是,除了前三种论文形式,2010 年出版的第六版 APA 手册新增了方法学论文,鼓励研究者提出新的方法学取向,对于现存研究方法的修正,以及量化与数据分析技术的讨论,这呼应了本书对于量化分析与分析技术的强调与重视。手册内容指出,方法学论文的特殊之处在于强调方法学议题与数据分析技术的探讨,而对实证数据的分析仅作为示范。论文的目的是带领读者了解量化数据的分析原理与操作程序,详细了解技术发展历史与内涵,并能厘清各种技术的优劣异同与使用时机,避免讹误与滥用。这些代表美国 APA 机构的最新官方看法与本书立场完全一致,读者可以从本书各章的原理与技术说明,了解方法与应用的详细内容,提升量化方法学素养。

二、论文的结构与内容

本书所讨论的焦点在于量化研究的原理与分析技术,因此,本书使用者最可能完成的研究或论文体裁与性质,应最接近实证性论文。一份实证性论文,大体而言应包括四个主要的部分,即绪论、方法、结果与讨论。

(一)绪论

传统以来,量化的实证研究,皆以丰富的前言与文献作为开端。绪论(introduction)

的主要目的与功能，在于与读者进行初步的沟通，因此必须详尽地介绍研究的背景、问题与目的，同时，为了强化研究者本身的立论，研究者必须提出相关的文献与理论背景作为研究的基础。

从内容来看，绪论应包含下列具体事项：第一，**研究问题的介绍与说明**，包括研究的焦点、研究的假设、研究设计的概念、本研究理论性的意涵、与该领域其他研究的关系以及研究可能产出的结果与理论命题。第二，**研究背景的整理与说明**。对于研究所涉及的相关学理与研究文献，应做摘要性的整理，提及他人研究之时，应针对他人研究的主要议题、使用的方法、重要结论作简要的介绍，而非过度细节的报导。第三，**研究目的与实务的陈述**。在绪论的最末，研究者应具体说明研究的目的与探讨的假设为何，明确交代研究者所操作、测量或观察的变量与定义，以及研究者所期待的结果与理由。

杰出的论文绪论，并不在于文章的长短或理论的重要性，而在于缜密严谨的立论阐述与清楚明确的演绎推理，以及引用适切、相关的理论文献，并撰文说明引用理论文献与研究者所进行的研究的**逻辑关联**(logical continuity)。初学者最大的弱点与迷思，即在于过度冗长的背景说明与理论介绍，而易使读者失去阅读的兴趣，或是迷失于庞杂的文献数据当中。因此，强化理论的思考训练，多方吸收各领域的经典知识与理论主张，对于撰写一个好的绪论，有着重要的意义。

(二)方法

方法(method)的部分详细记载研究者执行该研究的相关内容。其功能是使得读者能够理解研究是如何开展与进行，并根据流程来进行个人的评估，甚至于研究的再制。基于不同的研究题材与执行过程，方法的介绍并不一定有一固定的格式，但是下列三个部分是不可或缺的：

第一，**参与者**(participant)或**研究样本**(sample)。对于社会与行为科学研究，谁是被试、参与者、被观察者、被访问介绍者，是一个基本的事实，也是研究质量的基础。从样本特性与样本结构的说明，读者可以掌握研究的运作与可能发生的现象，并判断是否存有偏误或缺失。

第二，研究工具与**器材**(apparatus)。实证研究的进行，多半使用特定的测量工具以收集数据，在实验研究中，更可能涉及实验仪器设备的使用。一个追求客观、精确的测量，必须能够具有一定的标准化程序，此时，标准化的工具与设备操作，便成为关键的因素。

第三，**研究程序**(procedure)。科学的研究，强调标准化与客观化的操作过程。因此，一个研究的执行过程应详细地交代说明。包括研究实际执行之前的准备工作、被试的挑选与安置、工具发展与准备的过程、人员训练与器材准备的情况等，凡是对于研究的结果可能存在影响的每一个步骤，皆应在此段中说明。

最后，研究者通常会将数据分析的方法与策略放置在第四个段落，以交代研究数据如何整理、组织与分析，包括所使用的分析技术、统计软件、数据转换的方法与目的等内容。在科技发达的今天，研究者的企图心随着科技的进步而提高，数据的笔数、处理的难度、统计分析的不透明度皆与日俱增，数据分析一节的重要性，也随之提高。

研究方法的良好与否，与研究者的经验累积有着重要的关联，研究上所发生的种种问题，并非依靠课堂训练就足以解决的，而需要实际的操作与演练，在尝试错误中学习与进步,因此在各学术机构,皆十分重视研究实务的训练。

(三)结果

研究的第三部分是研究结果(results)与发现,主要内容与数据分析有着密切的关系。在量化研究中,结果分析与统计的应用有着密不可分的关联。研究者如何通过适切的统计方法与分析程序来验证其假设,提出具体且数量化的论证,可以说是一个研究成败的关键,也是研究者最重要的任务。

结果一节的内容,除了文字性的介绍,最重要的是图表及统计术语的使用。经过数百年的发展,数学与统计学已趋成熟,几乎所有可能面临的数据分析问题,在统计技术上都有解决因应之道,研究者除了选用最佳的分析方法之外,还需经过正确的程序,以普遍接受的正确方法来表现结果。且需提供所有重要的数据,例如自由度、样本数、显著水平效果量(尤其被 APA 第五、六版所重视)、误差与置信区间等数据以供查考,并将重要的参考数据(例如变量定义、演算法与公式、各种重要数据)附于文末。如果文中受限于篇幅而不敷列举时,则可指明获得数据的方式(例如提供网页链接与联系方式)。

结果部分的分析与撰写是许多初学者的梦魇所在,许多资深的研究者也可能不正确地选用与执行统计分析。主要原因在于统计学本身的难度与复杂度。社会与行为科学领域所使用的统计学,属于**应用性统计**(applied statistics),较少涉及数学理论与假设性的讨论,而统计学本身亦为一门独立的学科,研究者凭借其学院的训练与自行的研修、讨论,实难涵盖统计学的所有范围,实难了解统计学的重要议题,更难以超越统计学本身的发展。再加上数据分析技术与软硬件设备的不断提升,统计原理与数据分析的双重压力,使得社会与行为科学中,计量专长的研究者的角色既备受期待,也担负了更重要的角色,同时也凸显了统计学与数据分析学习、演练的重要性。

(四)讨论

当研究者完成分析工作之后,即可进行研究结果整理、讨论(discussion)和结论的步骤。本节的内容,主要在于摘述研究设计与发现、诠释主要的发现与立场澄清、评论研究价值与意义、量化数据意义的讨论(例如效果量大小、测量数据的稳定性等)以及指出不足与发展方向等。

值得一提的是,在结果一节中,研究者的文字与说明有其标准化、共识性的做法,纯然的格式化、数学化与统计化,但是在讨论一节,研究者可以用自己的语言,提出自己的论证,甚至于采取立场性的主张,与他人或其他的理论进行对话。科学的价值,在最富有创造力、批判性与启蒙性的结果讨论中,得以发挥无遗。

除了前述各主要内容之外,在准备论文手稿时,研究者必须就文章的**标题**(title)、作者与机构信息(含注释)、**摘要**(abstract)、**参考文献**(references)、**注释**(footnotes)、**附录与补充数据**(appendices and supplemental matrials)依据规范加以呈现。值得一提的是,近年来随着高等统计技术的迅速发展,量化数据与分析结果的呈现有了大幅度的扩充与变革,这些关于统计结果的陈述、图表的标示与应用,读者可参考 APA(1994, 2010)当中的详尽说明。

第四节　量化研究的程序

简单来说,一个典型的科学研究包括了**理论基础**、**数据搜集**与**数据分析**三个部分,也可以被视为量化研究的三个阶段:第一是理论文献引导阶段,通过文献的整理与理论的引导,可以清楚地勾勒出一个研究的问题内涵与进行方向,并作为整个研究进行的逻辑基础与理论内涵;第二个阶段是数据搜集,是由一连串实际的研究活动所构成,目的在于获取真实世界的观察数据;第三个阶段是数据分析,针对实证观察所得到的数据进行分析,提供具体的比较与检验的证据,用以回答研究者所提出的命题是否成立,以做出最后的结论。兹将三个阶段的内容与操作流程描述于图 1.1。

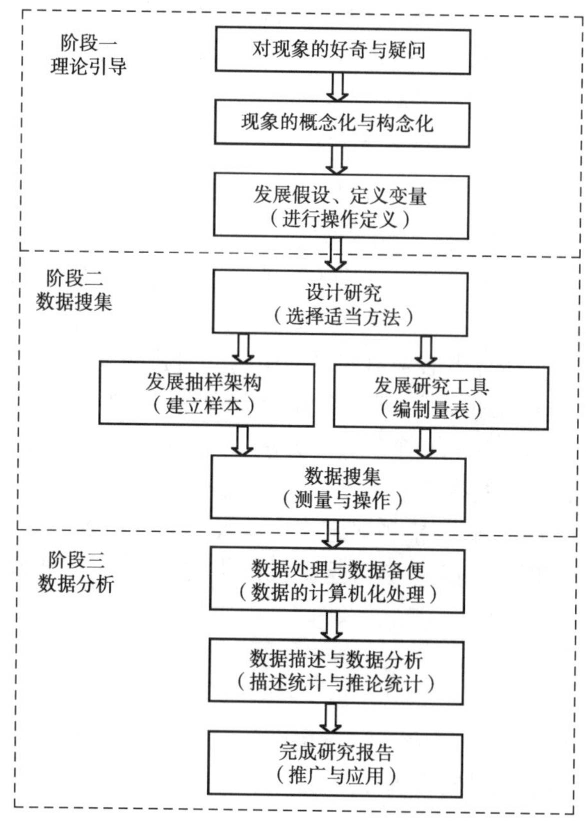

图 1.1　量化研究的基本程序

一、理论引导阶段

研究者对于现象的好奇与疑问,可以说是一个研究的起点。研究者的好奇与疑问可能来自自己亲身的经验、自己的观察所得,或是先前的研究者所留下来的疑问。例如报纸大幅报道网吧在城镇地区快速兴起,研究者可能会问,年轻人为什么那么喜欢去网吧?乡村地区的年轻人是不是也是如此?网吧可以满足年轻人的何种需求?或是研究者对于前人的研究有所质疑,提出不同的假设观点,有待进一步的检验。

一旦研究者的脑海里对于他所关心的问题有了一个大略的图像之后,下一个重要的工作就是把这个图像转换成完整而有意义的概念,也就是概念化或构念化的过程。此时,他可能要把研究问题(上网吧的原因)与年轻人的发展历程与需求特质进行连接,那么他就要去阅读与发展心理学或人格心理学有关的书籍,协助他形成研究主题有关的重要概念;如果他想要比较城乡地区的差别,那么他可能要去相关单位调阅网吧设置数量的工商数据,形成网吧设立的城乡差异的具体概念。在这个阶段中,除了研究者进行文献探讨的工作之外,如果他先前已经具备充分的理论或背景知识,问题概念化将会更有效率地进行。

经过了概念化过程,一个研究所要处理的问题应该已经十分明确,例如研究者认为上网吧的行为可能与同侪的互动有关,是一种人际的需求,此外,城乡地区年轻人上网吧的行为差异,可能与他们生活周围信息设备的可提供性有关。因此,他具体提出下面几个假设:

假设一:城乡地区的年轻人,他们的信息设备可提供性不同。

假设二:人际需求越强者,上网吧的动机越强、频率也越高。

假设三:城乡地区信息可提供性不同,造成上网吧的行为差异。

假设四:信息设备提供性、人际需求强度,影响上网吧的频率。

第一个假设是以差异式陈述来表现的假设,重点在比较差异;第二个假设则是一个函数式陈述的假设,主要在探讨变量互动关系;第三个假设则是条件式假设,涉及因果关系的检验;第四个假设则综合了函数式陈述与条件式陈述两种假设,涉及的变量较多,需以结构模型来处理。

在形成假设的同时,研究者必须对假设当中的变量进行明确的描述与界定。例如研究者所谓的"信息设备可提供性"与"人际需求"到底所指为何?除了用文字来描述之外,他必须清楚地描述测量这些概念的具体方法,才能在研究当中去进行数据搜集,也就是说,他必须对这些概念进行操作性定义,指出将概念转变成可以具体测量的变量的方法。例如信息设备的可提供性可能被界定为一个人每周接触到计算机的时数,或是距离一个人最近的计算机的空间距离。通过这个操作化的过程,研究者就可以开始具体执行他的研究。

二、数据搜集阶段

经过了第一个阶段的概念澄清与变量定义的过程,研究者就必须提出一套研究执行计划,来检验他所提出的假设的正确性。

(一)进行研究设计

选择一个正确的研究方法,是一个研究问题是否能够获得解答的重要决定因素。一旦选择了某一种方法,研究者就必须遵循该种方法的要求来进行整个研究。一般而言,量化取向的研究方法可以区分为实验与非实验研究两大类,实验法的重点在于发现特定的因果关系,非实验法则擅长处理复杂变量的共变关系。

以网吧的研究为例,研究者的问题是:年轻人为什么喜欢上网吧?他提出了几个有关的概念,并举出了四组假设,显而易见,他的目的并不在为上网吧的行为找到一个特定的原因,而是整理诸变量之间的关联,因此应采用非实验研究设计来进行他的研究。

(二)拟定抽样架构

研究方法的选择,直接影响数据搜集的方式与过程。首先,在样本的建立上,研究者必须考量研究的总体是谁?所谓的青少年的范围为何?是指全台湾还是特定区域的年轻人?年龄从几岁到几岁?研究总体的指定,决定了抽样的范围,也决定了未来研究结果类化的范围。而在抽样方法上,研究者有多种选择,其中以随机抽样最能够建立一个具有代表性的样本,有关抽样方法的讨论,读者可以自行参阅其他研究方法的书籍。

(三)选择研究工具

除了决定研究的对象是谁之外,研究者同时要准备研究所需的工具,以便样本选取之后,可以利用这些工具取得所需的数据。通常一个大型的调查研究,抽样范围广泛、样本数量庞大,因此研究工具以精简为宜,例如编制一个简单的问卷去询问年轻人上网吧的频率、他们身边最近的一部计算机在哪里等。

如果研究者的关心层面是复杂变量关系的讨论,那么他所使用的工具就要能够涵盖这些变量的测量。例如采用标准化的问卷来测量人际需求强度。一个用来测量心理特质的心理测量问卷或量表,它的编制必须遵循一定的程序,并能够确立测量的信度与效度,因此,如果研究者无法找到一些现存、适用的测验或量表,那么他可能要花费许多额外的时间来自行编制量表。有关量表的编制步骤与技术,我们将在第四篇当中详细地讨论。

(四)数据搜集

一旦样本确定,研究工具也准备妥当之后,即可以进入阶段二的最后一项工作:数据搜集。如果是实验研究,此时便涉及样本的分配与实验的操作,借以获得因变量的观测数据。如果是非实验设计,就可能涉及抽样的实施,问卷的发放与回收等工作。这一个过程,可以说是研究实际执行的主要阶段。从实际样本的获得到数据搜集的完成,往往需要动员相当的人力与物力,耗费相当的时日。

三、数据分析阶段

第三个阶段是数据的整理与分析,包括数据的备便、分析与报告撰写三个部分:

(一)数据备便

经过实际执行之后,研究者累积了研究所得的原始数据,这些原始数据就好比刚从市场买来的材料,送给大厨烹调之前,先要进行必要的处理,才能让大厨的手艺有所发挥。例如问卷回收之后,要先行过滤无效问卷,进行废卷处理,计算问卷的回收率,如有必要,还必须回到前一个步骤,继续搜集数据,补足充分的样本,直到满足研究所需为止。

拜科技发展之赐,计算机化的研究数据处理与分析模式,已完全取代人工操作。因此,原始数据搜集完成后,接下来的工作可以由计算机来代劳。计算机化的处理,必须依赖严谨的编码、输入、检查的程序,才可能降低错误的发生,此外,经过初步整理的计算机化数据,还需经过适当的转换,才能作为统计分析的数据,这整个过程称为数据备便。

目前广泛使用于社会科学研究的统计软件以 SAS 和 SPSS 为主,其中又以 SPSS 视窗版软件的应用较为简便。应用 SPSS 软件之后,数据分析作业得以更快捷、便利与精确地进行,但是事前仍有赖一套缜密的编码、键入前置工作,以及研究者细心的侦错与检查,使得各种问题得以在第一时间即获得处理。本书将详细介绍 SPSS 应用于数据备便的程序。读者除了熟悉 SPSS 软件之外,也应该学习其他计算机工具(例如文档编辑软件与数据库管理软件),这些是使分析工作顺利进行的重要因素。

(二)数据分析

计算机化的备便数据一旦准备完成,研究者就可以利用适当的统计方法,来分析研究的数据。首先,针对研究所搜集的各个变量,研究者可以利用描述统计与统计图表,将计算机化的原始数据进行初步的呈现,了解变量的特性。其次,便是利用各种推论统计技术,来检验研究假设是否成立。

选择正确的统计方法是数据分析是否能够顺利完成的主要因素。从数据分析的立场来看,量化的变量可以区分为强调分类的类别变量,与强调程度的测量的连续变量两大类。针对不同类型的变量,以及变量之间的不同组合,适用不同的统计分析策略。各种统计分析涉及不同类型变量关系的检测,受到的限定也不同,从卡方、t 检验到回归等各种应用技术,研究者需熟悉了解它们的原理与限制,才不至于误用了统计工具,误解统计结果。

(三)完成报告

一旦数据分析完成,整个研究也接近尾声。只要研究报告完成,整个研究工作的本身也就大功告成。有趣的是,有许多研究者懂得如何执行统计分析,也能够了解统计报表的意义,但是却不知如何把分析结果写成流畅易懂、符合学术规范(例如 APA 格式)的文字报告。尤其是入门的研究者,缺乏撰写研究报告的经验,使得辛苦获得的研究成果无法有效地呈现在众人面前,殊为可惜。

相对的,一些资深的、熟悉统计术语的研究人员,不仅可以洞悉统计报表背后的玄机,并且能够巧妙地运用文字的力量,有效地整理研究发现,并加以诠释。因此,在大学研究所的训练课程当中,独立研究的训练是很重要的一环,许多系所明确规定学生必须在学术会议或学术期刊发表一定数目的论文才能获得学位,目的就在于磨炼学生对研究执行与研究报告的整合能力。

第五节　结　语

科学研究是研究者对问题的深入观察与创意思辨、寻找能反映现象差异的变量、拟定变量间的假设关系,并利用适切的方法加以验证的一连串的整体过程。随着信息技术的发展与统计方法的进步,过去因为数据分析技术的限制而不能探讨的问题,现在已能轻易地解决;计算繁复的统计公式,在计算机软件包的协助下,也变得轻而易举。

本书的主要特色之一,即是利用相当受社会科学界欢迎的 SPSS 软件(第 18 版)来示范各种量化数据处理与统计分析的操作,并以相当篇幅来说明结果报表的分析与解释,目的就是希望读者能够善用电脑软件来从事量化研究,以便快速有效地解决学术或实务上的问题。

然而，软件包的发展固然为研究者提供了便利，但是高科技并不代表精确与正确，同时许多研究者及学生也产生了对软件包的依赖性，造成了负面的影响。例如 Pedhazur & Schmelkin(1991)将计算机科技与软件包比喻为一个**黑箱**(black boxes)，意味着在技术的背后潜藏着一些未知的危机。同时，当人们依赖高科技设备来进行统计运算之时，对于整体概念的统整与操作技术的建立就产生了负面的影响。

由于依赖程序包，许多学生忽略甚或逃避各种统计程序理论基础与计算方法的理解，因此无法正确判断统计方法的使用时机，计算机报表的判读亦可能存在偏差与误用。因此，教师在教授相关科目时，宜以基础概念的建立为主，计算与演练为辅。在初学阶段，避免过度使用软件包，而应确实建立稳固的分析知识与统计原理，软件的应用练习配合独立研究或实践最为适宜。尤其在研究所阶段，计算机运作能力不仅可以协助研究者进行高等统计与大量数据的处理，更能培养数据处理的实证研究能力。

值得注意的是，应用计算机于数据分析与统计检验，虽大量节省了运算的时间，减少了计算的错误，但是却新增加了一些传统方法不致发生的问题。例如档案与系统的破坏造成数据的丧失，或是当多个计算机数据库合并时，忽略了不同数据库对于数据处理的程度与方式不同，造成合并后的混乱。甚至由于程序包的方便性，有些研究者往往反其道而行，先作大量的统计分析，再自分析结果中去找可以解释的结果。如此不但违反了基于学术的伦理，也扼杀了科学求知求是的精神。

总之，前述这些因为科技发展所带来的问题不一而足，但却无法抹煞其所带来的效益与便利。因此除了在得失之间力求平衡之外，研究者本身的自我期许与学术伦理的要求(APA, 2010)，才是根本的解决良方。至于在方法原理与分析技术的精进，则有赖研究者不断的学习与练习，累积数据处理分析的经验，才能将科技的帮助有效地发挥，这也是本书撰述出版的目的初衷与期许。

第二章 测量理论与方法

测量(measurement)是我们日常生活的一部分。每天早上起来,我们随着温度的变化增减衣衫,站上体重计决定是否可以吃大餐,上学的时候看看时间是否来得及。在不同工作岗位的专业人士,更有他们独特的测量工作,例如护士量体温、体育老师为学生跑步计时、心理学家评估一个人的心理成熟度,政治观察家也要对政府官员打分数。除了频繁的测量,人们的思考、判断与决定,都与测量脱离不了关系,可见测量对于人类的重要性。

在科学研究当中,测量更占有重要的地位。因为如果没有精确的测量,那么所有的研究数据就会失去客观分析的基础。尤其为了追求真相,科学的测量较一般生活上的各种度量有更高的要求,测量的方法牵涉不同的理论根据,测量的实施更具难度,这些使得测量问题在社会科学领域自成一门学问。同时随着领域的不同与研究课题的差异,测量的内涵与分析的焦点有所不同,例如经济领域的经济计量学,多偏重于预测模型的建立、时间序列数据的分析,而心理学的心理计量学,必须面对抽象心理特质的测量问题。

第一节 测量的基本概念

一、测量的意义

测量是运用一套符号系统去描述某个被观察对象的某个**属性**(attribute)的过程(Nunnallly & Bernstein,1994)。此符号系统有两种表现形式:第一,以数字的形式去呈现某个属性的**数量**(quantities),第二,以分类的模式,去界定被观察对象的某个属性或特质属于何种类型。前者是一个**度量化**(scaling)的过程,后者则是一种**分类**(classification)的工作。在多数情况下,人们进行测量工作主要是在进行精密的度量,亦即采用前者的界定,于是测量便与工具(量尺)的选用和统计分析的应用有密切的关系,这即是很多人常把测量与统计划等号的原因。

从统计分析的观点来说,测量是一个将某个研究者所关心的现象予以"变量化"的具体步骤,也就是把某一个属性的内容,以变量的形式来呈现。此时,被观察对象可能是个别的人、一群人的集合或各种实体对象。科学化的测量,除必须符合**标准化**(standardization)的原则,也需要注意**客观性**(objectivity)。一个有意义的测量应不受测量者的主观因素而影响其结果,同时其过程应有具体的步骤与操作方法,以供他人的检验。值得注意的是,在社会行为科学的研究当中,许多抽象特质不易掌握其操作性定义,因此测量的客观性遭到相当的质疑,许多统计方法因而被发明出来,以克服心理特质测量的难题。

二、测量与统计的基础:变异

简单来说,**变异**(variety)是统计的根本,而测量与统计是一门研究变异的科学。如果人类社会的事物、现象或特质都呈现一致的面貌(常数),不仅统计学、测量活动,甚至于科学的研究都失去了存在的意义,例如,如果每一个人都是同性,那么“性别”即消失在研究者的思维当中;如果每一个人的智愚都一样,个体等于全体,那么“智商”便没有意义,智力测验即可被抛弃。换句话说,社会与行为科学研究的意义,在于测量过程可以显示出由于时间的改变或人物不同,所造成人类行为与社会现象的变异。

(一)变量与常数

人类社会充满着变化与差异,因此科学领域充满许多值得探讨的变量。**变数或变量**(variable)表示某一属性因时、地、人、物不同而不同的内容,例如社会焦虑感是一个变量,每一个人的社会焦虑感可能都不一样。相对的,如果某一个属性或现象不因时地人物而有所不同,则称为**常数**(constant),例如重力加速度在地表的一定高度的任何一个角落,都呈现一个定值。人的手指头数目,绝大多数人都是十个。对于变量以及变量之间的关系进行系统化的研究,是学术工作者的主要课题之一。

从定义来看,变量表示某一属性因时地人物不同的内容。一个变量包括两个重要的概念,第一是其所指涉的**属性**(attribute)为何,此一属性即是研究所关心的现象或特殊层面,具体来说,就是变量的名称。例如“智商”变量,所指涉的属性是智力的高低,第二是变量包含不同的**数值**(value or quantities),也就是变量的存在形式,在量化研究中,变量均以数字的形式存在,例如智商是一个变量,其存在形式是100、120、125等分数,代表个体在“智商”这一属性的程度。这些数值是通过测量过程,以特定的量尺去测得的。

(二)变量的类型

在科学研究当中,变量有多种不同的分类方式。从因果关系的角度来区分,变量可以分为**自变量**(independent variable;IV)和**因变量**(dependent variable;DV)。自变量即原因变量,而因变量则为结果变量。在自变量与因变量的对偶配对关系中,自变量是不受任何因素影响的前置变量,而因变量的变化主要归因于自变量的变动。

从被测量的对象的性质来看,变量可分为**离散变量**(discrete variable)和**连续变量**(continuous variable)。前者是指被测量的对象,在变量的数值变化上是有限的,数值与数值之间,无法找到更小单位的数值。例如家庭子女数、性别、国籍等。连续变量则指被测量的对象,其特征可以被变量中以无限精密的数值来反映。如果技术上允许,数值可以无限切割,例如以米尺测量身高,测量的刻度可以无限精密。

在数据分析实务上,连续变量系指利用等距或比率尺度等有特定单位所测量得到的变量,变量中的每一个数值,皆代表强度上的意义,又称为**量化变量**(quantitative variable),相对之下,以名义尺度所测量得到的数据,数值所代表的意义为质性的概念,也就是一种质性变量(qualitative variable),或称为**类别变量**(categorical variable)。

最后若从测量的量尺来区分,变量可以分为名义变量、顺序变量、等距变量和比率变量。这四种变量分别由四种对应的量尺所测得,有关四种不同量尺的特性与比较,将在下一节中详细介绍。

第二节 测量的尺度

测量是进行数据分析之前的主要工作,数据的性质则决定于测量所使用的**尺度**(scale)或**层次**(level),因此测量尺度的判断与选用,可以说是决定量化研究质量的先行因素。统计学者 Stevens(1951)依不同测量方法的数学特性,将测量尺度分成四种类型:名义、顺序、等距和比率,兹介绍如后:

一、名义尺度

名义尺度(nominal scale)的测量,系针对被观察者的某一现象或特质,评估所属类型种类,并赋予一个特定的数值。由名义尺度所测量得到的变量,称为名义变量。如性别(男、女)、籍贯(台北市、新竹市等)、种族(本省、外省、原住民)、婚姻状态(未婚、已婚、离婚、丧偶等)、就读学校等。由于名义尺度所处理的数据以分立的类别为单位,又称为**类别尺度**(categorial scale),是一种具有分类功能的测量工具。

以名义尺度测量得到的名义变量中,每一种类别以一个数字来代表,变量的数值仅代表不同的类别,而没有任何强度、顺序、大小等数学上的意义。名义尺度必须符合两个原则,第一是**互斥**(mutually exclusive),不同类别之间必须完全互斥,没有交集或重叠;第二是**完整**(exhaustive categories),测量尺度的分类必须包括所有的可能性。这两个原则若有违反,将造成数据调查者或填答者的困扰。因此在进行测量工作之前,建立一套适当的**分类架构**(classification schemes)是使测量顺利进行的重要工作。例如宗教信仰的测量,国内多样化的宗教型态,从特定的宗教类型如佛教、道教、一贯道,到比较模糊的民间信仰,即使是宗教学者可能都有不同的界定,因而如何清楚明确地区分不同的宗教类型,减低类别的模糊性,使填答者能够清楚地选择一个正确的选项,成为一项重要的挑战。

二、顺序尺度

顺序尺度(ordinal scale)的测量,指对于被观察者的某一现象的测量内容,除了具有分类意义外,各名义类别间存在特定的大小顺序关系。以顺序尺度测量得到的变量称为顺序变量,如大学教授层级(教授、副教授、助理教授、讲师)、教育程度(研究所以上、大学、高中职、中学、小学及以下)、社会经济地位(高、中、低)等,皆属以顺序尺度所测得的顺序变量。

在顺序尺度的测量过程当中,每一种类别以一个数字来代表,这些数值不仅代表不同的类别,且需反映不同类别的前后顺序关系。名义尺度在指定类别的数值时,可以依研究者的需要任意指定,但是顺序尺度的数值分布则需考虑顺序关系,研究者仅可选择升幂或降幂来排列不同的顺序类别,不能任意指定数值给尺度中的不同类别。顺序尺度所测得的数值虽具有顺序的意义,但是由于没有特定的单位,除了大小顺序之外,数值并无数学逻辑运算的功能与意义。

以顺序尺度来进行测量,互斥与完整两原则仍需遵循,否则仍将造成数据调查者或填答者的困扰。值得注意的是,由于顺序变量与名义变量所处理的数据以分立的类别为主,在统计分析过程中,两者均因不具备特定单位,而需要以类别变量的方式来处理,适用的统计分析为列联表分析等。

三、等距尺度

等距尺度(或称**间距尺度**)(interval scale)的测量,系针对被观察者的某一现象或特质,依某特定的单位,测定程度上的特性。等距尺度测量得到的数值,除了具有分类、顺序意义外,数值大小反映了两个被观察者的差距或相对距离。以等距尺度测量得到的变量,称为等距变量,其数值兼具分类、次序和差距的意义。如以温度计量出的“温度”、以考试决定的“学业成绩”、以智力测验测得的“智商”等。

等距尺度是一种具有标准化单位的测量工具,因为具备了标准化的单位,才能确定不同的测量值的差距(相差多少个单位)。在社会与行为科学研究中,等距尺度是最常被使用,且最重要的一种量尺,因为许多社会现象或心理特质的测量,不能仅仅单纯进行分类或排序,而是需要精确的测量其程度,才能对其内容加以详实的描述与反映。例如要研究“自尊心”,需要使用等距量尺,对不同的被观察者加以测量,分数的高低反映出自尊心的程度,并进而比较个体间的差异。另一个更重要的原因,是因为以等距尺度测量的结果,数值可以进行数学运算,计算出各种不同的统计数,以进行后续的统计分析,此点只有具有单位的尺度可以达成。

等距尺度的一个重要特性,是其单位只有相对的零点,而无绝对的零点。相对零点的使用,使得数值与数值的比值,仅具有数学的意义,而缺乏实证的意义,研究者应避免直接取用两个等距变量的数值相乘除比较。绝对零点系指未具备任何所测变量的属性,绝对零点的 0 即表示“空”“无”。等距尺度所使用的单位,多由人为决定,基于测量的方便性,而使用相对的零点,当测量值为零时,并无一个绝对的意义,并非指未具任何所测变量的属性,如气温为 0 时,并非无温度,而是指就该测量工具而言,得到零个单位的意思,它仍具有所测变量的某种属性。某科考试 0 分,并非指学生在该科能力上毫无能力,而是指得到 0 个单位的分数。

四、比率尺度

当一个测量尺度使用了某个标准化的单位,同时又具有一个绝对零点,称为**比率尺度**(ratio scale)。比率层次的测量,可以说是具有真正零点的等距尺度。如身高(公分)、体重(公斤)、工作所得(元)、年龄(岁)、住院日数、受教育年数等变量,都是以比率尺度来测量得到的比率变量。在社会科学研究中,许多变量与特定的人口特征或社会现实有关,测量尺度不但具有单位,而且单位的使用有一公认标准与意涵,无关乎主观判断,无须以人为方式调整改变,而有一定的绝对零点,因此比率变量在社会科学研究被广泛使用。

比率尺度即因为具有绝对零点的标准化单位,数值与数值之间除了具有距离以反映相对位置,同时数值与数值之间的比率具有特定的意义。例如年龄变量,80 岁比 40 岁老了一倍,即如同 40 岁比 20 岁老了一倍,这几个年龄数值都是从一个有绝对意义的 0 起算的(例如 $80=80-0,40=40-0,20=20-0$),因此所计算得到的倍率“2”,具有可比较性:

$$\frac{80}{40}=\frac{40}{20}=2$$

但是在等距尺度,由于没有绝对零点,数值与数值之间的比值没有特定的意义。以华氏温度为例,132 度与 66 度的比值与 66 度与 33 度的比值虽均为 2,但是由于华氏温度计的起始值并非为 0,比率"2"仅为一个数学符号,此一比值不能解释为两者的温度比为两倍高。

$$\frac{132\ °F}{40\ °F} \neq \frac{66\ °F}{33\ °F}$$

如果以冰点为起始点,(华氏温度计的起始点为 32 °F),上述两组温度的比值的实际意义为 2.94 与 34,即以冰点为准,132 度是 66 度的 2.94 倍高,但是 66 度是 33 度的 34 倍高。前面所计算的 2 仅是数字上的两倍(或是以 0 °F 为零点所获得的比值),但以 32 °F为零点来计算的比值又似乎令人无法理解其意义。也就说明了,缺乏绝对零点的比值,其实际的意义无法以数学的比率来表示。

$$\frac{132\ °F - 32\ °F}{66\ °F - 32\ °F} = 2.94$$

$$\frac{66\ °F - 32\ °F}{33\ °F - 32\ °F} = 34$$

五、测量尺度的比较

如前所述,名义尺度只能将被观察的现象或特质加以分类,故名义变量的数值,仅具相等(=)或不等(≠)的数学特性。至于顺序尺度,由于能将现象或特质排列顺序或比较大小,故顺序变量的数值,除具有相等(=)或不等(≠)的特性之外,还有大于(>)与小于(<)的关系。等距尺度所测量得到的等距变量,其数值反映被观察现象或特质的程度大小,因此其数学特性在名义与顺序之外,尚能进行加(+)与减(-),反映相对位置的距离关系。而比率尺度,因有绝对的零点,除了能求出相对差距外,还可估计出相差倍数,故还有乘(×)与除(÷)的特性。各种测量尺度的数学特性比较如表 2.1。

表 2.1 四种测量尺度的数学关系比较

测量层次	数学关系			
	= or ≠	> or <	+ or −	× or ÷
名义测量	√			
顺序测量	√	√		
等距测量	√	√	√	
比率测量	√	√	√	√

基本上,不同层次的测量有其相对应的分析与处理方法,因此取用什么样的测量层次,对于研究的进行是相当重要的决策过程。特定的测量尺度,产生特定的变量类型,亦有特定的统计分析方法。依表 2.1 以数学特性的分类可知,测量尺度具有层次性,社会与行为科学的研究者,除了因为数据的类型无法自由决定,例如性别、出生地等人口变量,多数研究者均寻求高层次的测量尺度来进行测量工作。

高层次的测量尺度的优点除了精密度较高之外,也具有良好的计量转换能力。高阶测量尺度可以转换成低阶测量变量,但是低阶测量尺度,无法提升为高层次的数据。例如身高以公分来测量时,是一个比率尺度的应用,他可轻易地转换成为高中低三组的身高,成为一顺序变量,甚至名义变量。如果研究者一开始在问卷中即以顺序尺度来测量一个人的身高,将被观察者的身高依一定的标准归类为高中低三组中的一组,日后研究者即无法拥有以公分为单位的身高变量。

在测量层次与统计方法的选用上,一般而言,适用于低层次的数据(如名义变量)的统计方法,亦适用于较高层次的数据(如等距与比率变量),因为较高层次的数据,均具有较低层次数据的数学特性,但是高层次的数据若以较低层次的统计方法来分析时,数据并未充分运用,造成测量精密性的损失与资源的浪费。

高层次测量变量的另一个优点,是其统计分析方法的选择性较多,这是研究者倾向于使用高阶量尺的重要原因。值得一提的是,等距尺度与比率尺度的差异在于零点的特性,但在研究过程当中,研究者重视的是如何将变量数值以特定的公式进一步转换成各种统计数,进行描述或推论,零点的意义并非统计方法与数据处理所关心的问题,因此一般研究者并不会特别去区分等距与比率尺度,而将两者一视同仁,以相同的数据分析与统计方法来处理。

第三节 测量的格式

前面所谈的是测量的数据形式,在问卷编制的过程当中,数据通过不同形式的题型来获得,不同的研究问题,有其适用的测量题型与**格式**(format),以下我们将逐一介绍各种不同的测量格式。

一、测量格式的基本特性

(一)结构与非结构化测量

测量的结构化与非结构化反映了测量过程的标准化程度。一般而言,研究者在进行调查或行为测量之前,会预先拟定一套问题,编制成一套测量工具(问卷),所有的施测者或访问员必须完全依照测量工具所提供的标准刺激,去搜集受访者的答案或由**受测者自填**(self-reported)。此种具有一定格式与作答内容的测量问卷称为**结构化问卷**(结构化测验,structured questionnaire),适用于大样本研究。

相对之下,有些研究或调查,研究者并未预设特定的问题内容与方向,而取决于受访者本身的态度与意愿,测量过程当中,不同的受测者可能有不同的情况,访问者可以适时介入测量过程,主导问题的方向。此种测量方法,标准化程度低,但是数据搜集的丰富性高,称为**非结构化测验**(unstructured questionnaire),多使用于质性研究与访谈研究,且样本规模不宜过大,以免造成分析上的困扰。有时访问者会预先拟定一个问题纲要,在一定的范围内,采用非结构化、非标准化的测量,称为**半结构测量**(semi-structured questionnaire)。

在数据分析的策略上,结构化测量由于具有标准化的题目与作答方式,因此可以非常轻易地转换成量化数据,并进一步地使用各种统计技术加以分析。而非结构化或半结构测量则偏重于质性的分析方法,多以概念性分析与意义的建构为主,即使产生了一些数字,这些数字仅以最基本的描述统计进行描述即可,量化数据的功能多主要在于佐证文本性的讨论。

(二)封闭式测量与开放性测量

结构化的测量工具,不论是心理测验、量表或自编问卷,皆由研究者在数据收集之前,针对研究的目的与问题预先准备,除了拟定题目之外,研究者多会预设受测者回答的内容或范围,设定题目的选项,此种有特定选项的问卷,称为**封闭式问卷**(closed questionnaire),受测者完全依据研究者所提供的选项来作答,没有任何其他可能的答案。相对的,有些题目的答案分布于一定的范围内,是无法指定选项的,即使强制指定选项,也可能造成题目过度冗长,因此采用开放式的作答方式,例如家中人口数、居住县市等,此类问卷称为**开放式问卷**(open-ended questionnaire)。开放式问卷可以再细分为数字型问题以及非数字型问题,前者多属顺序或等距量尺,由受测者直接填入数字,后者则类似于问答题,如文字型问题,由受测者填入可能的文字,或是一些绘图反应等。

值得注意的是,数据型的开放式问题与封闭式问题皆直接以数字的形式对于题目内容加以度量,有些题目被设计成开放型或封闭型问题,可以视研究者的需求而定。例如月收入的测量可以为下列二者:

A:你的月收入:__三万以下　__三万至四万九　__五万至九万九　__十万以上

B:你的月收入约________万________千

问法 A 属于封闭型数字问题,问法 B 为开放型数字问题。从数据分析的观点,数字型的开放式问题由受测者自行填写答案,而不受限于研究者所限定的格式,可以提高变量的变异量与测量的精密度。在进行分析时,不仅可以计算出平均数、标准差等统计量数,也可以适用于较多的统计分析技术,有其统计检验上的优势。相较之下,封闭式的问题则仅能提供一定数目的选项,例如将月收入切割为五个级距,在测量上,有损失测量的精密度,减少测量变量的变异量等缺点,但是具有易于处理、简单易懂的优点,统计处理上多以类别变量处理,可以搭配条形图、饼图等统计图表来呈现数据,在民意调查、消费研究中颇受重视。

二、量化研究的测量格式

(一)类别性测量

在问卷调查当中,最简单且经常被使用的测量格式是**类别性测量**(categorical measurement)。例如性别、宗教信仰、通勤方式等。类别性题目多应用于人口变量或事实性问题的测量,通常一份问卷都有基本数据栏,记录受测者的基本数据,包括性别、教育背景、居住地区等,或是具体的要求受测者就自己的情况加以报告的事实或行为频率,例如一周使用计算机网络的频率。因为其主要功能是作为基本数据,这些变量的测量多以封闭性问题来询问,以简化变量的内容。

类别性测量的基本要件有二,第一是题目的选项必须是完全互斥,第二是能够包括所有可能的选择,以避免受测者填答时遇到困难。有些题目研究者无法完全将选项设计进入试题,因此在最后增加“其他”一项,此举虽然使填答者得以将选项之外的答案填在问卷上,但是受测者所填注的“其他”数据往往无法与其他选项的数据一起处理,可能使得该受测者的问卷沦为废卷,因此除非不得已,一般问卷设计均不鼓励使用“其他”项来作为选项。

对选项的选择模式,类别性测量有多种不同的使用方式,例如复选题,每一个题目有许多个答案,或是排序题,要求受测者将选项加以排序。以数据分析的角度来看,以传统的单一选择题最容易处理,也就是将该题以一个类别变量来处理。对于复选题与排序题,由于一个题目内有不同的答案组合,因此同一个题目必须被切割成多个类别变量或顺序变量来进行键入或**编码**(coding),在处理上相对复杂。

(二)连续性测量

如果类别性测量的主要功能在鉴别差异,确认受测者所归属的类别,那么连续性的测量主要在进行程度的测量,以测定某些概念或现象的强度大小。在行为科学研究中一些抽象特质的测量,例如智商、焦虑感等,必须依赖精密的尺度来进行程度上的测定,因此测量学者发展出不同测量格式,提供研究者依不同的需求来设计适合的工具。

1. Likert-type 量表

Likert-type(李克特格式)量表是广泛应用于社会与行为科学研究的一种测量格式,适合于态度测量或意见的评估。典型的 Likert-type 量表由一组测量某一个相同特质或现象的题目所组成,每一个题目均有相同的重要性。每一个单一的题目,包含了一个陈述句与一套量尺。量尺由一组连续数字所组成,每一个数字代表一定的程度,用以反映受测者对于该陈述句同意、赞成或不同意、反对的程度。例如一个传统的 Likert-type 五点量表,数值为 1(非常不同意)、2(不同意)、3(无所谓同意或不同意)、4(同意)、5(非常同意),分数越高,代表同意程度越高。受测者依据个人的意见或实际感受来作答,每一题的分数加总后得到该量表的总分,代表该特质的强度。范例如表 2.2。

表 2.2 Likert 量表范例

题 目	1 非常不同意 2 不同意 3 没所谓同意或不同意	4 同意 5 非常同意
1. 我的工作允许我自己去决定工作的进度时间表。		1 2 3 4 5
2. 我的工作让我能做许多自己的决定。		1 2 3 4 5
3. 我的工作让我自己决定要运用什么方法来完成。		1 2 3 4 5
4. 我的工作允许我自己去决定做事的先后顺序。		1 2 3 4 5

Likert-type 量表分数的计算与运用有一个基本的假设,即数字与数字之间的距离是相等的,在这一假设成立的前提下,不同的题目才可以加总得到一个量表的总分,因此 Likert-type 量表是一种**总加量表**(summated rating scales),表示量表的总分由个别题目加总而得。

为使受测者的感受强度能够被适当地反映在 Likert-type 量表的不同选项,并符合等距尺度具有特定单位的要求,每一个选项的文字说明应使用渐进增强的词句,并能反映出相等间距的强度差异。过多的选项并无助于受测者进行个人意见的表达,过少的选项则会损失变异量与精密度,因此除非特殊的考虑,一般研究者多选用 4、5、6 点的 Likert-type 量表。当采用奇数格式时,如 5 点或 7 点量表,中间值多为中庸或模糊意见。采用偶数格式时,多为研究者希望受测者有具体的意见倾向,避免回答中间倾向的意见,而能获得非常赞成、赞成与非常不赞成、不赞成两类明确的意见。

从数据分析的观点看,Likert-type 量表是测量特定概念或现象的良好工具,主要在于 Likert-type 量表简易的编制过程,简单的计分过程以及题目的可扩充性等优点。在统计分析上,以 Likert-type 量表所计算出的分数是一种连续分数,具有丰富的变异量,可以进行线性分析或平均数差异检验。但是,由于 Likert-type 量表建立在量表的等距性以及题目的同质性两项假设上,Likert-type 量表必须先经过信度的检验,以确认量表的稳定性与内部一致性。

2. Thurstone 量表

Thurstone 量表也是由一组测量某相同特质的题目所组成,但是每一个题目具有不同的强度,受测者勾选某一个题目时,即可获得一个强度分数,当一组题目被评估完毕后,所有被勾选为同意的题目的强度分数的中位数,即代表该量表的分数。

Thurstone 量表的编制过程较为繁复,首先,编制者先将编写完成的一群题目(约数十题),交由一群相关的实务人员,请这些**评估者**(judges)依个人喜好或实务上的重要性,将题目归类,例如将最不重要或最轻微的标为 1,最重要的标为 11,其他的依序给予 1 至 11 不同的数字,代表不同的重要性。评分完成之后,每一题可以计算出一个平均数与四分位差,称为 Q **分数**(Q score),每一个题目的 Q 分数越大,代表大家的评分越分散,重要性越模糊,但是如果大家一致认为某个题目很重要或很不重要,该题目的 Q 分数即会较小,评价不一致程度较小,模糊性低。研究者即依模糊性的高低选出最一致(不模糊)的十至二十个题目,并使其平均数能涵盖不同强度高低,组成一套 Thurstone 量表,此时这十几题不但内容上具有特定的重要性,且模糊性低,每一个题目都有一定的重要性权数(即重要性平均数)。

Thurstone 量表完成后,由受测者逐题依“同意”或“不同意”作答,回答同意的题目计分为 1,并乘以该题重要性的权数得到各题分数,再以各题分数的中位数代表该量表的得分,如表 2.3。此种方法的优点是受测者不用针对一些模糊的强度:例如“非常”或“有些”来进行判断,也可避免量表是否等距的争议,同时每一题又有一定的重要性,施测后所得到的总分能够反映题目的重要性,在测量上远较 Likert 尺度符合等距尺度的精神,以此法编制量表又称为**等距量表法**(equal-appearing interval method),所获得的分数最符合等距尺度的要件,进行相关的统计分析时风险最小。但是 Thurstone 量表编制的过程相对繁琐复杂,评分者选择时需考虑代表性与客观性的问题,耗费时间与经济成本,因而甚少被使用。

表 2.3 Thurstone 量表范例

分数	评定	题目
10.2	□同意 □不同意	1. 小孩不打不成器。
9.1	□同意 □不同意	2. 打小孩是免不了的,只是不要当着他人的面打就是了。
6.2	□同意 □不同意	3. 教养小孩应该恩威并施。
4.8	□同意 □不同意	4. 即使小孩犯了大错,应考虑讲理,再考虑轻微的体罚。
1.5	□同意 □不同意	5. 打小孩不但不会有帮助,还会有反效果。

3. Guttman 量表

以 Guttman 格式所编制的 Guttman 量表与 Thurstone 量表类似,由一组具有不同程度的题目所组成。受测者对于某特定事件有一定的看法,且题目由浅至深排列,因此这位受测者在一定的程度以下的题目均应回答同意,但是超过一定的题目程度即应回答不同意,同意与不同意的转折点即反映了受测者的真实态度强度或行为强度,此时受测者回答几个同意,即代表分数几分,因此 Guttman 量表又称为**累积量表**(cumulative scales),如表 2.4 的范例。

表 2.4 Guttman 量表范例

评定	题目
□同意 □不同意	1. 你抽烟吗?
□同意 □不同意	2. 你每天是否抽烟多于 10 支?
□同意 □不同意	3. 你每天是否抽烟超过一包?
□同意 □不同意	4. 你是否每刻不能离开烟?

Guttman 量表与 Thurstone 量表类似,必须经过一定的前期准备,以确定量表的题目能够反映被测量的特质的内涵与结构;Guttman 量表中,程度较高的题目被受测者勾选为同意时,其他所有较低程度的题目应该全部被评为同意,如果有任何一个例外,代表该题的程度评估有误。因此 Guttman 量表事前需针对每一题的程度进行确认。

Guttman 量表与 Thurstone 量表的差异,在于计分的方法,Guttman 以转折点所累积的题数为分数,但是 Thurstone 量表以各题目的重要性分数来计分,相较之下,Guttman 量表的编制与使用较 Thurstone 量表简易。但是在分数的精确性上,则以 Thurstone 量表较佳。此外,对于具体行为的测量(例如抽烟的行为),Guttman 量表是较佳的选择,但是对于抽象性高的特质的评估(例如体罚态度),每一个题目的程度难以获得一致,则以 Thurstone 量表较佳。

4. 语意差别法(semantic differential scale)

语意差别法是由 Osgood 等人所发展的态度测量技术(Osgood & Tannenbaum,1955),针对某一个评定的对象,要求受测者在一组极端对立的配对形容词中,进行评定,例如表 2.5。

表 2.5 语意差别法量表范例

评定对象:大学教授

	非常	有点	都不是	有点	非常	
	-2	-1	0	1	2	
温暖的	____	____	____	____	____	冷酷的
忙碌的	____	____	____	____	____	悠闲的
吹毛求疵的	____	____	____	____	____	大而化之的
易于相处的	____	____	____	____	____	难以相处的

在评定的尺度上,语意差别法与 Likert 量表的原理类似,分数越高者代表受测者在该题意见强度越高,而 Likert 是以完整的陈述句来说明测量的内容,语意差别法则以**两极化形容词**(bipolar adjecrtive scale)来表示。语意差别法对于题目分数的计算,除了个别的使用每一个形容词配对来进行平均数的计算,也可将形容词加总获得总分来运用,也是一种总加量表。值得注意的是,并非每一对形容词都适合加总,因此研究者应妥善设计形容词的选用,以便能够进行总和计算。或是利用因素分析法,将概念相似的形容词配对予以加总,得到因素分数再做进一步的应用(Osgood,Suci,& Tannenbaum,1957)。

语意差别法的主要目的在区辨两个极端的概念,对于两极化形容词的评分,除了使用类似于 Likert 量表的尺度之外,另一种替代的方法是以一段开放的线段,让受测者自由点出其意见倾向,再以点选处的距离来代表受测者的强度,称为**视觉类化测量**(visual analog),如表 2.6。此法的优点以开放的线段代替特定的数字,可以去除由特定数值带来的**锚定效果**(anchor effect),测量精密度较高,同时在进行重测时,记忆效果较小,适用于实验研究中的前后测评量。但是在处理上耗时耗力,应用情形较不普遍(Mayer,1978)。

表 2.6 视觉类比测量范例

评定对象:大学教授		
温暖的	________________________	冷酷的

5. 强迫选择法(forced-choice scale)

强迫选择法是利用两个立场相反的描述句,其中一句代表正面的立场,另一句代表反面的立场,要求受测者自两者中挑选出较接近自己想法的题目,然后将正面的题项勾选题数加总得到该量表的总分。

表 2.7 强迫选择法范例

1. □甲:我喜欢狂热的,随心所欲的聚会。
   □乙:我比较喜欢可以好好聊天,安安静静的聚会。

2. □甲:很多电影,我喜欢一看再看。
   □乙:我不能忍受,看过的电影还要一看再看。

3. □甲:我常常希望自己能成为一位登山者。
   □乙:我不能了解为什么有人会冒险去登山。

强迫选择量表主要在改善 Likert 量表对于两极端强度测量敏感度不足的问题,当受测者对两个立场相左的陈述句做二选一的选择时,即明确地指出个人的立场,而不会有中庸模糊的分数。此外,强迫选择问题能够回避一些反应心向的问题,减少受试者以特定答题趋势去回答问题(例如中庸取向、一致偏高分作答)。

强迫选择量表的缺点之一即是量表的长度较传统 Likert-type 量表多出一倍,增加编题者的工作量。强迫选择问卷的数学原理也是以总加量表法来进行量表分数的使用。一般研究者以改善 Likert 量表的信度与项目代表性,来取代强迫选择题目的编制。但是强迫选择量表在市场营销调查与民意测验中,用以了解受测者的立场时,有强迫其表态的优点。

6. 形容词检核表(checklist)

检核表可以说是一种简化的 Likert 量表的测量格式,针对某一个测量的对象或特质,研究者列出一组关键的形容词,并要求受测者针对各形容词的重要性,以二点尺度或多点尺度来进行评估。如表 2.8。

表 2.8　形容词检核表范例

问题:创意广告人的特质? 对于一个具有创意的广告工作者,你认为下列人格特质的重要性为何?	
1. 热情的	□否　□是
2. 理性的	□否　□是
3. 外向的	□否　□是
4. 有耐心的	□否　□是

当受测者针对一组形容词进行评定之后,利用因素分析技术来进行分类或以特定方式重新分组,以总加量表的方式来计算分数。对于某些人格量表,测验编制者基于特定的理论或实证的研究数据,列出与某一心理特质有关的重要形容词,组成一套形容词检核量表,施以受测者,加总得到的分数即代表该心理特质的强度。

三、测量格式的比较

上述各种不同的测量格式,各有不同的功能与适用时机,使用者应审慎考虑个人的需求与研究目的,并依问卷编制的原则进行研究工具的准备。从量化研究的立场看,不同的量表格式有不同的应用价值,所以使用的统计分析亦有所不同。测量格式的比较请见表 2.9。

表 2.9　各种测量格式的比较

测量格式类型	编制难度	应用价值	量化精密度	分数的运用	测量尺度
非结构式问卷	低	低	低	需经转换	—
结构化开放式问题					
1. 数字型开放问题	低	高	高	连续分数	顺序、等距或比率量表
2. 文字型开放问题	低	低	低	需经转换	—
结构化封闭式问题					
类别性测量	低	高	—	个别题目(类别次数)	名义或顺序量表
连续性测量					
1. Likert-type 量表	中	高	高	总加法(连续分数)	等距量表
2. Thurstone 量表	高	高	高	等距法(连续分数)	比率量表
3. Guttman 量表	高	高	高	累积法(连续分数)	比率量表
4. 语意差别量表	中	高	高	总加法(连续分数)	等距量表
5. 强迫选择量表	中	高	高	总加法(连续分数)	等距量表
6. 形容词检核技术	低	高	高	总加法(连续分数)	等距量表

以编制的难度而言,最繁复的格式为 Thurstone 与 Guttman 量表,耗费的成本最高、时间最长,但是发展完成后,其等距性的测量提供最强韧的统计分析基础,适用于推论统计等检测。对于研究者而言,虽然成本较高,但是可以减少测量误差,提升检验的正确性,在管理领域,这些精密的量表有助于工作绩效与工作行为的评量,因此应用空间较大。其次是 Likert-type 量表,虽然编制难度不如 Thurstone 与 Guttman 量表,但是 Likert-type 量表多半需要提供信效度数据,使得量表的发展也需要经由具专门训练背景的人员来发展。

编制难度高的测量格式,相对地在统计与量化的应用上,具有较高的应用价值。在结构化问卷中,以封闭性的问题在量化研究中的应用性最为理想。不论是总加量表、累积量表或等距量表,皆能提供精密的量化数据,若能结合计算机应用软件,量化的数据可以快速地转换成不同的形式,应用在市场营销调查等各领域,提供决策与诊断的依据。值得注意的是,开放型问题中的数字型问题,不仅在编制难度上低,而且在统计与数据分析上的应用价值高,值得多方采用。

上述提及各种测量格式,多用于处理连续性的数据,但是绝大多数的研究与调查,均有收集背景数据加以分析运用的需求。在量化研究中,类别性的封闭性测量有其不可或缺的重要性,这类测量格式多用于收集事实性的数据,因此没有所谓精密度的问题,但是,如果封闭性的类别测量(例如分类化的月收入调查、分类化的年龄变量)转换成开放式数字型测量格式(开放式地询问月收入或实际年龄),则可以获得高精密性的计量数据,有利于数据分析的操作。

第四节 反应心向

一、反应心向的界定

受测者在作答过程中,常发生一种称为**反应心向**或**作答定式**(response set)的特殊作答现象,足以影响数据的正确应用,在测量领域,很早便受到研究者的注意(Block,1965)。从定义上来说,被试在填答问卷时,无论测验的内容和情况如何,被试具有一种比较固定的作答倾向称为**反应心向**(Wiggins,1973),例如被试倾向于回答特殊的答案,称之为**离异反应心向**(deviation)(Berg,1967),或是倾向于回答**同意**(yeasayers)或**不同意**(naysayers)的答案,称之为**顺从心向**或**唯唯诺诺**(acquiescence)(Lentz,1938)。在态度测量中,顺从心向是一个颇为普遍的测量误差(Ray,1983)。其他如受测者有习惯性遗漏填答,也可以归之于反应心向,被视为一种**作答粗心**(careless responding, Dillehay & Jernigan,1970)或**题项遗漏**(omitting items,Cronbach,1946)。

反应心向的发生,有时是有意识的,有时是无意识的。如果填答者存心讨好主试者,或欲通过好的分数以建立他人对自己的良好印象,称为**伪善**(faking good)反应心向。相反的,如果填答者想借由测验分数造成负面印象,或博取他人的注意、同情或帮助,或想表达不满、报复心态等,称之为**伪恶**(faking bad)。在组织诊断或人力资源的研究中,因涉及人员升迁与绩效评估等因素,常常可以看到此种反应心向。其他的反应心向还包括**中庸倾向**(mediocre),被试以不置可否或平均值、中间值的答案来描述自己的状态;或**批判、攻击倾向**(criticatness or aggression),指被试的答案均较具有批判性或攻击性。

反应心向在非意识的情况下发生，最常见的即是**社会赞许性**或**社会偏爱反应心向**（social desirability），也就是指被试倾向于以社会大众所欢迎的语句或选项来描述自己的状态，避免使用社会不赞同、具负面评价的填答方式。社会赞许性不同于有意识的欺瞒或伪善伪恶，而是一种无法自主控制的自动化行为，一般被试都可能不自觉地采用大众喜爱或社会认可答案来作答（Edwards，1957）。社会赞许性还有可能由于自我防卫心理造成，例如问及较为敏感的隐私问题，或社会禁忌的题项，或被“家丑不可外扬”的传统观念影响所造成。在1930年代，社会赞许效果受到相当的重视，Meehl & Hathaway（1946）整理出八种专门用以测量自陈量表中有关社会赞许性的工具。

二、反应心向的处理

反应心向对于测量分数的正确使用有着相当严重的影响。早期多以**系统性偏误**（systematic error or bias，Berg，1967）处理，但是部分学者则主张特定的反应心向也可以被视为一种人格特质，而被称为**反应风格**（response style）。前者是将反应心向检测出来后，以误差变异来处理，后者则将反应心向视为一种可以加以测量的人格属性（Jackson & Messick，1958，1962；Wiggins，1962）。但是，一个基本的共识是这些基于反应心向对测验分数造成的影响必须被辨识、测量，且进一步能与真分数分离，使得测验分数不受反应心向的干扰。

（一）废卷处理法

当研究者回收问卷，进行初步的检视时，通常可以由被试填写答案的趋势来判定是否存在特殊的反应风格，例如**极端反应**（Extremity），被试倾向选择较极端的答案来描述自己，如在五点评定量表中倾向选1或5，或明显地偏爱回答正向答案或高分，研究者可以将该份答案卷作为废卷处理，不输入数据文件中。

以废卷处理存有下列问题，第一，废卷处理的标准不易订定，多依循研究者的主观判断，缺乏一致的原则或标准，因此学者建议以特定指标作为废卷依据，例如利用检验量表测量社会赞许性程度，当分数超过某一标准时，即作为废卷处理。第二，以废卷处理时，该受访者的数据被完全排除，不但造成样本的减少，也可能形成系统性的数据遗失，造成另一种形式的测量偏误。第三，反应心向的效果无法被估计，并据以进行进一步的统计控制，形成研究上的限制。

（二）事前估计法

在反应心向的研究中，以社会赞许性受到最多的注意，研究结果也最为丰富。为了避免社会赞许性或其他反应心向的影响，测验试题编制之初，即应避免表达上容易造成困扰的题目，并进行必要的检测。例如将测验题目交由其他评审人员，对于题目受欢迎程度依九点量表来打分数，求取各评审人员的平均数，得到该题的社会赞许值（Edwards，1953）。该数值可以在进行研究结果分析时，作为控制变量。**高登人格测验**（Gordon Personal Inventory），即应用此一原理编制而成。另一个方法，是利用因素分析技术来抽取与社会赞许性有关的因素。通过因素分析，研究者得以将一组题目简化成数个具有内部一致性的因素。如果一组题目中，某些题目具有高度的社会赞许性，可能共同出现于同一个因素内，研究者即可考虑将该因素的题目删除，去除社会赞许性的影响。

(三)事后估计法

一般研究者均主张,反应心向必须被测量与估计,以便进行必要的统计处理。一种较为简单的方式,是将反应心向的得分,作为一个特定的控制变量或**抑制变量**(suppressor),纳入回归方程式,利用协方差分析或回归原理进行统计控制。使得其他的预测变量得以在排除反应心向的情况下进行估计。

事后估计法的使用,必须先进行量表检验。例如 Edwards(1957)采用明尼苏达多向人格测验(MMPI)最可能造成社会赞许性的题目三十九题,编成社会赞许性量表(social desirability scale),用以测量被试的社会赞许性程度。其他的量表如马康二氏社会赞许量表(Marlowe-Crowne Social Desirability Scale, Crowne & Marlowe, 1960),CPI 好印象量表(Good Impression Scale,Gough,1952),适用于儿童的儿童社会赞许量表(Children's Social Desirability Scale,Crandall,Crandall & Katkovsky,1965)等。

虽然回归技术可以轻易处理控制的问题,但是存在一些问题,第一是反应心向不易测量,目前除了社会赞许性已有专门的量表之外(如 Edwards,1953),其他的反应心向如"唯唯诺诺"等,其效果不易测得。第二,回归分析结果的预测力偏低,导致对于测验分数的控制效果不大(Dicken,1963)。

(四)使用其他测验形式

为避免反应心向的问题,彻底解决之道即选用较为不受影响的测验题型。例如采用非文字测验,如投射测验、绘图测验、语句完成测验、自由反应问卷等,避免使用自陈式量表。其次,减少量表的选项,如将七点量表改为三点量表或两点量表,减少反应心向的偏离情形,但是相对的,将减少测量的总变异量,减低了测量的精密度。第三,采用强迫选择问卷,要求受测者从两个对立的描述句中选择一个最接近被试想法的答案等。一些研究者甚至提出**受测代理人技术**(proxy subject),以间接的方式进行测量,也就是通过与受测者熟悉亲密的亲人、朋友、师长来进行数据的收集,以减少反应心向。Sudman & Bradburn(1974)研究指出,此一技术对于较为外显、可公开测量的内容效果较佳,对于性格、价值理念等抽象特质的测量则效果欠佳,使得此法的应用价值受到争议(Kane & Lawler,1978;McCare,1982)。

另一种常见的用来侦测作答者作答特殊性的方法是在问卷当中设置反向题。如果填答者恶意作答或不愿意作答时,有可能没有察觉到题目的问题可能是相反方向的问法,导致出现矛盾的答案。以下列两题自尊量表试题为例:

1. 大体来说,我对我自己十分满意
2. 有时我会觉得自己一无是处

很明显的,第 2 题目是反向计分题。题目的选项的分数高低,恰与其他题目相反。若以 1(非常不符合)、2(有点不符合)、3(有点符合)、4(非常符合)四点量表来测量强度,分数越高者,表示越有正向的自尊,反向题的强度恰好与其他试题相反,如果作答者胡乱作答,没有觉察到这几题的方向问法不同,可能就会做出与正向题相冲突的回答。如果反向题的作答异常,可以作为废卷处理的依据。值得注意的是,如果是一个正常的受测者,需使用反向编码的方式,将所有题项反向计分后,才能继续运用于分析当中。

上述的处理模式,或多或少可以降低反应心向的影响,唯研究者必须考虑适用的时机，选择最适合于研究设计与目的的策略。但是反应心向的问题，反映出测量过程存在系统性偏误的潜在威胁，尤其是当研究者选用自陈式量表进行测量时，就非常容易出现来自于工具本身的偏误，称为**方法效应**（method effect），也就是因为特定工具的使用，所产生不必要的系统变异或系统误差的影响（Bagozzi，1993；Marsh，1989；Marsh & Hocevar，1988）。

事实上，反应心向可以视为是一种被试与工具之间产生交互作用（subject-tool interaction）的误差效果，也就是说，测量工具本身或被试因素并不是造成反应心向的主要因素，而在于两个交互影响的效果，因此，反应心向的因应，应从多方面角度以及过程控制来进行，在工具方面即应避免使用易引发反应心向的试题，进行事前的评估，在施测的过程，使用适当的指导语，以匿名方式作答，去除填答者的疑虑与压力等**压力减低技术**（demand reduction techniques，Paulhus，1982）。同时在数据整理过程中，进行目视筛检与统计的控制，多管齐下来维护测量的质量，方能收到实效。

第二篇
数据处理与数据查核

量化研究所产生的原始数据，就好比刚从市场买来的材料，要送给大厨烹调之前，先要进行必要的处理，才能让大厨的手艺有所发挥。原始数据经过整理、编码、输入及适当的转换之后，还需进行统计假设的检验，才能作为统计分析的数据，此一过程除了概念性的介绍，更有赖实际的操作与演练，才能圆满达成任务。

计算机化的作业模式，已完全取代人工操作。SPSS 中文视窗版统计软件包上市后，数据分析作业得以更快捷、便利与精确的进行，但是仍有赖一套缜密的编码、键入等前期工作，以及研究者细心的侦错与检查，使得各种问题得以在第一时间即获得处理。

熟悉统计软件是使工作顺利进行的重要能力，适当的数据转换、描述统计与图表的运用，可以将计算机化的原始数据进行初步的呈现，是进入正式分析之前最佳的热身。

第三章 数据计算机化与数据库建立

当研究者完成一个研究的设计与规划之后，即进入研究执行阶段，开始进行数据收集工作。在这一阶段，研究者必须透过有计划的工作流程，有系统地进行数据处理的工作，以确保研究数据的质量，并为下一阶段进行数据分析提供良好的条件。这些包括数据收集的标准化、编码系统的建立、数据的编码与键入、数据检验与转换等。数据处理步骤的严谨程度，是决定数据分析成败的关键因素。

到了科技发达的今天，许多研究数据的处理皆可由研究者个人在个人电脑上完成，因此研究数据的计算机化，即成为每一个研究人员所需直接或间接面对的工作，也影响了研究工作的进展。所幸拜商业软件高度发展之赐，市面上有多种方便使用的数据处理与统计分析软件，可提供研究者选用。因而量化数据的计算机化在技术层次已经不构成问题，研究者所需具备的是正确的研究方法知识，以及严谨的工作态度与实事求是的精神，如此一来，量化研究的进行将可在科技设备的支持下正确有效地完成。

第一节 编码系统的建立与应用

客观、标准、系统化的数据收集过程，是数据处理的首要工作。由于研究工具决定了数据的形式与内容，负责统计分析的研究人员，通常在工具发展的阶段即参与决策，以便提供数据处理与统计分析的相关意见，避免不恰当的数据格式与处理流程，造成日后分析师的困扰与资源的浪费。具体而言，数据处理人员的第一个具体任务是**编码系统**（coding system）的建立，并确保研究工具与编码系统的匹配。

一般而言，研究方法的训练重视工具的发展，而把数据分析作为后续处理步骤来看待，呈现**工具引导编码**（tooling leads coding）的现象。大多数的研究方法教材均花费相当篇幅讨论良好的研究工具的要件，而缺乏对数据处理与数据准备的说明。但是，如果从数据分析的角度来看，编码的概念必须先于或至少平行于工具的发展，才能使数据分析在最佳的情况下进行，也就是说应是**编码引导工具**（coding leads tooling）。主要是从“预防”的角度考虑，借由编码系统的引导，避免不适用数据的产生。

量化研究的重点在于利用符号或数学模式来进行数据处理与统计分析，一旦数据回收，数据内容已成既存事实，对于有问题的数据，仅能进行补救或以统计方法进行控制，而无法在第一时间来进行预防。因此，从分析者的观点，以编码系统的建立引导工具的发展是一种最佳做法。

一、编码系统的概念

编码系统是一套数据处理的模式，包含数据的**架构**（framework）与处理**流程**

(procedure)。数据的架构包括数据的格式、符号表征、内容广度与遗漏处理。编码系统的处理流程则指分析人员在处理数据过程当中,对于数据的分类、转换、合并、删除与保留的过程。

不论是数据的架构或流程,编码系统的发展,根据数据最初收集的方式,其处理方式有所不同。例如文字性与量化性数据,以及开放式数据与封闭性数据,皆有不同的处理方式。量化性数据是数据在获取过程中,即以数字形式存在,例如家中人口数、薪资、年龄、年资、工作满意度等,数字本身带有量尺的特性或研究者赋予的特定意义。文字性数据则是指数据的原始型态是文字,数据处理时必须加以转换变成数字的型态,例如学校名称、宗教信仰、工作内容等。

如果问卷题目未指定范围,或内容并无确切的范围,即属于开放式数据,例如受访者的工作内容、观察访谈数据等,即属文字性的开放数据。一般而言,文字性数据必须转换成数字的类型,才能够进行进一步的分析与运用。文字数据的数量转换有两个步骤,首先是依照编码系统,进行分类。第二是以**虚拟变量**(dummy variable)的方式,进行数据的整备。

第一阶段的分类往往非常耗费人力与时间,并涉及主观判断与分类错误的问题。以社会经济地位的测量为例,研究者多以家庭中主要成员的职业和教育程度两个因素作为衡量标准,通常由受访者填写职业类别,再由研究人员将职业类别转换成不同层级的职业水平,如高级专业人员和高级行政人员(医生、教授、企业高级主管等)、专业人员和中级行政人员(律师、会计师、企业中级主管)、半专业人员和一般性公务人员(出纳员、一般职员等)、技术性工人以及半技术性工人和非技术性工人。分类完成后再以适当的权数与教育水平合并计算得到社会经济地位指标。

文字性数据分类完成之后,如何赋予特定的数字符号,牵涉到虚拟变量的处理。在数据分析领域中,虚拟变量有不同意义,一般而言,所谓**虚拟**(dummy)是指在数据收集完成之后,再以人为的方式,将数据加以处理,赋予特定计量符号的过程。此一事后人为变量化的过程所产生的新变量,称为虚拟变量。

虚拟化变量最大的挑战是分类的效度问题,即如何将各行各业分入适当的类别,而类别的高低水平是否能够真实反映个体的实际情况也需要评估。如果分类缺乏一致标准,将难以获得共识而被质疑。

二、编码表

建立编码系统的具体行动是建立**编码表**(codebook)。编码表主要用于记载数据数量化的所有格式与内容,并配合计算机处理的需求,详述数据处理的步骤。

(一)编码表的功能

编码表具有多种重要功能,第一是提供标准化的作业流程。通常一个研究的数据处理由多人共同完成,这些人员可能包括了助理、工读生等素质不一的成员,使用编码表可以规范每一位工作者的作业模式与流程,避免错误的发生。第二是沟通的功能,借由编码表,所有的使用者可以轻易地理解数据的内容与格式,而无须初始数据处理者随伺在侧以便提供数学符号翻译的服务。此外,除了与人沟通,参考计算机设备与统计软件的编码表,可以轻易地衔接计算机与分析设备,亦具备了与计算机沟通的功能。

第三项重要功能是工作凭据的建立与工作记忆的留存。在数据处理过程当中,往往会有突发的情况发生,此时数据处理人员必须将处理策略记载在编码表中,在获得其他人员的了解之后,纳入编码系统的规定,除了提供修正扩充的平台之外,同时可将处理流程与决策结果详实地记载,成为数据处理的记忆。例如在处理年龄数据时,某位受访者的年龄数据无法以现有的编码系统涵盖,于是将该受访者年龄数据以特殊数字处理,记载在编码表上。在大规模施测的问卷调查与长期性的纵贯研究中,因涉及多人长期的工作,编码表的设计与运用对于研究的顺利完成具有关键性的影响。

表3.1是一份网络行为调查问卷的简单范例,问卷中包括三个部分:基本数据(包括背景数据)、网络使用习惯、网络态度。其中网络态度共有十题,其量表为 Likert-type 六点量表。对应于这份问卷的编码表列于表3.2。

表3.1 网络行为调查问卷范例

亲爱的同学,您好:

我们目前正在进行一项关于大学生使用网络的研究,您的配合对于本研究的进行将会提供相当大的帮助。本研究采取无记名方式进行,请您诚实作答,问卷内容仅作为学术研究,个人数据将不会对外公开。谢谢您的作答!

辅仁大学心理学系四年级学生敬上

第一部分:基本数据

1. 性　别　□1. 男　□2. 女　2. 出生年月:______年______月
3. 学　院　□1. 文艺学院　□2. 法商管理　□3. 理工学院　□4. 农医学院　□5. 其他____
4. 年　级　□1. 一　□2. 二　□3. 三　□4. 四　□5. 四以上
5. 居住地　□1. 家里　□2. 学校宿舍　□3. 租屋　□4. 亲友家　□5. 其他____
6. 有无男/女朋友　□1. 有　□2. 无

第二部分:网络使用习惯

1. 最常上网的地点　□1. 家里　□2. 学校　□3. 宿舍　□4. 网吧　□5. 其他____
2. 通常上网的方式　□1. 拨号　□2. 宽带　□3. 局域网　□4. 其他____
3. 每周上网大约____次,平均每次上网____小时
4. 最可能检查 E-mail 的时段(请排序)□1. 上午　□2. 下午　□3. 晚上　□4. 十一点后的深夜
5. 最常进行的网络活动类型(可复选)
　□1. BBS　□2. 聊天室　□3. 收发 E-mail　□4. 网络通讯　□5. 传送文件档案
　□6. 阅读电子报　□7. 网络游戏　□8. 网络购物　□9. 数据搜寻　□其他____

第三部分:请您就认同程度与自身感受,在1到6圈选出一个适当的数字,数字越大表示同意程度越高。

	非常不同意	不同意	不太同意	有点同意	同意	非常同意
1. 上网是一个良好的休闲活动	1	2	3	4	5	6
2. 不上网就落伍了	1	2	3	4	5	6
3. 上网是用来打发时间	1	2	3	4	5	6
4. 网络交友不是一种安全可靠的交友方式	1	2	3	4	5	6
5. 网络提供一个发泄情绪的管道	1	2	3	4	5	6
6. 网络的神秘感与匿名性非常吸引我	1	2	3	4	5	6
7. 不上网会让我感到浑身不舒服	1	2	3	4	5	6
8. 在网络上我可以讲平常不敢讲的话	1	2	3	4	5	6
9. 我在网络世界中比现实生活中更有自信	1	2	3	4	5	6
10. 网络上的朋友比现实生活中的朋友更了解我	1	2	3	4	5	6

表 3.2 网络行为调查问卷编码表范例

原始题号	变量(Variable)		数值(Value)		遗漏值	SPSS 栏位
	变量名称	变量标注	数值	数值标注		
	ID	被试编号	0-999			1
一 1	GENDER	性别	1	男	9	2
			2	女		
一 2	YOB	出生年次	0-99	—	99	3
	MOB	出生月份	1-12	—	99	4
一 3	COLLEGE	学院别	1	文艺学院	9	5
			2	法商管理		
			3	理工学院		
			4	农医学院		
			5	其他		
一 4	GRADE	年级别	1-4	—	9	6
一 5	LIVING	居住地点	1	家里	9	7
			2	学校宿舍		
			3	租屋		
			4	亲友家		
			5	其他		
一 6	FRIEND	异性朋友	1	有	9	8
			2	无		
二 1	PLACE	上网地点	1	家里	9	9
			2	学校		
			3	宿舍		
			4	网吧		
			5	其他		
二 2	METHOD	上网方式	1	拨号	9	10
			2	宽带		
			3	局域网		
			4	其他		
二 3	FREQ1	每周上网次数	0-98	—	99	11
	FREQ2	每次上网时数	0-24	—	99	12
二 4	TIME	检查 EMALL 时段	0	未选	9	13-16
(排序题)	TIME1	上午	1	第一顺位	(全未选)	
	TIME2	下午	2	第二顺位		
	TIME3	晚上	3	第三顺位		
	TIME4	11 点后的深夜	4	第四顺位		
二 5	ACTIVITY	网络活动类型				
(复选题)	ACT1	BBS	0	未选	9	17-26
	ACT2	聊天室	1	有选	(全未选)	
	ACT3	收发 E-MAIL				
	ACT4	网络通讯				
	ACT5	传送文件档案				
	ACT6	阅读电子报				
	ACT7	网络游戏				
	ACT8	网络购物				
	ACT9	数据搜寻				
	ACT10	其他				

续表

原始题号	变量(Variable)		数值(Value)		遗漏值	SPSS栏位
	变量名称	变量标注	数值	数值标注		
三 1-10 (量表)	ITEM1	1. 上网是一个良好的休闲活动	1	非常不同意	9	27-36
			2	不同意		
	ITEM2	2. 不上网就落伍了	3	有点不同意		
	ITEM3	3. 上网是用来打发时间	4	有点同意		
	ITEM4	4. 网络交友不是一种安全可靠的交友方式(反向题)	5	同意		
			6	非常同意		
	ITEM5	5. 网络提供一个发泄情绪管道				
	ITEM6	6. 网络的神秘感与匿名性非常吸引我				
	ITEM7	7. 不上网让我感到浑身不舒服				
	ITEM8	8. 在网络上我可以讲平常不敢讲的话				
	ITEM9	9. 我在网络世界中比现实生活中更有自信				
	ITEM10	10. 网络上的朋友比现实生活中的朋友更了解我				

(二)编码表的内容

编码表的内容通常包括四个部分:变量名称与标签、变量数值与标签、遗漏值处理与分析处理记录。首先,第一个部分是配合研究工具的内容与题号顺序,记录变量的命名与内容的说明,例如问卷上的原始题号。在多数的情况下,每一个题目应有一个相对应的题号与变量名称,但是某些题目在原始问卷上仅有一题,但是在实际进行数据分析时需处理成多个变量,产生一(题)对多(变量)的特殊情况。例如问卷上出现出生年月日的题目,在原始问卷上属于一个题目,但是编码表上出现出生年、出生月、出生日三个变量。

此外,虽然问卷中没有 ID 这个变量,但是在数据处理过程中,每一份问卷的编号是重要的管理数据,因此在进行数据处理时,每一份问卷若非事前已经编定好一个编号,通常都会额外在问卷上编上流水号以资识别。

第二个部分包括变量的数值内容与卷标,是一份编码表当中最重要的部分。一般而言,变量名称以不超过八个字符的英文词来表示,例如性别以 gender 命名之。每一个英文名称之后,紧接着是该英文名称的卷标,该卷标将被键入 SPSS 数据库作为该英文变量名称的标签。

另外,数值的标签对于类别变量是一个非常重要的注记,但是对于连续变量的数值即不需要特别予以注记。例如,对于上网次数与时数来说,数值本身就反映了次数与时间,此时就不必进行数值标注。但对于性别变量,则必须将数值意义加以标注。有的研究者习惯将男性标定为 1 女性标定为 2,但是也有人将男性标定为 1,女性标定为 0,此时若不参照编码表的记录,外人很难知道变量数值的意义。

一般若使用了心理测验或量表,通常会以特殊的量尺来代表反应强度,例如 Likert-type 量表,此时,数值具有特定的强度,强度的意义必须加以注记。例如 1 至 5 的五点量表,分数越高代表强度越强,称为正向题,但有时分数越高代表强度越弱,是为反向题,在数据库建立时,需进行特别处理。例如问卷当中的第三部分的第 4 题(网络交友不是一种安全可靠的交友方式),就是一个反向题,应在编码表中注记。

第三个部分是有关遗漏值处理的方式。在量化研究的数据处理上,遗漏值的处理扮演着一个重要的角色,主要是因为数据遗漏是一个相当普遍的现象,不但造成样本的损失、资源的浪费,同时造成数据处理的不便,并导致统计分析的偏误。一般习惯上,遗漏值以变量的最后一个数值来表示,个位数的变量,遗漏值设为 9,二位数的变量,遗漏值设为 99,当研究者有需要时,可以自行定义不同的遗漏值。

遗漏的情况不一而足,因此处理的方式各有不同。通常最常见的情况是单纯的作答不全产生的空白答案,数据处理多以特定数值(例如 9,99)来代表漏答的情况。其次是超过范围的数据,无法被原有的编码系统涵盖,研究者通常也必须将这些数据设定为特定数值来作为遗漏值处理。此外,遗漏的情况还包括明确的拒答,受访者对于某一个题目没有作答,往往不是因为遗忘,而是拒绝回答,除非问卷上有特定选项让填答者选择拒填或"无法回答",研究者很难从空白的问卷来判断是单纯的遗漏还是拒答,如果问卷提供特定选项表示不愿作答,或受访者在问卷旁有特别注记"难以作答"或"不愿作答",数据处理时均需以特定数值区别拒答与单纯遗漏。

编码表的第四部分,是有关计算机软件处理方式的说明。早期使用 SPSS/DOS 版本进行数据分析时,需以特定的格式来键入数据,研究者需指明某个变量所占有的栏位,否则计算机无法辨识数据的内容。在视窗版 SPSS 的数据库中,则可指明哪一个变量位于哪一个栏位。由表 3.2 的编码表可知,整份问卷键入 SPSS 数据库后,共占有 36 栏数据。

值得注意的是,在问卷中,有一个排序题(第二 4 题)与一个复选题(第二 5 题),虽然在问卷上均只是一个题目,但是在 SPSS 数据库中,排序题与复选题的每一个选项就应占有一栏数据,因此两个题目各占了 4 与 10 个栏位,相对的,这两个题目真实在 SPSS 数据库中的变量数目各为 4 与 10 个。

三、废卷处理

在进行研究数据计算机化之前,还有一项重要的工作,就是进行废卷处理。经由研究问卷的逐份检查,研究者可以及时地发现疏漏数据,并进行补救,如果无法及时补漏数据,研究者必须淘汰不良的研究数据,保持研究数据的纯净。如果发生问题的问卷过多或过度集中于某一类的研究对象时,研究者必须进一步探讨是否研究执行过程存有瑕疵与疏忽,并重新检查有关的问卷或研究数据,以避免系统性偏误。

废卷发生的情况与原因非常多,最直接的判断方法是检查遗漏答案的情况。一份问卷如果长度过长、存在排版错误或是双面印刷,填答者可能会忽略部分试题,造成填答遗漏的现象,必须以无效问卷来处理。此外,有些填答者习惯性跳答,或是过度谨慎,亦将造成遗漏过多的现象。

恶意作答、说谎与欺瞒也使得问卷必须淘汰,例如填答者全部勾选同一个答案,或是草率地胡乱勾选,明显地抗拒作答,即使回答全部的问题,这些数据也不堪使用。其他废卷情形不一而足,非目标样本的排除(如年龄过幼或过长)、单选题以多选题作答、作答者能力不足以回答问卷等。此外,明显的反应心向,例如过度极端的回答、社会赞许反应明显等,有时也应以废卷处理。

废卷处理并无特定的标准或程序,也不限定只能在分析之前进行,研究者在分析过程当中的任何阶段,皆可以适时地排除或调整数据。在严谨程度上,过度严格的废卷处理不一定能够提高研究的质量,反而可能因为系统化删除特定个案而造成偏误,但是粗糙的废卷处理更可能造成研究数据的偏误失真,导致研究的灾难。宽紧之间的选择,多依赖研究者累积其经验,或基于研究者的需求来进行判断。同时,也需借助统计分析的技术,善用各种指标,来管理控制研究分析的进行。

一般而言,在学术报告中,必须清楚地指明废卷处理的方式,提出修正的结果与淘汰比例的信息,以利审查人员或读者判断。如果废卷淘汰过多,研究者可能必须另行增补样本,以符合研究者预期的样本规模。废卷处理看似单纯,但却深深影响研究质量与研究结果,实在不能轻视。

第二节 SPSS 基本操作

一、SPSS 简介

SPSS 是 Statistical Package for the Social Science 的简称,SPSS 软件是 SPSS 公司于 1965 年开发的,四十多年来,SPSS 软件为适应不同操作系统而发展出多种版本,例如适用于大型主机的 SPSS/UNIX、个人计算机系统的 SPSS/PC,以及配合微软窗口的 SPSS 视窗版。2009 年七月底,IBM 以 12 亿美元购并 SPSS,软件改称 PASW Statistics(predictive analytics software,PASW;随后又改称为 IBM® SPSS® Statistics),目前的版本为第 18 版多国语言版。想了解 SPSS 新版功能者可在 http://www. spss. com/statistics/注册下载 21 天试用版。

相较于其他统计软件,SPSS 最大的优点是简易便捷的操作原理与指令运用,对于硬件的要求较低与其他软件的兼容性高。同时,由于研究人员采用 SPSS 者众多,逐渐成为学院课程的标准配备,这形成了 SPSS 广泛流行的一大优势。尤其是视窗化 SPSS 搭配微软窗口的强大功能,大幅改善使用者操作界面,图表的制作更加简单、精美,使得 SPSS 的学习与运用更加简易,同时又能衔接其他文字处理软件,例如微软的 WORD、EXCEL 等软件,使得 SPSS 视窗版甚受欢迎。

虽然 SPSS 有多种不同的版本,操作方法亦不尽相同,但是在处理量化数据方面,均有着类似的程序与原则,包括数据定义、数据转换与数据分析三个主要的部分。兹说明如后:

(一)数据定义(data definition)

数据定义的目的,在使计算机能够正确辨认量化的数据,并对数据赋予正确的意义。主要的工作包含变量名称的指定(变量标签)、变量数值标签、变量的格式类型、遗漏值的设定。在视窗版 SPSS 中,数据的定义是以窗口对话框的方式来界定数据,使用者亦可利用语法文件来撰写数据定义语法,在一个档案中便可以界定所有的变量。

SPSS 数据窗口中,数据定义的部分是以单独的工作表的形式呈现,性质与 EXCEL 数据库管理系统相似,将变量的各种属性的设定与修改,以类似"储存格"的方式来处理,增加了许多弹性与软件间的可兼容性。另一个优点是 SPSS 的数据定义与其他常用软件包的兼容性大幅增加,例如 Excel 工作表与 Word 文档当中的文字,可以直接复制、粘贴 SPSS 数据窗口当中变量的卷标与数值卷标,操作上更加简便。

(二)数据转换(data transformation)

数据的格式与内容界定完成之后,这些数据虽然已经可以被计算机所辨识,但是尚未达到可以使用的状态,在进入数据的分析工作之前,仍有一些校正与转换的工作必须完成,例如反向题的反向计分、出生年月变量转变成年龄之新变量、总分的加总等,都是第二阶段必须完成的工作。此外,废卷处理、数据备便、遗漏值的补漏检查等工作,也是在此一阶段进行。

SPSS 软件的视窗版提供了相当便利的数据转换功能,可以非常容易地选取、过滤或删除特定的数据;数据重新编码、四则运算的功能也十分完整,处理的方式有多种的变化可供选择,绝大多数数据转换都可以利用窗口指令来下达,而不用人工来作业,相当省时、省力,建议读者熟加运用。一旦转换完成后,此一数据库已可称为干净的(clean and clear)的数据,准备下一个阶段的分析之用。

(三)数据分析(data analysis)

SPSS 数据处理的最后阶段,是依操作者的指令,进行各种统计分析或统计图表的制作。此时操作者必须具备良好的统计基本知识,熟知研究的目的与研究数据的内容,才能在数十种统计指令当中选择适合的统计方法来分析数据。其次,操作者也必须能够阅读分析之后的报表数据,从不同的指数与指标当中,寻求关键且正确的数据来作为研究报告撰写的根据。

数据分析完成之际,通常需进行适当的文书处理,将输出报表进行编辑、打印,并撰写结果,数据分析的工作才算顺利完成。SPSS 软件的视窗版自己附带了一个文本编辑器,专门用来编修统计图表,SPSS 的使用者必须熟习 SPSS 的文本编辑器,才可以在数据分析完成后,实时进行表格图表的编修,否则一旦图形、表格被转贴到其他软件之后(例如 Word 或 PowerPoint),就无法加以调整,使用者必须多方尝试,累积经验来进行文本编辑工作。

二、SPSS 的系统设定

就像其他的微软操作软件,SPSS 也具有基本的系统设定功能,可以让使用者来调整 SPSS 运作方式。使用者仅需点选 编辑 当中的 选项 (options),就可以借由 一般化 、浏览器 等不同的设定对话框来调整 SPSS 系统设定(如图 3.1)。

一般化**设定**(General)对话框提供了 SPSS 软件最基本的系统环境设定。包括视窗的外观、SPSS 界面所使用的语言、变量清单所显示的是变量名称还是标签,以及软件所使用的编辑单位是"点数""英寸"或是"公分"等。新版的 SPSS 可以选择 10 种语言的输出方式,中文使用者可以选择繁体中文或简体中文。

比较值得一提的是输出批注设定(Output labels),可以控制报表内容如何显示变量

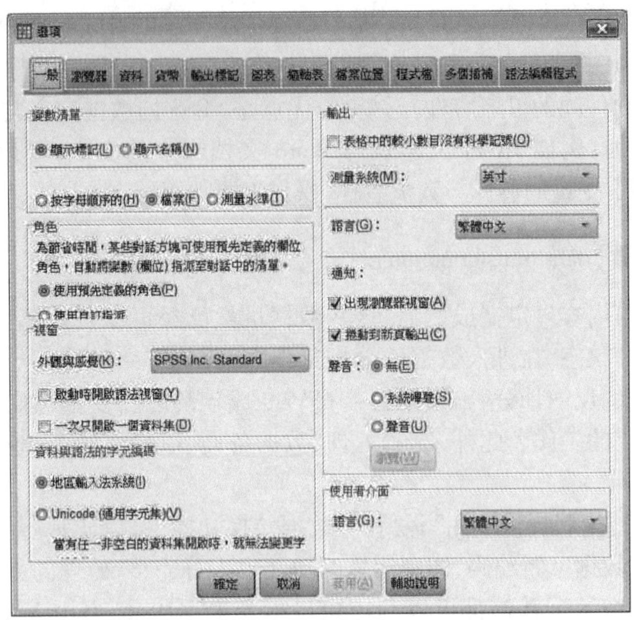

图 3.1　SPSS 的一般化设定的对话框画面

和数值的相关信息,包括概要注解(outline labeling)与枢轴表注解(pivot table labeling)的变量名称与批注(标签)、变量数值与数值批注(数值标签)的呈现方式(如图 3.2)。

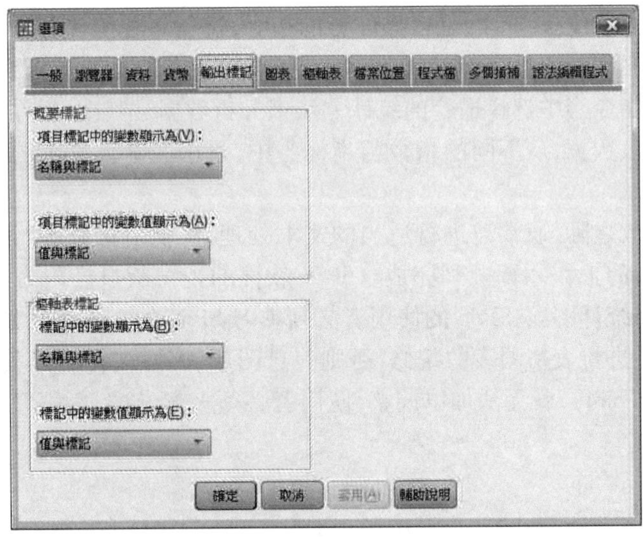

图 3.2　输出批注设定的对话框画面

如果使用者希望在输出窗口左侧的概要目录中,能够看到变量标签或是变量数值标签,必须在概要注解选择名称与标签;如果使用者希望在报表中能够看到各变量的标签,或是变量数值的标签,必须在枢轴表注解选择名称与标签。选择变量和数值批注通常可让读者较易于了解表格内容,但是过长的卷标可能会影响表格呈现。

三、SPSS 的各种窗口

（一）数据编辑窗口

数据编辑窗口是一种类似于电子表格（例如 EXCEL 软件）的数据处理与编辑系统，功能是储存研究数据与变量数据。启动 SPSS 软件之后，使用者首先进入的便是数据编辑窗口，这个窗口可显示数据文件的内容。通过此窗口，可以建立新的数据文件或修改旧有的数据文件。

SPSS 的数据编辑窗口又分成两个工作表，一个是变数检视[1]工作表，另一个是资料检视工作表。变数检视工作表的内容是显示数据文件当中各变量的特性，也就是进行输入数据之前所必须进行的数据定义部分。资料检视工作表则是存放数据内容的地方，也可在此进行数据管理的工作，如图 3.3 所示。

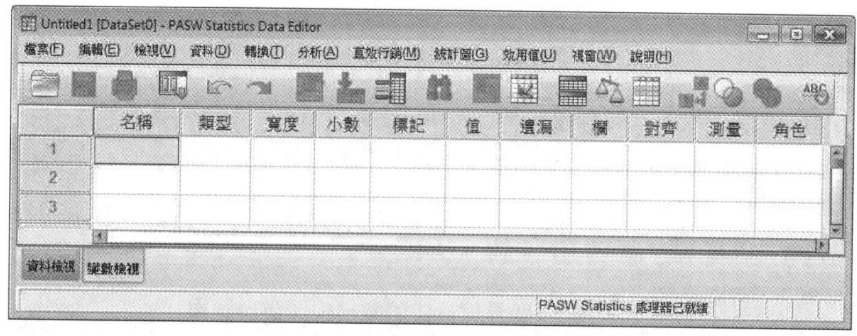

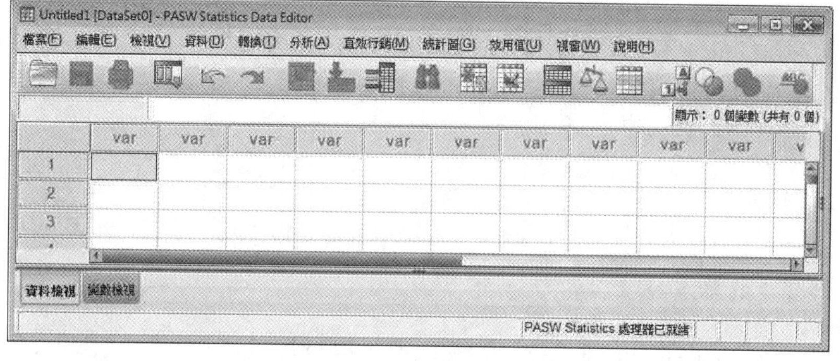

图 3.3 SPSS 数据编辑窗口的变数检视与资料检视工作表图解

利用资料检视工作表，使用者可以逐笔输入原始数据，建立自己的数据文件，或是将其他类型的数据文件读入 SPSS 当中。数据窗口的两个工作表，可以由视窗下方水平轴上的变数检视与资料检视两个按钮来选取、转换。SPSS 视窗版软件与其他微软窗口软件一样，附有相当容易操作的菜单列与工具列，来进行各种文件管理与数据管理的

1 本书正文中所有术语均以按内地通行的表述处理。但由于技术原因，演示操作步骤的截图仍保留了 SPSS/PASW18 软件繁体中文版的样式，为了与截图对应，全书指示操作步骤的文字亦未作转换。给读者阅读造成的不便，敬请谅解。读者可以在 SPSS/PASW18 软件简体中文版中，点击“编辑”→“选项”，在“常规”选项卡中将“用户界面语言”改为“繁体中文”，即可获得与本书界面一致的视图效果。——编者注

工作。

点选菜单列当中的各个选项,使用者可以得到 SPSS 软件所提供的所有的操作功能,而工具列则是列出常用的一些功能选项,例如 开启档案 、储存档案 、列印 等,以提高操作的便利性。其中例如 显示卷标 ,就是一个非常好用的功能,使得使用者可以直接在 资料检视 工作表中看到每一个数值背后的意义。如图 3.4 所示。

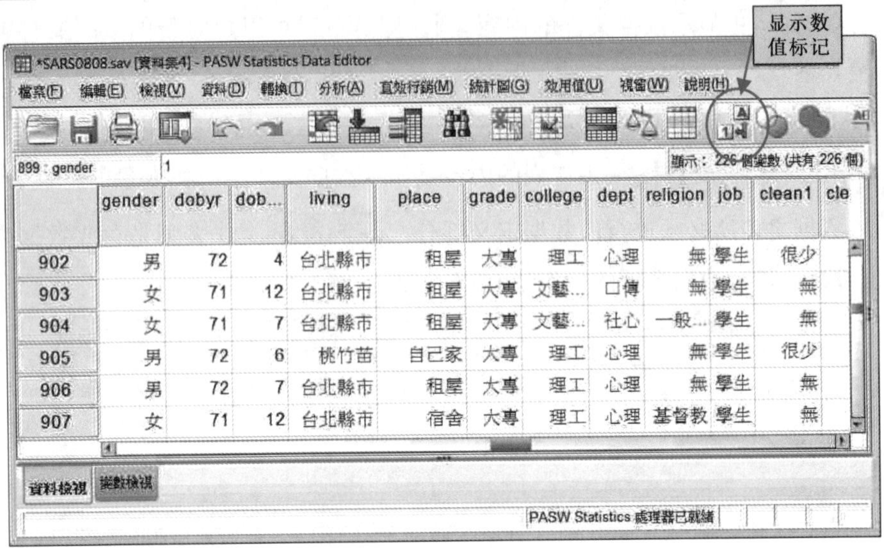
显示数值标记
*SARS0808.sav [資料集4] - PASW Statistics Data Editor
檔案(F) 編輯(E) 檢視(V) 資料(D) 轉換(T) 分析(A) 直效行銷(M) 統計圖(G) 效用值(U) 視窗(W) 說明(H)
899 : gender
1
顯示：226 個變數 (共有 226 個)
gender dobyr dob... living place grade college dept religion job clean1 cle
902 男 72 4 台北縣市 租屋 大專 理工 心理 無 學生 很少
903 女 71 12 台北縣市 租屋 大專 文藝... 口傳 無 學生 無
904 女 71 7 台北縣市 租屋 大專 文藝... 社心 一般... 學生 無
905 男 72 6 桃竹苗 自己家 大專 理工 心理 無 學生 很少
906 男 72 7 台北縣市 租屋 大專 理工 心理 無 學生 無
907 女 71 12 台北縣市 宿舍 大專 理工 心理 基督教 學生 無
資料檢視 變數檢視
PASW Statistics 處理器已就緒

图 3.4　显示变量值标注的数据视图窗口画面

不论是 变数检视 或是 资料检视 工作表,皆可以直接使用键盘上的按键或鼠标来进行基本的编辑作业,例如键盘的 DEL 键,可以删除数据或变量,按鼠标的右键,可利用快速键功能(例如复制/粘贴)。

(二)输出窗口

1. 输出窗口的基本特性

输出窗口(output viewer)是存放 SPSS 视窗版执行后的结果、表格、图表、各种警告与错误信息的地方,如图 3.5 所示。使用者可以直接打印,或将所显示的输出数据加以编辑与储存,便于日后使用,更可以配合其他数据库或文字处理软件(例如 EXCEL、WORD)来进行编辑整理。储存时,仅需点选工具列的储存按钮,键入路径与文件名,SPSS 便会自动给予该结果文件一个. spo(新版为. spv)的扩展名作为识别。

输出窗口分成左右两区,左侧是目录,也就是结果输出的结构图,依序显示使用者要求 SPSS 所进行的各项工作程序的结果,并依照层次排列。输出窗口的右侧显示的是输出的内容,存放 SPSS 执行后的所有记录与数据报表。当使用者用鼠标点选左侧目录当中的任何一个项目,右侧便会自动出现相对应的输出内容。

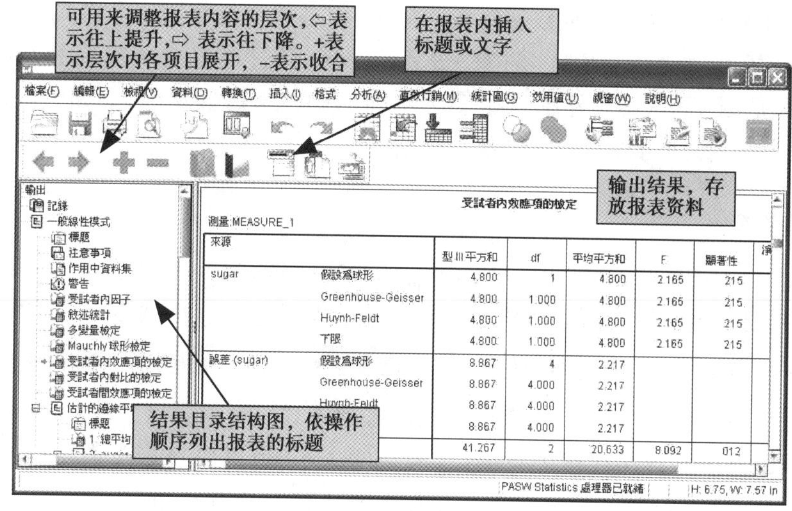

图 3.5　SPSS 的输出窗口

2. 输出窗口的菜单与工具列

输出窗口具有非常便捷的菜单与工具列。在菜单部分，一般窗口软件常用的档案管理功能与编辑功能，均可以利用 档案 、编辑 、检视 、格式 之滚动条内的选项来处理。例如更改输出窗口中目录部分的字形与大小，可以利用 检视 的 概要大小 与 概要字形 来更改和变动。

如果输出的内容过多或过于庞杂，使用者可以依循一般微软窗口软件的文本处理方式，选取特定的区域，利用菜单列当中的 编辑 来进行删减。更简易的方式，是在左侧的目录结构区当中，选取所欲删减的区域，再按键盘上的 DEL 键，就可以轻易地移除输出的内容。如果要移动报表的内容，仅需利用鼠标，在输出窗口左边的目录上，将所欲移动的报表内容选定，按住鼠标左键，然后将选定内容移动至新位置，松开鼠标左键即告完成。使用者也可以直接在输出窗口报表中，点选需移动的表格，利用鼠标移至新位置。

如果输出的结果要转贴至其他文字处理软件（如 WORD），使用者只需将鼠标移至所需复制的表格，点击左键一次（即选定表格），再点选菜单中 编辑 中的复制，再开启 WORD 后，点击 粘贴 或在 选择性粘贴 中选用适当的贴图格式贴上即可。

3. 输出编辑器的运用

结果输出窗口内附带有文本编辑器。如果输出结果与报表的内容、表格、字型等需要进行修改，使用者可以将鼠标移至报表图表上方，点按鼠标左键两次开启编辑器进行编辑。此时窗口的功能表与工具列产生一些变动，如果是表格，将新增插入、枢轴分析、格式等，以便编辑作业。如果是图形，则会增加图库、图表、数列、格式等不同的功能选项，以及其他非常便捷的工具列。

编辑器当中，格式 选项的内容，可以让使用者调整选择的图表的性质、形状、打印形式，或是储存格的字形、大小等。尤其是在 SPSS 报表中，有些太小的小数点尾数会以科学符号的方式表现，如果要改成以实际数值呈现，即必须调整数据保存格式，挑选数值的第一个选择项#.#，而非#.#E-#。例如 -9.592E-02 经过调整后所出现的实际数值是 -.096。如果是图，SPSS 编辑器提供了多种不同的调整与修饰功能，例如数据的附注方式、色彩改变等。读者可以自行尝试各种调整。

4. 枢轴表分析

枢轴表(数据透视表，Pivoting trays)是输出窗口编辑器中，非常方便的一个编辑程序，可以用来改变表格的数据呈现格式(纵轴、横轴与图层元素的改变)。使用者只要点选所要编辑的表格，打开编辑器，然后点选 枢轴分析，勾选 正在枢轴分析，就可以得到枢轴分析工作图，就可以开始调动表内数据的排列方式。至于表格内的文字、数字数据，可以利用鼠标直接点选储存格进行修改，表格的大小，也可以直接在表格内拉移框线。值得注意的是，如果表格的栏宽不足，那么数值或文字将无法显示，而会以＊＊＊＊标示。

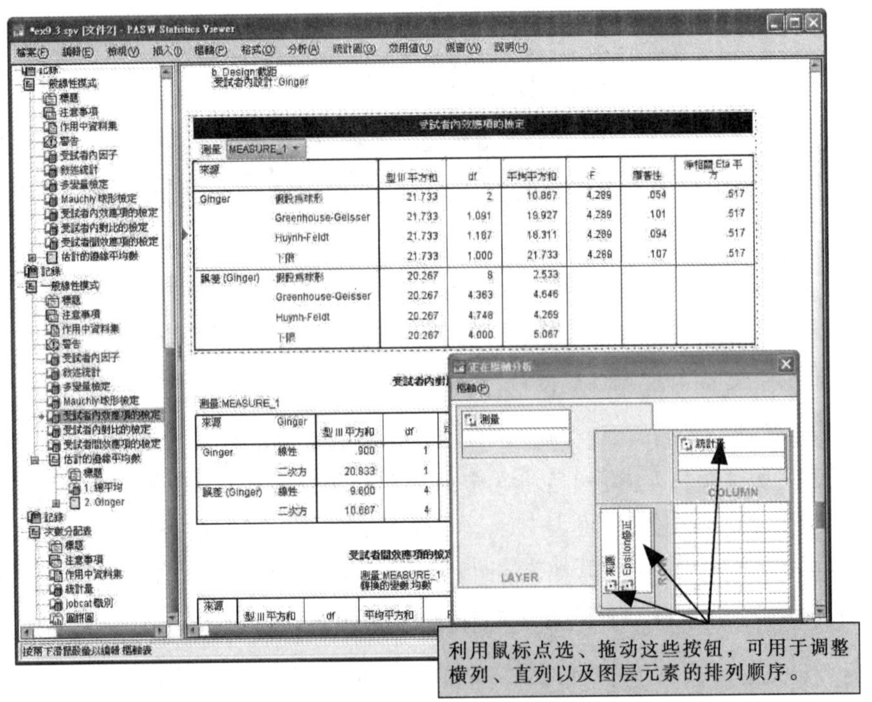

(三)语法窗口

语法窗口(syntax)是 SPSS 利用程序语言来执行指令的窗口。在传统的 SPSS/PC 软件中，是利用使用者预先写好的 SPSS 程序指令来执行命令。然而，随着微软窗口操作系统的推出，SPSS 也全面改用窗口操作系统来运作。SPSS 视窗版中保留了语法功能，一方面是提供使用者另一种操作 SPSS 的选择，但是最重要的目的是使得 SPSS 可以通过指令运作的模式，来发挥窗口功能所不能涵盖的其他统计分析与数据处理功能。

语法窗口的开启非常简单，只要到 档案 中，开启新的语法，就会得到一个新的语法视窗。如果是一个已经存有语法指令的语法文件（＊.sps），则可使用开启旧文件的功能，将某一个以.sps为后缀名的语法文件调出，如图3.6。

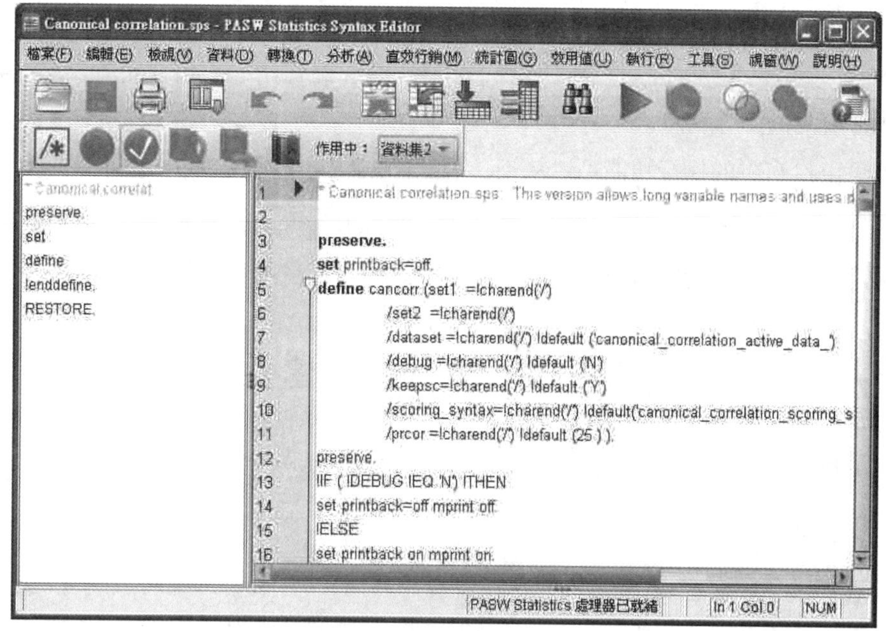

图3.6　SPSS的语法窗口

就像其他的程序语言一样，SPSS的语法指令有其特殊的格式与撰写方法。SPSS的指令语法是以一个独立的指令组为基本运作单位，一个独立的指令组由一个主指令带领，跟随着一个或多个可以自由搭配选用的次指令（subcommand），最后由一个句点"."表示该独立指令组的终点。大多数的副指令是以"/"作为区隔，但是紧接着主指令的第一副指令通常可以省略。

语法窗口的优点是可将SPSS操作过程储存成语法文件，留下工作纪录，让使用者可以查阅操作的历史，并且在有必要时可以重新执行。在视窗版SPSS中，绝大部分的操作动作均可利用 贴上语法 将操作指令贴到语法窗口中。

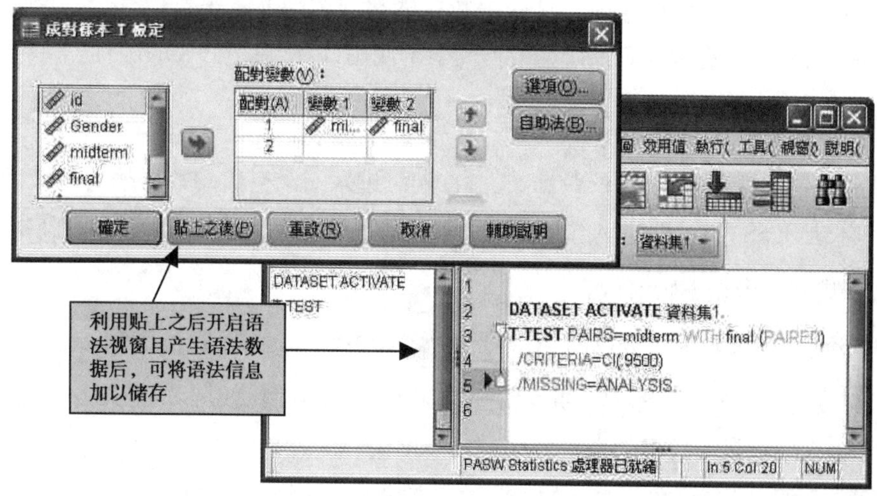

即使使用者没有来得及操作 贴上语法 动作贴上语法,也可以在执行完毕某一个动作后,到输出窗口中找到执行该动作的指令,然后加以储存。使用者在整个执行完毕SPSS,离开了SPSS软件后,还有第三个方法去得到SPSS执行过程的语法记录,就是去SPSS的记录文件中(*.jnl)找到曾经执行过的SPSS动作指令。由此可知,语法窗口是一个非常有用的工作窗口。

语法窗口当中的执行功能可以从工具列的 执行 中,选择 全部 来让所有的指令都运作,或以鼠标将部分指令选定,利用工具列 执行 中的 选择 来执行选取部分的指令,如果已经利用光标将部分所欲执行的指令选定,也可以直接点选工作列中的▸键执行。

第三节 数据库的建立

本节说明如何利用SPSS软件来建立数据库,一旦数据库建立完成,使用者就可以充分利用计算机的效能来进行各式各样的检验与分析。

数据数位化时需注意几点:第一,数据输入以编码系统为依归。如前所述,编码表为数据处理提供了一套客观、标准化的作业流程。然而,一份完善的编码表建立之后,如果使用者不确实依其要领与步骤来执行,不但无助于数据处理质量的提升,反而造成数据处理的困扰。

第二,拟定数据库建立计划,提供良好的作业环境与流程安排。由于数据键入的工作可能旷日持久,长期工作不但造成人员的压力,并且影响计算机与外围设备的稳定性。定期维护数据库、进行档案备份、良好的档案管理系统、有条理地处理与储存实体问卷、人员与设备的适当休息,都是提升数据处理质量的有效策略。否则当机频发、数据遗失、人为错误不断、计算机档案混乱等困扰将接踵而来。

第三,事前充分的训练。多人同时作业可以有效提升工作效率,但是也会增加错误发生的概率,因此通过事前的训练,达成协调研究成员的作业模式与分工原则,以期满足研究者的需求与后续统计分析的需要。

第四,数据保密工作的落实。虽然多数研究数据不涉及重大机密,但是基于研究伦理的考虑,研究人员有责任确保研究数据的学术使用,以避免不必要的困扰。

一、SPSS数据窗口的开启

要建立一个视窗版SPSS的数据文件,首先需进入一个空白的数据编辑窗口,使用者可以在启动SPSS后立即进入空白的数据编辑视窗,或是利用 档案 → 开启档案 → 资料 ,开启新的数据编辑窗口。

SPSS的数据编辑窗口分成 变数检视 与 资料检视 两个工作表,依照正常程序开启数据窗口时,应会先进入编辑窗口的 变数检视 工作表,以方便使用者先定义各个变量的基本性质,输入所欲键入数据的变量名称、类型、批注、遗漏值、格式等各种信息。然后才是利用 资料检视 工作表,在相对应的变量之下输入每一笔数据,最后储存所有的工作,建立一个扩展名为.sav的SPSS数据文件。

二、数据库的建立

现在假设要输入每一个受测者的身份编号与性别两组数据，也就是要输入两个变量的数据，第一个变量为身份编号，变量名称定为 ID，每一个受测者的编号为四位数(0001-9999)，第二个变量为性别，变量名称定为 GENDER，每一个受测者在这个变量的数据为个位数(1:男;2:女)，变量的定义与数据的输入如下列各步骤所示：

(一)输入变量名称

欲输入变量名称，可以在 变数检视 工作表中的 名称 下，输入变量名称。第一横列输入第一个变量的数据定义，第二横列输入第二个变量的数据定义，依次类推。

变量的命名应与编码表上的记录维持一致，以免造成混淆。变量以英文表示。但有些英文词被 SPSS 软件保留为特殊用途，不得使用为变量名称，包括 ALL、AND、BY、EQ、GE、GT、LE、LT、NOT、OR、WITH 等。

(二)选择适当变量类型

变量名称输入完成后，即可进行变量类型的设定，此时应将鼠标移至 类型 ，按鼠标左键一次，即出现选择画面，进入变量类型对话框，选取适合的变量类型。受测者的编号属于一般数值，因此点选第一个选项，变量宽度只有四位数，因此填入宽度为 4；因为不需要小数点，因此在小数位数当中填入 0。在对话框当中，还有其他选项，例如科学符号、货币等，较常用的是字符串数据以及日期。

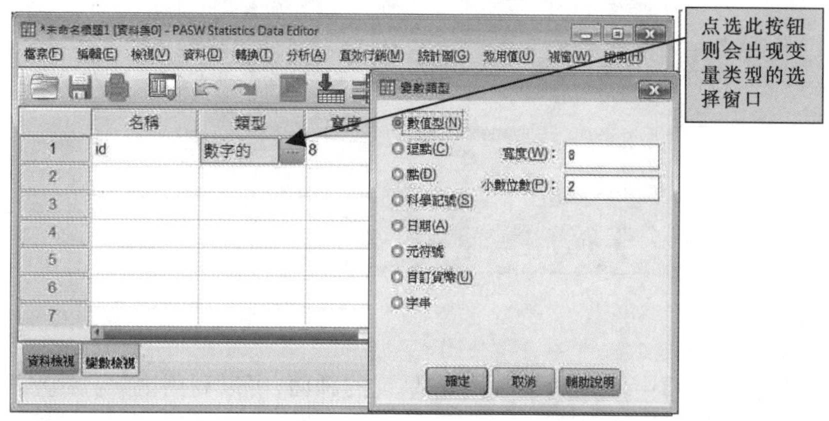

(三)输入注解(标记)

要输入变量的注解时，使用者可以直接在 注解 下输入适当的变量标签。ID 表示受测者编号，即可输入注解中，或是由其他文档中，将已经建好的数据复制粘贴。

对于变量的数值，则是利用 数值 来进行注解。如果是类别变量(如性别)，需要输入数值标记。使用者只要将鼠标移至 数值 ，点击左键，即出现对话框按钮，依序输入代表的数值与数值标注，点一下 新增 ，再按 确定 即可。

(四)设定遗漏值

欲设定变量的遗漏值,可以点选 遗漏 ,进入遗漏值设定对话框。SPSS 视窗版的遗漏数值可以是三个独立的遗漏值,以一个区间内的数值为遗漏值,以及在一定范围及特定数值作为遗漏值等多种方式。因为 ID 为研究者按照问卷顺序编制,因此此变量并无遗漏值的问题。

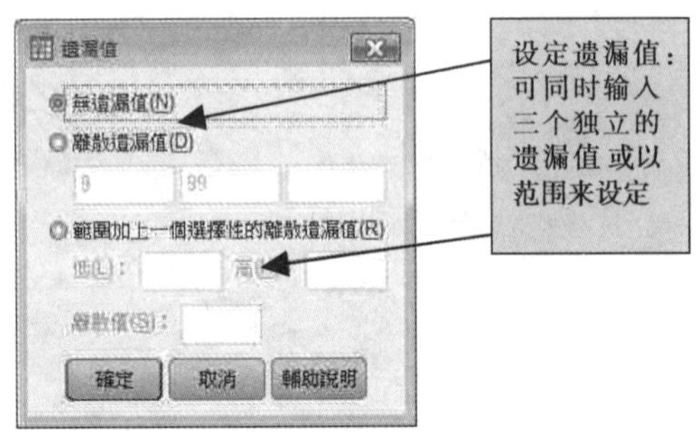

(五)选定格式

为了设定数据窗口中 资料检视 工作表呈现的画面,可以利用 栏 与 对齐 两个选项来设定数据格式。范例中 ID 变量的宽度为 4,此时应点选 栏 ,调整数值为 4,宽度不宜小于第二步骤所设定的变量栏数,否则在编辑窗口中无法看到数据内容。利用 对齐 可以调整数据出现在数据编辑窗口时的格式,例如居中、靠左或靠右等。

(六)设定测量尺度

最后一个选项是定义变量测量尺度。从对话框中可以看到三种尺度:**量尺**(interval scale)、**次序**(ordinal scale)与**名义**(nominal scale)。使用者可以针对变量的测量尺度,点选正确的选项。如果在此没有设定正确的类型,可能影响后续的统计分析。

上述六个步骤完成后,数据编辑窗口将显现所设定完成的变量名称 ID 于变量名称栏,此时使用者即可以开始输入数据,或继续进行其他变量的设定,再统一进行数据键入的工作。输入完毕后,保存并命名,以 sav 为扩展名保存(*. sav),即成为一个 SPSS 视窗版的数据文件,如图 3.7。文件名储存完毕后,会在左上角出现文件名(不含扩展名)。

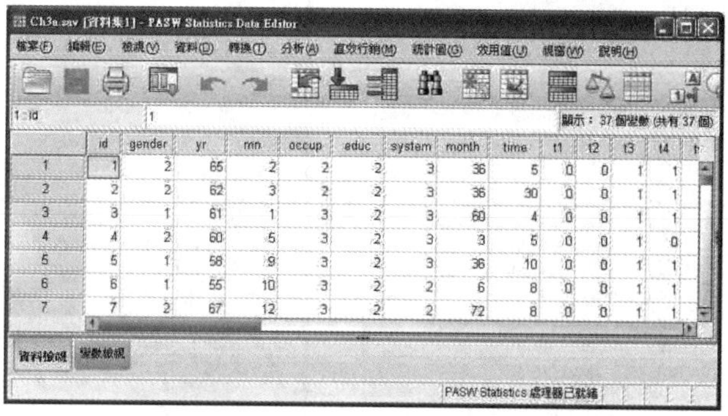

图 3.7　文件完成时的数据编辑窗口画面

此时,若要查阅所输入的格式是否正确,可以点选 档案 → 显示资料档资讯 → 工作档,在输出窗口中可以得到所有变量的设定情况,如表 3.3 所示。为节省篇幅,表 3.3 仅列出两个变量的变量卷标、数值卷标、栏位、长度、遗漏值等信息。此表应与编码表完全一致,若有差异,必须进行检讨。

表 3.3　工作文件中各变量与数值信息的部分结果

变量信息

变量	位置	标记	测量水平	角色	行宽度	准线	打印格式	写入格式	遗漏值
id	1	被试编号	尺度	输入	3	右	F3	F3	
gender	2	性别	尺度	输入	5	右	F1	F1	9
yr	3	出生年	尺度	输入	5	右	F4	F4	99
mm	4	出生月	尺度	输入	5	右	F4	F4	99
occup	5	职业别	尺度	输入	5	右	F1	F1	9

三、其他文档的转入

前面两种输入模式,直接由数据编辑窗口输入,再加以存盘即可,属于直接输入法。事实上,由于个人使用习惯的不同,或是原始数据储存与处理的限制,许多研究者使用非 SPSS 软件附属的编辑器来输入数据,例如 EXCEL。如果是兼容的文件,SPSS 可以直接读入,如果是文字文件,即必须利用 SPSS 软件的转文件功能来将数据转入 SPSS 处理器中。此种输入数据的方式,可以称为间接输入法或转档法,说明如下。

(一)EXCEL 文档读入

目前市面上最普及的数据库软件可以说是微软的 EXCEL,其他的软件,例如 dBASE 也还有人在使用,这些档案都可以被 SPSS 读取。Excel 档案内的数据与 SPSS 读入后的画面如图 3.8 所示。

EXCEL 表格中的数据,若以 编辑 中的 复制 功能选定一定区域之后,可以直接 粘贴 到 SPSS 的数据编辑窗口,同样的,SPSS 视窗版所输入的报表、图形,也可以利用 复制 →

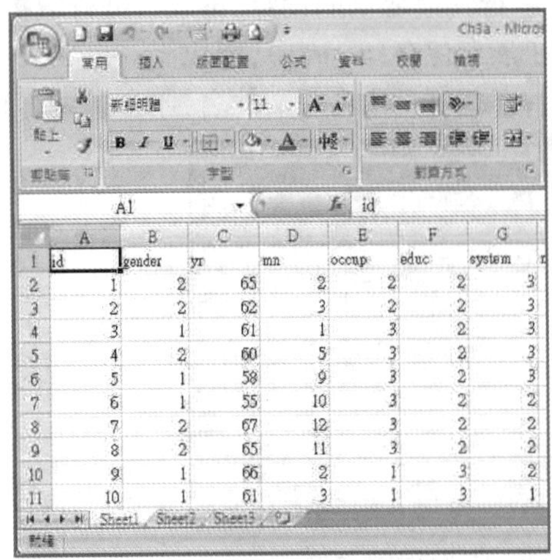

	A	B	C	D	E	F	G
1	id	gender	yr	mn	occup	educ	system
2	1	2	65	2	2	2	3
3	2	2	62	3	2	2	3
4	3	1	61	1	3	2	3
5	4	2	60	5	3	2	3
6	5	1	58	9	3	2	3
7	6	1	55	10	3	2	2
8	7	2	67	12	3	2	2
9	8	2	65	11	3	2	2
10	9	1	66	2	1	3	2
11	10	1	61	3	1	3	1

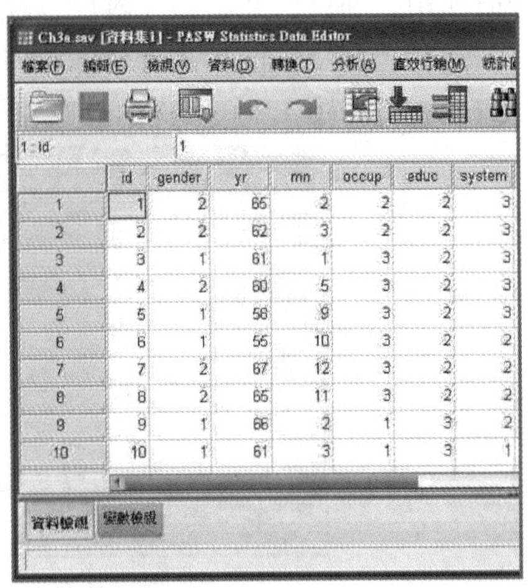

	id	gender	yr	mn	occup	educ	system
1	1	2	65	2	2	2	3
2	2	2	62	3	2	2	3
3	3	1	61	1	3	2	3
4	4	2	60	5	3	2	3
5	5	1	58	9	3	2	3
6	6	1	55	10	3	2	2
7	7	2	67	12	3	2	2
8	8	2	65	11	3	2	2
9	9	1	66	2	1	3	2
10	10	1	61	3	1	3	1

图 3.8　EXCEL 的数据(左)与读入 SPSS 后(右)的画面

粘贴的功能，转贴到 WORD、EXCEL 与 POWERPOINT 软件中。

从视窗版 SPSS 通过档案中的开启选择 EXCEL(＊xls)档案类型以读取数据，在数据来源对话框中点选确定，即可顺利将 EXCEL 文件的数据转至 SPSS 窗口(如图 3.9)。

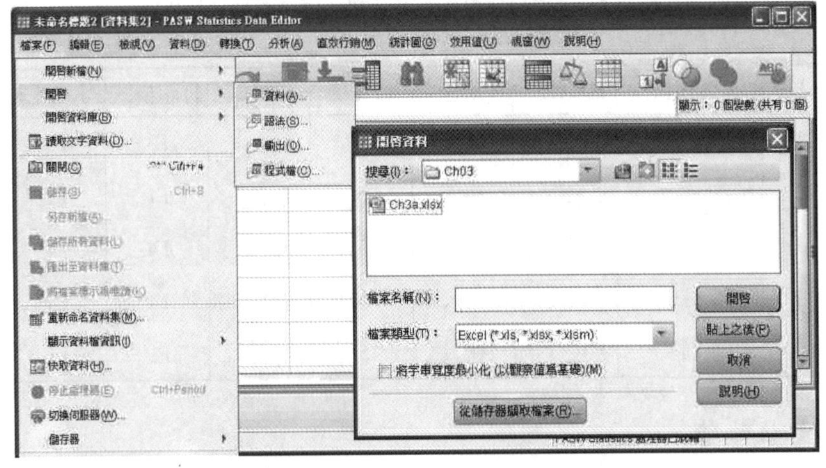

图 3.9　开启选单中 EXCEL 的文档类型

(二)由文字文档(ASCII 文档,.dat)读入

间接输入法中，最常见的情况是由简单文字文件(即标准 ASCII 格式)的数据文件转入 SPSS 软件。早期 DOS 系统下的文本处理系统所处理的数据多属于 ASCII 格式数据，可以读入视窗来加以处理。

ASCII 文档的转换，首先需进入 SPSS 中文视窗版的数据编辑视窗，选取档案中的读取文字资料的选项，将选单移至该选项后，即会进入“文字精灵”。进入文字精灵之后，共要进行六个步骤，每一个步骤的进行，数据文件都会显示在预览窗口(如图 3.10)。

依照对话框的指示，使用者很快即可将 ASCII 档案中的数据转入 SPSS 视窗版中，在定义栏位的同时，若参考编码表，将可以提高效率，减少错误。

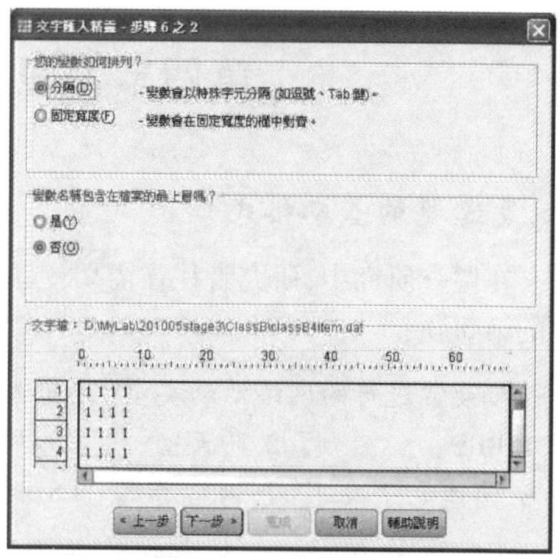

图 3.10　读取文字数据或 ASCII 格式的小精灵画面

第四节　复选题处理与分析

一、复选题的基本格式

在调查研究中,研究者往往需要受访者在一系列的选项中进行复选,例如表3.1当中的第5题:

5. 最常进行的网络活动类型(可复选)

☐ 1. BBS　☐ 2. 聊天室　☐ 3. 收发 E-mail　☐ 4. 网络通讯　☐ 5. 传送文件档案
☐ 6. 阅读电子报　☐ 7. 网络游戏　☐ 8. 网络购物　☐ 9. 数据搜寻　☐其他____

对于纸本问卷来说,**复选题**(multiple response)虽然只是一题,但是由于有多个选项,填答者必须就每个选项进行反应,因此每一个选项都是一个二分变量(有无回答),导致在数据输入的过程中,一个有 *K* 个选项的复选题,必须被视为 *K* 个变量。每一个选项,依其内容设定为一个新二分变量,0代表该题之该选项未被勾选,1代表该题该项被勾选。依此原则,上述范例共有10个选项,可编号成 Q5_1 到 Q5_10。下图为5个被试在10个复选变量上的反应数据。

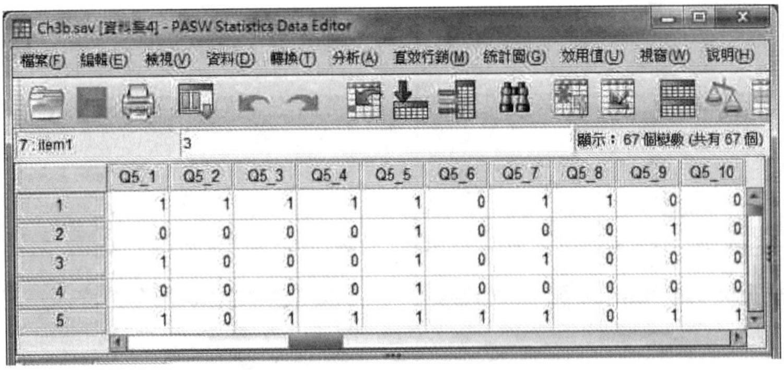
Ch3b.sav [資料集4] - PASW Statistics Data Editor
7 : item1
3
顯示：67 個變數 (共有 67 個)

	Q5_1	Q5_2	Q5_3	Q5_4	Q5_5	Q5_6	Q5_7	Q5_8	Q5_9	Q5_10
1	1	1	1	1	1	0	1	1	0	0
2	0	0	0	0	1	0	0	0	1	0
3	1	0	0	0	1	0	1	0	0	0
4	0	0	0	0	1	0	0	0	0	0
5	1	0	1	1	1	1	1	0	1	1

二、基本分析策略

当10个复选变量输入完成之后,使用者可以利用一般的描述统计进行初步的数据整理,了解数据的情况。如下表。

描述统计

	个数	最小值	最大值	平均数	标准差
Q5_1 BBS	98	0	1	.59	.494
Q5_2 聊天室	98	0	1	.16	.372
Q5_3 收发 EMAIL	98	0	1	.53	.502
Q5_4 接收新讯	98	0	1	.45	.500
Q5_5 下载或上传档案	98	0	1	.70	.459
Q5_6 阅读电子报	98	0	1	.13	.341
Q5_7 网络游戏	98	0	1	.24	.432
Q5_8 网络购物	98	0	1	.19	.397
Q5_9 搜寻资讯	98	0	1	.69	.463
Q5_10 其他	98	0	1	.12	.329
有效的 N(完全排除)	98				

由上表可知,共有98笔数据,每一个复选变量最小值为0,最大值为1,反映出每一个题目均为二分变量。平均数代表该题目被选取次数的平均值,越接近1者,被选取的次数越普遍。其中Q5_5(0.70)最高,换言之有将近70个学生都会使用网络传递文件。

除了描述统计之外,研究者可依个人需要,将各题进行统计分析。但是由于这些变量属于二分类别变量,若要作为因变量,所能适用的统计分析限于卡方检验或对数线性模型等。例如检视Q5_5在男女性别上的分布情形:

sex 性别 * Q5_5 下载或上传档案交叉表

个数

		Q5_5 下载或上传档案		总和
		0 未选	1 有选	
sex 性别	1 男	17	35	52
	2 女	12	34	46
总和		29	69	98

三、复选题分析

SPSS视窗版提供了复选题分析(multiple response analysis),可将多个选项分开键入的复选题还原成原始复选型态的变量。以前述范例,原始问卷第五题共有10个选项,经过输入处理之后,成为10个复选变量。经由复选分析之后,这10个单独的题目,得以还原成一个题目,此题在SPSS当中为虚拟变量。

操作的程序,首先,研究者需点选分析→复选题分析→定义集合,以进入定义复选题集对话框,如图3.11。进入对话框后,逐步建立虚拟的复选变量。将每一个属于第五题复选题所属的子题Q5_1至Q5_10,移至右侧集内的变量清单中,输入该虚拟复选题的名称(Q5)与标签(Internet),同时勾选二分法,输入计数值为1,点击新增完成一个复选题的创造。

点选完毕后,使用者可以查阅复选题集是否存在$Q5变量,变量前的$符号代表该变量为虚拟变量。完成此项操作之后,可以回到分析→复选题分析之下,选取分析的方法中次数分布表或交叉表。

(一)次数分布表的应用

次数分布表功能类似于前述的次数分布功能,将虚拟复选题每一个子题的次数以表格的方式打印出来。打开次数分布表对话框之后,将五个复选题集移至表格清单中,即可执行获得下面的结果。

由输出数据可以看出,98位受访者对于复选题计有375个答案,最多人回答Q5_5上下传文件,计有69人,占全体反应375次的18.4%,占总人数98人的70.4%;最少人回答Q5_10其他(12人),占反应总次数的3.2%,占总人数的12.2%。

图 3.11 复选题处理之菜单与定义复选题变量对话框

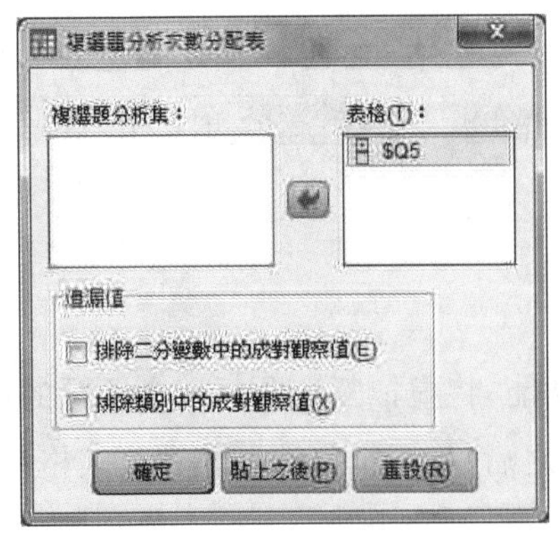

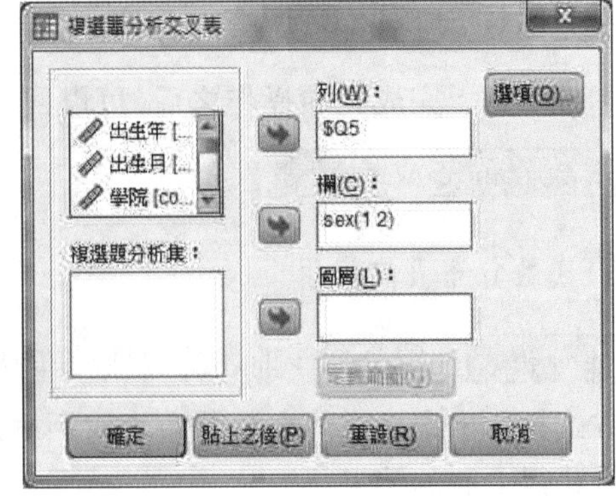

$Q5 次数

		反应值		观察值百分比
		个数	百分比	
$Q5 Internet[a]	Q5_1BBS	58	15.5%	59.2%
	Q5_2 聊天室	16	4.3%	16.3%
	Q5_3 收发 EMAIL	52	13.9%	53.1%
	Q5_4 接收新讯	44	11.7%	44.9%
	Q5_5 下载或上传档案	69	18.4%	70.4%
	Q5_6 阅读电子报	13	3.5%	13.3%
	Q5_7 网络游戏	24	6.4%	24.5%
	Q5_8 网络购物	19	5.1%	19.4%
	Q5_9 搜寻资讯	68	18.1%	69.4%
	Q5_10 其他	12	3.2%	12.2%
总数		375	100.0%	382.7%

a. 二分法群组表列于值 1。

(二)交叉表的应用

交叉表的功能是以交叉表方式，呈现双维的次数分布数据，例如不同的性别在虚拟复选题选项上的反应次数。执行方式点选 分析 → 复选题分析 → 交叉表，即可依指示输入行变量与列变量，将虚拟复选变量与性别变量进行交叉表分析，得到的结果如下：

$Q5 * sex 交叉表列

			sex 性别		总数
			1 男	2 女	
$Q5 Internet[a]	Q5_1 BBS	个数	32	26	58
		$Q5 中的%	55.2%	44.8%	
		sex 中的%	61.5%	56.5%	
	Q5_2 聊天室	个数	9	7	16
		$Q5 中的%	56.3%	43.8%	
		sex 中的%	17.3%	15.2%	
	Q5_3 收发 EMAIL	个数	25	27	52
		$Q5 中的%	48.1%	51.9%	
		sex 中的%	48.1%	58.7%	
	Q5_4 接收新讯	个数	21	23	44
		$Q5 中的%	47.7%	52.3%	
		sex 中的%	40.4%	50.0%	

续表

			sex 性别		总数
			1 男	2 女	
	Q5_5 下载或上传档案	个数	35	34	69
		$Q5 中的%	50.7%	49.3%	
		sex 中的%	67.3%	73.9%	
	Q5_6 阅读电子报	个数	5	8	13
		$Q5 中的%	38.5%	61.5%	
		sex 中的%	9.6%	17.4%	
	Q5_7 网络游戏	个数	19	5	24
		$Q5 中的%	79.2%	20.8%	
		sex 中的%	36.5%	10.9%	
	Q5_8 网络购物	个数	7	12	19
		$Q5 中的%	36.8%	63.2%	
		sex 中的%	13.5%	26.1%	
	Q5_9 搜寻资讯	个数	28	40	68
		$Q5 中的%	41.2%	58.8%	
		sex 中的%	53.8%	87.0%	
	Q5_10 其他	个数	5	7	12
		$Q5 中的%	41.7%	58.3%	
		sex 中的%	9.6%	15.2%	
总数		个数	52	46	98

百分比及总数是根据应答者而来的。

a. 二分法群组表列于值 1。

分析结果分别列出了男女性别者,在复选题的 10 个选项上的分布,第一个选项 BBS 作答者中,男生(32)与女生(26)各占 55.2% 与 44.8% 。可惜的是,交叉表中并无统计分析(如卡方检验)的数据,同时虚拟复选题变量 $Q5 无法用于其他统计分析功能,为 SPSS 视窗版复选题分析的遗憾。

第五节 排序题处理与分析

一、排序题的基本格式

除了复选题之外,另一种常用的特殊题型为排序题(rank response),例如在市场调查研究当中,调查者经常要求消费者从一系列的品牌中指出最偏好的几种品牌并请之排序,必须以排序题来处理。以表 3.1 问卷中的第 4 题为例:

4. 最可能检查 E-mail 的时段(请排序)□ 1. 上午 □ 2. 下午 □ 3. 晚上

□ 4. 十一点后的深夜

对四个选项依重要顺序排列即为排序题。因为作答者必须针对这四个选项分别作答，所以排序题也具有复选题的特性。同时又必须排出顺序，每一个选项的答案形式可能有 1、2、3 或 4 等多种可能。因此在实际处理过程上，排序题与复选题有其相似之处，但是排序题因为作答数会有不同而显得较为复杂。

在进行数据建档时，有几个选项就要设定为几题，本范例即需建立 Q4_1 至 Q4_4 四个变量，各变量的数值则是排序的内容，共有 0、1、2、3、4 五种可能，0 代表该选项没有被受测者选取，1、2、3、4 分别代表被受测者指为第一至第四顺序。

事实上，排序题与复选题最大的不同即是在变量的数值上，在复选但是不须排列时，每一个选项只有被选择或不被选择两种可能，被选择时编定为 1，没有被选择时编定为 0，因此是一个二分变量。但是如果要求排序，每一个选项被选择的情况就不只一种，而形成顺序变量。例如本范例中，每一个选项是一个 1 至 4 的顺序变量，未被选择时应编定为 0。当研究者收集问卷后，输入计算机后即可能如同下图的形式：

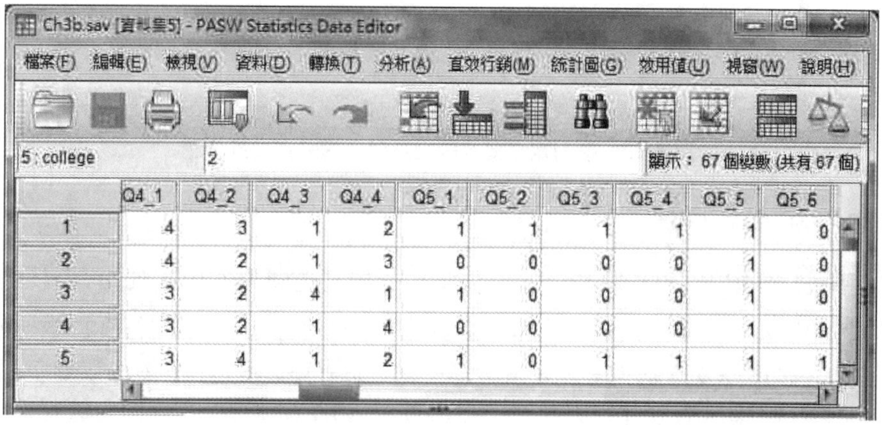

Ch3b.sav [資料集5] - PASW Statistics Data Editor

檔案(F) 編輯(E) 檢視(V) 資料(D) 轉換(T) 分析(A) 直效行銷(M) 統計圖(G) 效用值(U) 視窗(W) 說明(H)

5 : college 2 顯示：67 個變數 (共有 67 個)

	Q4_1	Q4_2	Q4_3	Q4_4	Q5_1	Q5_2	Q5_3	Q5_4	Q5_5	Q5_6
1	4	3	1	2	1	1	1	1	1	0
2	4	2	1	3	0	0	0	0	1	0
3	3	2	4	1	1	0	0	0	1	0
4	3	2	1	4	0	0	0	0	1	0
5	3	4	1	2	1	0	1	1	1	1

值得注意的是，进入对话框后的执行步骤与先前复选题的处理方式有些不同。前面一节的复选题范例，数值以二分法处理(1：有选，0：未选)，但排序题的每一个选项被选择的可能性不是只有 0 与 1 两种可能，选 1 是第一顺序、选 2 是第二顺序，依此类推。为了区分不同顺序，我们必须分别针对四个顺序答案定义四个复选题集，也就是进行四次复选题集的定义程序。

上图中有五笔数据，即五位受测者的数据，每一位受测者都将上网的四个时段进行排序。一旦数据输入完成后，即可以利用 SPSS 当中的复选题分析功能来进行数据处理与分析。操作的程序类似前面所示范的复选题分析，即点选 分析 → 复选题分析 → 定义集合，进入定义复选题集对话框。

首先，第一步是定义第一顺序的情形，也就是当变量数值为 1 的情形，进入图 3.12 的定义复选题集对话框，将四个选项所属的变量 Q4_1 至 Q4_4，移至右侧 集内的变数 清单中，输入该虚拟排序题的名称(Q41)与标签(第一顺序)，同时勾选二分法，输入计数值为 1，点击 新增 完成排序题第一个顺序的复选定义工作。重复上述的动作，创建第二顺序虚拟变量(Q42)与标签(第二顺序)，在二分法当中输入计数值为 2，点击 新增 完成。四个顺序都需完成虚拟变量定义。

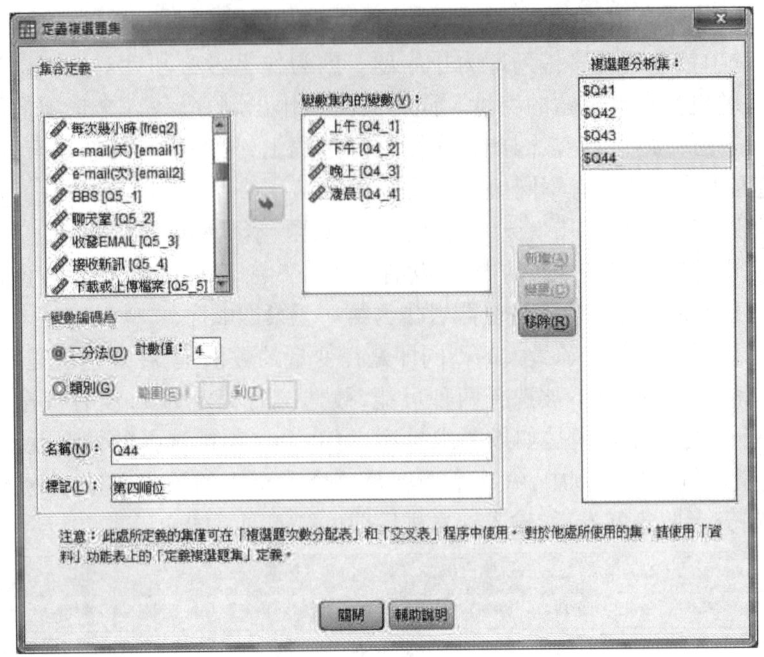

图 3.12　使用定义复选题变量对话框来定义排序题

二、次数分布表的应用

使用次数分布表,可以将四个虚拟化排序题的复选题集的内容列出,也就是说,每一个顺序当中,8 个变量的次数以表格的方式列出来。操作步骤是在打开次数分布表对话框之后,将排序题复选题集移至表格清单中,执行后即可获得下页的次数分布表结果,如果一次将 3 个排序题复选题集移至表格清单中,如图 3.13,执行后即可获得四个顺序的次数分布表结果。

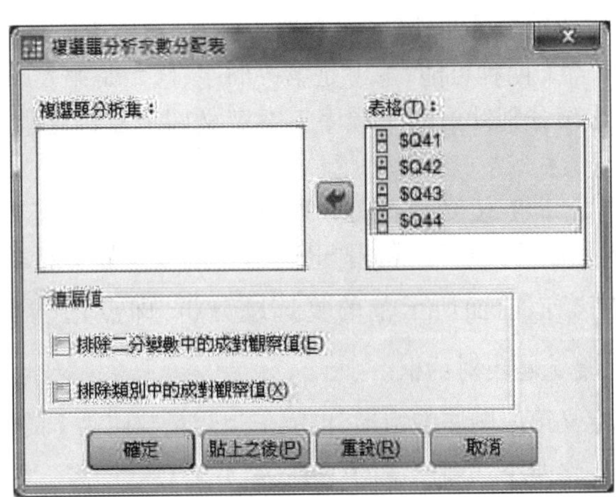

图 3.13　排序题次数分布表执行对话框

由输出数据可以看出,本范例有 98 位受访者,回答第一顺序的有 96 个,2 个未填答。回答第二与第三顺序只有 59 人,回答第四顺序的只有 57 人。

在第一顺序中,检查 E-mail 的时段最多的晚上,共有 67 人,占 69.1%;其次是凌晨,共有 17 人,占 17.7%。在第二顺序中,检查 E-mail 的时段最多则是下午,共有 21 人,占 35.6%。

观察值摘要

	观察值					
	有效的		遗漏值		总数	
	个数	百分比	个数	百分比	个数	百分比
$Q41[a]	96	98.0%	2	2.0%	98	100.0%
$Q42[b]	59	60.2%	39	39.8%	98	100.0%
$Q43[c]	59	60.2%	39	39.8%	98	100.0%
$Q44[d]	57	58.2%	41	41.8%	98	100.0%

a. 二分法群组表列于值 1。

b. 二分法群组表列于值 2。

c. 二分法群组表列于值 3。

d. 二分法群组表列于值 4。

$Q41 次数

		反应值		观察值百分比
		个数	百分比	
$Q41 第一顺序[a]	Q4_1 上午	3	3.1%	3.1%
	Q4_2 下午	10	10.3%	10.4%
	Q4_3 晚上	67	69.1%	69.8%
	Q4_4 凌晨	17	17.5%	17.7%
总数		97	100.0%	101.0%

a. 二分法群组表列于值 1。

$Q42 次数

		反应值		观察值百分比
		个数	百分比	
$Q42 第二顺序[a]	Q4_1 上午	4	6.8%	6.8%
	Q4_2 下午	21	35.6%	35.6%
	Q4_3 晚上	17	28.8%	28.8%
	Q4_4 凌晨	17	28.8%	28.8%
总数		59	100.0%	101.0%

a. 二分法群组表列于值 2。

三、交叉表的应用

交叉表的功能是以交叉表方式,在讨论顺序的内容的同时,也将另一个类别变量的分布情形一并考虑进来,呈现出双维的次数分布数据。例如不同的性别在各顺序虚拟变量上的反应次数。

执行方式点选 分析 → 复选题分析 → 交叉表 ,依指示输入行变量(性别变量)与列变量(三个排序的顺序虚拟变量),将虚拟排序变量与性别变量进行 交叉表 分析,结果发现(仅以第一顺序的结果为例):男女受测者在第一顺序的选择上大致相同,都是以晚上最多,分别是 34 与 33 人。

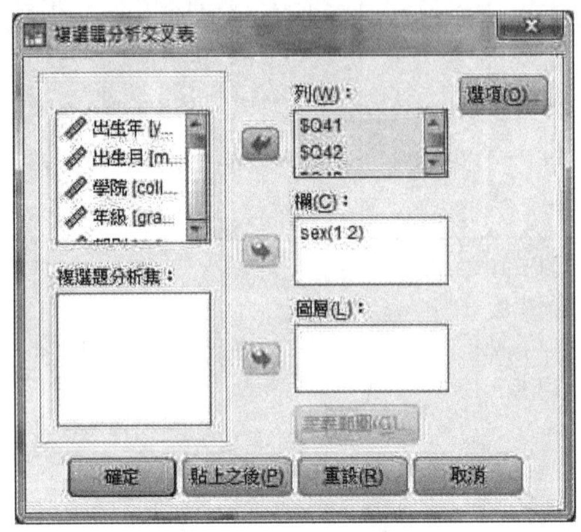

$Q41 * sex 交叉表列

			sex 性别		总数
			1 男	2 女	
$Q41 第一顺序[a]	Q4_1 上午	个数	2	1	3
		$Q41 中的%	66.7%	33.3%	
		sex 中的%	3.9%	2.2%	
	Q4_2 下午	个数	5	5	10
		$Q41 中的%	50.0%	50.0%	
		sex 中的%	9.8%	11.1%	
	Q4_3 晚上	个数	34	33	67
		$Q41 中的%	50.7%	49.3%	
		sex 中的%	66.7%	73.3%	
	Q4_4 凌晨	个数	11	6	17
		$Q41 中的%	64.7%	35.3%	
		sex 中的%	21.6%	13.3%	
总数		个数	51	45	96

百分比及总数是根据应答者而来的。

a. 二分法群组表列于值 1。

第四章　数据检核与整备

数据准备是研究者进行统计分析之前的一个重要步骤。主要的目的是确认研究数据的正确性,确保研究数据的完整性与可用程度。数据准备可以分成数据查核与清理,以及数据整备两个阶段。

为进行数据检查与管理,SPSS 软件提供了非常便捷的数据与文件管理的功能,使得数据处理人员可以进行数据管理与变动。例如变量的新增、查询、排序、转置、选择、过滤、加权,以及文件的合并、分割、整合等作业,使得数据处理更为方便。也有多项数据转换功能选项。本章中将逐一介绍各重要的数据库管理指令。如果使用者熟悉这些功能指令,将可大幅度地提升数据运用的能力。

第一节　数据查核

为确保数据输入的正确性,研究人员必须适时进行数据检核的工作。如果数据笔数不多,数据的检查可以在数据完成输入之后进行,称为**终点检核**。但是如果数据笔数庞大,数据检核的工作必须在数据输入过程当中就进行,研究者可以借由**数据查核点**(check point)的设置,及时发现数据输入的错误,以免造成时间与人力的浪费。这种在数据处理过程当中就进行的数据查核工作,称为过程检核。

一个规划良好的研究案,应同时设置过程查核与终点查核程序,同时加强人员训练,使数据的讹误降至最低点。事实上,一个训练有素的研究人员,即使没有一套检核程序,在数据处理的过程当中,凭借其经验与注意力,就能在早期侦测错误,避免缺失的发生。

一、过程检核

过程检核的目的在于通过查核点适当与适时的查核,维持数据输入过程的正确性。查核点的设置可采取定点查核、定时查核或专人查核的方式进行。首先,**定点查核**根据数据输入工作的流程,在适当的段落进行数据检查,例如每输入一个班级的数据即进行一次数据检查,确认数位数据与文本资料相符。此外,当数据转交给不同处理人员时,即要求进行查核,以降低数据转手之间的错误,确认责任的归属。定点查核的优点是实时性,在数据处理的过程当中,即可立即发现问题,可以说是一种在线查核。

定时查核则是以时间为单位,在特定的时段进行数据的检查,例如在每日工作结束前,或每间隔一定时间后进行。定时查核虽可能造成数据输入的中断,但是配合小型会议的沟通与讨论,可以将不同处理人员的问题集中处理,扩大错误预防的有效范围。此外,定时的查核可以让数据处理人员获得适当的休息,避免过度疲劳。

专人查核则是指派专人负责数据查核,由资深或具有经验的研究人员,进行定点或定时查核。专人查核可以避免多人查核事权不一的缺点,集中数据检查的责任,并突破查核时间与空间限制,增加弹性。

二、终点查核

一般而言,数据的输入是分批、分人进行的,不同来源的数据必须经过合并,才能加以运用。因而即使在数据输入过程中已经过严密的过程查核,一旦合并之后仍需进行终点查核,将全体数据进行全面的检查,方能确保数据的正确性。

最严谨的终点查核是逐笔进行检查,但是如果数据规模庞大,逐笔查核旷日费时,研究者可以采用小样本查核法,挑选一小部分的数据来加以检查。但是随着科技的发展,计算机软硬件功能的提升,计算机可以取代人工进行逐笔检查,解决了上述的困扰,并提高了正确性。

以计算机来查核数据有**可能性检查**(wild code checking)与**逻辑性查核**(logical or consistency checking)两种主要模式(Neuman,2000),前者主要目的是进行数据格式的确认,针对每一个题目、每一个变量,检查数据中是否有**超过范围的数值**(out-of-range value)(例如在1表男性2表女性的性别变量下出现了一个4),或是数据的笔数不符合样本数。最常使用的检测方法是利用描述统计中的次数分布表,列出所有变量的所有可能数值,查看是否有超过合理范围的数值。

逻辑性查核则涉及数据结构的检查,通常牵涉到多个变量的检验,由研究者设定检查的条件,进行较高程度的检验。例如查看一个变量的次数分布,是否呈正态分布,或是否具有特殊的偏离值,例如当大多数学生的零用钱为一二千元时,高达万元的数值就是一个可疑的数值。此外,研究者可以运用**列联表**(cross-table),将数据切割成不同的类别来进行细部的检查,例如不同教育程度的样本,其年龄的最小值应有合理的数值。另一种检验数据逻辑性的方法是运用图表,例如以散布图来列出变量的分布。

数据查核的目的是确保数据输入过程的正确无误,可以说是侦错的过程,经由这一程序所建立的数据称为计算机化的原始数据(computerized raw data),其数据的格式、内容与排列方式等,均与文本资料完全一致,并符合编码系统的编码原则。

第二节 遗漏值处理

遗漏值(missing data)或**不完全数据**(incomplete data)可以说是量化研究当中,最容易出现且必定干扰结果分析的一个问题。遗漏值发生的原因很多,除了作答过程当中的疏忽,因题意不明漏答,拒绝作答等因素之外,数据输入所造成的失误亦可能被迫转换成遗漏值来处理。遗漏情况最大的影响是造成样本的流失,因此如何在对分析结果影响最小的情况下予以补救,成为数据分析最棘手的问题之一。

在计算机化的原始数据中,研究者多以变量取值中最后一个数值代表遗漏值,个位数的变量以9来代表,二位数的变量则以99来代表,依此类推。例如性别漏填者可以9来代替。如有其他的遗漏情况,则往前一位来代表,例如年级别可能数值为1至4,漏填者为9,若有一位受测者为延迟毕业学生(大五),可以8来代替,一旦决定以8来代表特定遗漏时,研究者需在编码表上加以注记。

一、遗漏的型态

遗漏值处理的一个基本原则,是发现遗漏发生的型态,也就是**遗漏组型**(pattern)比遗漏的**量**(amount)来得更重要。遗漏型态可分为有规则或次序的**系统性遗漏**(systematic missing),或毫无规则与逻辑可循的非系统性或**随机性遗漏**(missing at random)。非系统性或随机性的遗漏,称为**可忽略遗漏**(ignorable missingness),此时,遗漏所造成的影响纯粹只是样本数的多寡问题,遗漏的影响可以忽略,研究者可直接加以删除,或利用估计方法来补救,此时即使所填补的数字与受访者真实情况有所差距,对于统计分析的影响可以视为一种随机变异来源,影响不大。相对之下,系统性遗漏是填答者一致性的漏填或拒填,或受到其他因素影响所造成的,属于一种**不可忽略遗漏**(non-ignorable missingness),对于研究结果与分析过程影响较大,如果任意填补或估计,易造成一致性的高估或低估,甚至于遗漏的本身可以作为研究的解释变量,称为**讯息性遗漏**(informative drop-out)。因此学者多主张先对遗漏的型态加以分析,了解遗漏的可能机制与影响,再决定是否采取严谨的估计程序,以对症下药来处置遗漏问题。

二、遗漏值的处置

一个研究是否产生遗漏数据,虽然事前准备工作上有防范,或是研究人员在研究现场注意及时发现与处置,还是或多或少会发生。以下将各种处理方法介绍于后。

(一)事前预防法

由于遗漏情况相当普遍,有些遗漏可能事先预测或防范。因此,一般研究者在发展工具之初,即应考虑到可能出现的遗漏。例如在题目选项的安排中,增加“其他”选项,以开放式的方式容许填答者在无法作答情况下,填入可能的答案,研究者事后再依情况,将填答者所填写的数据进行处理,增加样本的可使用性。此外,有时研究者预期将有多种不同的例外答案,直接将可能的例外答案以特定数值来代替,例如 1 至 4 点量表中,5 代表“无法作答”,6 代表“尚未决定”,目的也是在区分可能的遗漏,在事后谋求补救之道。

除了测量工具的准备,遗漏值的处理与抽样方法有密切的关系,当研究的样本以随机抽样方式取得时,即使数据中存在遗漏值,遗漏的组型也多呈随机式遗漏,但是如果抽样过程无法做到完全的随机取样,那么遗漏的现象即可能与某些系统原因发生关连,成为较棘手的系统性遗漏。

值得注意的是,即使事前防范周延、抽样程序严谨,数据还是可能由于数据处理人员的疏忽发生遗漏,例如研究人员错植数据,或忘了键入数值等各种情况。这些情况可以立即对照原始数据来加以修正,但是更重要的是加强人员的训练与强化数据处理的实务能力。

(二)删除法

当发现有遗漏数据时,最简单的处理方法是将该笔数据删除,保留完整的数据作为分析之用。在处理时,如果任何一个变量出现遗漏,即将与该受测者有关的数据整笔删除,称为**完全删除法**或**全列删除法**(listwise deletion method),经过此一程序所保留的数据库,没有任何一个遗漏值,而为完整的数据库,因此又称为**完全数据分析**(complete-case analysis)。例如有100位受测者,有50位受测者在不同的题目都有至少一题遗漏,另外50位则为完全作答,此时全列删除法将会把具有遗漏的50笔数据完全删除,只保留完整作答的数据。

如果数据的删除是针对分析时所牵涉的变量具有遗漏时才加以排除,称为**配对删除法**(pairwise deletion method),此一程序通常不会在分析之前进行任何删除动作,直到分析的指令下达之后,针对统计分析所牵涉的变量,挑选具有完整数据的样本来进行分析,因此又称为**有效样本分析**(available-case analysis)。例如有100位受测者,有五十位受测者具有遗漏现象,但是他们遗漏的题目都是第一题,因此,凡是与第一题有关的分析,只有50笔数据进行分析,但是与第一题无关的分析,则会有100笔数据进行分析。

很明显的,采取全列删除法会删除较多的数据,但是却能够保留最完整的数据,并使各种分析都有相同的样本数,整个研究的检验力保持固定;相对的,采取配对删除法时,样本数虽会大于全列删除法,但是每一次分析所涉及的样本数都可能有所不同,整个研究的检验力也就产生变动。但是无论哪一种删除法,都将造成统计检验力的降低。

(三)取代法

遗漏数据的补漏方法有很多种。最简单的一种方法是相关测量或题目类比的逻辑推理法,将遗漏值以最有可能出现的答案来填补之。通常一份测验中,相似的题目会出现多次,因此数据处理人员可以依据其他的答案,分析遗漏的数值。此外,有些漏填的答案,可以自其他的线索来分析答案,例如性别的遗漏可以从受测者所属的班级、填答的反应情形、字迹等线索来分析。

研究者从研究的数据当中,寻找与需要补漏的该笔数据具有相同特征的其他人的数据,来进行遗漏值插补的方法,称为**热层插补法**(hot deck)。有时,研究者可以采用先前研究的数据,或利用**先备的知识**(prior knowledge)来取代遗漏值,称为**冷层插补法**(cold deck),此种方法最大的不同是采取研究以外的信息来进行判断,是一种外在产生程序。热层插补法则是依据研究样本本身取得遗漏值的估计值,也就是内部产生程序,是一般较为通用的方法。其他常用的内在产生程序估计法还包括下列几种:

第一,中间数取代法。当无法分析答案时,填补数值最简单的方法,是采用量表中最为中性的数值,例如4点量表时,补入中间数值2.5,五点量表时,补入中间值3(没有意见)。

第二,平均数取代法。以发生遗漏的变量的平均值来充作该名受测者的答案,称为**直接平均数取代法**,此一方法运用了全体样本的所有数值来进行估计,可以反映该题特殊的集中情形,较中间值估计法精确。另一种更为精确的方法,是按受试者所属的类别,取该类别的平均数来作估计值,如此不仅反映该题的集中情形,更能反映该名被试所属的族群特性,估计可能答案,称为**分层平均数取代法**。例如:男性受测者的遗漏,取全体样本中男性样本在该题的平均数来作为该员该题的答案。

第三,回归估计法。此法运用统计回归预测的原理,以其他变量为预测变量,遗漏变量为被预测变量,进行回归分析,建立一套预测方程式,然后代入该名受测者的预测变量数值,求出遗漏变量的数值,显而易见的,此法以回归方程式来估计,较平均数估计法对于单一变量集中情形的反映,扩大到考虑其他变量的共变关系,其估计的基础更为丰富,精确度得以提高。但是,回归分析的过程较为繁复,不同的变量出现遗漏值,即需进行一次回归分析,并且需代入其他变量的数值以求出估计值,过程繁琐耗时,同时,在预测变量与因变量间无极大关联时并不适用。在样本相当大且遗漏值不多时适用此法。

第四,**最大期望法**(expectation maximization;EM)。对于随机性遗漏的估计,利用**最大似然法**(maximum likelihood method)来进行估计是目前越来越受到重视的策略。EM 程序是由迭代程序所完成,每一次迭代分成两个步骤,第一个步骤称为 E 步骤,目的在找出遗漏数据的条件化期望值。也就是利用完整数据来建立对遗漏数据相关参数的估计值,这个参数可能是变量间的相关系数或其他参数。第二个步骤是 M 步骤,目的在代入期望值,利用先前 E 步骤所建立的遗漏数据期望值,取代遗漏数据,再估计出最契合的理想值,一旦最大似然估计的迭代程序达成收敛,所得到的最后数据即为可以取代遗漏值的数据。

(四)虚拟变量法

针对系统性遗漏,研究者可以进行遗漏分析来探讨其发生机制。通常运用一个虚拟变量,将发生遗漏的样本归为一类,与其他非遗漏的样本进行对比,如果一些重要的统计量具有显著的差异,研究者应尽可能修正研究工具,重新进行施测,或是在研究结论中,忠实地交代此一系统性遗漏的原因与可能的影响。例如在民意调查当中,某些党派或政治属性的填答者倾向于拒绝填答问卷,这些样本集中性高,若是刻意忽略这些样本的情况,在估计上可能造成严重的偏离。

另一种策略,是将没有遗漏的完整的数据,重新再做一次相同的研究,比较两者之间是否有所差异,如果没有差异,表示造成遗漏的现象并不会干扰研究的其他部分,但是如果研究数据具有明显差异,表示遗漏的产生有其特殊系统化背景因素,此时研究者宜详细检讨两次研究的差异原因。

另一种较新的估计程序与虚拟变量的处理有关,称为**多元取代法**(multiple imputation)。此一策略与 EM 估计程序相仿,也是区分为几个不同的步骤。首先研究者可挑选一组预测变量,利用**逻辑回归技术**(logistic regression),去预测有遗漏与没有遗漏值的两组数据,一旦回归方程式建立之后,即获得估计遗漏值的方程式。研究者可从具有完整数据的样本中选取一个随机样本,去再次确认方程式对于遗漏数据估计的适切性。

三、SPSS 的遗漏值处理功能

(一)遗漏值删除法

在 SPSS 当中,如果一个数据库中存在遗漏数据,最简单的处理方法,是利用各种分析功能当中的遗漏值处理选项,来去除具有遗漏的数据。例如在相关分析、*t*-test、ANOVA 与卡方检验中,SPSS 提供了一个全列删除或配对删除的选项,SPSS 的默认值是配对删除法(见图 4.1)。

在回归分析与因素分析中,遗漏值的处理,还增加了一项用平均数置换(如图 4.2 所示),也就是遇到有遗漏值时,以该变量的平均值来取代。此种做法可以使我们在不变动数据库的情况下,在每次执行统计分析之时,排除遗漏值的影响。

现有 10 个家庭的人口数与每月开销数据(见图 4.3),10 个家庭的平均开销为30 630

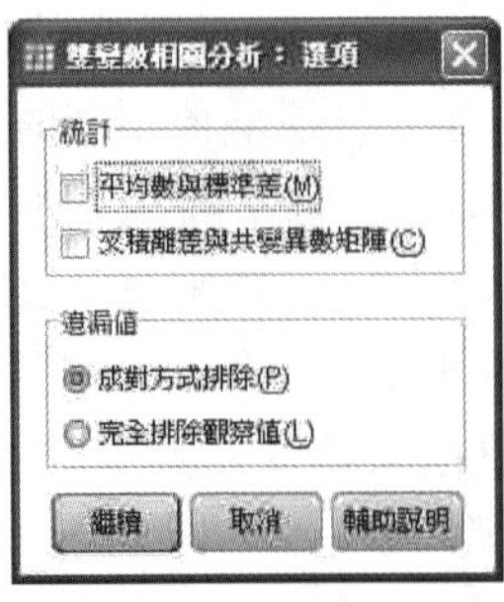

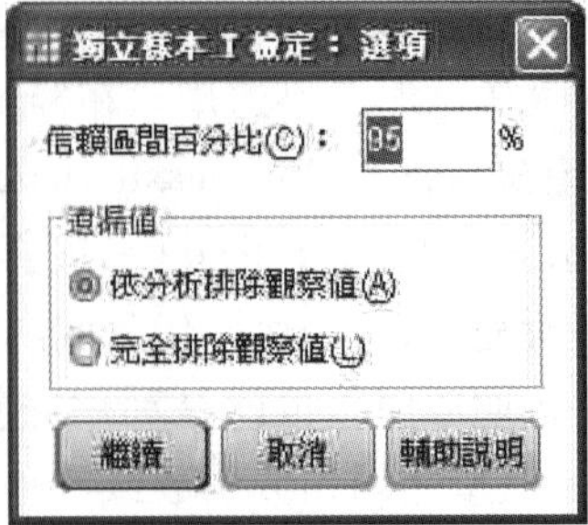

图 4.1　相关与 *t*-test 中的遗漏值处理

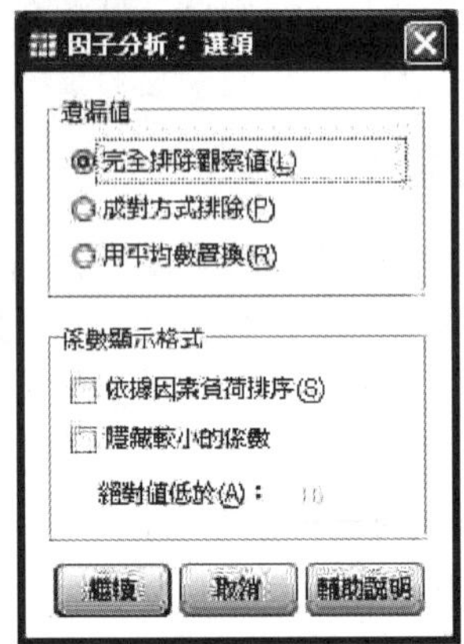

图 4.2　回归与因素分析中的遗漏值处理

*Ch4missing.sav [資料集3] - PASW Statistics Data Editor

10 : Expenses　39000　顯示：3 個變數 (共有 3 個)

	ID	Size	Expenses	var
1	1	3	15000	
2	2	5	34000	
3	3	4	22000	
4	4	6	36300	
5	5	2	16000	
6	6	4	25000	
7	7	5	30000	
8	8	8	45000	
9	9	7	44000	
10	10	5	39000	

資料檢視　變數檢視　PASW Statistics 處理器已就緒

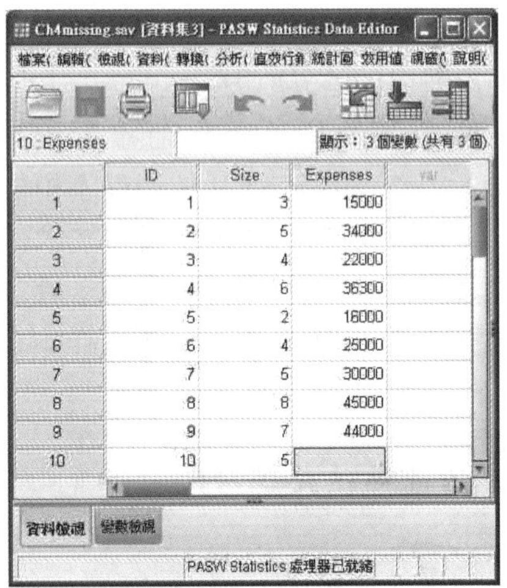

Ch4missing.sav [資料集3] - PASW Statistics Data Editor

10 : Expenses　顯示：3 個變數 (共有 3 個)

	ID	Size	Expenses	var
1	1	3	15000	
2	2	5	34000	
3	3	4	22000	
4	4	6	36300	
5	5	2	16000	
6	6	4	25000	
7	7	5	30000	
8	8	8	45000	
9	9	7	44000	
10	10	5		

資料檢視　變數檢視　PASW Statistics 處理器已就緒

图 4.3　10 个家庭的人口数与每月开销数据表(第 10 笔数据遗漏)

元,如果最后一个家庭的数据 39 000 元不慎遗失。此时仅剩九笔数据,若以回归分析的遗漏值中的 完全排除遗漏值 或 成对方式排除 ,得到表 4.1(a)的结果,亦即仅有 9 笔数据进行分析,此时每月开销平均数为 29 700 元。若改以 用平均数置换 来处理,得到结果如表 4.1(b),每月开销的平均值仍为 29 700 元,但数据笔数已变为 10 人,显示最后一笔数据已经用 9 笔数据的平均值 29 700 取代。值得注意的是,如此做法并不影响数据库当中的数据,但增加了回归分析的样本数。

表 4.1　遗漏估计前与估计后的回归分析描述统计

(a)遗漏值未差补

叙述统计

	平均数	标准差	个数
Expenses	29700.00	11101.126	9
Size	4.89	1.900	9

(b)遗漏值以平均数取代

叙述统计

	平均数	标准差	个数
Expenses	29700.00	10466.242	10
Size	4.90	1.792	10

(二)置换遗漏值功能

SPSS 另一种遗漏值处理方法,是利用置换遗漏值功能,在进行分析之前,来处理遗漏的现象。以此种方式处理时,数据库中出现遗漏的观察数据,将被改以其他方式置换,经过执行后,数据库的状态已经改变。操作方式是点选 转换 → 置换遗漏值 ,可开启图 4.4 的对话框,将所需处理的变量选入右侧的 新变数 当中,SPSS 自动将处理过后的新变量命名为 expen_1,使用者也可以自行输入所希望的变量名称。(值得注意的是,如果使用者把新变量的名称设为原来的变量名称 expen,执行之后的 expen 变量为无遗漏情况的完整变量)。执行之后由图 4.5(a)变成图 4.5(b),我们可以发现第十笔数据被九个家庭的每月开销平均值 29 700 置换了。

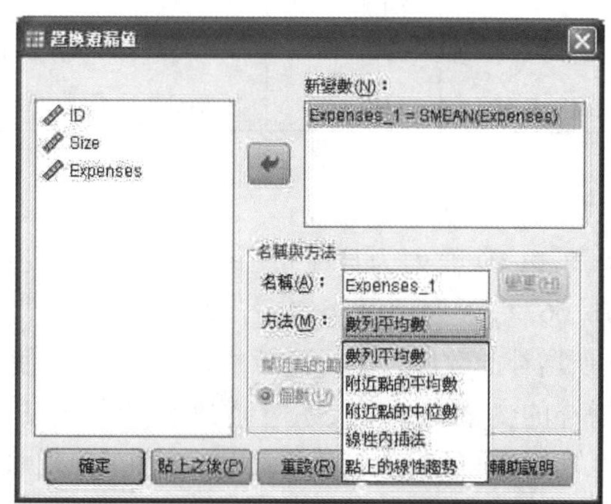

图 4.4　以数列平均数置换遗漏值的对话框

除了以 数列平均数 来置换,SPSS 也允许使用其他的方式来置换遗漏值,包括 附近点的平均数 、附近点的中位数 、线性内插法 、点上的线性趋势 等。其中 附近点的平均数 可以为前后各取一个数值的平均数,或两个以上的多个邻近点的数值的平均数,此时 SPSS 将按照指令,取前后的 N 个数值的平均值来置换该遗漏值(值得注意的是,如果取前后一个观察值的平均值,但前后无数据时,该遗漏值置换动作会失效)。

附近点的中位数 的做法与前面类似,唯一不同的是以邻近 N 个分数的中位数来置换。而 线性内插法 的原理与邻近两点平均数的原理相同,会以前后两笔数值的平均数来取代之。

点上的线性趋势 是一种回归估计法。使用此法时,SPSS 会以完整的数据,以数据的顺序为自变量(由第 1 笔到最后一笔的数列),以待增补的变量为因变量,计算出线性方程式后,求出该遗漏值的估计数。适合具有时间序列特性数据的遗漏插补(例如股票价格)。

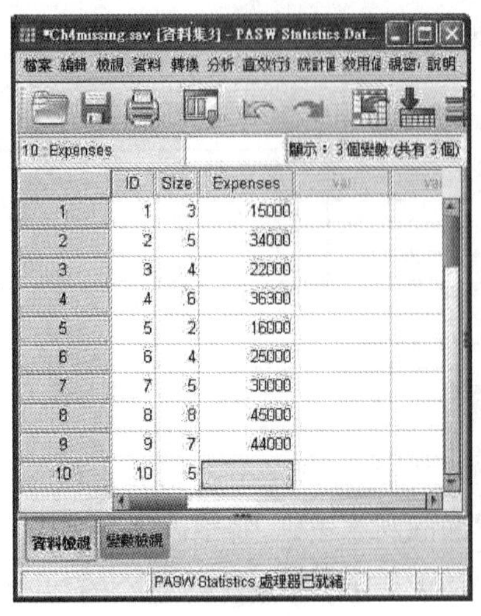

(a)置换前

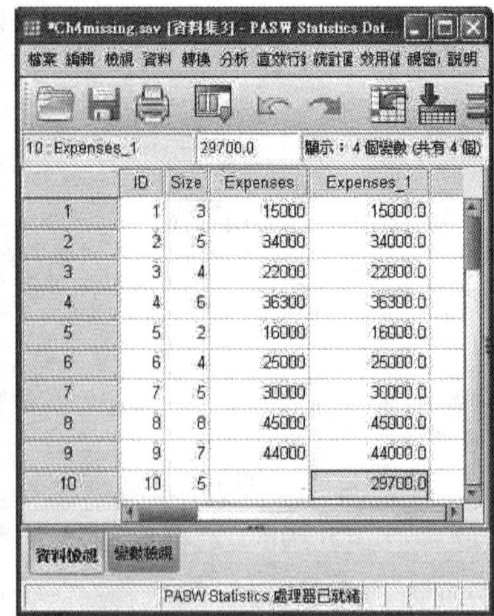

(b)置换后

图 4.5 经遗漏值置换后的数据库内容

系数[a]

模式		未标准化系数		标准化系数	t	显著性
		B 的估计值	标准误差	Beta 分配		
1	(常数)	16891.667	6681.794		2.528	.039
	ID	2561.667	1187.386	.632	2.157	.068

a. 因变量:Expenses

以前面的数据为例,若以 ID 数列为自变量,每月开销为因变量,以 9 笔数据计算出回归方程式为 $Y = 2\ 561.667X_{id} + 16\ 891.667$,若代入 $X_{id} = 10$,得到每月开销预测值为 42 508.34,恰好为 SPSS 所增补的数值。值得注意的是,回归方法使用时,待增补的变量数值需经过排序,或是待增补的变量有顺序关系时,数列所求得的估计值才符合以“变动趋势”来估计的意义。否则,所得到的回归置换值将是以观察值的出现顺序为自变量的预测值。

第三节 偏离值的侦测与处置

偏离值(outliers)是指变量中偏离正态、不寻常的数值,也就是与多数受测者的反应数值极端不同的情况。例如,某一个样本的年龄集中于20 岁,标准差5 岁,而某一位受测者的年龄为 35 岁,居三个标准差之外,即属于偏离值。严重的偏离情形,又称为**极端值**(extremes)。以薪资为例,多数人的薪资介于三万至四万元,但某一位受测者薪资为百万元以上,即属于严重偏离的极端值。

除了单一变量的偏离,有些情形,偏离可能发生在多个变量的组合情况中。例如某位受测者年龄是 19 岁,薪资水平是五万元,就此年龄与薪资两个变量单独来看,这位受测者的答案均属正常范围,但是合并检查之后,便呈现出与正常情况不符。在统计分析中,偏离值会严重地影响各种统计量的计算,例如平均数、标准差、方差,甚至于影响相关系数的计算,必须小心处理。

偏离值的检验除了以图表法，列出次数分布表之外，相当程度依赖统计软件的应用。单一变量的偏离值，只需使用次数分布即可显示偏离常态的数值。例如 SPSS 软件的预检数据功能可以用来检验偏离值，同时可显现该数值输入时的编号，有助于研究者进行修正。

一、单变量偏离检验

（一）次数分布与直方图的使用

使用 SPSS 视窗版来检验偏离值，可使用 分析 → 描述统计 → 次数分布表，以及 摘要 → 预检资料 来进行。以目前薪资为例，次数分布表提供直方图或长条图以供检视偏离值，使用者点选所需的变量 salary，打开 图表 清单，挑选所需的图表，按 确定 后即可获得次数分布表与图示，目前薪资变量直方图如图 4.6。图中显示，高薪部分含有极端值（135 000），所有的 474 个被试，目前薪资分布呈现正偏态。

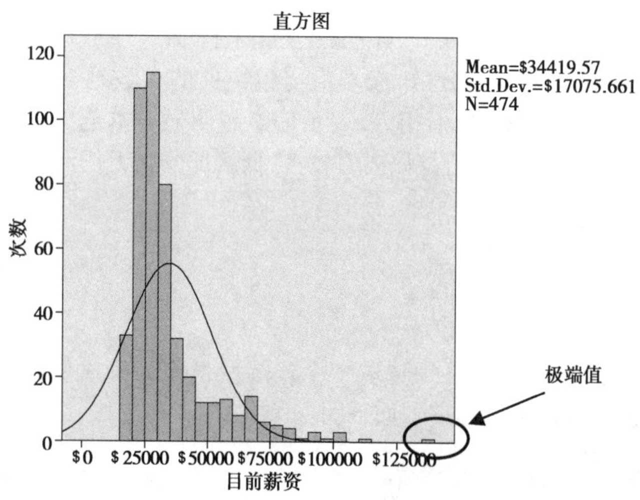

图 4.6　目前薪资变量直方图

（二）盒状图的使用

为了了解数据分布的特性，可以使用盒状图来表现次数的极端情形。盒状图的使用，使用者需点选 分析 → 描述统计 → 预检资料，进入对话框中。取 图形 中的 盒状图，或以 统计图 → 历史对话记录 → 盒状图 来进行，按 确定 即可执行。目前薪资的盒状图如图 4.7 所示。

盒状图的呈现方式，主要以四分位数来表现数据的分布情况，长方盒所在位置的上缘与下缘分别为目前薪资变量的第三与第一四分位数。中央的水平线为中位数所在位置，亦即长方盒内的人数占百分之五十。

上下方延长的垂直线代表另外百分之五十分数分布的情形。如果某一分数离开方盒上（下）缘达长方盒长度的三倍以上（以下），则以极端值处理，以 * 表示。如果某一分数距离为 1.5 倍盒长，则以偏离值处理，以○表示之。图中长方盒的纵向长度越长，以及

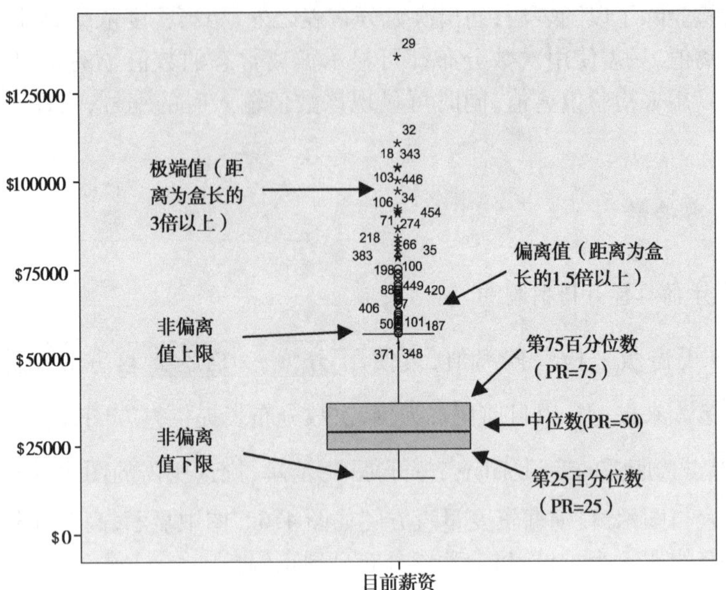

图4.7　目前薪资变量的盒状图

外延的垂直线越长,代表数据越分散,极端值与偏离值的点数越多,代表偏离情形越严重。中位数上下两侧的延伸线越不相等,表示偏态越明显。本范例中,目前薪资变量明显呈现正偏态,且高薪者的极端值与偏离值较多,低薪部分则无任何偏离值。

二、多变量偏离检验

(一)连续变量偏离检验

多变量偏离值的确认,首先必须选取一个连续变量作为偏离值检验的目标变量,然后选取分类变量进行分割画面处理。如下图:

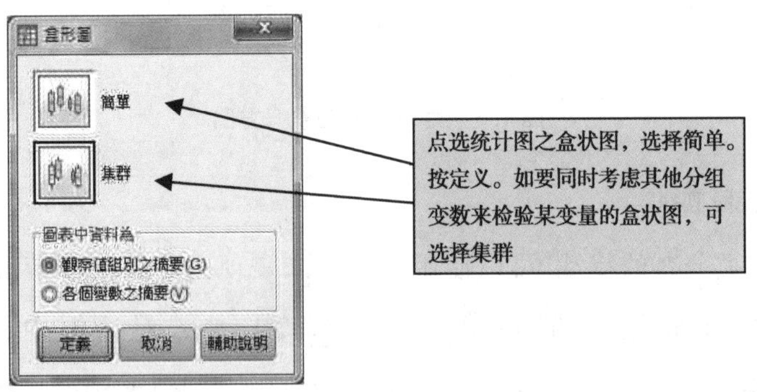

以性别与目前薪资两个变量的偏离检验为例,不同性别的被试,目前薪资的分布与偏离情形可能不同,此时,使用 统计图→历史对话记录 中的 盒形图 的简单选项来将不同性别在薪水上的偏离状况予以表现。如果要增加另一个分类变量:职务类别,则可利用 盒形图 的 集群 选项进行三变量盒形图分析。按 定义 后进入简单盒状图对话框,选取所需检验的变量,连续变量放入 变数 ,类别变量放入 类别轴 ,如下图:

执行双变量盒状图指令后,可得到图4.8(a)的结果,图中显示男女生的偏离与极端

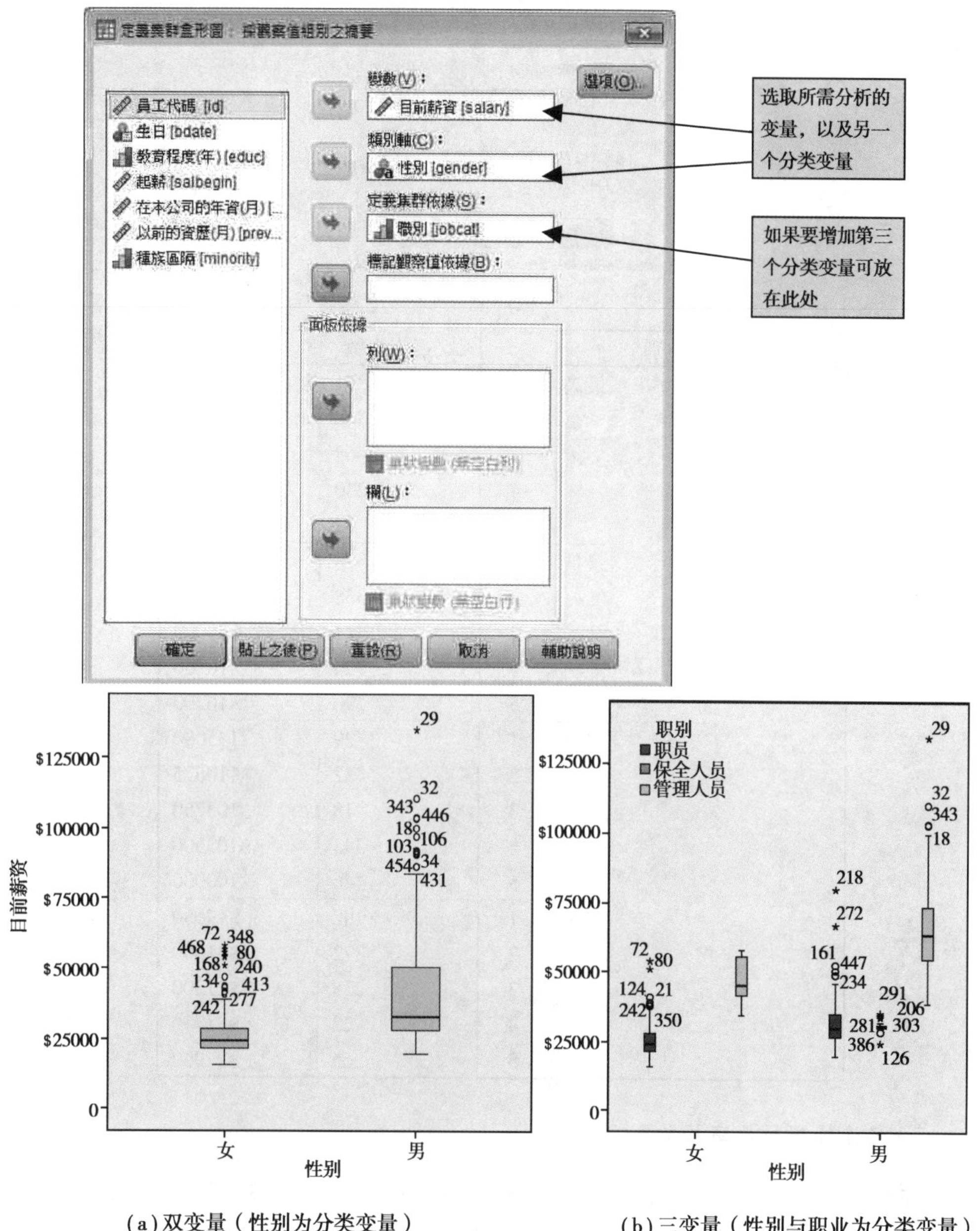

(a)双变量（性别为分类变量）　　(b)三变量（性别与职业为分类变量）

图 4.8　双变量所形成的盒状图

值差不多,且均分布于长方盒的上方,但男生的盒形图比女生的盒形图更加正偏,且男生的中位数比女生的中位数高,显示不同性别的平均薪资的变化。而由长方盒的长度可以判断出不同性别的薪资分散状况并不太一致,男性工作者薪资变异大于女性。

图 4.8(b)为目前薪资变量与性别变量的双变量偏离检验,再以第三个变量(职务类别)作为集群化分类变量,可以更明确的看出目前薪资变量的分布。在执行 预检资料 功能时,若在 统计量 下勾选偏离值,如下图,则将出现各组极端的数值及观察值位置。结果如下表:

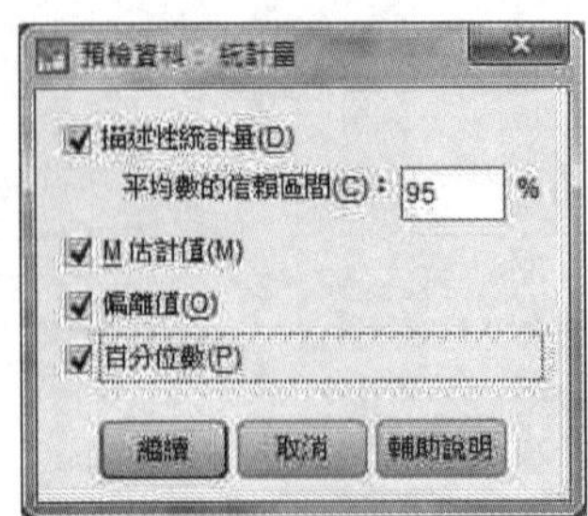

极端值

性别				观察值个数	数　值
目前薪资	女	最高	1	371	$58125
			2	348	$56750
			3	468	$55750
			4	240	$54375
			5	72	$54000
		最低	1	378	$15750
			2	338	$15900
			3	411	$16200
			4	224	$16200
			5	90	$16200
	男	最高	1	29	$135000
			2	32	$110625
			3	18	$103750
			4	343	$103500
			5	446	$100000
		最低	1	192	$19650
			2	372	$21300
			3	258	$21300
			4	22	$21750
			5	65	$21900

(二)多连续变量偏离检验

前面的例子中,一个变量为连续变量,其他变量则为分组变量。但如果两个变量皆为连续变量,则不宜以盒状图来表现,而宜以散布图来呈现。

使用者点选 统计图 → 历史对话记录 → 散布图点状图 ,进入对话框中,输入两个变量,按确定即可。图 4.9 为起薪与目前薪资的双变量分布图,图中显示低起薪者有部分具有高目前薪资,而高起薪者亦有少数具有低目前薪资。双变量的极端值检验可以同时看出两个变量偏离情形,所提供的信息更为丰富。

三、偏离值的处理

当偏离值被确定之后,可以设定一个新的虚拟变量,将偏离值视为一组,非偏离值为一组,进行区别函数分析以确定哪些变量可以区分此二组,这些变量便可能是造成多变量偏离值的变量,再以散布图来描绘该数值的位置。

偏离值的发生,主要的原因是人为的疏失,可能是研究人员在输入时发生误差,输入

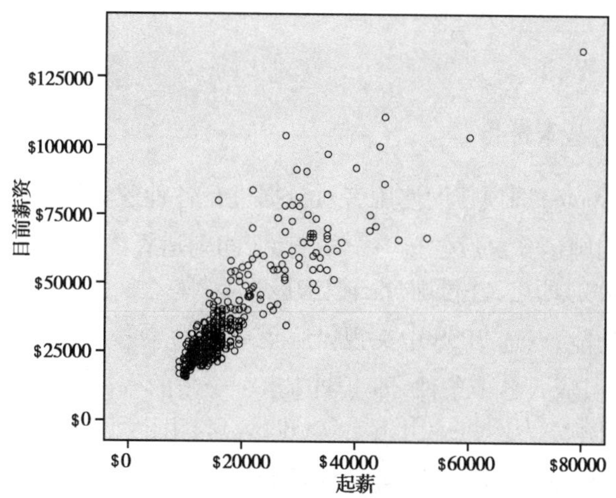

图 4.9　两个连续变量的散布图

了错误的数值，经重新调阅文本资料后可以获得解决。此外，偏离亦有可能是被试本身胡乱作答的结果，此时多以去除偏离值（转换成遗漏值）来处理，然而，如何判定该偏离值是胡乱作答还是真实作答，研究者在除去该偏离值前需经过分析与确认。

真实存在的偏离值的处理，文献上提供了多种选择，如果样本数庞大，除去该偏离值不致影响分析，多建议采用去除法来处理，如果为维护样本数，则可采取合并组的方式，将超过某一数值的极端值合并为一组，以减低极端值的影响，例如将标准差超过 3 的数值一律转换成标准分数为 3 的数值。此外，亦可采取数学转换，将极端数据以数学公式（如 log）处理，减少极端的数值影响。

第四节　数据转换

数据转换指令的功能是协助使用者对所建立的数据进行进一步的转换与变化，以符合需要。例如研究者想要计算受测者在某一个 10 题量表的总分，或是对教育程度变量修改分类方式，就必须使用数据转换功能。以下，我们将逐一介绍各个重要的转换指令。

Ch3b.sav [資料集5] - PASW Statistics Data Editor
檔案(F) 編輯(E) 檢視(V) 資料(D) 轉換(T) 分析(A) 直效行銷(M) 統計圖(G) 效用值(U) 視窗(W) 說明(H)
計算變數(C)
計算觀察值內的數值(O)
偏移值(F)...
重新編碼成同一變數(S)
重新編碼成不同變數(R)
自動重新編碼(A)
Visual Binning
最適 Binning
準備建模用的資料(P)
等級觀察值(K)
日期和時間精靈(D)
建立時間數列(M)
置換遺漏值(V)
亂數產生器(G)
執行擱置的轉換(T)　Ctrl+G
資料檢視　變數檢視
轉換(T)　PASW Statistics 處理器已就緒

一、计算变量

(一)计算功能的基本操作

计算变数(Compute)选项帮助使用者对数据进行各种逻辑运算处理,其主要功能是利用既有变量进行四则运算之后创造一个新变量,四则运算的表现则依一般数学关系式的模式(先乘除后加减)即可,并可配合函数来进行运算。

若要使用计算功能,点选 SPSS 中文视窗版菜单中的转换的计算变数选项,即可打开计算功能的对话框,输入各项条件,即可创造出一个新的变量。

以新变量 age 的建立为例,age 由出生年(dobyr)与出生月(dobmo)所计算得出,首先在目标变数当中输入 age,并可打开类型 & 标记选单,输入该变量的标签(年龄)以为标注之用。然后在数值运算式中键入 age 的计算条件:99 - dobyr + (5 - dobmo)/12,然后按确定即可获得新变量 age 的数据,该笔数据存放在数据窗口的最后一栏。

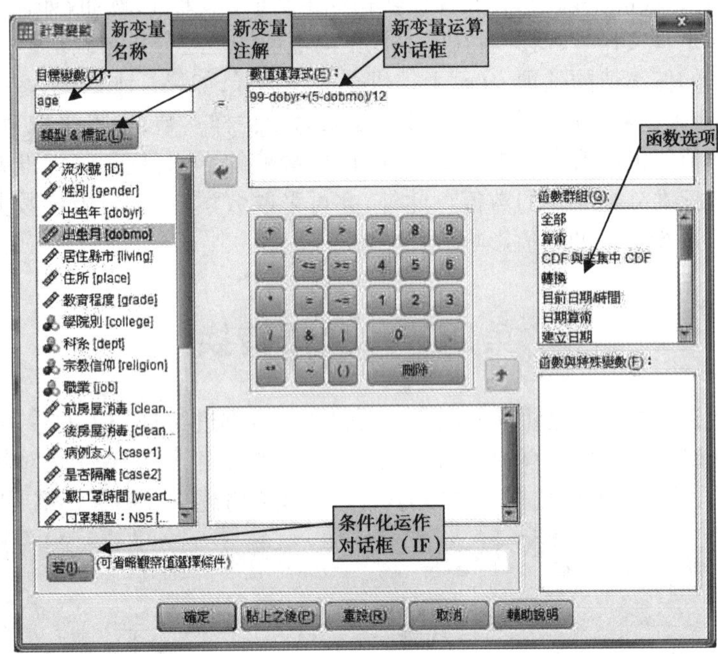

如果执行确定之前,使用者点击了贴上语法选项,将会在语法窗口中看到下列指令,即为计算指令的语法陈述。

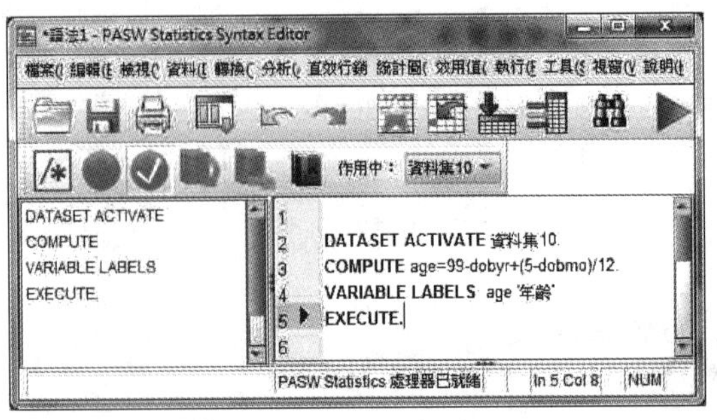

值得注意的是，在数学运算式建立运算条件的过程当中，使用者可以自行键入旧变量的名称与数学运算符号，也可以利用鼠标来选取旧变量以及小键盘当中的数值与运算子（四则运算符号），甚至选取特殊的函数功能来进行运算。SPSS 视窗版提供的运算子的图例与功能说明见表 4.2。

表 4.2 运算子的图例与功能

数学运算子		逻辑（关系）运算子			
图例	功能	图例	功能	图例	功能
+	加	<	小于	~ =	不等于
-	减	>	大于	&	与
*	乘	< =	小于等于	|	或
/	除	> =	大于等于	~	非
**	乘幂	=	等于	( )	括号

这些运算子的使用有不同的变化与组合，但也有规定做法，读者应善加演练，否则会有错误信息的发生。例如乘幂之后必须跟随一个数值以表示是求取某一变量的几次方，数值为 2 时（ **2）表示平方，数值为.5 时为开根号（ **.5），如果漏了数值，就会出现错误信息。

除了使用传统的数学运算式来进行新变量的计算，SPSS 也提供了超过 70 种以上的内建函数来进行数据的转换。SPSS 所支持的函数类型很多，包括了基本的运算函数：算术函数、统计函数、字串函数、日期与时间函数，以及统计分布的相关函数：累积分布函数、随机变量函数、遗漏值函数等，由于函数的种类繁多，使用的方法也各有不同，这些函数功能请读者自行查阅 SPSS 的手册或帮助功能。

（二）条件化计算

在进行数值运算时，有时需要限定在特定条件下，来进行新变量的创造，此时，便需搭配条件化逻辑处理指令。在 SPSS/PC 时代，SPSS 提供三种模式的逻辑指令 IF、PROCESS IF、SELECT IF 进行条件化转换，视窗版的条件化转换则有更大的空间与弹性。

传统上，条件式转换的限定关系由**关系运算子**（relation operator）来表示。在视窗版的 计算变数 功能中，隐藏了一个 若 选项，如果点选该选项，将进入条件化指令对话框。点选 包含满足条件时的观察值 选项后，即可以对新变量的创造设定条件。

二、重新编码

重新编码（Recode）的功能在于将变量既有的数值重新设定。当使用者遇到变量的数值需进行转换、重新编码、合并等工作时，即可使用 重新编码成不同变数 的功能，例如反向题的处理情况即为一例。

SPSS 视窗版提供两种模式的重新编码程序：重新编码成不同变数 不改变原有变量值，而将逆转后的新变量以另一个变量名称来储存；重新编码成相同变数 则会将新数值覆盖在原有变量名称下的数值予以取代。

(一)类别变量的重新编码

在SPSS中,执行方法为选取 转换 → 重新编码成不同变数 ,即可开启重新编码对话框。

以教育程度变量的重新编码为例,变量名称为fe,原来的数值为1(中学及以下)、2(高中)、3(专科)、4(大学),若要改成1(高中以下)与2(专科以上)两类,则可以将旧值1、2改为新值1,旧值3、4改为新值2。

操作上,需开启 重新编码成不同变数 对话框,即可输入转换数据数值的条件,并将新数值数据存放于gradenew新变量中。

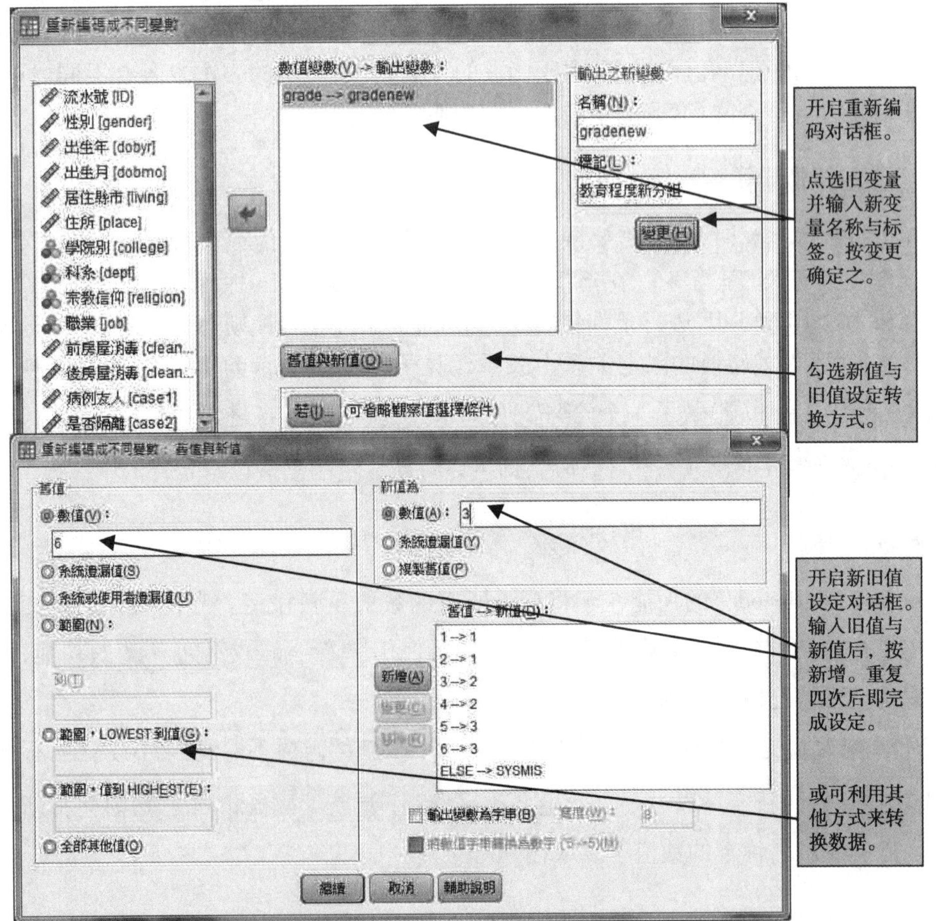

（二）连续变量的重新编码

连续变量的重新编码与类别变量原理相同，主要的差别在于连续变量的数值多为繁多的连续数值，类别变量的数值则较少，如果要重新编组，连续变量的数值多以区间的方式来设定。

例如年龄变量，如果要将年龄进行分组，可使用旧值与新值当中的范围，逐步地设定不同的区间，并给予不同的数值。操作步骤如下：

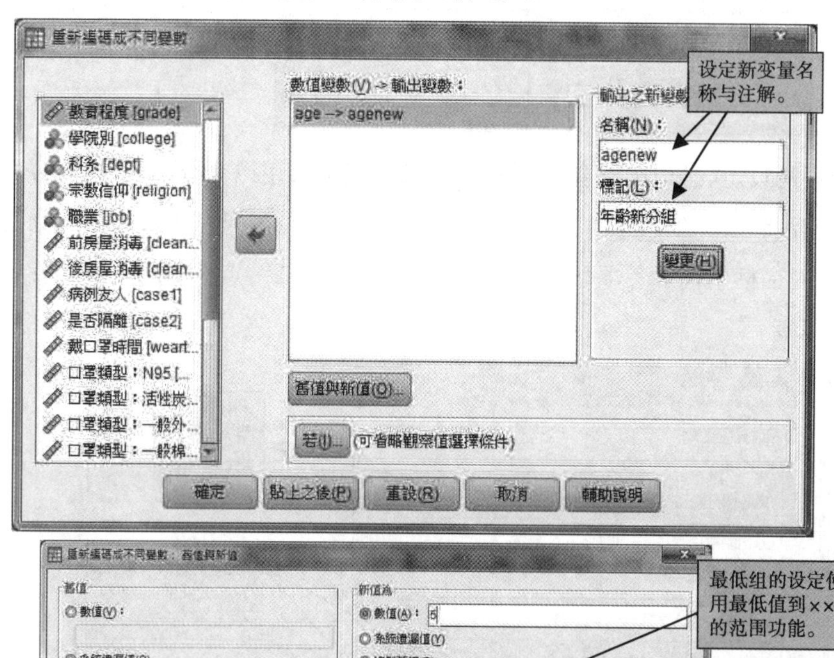

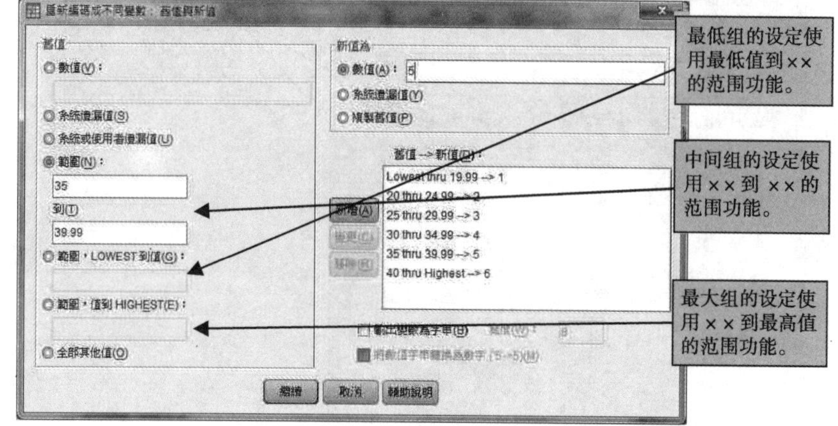

三、数据分组

若要将一个连续变量加以分类，除了重新编码，另一个方法是利用 SPSS 第 12 版之后新增的数据带状分组功能(Visual Bander)来处理。Visual Bander 的原理是由使用者设定一个带状分割的原则，然后将该原则套用到观测值。此法特别适合于大型数据库，或是当数据的内容不明确时，可以将大批数据一次分割完毕。

首先，开启 Visual Bander 窗口，进入变量选择对话框，指定一个以上欲进行分组的变量。下面我们将以年龄变量的分组切割为例。

第二个步骤是分组原则的设定，此时需输入一个新的变量名称，以存放分组后的变量数据。然后设定分组原则，即会产生一个标签为带状变量的新变量。

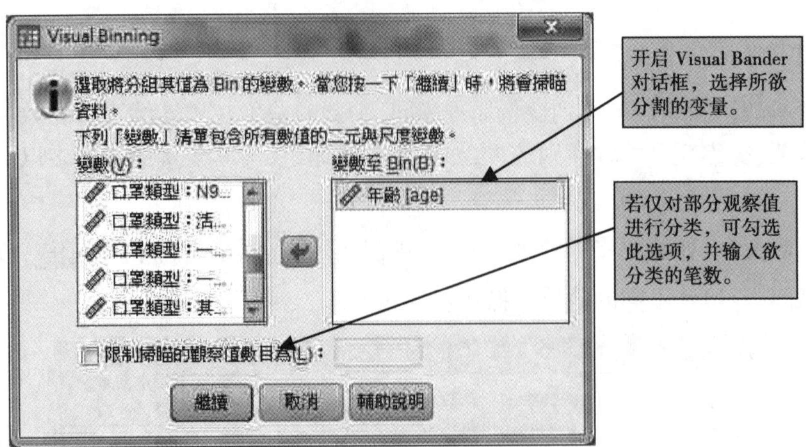

分组原则的设定，必须选择 制作分割点 与 制作标记，用以命令 SPSS 执行分组的方式。例如，若要将年龄切割成 14 组，每组间隔 5 岁，最小一组是从 15 岁开始，则必须在 制作分割点 对话框中输入各项条件。分组原则设定完毕后，点选 制作标记，就会自动产生各组的标签。

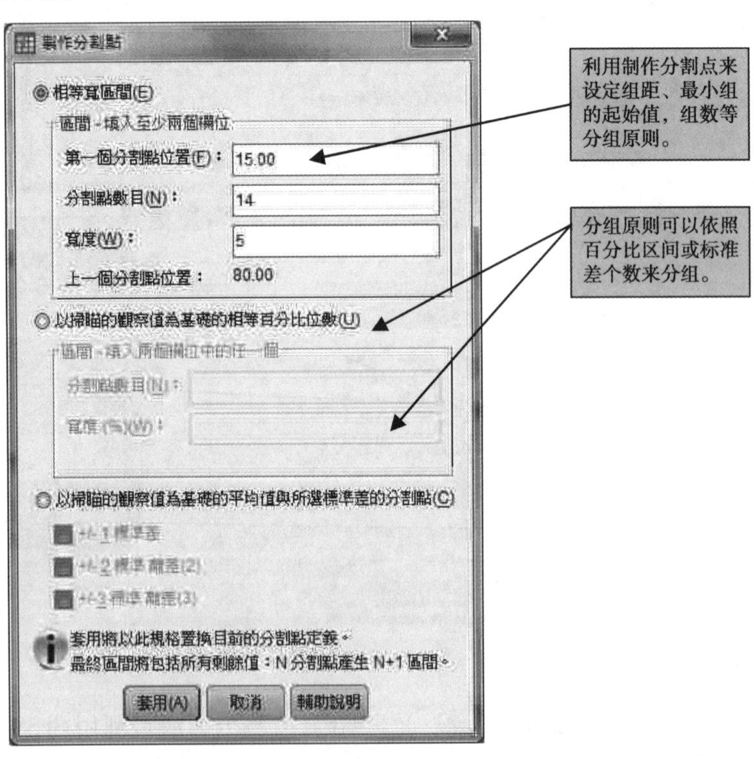

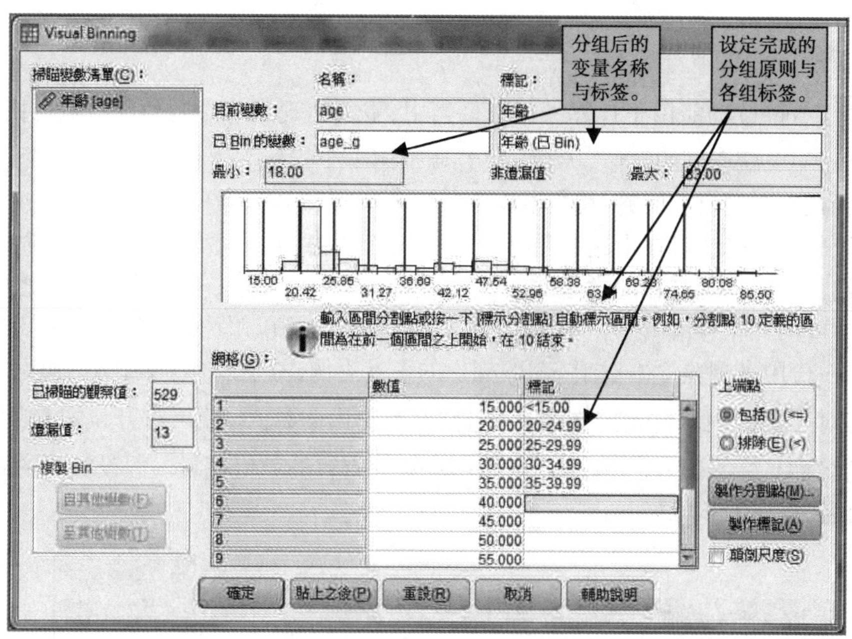

除了给予一个特定的组距与组数,也可以平均数为中心点,距离几个标准差来分组,例如下图是以一个标准差为分组单位得到的分组设定。由于年龄变量的平均数为31.26,标准差为12.08,因此第一组为19.18以下(两个标准差以外),第二组为19.19到31.26(低于平均数一个标准差),第三组为31.27到43.34(高于平均数一个标准差),以及43.35以上(高于平均数两个标准差)。

分组完成后,可以利用次数分布表察看分组后的结果。由此可知,Visual Bander是用来将原始数据进行分组处理的便捷方法。

表4.3　年龄次数分布表:以15为低限,5为组距,区分为14个组

		次　数	百分比	有效百分比	累积百分比
有效的	15.00 - 19.00	2	.4	.4	.4
	20.00 - 24.00	252	47.6	48.8	49.2
	25.00 - 29.00	64	12.1	12.4	61.6
	30.00 - 34.00	32	6.0	6.2	67.8
	35.00 - 39.00	20	3.8	3.9	71.7
	40.00 - 44.00	43	8.1	8.3	80.0
	45.00 - 49.00	42	7.9	8.1	88.2
	50.00 - 54.00	39	7.4	7.6	95.7
	55.00 - 59.00	11	2.1	2.1	97.9
	60.00 - 64.00	10	1.9	1.9	99.8
	80.00 +	1	.2	.2	100.0
	总和	516	97.5	100.0	
遗漏值	99	13	2.5		
总和		529	100.0		

年龄(带状):以一个标准差为分组原则的次数分布表

四、计　数

计数(Count)功能用于计算一组变量当中,重复出现某一个数值的次数,并将此一次数指定为一个新变量的数值。例如,民意调查用十个指标去评估行政院长的施政满意度,受访者在十个题目上回答:相当不满意(1)、不满意(2)、满意(3)、非常满意(4),施测完毕之后,每一位受访者在十题的反应中,出现几个满意、几个不满意,可以用 COUNT 指令来计数。另外,老师进行随堂考试,一份试题总共有十题,每一位学生在每一题可能答对(记为 1),也可能答错(记为 0),每一位学生的得分也可以用计数功能来加分。

现以一份用来测验学生对于 SARS 知识的考卷为例,考卷共有十题,学生知识多寡可以用他答对几题来表示。点选 转换 → 计算观察值内的数值 ,便可打开设定对话框,将新变量的名称与标签键入,并挑选用来计算新变量内容的数值变量。假设答对的题数以 answer 命名,操作的步骤如下:

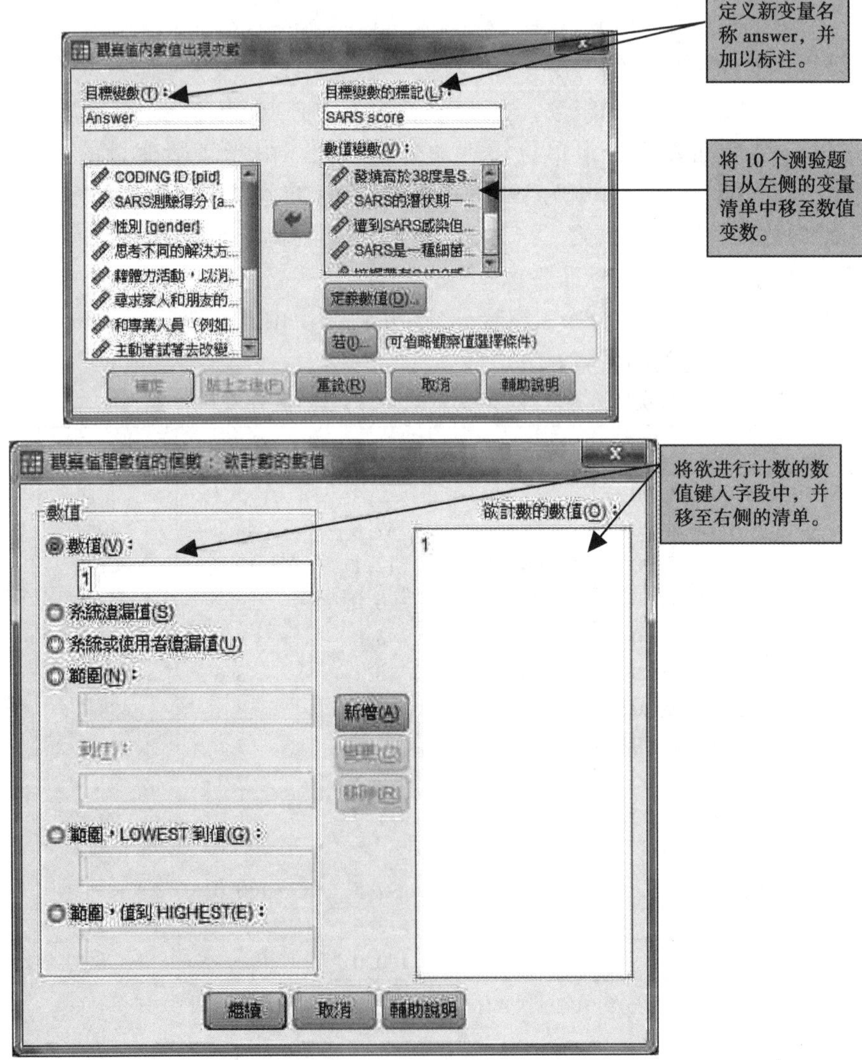

上述的示范可以说是计数最简单的运用，从设定对话框的内容可以看出，计数功能中可以不同的数值设定方法进行计数，包括多个单一数值计数、遗漏值计数、范围值计数三种方法。

五、等级观察值

等级观察值(Rank cases)功能是将变量的数值，转换成等级、百分等级、排序等类型的分数。以心理测验的应用来说，若要将测验的原始分数转换成百分等级常模，就需要使用此一功能来完成。此外，学校老师也可以利用此一功能，将学生的考试成绩转换成名次与等级数据。

SPSS 的等级观察值功能可以产生下列数据：

- 等级(Rank)：排名次(由低至高或由高至低)。
- 指数等级(Savage score)：产生指数等级数据。
- 比率等级(Fractional Rank)：产生百分比(百分等级)，为 0 至 100 的百分比(带两位小数)或以四位小数表示的由 0 至 1 的百分比。
- 观察值加权数总和(SUM OF CASE WEIGHTS)：列出参与排列的人数(若选择依据变量，全体样本将依该变量分成几个次群体排序)。
- 自订 N 等级(Ntiles)：允许使用者自订 1 至 99 种不同的等级切割。
- 正态等级(NORMAL)：可将数据依照百分比密度调整成为正态化的等级数据。

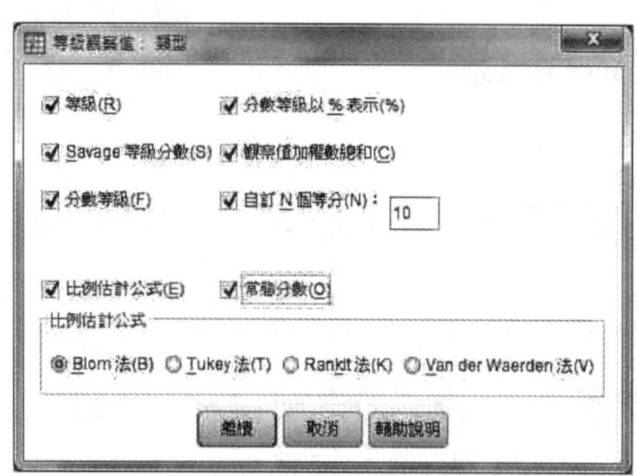

SPSS 的操作程序很简单，点选转换→等级观察值，便可打开设定对话框。然后将所欲排序或等级化的变量选入右侧的变数清单中。如果想要就另一个分类变量来进行分组排序(例如不同的性别)，可将该分组变量(不可为字串变量)选入依据清单中。然后点选等级类型，便可打开类型设定对话框。选取所欲产生的排序或等级化工作。如要自订几个百分比等分，可以在自订 N 等分的输入栏位中输入 1 至 9 的数据。按确定即可执行。

执行完毕之后，输出窗口会出现摘要表，列出所产生的新变量名称与内容，如下图所示。新变量的数据则放在数据库的最后方。

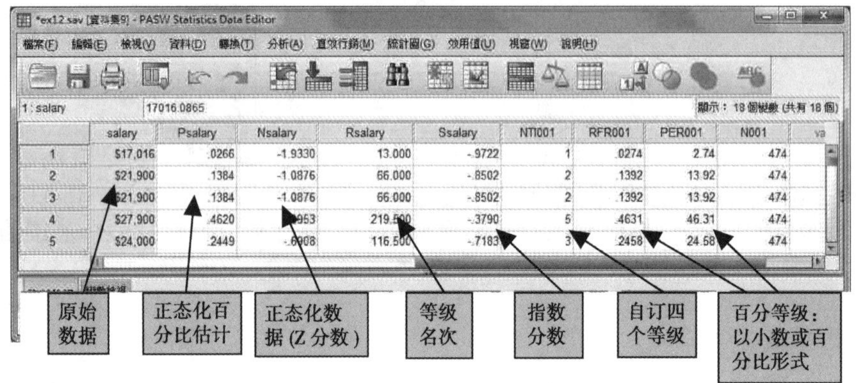

值得注意的是，正态化估计可以将原本的非正态分布(如呈现正偏态的薪水数据)转成正态概率分布。以下图为例，原本数据为正偏态，但是正态化估计后(以 BLOM 法为例)的概率密度则呈现正态分布。

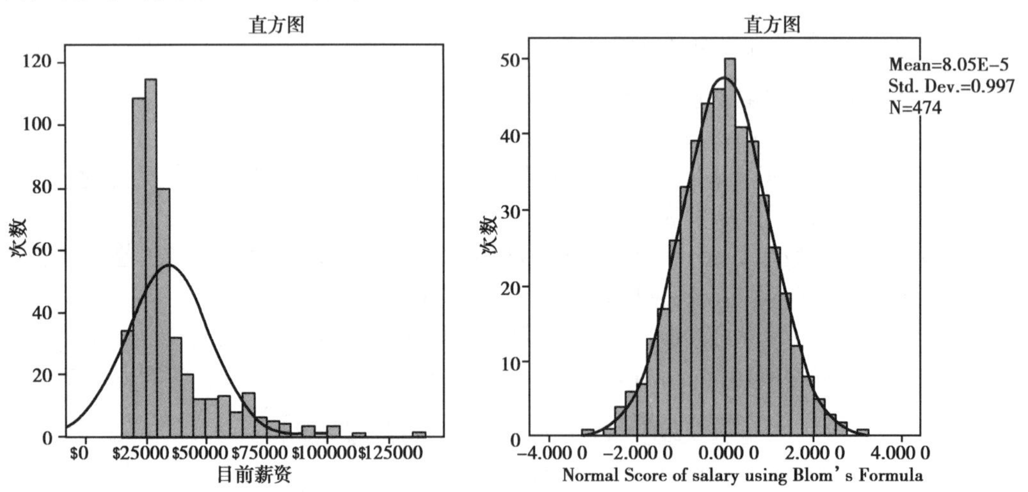

第五节　数据与文件管理

本节的主要目的在介绍 SPSS 几个重要的数据与文件管理功能。操作方法是利用资料功能表中的定义变数性质、观察值排序、转置、整合、分割档案、选择观察值等功能，可以很轻易地进行数据管理。现择要说明于后。

一、定义变量性质

定义变数性质的功能是利用对话框的方式，以一个结构化的窗口画面来处理变量属性的定义，而不用逐一处理每一个变量，提高了使用者在处理变量属性的便利性。使用方法是点选定义变数性质，开启对话框。此时使用者可以选择有哪些变量需要加以检查或调整，将它们选入右侧的要扫瞄的变数清单中。如下所示：

在上图的对话框中，有两个设定观察值提取条件的选项十分重要。限制扫瞄的观察数目为如果被勾选，使用者可以指定数据库中的观察值，有几笔要被提取出来检查。限制显示的数值数目为选项则是指定对于数据库数据的提取，仅限于该变量的前几个数值的数据。下图中，我们可以看到 SPSS 总共扫描了 98 笔数据，所点选的 Sex 变量，标签为性别，变量设定状态列于对话框的上半部。下半部则为变量的内容，性别变量共有 2 个数值，1 代表男、2 表示女，第 3 个数值为 9，是为遗漏值，共有 0 个遗漏。

值得注意的是，此一功能较适合于类别变量的处理。相对于前面的定义变数性质，另一个功能是复制资料性质可用来复制变量定义的设定，而不涉及观察值的内容。其原理类似。

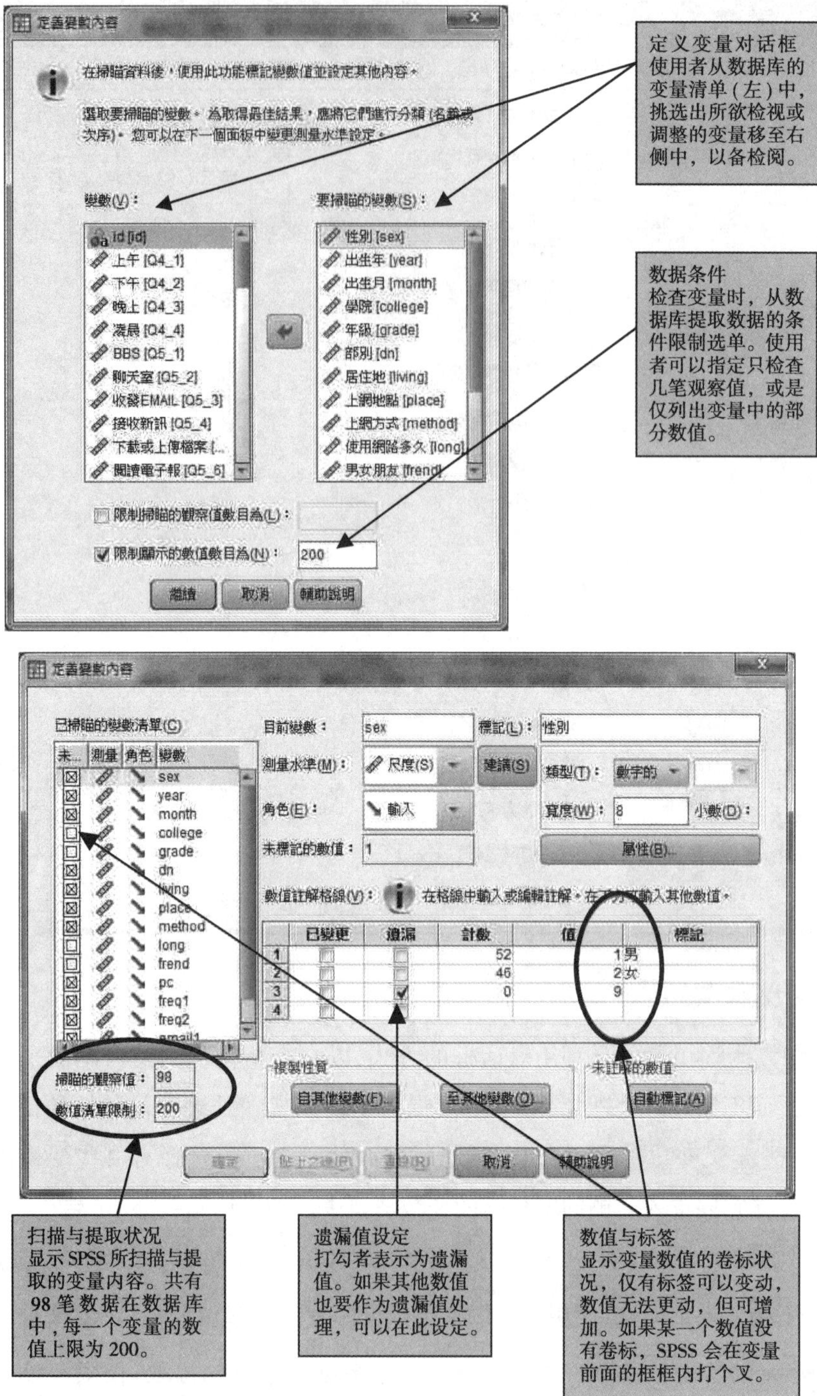

二、数据转置

在SPSS当中，可以利用转置（transpose）功能将原始数据文件中的列与行互换，也就是把各笔数据（横列）变成直栏的变量，而直栏的变量转换成一笔一笔的观察值，并将转置后的数据放置在另一个新的数据文件当中，以免旧有的数据遗失，增加了数据管理的方便性。

使用者可以利用转置将所有的数据进行行与列的互换，此时所有的变量名称会形成一个新的变量(CASE_LBL),并放置于第一栏,用以显示该横列的数据的内容。相对的,各笔数据转成直列后,如果没有指定变量的名称,则会由 SPSS 以默认的 VAR000* 来为每一笔数据进行变量命名,并显示新变量名称的清单。

如果使用者想要利用某一个变量的数值(通常为字串变量)作为变量名称,则需将该笔观察值在对话框中指明,SPSS 即以该变量的数据作为变量的名称。

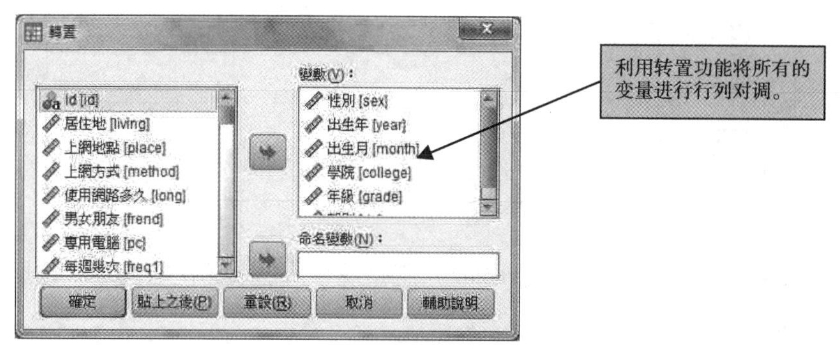

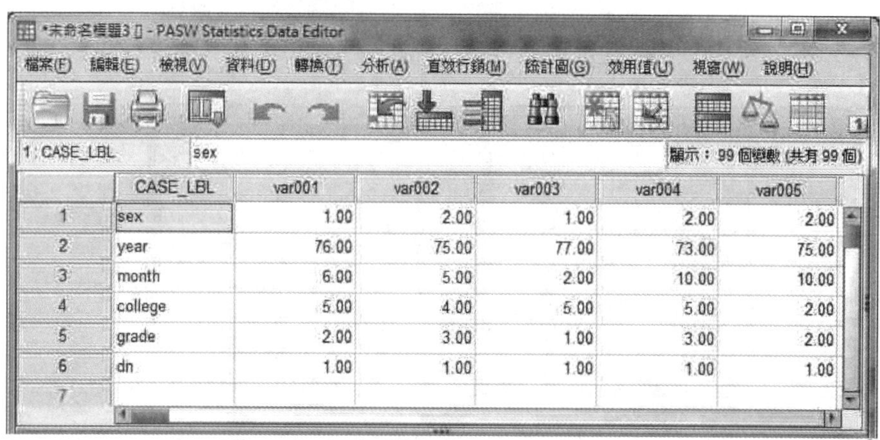

值得注意的是,在转置过程当中,原本字串变量的文字数据,转成横列的数据时,会因为各新变量为数值变量的型态而成为各变量的系统遗漏值。

其次,如果使用者没有选择所有的变量进行转置,那么未被选择的变量不会转成横列的观察值数据。

三、观察值加权

观察值加权(Weight cases)的原理相当简单,就是将某一笔(横列)观察值根据某一个变量的数据进行加权(乘以该变量)。使得该笔数据的数量成为若干倍。此法最常使用的情况是在建立数据文件时,以简要的形式进行大样本的数据输入,又称为加权输入法。另外,在进行民调时,为了使分层随机抽样的数据符合总体人口比例,会将所搜集到的数据依据总体比例加权,也可以利用此一功能来完成。

例如表 4.4,一个市场调查,研究人员搜集了 83 位光顾某个大卖场的顾客的基本数据与付费方式,包括性别(男、女)、入场时段(上午、下午、晚间)、以及是否使用信用卡。输入数据的方式,首先应确认分类变量的数目与水平数,并赋予变量名称与变量数值。以本范例来看,分类变量有三:(A)性别(男 1、女 2),(B)入场时段(上午 1、下午 2、晚间 3)、以及(C)是1、否2使用信用卡，根据这三个分类变量与数值，可以产生2×3×2共计12种情况，每一种情况都有相对应的次数，使用者仅需将十二种情况以及相对应的次数输入SPSS数据窗口即可。

表4.4　观察值加权的范例数据

		上午(B1)	下午(B2)	晚间(B3)
男(A1)	刷卡(C1)	10	5	12
	刷卡(C2)	15	6	6
女(A2)	刷卡(C1)	5	8	12
	刷卡(C2)	18	18	22

数据库中，12种情况所对应的次数(count)，就是观察值加权的次数变量。数据库建立完成之后如下表：

	A	B	C	Count
1	1	1	1	10
2	1	1	2	15
3	2	1	1	5
4	2	1	2	18
5	1	2	1	5
6	1	2	2	6
7	2	2	1	8
8	2	2	2	18
9	1	3	1	12
10	1	3	2	6

	A	B	C	Count
1	男	早上	刷卡	10
2	男	早上	不刷卡	15
3	女	早上	刷卡	5
4	女	早上	不刷卡	18
5	男	下午	刷卡	5
6	男	下午	不刷卡	6
7	女	下午	刷卡	8
8	女	下午	不刷卡	18
9	男	晚間	刷卡	12
10	男	晚間	不刷卡	6

观察值加权的方法是打开 资料 → 观察值加权，开启观察值加权对话框，选定 依据…加权观察值，将COUNT变量移至 次数变数 中，按 确定 即完成设定，如下图所示。

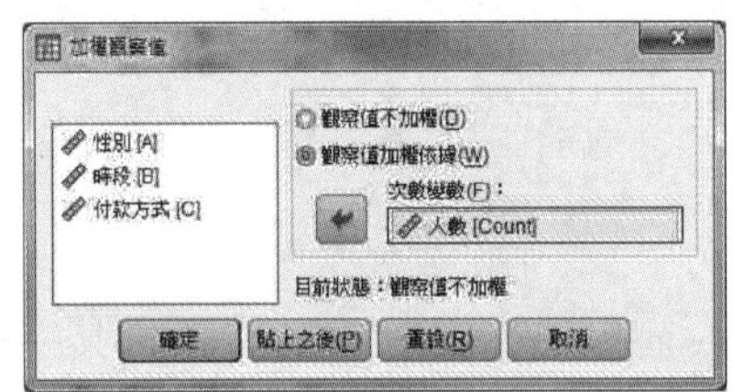

完成加权之后，我们可以利用描述统计功能来检查数据是否正确完成加权的操作，例如我们可以利用交叉表来列出性别(A)、时段(B)、付款方式(C)这三个变量加权后的次数列联表，如下所示：

A 性别 * B 时段 * C 付款方式交叉表

个数

		C 付款方式	B 时段 1 早上	2 下午	3 晚间	总和
A 性别	1 男	1 刷卡	10	5	12	27
		2 不刷卡	15	6	6	27
	2 女	1 刷卡	5	8	12	25
		2 不刷卡	18	18	22	58
总和		1 刷卡	15	13	24	52
		2 不刷卡	33	24	28	85

四、分割文件

分割档案(Split File)的目的,是将整个数据文件根据另一个变量,将数据库区分成不同的子文档,以便分别进行运用或统计分析。例如在方差分析(ANOVA)中,执行**单纯主要效果**(simple main effect)检验,即可使用此功能将数据分成不同的水平来进行单纯主要效果检验。

分割文件时,使用者需指定依照某一个变量进行切割(例如依性别切割成两个子文档),点选资料→分割档案后,观察值会依分组变量的值排序(如果数据文件尚未排序,需选取依分组变数排序档案)。一旦分割完成后,所有的统计分析将依照性别分割成两个部分,利用分割文件功能,研究者可以指定多个切割变量来将整个数据库切割成多个子文件,最多可以指定八个分组变量。值得注意的是,如果使用者不需要分割时,必须将先前的动作还原,亦即需勾选分析所有观察值,否则以后的分析一律会按区分成多个子文件的形式来运作。

完成分割后,SPSS 并不会特别提醒使用者数据已经完成分割,但可以从数据窗口看到变化。由于分割的结果会使得数据重新排序,SPSS 会依照切割变量的顺序,逐一列出各子文件的观察值。

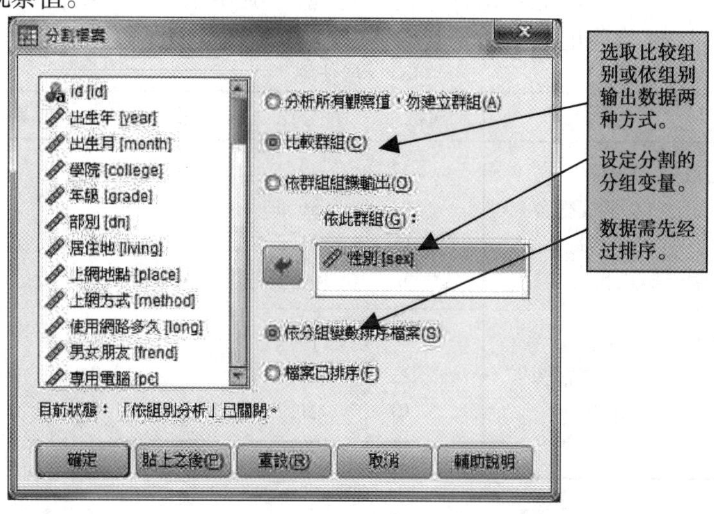

SPSS 在分割文件时,可以选择两种分割模式,其所影响的是分割之后后续应用上的差别,而不是观察值分割过程有所不同。

第一种是 依组别组织输出 ,此一选项使数据库分割后,在后续的报表中,将不同组别的数据分析结果分别以不同的表格输出。例如前面的例子,我们以性别为分组变量切割后,要求列出观察值的居住县市,SPSS 将会把男生与女生的数据分别以两个独立表格列出,如下图所示。

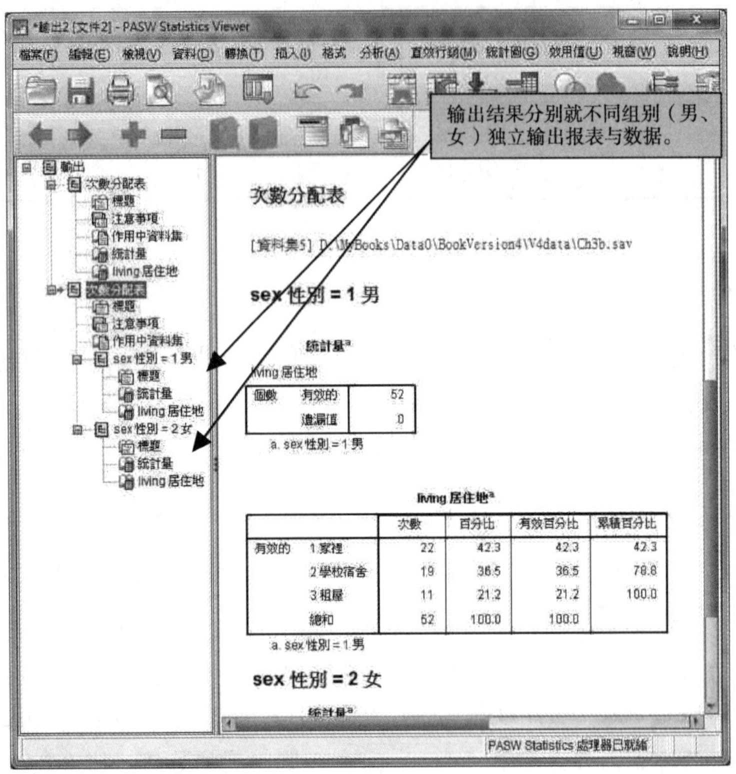

另一种分割模式是 比较组别 ,此一选项选择后,SPSS 会把整个文件依照某一个分组变量的组别,在数据窗口内分成几个子文件。然后如果研究者进行进一步的分析,那么输出报表会将不同组别的数据放在同一个表格中,依序列出。例如我们将数据库依照性别分组后,以次数分布表功能列出样本的居住地,得到结果如下。我们可以发现男生的数据列于表格上方,女生的数据列于表格下方。

living **居住地**

sex 性别			次数	百分比	有效百分比	累积百分比
1 男	有效的	1 家里	22	42.3	42.3	42.3
		2 学校宿舍	19	36.5	36.5	78.5
		3 租屋	11	21.2	21.2	100.0
		总和	52	100.0	100.0	
2 女	有效的	1 家里	14	30.4	30.4	30.4
		2 学校宿舍	22	47.8	47.8	78.5
		3 租屋	10	21.7	21.7	100.0
		总和	46	100.0	100.0	

五、选择观察值

SPSS 对于数据的选取,提供了多种不同的选择。例如可以利用 如果满足设定条件 , 观察值的随机样本 或选定特定范围的数据等(如图 4.10 所示)。使用者仅需开启选择观察值对话框,就可以不同的选择方式来过滤或筛选观察值。

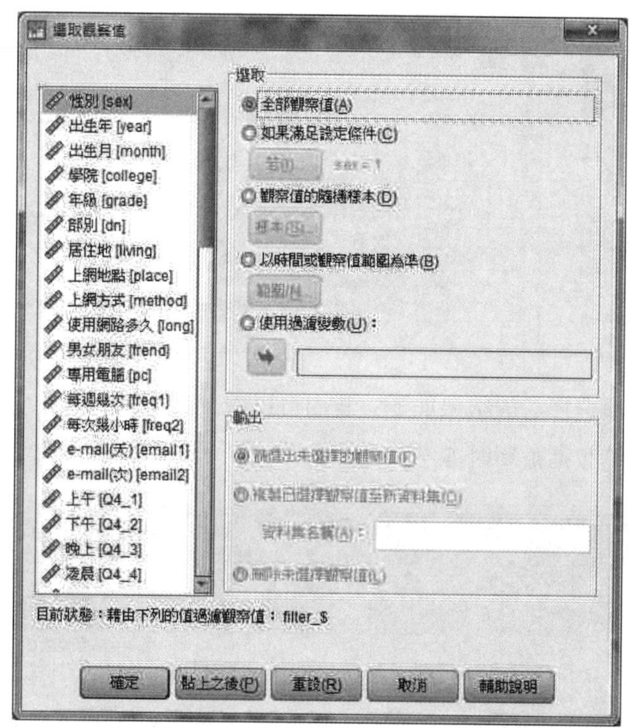

图 4.10 选择观察值的各种选项设定对话框

(一)过滤与删除

当使用 选择观察值 (Select Cases)指令时,选择的结果有两种可能,第一是 过滤 ,是将被淘汰的数据暂时"冷冻",使用者可以在数据编辑窗口中看到被试的编号被划一斜杠(/),即代表被"冷冻",而且窗口最后会产生一个新的过滤变量(filter_ $),保留的记为 1,"冷冻"的记为 0。此时数据并未从文档中被移除,要恢复被"冷冻"数据时(解冻),只需勾选 全部观察值 即可。第二是 删除 ,表示被排除的数据就被永远从数据文件中移除,无法复原,使用者在勾选此选项时需谨慎为之。

(二)条件化选择程序

SPSS 在进行观察值选择时,最重要的功能是利用条件化指令(IF)来提出特殊的选择条件,命令 SPSS 选出特定条件的观察值。具体做法是利用 如果满足设定条件 ,搭配 过滤 与 删除 ,来挑选数据,这也就是过去 SPSS/PC 时代的 Process if 与 Select if 两个重要指令。

使用条件化选择功能时,必须输入特定的选择条件,使用者需利用 若 窗口,来设定条件式。例如,如果只需要分析 sex = 1 的观察值,那么在窗口中输入此一条件,即可将其他性别的观察值过滤或删除。

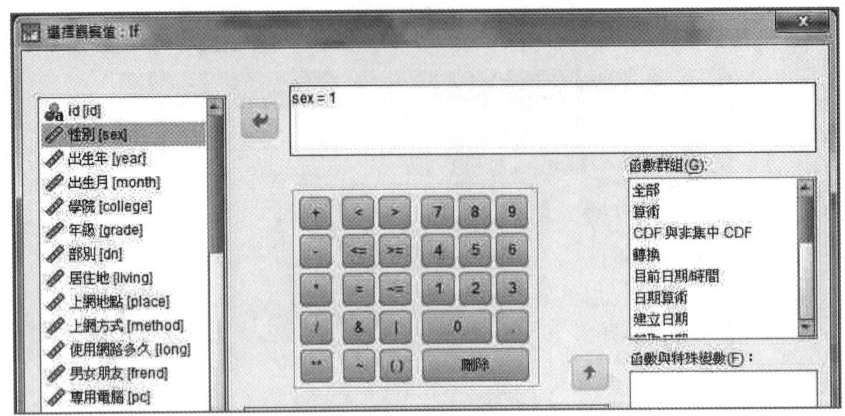

配合 过滤 选项选择后的结果如下。我们可以看到数据窗口有部分观察值的序号有一个划记,代表该笔数据被暂时冻结。

*Ch3b.sav [資料集5] - PASW Statistics Data Editor

檔案(F) 編輯(E) 檢視(V) 資料(D) 轉換(T) 分析(A) 直效行銷(M) 統計圖(G) 效用值(U) 視窗(W) 說明(H)

13 : id　　顯示：68 個變數 (共有 68 個)

	sex	year	month	college	grade	dn
1	男	76	6	理工	二年級	日間
2	女	75	5	管理學院	三年級	日間
3	男	77	2	理工	一年級	日間
4	女	73	10	理工	三年級	日間
5	女	75	10	醫學院	二年級	日間
6	女	76	1	醫學院	二年級	日間
7	女	75	2	理工	三年級	日間
8	女	75	1	管理學院	一年級	日間
9	男	75	4	理工	三年級	日間
10	女	75	8	理工	三年級	日間

(三)观察值的随机样本

观察值的随机样本 即是抽样(SAMPLE)指令,也就是要求 SPSS 进行随机抽样。使用者只需输入一个小数点分数,即可要求按照该比率自数据文件中挑选一定数量的观察值。如输入.3,即要求随机选择数据文件中 30% 的观察值数据,其他的 70% ,则依过滤或删除方式处理。

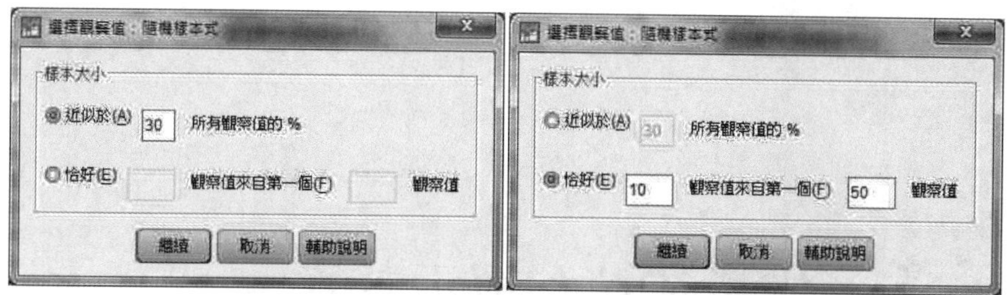

若要以一定比例进行随机抽样，使用者只需在恰好选项中，填入所欲保留的数据笔数（例如10笔），要从前面几个观察值中去随机抽样（例如前面50笔）。SPSS即会从50笔数据中随机抽样出10笔数据。值得注意的是，由于SPSS采用随机抽样，因此如果重复此一步骤，每次选出的观察值都会有所不同。除了随机抽样，SPSS也可以要求选择特定范围的数据来进行运用，此时需使用以时间或观察值范围为准选项。

第五章 描述统计与图示技术

描述统计(descriptive statistics)是一套用以整理、描述、解释数据的系统方法与统计技术。由于量化研究所搜集的数据数量均十分庞大,如何以简单明白的统计量数来描述庞大的数据,并成为实务工作者相互沟通的共同语言,便成为描述统计的主要责任。

描述统计的第一步,是对原始数据的整理与呈现,最简单且最常用的方法是建立次数分布表(frequency distribution)。传统上,次数分布表的制作,需将原始数据进行初步分类,再加以人工划记方式过录,整理成一个具有类别、次数、累积次数、百分比及累积百分比等信息的次数分布表。在科技发达的今天,次数分布表可以轻易地由计算机来制作,研究者只要正确无误地输入原始数据,即可利用统计应用软件或文字处理软件(如EXCEL)来制作次数分布表。

由样本所计算推导出来的统计数据,称之为**统计数**(statistic)。统计数直接由原始数据计算得出,是描述原始数据特性的最佳指标。描述统计中,最重要的统计量数是用以描述测量观察值集中情形的**集中量数**(measures of central location),也是为一组数据建立一个能够描述其共同落点的最佳指标。用以描述这群测量观察值分散情况的**变异量数**(measures of variation),则是描绘数据分布广度的指标。

进一步地,数据的意义,不能只单看数字的绝对意义(数值大小),而且还必须了解数值的相对意义,甚至于进行变量数据的标准化,才能对数据进行最正确的解读。本章除了介绍集中与变异量数之外,还将介绍相对量数与标准分数。基本上,标准分数是一套将数字进行转换的数学程序,经过转换后的标准分数具有相对性与可比较性,而若配合正态分布,则成为一个理想化的概率模型,说明在一种常规情况下的统计数据的概率变化规律。在统计学上,这两个概念可以说是衔接描述统计与推论统计的重要桥梁。

最后,研究者必须熟悉利用统计图表来描绘数据,并解读这些计算机化数据的意义与内涵,进一步的在推论统计的原理与原则下,进行估计或假设检验的工作。

第一节 次数分布表

次数分布表除了用来整理与描绘数据,次数分布的功能还可以用来检测与描述数据的集中情形与离散情形、偏态与峰度或有无极端值的存在。而类别变量(由名义或顺序尺度所测量得到)的数据,由于缺乏计量的单位,同时数值的种类较少,最适合使用次数分布表来呈现变量的内容与分布情况,如表5.1。相较之下,连续变量的数值有许多种可能,若未事先进行归类,简化数值的种类,次数分布表则可能显得庞大冗长。通常需先计算全距,再根据全距决定组数及**组距**(interval),确定各组的上下限后,将个别观察值的测量值进行划记工作。

表 5.1　次数分布表范例

		次数	百分比	有效百分比	累积百分比
有效的	1 小学及以下	8	1.5	1.5	1.5
	2 初中	17	3.2	3.3	4.8
	3 高中	83	15.7	15.9	20.7
	4 大专	383	72.4	73.5	94.2
	5 研究所	30	5.7	5.8	100.0
	总和	521	98.5	100.0	
遗漏值	9	8	1.5		
总和		529	100.0		

值得一提的是**茎叶图**(Stem-and-Leaf Plot),茎叶图是普林斯顿大学 John Tukey 教授于 1977 年所发展的一种用以描述观察值的简便方法,可以快速以人工方式对观察值进行划记,并以图表的方式呈现出来,兼具次数分布表与直方图的双重优点。在当时没有计算机协助处理量化数据的年代,茎叶图有其实用的价值,而 SPSS 软件仍保留了茎叶图,足见其重要性。

茎叶图最适合于二位数数据的呈现,例如考试成绩。茎叶图的制作,是将每一个观察值切割成茎与叶两部分,中间以垂直线区隔。茎为观察值中十位数及以上的数字,叶则为个位数的数字。(有时叶会取分数的末两位,这完全由分数大小分布的范围而定)。研究者先行将茎的数字由小而大依序填写在垂直线的左侧,如果每个数字只填写一次,代表以 10 为组距,若写两次,则表示以 5 为组距,依此类推。研究人员此时将观察值的个位数(叶)数据由小而大依序填注在右侧,形成表格型态。划记完成之后的每一横列的类别,计算其次数,并记录于图的左侧,形成一个次数分布表。现在以 96 笔年龄数据为例,做成茎叶图如下表:

年龄 Stem-and-Leaf Plot

Frequency	Stem &	Leaf
2.00	2.	11
2.00	2.	23
8.00	2.	44445555
11.00	2.	66666666777
16.00	2.	8888899999999999
8.00	3.	00011111
5.00	3.	22333
8.00	3.	44445555
8.00	3.	66667777
10.00	3.	8888899999
5.00	4.	11111
1.00	4.	2
1.00	4.	5
1.00	4.	7
6.00	4.	888889
2.00	5.	00
2.00	Extremes	(≥56)

Stem width:　10

Each leaf:　1 case(s)

上述的茎叶图系以 2 为组距,因此茎的部分每一个十位数上的数字重复五次。由叶的部分,可以看出众数落于 28 ~ 29 岁组,并有极端值落于高年龄组,显示出正偏态的情形。图中保留了原始数据的内容,同时也呈现出长条图的形式,兼具次数分布表的功能,因此可以看出茎叶图的一个优点是不会流失任何原始数据,对于数据的呈现,有其优越性。

第二节 集中量数

集中量数(measures of central location)是用以描述一组数据或一个分布集中点的统计量数。也就是一个能够描述数据的共同落点的指标。常用的集中量数有平均数、中位数及众数,从这三个量数的特性,也可看出名义、顺序、等距等三种不同测量尺度的特性。

一、平均数

平均数(mean;或以 M 表示)是取某一变量的所有数值的总和除以观察值个数所得到的值(公式 5.1),因为是将数据直接以数学算式来计算平均值,又称为**算术平均数**(arithmetic mean),以$\overline{X}$表示。

$$\overline{X} = \frac{\sum X}{N} \tag{5.1}$$

二、中位数

中位数(median;或以 Mdn 表示)又称为中数,是将某一个变量的数据依大至小或由小至大排列,取位居最中间,或能够均匀对分全体观察值的分数,也就是在中位数之上与之下,各有 50% 的观察值。以 50,55,60,60,60,65,66,70,90 这九个学生的数学成绩为例,最中间的学生(第五位)的分数是 60 分,中位数即为 60。如果增加了一个学生,成绩为 95 分,那么十个学生的中位数取第五与第六个分数的平均数 62.5(60 加 65 除以 2)。

中位数的最大用途是反映全体“样本”的中心点,也就是人数中心点。平均数所反映的则是一组分数“数量”的中心点。平均数的计算必须是数据具有相同的单位,但是中位数则无此一限制,只要分数可以排顺序,即可以从人数的次序找出中位数,因此中位数又称为百分等级为 50 百分位数(P_{50})或**第二四分位数**(Q_2;second quartile)。

三、众 数

众数(mode;或以 Mo 表示)是指一组分数中,出现次数最多的一个分数,也就是一组数据中最典型(typical)的数值,或次数分布最高点所对应的分数。众数是各集中量数当中,最容易辨认的量数。以 50,55,60,60,60,65,66,70,90 这九个学生的数学成绩为例,60 分出现了三次,是出现最多的一个分数,因此众数为 60。

如果一个分布有两个分数具有相同的最高次数,此时即出现了双众数。通常在一个**双峰分布**(bimodal distribution)中(一个次数分布具有两个高峰),即使两个高峰次数不同,我们仍可以报告两个高峰所对应的分数(众数),以利别人了解双峰分布的两个集中点为何。

四、集中量数的特性与使用时机

上述三个集中量数各有不同的适用时机，对于名义变量，因为没有一定的单位，因此无法计算平均数，也没有大小顺序可言，因此中位数也没有意义，只能使用众数来表示样本集中情形。例如九个学生的居住地区为3,2,1,1,1,1,3,2,2，数值1表台北，2为基隆宜兰，3为桃竹苗，由众数1可知学生居住地集中于台北地区。

以顺序量尺测得的数据，虽无固定的单位，但因为具有一定的顺序关系，因此中位数数值具有参考价值，同时众数也可以求得。例如九个学生的年级为3,2,1,1,1,1,3,2,2，中位数为顺序第五位的学生的年级数2，众数则为1。此时测量者就必须决定以何者来描述这九个学生年级的集中情形。

最后，测量尺度为等距尺度以上的变量，因为具有一定的单位，因此三种量数皆可以使用，此时，集中量数可采用较精密的量数(即平均数)。平均数是通过计算所有样本的分数所得到的数据，有最佳的代表性。但是平均数易受极端值的影响，在偏离值较多、偏态较严重的时候，平均数的使用需经过特别的校正处理，否则建议搭配采用中位数与众数。这三个集中量数的测量特性与优缺点比较见表5.2。

表5.2　集中量数的特性与优缺点比较

测量层次	集中量数		
	众数	中位数	平均数
名义	√		
顺序	√	√	
等距/比率	√	√	√
优点	不受偏离值的影响，计算方法简便	对数值变化不敏感，较不受极端值影响，计算方法尚称简便	测量最为精密，考虑到每一个样本，具有代表性
缺点	测量过于粗糙，无法反映所有样本	无法反映所有样本的状况	易受偏离极端值的影响

一般来说，平均数最容易受到极端值影响，其次是中位数，最不受影响的是众数，因此，在一个不对称的分布当中，三个集中量数因为受到影响的程度不同，而不会落于同一点，相对的，在一个正态分布当中，三个集中量数则应落于同一点，如图5.1(c)。当一个分布在低分端有极端值时，平均数与中位数会向低分端移动，而且平均数受到的影响较大，三个集中量数形成如图5.1(a)的相对关系；当高分端有极端值时，平均数与中位数会向高分端移动，平均数影响较大，中位数次之，三个集中量数形成如图5.1(b)的相对关系。利用这三个量数的相对关系，也可以判断一个分布是否对称或偏态。

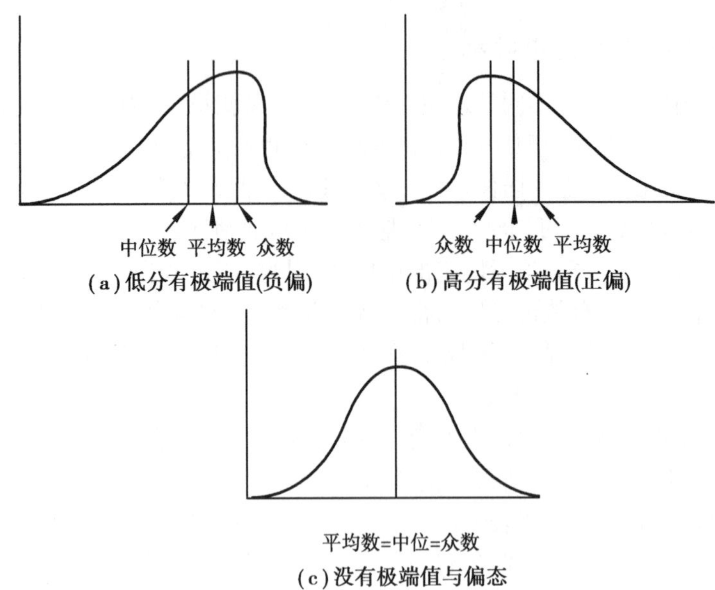

图 5.1　三种集中量数与分布形状的关系

第三节　变异量数

变异量数(measures of variation)或离散量数是用来描述观察值在某一个变量上的分数分散情形的统计量。在描述统计中,集中量数必须搭配变异量数,才能反映一组数据的分布特征,例如某学校学生的近视度多集中在 300 至 500 度,平均数为 450 度(mean = 450),代表这个学校的学生的近视情形以 450 为集中点。如果甲乙两校学生平均近视度数均为 450 度,此时集中量数无法说明两校学生的近视特性。如果甲校的标准差为 15 度,乙校标准差为 45 度,即可反映两校学生近视情形的差异特性,此时变异量数补足了集中量数对于数据分布描述的不足之处。在社会与行为科学研究领域,常用的变异量数包括全距、四分差、方差及标准差等,以下即分别介绍之。

一、全　距

全距(range)是一组分数中最大值(X_{max})与最小值(X_{min})之差,是一群分数变异情形最粗略的指标。全距容易计算,适用性高,可以应用于名义变量与顺序变量,来求出变量当中类别的多寡。但是它的缺点是不精确也不稳定,无法反映一个分布的每个数值的状态。

二、四分差

四分差(semi-interquartile range;QR)的定义是一组数据当中的第三四分位数(区隔高分端的前 25% 的分数,简称 Q_3)与第一四分位数(区隔低分端的后 25% 的分数,简称 Q_1)距离的一半,也就是中间百分之五十的样本分数差距的二分之一。

$$QR = \frac{(Q_3 - Q_1)}{2} \tag{5.2}$$

四分差的计算，首先将一群分数依大至小或依小至大排列后，以人数个数平均分成四段，每一段各占25%的个数，位居三个分段点的分数称为第一四分位数(Q_1)、第二四分位数(Q_2)与第三四分位数(Q_3)。四分差即是取第三四分位数与第一四分位数差的一半。四分差越大，代表分数的分散情形越大。

三、以离均差为基础的变异量数

标准差(standard deviation)与**方差**(variance)是变异量数的一对双胞胎，标准差的平方即为方差，这两个量数都是利用**离均差**(deviation score)作为变异指标的计算基础。

(一)离均差

离均差反映的是一组数据中，各分数与平均数的距离，通常以小写的 x 来表示，deviation score = $x = (X - \overline{X})$。离均差是一个非常简单的变异指标，但是在统计上是一个非常重要的概念。当离均差为正值时，表示分数落在平均数的右方；离均差为负值时，表示分数落在平均数的左方。而平均数是每一个分数加总后的平均值，在一组分数的中心位置，因此离均差的正值与负值的总和相等，离均差的和为0。

由于离均差的和为0，在使用上无法作为整体数据变异的指标，为解决正负值相抵的问题，可以取离均差的绝对值后相加，除以观察值个数后，所得到数值称为**平均差**(mean deviation)。

$$MD = \frac{\sum |X_i - \overline{X}|}{N} \tag{5.3}$$

(二)方差与标准差

平均差虽然很容易理解，但是利用取绝对值方式来去除负数的做法在统计上并不常用，对于极端分数的侦测较不敏锐，因此多使用取平方的方式来去除负值的影响，得到**离均差平方和**(sum of squares; SS)。

SS 的概念可以类比为面积的概念，表示分数与平均数变异的面积和，在统计技术中，有许多重要概念都是使用面积的概念来处理，因此 SS 可以说是统计学中的重要统计量。若将 SS 除以人数，得到平均化的离均差平方和，即为方差，对总体而言，方差以 σ^2 表示(公式5.4)：

$$Variance = \sigma^2 = \frac{SS}{N} = \frac{\sum (X_i - \mu)^2}{N} \tag{5.4}$$

标准差即是将方差开方，以 σ 表示(公式5.5)。标准差或方差越大者，表示该分布的变异情形较大。

$$\sigma = \sqrt{\frac{SS}{N}} = \sqrt{\frac{\sum (X_i - \mu)^2}{N}} \tag{5.5}$$

与平均差相较之下，标准差有两个优点，第一是由于标准差源自于方差的概念，因此可以与其他以变异面积作为基本原理的统计概念相结合。第二，标准差的计算是取离均差的平方项，对于极端分数的变动敏感度较大。

值得注意的是，若以样本来计算方差或标准差，会出现低估总体方差或标准差的情形，亦即样本的方差不是总体方差的**无偏估计数**(unbiaed estimator)，为改善样本方差或标准差低估的问题,样本方差需改以无偏估计数的 $\hat{\sigma}^2$ 算式来计算样本的方差,又写作 s^2,标准差即为 s,如公式 5.6 与 5.7

$$s^2 = \hat{\sigma}^2 = \frac{SS}{N-1} = \frac{\sum (X_i - \overline{X})^2}{N-1} \tag{5.6}$$

标准差为:

$$s = \hat{\sigma} = \sqrt{\frac{SS}{N-1}} = \sqrt{\frac{\sum (X_i - \overline{X})^2}{N-1}} \tag{5.7}$$

由上式可知,标准差与方差的无偏估计数的主要差别在于分母项为 $N-1$ 而非原来的 N。在统计学的概念中,$N-1$ 称为**自由度**(degree of freedom;df),表示一组分数当中,可以自由变动的分数的个数。在离均差的计算上,自由度为样本数减 1,表示在 N 个观察值中,只有 $N-1$ 个数字可以自由运用于离均差的计算。

在统计学上,自由度的概念在小样本时影响非常明显,因为小样本对于总体的估计往往有所偏颇,因此必须采用无偏估计数的处理方式来克服估计问题。

四、变异量数的特性与使用时机

上述几种典型的变异量数,其适用情形与集中量数的适用情形类似,三个变异量数的比较列于表 5.3。值得注意的是,各量数都是数学转换后的**量数**(measures),因此测量尺度原则上都必须要有足以作为数学转换的单位,否则数学四则运算即无意义。在类别变量,由于没有单位的概念,因此不符合统计量数的基本概念,但在实务上,会有较为通融的做法,例如让全距套用在名义测量;让四分差套用于顺序测量,以作为变异情形的指标。

表 5.3　变异量数的特性与优缺点比较

测量层次	离散量数		
	全　距	四分差	标准差/方差
名义	√		
顺序	√	√	
等距/比率	√	√	√
优　点	不受极值外的个别分数影响,计算方法简便,适用于所有的测量尺度	对极端值较不敏感,但能表现顺序尺度的变异情形	测量最为精密,考虑到每一个样本,具有代表性
缺　点	测量过于粗糙,无法反映所有样本的状况	无法反映所有样本的变异状况	易受偏离与极端值的影响

四种变异量数中,标准差与方差使用到每一个体的分数进行四则运算,因此必定要有测量单位才具运算意义,对于变异情况的描绘能够考虑到每一个体的分数,在测量上最为精密,但是也容易受到偏离值的影响,适用于具有一定单位的等距与比率尺度测量。

四分差则与中位数类似,虽然精密度较低,但是在适当排序之后算出的四分差,仍可用来表示变异情形，受到偏离值的影响相对较小。可以应用于顺序尺度。而对于名义尺度的测量结果，严格来说无法用任何的变异统计量来表现分散情形，充其量只能使用全距，来计算最大类与最小类之间的差。

第四节 偏态与峰度

除了上述各变异量数，描述统计量还可以利用**偏态**(skewness)与**峰度**(kurtosis)来描述数据的分布特性。尤其是当研究者关注数据的分布是否为正态时，偏态与峰度是非常重要的指标。

一、偏 态

一个变量的数值的分布可能为对称或不对称。描述一个变量的**对称性**(symmetry)的量数称为偏态系数。不对称的数据称为偏态数据，依其方向可分为**负偏**(negatively skewed)(或左偏，即左侧具有偏离值)、**正偏**(positively skewed)(或右偏，即右侧具有偏离值)与**对称**(symmetrical)三种情形，如图5.1。

与正负偏态有关的一个测量现象，是所谓的地板效应与天花板效应。**地板效应**(floor effect)是指数据多数集中在偏低的一端，但在高分端则有极端值，分数不容易突破低分端，但会往高分端延伸，仿佛有一个地板(或真的存在一个低分限制条件)阻挡了数据往低分移动。由于地板阻隔作用，地板效应常伴随正偏态现象。例如薪资数据，一般来说，劳工的最低薪资受到政府的保障，因此多数人的薪资不会低于最低工资，但会集中在比最低工资略高的区间中。

相对的，**天花板效应**(ceiling effect)则与负偏态有关，是指数据多数集中在偏高的一端，但在低分端则有极端值，分数不容易突破高分端，仿佛有一个天花板(或真的存在一个高分限制条件)阻挡了数据往高分移动。例如学校老师出了一份简单的试卷，大家都得到八九十分，此时就发生了天花板效应，100 分就是高分的阻隔分数，不小心考不好的同学就成为低分的偏离值，形成负偏态现象。

二、峰 度

峰度是指一个次数分布集中部分的陡峭程度。当两个分布都是对称的单峰钟型曲线时，并不一定具有一样的平坦或陡峭形态(峰度)。一个对称的钟型分布，变量的数值会集中于众数所在的位置，如果集中于众数附近的分数多，分散于两侧的分数少，将形成**高狭峰**(leptokurtic)的分布。集中于众数附近的分数较少，两侧分数多，则形成**低阔峰**(platykurtic)。正态分布时的理想峰度称为**正态峰**(mesokurtic)。如图 5.2 所示。

三、偏态与峰度的判断

偏态与峰度是否异常，除了以图形目测来判断之外，可以通过统计检验的方法来判断。偏态系数是指变量分布的对称程度，峰度系数则是指变量分布的高低落差程度。借由统计公式，变量的对称程度与高低落差可以计算出系数值，称为偏态系数(S)或峰度系数(K)。这两个系数的计算有多种方法，较常用的公式如下：

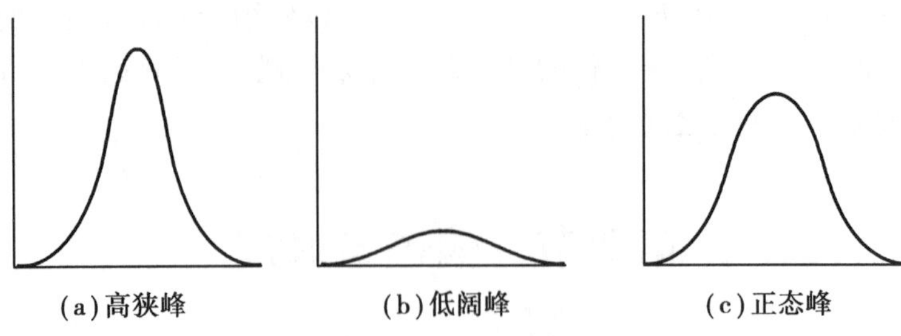

图 5.2　三种峰度情形的图示

$$Skewness = \frac{\sum (X - \overline{X})^3}{S^3} \tag{5.8}$$

$$Kurtosis = \frac{\sum (X - \overline{X})^4}{S^4} \tag{5.9}$$

当一个变量的数值分布符合正态分布时,S 系数与 K 系数应为 0。S 系数大于 0 时称为正偏态(极端分数偏向右侧高分端),小于 0 时称为负偏态(极端分数偏向左侧低分端);K 系数大于 0 时称为高陕峰(分数过于集中),小于 0 时称为低阔峰(分数过于分散)。系数值越大,表示偏离正态的情况越明显,各种偏态与峰度的系数特性与判断原则请见表 5.4。

表 5.4　偏态与峰度的检验标准

偏　态	偏态系数	峰　度	峰度系数
正偏态	$g_1 > 0$	高狭峰	$g_2 > 0$
负偏态	$g_1 < 0$	低阔峰	$g_2 < 0$
对称	$g_1 = 0$	正态峰	$g_2 = 0$

对于 S 系数与 K 系数的判断,一般而言采取绝对分数判断原则,但是学者间对于判断的标准并没有一致的共识。准确的方法是运用显著性检验,以 Z 检验来检验 S 系数与 K 系数是否显著不等于 0。

S 与 K 系数的检验方式如下:

$$z = \frac{S - 0}{S_S} = \frac{S}{\sqrt{\frac{6}{N}}} \tag{5.10}$$

$$z = \frac{K - 0}{S_K} = \frac{K}{\sqrt{\frac{24}{N}}} \tag{5.11}$$

上述两公式的分母项为 S 系数与 K 系数的标准误,可以从一般的统计软件报表中得到。当 Z 值绝对值大于 1.96 时(α 设定为 0.05),即可推论 S 系数或 K 系数显著不等于 0,也就是变量呈现非正态,正态化假设遭到违反。此时,研究者即必须详细检查变量数据的分散情形,并进行必要的处理(例如排除极端值、改正错误键入的数据,或将数据进行转换等)。

值得注意的是,上述 Z 检验中的标准误,会随着样本数的增大而缩小。因此,当样本数甚大时，分布的非正态性就很容易被突显出来，当样本数大于 100 时，高狭峰的现象容易被夸大；样本数大于 200 时，低阔峰的现象则被夸大（Waternaux，1976）。此时，与其相信显著性检验，不如直接进行图表判定法，直接对非正态性进行目测检视，直接找出可能具有非正态问题的原始数据（Tabachnick & Fidell，2001），并进行必要的处理，似乎来得更为实际。

第五节　相对量数

基本上，描述统计中的集中量数、变异量数、偏态与峰度，都是用来描述观察值在某一个变量上整体的分布情形，并没有提供个别观察值在全体样本中的性质信息。如果我们想了解某一个个别观察值在样本中处于何种特定位置，必须将他的分数与其他分数进行参照，通过计算找出该观察值在该变量上所有分数的团体地位（位置）。此一描述个别观察值在团体中所在相对位置的统计量，称为**相对量数**或**相对地位量数**（measures of relative position）。常用的相对量数包括百分等级与百分位数，标准分数也具有相对概念，因此也可视为一种相对量数。

百分等级（percentile rank）是指观察值在变量上的分数在团体中所在的等级，常以 PR 表示。也就是说，在一百个人中，该分数可以排在第几个等级。例如 PR = 50 代表某一个分数在团体中可以胜过 50% 的人，他的分数也恰好是中位数。

百分位数（percentile point）则以 P_P 表示，是指在样本中位居某一个等级的观察值的分数，也就是说，若想在一百个人的样本中赢过多少百分之多少的人，则他的分数必须得到多少分。例如中位数为 60 分时，表示有 50% 的人比 60 分还低，此时我们可以说第 50 百分位数为 60 分，以 $P_{50}=60$ 表示之。如果问一个人要赢过 85% 的人要得几分，就是在问第 85 百分位数为多少，也就是 $P_{85}=?$。

在数学原理上，百分等级是将原始分数转化为等级（百分比），而百分位数则是由某一等级来推算原始分数，二者可以转换使用。例如某个人的近视度数是 250 度，在全系一百个人中只比 14 个人严重，那么他的百分等级就是 PR = 14。相对的，如果某一个人想在系团体中站在 PR = 14 这个位置上，则他的近视度数 P_{14} 必须为 250 度。

当样本数少时，相对量数的计算是一件非常简单的工作，我们仅需将数据依序排列，再算出累积百分比，就可以对应出每一分数的百分等级，然后也可以从百分等级推算出各特定百分位数。但是样本数很大时，百分等级的计算就必须以分组数据的方式来整理数据，如果要换算出百分等级，就必须以公式（5.12）来计算之。

$$PR=\left[cf_L+\left(\frac{X-X_L}{i}\right)f_x\right]\frac{100}{N} \qquad (5.12)$$

其中 X 为百分位数，X_L 为百分位数所属该组的真实下限，cf_L 是百分位数所在组的前一组累积人数，f_x 是百分位数所在组的人数，i 是组距，N 是总人数。

然而拜计算机所赐，大样本的排序与等级计算对 SPSS 或 EXCEL 等软件是非常轻而易举的事，但读者仍应熟悉百分等级与百分位数的概念，才不致于误用。

第六节 标准分数

标准分数(standard scores)是利用线性转换的原理,将一组数据转换成不具有实质的单位与集中性的标准化分数。标准分数有不同的类型,然而不同的标准分数,其共通点是利用一个线性方程式 $y = bx + a$ 进行集中点的平移与重新单位化,使得不同量尺与不同变量的测量数据具有相同的单位与相同的集中点,因此得以相互比较。

最常用的一个标准分数为 **Z 分数**(Z score),在教育与测验领域常用的 T 分数也是标准分数的一种。美国大学入学主要依据的 SAT 考试(Scholastic Assessment Test)也是一种标准分数,公式为 SAT = 100Z + 500。在心理测验中,著名的比西测验测得的 IQ 分数为一个平均数为 100,标准差为 16 的标准分数,其算式为 16Z + 100;韦氏智力测验的得分则为 15Z + 100 的标准分数。这些数据都是标准分数的应用实例。不论是 Z 分数、T 分数或 SAT 成绩,都是从原始分数转换得出,因此标准分数也是一种统计量。

一、Z 分数

Z 分数是指原始分数减去其平均数,再除以标准差后所得到的新分数,Z 分数公式如下:

$$Z = \frac{X - \overline{X}}{s} \tag{5.13}$$

由上面的公式可知,Z 分数是将原始分数求出离均差除以标准差,表示该原始分数是落在平均数以上或以下几个标准差的位置上。经过公式的转换,原始分数分布的平均数平移至 0(归零),单位消失(去单位),标准差为 1。任何一组数据经过 Z 公式转换后,均具有平均数为 0,标准差为 1 的特性,因此 Z 分数可以作分布内与跨分布的比较。当 Z 分数小于 0 时,表示该观察值落在平均数以下;当 Z 分数大于 0 时,表示该观察值落在平均数以上。数值越大,表示距离平均数越远,若观察值恰等于平均数,则 Z 分数为 0。

值得注意的是,Z 分数仅是将原始分数进行线性转换,并未改变各分数的相对关系与距离,因此 Z 分数转换并不会改变分布的形状。当原始分布为一偏态分布时,Z 分数也呈现偏态。当原始分布为一高狭分布时,Z 分数也呈现高狭的状态。

二、正态化 Z 分数

标准分数虽然不受分布集中点与离散性的影响,使得不同分布的数据可以相互比较,但是并未改变分布的形状。因此,如果不同分布的形状有所不同,则 Z 分数之间差距的意义无法确知,此时标准分数只能反映数据相对位置的差异。换言之,Z 分数只能作为顺序变量来比大小。但是如果不同的分布具有同一种概率模式,那么 Z 分数的比较就可以通过概率的比较,获得更多的信息,用途更广。

如果某一变量的观察值呈现正态分布,经转换后的 Z 分数所形成的分布称为**标准化正态分布**(standard normal distribution),此时,正态分布的变量 X 已经不是原始分数,而是 Z 分数,且 Z 分数呈正态分布,故又称为正态化 Z 分布。透过 Z 分数来了解正态分布的概率变化较原始分数更为简便,因为 Z 分数的概念就是距离平均数几个标准差,因此不

同的 Z 值,即代表距离平均值多少个标准差,通过概率对照表,可以很快地查出 Z 值与概率间的关系。

随着 Z 分数的增减,分布的概率也呈现规律的增减。我们最常听到的说法是,在正态分布中,会有 68.26% 的观察值落在 Z 值为 ±1(平均数加减一个标准差)的区间内;有 95.44% 的观察值会落在 Z 值为 ±2(平均数加减二个标准差)的区间内;有 99.74% 的 Z 分数会落在 $Z = \pm 3$ 的区间内。

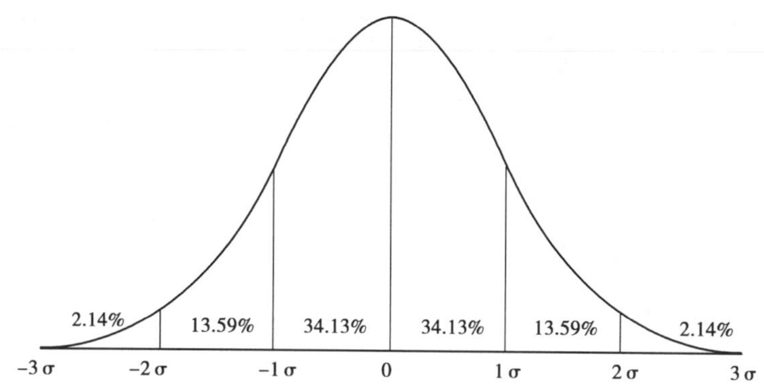

图 5.3　正态曲线与累积概率图

利用标准化 Z 分布的概率表,可以将 Z 分数转换成百分等级,例如 PR = 84 的分数若转换成 Z 分数,则约在 Z 分数为 1 的位置上。此一从 Z 分数转换成 PR 的过程,称之为**面积转换**(area transformation),是非常简易查知 PR 值的方法,但前提是数据必须呈正态分布,否则查表出来的 PR 值即会有所偏误。

三、T 分数

由于 Z 值多介于 ±3 之间,计算时多半带有一至二位的小数点,加上低于平均数的 Z 分数带有负号,实际使用上较为不便,因此在教育与测验领域中,常将 Z 分数再线性转换为平均数 50,标准差 10 的 T 分数,即:

$$T = 50 + 10Z \tag{5.14}$$

当 $Z = \pm 3$ 时,T 值分别为 80 与 20;当 $Z = \pm 4$ 时,T 值分别为 90 与 10;只有当 Z 值超过 ±5 时,T 值才会大于 100 或小于 0,从正态分布的概率来看,正常情形下,甚少有数据会超过 4 个标准差,因此,T 分数是一个符合人们惯用的 0 到 100 分的百分分数系统的标准分数。

第七节　描述统计的 SPSS 操作

范例 5.1　描述统计的 SPSS 操作

1. 次数分布表的制作

使用 SPSS 中文视窗版来编制次数分布表与图表,仅需点选 分析 → 叙述性统计 → 次数分配表,即可开启次数分布表对话框,如下图。

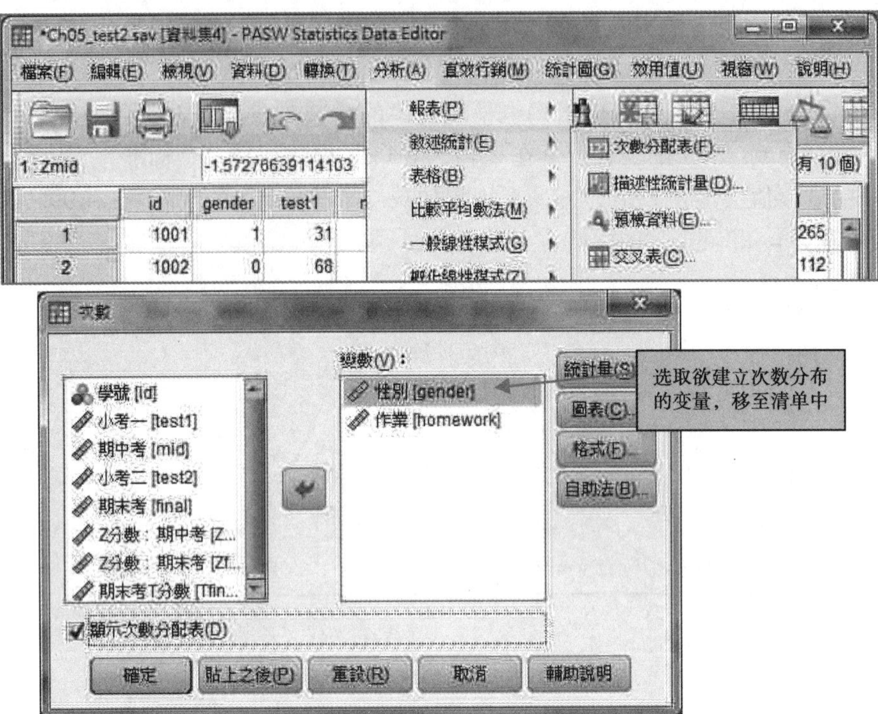

打开对话框后，使用者点选所需的变量，并可打开 统计量 、图表 与 格式 清单，挑选所需的统计量与图表类型。有三种常用图形：长条图、饼图与直方图。按 确定 后即可获得次数分布表，如表 5.5。

表 5.5　次数分布表的输出结果

		次数	百分比	有效百分比	累积百分比
有效的	80	12	20.0	20.3	20.3
	84	10	16.7	16.9	37.3
	86	22	36.7	37.3	74.6
	88	15	25.0	25.4	100.0
	总和	59	98.3	100.0	
遗漏值	系统界定的遗漏	1	1.7		
总和		60	100.0		

2. 描述统计：次数分布表功能

在视窗版 SPSS 中，可以用来计算描述统计量的功能指令很多，例如 分析 → 叙述统计 → 描述性统计量 ，或是选用 分析 → 报表 → 观察值摘要 获得详细观察值的数据。

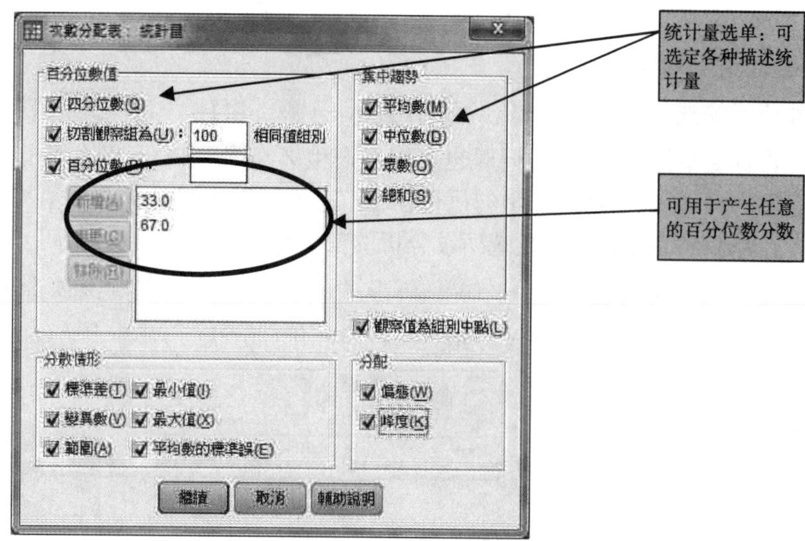

根据上图所选择的统计量，可得到各变量的描述统计量数，偏态与其标准误、峰度与其标准误等。此外，还包括四分位数以及使用者自行定义的 PR = 33 与 67 的百分位数。得到的结果如下表所示：

统计量

		test1 小考一	mid 期中考	test2 小考二	homework 作业	final 期末考
个数	有效的	60	60	55	59	59
	遗漏值	0	0	5	1	1
平均数		53.63	75.77	59.05	84.95	65.22
平均数的标准误		2.516	2.690	2.688	.369	1.441
中位数		55.67[a]	85.00[a]	60.00[a]	85.56[a]	66.00[a]
众数		60	90	70	86	60
标准差		19.489	20.834	19.935	2.837	11.069
方差		379.829	434.046	397.423	8.049	122.520
偏态		-.265	-1.179	-.253	-.791	-.936
偏态的标准误		.309	.309	.322	.311	.311
峰度		-.438	.078	-.428	-.643	1.035
峰度的标准误		.608	.608	.634	.613	.613
范围		79	75	86	8	53
最小值		11	22	10	80	30
最大值		90	97	96	88	83
总和		3218	4546	3248	5012	3848
百分位数	25	38.80[b]	67.33[b]	45.50[b]	83.18[b]	60.06[b]
	33	44.90	77.30	51.53	84.31	61.16
	50	55.67	85.00	60.00	85.56	66.00
	67	63.70	89.18	69.89	86.71	71.84
	75	66.80	90.30	72.50	87.22	73.30

a. 自组别资料中计算

b. 自组别资料中计算百分位数

3. 描述性统计量功能

第二种获得描述统计量的方式，是使用 分析 → 叙述统计 → 描述性统计量 。其主要功能在计算各变量描述统计量，同时也可用以产生 Z 分数。以下，我们将以前述学业成绩的数据库为例，示范描述统计量的执行程序。进入画面如下图所示：

使用者在左侧的变量清单中挑选所欲分析的变量移至右方清单中后，可点选右下方的 选项 ，即描述统计的清单。其中平均数、标准差、最大及最小值是为默认选项，使用者可以自行加选统计量，并决定描述统计结果呈现时的排列方式。

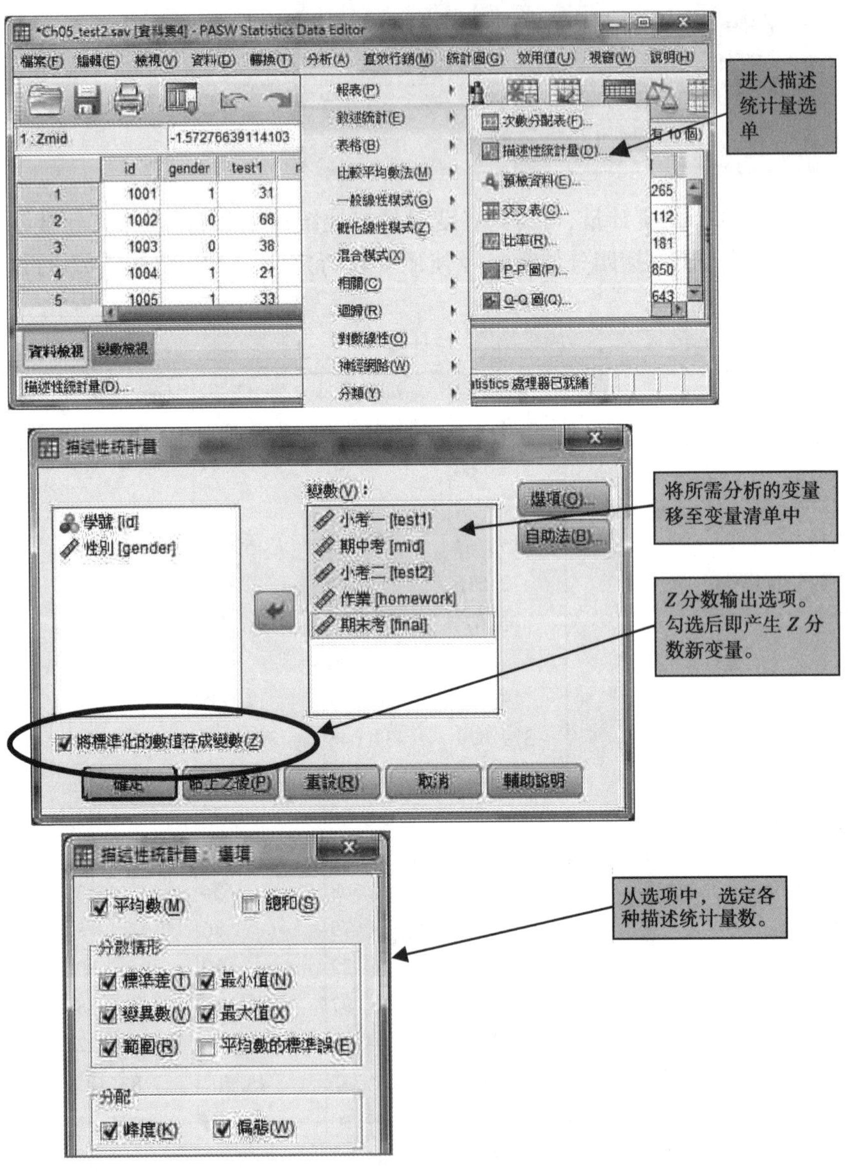

执行结果如下表。

叙述统计

	个数	范围	最小值	最大值	平均数	标准差	方差	偏态		峰度	
	统计量	统计量	统计量	统计量	统计量	统计量	统计量	统计量	标准误	统计量	标准误
test1 小考一	60	79	11	90	53.63	19.489	379.829	-.265	.309	-.438	.608
test2 小考二	55	86	10	96	59.05	19.935	397.423	-.253	.322	-.428	.634
final 期末考	59	53	30	83	65.22	11.069	122.520	-.936	.311	1.035	.613
mid 期中考	60	75	22	97	75.77	20.834	434.046	-1.17	.309	.078	.608
homework 作业	59	8	80	88	84.95	2.837	8.049	-.791	.311	-.643	.613
有效的 N(完全排除)	55										

4. 相对量数转换

等级观察值选项的功能是帮助研究者将观察值转换成等级变量，以得到名次（排序）与百分等级的数据，并将数据自动存入数据库的新变量之中（新变量名称在原变量名称之前加一个英文字母 R）。等级观察值指令的运用，可由转换→等级观察值来执行（请参考第 4 章的介绍），最后在数据库中得到新变量。值得注意的是，如果进行等级处理时，设定了依据变量（也就是要求就另一个分类变量来分别进行等级处理），所得到的等级数据是就每一笔数据所属的组别来进行等级化。

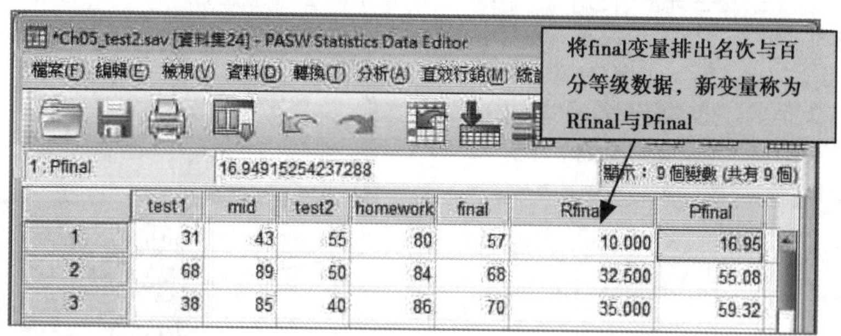

值得注意的是，百分等级的数据除了可以利用等级观察值来获得之外，还可以利用次数分布表当中统计量的选项切割观察值(100)计算得到。

5. *Z* 分数转换

Z 分数的转换，可以利用描述统计量选项中的清单，要求输出 *Z* 分数，SPSS 执行完毕后，会将该变量数值转换成 *Z* 分数，并给予新变量名称（在原变量名称前加一个英文字母 z），在原来的数据编辑视窗以新变量的形式并入数据库中。其指令为分析→叙述统计→描述性统计量。

*Ch05_test2.sav [資料集4] - PASW Statistics Data Editor

檔案(F) 編輯(E) 檢視(V) 資料(D) 轉換(T) 分析(A) 直效行銷(M) 統計圖(G) 效用值(U) 視窗(W) 說明(H)

1 : mid 43 顯示：9 個變數 (共有 9 個)

	id	gender	test1	mid	test2	homework	final	Zmid	Zfinal
1	1001	1	31	43	55	80	57	-1.57277	-.74265
2	1002	0	68	89	50	84	68	.63519	.25112
3	1003	0	38	85	40	86	70	.44319	.43181
4	1004	1	21	41					
5	1005	1	33	32					

经由Z分数输出得以的Z分数新变量。变量名称为原变量名称前面增加一个Z，例如mid的Z分数为Zmid。

6. *T* 分数转换

T 分数的转换，可以利用 SPSS 的数据 转换 功能中的 计算变数 (Compute)，借由 *Z* 分数来再加工处理。以前面期末考的数据为例，转换指令与结果如下面三图所示：

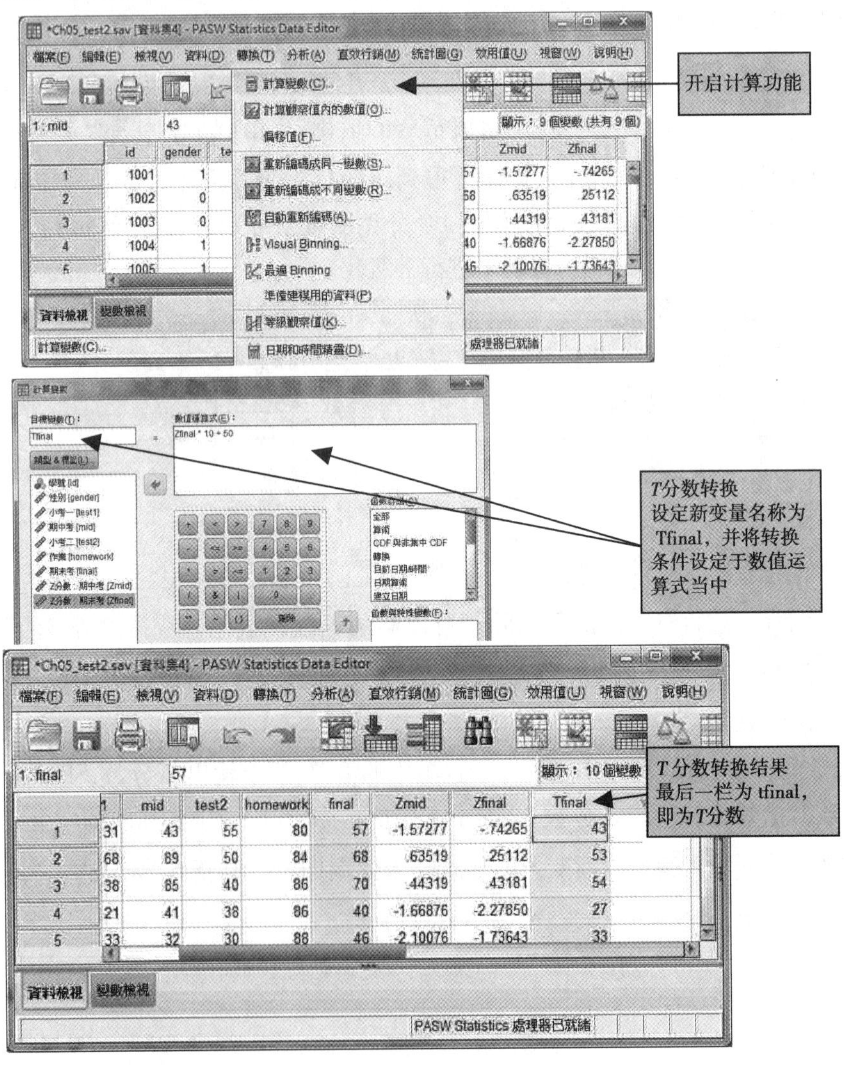

第八节　统计图的运用

范例 5.2　统计图表的 SPSS 操作

SPSS 中文视窗版提供了相当多不同的统计图示功能，在菜单中的统计图中，总计有二十余种不同的统计图表。其中，单一变量的处理相对较为单纯，多数的图示法均可适用。两个及两个以上的变量相互关系的图示，则牵涉两个变量的特性与内容而相对复杂。本文就三种变量配对：类别 + 类别、类别 + 连续、连续 + 连续，各举一例说明两变量的统计图表的制作方法。

1. 茎叶图的制作

SPSS 的茎叶图，需使用菜单中 分析 → 叙述统计 中的 预检资料 选项，在因变量清单中放入所需分析的变量名称，并打开统计图对话框，勾选茎叶图，按 确定 之后，即可获得茎叶图。如果使用者想将因变量的茎叶图，依另一个变量的不同类别来分别绘制，仅需在因子清单中，放入分类变量即可。

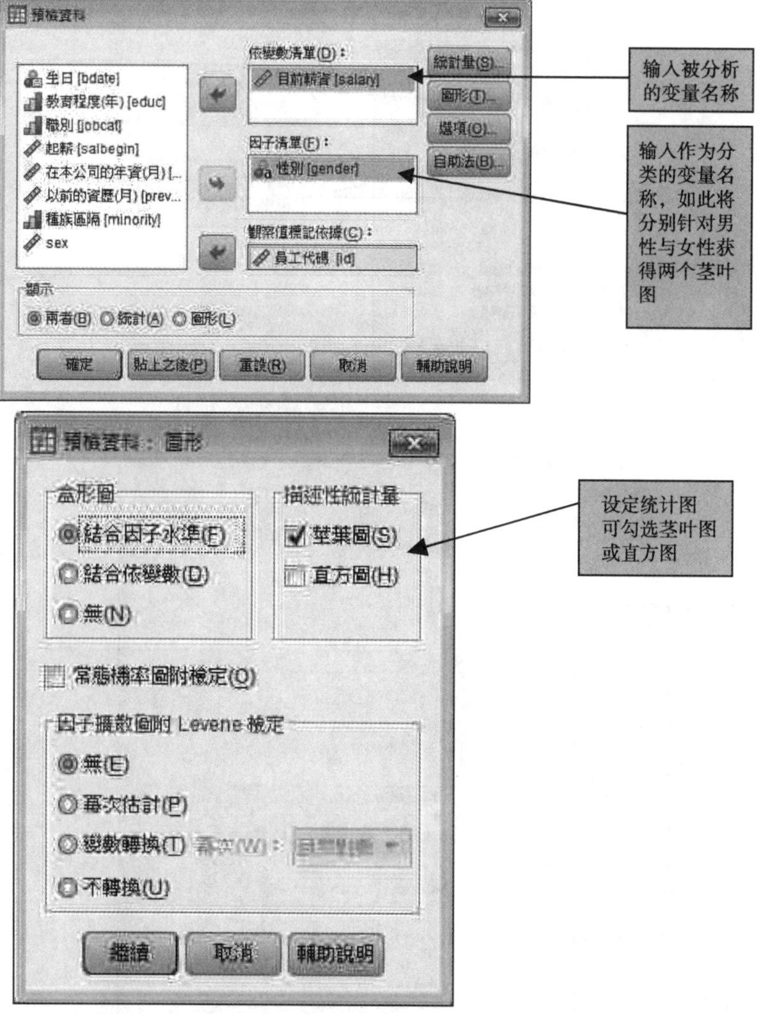

```
目前薪资 Stem-and-Leaf Plot for
GENDER=女

 Frequency    Stem &  Leaf

     2.00        1 .  55
    16.00        1 .  6666666666777777
    14.00        1 .  88889999999999
    31.00        2 .  0000000000000111111111111111111
    35.00        2 .  22222222222222222222223333333333333
    38.00        2 .  44444444444444444444444444445555555555
    22.00        2 .  6666666666667777777777
    17.00        2 .  88888899999999999
     7.00        3 .  0001111
     8.00        3 .  22233333
     8.00        3 .  44444555
     5.00        3 .  66777
     2.00        3 .  88
    11.00 Extremes    (>=40800)

 Stem width:     10000
 Each leaf:       1 case(s)
```

极端值
大于40 800者
共有11名

2. 长条图的制作

前面已经说明了单一变量长条图的使用。至于两个变量长条图的制作，则可点选 统计图 → 长条图，选择图形类型当中的 集群化，然后按 定义，填入变量名称，选择数据类型后，按 确定 执行即可。

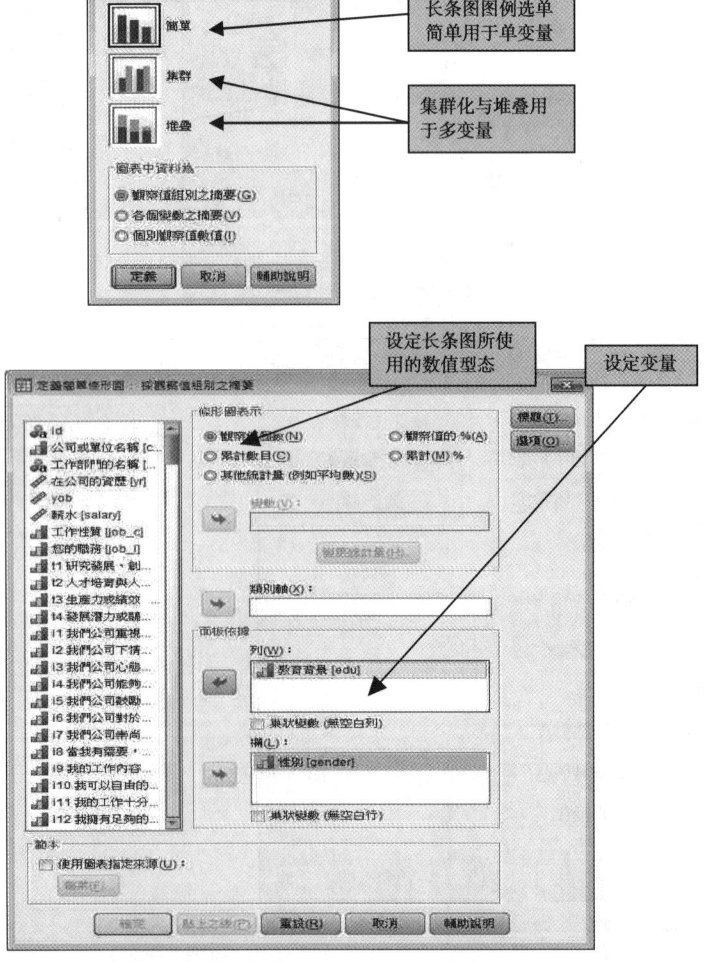

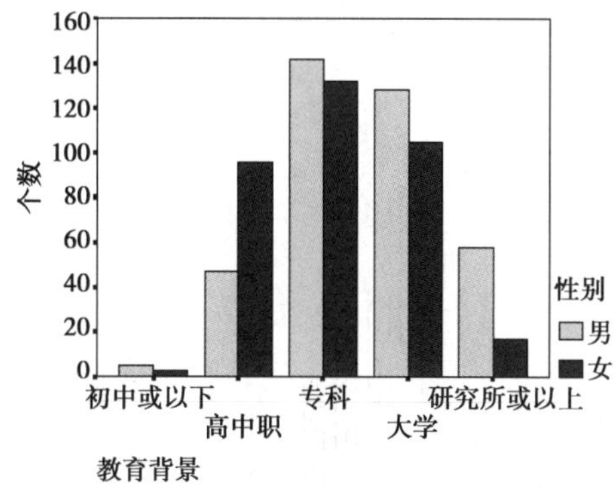

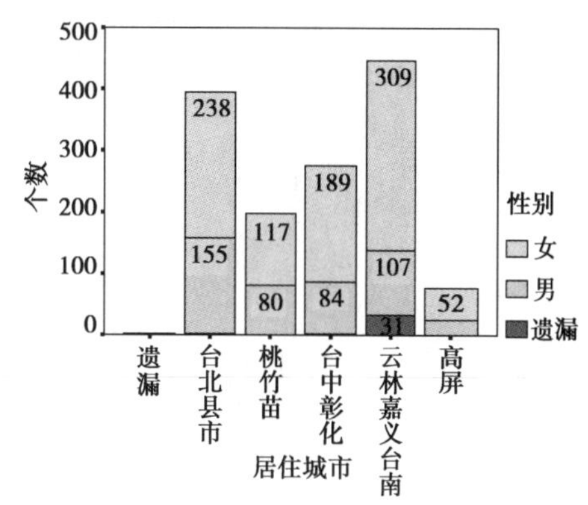

图 5.4 集群与堆叠功能输出结果

3. 线形图的制作

单变量的线形图,可以利用次数分布表当中的图形选项来获得,也可以利用统计图当中的线形图来获得。两个变量线形图的制作(一个类别变量与一个连续变量),操作流程为点选 统计图 → 线形图 →选择图形类型(复线图),按 定义 后,填入变量名称,按 确定 执行即可。

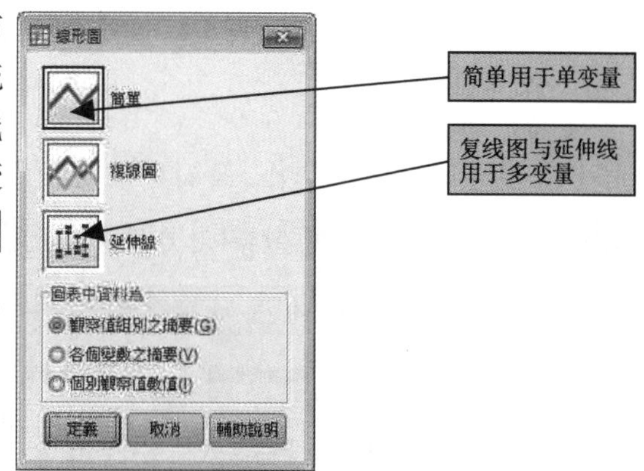

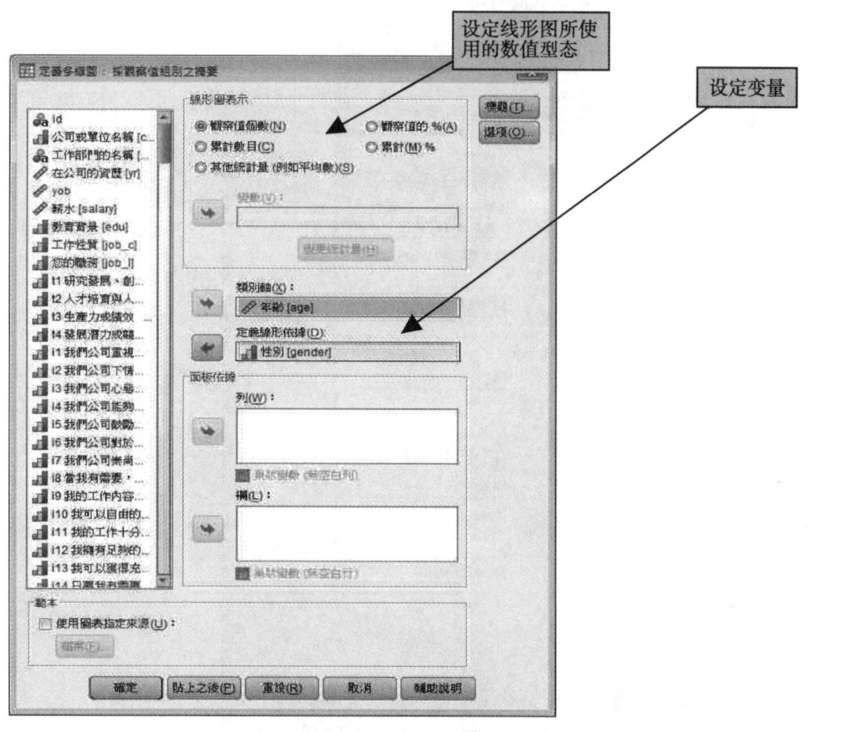

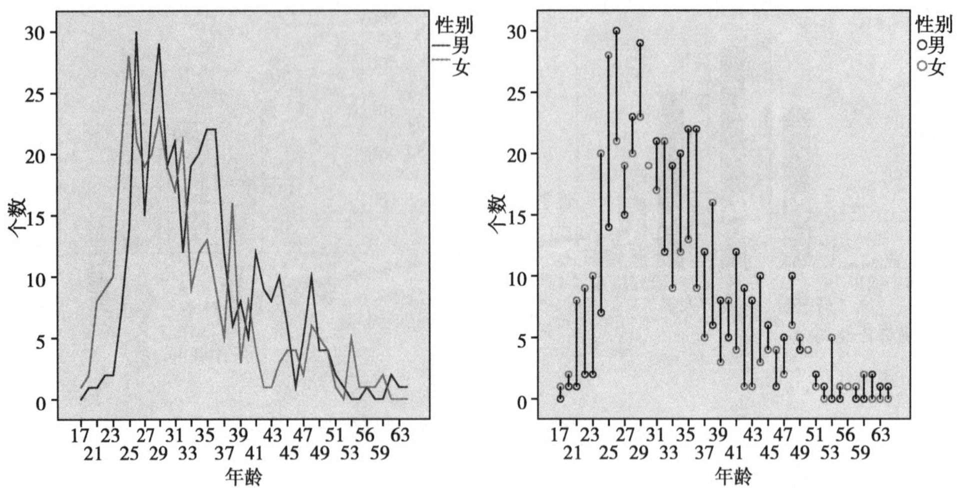

图 5.5 复线图与延伸线输出结果

4. 散布图的制作

★简单功能

两个变量散布图的制作,最简单的是使用简单模式。操作流程为点选【统计图】→【散布图/点形图】选择【简单散布图】类型,按【定义】后,填入变量名称,按【确定】执行即可。

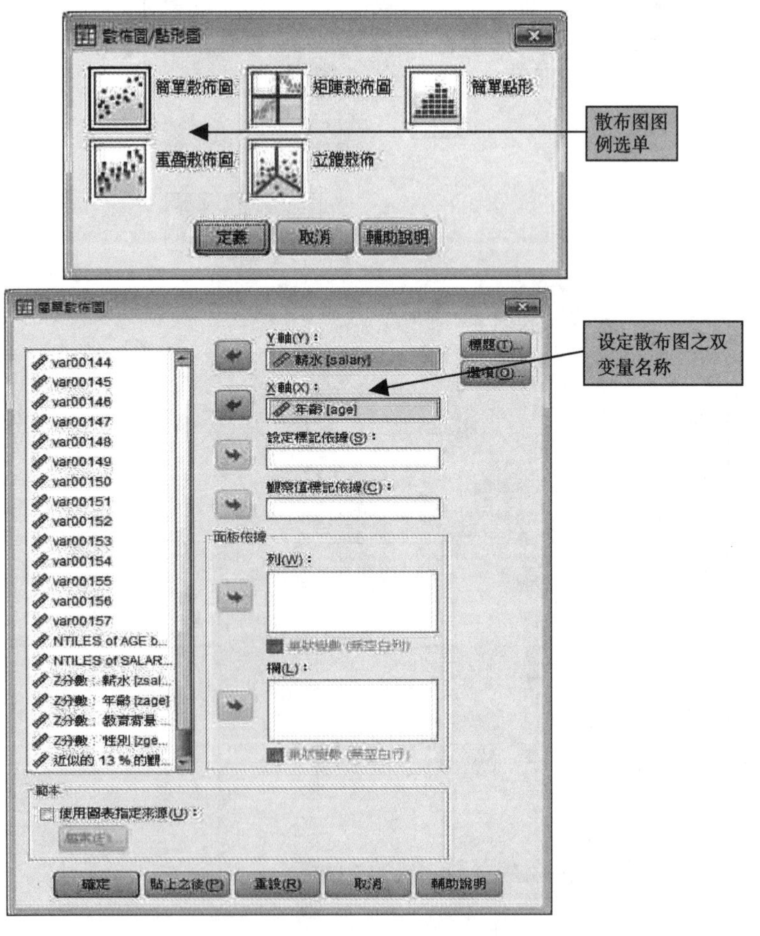

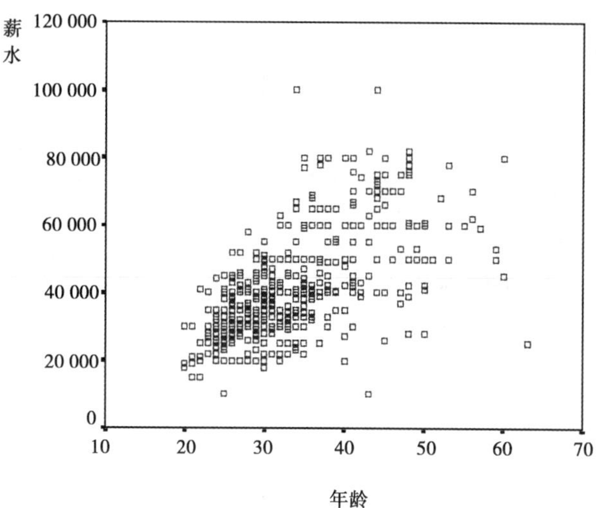

图 5.6　双连续变量散布图(简单)输出结果

图 5.6 为年龄与薪水的双变量散布图,两个变量呈现明显的正相关,当年龄轴数值增加,薪水轴的数值也倾向于增加。值得注意的是,两个变量的散布图显示两个变量在高分时皆有偏离值存在的现象。这些偏离值如果是不良作答或其他偏误所造成,而未能被研究者鉴别出来,则将导致相关系数的低估。在 SPSS 的散布图中,可以利用输出窗口的编辑器加以编辑,要求列出回归线等预测曲线,报告 R^2,点左键两下,进入编辑器。在图中的任一点观察值上按右键,即进入以下画面,再选取 新增于总和绘出最适线 ,即可画出回归线。

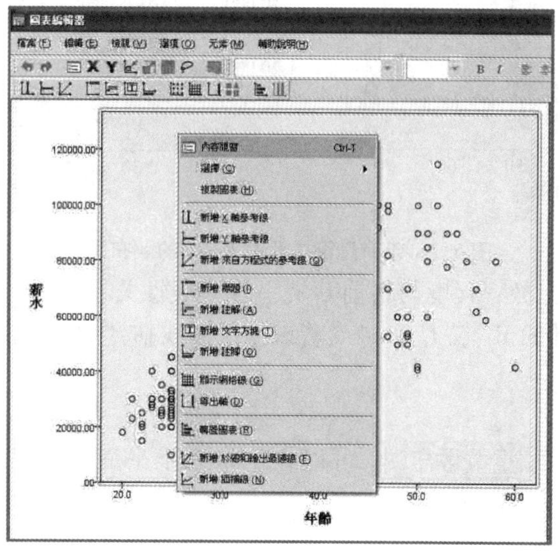

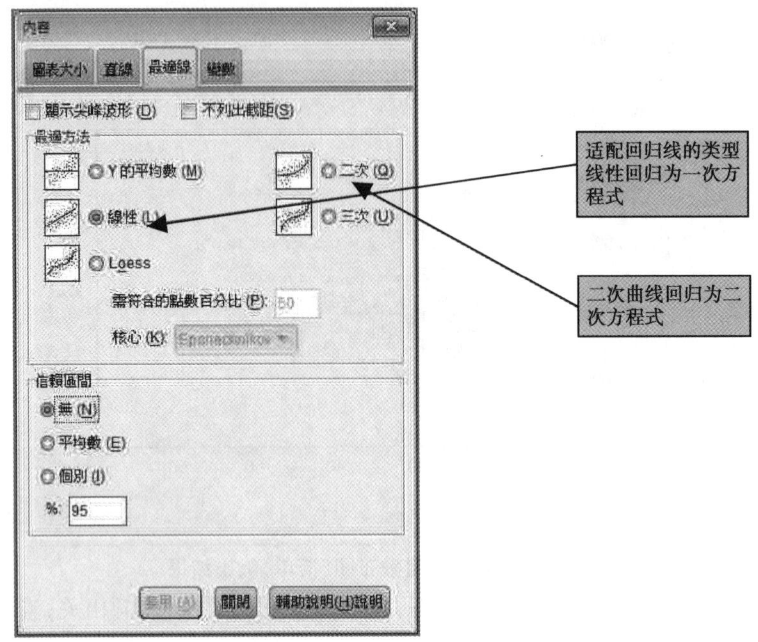

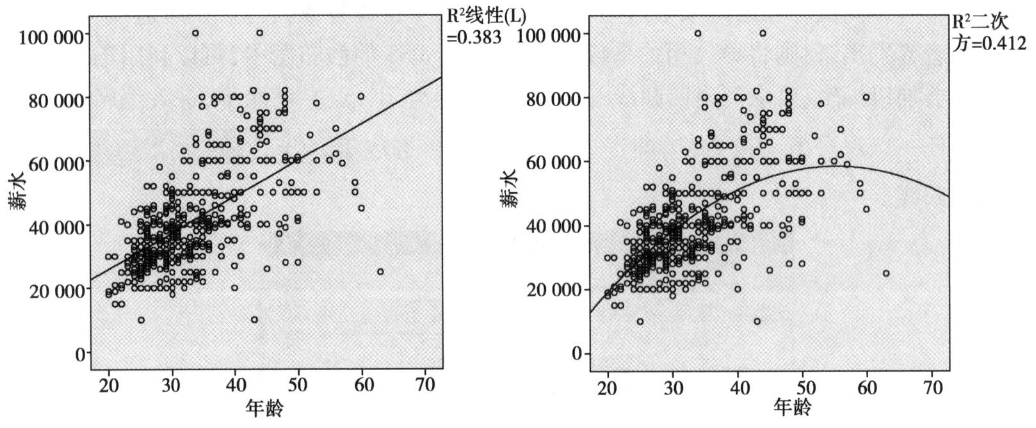

图 5.7　带有适配方程式与 R^2 的散布图

由图 5.7 可以看出教育程度与目前薪资呈现非线性关系，以二次曲线估计的 R^2 为 0.58，以一次曲线估计的 R^2 仅为 0.44，（若以三次曲线估计的 R^2 亦为 0.58），因此以二次曲线估计为佳。

★重叠功能

利用散布图当中的重叠散布图，可以在一个二维平面中同时呈现多组双变量散布图。

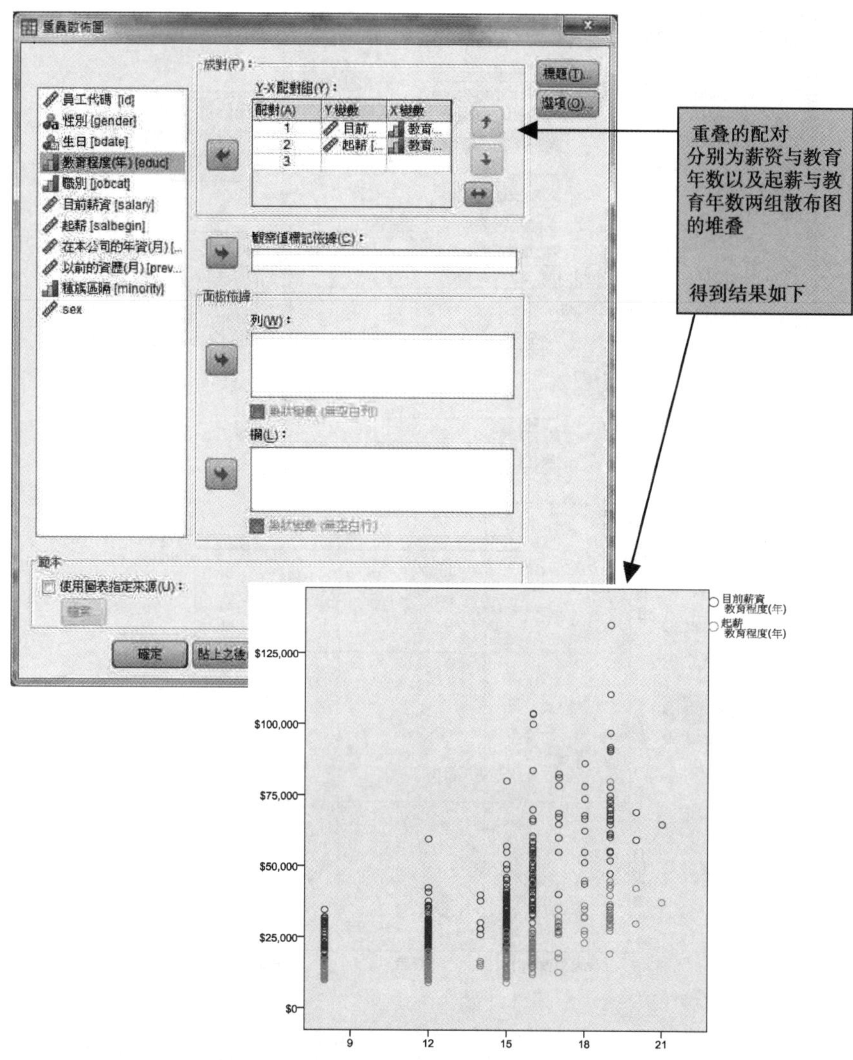

操作流程为点选 统计图 → 散布图/点形图 选择 重叠散布图，按 定义 后，逐一选取配对的两个变量至 Y-X 配对组 清单中，按 确定 执行即可。

★矩阵功能

前面的例子是以 重叠散布图 来同时呈现教育与两种薪资变量的散布图。事实上这三个变量可以形成三个散布图，分别为起薪与目前薪资、起薪与教育程度、目前薪资与教育程度。这三组散布图可以利用 矩阵 功能来同时呈现。

操作流程为点选 统计图 → 散布图/点形图 选择 矩阵散布图，按 定义 后，将所欲呈现的各变量移至矩阵变量清单中，按 确定 执行即可。

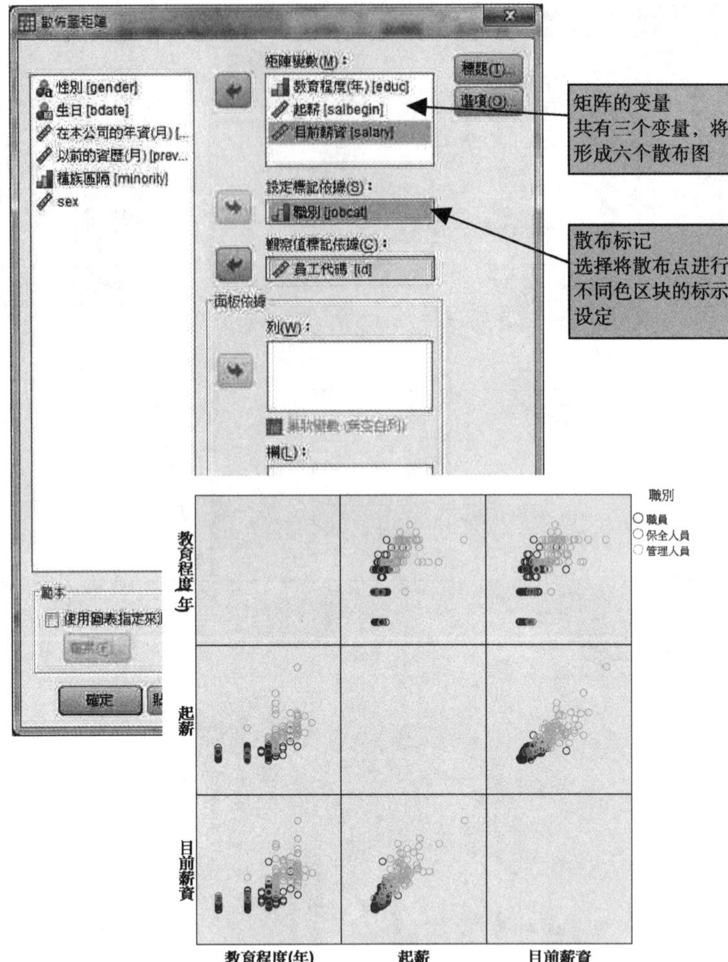
散佈圖矩陣
矩陣變數(M)：
教育程度(年) [educ]
起薪 [salbegin]
目前薪資 [salary]
性別 [gender]
生日 [bdate]
在本公司的年資(月) [...
以前的資歷(月) [prev...
種族區隔 [minority]
sex
標題(T)...
選項(O)...
設定標記依據(S)：
職別 [jobcat]
觀察值標記依據(C)：
員工代碼 [id]
面板依據
列(W)：
巢狀變數 (無空白列)
欄(L)：
範本
使用圖表指定來源
確定
矩阵的变量
共有三个变量，将
形成六个散布图
散布标记
选择将散布点进行
不同色区块的标示
设定
職別
職員
保全人員
管理人員
教育程度(年)
起薪
目前薪資

第三篇
统计分析的原理与技术

统计是初学者的梦魇，统计分析师的点金棒。当研究者辛苦获得量化数据，整理完备之后，便需依照数据的形式，选用适当的统计方法来进行分析检验。如果得到有意义的显著结果，表示研究者的心血没有白费，如果结果不如预期，又没有适当的补救措施，也就宣告了自己白忙一场。

选择正确的统计方法是进行数据分析的首要工作，区分类别的变量（类别变量）与强调程度的测量（连续变量），各有不同的统计分析策略，从卡方、t 检验到方差分析，类别变量有较大的发挥空间，尤其是一些背景变量、人口变量的处理，多使用平均数差异检验技术，其中又以方差分析家族最为庞大，用途最广。

线性关系的检测是量化研究者的最爱，但是受到统计假设的限定最多，分析技术上也日趋复杂，从相关到回归，从控制、调节、中介到路径分析，研究者追求变量关系证据的同时，也需熟悉了解分析的原理与限制，才不至于误用了统计工具，误解了统计结果。

第六章 类别数据的分析——卡方检验

第一节 基本概念

在社会及行为科学中，类别数据可以说是最基本、最普遍的被使用的一种数据类型。例如民众的宗教信仰类型（一般民间信仰、天主教、基督教）等人口学或背景变量的调查数据，社区民众对于设置焚化炉的态度（赞成、反对或没意见）的意见调查结果，乃至于实验研究将被试分成实验组与对照组，也是一种类别数据。

基本上，有许多研究者所关心的事项，在测量的过程中就必须以名义尺度或顺序尺度来进行测量，此时数据的型态必然是类别变量。然而，以等距或比率尺度所测量得到的数据（如学业成绩或身高体重等变量），虽然测量时是连续变量的形式，但有时为了简化数据内容，常会进行分组处理，简化为类别变量，例如将身高分为高、中、低三组，或将薪水分成不同的级距，此时，研究者所需使用的统计方法，也属于类别变量的统计分析。

一、类别数据的呈现

类别数据搜集之后，即可以次数分布表或**列联表**（contingency table）来整理、呈现数据的内容。次数分布表是将某一个类别变量，依不同的类别（水平），将观察次数在表格中标注出来；列联表则同时将两个类别变量的次数数据，同时在一个表格中呈现，如表6.1。

表6.1 两个类别变量的列联表

变 量		学 历				总 和
		中/小学	高中/职	大专	研究所	
性别	男	12	28	40	6	86
	女	16	25	45	4	90
总 和		28	53	85	10	176

在列联表中，直行（column）以 X 表示，横列（row）则以 Y 表示，当 X 变量有 k 个水平，Y 变量具有 l 个水平，称为 $k \times l$ 列联表。一般而言，列联表当中的两个变量并没有特定的因果或影响关系，称为**对称关系**；当 X 与 Y 为非对称关系时，也就是某一个变量为自变量，另一个变量为因变量时，通常是将因变量以 Y 变量表示，放在横列上。列联表的两侧

（表 6.1 的右侧及下方）称为**边缘分布**（marginal distribution），反映两个变量的次数分布情况，也就是两个独立的次数分布表。各单元格（cells）部分中的数字反映出两个变量的互动关系，两个类别变量是否具有关联性，最重要的就是检查各单元格当中次数的变化情形。简而言之，次数分布表适用单一类别变量的描述，而列联表适用于两个或多个类别变量分布情形的描绘。

二、类别数据的检验形式

除了次数分布表及列联表的呈现，类别变量的数据可进一步以卡方检验来进行显著性检验，针对各单元格的次数分布情形进行检验，由于单元格中的材料是次数，而次数可以转换成百分比，因此又称为百分比检验。兹将类别变量的各种基本检验形式介绍于后。

（一）适合度检验

当研究者关心某一个变量是否与某个理论分布或总体分布相符合之时，所进行的统计检验称为**适合度检验**（goodness-of-fit test）。例如某校学生性别的比例是否为 1∶1。由于此时检验的内容仅涉及一个变量，因此适合度检验可以说是一种单因子检验（one-way test）。

适合度检验的目的，在于检测某单一类别变量（X）的实际观察次数分布与某理论次数分布是否相符，如果检验统计量未达到显著差异，我们称该样本在该变量的分布与该理论总体无异，反之，我们则可说该样本在该变量的测量上与总体不相同，或说是一个特殊的样本。

（二）独立性检验

当研究者想要同时检测两个类别变量（X 与 Y）之间的关系时，例如某一群人的学历分布与性别分布的关系，此一统计检验称为**独立性检验**（test of independence），其目的在于检测从样本得到的两个变量的次数分布是否具有特殊的关联。如果两个类别变量的次数分布没有特殊交互关系，卡方值不显著，则称两个变量相互独立；相反的，当两个类别变量次数分布具有特殊相互作用影响时，卡方值将显著，则可说此两个变量不独立，或具有相关性或相互关联。

由于 X、Y 两变量代表两个不同概念，独立性检验必须同时处理双变量的特性，因此除了可称之为双因子检验之外，亦可视之为双总体检验，此时双总体指的是两个变量所代表的概念总体，而非人口学上的总体。然而，有时 X、Y 两个变量并非代表两个不同的概念，其中一个变量为研究变量（是否赞成开放赌场），另一个变量为不同总体（不同村里），此时所分析的是不同总体的样本在某一个研究变量的分布的同质或异质性，称为**同质性检验**（test for homogeneity）。如果代表不同总体的甲乙两样本在另一个变量上的分布情形没有差异，我们称此两个总体是同质的，反之，我们则可说此两个总体是不同质的。

同质性检验可以说是独立性检验的一种变化，主要目的在检验不同人口总体，在某一个变量上的反映是否具有显著差异，但是本质上仍是一种双总体检验。前述独立性检验应用于同一个总体选取的某一个样本，在两个变量之间的关联情形的检验，而同质性检验则是指来自两个总体的甲乙两个不同样本在同一个变量上的分布情况的检验。原理与分析方法相同。

(三)多重列联表分析

如果同时有三个类别变量,要探讨其间的关联性,就必须采取特殊策略,进行**多重列联表分析**(multiple contingency table analysis)(见 Bohrnstedt & Knoke,1988)。

多重类别变量的分析,最直观的做法是将其中一个变量作为阶层变量或分割变量,分别就分割变量的每一个水平下,另两个变量所形成的列联表,来进行比较(做法类似于第九章的多因子 ANOVA 的简单效果检验)。如果是四个以上的类别变量分析,必须有多个分割变量,因列联表分析十分复杂,一般而言皆避免同时分析过多变量的关系,或必须改用其他统计方法。

以三因子列联表分析为例,不同性别(男与女)、是否结婚(未婚与已婚)以及生活满意状态(刺激、规律或无聊)三个变量关系的讨论,可以将性别视为分割变量,分别进行男生与女生的婚姻情况与生活满意状态列联表分析,此时,男生样本可以得到一个 2×3 列联表,女生可以得到另一个 2×3 列联表,两个列联表可以分别计算各种关联系数,再加以比较即可。其数学原理与独立性检验相同。

对于分割变量的不同水平所进行的个别列联表分析,如果呈现一致性的结果,例如各单元格的百分比分布比例一致,卡方值不显著,表示分割变量不会与其他两个变量存在交互作用,此时可以将各分割水平下的卡方值相加,降阶为双类别变量的卡方检验。但是当各分割水平下的列联表检验结果不同时,就必须单独就个别水平来解释列联表的内容。

以多重列联表的多次卡方检验来进行多个类别变量关系的探讨,缺点是缺乏一个客观指标来同时检验变量间的交互关联。为了解决此一问题,可使用 G^2 **统计法**(见 Sokal & Rohlf,1969;林清山,1992)。G^2 统计法将多个类别变量所形成的单元格的次数,以对数转换的方式,求出线性组合方程式,然后得以就方程式当中的各项效果强度进行统计检验。其核心概念是将次数比例进行对数化来进行分析,因此又称为**对数线性模式**(log-linear modeling),其特点是可以同时处理多个类别变量的关联分析,并以模型的比较来进行竞争比较分析,一般多在多变量统计中介绍(关于类别变量的对数线性模型或潜在变量模型可参考邱皓政,2008 所著的《潜在类别模型》一书)。

第二节　类别变量的统计检验

类别变量的次数(或换算成百分比)分布特征若经过统计运算,可进行**卡方检验**(χ^2 test)。其原理是以各单元格的次数与期望次数之间的差异(称为**残差**)进行标准化,再配合卡方分布来进行假设检验。在下面的章节中,将先介绍残差分析,再据以说明卡方检验的原理。

一、期望值与残差

类别变量各单元格次数可以换算成百分比,来比较各数值分布的差异。然而若以单元格百分比的变化来进行比较,会受到边缘次数不平均的影响,造成判断上的困难。此时可利用期望值的概念,求取各单元格在一般情况下"应该"出现的次数(即期望次数),求取残差来说明各单元格的变化情形,称为**残差分析**(residual analysis)。

(一)期望值(expected value)

期望值的通俗说法是指一个分布最容易出现的数值,此数值在连续变量时最可能是平均数,在类别变量时就是当各水平次数相等时,是最可能出现的分布状况。因此,在只有一个类别变量的单因子分析中,类别变量的各水平的期望概率一般均设定为相等:若为二分变量则为($p=q=0.05$),三个水平以上则为 N/k,N 为总样本数,k 为水平数。但研究者也可以自行指定一个特定比值,视为某一个理论总体值,然后拿观察次数来相比。在双因子列联表分析中,期望概率为各单元格所对应的边缘人数百分比($P_{i.}$ 与 $P_{.j}$)乘积,再乘上总人数就得到期望次数(以$\hat{\mu}_{ij}$或 f_e 表示),如公式 6.1。

$$f_e = \hat{\mu}_{ij} = \frac{n_{i.} \times n_{.j}}{N} = NP_{i.}P_{.j} \tag{6.1}$$

其中,$P_{1.}=A/N$,$P_{2.}=B/N$,$P_{.1}=C/N$,$P_{.2}=D/N$,计算方法整理成表 6.2。

表 6.2 2×2 双类别变量交叉表的期望值

变 量		X 变量		边际次数
		水平一	水平二	
Y 变量	水平一	$\hat{\mu}_{11}=AC/N$	$\hat{\mu}_{12}=AD/N$	A
	水平二	$\hat{\mu}_{21}=BC/N$	$\hat{\mu}_{22}=BD/N$	B
边际次数		C	D	N

(二)残差与标准化残差

期望值反映了特定边缘次数条件下,两个变量无关联时,单元格次数在随机情况下的最可能值,或称为**最大似然**(maximum likelihood)期望值。各单元格实际观察人数与期望人数的差称为**残差**(residual),以 Δ(delta)值表示:$\Delta_{ij}=n_{ij}-\hat{\mu}_{ij}$。残差大小可用来判断各单元格的特殊性:残差越大,各单元格分布越不如期望般的出现;相对的,当残差越小,表示各单元格分布越接近期望,两变量为独立无关联。

残差是一个未标准化的统计量数,残差的大小表示观察值与期望值的差异情况,残差越大,表示单元格次数分布与期望次数越不相似,反映两个变量具有特殊关联。如果将残差加以标准化,将残差除以标准误,得到**标准化残差**(standardized residual)(Haberman,1973),以 Δ′表示,公式如下:

$$\Delta'_{ij} = \frac{n_{ij} - \hat{\mu}_{ij}}{\sqrt{\hat{\mu}_{ij}}} \tag{6.2}$$

标准化残差的性质近似标准分数(Z 分数),在单元格人数达一定规模时,Δ′分布呈正态分布,可利用 Z 检验的概念来检验标准化残差的统计意义(Haberman,1973)。例如当 Δ′的绝对值大于 1.96 时,表示残差落于抽样分布的极端 5% 区域内,当 Δ′的绝对值大于 2.58 时,表示残差落于抽样分布的极端 1% 区域内。

值得注意的是,在列联表中,各边际次数通常不相等,因此每一个单元格的期望次数不相等,如果四个单元格要一起比较的话,必须将针对四个单元格的期望值差异进行调整,如此才有相同的抽样分布基础,换言之,如果边际次数比例不同,单元格期望值越大者标准误越小,抽样分布的标准误不同,不宜进行单元格间的比较。此时,可将标准化残差以边缘次数进行调整(等同于以期望值来调整),得到**调整后标准化残差**(adjusted standardized residual),有利于单元格间的残差比较:

$$adj\Delta' = \frac{n_{ij} - \hat{\mu}_{ij}}{\sqrt{\hat{\mu}_{ij}(1 - P_{i.})(1 - P_{.j})}} \tag{6.3}$$

二、卡方检验

(一)卡方统计量

如果将标准化残差平方后加总,所得到的统计量服从卡方分布,因此可以进行卡方检验,此一统计量称之为 Pearson χ^2。公式如下:

$$\chi^2 = \sum\sum\Delta'^2 = \sum\sum\frac{(n_{ij} - \hat{\mu}_{ij})^2}{\hat{\mu}_{ij}} = \sum\sum\frac{(f_0 - f_e)^2}{f_e} \tag{6.4}$$

前式中,f_0 为观察次数,f_e 为期望次数。观察值与期望值的差异越大,χ^2 值越大,表示单元格的次数变化很特别,一旦 χ^2 值大于显著水平的临界值,即拒绝虚无假设,接受两变量具有特殊关系的对立假设。在统计程序上,卡方检验的角色是一种**整体检验**(overall test),必须在残差分析之前进行,若卡方值具有统计显著性,再以残差分析来检验各单元格的状况。换句话说,残差分析是卡方检验显著后的事后检验程序,以决定各单元格的差异情况,并据以解释变量关联情形。

(二)χ^2 分布

若 X 为一正态化随机变量,以 $N(\mu,\sigma^2)$ 表示。从这一随机变量中任意抽取一个样本,将 X 值转换成标准分数(Z 分数),再将 Z 分数取平方,此时,Z^2 被定义自由度为 1 的卡方随机变量,以 $\chi^2_{(1)}$ 表示:

$$Z^2 = \left(\frac{X - \mu}{\sigma}\right)^2 = \frac{(X - \mu)^2}{\sigma} = \chi^2_{(1)} \tag{6.5}$$

由上式可以看出,自由度为 1 的卡方变量是离均差平方除以方差,而且由于卡方变量的分子与分母均为平方数值所组成,因此卡方变量是一个恒为正值的随机变量,随着观察值 X 分数的变化,卡方变量(Z^2 分数)的出现概率也呈现某种规律的变化。

卡方变量的概率特质在自由度为 1 的卡方变量中最容易理解,因为 $\chi^2_{(1)}$ 直接从 Z 分数转换而来,$\chi^2_{(1)}$ 的分布即为正态 Z 分数的平方的分布:当 $Z=0$ 时,卡方为 0,$Z=\pm 1$ 时,卡方为 1,卡方变量介于 0 到 1 的概率,等于 Z 分数介于 ± 1 时的概率(68.26%)。由于 $\chi^2_{(1)}$ 是 Z 分数的平方,因此呈现正偏态分布,而非对称分布。若自由度大于 1 时,$\chi^2_{(1)}$ 的卡方分布的形状也随之改变。

带有 v 个自由度卡方分布的期望值为 v,方差为 $2v$。不同的 $\chi^2_{(v)}$ 可对应一个概率值。在不同的自由度下,卡方分布的形状有所不同:当自由度小时,$\chi^2_{(v)}$ 分布呈现正偏态不对称分布;当自由度增大,$\chi^2_{(v)}$ 分布逐渐偏向正态分布。

三、校正公式

运用卡方检验分析时,有一个特殊的要求,即各单元格的期望次数(或理论次数)不

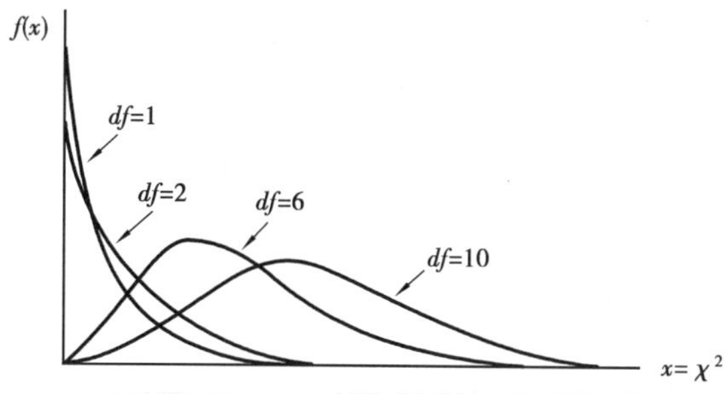

图 6.1 不同自由度下的卡方分布图示

得太小,否则各单元格的标准化残差无法逼近正态分布。一般而言,单元格期望次数小于5时可能造成统计基本假设的违反,导致统计检验值高估的情形。通常需有80%以上的单元格期望值要大于5,否则卡方检验的结果偏差即非常明显。

当单元格人数过少时,可以用下列方法处理:第一,单元格合并法。若有一格或数格的期望次数小于5时,结合研究目的,可适当调整变量的分类方式,将部分单元格予以合并。例如学历类别中,研究所人数过少,可以将研究所与大学合并计算,以提高单元格的期望次数。

第二种方法是增加样本数。如果研究者无法改变变量的分类方式,但可以继续获得有效样本,最佳的方法是直接增加样本来提高期望次数。如果无法增加样本,则可以利用去除样本法,将次数偏低的,类别又不具有分析与研究价值的该类被试去除,但研究的结论也就相应不能推论到含有这些被去除类别的总体。

最后一种方法是使用校正公式。在 2×2 的列联表的检验中,若单元格的期望次数低于10但高于5,可使用**耶兹校正**(Yate's correction for continuity)来加以校正。若期望次数低于5,或样本总人数低于20时,则应使用**费雪正确概率检验**(Fisher's exact probability test)。当单元格内容牵涉到重复量数的设计时(例如前后测的测量),则可使用**麦内玛检验**(McNemar test)。

$$\text{Yate's } \chi^2 = \sum \frac{(|f_0 - f_e| - 0.5)^2}{f_e} \tag{6.6}$$

第三节 替代性的关联系数

由于卡方值的范围可能从0到无限大,单元格数或人数越多,卡方值越大。除了借由显著性检验来决定卡方值是否显著以外,卡方值本身的大小并无法直接进行比较。为改善这一个缺点,统计学上以卡方值或误差递减比为基础,发展出一套类似于相关系数形式的**关联系数**(measures of association),以0至1或-1至1的系数来反映两个类别变量之间的关联情形。兹将常用的关联系数介绍如下:

一、Phi(ϕ)系数

ϕ 系数用来反映两个二分类别变量(例如类别为男女、是否的类别变量)的 2×2 列联表关联性强度。ϕ 系数定义如公式6.7,各单元格与边际次数的分布可用表6.3表示。

$$\phi = \frac{ad - bc}{\sqrt{(a+b)(c+d)(a+c)(b+d)}} \tag{6.7}$$

表 6.3 2×2 交叉表的单元格与边际次数

变量		X		总和
		0	1	
Y	0	a	b	$a+b$
	1	c	d	$c+d$
总和		$a+c$	$b+d$	$a+b+c+d=N$

从公式可知,ϕ 系数是交叉单元格次数乘积的差值,除以边际次数的乘积再开根号。分子反映的是单元格间共同变化的趋势,两个变量关联性越高,$ad-bc$ 的绝对值越大,得到的 ϕ 系数越高。

ϕ 系数为正值时,代表两个二分变量具有相同的变动方向,负值代表两个二分变量具有相反的变动方向。ϕ 系数与卡方值之间具有可转换的数学关系:

$$\phi^2 = \frac{\chi^2}{N} \text{或} \phi = \pm\sqrt{\frac{\chi^2}{N}} \tag{6.8}$$

从上式来看,ϕ 系数修正了样本数对于卡方值的影响,开根号之后,ϕ 系数即等同于 Pearson's r,数值介于 -1 至 1,数值越接近 1,表示两个变量的关联越强。在应用上,ϕ 可以比照相关系数的概念来解释强度的大小,因此较卡方值更为便利。

二、列联系数与 V 系数

ϕ 系数的限制为必须是 2×2 的列联表,当两个类别变量有任何一个超过两个水平,卡方值可能会大于样本数,造成 ϕ 系数大于 1 的情况,此时若将公式修正如下,即可改善系数大于 1 的问题,而由此公式计算出的系数,称为**列联系数**(coefficient of contigency)。

$$C = \sqrt{\frac{x^2}{x^2 + N}} \tag{6.9}$$

以列联系数公式所求出的系数虽然数值不会大于 1,但是亦难接近 1,尤其是当样本数越大时,列联系数会减小。可用 Cramer 的 V 系数(公式 6.10)来修正此一问题,其中 k 为行数或列数中数值较小者。

$$V = \sqrt{\frac{x^2}{N(k-1)}} \tag{6.10}$$

三、Lambda(λ)系数

Lambda 是由 Goodman 与 Kruskal(1954)所提出一种以削减误差比来计算两类别变量关联性的关联系数。所谓**削减误差比**(proportioned reduction in error; PRE)是指以某一个类别变量去预测另一个类别变量时,能够减少的误差所占的比例。PRE 指数介于 0 与 1 之间,PRE 值越大,也就是可削减的误差比例越大,两个变量的关联性越强。反之,比例越小,两个变量的关联性越低。

PRE 以 E_1 与 E_2 两个统计量来推导。E_1 表示以未知 X 预测 Y 时所产生的误差,E_2 表示以已知 X 预测 Y 时所产生的误差。E_1 所代表的是期望误差(预测不准的单元格期望值),而 E_2 则代表实际测量得到的观察误差(预测不准的单元格次数),两者相减表示以 X 预测 Y 能够减少的误差量,若再除以期望误差,即得到削减误差比,公式如下:

$$\text{PRE} = \frac{E_1 - E_2}{E_1} = 1 - \frac{E_2}{E_1} \tag{6.11}$$

Lambda 系数的特性，是利用类别变量中的众数组（mode）来作为削减误差计算的基准，有两种形式：对称 λ（symmetrical）与非对称 $\lambda_{y.x}$（asymmetrical）。对称 λ 是指 X 与 Y 两个变量的关系是对等的，无法区别何者为依变量，何者为**独立变量**。对称性 λ 公式如下：

$$\lambda = 1 - \frac{E_2}{E_1} = 1 - \frac{(N - \sum m_x) + (N - \sum m_x)}{(N - M_x) + (N - M_y)}$$

$$= \frac{\sum m_x + \sum m_y - (M_x + M_y)}{2N - (M_x + M_y)} \tag{6.12}$$

其中 M_x 为 X 变量的众数次数，M_y 为 Y 变量的众数次数，m_x 为 X 变量每一个类别之下 Y 变量的众数次数，m_y 为 Y 变量每一个类别之下 X 变量的众数次数。如果是非对称性关系，$\lambda_{y.x}$ 公式如下：

$$\lambda_{y.x} = 1 - \frac{E_2}{E_1} = 1 - \frac{N - \sum m_y}{N - M_y} = \frac{\sum m_y - M_y}{N - M_y} \tag{6.13}$$

值得注意的是，Lambda 系数以众数次数为计算基础，为一非标准化的系数，其值会随着变量类别数目的变动而改变，当各变量的类别数越多时，消减误差比率会自然扩增，因此不建议使用者随意改变变量的水平数。此外，当 Lambda 为 0 时，是指以预测变量的众数来预测依变量时，无法消减依变量上的误差，并非代表两个变量没有任何关联，例如当预测变量在依变量的众数都落在同一个类别时，会计算出 $\lambda_{y.x}=0$ 的情形，但是各单元格间可能存在某种有意义的关联，在使用 Lambda 系数时应特别注意。

四、Gamma 系数

Goodman & Kruskalt 提出了一个以 PRE 为基础的 Gamma 系数，是一种适用于顺序变量的对称性关联性系数。Gamma 系数是将依顺序排列的数据，进行各单元格的配对比较，如果遇到同样等级的数据则不予计算。**非同分的数据**（untied pairs）可分成两种情况：**同序配对**（concordant pairs）与**异序配对**（disconcordant pairs）。同序配对是指两个变量上的等级变动呈现相同方向，以 N_s 表示；异序配对是指某配对观察值在两变量的等级变动呈现相反方向，以 N_d 表示。

$$\text{Gamma} = 1 - \frac{E_2}{E_1} = 1 - \frac{2N_d}{\dfrac{2(N_s + N_d)(N_s + N_d)}{2(N_s + N_d)}} = \frac{N_s - N_d}{N_s + N_d} \tag{6.14}$$

如果列联表当中的配对观察值是随机配对，那么配对观察值的等级变动将会出现同序与异序配对随机参差出现的情况，此时 Gamma 系数将会接近 0。相对的，如果观察值的配对具有某种连动关系，那么配对观察值的等级变动将会出现同序与异序配对较多的现象，Gamma 不等于 0。连动关系越强，Gamma 系数越接近 1 或 -1。当配对分数的等级变动完全是同序配对时，N_d 为 0，Gamma 系数为 1；当配对分数的等级变动完全是异序配对时，N_s 为 0，Gamma 系数为 -1。

由于 Gamma 系数的计算不涉及边际次数的计算，因此又称为**免边际**（margin-free）的系数。当样本数较大时（大于 50），Gamma 系数的抽样分布呈现正态化，可以配合统计检验来检验 Gamma 系数的统计意义。在 SPSS 报表中，可以得到 Gamma 系数的统计检验值。

值得注意的是，当同分情况比重太高时，Gamma 系数无法反映这些单元格的数据而导致敏感度降低，使 Gamma 系数无法充分反映变量的关系，此时宜采用其他系数，例如 Tau-b 系数。

五、Tau 系数

Tau 系数(以 τ_y 表示)为 Goodman 与 Kruskal 所创的另一种以 PRE 为基础,可用于类别变量关联性的关联系数。其原理与非对称形式 $\lambda_{y.x}$类似,是比较直行边际比例和横列边际比例进行预测的误差概率,但 Tau 系数的计算考虑了所有的次数,因此敏感度较 Lambda 系数为高,数据一般会较 Lambda 为低,但是较为严谨。一般在学术上分析不对称关系时,若采用 Tau 系数,可以较为详实地反映两个变量的解释关系。

除了前述的关联系数,Kendall 另外提出了 Tau-b 系数(τ_b),适用于顺序变量,也是一种类似于 Gamma 系数的对称性关联系数。Tau-b 系数将独立变量上同分但因变量不同分的顺序配对,以及独立变量上不同分但因变量同分的顺序配对纳入考量(但不处理两者同时同分的配对观察值),使得关联系数的计算更能反映单元格内数据的变化。

τ_b 系数的一个特色是,当列联表呈现正方形时(两个变量的组数或数值数目相等),τ_b 系数的数值会介于 ±1 之间。数值越接近 0,表示两变量的关联性越低。列联表不是呈现正方形时(两个变量的组数或数值数目不相等),宜使用 τ_c 系数。利用这两个系数,可以更精确地反映两个顺序变量的各单元格变动特性,但是强度一般会低于 Gamma 系数。

六、Kappa 系数

Cohen(1960)提出了一个 Kappa 系数(κ)系数,适用于具有相等顺序数值的两个顺序变量的关联性分析,也就是行与列的数值数目相同,交叉表呈现正方形。而 Kappa 系数所反映的是两个顺序变量的等级是否相同,也就是当第一个顺序变量为 1 时,另一个变量的顺序是否也为 1,如果相同等级的情形越多,Kappa 系数越高。因此 Kappa 系数又称为**同意量数**(measures of agreement)。

Kappa 系数的计算原理,是将具有相等类别的两个变量做成列联表后,将对角线上的单元格视为正确预测的类别(N_t),其他各单元格则为预测不准的误差类别(N_f)。然后根据 PRE 的概念,计算出 Kappa 系数,以∇_k 表示:

$$\nabla_k = \frac{N_t - \dfrac{N_{.x} \times N_{y.}}{N}}{N - \dfrac{N_{.x} \times N_{y.}}{N}} \tag{6.15}$$

其中 $N_{.x} \times N_{y.}$ 为各对角线单元格相对应的边际次数的乘积。由于 Kappa 系数必须在两个顺序变量有相等数值数目的前提下能使用,因此当两个顺序变量的数值数目不同时,必须先将两个变量进行组别的调整才能计算 Kappa 系数。

此外,由于 Kappa 系数所反映的是两个顺序变量是否具有一致的等级,也就是等级一致性程度。因此,在心理测验的应用上,Kappa 系数可以用来计算两个评分者对同一个对象是否有一样的评定的**评分者信度**(inter-raterreliability)。但是值得注意的是两个评分者所评定的名次中,不能有并列名次的现象,因为并列名次将造成名次的数目不相等,无法进行 Kappa 系数的计算。

第四节　范例解析

类别变量的分析,SPSS 视窗版提供了无总体统计(NPAR)、对数线性(LOGLINEAR)与交叉表(CROSSTAB)三种模式来进行卡方检验。适合度检验只能在无总体统计与对数模式中进行卡方检验。双总体卡方检验,包括独立性检验与同质性检验,则可在 交叉表 得到卡方统计量。

范例 6.1　适合度检验

某教师出了 50 道有 5 个答案选项的单选题,答案与题数分别如下,请问这位老师是否有特殊的出题偏好(即倾向正确答案出现在某些项上)?

答案	A	B	C	D	E
题数	12	14	9	5	10

【A. 操作程序】

步骤一:输入数据。
步骤二:选取 分析 → 无母数检定 → 历史对话记录 → 卡方 。
步骤三:选择欲分析的变量。
步骤四:输入期望值的比值。
步骤五:进入 选项 设定统计量与遗漏值。
步骤六:按 确定 执行。

【B. 步骤图示】

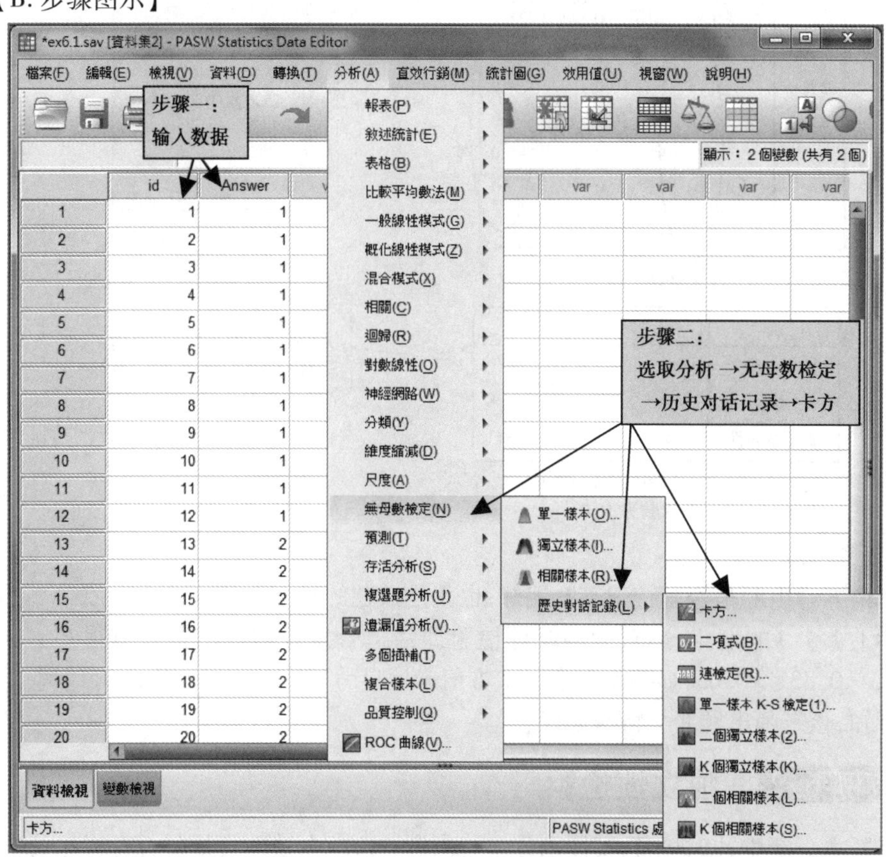

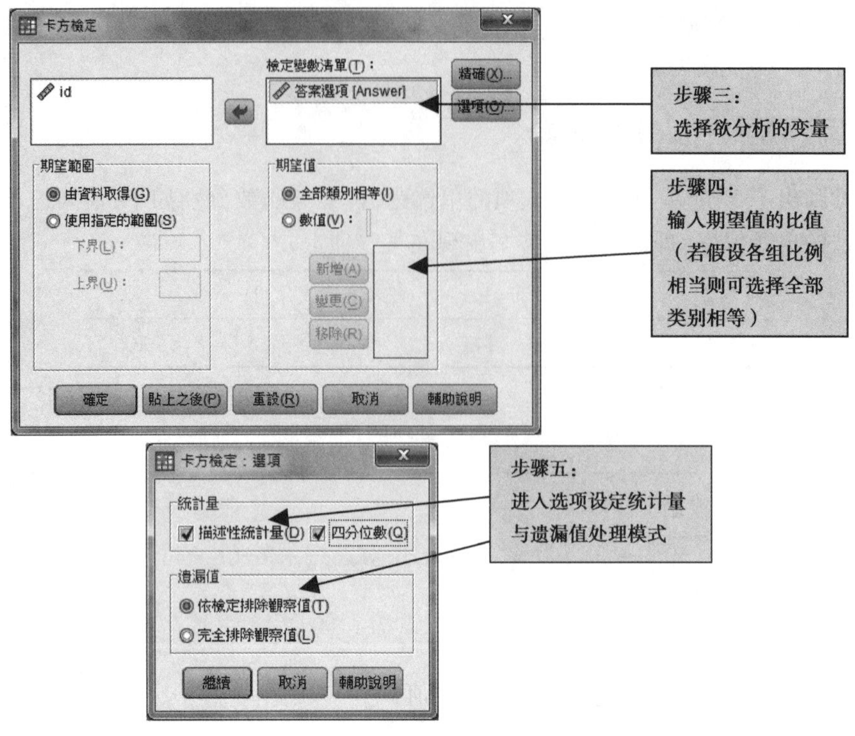

【C. 结果输出】

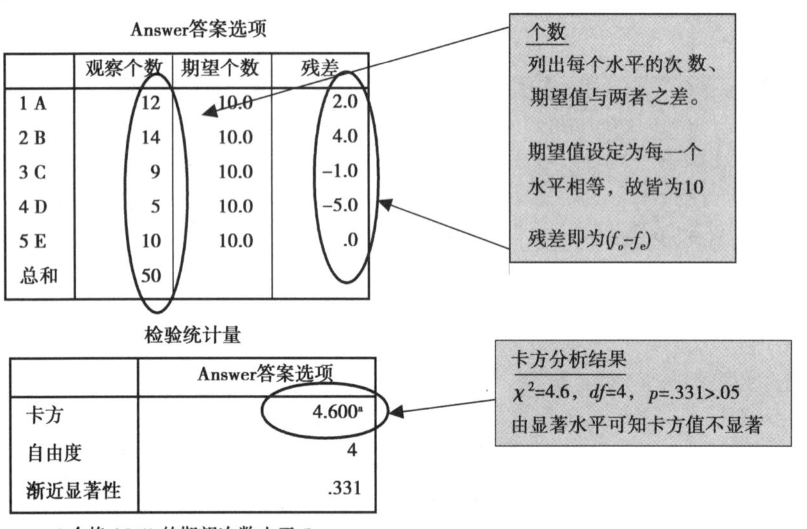

Answer答案选项

	观察个数	期望个数	残差
1 A	12	10.0	2.0
2 B	14	10.0	4.0
3 C	9	10.0	-1.0
4 D	5	10.0	-5.0
5 E	10	10.0	.0
总和	50		

检验统计量

	Answer答案选项
卡方	4.600[a]
自由度	4
渐近显著性	.331

a. 0 个格 (.0%) 的期望次数少于 5。
最小的期望格次数为 10.0。

【D. 结果分析】

所谓老师出题是否有特殊答案偏好，也就是试题的答案 A 至 E 的实际分布次数是否符合 1∶1∶1∶1∶1的期望分布，此种统计检验即为适合度检验。由报表可得知$\chi^2=4.6$，$df=4$，$p=0.331>0.05$，显著水平表示卡方值未达显著，即接受虚无假设，拒绝对立假设。由此可知，该老师出题并无特殊偏好。

范例 6.2　独立性检验

某系大一新生共 100 名，其性别分布与来自城市或乡镇两变量是否有特殊关联？

		城乡别		合 计
		城市学生	乡镇学生	
性别	男	34	21	55
	女	26	19	45
合计		60	40	100

【A. 操作程序】

步骤一:输入数据(本范例为加权模式输入法)。
步骤二:选取 分析 → 叙述统计 → 交叉表 。
步骤三:选择欲分析的变量。
步骤四:进入 统计量 点选卡方统计量与关联分析量数。
步骤五:进入 储存格 设定单元格显示的方式。
步骤六:按 确定 执行。

【B. 步骤图示】

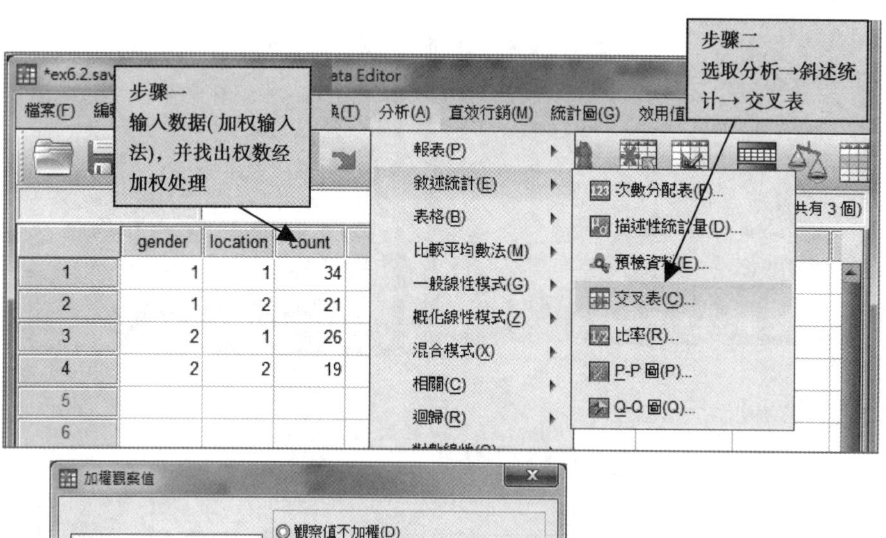

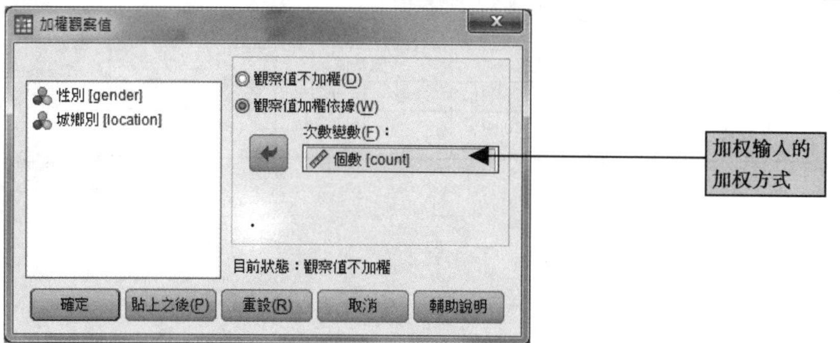

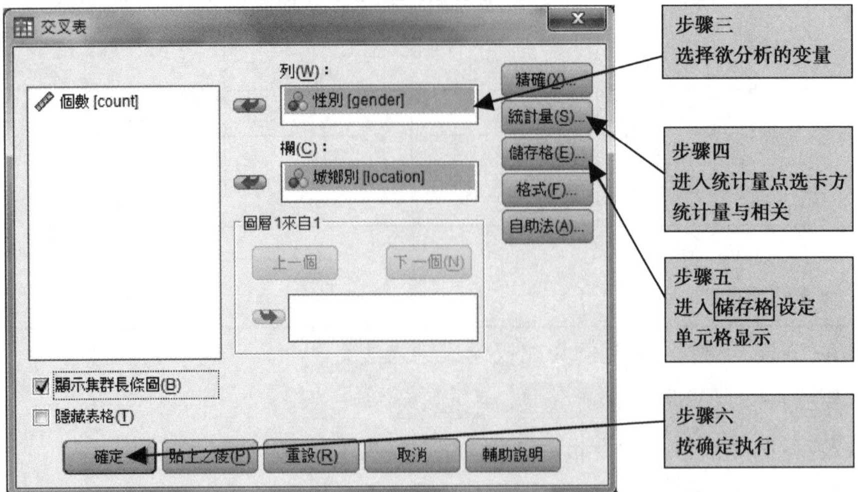

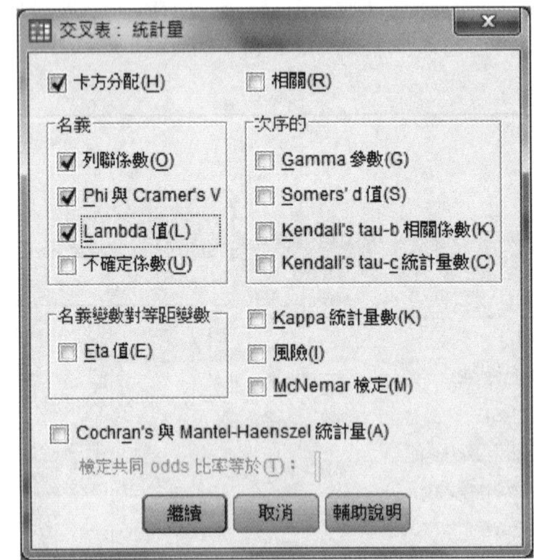

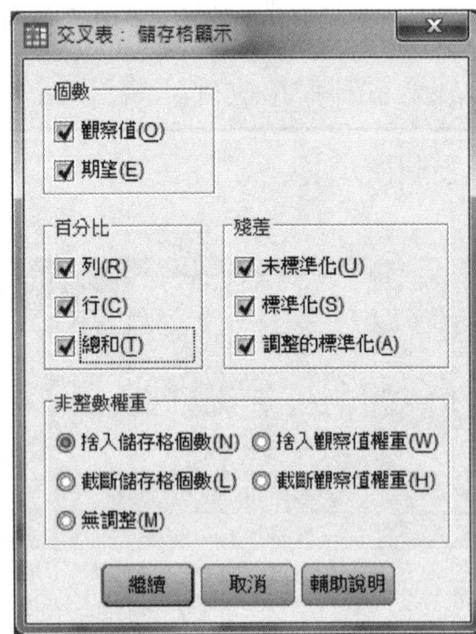

【C. 结果输出】

观察值处理摘要

	观察值					
	有效的		遗漏值		总和	
	个数	百分比	个数	百分比	个数	百分比
gender性别*location城乡别	100	100.0%	0	.0%	100	100.0%

观察值

显示观察值与遗漏值数据。由表可知无遗漏值存在

gender性别*location城乡别交叉表

			location城乡别		
			1城市学生	2乡镇学生	
gender性别	1男	个数	34	21	
		期望个数	33.0	22.0	
		在gender性别之内的	61.8%	38.2%	
		在location城乡别之内的	56.7%	52.5%	
		整体的%	34.0%	21.0%	
		残差	1.0	–1.0%	
		标准化残差	.2	–.2	
		调整后的残差	.4	–.4	
	2女	个数	26	19	45
		期望个数	27.0	18.0	45.0
		在gender性别之内的	57.8%	42.2%	100.0%
		在location城乡别之内的	43.3%	47.5%	
		整体的%	26.0%	19.0%	
		残差	–1.0	1.0	
		标准化残差	–2	.2	
		调整后的残差	–.4	–4	
总和		个数	60	40	100
		期望个数	60.0	40.0	100.0
		在gender性别之内的	60.0%	40.0%	100.0%
		在location城乡别之内的	100.0%	100.0%	100.0%
					100.0%

交叉表

显示单元格与边缘的次数与百分比

百分比有三种表现方式：行、列与全体总和

原始残差

未标准化残差为期望值与观察值的差距

标准化残差

标准化残差性质类似Z分数，得以计算卡方值。调整后标准化残差适合单元格间差异情形比较。当数值绝对值大于1.96时，可视为具有显著不同于期望值

卡方检验

	数值	自由度	渐近显著性(双尾)	精确显著性(双尾)	精确显著性(单尾)
Pearson卡方	.168[a]	1	.682		
连续性校正[b]	.042	1	.837		
似然比	.168	1	.682		
Fisher's精确检验				.688	.418
线性对线性的关连	.167	1			
有效观察值的个数	100				

a.0格(.0%)的预期个数少于5。最小的预期个数为18.00。

b.只能计算2×2表格。

卡方分析结果

皮尔逊卡方的值未达显著

连续性校正为耶兹校正值

当2*2列联表单元格人数均很少时，宜使用Fisher's精确检验

对称性量数

		数值	显著性近似值
以名义量数为主	Phi值	.041	.682
	Cramer's V值	.041	.682
	列联系数	.041	.682
有效观察值的个数		100	

对称性关联系数

本范例为2*2列联表，故可采用Phi系数来表示两个变量的关系强度，数值为0.041，p=0.682

【D. 结果分析】

100 名大一新生的性别与城乡分布关系的分析,属于两个变量独立性检验的应用。交叉表的数据显示,男生与女生的人数分布为 55%∶45%,城乡比例则为 60%∶40%。两个变量所构成的列联表以卡方检验分析的结果发现,$\chi^2_{(1)}=0.168$,$p=0.682>0.05$,未达显著水平,表示两个变量之间相互独立,没有显著的关联。

使用关联系数可以将卡方值转换成类似于线性模式的标准化系数指标(介于 0 至 1 的数值),以便于说明两者关系。本范例由于两个变量之间呈现对称性关系,因此可以由 Phi 系数反映两个变量的关联强度,$\text{Phi}=0.041$,$p=0.682>0.05$,由于 Phi 系数由卡方值转换而来,其显著性(p 值)与卡方检验相同,也是不显著。

范例 6.3 多重列联表分析

某市场调查公司想了解大学生的手机品牌偏好,随机找了 72 个大学生,调查其性别、家庭社会经济地位以及最喜欢的手机品牌,以探讨三个变量的关系。此时可以将性别视为分割变量,分别进行男生与女生的社会经济地位与手机品牌的 2×3 列联表分析,或以社会经济地位为分割变量,分析性别与手机偏好的关系。一般均以人口变量等不易受到其他因素影响的前置变量为分割变量。因此本范例以性别为分割变量。

<table>
<tr><td colspan="2">社会经济地位</td><td colspan="3">低社会经济地位</td><td colspan="3">高社会经济地位</td><td>合计(性别)</td></tr>
<tr><td colspan="2">手机品牌</td><td>甲</td><td>乙</td><td>丙</td><td>甲</td><td>乙</td><td>丙</td><td></td></tr>
<tr><td rowspan="2">性别</td><td>男</td><td>13</td><td>2</td><td>3</td><td>4</td><td>12</td><td>4</td><td>38</td></tr>
<tr><td>女</td><td>9</td><td>3</td><td>7</td><td>8</td><td>5</td><td>2</td><td>34</td></tr>
<tr><td colspan="2">合计(单元格)</td><td>22</td><td>5</td><td>10</td><td>12</td><td>17</td><td>6</td><td rowspan="3">72</td></tr>
<tr><td colspan="2">合计(社会经济地位)</td><td colspan="3">37</td><td colspan="3">35</td></tr>
<tr><td colspan="2">合计(品牌)</td><td>34</td><td>22</td><td>16</td><td colspan="3"></td></tr>
</table>

【A. 操作程序】

步骤一:输入数据(本范例为加权模式输入法)。

步骤二:选取 分析 → 叙述统计 → 交叉表 。

步骤三:依序选定列变量、行变量,选择欲分析的变量。

步骤四:分别以不同变量为分割变量。

步骤五:进入 统计量 点选卡方统计量与关联分析量数。

步骤六:进入 储存格 设定单元格显示的方式。

步骤七:按 确定 执行。

【B. 步骤图示】

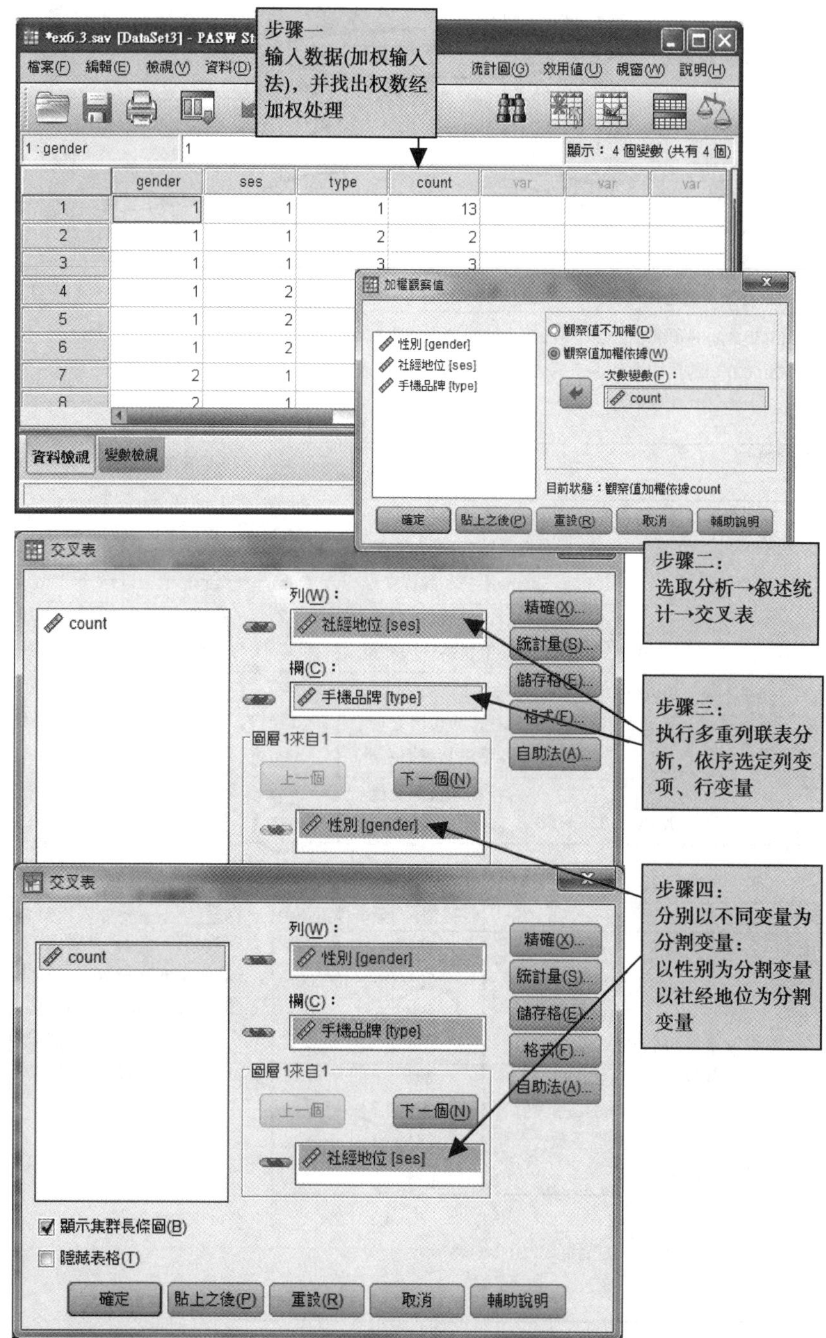

【C. 结果输出】

(1) 以性别为分割变量

卡方检验

gender 性别		数值	自由度	渐近显著性(双尾)
1男	Pearson卡方	11.978[a]	2	.003
	似然比	12.980	2	.002
	线性对线性的关连	5.063	1	.024
	有效观察值的个数	38		
2女	Pearson卡方	2.906[b]	2	.234
	似然比	3.034	2	.219
	线性对线性的关连	.996	1	.318
	有效观察值的个数	34		

a.2格(33.3%)的预期个数少于5。最小的预期个数为3.32。

b.3格(50.0%)的预期个数少于5。最小的预期个数为3.53。

卡方检验

依分割变量的两个水平，分别进行卡方检验

男性样本卡方值达显著。女性样本则不显著

方向性量数

gender 性别							
1男	以名义量数为主	Lambda值	对称性量数				
			ses社经地位因变量				
			type手机品牌因变量	.381	.150	.2114	.034
		Goodman与Kruskal Tau测量	ses社经地位因变量	.315	.141		.003[c]
			type手机品牌因变量	.203	.099		.001[c]
2女	以名义量数为主	Lambda值	对称性量数	.065	.084	.712	.476
			ses社经地位因变量	.133	.176	.712	.476
			type手机品牌因变量	.000	.000	.[d]	.[d]
		Goodman与Kruskal Tau测量	ses社经地位因变量	.085	.089		.244[c]
			type手机品牌因变量	.035	.038		.311[c]

非对称性关联系数

本范例以手机品牌为因变量。Tau系数显示男性关联系数为0.203(p<0.01)。女性的关联系数为0.035（n.s.）

对称性量数

gender 性别			数值	显著性近似值
1男	以名义量数为主	Phi值	.561	.003
		Cramer's V值	.561	.003
		列联系数	.490	.003
	有效观察值的个数		38	
2女	以名义量数为主	Phi值	.292	.234
		Cramer's V值	.292	.234
		列联系数	.281	.234
	有效观察值的个数		34	

对称性关联系数

本范例为 2×3 列联表，需采用列联系数。男性的数值为0.49，p<0.01，优于女性的0.281，n.s.。显示预测力以男性较强

(2)以社会经济地位为分割变量

卡方检验

ses社经地位		数值	自由度	渐近显著性(双尾)
1 低社经地位	Pearson卡方	2.502[a]	2	.286
	似然比	2.551	2	.279
	线性对线性的关连	2.400	1	.121
	有效观察值的个数	37		
2 高社经地位	Pearson卡方	4.255[b]	2	.119
	似然比	4.292	2	.117
	线性对线性的关连	2.747	1	.097
	有效观察值的个数	35		

卡方检验

依分割变量的两个水平，分别进行卡方检验。高低社会经济地位者卡方值均未达显著，表示不同SES下，性别与品牌偏好无关

方向性量数

ses社经地位				数值			
1 低社经地位	以名义量数为主	Lambda值	对称性量数	.12			
			gender性别因变量	.22			
			type手机品牌因变量	.000	.000	.[c]	.[c]
		Goodman与Kruskal Tau测量	gender性别因变量	.069	.081		.296[d]
			type手机品牌因变量	.047	.057		.183[d]
2 高社经地位	以名义量数为主	Lambda值	对称性量数	.242	.176	1.112	.266
			gender性别因变量	.267	.198	1.177	.239
			type手机品牌因变量	.167	.183	.840	.401
		Goodman与Kruskal Tau测量	gender性别因变量	.122	.111		.127[d]
			type手机品牌因变量	.074	.071		.081[d]

非对称性关联系数
以手机品牌为因变量，Tau系数显示高低 SES 的关联强度均不显著。但以高SES的强度 (0.074)稍强于低SES(0.047)

对称性量数

ses社经地位			数值	显著性近似值
1 低社经地位	以名义量数为主	Phi值	.260	.286
		Cramer's V值	.260	.286
		列联系数	.252	.286
	有效观察值的个数		37	
2 高社经地位	以名义量数为主	Phi值	.349	.119
		Cramer's V值	.349	.119
		列联系数	.329	.119
	有效观察值的个数		35	

对称性关联系数
与卡方分析结果一致。高低 SES 的列联表关联系数均不显著，但以高SES的强度(0.329)稍强于低 SES(0.252)

【D. 结果分析】

多重列联表分析可以检验三个类别变量的关联性。在分割变量不同水平下，另两个类别变量的关系除了描述各自列联表的内部关联，还可进行水平间的比较。本范例分别以性别与社会经济地位为分割变量，得到的检验数据整理如表 6.4。

表 6.4　多重列联表分析的结果摘要

检验方式	控制水平	检验值	自由度	显著性
以性别为分割变量				
Pearson 卡方检验	男	**11.978**	**2**	**.003**
	女	2.906	2	.234
Tau 非对称关联系数	男	**.203**	—	**.001**
	女	.035	—	.311
列联系数(对称量数)	男	**.490**	—	**.003**
	女	.281	—	.234
以 SES 为分割变量				
Pearson 卡方检验	低社会经济	2.502	2	.286
	高社会经济	4.255	2	.119
Tau 非对称关联系数	低社会经济	.047	—	.183
	高社会经济	.074	—	.081
列联系数(对称量数)	低社会经济	.252	—	.286
	高社会经济	.329	—	.119

注：表格内的检验值为各分割水平下的列联表检验值。

对男性而言,社会经济地位与品牌偏好有显著关联,$\chi^2_{(2)}=11.98$,$p<0.01$,并由交叉表中的百分比数据可知,低社会经济地位的男性消费者,偏好甲品牌(72.2%)多于乙(11.1%)与丙(16.7%),高社会经济地位的男性消费者,偏好甲品牌仅为20%,与丙品牌相同(20%)但偏好乙品牌达60%。对女性而言,社会经济地位高低与品牌偏好关系不明显,女性大学生受到社会经济地位的影响则较小,不论高低社会经济地位者,均选择甲品牌,社会经济地位不影响品牌选择,$\chi^2_{(2)}=2.91$,$p=0.234$,n. s.。

当设定社会经济地位为分割变量时,高低不同水平的被试,性别与品牌偏好皆无显著不同,低社会经济地位时,性别与品牌偏好关联情形的检验为$\chi^2_{(2)}=2.5$,$p=0.286$,高社会经济地位时,性别与品牌偏好关联情形的检验为$\chi^2_{(2)}=4.26$,$p=0.119$,表示性别与品牌偏好无关。

进一步以关联系数来比较,男性受访者的社会经济地位与品牌偏好关联强度(Tau = 0.20,列联系数 = 0.49)大于女性(Tau = 0.04,列联系数 = 0.28),显示社会经济地位差距的确对男性受访者造成影响。

当以 SES 为分割变量时,高低社会经济者的性别因素与品牌偏好关联强度均不显著,但是低社会经济者的 Tau 值为0.05,列联系数为0.25,较高社会经济者的 Tau(0.07)与列联系数(0.33)均较低,显示高社会经济地位者,性别与品牌偏好有较强关联。

综上所述,本范例的结论为男性大学生,受到社会经济地位高低而有不同的品牌偏好,高社会经济者选用甲品牌,低社会经济地位者选用乙品牌。女性大学生受到社会经济地位的影响则较小,不论高低社会经济地位者,均选择甲品牌。而高社会经济地位者,性别差异的效果较低社会经济地位者明显,但是差异并不显著。

第七章 平均数的差异检验——t检验

第一节 基本概念

虽然类别数据被大量使用在社会与行为科学研究之中,但是受限于数学运算特性,类别变量多用于人口或背景变量的描述与检验。在此同时,研究者经常必须针对其所关心的主题,进行细致的测量,故需采用等距或比率量尺,针对不同的社会现象或行为特质进行程度的测定,例如人们的智力、焦虑感、学业成绩、薪资多寡、离婚率等,这类针对程度的测量数据,在数据分析的处理上,能够以连续变量的形式进行较为精细的测量与检验。

连续变量的一项基本特性,是变量的"数值"的无限性。一个连续变量的基本定义,即是在一定的数线范围之中,具有一定的单位,而且可能存在无限数值,例如身高的测量,可能的数值从一百至两百,其间可以视研究者的需要,数值的精确度可以自整数到小数点之下好几位。这种类型的测量数据,适合以描述统计的集中趋势量数与离散量数来描绘观察结果。因此,连续变量的分析与检验,通常与平均数与方差的检验有关。本章将介绍平均数差异检验——t 检验,下面的章节则介绍平均数的方差分析。

一、Z 检验与 t 检验

在社会科学研究上,由于总体多半非常庞大或无法直接测量,因此多以抽样的方式,选取适当大小的样本来进行测量的工作,再借由推论统计的技术来进行总体真伪的假设检验工作。由于抽样后的样本平均数与标准差往往与总体具有相当程度的差异,研究者无法确知其抽样过程是否具有偏差而违反正态分布的基本要求,因此必须透过一套以抽样分布为基础的推论统计理论,来进行统计检验与决策。

在平均数检验方法中,总体的标准差是否已知,有不同的处理模式:当总体的标准差已知时,可根据中央极限定理,来确认抽样分布的标准误,并基于正态分布的假设,进行 Z 检验。但是当总体标准差未知时,抽样分布的标准误必须由样本标准差来推估,因此可能因为样本过小而造成偏误,而需使用 t 检验来进行检验。

一般而言,总体的标准差多无法得知,因此使用 Z 检验的机会并不多。另一方面,由于 t 分布随着自由度的改变而改变,当 n 大于 30 之时,t 分布与 Z 分布即十分接近。使用 t 检验其实涵盖了 Z 检验的应用。在统计学上,将 t 检验这类可以视不同分布特性而调整理论分布的检验方式称为**稳健统计**(robust statistics),表示能够适应不同的问题而变化。

因此,除了统计教学过程中,仍强调 Z 分数的概念与应用之外,在数据分析实务中,多以 t 检验来进行单样本的平均数检验或平均数的差异检验。

二、单总体与多总体检验

除了抽样分布的考虑,平均数检验可以依检验所涉及的总体的多寡,区分为单总体检验或多总体检验。一个连续变量的得分可以计算出一个平均数,例如智商的平均数,如果研究者仅对单一变量的平均数加以检验,不考虑其他变量的影响,称为单总体的平均数检验。但是如果研究者想同时考虑不同情况之下的平均数是否有所差异,例如男生与女生的平均数的比较,此时即牵涉多个平均数的检验。不同的平均数,代表背后可能具有多个总体的存在,因此被称为多总体的平均数检验。

三、单尾与双尾检验

在平均数的检验中,研究者的兴趣往往在于比较不同平均数的差距,而提出两个平均数大于、小于与不等于几种不同形式的研究假设,形成有特定方向的检验或无方向性的检验两种不同模式。当研究者只关心单一一个方向的比较关系时(例如男生的数学成绩 X_1 优于女生 X_2),平均数的检验仅有一个拒绝区,需使用**单尾检验**(one-tailed test),统计假设的写法如下:

$$H_0: \mu_1 \leqslant \mu_2$$
$$H_1: \mu_1 > \mu_2$$

μ_1 与 μ_2 分别是男生与女生数学成绩的平均数。当研究者并无特定方向的设定(例如男生的智商与女生的智商有所不同),假设检验在两个极端的情况皆有可能发生,而必须设定两个拒绝区,此时即需使用**双尾检验**(two-tailedp test)。如:

$$H_0: \mu_1 = \mu_2$$
$$H_1: \mu_1 \neq \mu_2$$

单尾检验由于仅需考虑单方向的差异性,因此在同样的显著水平下,可以较双侧检验容易得到显著结果,**统计检验力**(power)大于双侧检验,因此采用单侧检验对于研究者较为有利。但是,采用单尾检验必须提出支持证据,除非理论文献支持单侧的概念,或是变量间的关系具有明确的线索显示必需使用单侧检验,否则需采用双侧检验来检验平均数的特性。

四、独立样本与相关样本

在多总体的平均数检验中,不同的平均数进行相互比较。不同的平均数可能来自不同的样本,亦有可能来自同一个样本的同一群人,或是具有配对关系的不同样本。根据概率原理,平均数来自于不同的随机独立样本,两个样本的抽样概率亦相互独立,但是若不同的平均数来自于同一个样本的同一群人(例如某班学生的期中考与期末考成绩),即**重复量数设计**(repeated measure design),或是来自具有配对关系的不同样本(例如夫妻两人的薪资多寡),即**配对样本设计**(matched sample design),样本抽取的概率则并非独立。因此必须特别考虑到重复计数或相配对的概率,来进行统计量的计算。

第二节　平均数差异检验的原理

一、抽样分布与中央极限定理

当研究者关心平均数的意义并欲进行统计检验时，将涉及标准分数、正态分布与中央极限定理几个重要的概念。首先，标准分数是指将某变量的原始数值减去平均数除以标准差后，所得到的一个以 0 为平均数、标准差为 1 的新分布（Z 分布）。如果这个分布具有正态分布的特征，称为标准化 Z 分布。标准化 Z 分布除了变量的数值有一定的范围之外（大约落在正负三或四之内），同时分布的概率变化具有特定的模式。利用这个概率模式，便可以进行统计检验。

从样本推知总体的推论统计中，有一个重要的假设是，若从总体分布(μ,σ^2)中重复抽取无数次的样本所得到的统计量（例如平均数），会形成一个正态分布，以 $N(\mu_{\bar{X}},\sigma_{\bar{X}}^2)$ 表示，称为**样本平均数的抽样分布**（sampling distribution of means）。此一分布的平均数等于总体平均数 $\mu_{\bar{X}}=\mu$，方差等于总体方差除以样本数：

$$\sigma_{\bar{X}}^2 = \frac{\sigma^2}{n} \tag{7.1}$$

样本数越大，平均数抽样分布的方差或标准差愈小，方差（又称变异误）与样本数大小成反比，或是说标准差（又称标准误；standard error）与样本数大小的平方根成反比。而且不论原始总体的形状是否为正态分布，当样本数够大时，抽样分布会趋近于正态。这一套统计原理称为**中央极限定理**（Central Limit Theorem），完整定义为：对于任何一个总体(μ,σ^2)，样本大小为 n 的样本平均数所形成的分布，当样本大小 n 趋近无限大时，亦趋近于正态分布$(\mu,\sigma^2/n)$（如图 7.1 所示）。正因为抽样分布为正态分布这个基本假设的存在，样本统计量的概率分布可以利用正态 Z 分布来表述，使得平均数的意义可以据此进行假设检验。

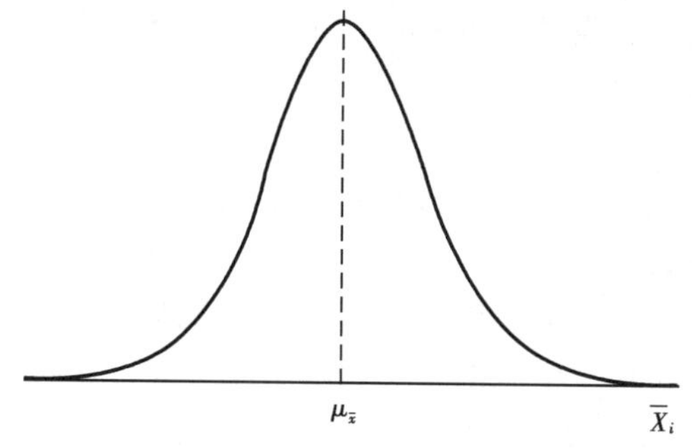

图 7.1　平均数抽样分布图示

如果正态分布的特性不存在，例如样本数太小，或是总体标准差未知，无法估计抽样分布的标准误，即无法利用中央极限定理与正态分布的概率模式来进行统计检验。但在 1908 年，一位化学工厂工程师 Gosset 推导出小样本下的抽样分布概率模式，称为 t 分布，并以化名 Student 发表，因此又称为 Student's t 分布。

t 分布是以样本的标准差来推导抽样分布的标准误，因此不受中央极限定理总体标准差必需已知的限制，但是随着样本数的不同，分布的概率变化有所不同，因此 t 分布并不是

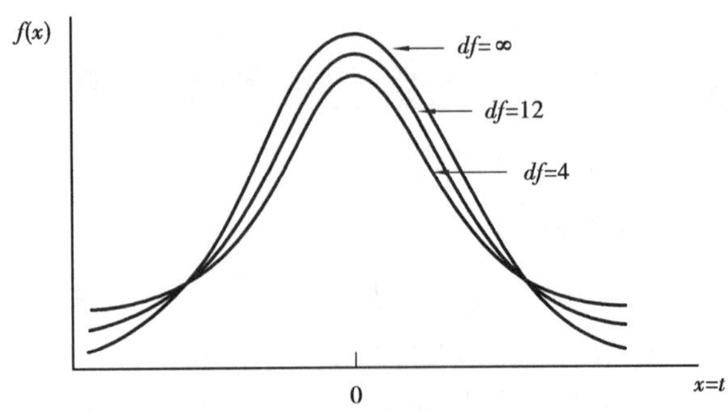

图 7.2 不同自由度下的 t 分布图示

单一的一个分布,而是随着样本数(或自由度)变化而变化的一组对称分布,样本数越大,t 分布越接近正态分布,而样本数越小,则呈现扁平化的厚尾分布(如图 7.2 所示)。

二、统计检验的决策原则

在统计检验中,最重要的一个步骤是计算**检验统计量**(test statistic)。检验统计量的计算,是将样本上所观察到的统计量(例如平均数)经过特定的数学转换,所获得的一个可以配合某一种抽样分布来检测该统计量意义的检验值(例如 z 值或 t 值),并据以决定研究者所提出的假设是否成立。

不同的检验统计量具有一个共通点,就是检验统计量多为检验值与抽样误差的比值,检验值放在分子,抽样误差(标准误)放在分母,除得的结果就是检验统计量。如果检验统计量越大,表示检验值大于随机误差值,表示检验值具有统计上的显著意义。相反的,检验统计量越小,表示检验值没有不同于随机变化,表示检验值只是一种随机出现的情况,没有统计上的意义。

(一)虚无假设与对立假设

透过统计检验量,配合抽样分布,来对虚无假设(null hypothesis;以 H_0 表示)的真伪进行判断的过程,称为**假设检验**(hypothesis testing)。在统计学上,假设是一组描述变量关系的陈述句,在进行假设检验时,假设多改以统计的术语来表示,例如"酒后驾驶与未喝酒驾驶,对于信号反应的反应时间相同",这个假设可以用 $\mu_1=\mu_2$ 表示,μ_1 代表酒后驾驶所需要的平均反应时间,μ_2 代表未喝酒驾驶所需要的平均反应时间。

所谓针对虚无假设的真伪进行检验,具体的做法是假设 H_0 为真,也就是主张事件的发生是一种随机状态,并没有特殊现象。然后利用概率理论,计算出每一种可能的随机事件发生的概率值,借以建立一个概率分布。由于此一分布是通过概率理论来建立,因此是一种理论概率(先验概率),或称为 H_0 分布。相对之下,与 H_0 相对立的假设称为**对立假设**(alternative hypothesis;以 H_1 表示),基于 H_1 所存在概率分布称为 H_1 分布。假设检验的目的,在于决定某一个样本统计量转换得到的检验统计量,是属于 H_0 分布上的一个随机观察值,还是不属于 H_0 分布,如果不属于 H_0 分布,那么就应该是属于 H_1 分布。

(二)临界值法则与 p 法则

如果有一个从样本上计算得到的统计量(例如平均数),基于平均数的抽样分布得以计算出该统计量在 H_0 分布上的位置(亦即检验统计量,例如 t 值),一旦 t 值计算出来后，我们也可以计算出该检验统计量在 H_0 概率分布上的尾概率值(p)。所谓**尾概率**(tailed probability)，是指以 H_0 概率分布为基础，计算出比该检验统计量更为极端的观察事件出现概率。当计算得到的检验统计观察值(t_{obt})越小(越接近 H_0 分布的期望值)，尾概率值(p)很大，亦即比 t_{obt} 更极端的事件越多；反之，当检验统计观察值(t_{obt})越大(越偏离 H_0 分配的期望值)，尾概率值(p)很小，亦即比 t_{obt} 更极端的事件越少。

当我们要判断一个 t_{obt} 是属于 H_0 分布还是不属于 H_0 分布，我们必须确定一个**临界值**(critical value)，以 t_{cv} 表示，临界值多半是 H_0 分布的期望值的95%置信区间的两端点。在临界值以内时，我们说该统计检验值属于 H_0 分布(接受 H_0)，如图7.3当中的 t_{obtA}。反之，在临界值以外时，我们说该统计检验值不属于 H_0 分布(拒绝 H_0)，如图7.3当中的 t_{obtB}。此一判断方式称为临界值比较法或临界值法则。

$$\begin{cases}\text{若 } t_{obt} \leqslant t_{cv}\text{，则保留 } H_0 \\ \text{若 } t_{obt} > t_{cv}\text{，则拒绝 } H_0\end{cases}$$

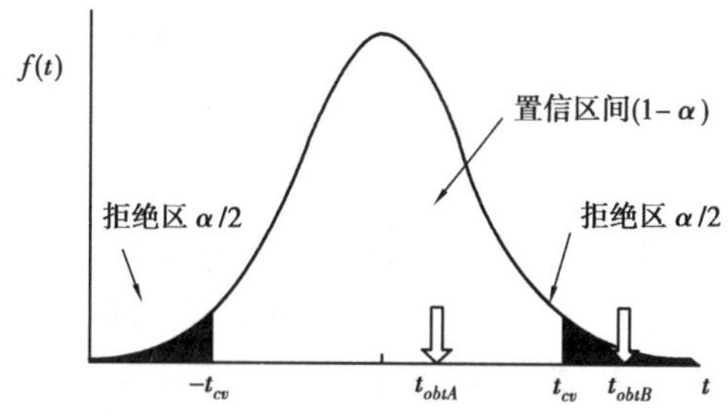

图7.3　假设检验决策示意图

另一种判断法则，是找出临界值的尾概率值(α level)(亦即比临界值更极端的事件概率值，如果 t_{cv} 是 H_0 分布的期望值的95%置信区间的两端点，那么 α 就是5%)，然后将 t_{obt} 的尾概率值(p)与 t_{cv} 尾概率值(α)相比。如果 $p \geqslant \alpha$，就等于 $t_{obt} \leqslant t_{cv}$，我们会认为观察到的统计量落在 H_0 分布的置信区间内，该统计量是 H_0 分布的一个随机事件。

相对的，如果 $p < \alpha$，就等于 $t_{obt} > t_{cv}$，我们会认为观察到的统计量落在 H_0 分布的置信区间之外，亦即该统计量不是 H_0 分布当中的一个随机事件。此一判断法则称为称为尾概率比较法，或称为尾概率法则(p 法则)。

$$\begin{cases}\text{若 } p \geqslant \alpha\text{，则保留 } H_0\text{(不显著的结果)} \\ \text{若 } p < \alpha\text{，则拒绝 } H_0\text{(显著的结果)}\end{cases}$$

尾概率法则当中作为判断标准的 α 水平(alpha level)是决定结果是否显著的概率值，一般学者均将 α 水平设定为5%，所以在学术报告上常会看到 $p < 0.05$ 即表示拒绝 H_0。在统计学上，当拒绝 H_0 时，特别称呼此一假设检验的结果是**显著的**(significant)，当保留(或称接受)H_0 时，则称此一假设检验的结果是**不显著的**(non-significant)，因此 α 水平又被称为**显著水平**(level of significance)。

图7.3的黑色区域即是显著水平 α 的面积，当检验统计量落入此区域时即表示 H_0 会被拒绝，因此称为**拒绝区**(region of rejection)，t_{cv} 是区分 H_0 显著与否的门槛。这就是所谓"当检验统计量落入拒绝区($p < \alpha$)时，拒绝虚无假设，接受对立假设"的统计术语缘由。

(三)水平的决定与星星法则

由于 α 水平是假设检验的判断依据,因此研究者心目中拒绝区大小(α 水平高低)会影响假设检验是接受或拒绝 H_0 的概率。如果 α 水平很大(例如 $\alpha=0.10$),检验统计量比较容易拒绝 H_0,因而此一 α 水平称为宽松水平;如果 α 水平很小(例如 $\alpha=0.01$),检验统计量不容易拒绝 H_0,因而称为严格水平。学术上惯用95%置信区间,拒绝区5%,因此 α 也就常取0.05(5%)。一般不鼓励采用大于 $\alpha=0.05$ 的宽松水平(例如1%太过宽松),因为这样容易推翻 H_0,有夸大研究发现的嫌疑。除非有特殊的需要(例如当研究者鼓励宽松且轻易推翻 H_0 时)与特殊情境(例如当研究者有不得已的苦衷导致样本太小),研究者可能采用 $\alpha=0.06$ 或 $\alpha=0.10$ 的水平,但是必须在论文中特别说明理由。

当一个样本统计量转换成检验统计观察值 t_{obt},并进行假设检验得到 $p<0.05$ 的结果时,我们就知道该 t_{obt} 落入拒绝区,得到一个显著的结果。此时研究者会在 t_{obt} 右侧标示一个符号“*”,例如 $t=2.25^{*}$,表示该统计量尾概率低于 α,拒绝 H_0。如果采用更显著的 α 水平,例如 $\alpha=0.01$,则标示为“**”,例如 $t=3.90^{**}$。若是 $\alpha=0.001$,则标示为“***”,例如 $t=12.11^{***}$,此种标示法已普遍为学术界所接受,也被统计软件广为采用,可以称为**星星法则**(rule of star*)。

如果研究者采用异于惯例的 α 水平,例如 $\alpha=0.10$,则会标示为“+”或“†”等特殊符号,例如 t=1.50†,而不会使用“*”符号,因为星星多寡已有学术界的共识(因此常听学生开玩笑说他的研究几颗星、几颗星,越多星星的研究越有严谨之意)。其次,显著性符号必须标示在统计量数值上,而非尾概率值。例如 $p=0.045^{*}$ 或 $p<0.01^{**}$ 都是错误的标示方法(因为 p 值不必标示就可目视其显著与否)。

(四)单尾概率与双尾概率

值得一提的是,图7.3中的拒绝区标示于分布的两端,是因为研究者采取双尾假设,不仅极端大的观察事件是一种特殊事件,极端小的观察事件也是特殊事件,因此出现在两端点的观察值统计量均被视为特殊事件,此时所进行的假设检验,也就是双尾概率的检验。此时,假设检验具有两个临界值,区隔左右两侧的拒绝区,概率值各为 $\alpha/2$,面积总和即等于显著水平(α)。如果是单尾假设的假设检验,由于研究者仅关心特定大小关系的比较,特殊事件的决定仅出现在正态曲线的左侧或右侧,拒绝区与临界值仅有一个,此时所进行的假设检验,即为单尾概率的检验。

值得注意的是,在运用 p 法则来进行决策时,统计软件多会预设为双尾概率,此时软件运算所提供的尾概率值 p,是取比 t_{obt} 更高及 $-t_{obt}$ 更低的极端区域面积和。如果研究者要改用单尾概率检验,可以直接把软件所提供的尾概率值 p 除以2,去跟显著水平(α)相比,就可得到单尾检验的结果。

三、平均数的统计检验

简述前面的讨论可以得知,假设检验是一套建立假设,计算检验统计量,配合统计分布的概率模型进行虚无假设真伪决策的过程。其中最关键的统计程序是检验统计量的计算。对于平均数的假设检验,基于中央极限定理,得以计算出样本平均数的检验统计量,称为 Z 统计量或 Z 值。配合正态分布的概率原理,进行决策,称为 Z 检验;如果抽样分布不是正态分布，或有不符合正态的疑虑，则可使用 t 统计量，配合 t 分布，进行统计决策，称为 t **检验**。

（一）单总体平均数检验

当研究者关心某一个连续变量的平均数，是否与某个理论值或总体平均数相符合之时，称为单总体平均数检验。例如某大学一年级新生的平均年龄 19.2 岁是否与全国大一新生的平均年龄 18.7 岁相同。虚无假设为样本平均数与总体平均数（或理论值）相同，或 $\mu=\mu_0$。

当总体的标准差已知，抽样分布标准误可依中央极限定理求得，且不用担心违反正态假设，可使用 Z 分布来进行检验，公式如下：

$$Z_{obt}\frac{\overline{X}-\mu}{\sigma_{\overline{X}}}=\frac{\overline{X}-\mu}{\sigma/\sqrt{n}} \tag{7.2}$$

但若总体的标准差未知，则需使用样本标准差的无偏估计数来推估总体标准差。因此需使用 t 分布来进行检验，t 检验量的公式如下：

$$t_{obt}=\frac{\overline{X}-\mu}{s_{\overline{X}}}=\frac{\overline{X}-\mu}{s/\sqrt{n}} \tag{7.3}$$

（二）双总体平均数检验

当研究者关心两个平均数的差异是否存在之时，是为双总体平均数检验的问题，H_0 为总体一平均数与总体二平均数相同，或 $\mu_1=\mu_2$。

当双总体平均数检验所使用的样本是独立样本时，使用独立样本平均数检验，例如某大学一年级新生男生的平均年龄 21.1 岁，是否与女生的平均年龄 19.7 岁相同。当双总体平均数检验所使用的样本是相关样本时，使用相关样本平均数检验，例如某一群被试参加自我效能训练方案前后的两次得分的自我效能平均数的比较。

独立样本 Z 检验量（总体标准差已知）与 t 检验量（总体标准差未知）的公式如下：

$$Z_{obt}=\frac{(\bar{x}_1-\bar{x}_2)-\mu_{\bar{x}_1-\bar{x}_2}}{\sigma_{\bar{x}_1-\bar{x}_2}}=\frac{(\bar{x}_1-\bar{x}_2)-\mu_{\bar{x}_1-\bar{x}_2}}{\sqrt{\sigma^2\left(\frac{1}{n_1}+\frac{1}{n_2}\right)}} \tag{7.4}$$

$$t_{obt}=\frac{(\bar{x}_1-\bar{x}_2)-\mu_{\bar{x}_1-\bar{x}_2}}{s_{\bar{x}_1-\bar{x}_2}}=\frac{(\bar{x}_1-\bar{x}_2)-\mu_{\bar{x}_1-\bar{x}_2}}{\sqrt{s_w^2\left(\frac{1}{n_1}+\frac{1}{n_2}\right)}} \tag{7.5}$$

其中 s_w^2 称为**方差加权估计数**（weighted estimate of σ^2）用来估计总体方差 σ^2。如果两个样本的自由度相同，t 公式可为下式：

$$t_{obt}=\frac{(\bar{x}_1-\bar{x}_2)-\mu_{\bar{x}_1-\bar{x}_2}}{\sqrt{\left(\frac{s_2^2}{n_1}+\frac{s_2^2}{n_2}\right)}}=\frac{\overline{X}_1-\overline{X}_2}{\sqrt{s_{\bar{x}_1}^2+s_{\bar{x}_1}^2}} \tag{7.6}$$

相关样本在计算 t 值的分母项时，增加了对两个样本之间协方差的处理，扣除两者重复计算的部分（以相关系数 r 表示），相关样本 t 检验值的公式如下：

$$t_{obt}=\frac{\overline{X}_1-\overline{X}_2}{\sqrt{s_{\bar{x}_1}^2+s_{\bar{x}_1}^2-2rs_{\bar{x}_1}s_{\bar{x}_1}}} \tag{7.7}$$

在相同的平均数差异下,使用相关样本公式所得到的 t 检验值会大于独立样本 t 检验值。因此相关样本统计检验力高于独立样本检验。

四、t 检验的基本假设

(一)正态性假设

基于中央极限定理,样本平均数的抽样分布为正态分布,称为**正态性假设**(assumption of normality)。当样本数不足时,抽样分布即无法符合正态分布的要求,使得假设检验的理论根据失效。双样本平均数检验中,两个平均数来自于两个样本,除了样本本身的抽样分布须为正态化之外,两个平均数的差的抽样分布也必须符合正态分布的假设。正态性的违反,会导致整个统计检验的失效,所得到的结果是偏失不可信的。

(二)方差同质性假设

独立样本 t 检验的功能在于比较不同样本的平均数差异,每一个正态化样本的平均数要能够相互比较,除了需符合正态分布假设外,必须具有相似的离散情况,也就是样本的方差必须具有同质性,称为样本**方差同质性**(homogeneity of variance)。如果样本的方差不同质,表示两个样本在平均数差异之外,另外存有变异的来源,或是由于抽样程序的干扰,两个样本有不同的抽样特性,致使数据的离散性(以方差表示)呈现不同质的情况。方差同质性假设若不能成立,会使得平均数的比较存有混淆因素。

两个独立样本方差同质性假设是否违反,可以利用 Levene's test of homogeneity,以方差分析(F 检验)的概念,计算两个样本方差的比值。若 F 检验达到显著水平,表示两个样本的方差不同质,此时需使用校正公式来计算 t 值。

SPSS 视窗版的独立样本 t 检验,提供两种 t 检验值,分别对应方差同质性假设成立时与不成立时。当成立时,t 值依上述公式得出,且自由度为整数($N-2$);不成立的情况下,t 值需进行校正,可以由非整数的自由度得知是否进行校正。

第三节 范例解析

范例 7.1 单样本平均数检验

某品牌宝特瓶汽水标示重量为 1 000 克,某位消费者觉得标示有问题,他随机挑选了 10 瓶汽水,测量内含汽水的净重,所得数据如下,请问该品牌宝特瓶汽水重量标示是否不实?

编号	1	2	3	4	5	6	7	8	9	10
净重	985	928	950	1 010	945	989	965	1 005	968	1 015

【A. 操作程序】

步骤一:输入数据。

步骤二:选取 分析 → 比较平均数法 → 单一样本 T 检定 。

步骤三:选择欲分析的检验变量(因变量)。

步骤四:输入检验值,即参照的常数值。

步骤五:可进入 选项 设定置信区间与遗漏值。

步骤六:按 确定 执行。

【B. 步骤图示】

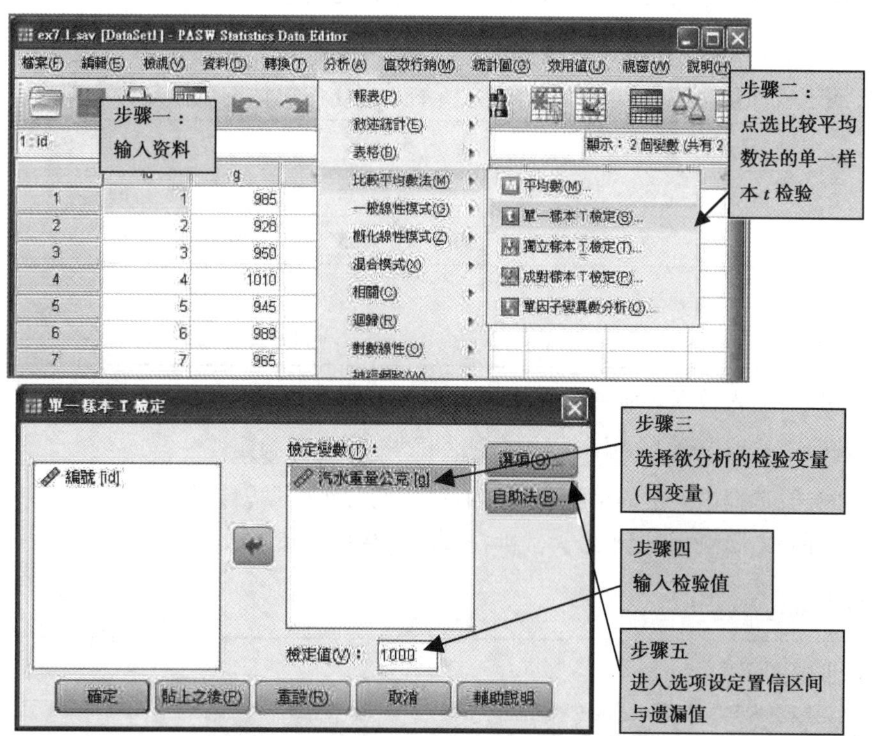

【C. 结果输出】

单一样本统计量

	个数	平均数	标准差	平均数的标准误
汽水重量	10	976.00	29.616	9.365

描述统计量
样本统计量,包括平均数、标准差,以及用以计算 t 值的标准误

单一样本检验

	检验值=100					
	t	自由度	显著性(双尾)	平均差异	差异的 95% 置信区间	
					下界	上界
汽水重量	−2.563	9	.031	−24.00	−45.19	−2.81

t检验结果
t 值与显著性,t=−2.563,p=0.031,达显著水平

【D.结果分析】

由上述报表可得知:此一单样本平均数检验的样本平均数为976克,$t_{(9)}=-2.563$,$p<0.05$,达$\alpha=0.05$的显著水平,表示该品牌宝特瓶汽水重量标示不实,同时从样本平均数的大小(976克)可以看出,该品牌宝特瓶汽水重量标示低于标示值1 000克,显示制造商有欺骗消费者之嫌。

如果要将检验改成单侧检验,仅需将显著性数值除以2,亦即$0.031/2=0.016$,然后与显著水平0.05相比。因为上述SPSS报表所列出的显著性数值,是当$t=2.563$的两侧尾概率值,如果是单侧检验,只需要其中一尾来与$\alpha=0.05$相比,即可判定是否达到0.05显著水平。

范例7.2　独立样本双样本平均数检验

某教授同时在两个研究所教授高等统计课程,甲研究所有10名学生,乙研究所有8名学生,期末成绩如下表,请问这两个研究所的学生学习统计的成绩是否有差异?

研究所	1	2	3	4	5	6	7	8	9	10
甲	85	82	90	90	75	88	87	85	78	82
乙	82	75	80	80	85	85	75	80		

【A.操作程序】

步骤一:输入数据。所别与成绩各为一个变量,各占一栏。

步骤二:选取 分析 → 比较平均数法 → 独立样本T检定 。

步骤三:选择欲分析的检验变量(因变量)与分类变量(自变量)。

步骤四:于 定义组别 中输入欲进行对比的分类变量之类别。

步骤五: 确定 执行。

【B.步骤图示】

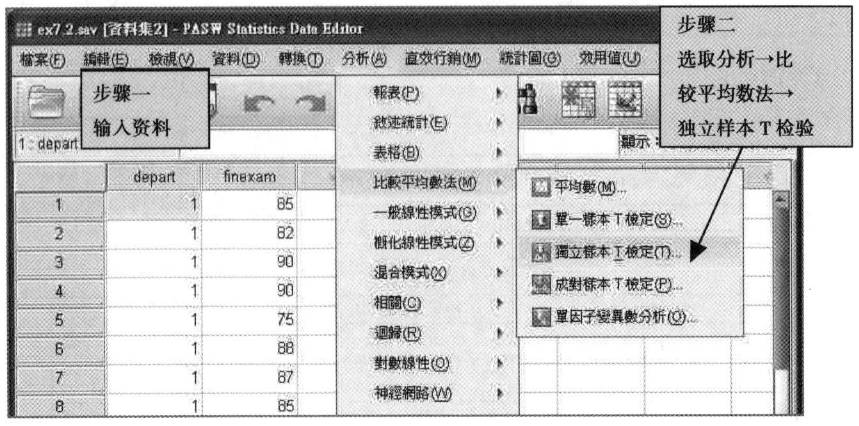

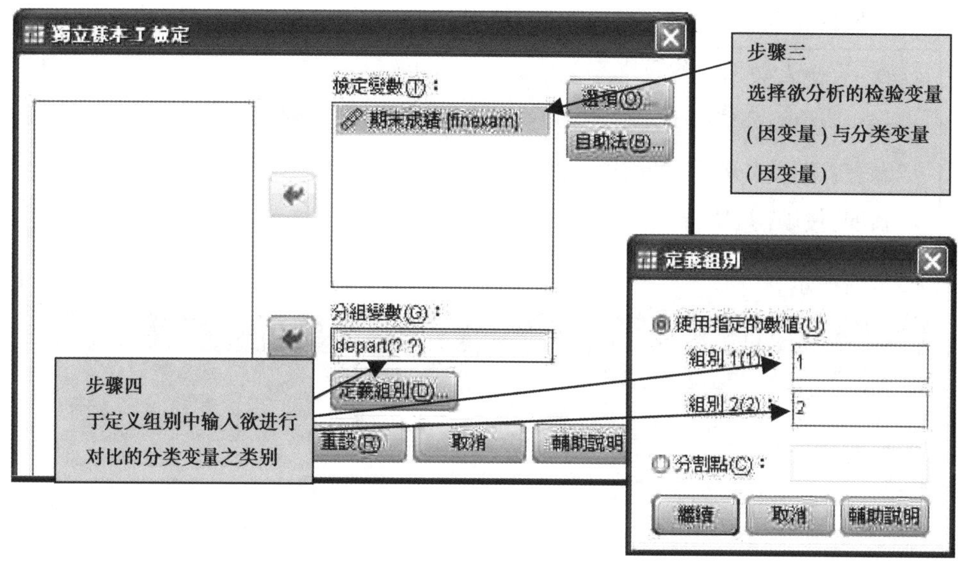

【C. 结果输出】

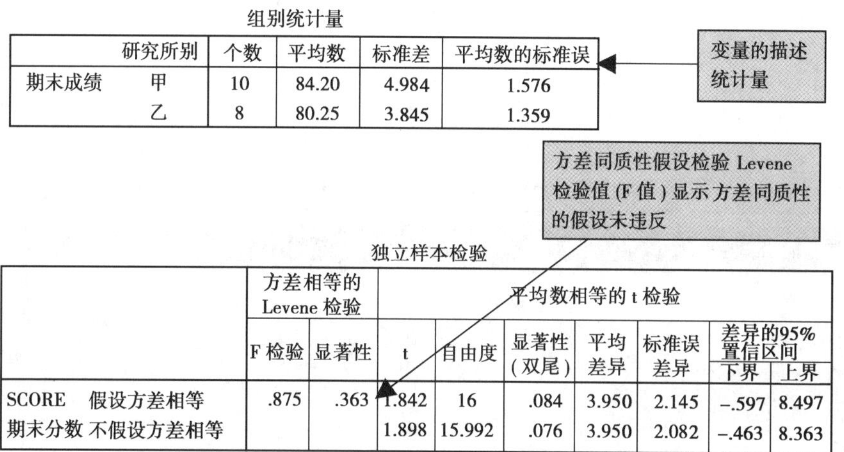

组别统计量

	研究所别	个数	平均数	标准差	平均数的标准误
期末成绩	甲	10	84.20	4.984	1.576
	乙	8	80.25	3.845	1.359

独立样本检验

	方差相等的 Levene 检验		平均数相等的 t 检验						
	F 检验	显著性	t	自由度	显著性(双尾)	平均差异	标准误差异	差异的95%置信区间 下界	上界
SCORE 期末分数 假设方差相等	.875	.363	1.842	16	.084	3.950	2.145	-.597	8.497
不假设方差相等			1.898	15.992	.076	3.950	2.082	-.463	8.363

【D. 结果分析】

由上述报表可以得知：两个样本的平均数各为 84.20 与 80.25，方差同质性的 Levene 检验未达显著($F=0.875, p=0.363>0.05$)，表示这两个样本的离散情形无明显差别。而由假设方差相等的 t 值与显著性，发现检验结果未达显著，表示两个研究所的学生在高等统计的期末成绩上并无明显差异。甲乙校两个研究所学习高等统计得到的学期成绩并无显著差异($t_{(16)}=1.84$, n. s.)。

范例 7.3 相关样本双样本平均数检验

某研究所 10 名学生修习某教授的高等统计课程，期中考与期末考成绩如下表，请问这两次考试成绩是否存在差异？

学生编号	1	2	3	4	5	6	7	8	9	10
期中考	78	80	90	90	70	88	82	74	65	85
期末考	84	83	89	90	78	89	87	84	78	80

【A. 分析程序】

步骤一:输入数据。将每一个水平以一个变量输入。

步骤二:选取 分析 → 比较平均数法 → 成对样本 T 检定 。

步骤三:选择欲分析的两个配对变量。

步骤四:按 确定 执行。

【B. 步骤图示】

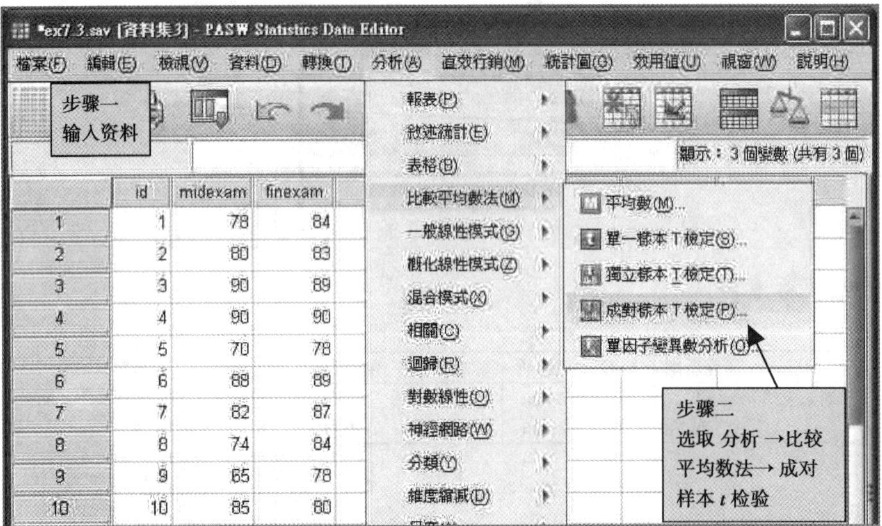

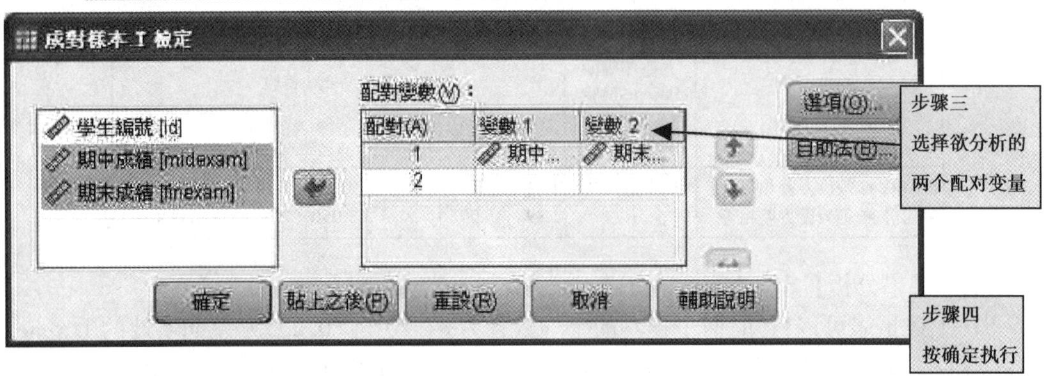

【C. 结果输出】

成对样本统计量

		平均数	个数	标准差	平均数的标准误
成对 1	期中考	80.20	10	8.548	2.703
	期末考	84.20	10	4.517	1.428

描述统计量
可看出样本平均数、标准差、标准误与人数

成对样本相关

		个数	相关	显著性
成对 1	期中考和期末考	10	.822	.004

样本相关
样本之相关系数 = 0.822，p=0.004，达显著

成对样本检验

	成对变量差异					1	自由度	显著性(双尾)
	平均数	标准差	平均数的标准误	差异的 95% 置信区间				
				下界	上界			
成对 1　期中考　期末考	-4.000	5.477	1.732	-7.918	-.082	-2.309	9	.046

t 检验结果
两个平均数的差(-4)，以成对变量来计算得出，除以标准误后得到 t 值，显著性为 0.046，达显著水平

【D.结果分析】

由上述的报表可以得知:两个样本的平均数各为 80.20 与 84.20,两个样本的相关高达 0.822。此一成对样本的检验的 $t_{(9)}$ 值为 -2.31,显著性为 0.046,检验结果达显著,表示这十名学生的两次考试成绩有显著的不同。从样本平均数大小可以看出,学生的期末考成绩(84.2 分)较期中考(80.2 分)为优,显示学生的成绩有进步的趋势。

第八章　平均数的方差分析——ANOVA

第一节　基本概念

在统计学上，平均数检验有多种不同的变形，主要的差别在于类别变量的数目与水平数。当只有一个类别变量存在，且该类别变量是只有两个水平的二分变量时，平均数的差异检验称为双总体平均数检验，适用 Z 或 t 检验。例如比较智商在性别上的差异、两种教学方法的效果、两种生产过程的效率、两个群体的所得差异等。但如果类别变量的内容超过两种水平，统计检验的总体超过两个，亦即研究者所要比较的样本数超过两个，此时一次只能比较两个平均数的 Z 检验或 t 检验即不适用，而需要一种能同时对两个以上的样本平均数差异进行检验的方法，称为**方差分析**(analysis of variance)简称 ANOVA。

方差分析是社会与行为科学最常使用的统计方法之一。同时由于研究设计的差异，方差分析有多种不同的变形，而可以称之为方差家族，如表 8.1。例如，当研究者所使用的自变量只有一个时，称为**单因子方差分析**(oneway ANOVA)，研究者所关心的是一个自变量对于因变量平均数的影响；如果研究者想同时考虑多个类别变量(多个自变量)，同时检测多个平均数的差异，此时即需使用**多因子方差分析**(factorial analysis of variance)。

除了因子数的多寡，由于研究样本有独立样本设计与相关样本设计之分，使得单因子与多因子方差分析，可依样本的独立与相关性再区分为不同的形式。进一步的，有时研究必须针对某一个连续变量进行统计控制，去除第三变量的混淆效果，而需使用**协方差分析**(analysis of covariance)的概念。

而因变量数目的增加，也使得方差分析有不同的应用，称之为**多变量方差分析**(multivariate analysis of variance)，属于多变量统计的一部分。本章先介绍单因子方差分析相关内容(包括事后多重比较与协方差分析)，较复杂的多因子设计的方差分析将于下一章讨论。

表 8.1　方差分析家族一览表

研究设计型态	自变量特性	简　称
单因子设计 ONEWAY ANOVA(Analysis of Variance)		
独立样本设计	1 个自变量	ONEWAY
相关样本设计	1 个自变量	ONEWAY (配对样本或重复量数设计)
相关样本设计	1 个自变量 (具顺序或时间性)	Trend(趋势分析:探讨平均数的变动趋势)
二因子设计 FACTORIAL ANOVA		
完全独立样本设计	2 个自变量独立	2-way ANOVA
完全相关样本设计	2 个自变量相关	2-way ANOVA
相关与独立样本混合设计	1 个自变量独立 1 个自变量相关	2-way ANOVA mixed design(配对样本或重复量数设计)
三因子(或多因子)设计 FACTORIAL ANOVA		
完全独立或相关设计	皆独立或皆相关	3-way ANOVA
相关与独立样本混合设计	多个自变量为独立 1 个自变量为相关	3-way ANOVA mixed design(配对样本或重复量数设计)
协方差设计 ANOCVA(Analysis of Covariance)		
单因子协方差设计 (独立或相关样本)	1 个自变量 1 个或多个共变量	ONEWAY ANOCVA
多因子协方差设计 (完全独立或混合设计)	1 个或多个共变量 多个自变量	FACTORIAL ANOCVA
多重因变量设计 MANOVA(Multivariate Analysis of Variance)		
单因子多变量设计 (独立或相关样本)	1 个自变量	ONEWAY MANOVA
多因子多变量设计 (完全独立或混合设计)	多个自变量	FACTORIAL MANOVA
单因子多变量协方差设计 (独立或相关样本)	1 个自变量 1 个或多个共变量	ONEWAY MANOVA with covariates
多因子多变量协方差设计 (完全独立或混合设计)	多个自变量 1 个或多个共变量	FACTORIAL MANOVA with covariates

★研究实例

现在我们以一个实际的例子来说明 ANOVA 的分析。某运动心理学家忧心现代人运动不足且作息不正常的情形,将对于身体健康有相当的不良影响,想要推广运动有助于睡眠的概念,因此设计了一个研究,探讨运动量的多寡对于人们睡眠的影响。他征召了 36 个大学生参加实验,这 36 个学生被随机分到重、中、轻度运动量的三个组别。并计算一个星期晚上的睡眠的平均时间,如表 8.2。

表 8.2　运动量对睡眠影响假设研究数据

轻度组		中度组		重度组	
6.5	7.1	7.4	7.4	8.0	8.2
7.3	7.9	6.8	8.1	7.7	8.5
6.6	8.2	6.7	8.2	7.1	9.5
7.4	7.7	7.3	8.0	7.6	8.7
7.2	7.5	7.6	7.6	6.6	9.6
6.8	7.6	7.4	8.0	7.2	9.4
$\overline{Y}_1 = \sum X_{1j}/n_1 = 7.32$		$\overline{Y}_2 = \sum X_{2j}/n_2 = 7.54$		$\overline{Y}_3 = \sum X_{3j}/n_3 = 8.18$	
$\overline{Y}_G = \sum X_{ij}/N = 7.68$					

此范例是一个典型的单因子设计实验，自变量为运动量，含有三个水平(重、中、轻)。从 36 个同学的原始数据中，可以计算出四个平均数，即三个组平均数 $\overline{Y}_1$、$\overline{Y}_2$、$\overline{Y}_3$ 与一个**总平均数**(grand mean，以 $\overline{Y}_G$ 表示)。方差分析所要检验的，就是这三个组平均数是否具有显著的差异。如果是显著的差异，那么这位体育心理学家的呼吁便有实证的依据。虚无假设为："重、中、轻三种不同运动量的受测者，其睡眠时间相同"，或 $H_0:\mu_1=\mu_2=\mu_3$。

第二节　方差分析的统计原理

一、基本原理

平均数假设检验的操作系根据样本的统计数，来推定总体平均数之间是否有显著的差异。前面提到的 Z 检验与 t 检验虽可比较两个平均数的差异，但是无法处理三个或三个以上平均数的比较。当我们有三个以上的平均数需比较时，可计算这些平均数的方差，然后利用 F 检验来检验该"平均数的方差"的统计显著性，此即为方差分析。

如果不是采用方差分析，而以最直观的方法将各平均数进行两两比较，分别进行多次 t 检验，会有两个重大的问题。第一是型一误差膨胀问题，因为进行多次检验，研究者犯下错误推翻虚无假设的概率(型一错误；type Ⅰ error)也就倍增，如果单一的 t 检验的显著水平 α 设为 5%，三次比较的型一错误概率即跃升至 15%。

其次，使用多次 t 检验来检验三个以上平均数的差异的缺失，是忽视多个平均数**整体效果**(overall effect)的检验。虽然三个样本平均数代表三个可能存在的总体，但是在对立假设(三个样本平均数代表三个不同总体的确存在 $H_1:\mu_1\neq\mu_2\neq\mu_3$)的显著性被证明之前，我们应相信三个不同的水平所测得的三个平均数来自同一个总体($H_0:\mu_1=\mu_2=\mu_3$)。一个类别变量的三个样本平均数，代表该类别变量的三个不同水平，三个不同水平的整体效果称为**主要效果**(main effect)，分析时不应被切割比较。但是一旦主要效果的整体效果检验被证明具有显著差异，才可进一步针对不同水平的两两配对关系，进行细部的讨论，也就是所谓事后比较的概念。

二、方差的计算与拆解

方差分析的目的是同时处理多个平均数的比较，主要的原理是将全体样本在因变量的得分的变异情形，分成“导因于自变量影响的变异”与“导因于误差的变异”两个部分加以分别计算。将总离散量数拆解成自变量效果(组间效果)与误差效果两个部分，再加以比较。

就各组而言，每一个受测者在因变量的得分可以写为该组平均数 $\overline{Y}_j$ 加上一个个别差异 ε_{ij}(即为误差)。误差项 ε_{ij}服从正态分布(平均数为0，方差为 σ^2。下标 i 表示组内的人数编号，$i=1,\cdots,n$，下标 j 表示组别编号，$j=1,\cdots,k$)，以线性方程式描述如公式8.1。

$$Y_{ij} = \overline{Y}_j + \varepsilon_{ij} = \overline{Y}_G + (\overline{Y}_j - \overline{Y}_G) + \varepsilon_{ij} = \mu + \alpha_j + \varepsilon_{ij} \quad (8.1)$$

上式中的 μ 即是总平均数，α_j 为各组与总平均数的差异，表示各组平均数偏离总平均数的程度，α_j 为正时表示组平均数强于总平均数，α_j 为负时表示组平均数低于总平均数，α_j 总和为($\sum \alpha_j = 0$)。但如果各组的 α_j 取平方后加总(亦即离均差平方和)，即可用来表示自变量对因变量的影响大小。

以三种运动量(重、中、轻)对大学生睡眠时数的影响为例，运动量(自变量A)的三个样本所计算出的平均数($\overline{Y}_1$、$\overline{Y}_2$、$\overline{Y}_3$)是实验者最关心的差异所在，利用离均差平方和(SS)的概念，这 $\overline{Y}_1$、$\overline{Y}_2$、$\overline{Y}_3$ 三个数值可计算出组间平均数离均差平方和 SS_b。各项离均差平方和与自由度如下：

$$SS_b = \sum n_i(\overline{Y}_i - \overline{Y}_G)^2, df_b = k - 1(k\text{ 为水平数}) \quad (8.2)$$

$$SS_w = \sum (Y_i - \overline{Y}_i)^2, df_w = N - k(N\text{ 为总样本数}) \quad (8.3)$$

$$SS_t = \sum (Y_i - \overline{Y}_G)^2, df_t = N - 1 \quad (8.4)$$

值得注意的是，由于 $\overline{Y}_1$、$\overline{Y}_2$、$\overline{Y}_3$ 三个数值是样本平均数，每一个平均数实际上是由该样本所有的被试计算而得，因此 SS_b 的计算公式应将各组样本 h_j 加权，得到正确的 SS_b(公式8.2)。其值大小代表实验效果。

同一组的被试之间在睡眠时数的差异或离散情况，反映的是随机波动的误差。也就是说，每一个实验组内被试分数的离散分布，并未受到类别变量(自变量)的影响，纯粹是随机误差，以公式(8.3)加总后，即为组内离均差和(SS_w)。

此外，如果直接将36个学生(全体被试)的分数与总平均数的距离平方来计算离散量数，可以得到全体样本的总离均差平方和(SS_t)，如公式(8.4)。这三组离散量数的关系为：总离均差平方和 = 组间离均差平方和 + 组内离均差平方和。以符号表示如下：

$$SS_t = SS_b + SS_w \qquad df_t = df_b + df_w$$

若将 SS_b 与 SS_w 分别除以自由度，得到均方 MS_b 与 MS_w，两者比值称为 F 比率，其抽样分布为 F 分布，利用 F 分布所进行的检验称之为 F 检验。

F 分布最早由 Fisher 于1924年推导得出，后于1934年 Snedecor 将此比值分布定名为 Fisher 的缩写 F 分布以推崇其贡献。F 量数是由自由度分别为 v_1 与 v_2 的两个卡方变量之比值，以 $F(v_1,v_2)$ 表示，当自由度小时，F 分布呈现正偏态，自由度越大，越接近正态分布，如图8.1所示。事实上，SS 除以自由度所得到的均方值即是方差。s_b^2 为组间方差，s_w^2 为误差方差，F 值即是组间方差与误差方差的比值。

$$F = \frac{MS_b}{MS_w} = \frac{SS_b/df_b}{SS_w/df_w} = \frac{\hat{\sigma}_b^2}{\hat{\sigma}_w^2} = \frac{s_b^2}{s_w^2} \quad (8.5)$$

F 值越大，表示研究者关心的组平均数的分散情形较误差方差来得大，若大于研究者设定的临界值，研究者即可获得拒绝虚无假设、接受对立假设的结论。上述各项公式

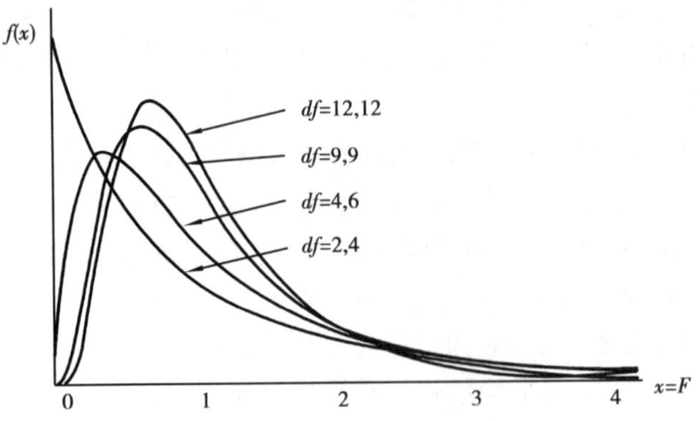

图 8.1　不同自由度的 F 分布图示

的数值,列举于表 8.3 的摘要表中。

表 8.3　独立样本单因子方差分析摘要表格式

变异来源	SS	df	MS	F
组间	SS_b	$k-1$	SS_b/df_b	MS_b/MS_w
组内(误差)	SS_w	$N-k$	SS_w/df_w	
全体	SS_t	$N-1$		

以运动量的研究为例,以 SPSS 执行得到方差分析结果如摘要表 8.4。总变异量(21.042)为组间方差(4.754)与组内方差(16.288)的和,自由度各为 2 与 33,转换成均方和后,取组间与组内的比值得到 $F=4.816$,显著性 $p=0.015$ 小于 0.05,表示 F 值达显著。因此得到拒绝虚无假设的结论,也就是说,体育心理学家的立论有了实验的具体依据了。

表 8.4　单因子方差分析摘要范例

	平方和	自由度	平均平方和	F 检验	显著性
组间	4.754	2	2.377	4.816	.015
组内	16.288	33	.494		
总和	21.042	35			

三、相关样本的方差分析

上节中,36 个学生被随机分配到三个实验组,每一个实验组的学生都是不同的,也就是说,自变量的三个不同类别(或水平)的分数,由不同的样本来求得,称为独立样本设计。如果三个类别的分数,由同一群样本(重复量数设计)或是具有配对关系的样本(配对样本设计)来计算,每一个分数的变异来源,除了因为自变量的效果(组间)以及随机误差的效果(组内),增加了一项由于被试重复使用或配对使用产生的个别差异误差效果(被试间),称为相关样本设计。

以本研究为例,如果体育心理学家为了节省被试,只找了 12 个学生,这 12 个学生第一阶段先以轻运动量来实验,测量睡眠时间,再进行第二阶段的中运动量实验,得到第二次睡眠时数,以及第三阶段的重度运动量活动,测得第三次的睡眠时数。同一组人实施了三次测量，为一典型的重复量数设计。

12 位学生可以得到 12 个平均数，这 12 个平均数的波动，属于一种特殊的波动，应是与组内方差有关，而与组间平均数的变动无关。也就是说组内方差中，除了随机误差之外，还存在一个因某特定个人或特定配对实施多次测量产生的系统性误差，$SS_w = SS_{b.subject} + SS_r$。组内自由度为 $df_w = pk - k = df_{b.subject} + df_r$。其中 p 为被试人数；$p \times k$ 为总观察次数。相关样本的总离均差拆解公式为 $SS_t = SS_b + SS_{b.subject} + SS_r$，方差分析摘要表如表 8.5。

表 8.5　相关样本单因子方差分析摘要表

变异来源	SS	df	MS	F
组间	SS_b	$k-1$	SS_b/df_b	MS_b/MS_r
组内（误差）	SS_w	$pk-k$		
被试间	$SS_{b.subject}$	$p-1$		
残差	SS_r	$(p-1)(k-1)$	SS_r/df_r	
全体	SS_t	$pk-1$		

第三节　ANOVA 的基本假设与相关问题

由本章的介绍可知，方差分析的统计原理以因变量的变异量拆解为核心，因此 ANOVA 的正确应用涉及几个基本的统计假设。

一、方差分析的重要假设

（一）正态性假设

ANOVA 与 t 检验一样，因变量都是连续变量，因此 ANOVA 也必须在因变量呈现正态化的前提下来进行检验。更具体来说，方差分析是将因变量的变异拆解成组间与组内变异，组间变异反映的是自变量效果，在特定的实验中为一恒定值，因此没有分布可言，但是组内变异反映了误差，是一个随机变量，其分布应为以 0 为平均数的正态分布，如果误差项需为正态的假设，即表示因变量也需为正态分布。如果正态假设违反，最直接的影响是第一类型错误率会扩增，此时宜将 α 调整得更为严格，以避免过高的第一类型错误。

（二）可加性假设

ANOVA 的另一个基本假设是方差的拆解必须是在一个合理的基础上来进行，也就是各拆解项具有独立、直交的特性，因此可以进行加减乘除四则运算，称为**可加性假设**（additivity）。在多因子方差分析中，各效果项之间未必是完全独立的，而带有若干的相互关联，也因此衍生出型Ⅰ、Ⅱ、Ⅲ、Ⅳ平方和的概念，以处理可加性问题，因此在处理多因子方差分析时，需注意可加性问题的影响。

（三）方差同质性假设

ANOVA 与 t 检验相似，目的在比较不同样本的平均数差异，每一个正态化样本的平均数要能够相互比较,必须具有相似的离散状况,也就是总体的方差必须具有同质性,称为**方差同质性假设**(homogeneity of variance)或**等分散性假设**(齐性假设,homoscedasticity)。如果各个样本的方差不同质,表示各个样本在平均数差异之外,另外存有非随机的变异来源,致使方差呈现不同质的情况。各组的方差必须相近,如此才能确保平均数的差异,是反映了各组本质上类似但平均数不同的样本集中趋势状态的差异。方差同质性假设若不能成立,会使得平均数的比较存有混淆因素。

二、实验、族系与比较错误率

在统计检验中,第一类型错误概率的设定,可以区分为实验、族系与比较三种类型。所谓**实验误差率**(experiment-wise error rate;EWE),是指统计的决策,是在整个实验的型Ⅰ错误率维持一定(例如0.05)的情况下,导出各次决策所犯的型Ⅰ错误的概率。其次,**族系误差率**(familywise error rate; FWE)则是将每一个被检验的效果(例如主要效果、交互效果)的统计检验的型Ⅰ错误率维持一定,导出各次决策所犯的型Ⅰ错误率。至于**比较错误率**(comparison-wise error rate),则是将型Ⅰ错误率设定于每一次的统计检验,均有相同的犯第一类型错误的概率。ANOVA优于t检验之处,即是ANOVA采用实验错误率或族系错误率来进行统计检验,确保型Ⅰ错误率能维持在一定水平。相比之下,多次的t检验则是以比较错误率为基础的统计检验。

当使用实验或族系错误率时,为了维持整体的α水平为0.05,必须降低各次检验的α水平。如果今天只有一个自变量的单因子ANOVA,实验错误率与族系错误率的计算方法相同,因为只有一个因子,整个实验所发生的差异即是该因子族系的差异。但如果是多因子ANOVA,一次实验只有一个实验型Ⅰ错误率,但是却有多组族系错误率的计算方法。例如一个A×B的二因子ANOVA,即有A、B、A×B三组族系错误率,在三组效果之下所进行的多重比较,即必须以族系错误率来设定每一次比较的α水平。例如一个四个水平的主要效果F检验显著之后,即必须进行$C_2^4=6$次的配对比较,此时,计算特定族系错误率α_{FW}之下各次检验的α水平的公式如下:

$$\alpha_{FW}=1-(1-\alpha)^j \tag{8.6}$$

上式中,j为进行比较的次数,α为单一检验的α水平。如果一个实验需进行10次多重比较,整个族系的显著水平要维持在0.05,那么单一比较的显著水平α即为$0.05=1-(1-\alpha)^{10}$,$\alpha=0.0051$。另一种快速算法是将α_{FW}水平除以比较次数j,$\alpha=\alpha_{FW}/j=0.05/10=0.005$,得到的数值会近似于前述公式的数据(称为Bonferroni程序)。

三、实务显著性:效果量

效果量(effect size)是指自变量对因变量的影响力强度。在方差分析当中,F检验作为一个整体检验,目的是检验自变量效果的**统计显著性**(statistical significance),也就是基于概率理论的观点,说明自变量效果相对于随机变化的一种统计意义的检验。然而,F检验虽可决定自变量的统计意义,但是却无法说明自变量效果在实务上的意义与价值。此时,即需仰赖效果量来反映自变量效果在真实世界的强度意义,亦即一种**实务显著性**(practical significance)或**临床显著性**(clinical significance)的指标。

最直观的效果量指标,是取平均数的差异量。平均数间差异越大,表示自变量的强度越强,称为D量数(Cohen,1988):

$$D = \frac{\mu_1 - \mu_2}{\sigma_\varepsilon} \tag{8.7}$$

当组数大于 2 时,可使用 ω^2(omega squared)量数来描述自变量的效果强度。ω^2 量数为组间变异与总变异的比值,表示因变量变异量能被自变量解释的百分比,亦即自变量与因变量的关联强度。

$$\omega^2 = \frac{\sigma_\alpha^2}{\sigma_\alpha^2 + \sigma_\varepsilon^2} \tag{8.8}$$

ω^2 数值介于 0 到 1 之间,越接近 1 表示关联越强,但是 ω^2 数值分布是一个以 0.05 到0.06为众数的正偏态分布,ω^2 达到 0.1 以上者,即属于高强度的自变量效果,一般期刊上所发表的实证论文的 ω^2,也多仅在 0.06 左右。Cohen(1988)建议下列的判断准则:

$0.059 > \omega^2 \geqslant 0.01$ 低度关联强度

$0.138 > \omega^2 \geqslant 0.059$ 中度关联强度

$\omega^2 \geqslant 0.138$ 高度关联强度

SPSS 软件所提供的效果量为 η^2(eta square)量数,从计算式来看,η^2 即是回归分析当中的 R^2,除了作为 X 对 Y 解释强度的指标外,经常也被视为效果量的指标。公式如下:

$$\hat{\eta}^2 = \frac{SS_b}{SS_t} \tag{8.9}$$

在 SPSS 软件中,以一般线性模式所计算得到的 ANOVA 分析结果,可以输出关联强度,称为净 η^2(partial η^2),在单因子 ANOVA 中,净 η^2 并没有任何的排除程序,但是在多因子 ANOVA,净 η^2 表示扣除了其他效果项的影响后的关联强度量数。根据 Cohen(1988),η^2 的判断准则与 ω^2 相同:

$0.059 > \eta^2 \geqslant 0.01$ 低度关联强度

$0.138 > \eta^2 \geqslant 0.059$ 中度关联强度

$\eta^2 \geqslant 0.138$ 高度关联强度

四、型Ⅰ至Ⅳ平方和问题

在多因子方差分析中,因变量的总变异量被拆解成组间(SS_b)与组内(SS_w)两大部分,SS_b 又可区分为不同因子的效果与交互效果,例如 A 与 B 两个因子,SS_b则可区分成 SS_A、SS_B与 SS_{AB},这三个部分并非直交、相互独立的元素,因此在计算 SS 的数值时,因为考虑了相互关联、或是各组人数是否相等的问题,区分成型Ⅰ到型Ⅳ四种模式。在单因子 ANOVA,四种 SS 并无差异,但是当 ANOVA 趋于复杂时(例如 ANCOVA),不同形式的 SS 差异可能对检验结果造成影响,值得注意。(在 SAS 软件中,四种 SS 均会列出给读者参考,但是 SPSS 则是以型Ⅲ平方和为默认选项。不查此一设定者,往往以型Ⅲ平方和来进行检验,可能会造成错误的结论。)

(一)型Ⅰ平方和

型Ⅰ平方和(SS-1)是以**阶层化拆解**(hierarchical decomposition)原理来计算 SS,每一个变异源的 SS 在计算时,会针对模型中已存在的其他变异源而加以调整。因此,最早进入模型的变异源,不因任何其他变异源而有调整,因为模型中仅有该项变异源。后续进入模型的变异源,则会排除先进入模型的效应,得到**净平方和**(partial sum of square),亦即一种边际影响力。一般应用于像协方差分析(ANCOVA)、多项式回归模型、**纯嵌套模型**(purely nested model)等。

(二)型Ⅱ平方和

型Ⅱ平方和(SS-2)是指当某一个变异源的 *SS* 在计算时,调整了模型当中其他与该变异源无关联的变异源的关系。例如在三因子分析中,SS_A 的计算系排除了 SS_{AB}、SS_{AC} 与 SS_{ABC} 以外的其他变异源的关系。然而型Ⅱ平方和并不适合处理多因子 ANOVA,当因子数越多,各层次的效应相互关系复杂,以 SS-2 处理效应关系时,排除后的效果不易解释。因此 SS-2 仅适用于只有主要效果(没有交互效果)的方差分析模型中。SS-2 可以让研究者得知某一个变异源在排除所有效应后的净效果,在特殊情况下可以使用之,例如特殊的嵌套模型。

(三)型Ⅲ平方和

型Ⅲ平方和(SS-3)是最常用的平方和公式,也是 SPSS 默认的公式。型Ⅲ平方和指当某一个变异源的 *SS* 在计算时,调整了它与模型当中其他所有变异源的关系,可以说是最严格的控制关系。也因此,适用于型Ⅰ与型Ⅱ的研究设计,可以利用 SS-3 得到最大排除效果的结果,得到的 *SS* 值通常会最低。适合对于各组人数不等时的不平衡 ANOVA 分析,可以将各单元格人数差异的影响降至最低,因此在实务上,ANOVA 多以 SS-3 来处理平方和的估计。换句话说,SS-3 可以将各变异源的影响力中,由于样本不同的干扰加以排除,是一种加权调整的作用,在解释效应时的合理性较高。尤其是非实验设计的 ANOVA,单元格样本数多不相等,应以 SS-3 来进行方差的估计。

(四)型Ⅳ平方和

型Ⅳ平方和(SS-4)的特色是可以适用于当 ANOVA 中存在着**遗漏单元格**(空白单元格)(missing cells)的情况下。所谓遗漏单元格的问题,是指多因子交互影响的各单元格中,有某一个单元格完全没有数据时,会造成变异量计算的缺失值。在多因子方差分析时,容易发生此一现象,因为因子数越多,单元格越多,越可能产生空白单元格。当发生了遗漏单元格时,以型Ⅰ、Ⅱ、Ⅲ来计算 *SS* 会产生低估的现象。在遗漏单元格发生时,SS-4 可以估计遗漏单元格的影响,其原理是利用遗漏以外的单元格的对比加以估计,然后平均分布到较高阶变异源,使得其他未遗漏单元格的变异源得以补入 *SS* 当中,进行估计时较为合理。在没有遗漏单元格时,SS-4 等于 SS-3。

第四节　多重比较:事前与事后检验

当方差分析 *F* 检验值达显著水平,即推翻了平均数相等的虚无假设,也就是表示至少有两组平均数之间有显著差异存在。但是究竟是哪几个平均数之间显著有所不同,必须进一步进行**多重比较**(multiple comparison)来检验。如果多重比较在 *F* 检验之前进行,称为**事前比较**(priori comparisons),在获得显著的 *F* 值之后所进行的多重比较,称为**事后比较**(posteriori comparisons)。多重比较的进行有多种不同的方式,每一种方法的时机与特性均有所不同。SPSS 视窗版提供了方差同质与不同质情况下的两大类型多重比较技术，方法的选择需视不同的统计条件而定。

一、事前比较

事前比较又称为**计划比较**(planned comparison)，是指在进行研究之前，研究者即基于理论的推理或个人特定的需求，事先另行建立研究假设，以便能够进行特定的两两样本平均数的检验，而不去理会所有平均数整体性的比较。因此，事前比较所处理的是个别比较的假设检验，在显著水平的处理上，属于比较面显著水平，而不需考虑实验面的显著水平。

事实上，事前比较即是应用 t 检验，针对特定的水平，进行平均数差异检验。除了在研究进行之初即应先行提出特殊的研究假设，在统计软件中可以利用对比(contrast)，设定特殊的线性组合模式，来检验特定因子水平平均数之间的差异。但是由于执行多次比较会增加型一误差的概率，因此当比较次数增加时，型一错误率必须采用更严格的标准。一般做法是将 α/k，α 为研究者想要维持的总体型一错误率(族系错误率)，k 为比较次数，如此将可使得整体的型一错误率维持在 α 水平。如果是双尾 t 检验，作为双尾临界值的 $t_{\alpha/2}$ 改为 $t_{\alpha/2k}$ 即可，此一多重比较策略称为 Bonferroni 多重比较。

另一种常用于事前比较的程序是 Holm 多重比较，其做法是将 k 次比较得到的 t 值依其绝对值大小排列，逐一检视其显著性。t 值绝对值最大者以 $t_{\alpha/2k}$ 临界值为显著与否的比较基准，t 值绝对值次大者以 $t_{\alpha/[2(k-1)]}$ 临界值为比较基准，依此类推。Holm 和 Bonferroni 程序都将犯族系错误率的机会控制在 α 水平，但 Holm 程序采用相对宽松的临界值，较 Bonferroni 程序容易拒绝虚无假设，统计检验力较佳。

二、事后比较

(一)未违反方差同质假定的多重比较

1. LSD 法

多重比较多运用**差距检验法**(Studentized Range Test)原理进行。从其字面来看，即知与 t 检验原理类似，以平均数差异的检验为主要策略，此法为 Fisher 所发展，又称为**最小显著差异法**(Least significant difference; LSD)。检验公式如下，自由度为$(N\text{-}p)$：

$$t=\frac{\overline{Y}_j-\overline{Y}_k}{\sqrt{s_p^2\left(\frac{1}{n_j}+\frac{1}{n_k}\right)}}=\frac{\overline{Y}_j-\overline{Y}_k}{\sqrt{MS_w\left(\frac{1}{n_j}+\frac{1}{n_k}\right)}} \tag{8.10}$$

由公式 8.10 可知，LSD 法是把 F 检验的变异误差作为分母项，纳入所有水平下的合成误差，而不是像双样本 t 检验仅考虑两个组的误差。

换句话说，t 检验的合成标准误改由 F 检验的组内均方和代替，这是假设各组方差均同质的情况下的估计数，因此，LSD 法又称为 **Fisher 担保 t 检验**(Fisher's protected t-test)，表示 t 检验是在 F 检验达到显著之后所进行的后续检验，同时也在 F 检验的误差估计下进行。

然而，LSD 法在变异误的估计上虽作了处理，但存在一个缺点，即并没有因为是多次的比较而调整检验的观察显著水平(p),因此可以说是较为粗糙的多重比较程序。

2. HSD 法

Tukey 首先提出了在正态性、同质性假设成立时,各组人数相等的一种以族系误差率的控制为原则的多重比较程序,称为**诚实显著差异**(Honestly Significant Difference)。所谓诚实,就是凸显了 LSD 法中没有考虑到的实验与族系面误差的问题,暗指 Fisher 的检验有欺骗之嫌。其后 Kramer 则将 Tukey 的方法加以延伸至各组样本数不相等的情况下,由于原理相同,故合称为 Tukey-Kramer 法。Tukey 与 Kramer 的计算原理是以 Q 分数来进行,当两组样本相等时,分母即为 MS_w 除以组样本数 n。当 Q_{obt} 显著时,即表示两个平均数具有显著差异。

$$Q = \frac{\bar{Y}_j - \bar{Y}_k}{\sqrt{\frac{MS_w}{2}\left(\frac{1}{n_j} + \frac{1}{n_k}\right)}} \tag{8.11}$$

Q 分数所形成的分布,称为 Q 分布,其概率分布变化与 t 分布相似,但是 Q 分布形状不仅随自由度改变而改变,亦会随平均数个数的不同而改变。HSD 值由于参考了 Q 分布,因此可以将第一类型错误以实验面误差概率处理,但是代价是检验力降低。以 HSD 法所得到的显著性,会比没有考虑型 I 错误膨胀问题的检验方法来得高(例如如果比较次数为三次,HSD 的 p 值会是 LSD 法的三倍),不容易拒绝 H_0。

3. Newman-Keuls 法(N-K 法)

Newman 和 Keuls 发展出一种与 HSD 法相似的检验程序,唯一不同的是临界值的使用,N-K 法考虑相比较的两个平均数在排列次序中相差的层级数 r(the number of steps between ordered mean),作为自由度的依据,而非 HSD 的平均数个数 k。由于此法也是利用 t 检验原理,因此在 SPSS 中称为 S-N-K 法(Student-Newman-Keuls 法)。

S-N-K 法对于每一组平均数的配对比较,基于层级数的不同,临界值即不同,其事后比较的原则是在维系每一组个别比较第一类型错误的一致,也就是比较面错误的策略。在 LSD 与 HSD 法中,临界值只有一个,同时也是 S-N-K 法下数个临界值中最大者(层级数 r 最大者为 k),但是 N-K 法的临界值则有多个,因此 HSD 法对于平均数配对差异检验较 N-K 法严格,不容易拒绝 H_0,导致统计检验力较弱。

4. 雪费法(Scheffe's methed)

前面几种方法均适用于每一组样本人数相同时,但是当各组人数不相等时,每次比较的检验力则有所不同,导致不显著的统计结果可能不是因为平均数差异不够大,而是检验力不足所造成,因此,多重比较必须能够针对各组人数不同的情况加以处理。

雪费法与其他多重比较方法不同的是,雪费提出以 F 检验为基础的 n 不相等的多重比较技术。由于直接采用 F 检验,因此 Scheffe 法无须其他的查表程序,使用上非常方便,因此广为使用。公式如下:

$$F = \frac{\frac{(\bar{Y}_j - \bar{Y}_k)^2}{p-1}}{MS_{\text{within}}\left(\frac{1}{n_j} + \frac{1}{n_k}\right)} \tag{8.12}$$

此法对分布正态性与方差一致性两项假定的违反颇不敏感，且所犯第一类型错误概率较小。可以说是各种方法中最严格、检验力最低的一种多重比较。Cohen(1996)甚至认为 Scheffe 执行前不一定要执行 F 整体检验，因为如果 F 检验不显著，Scheffe 检验亦不会显著，但是如果 F 整体检验显著，那么 Scheffe 检验则可以协助研究者寻找出整体检验下的各种组合效果。更具体来说，Scheffe 检验的显著水平被设计成可以检验组别平均的每一种线性组合，从最简单到最复杂的比较模式，样本人数相等或不等均可，所以 Scheffe 检验可以广泛地适用于成对比较以及各种复杂比较。但是，如果只是想要进行单纯的两两配对比较，Cohen(1996)建议直接采用 HSD 法，也可以得到同样严谨的检验结果。

(二)违反方差同质假定的多重比较

1. Dunnett's T3 法

样本数不同最可能的影响是造成违反方差同质假设，此时可以采用 Dunnett(1980)的 T3 法来处理。Dunnett's T3 法的特性是调整临界值来达成族系与实验面的错误概率，把第一类错误概率控制在一定的水平下。若 s_j^2 表示有 n_j 个人的第 j 组方差，q_j 表示各平均数变异误估计数：

$$q_j = \frac{s_j^2}{n_j} \tag{8.13}$$

任意两组平均数相比时(例如 j 与 k 相比)，必须另行计算自由度，然后进行近似于 t 检验的 W 检验(Welch test)，查表(Studentized maximum modulus distribution)后即可决定临界值(c)，决定假设是否成立，在此不予详述。

2. Games-Howell 法

Games 与 Howell(1976)提出一个类似的方法，也是计算出调整自由度 $\hat{v}_{jk}$ 后，直接与查自于 Studentized range distribution 的 q_{cv} 临界值相比，来决定显著性。当各组人数大于 50 时，Games-Howell 法所求出的概率估计会较 T3 法正确，类似于 Dunnett 另外提出的 C 法。

$$\frac{|\bar{Y}_j - \bar{Y}_k|}{\sqrt{\frac{1}{2}(q_j + q_k)}} \geqslant q_{cv} \tag{8.14}$$

值得注意的是，ANOVA 在各组方差不同质，也就是违反方差同质性假设时，并不会对 F 检验进行校正，此时需采用校正程序来进行各平均数的事后比较，才能处理方差不同质所造成的对平均数比较的影响，此时建议可使用 Dunnett 的 T3 法。

第五节　协方差分析

一、控制的概念

一个研究的成败，取决于该研究是否有效检测了变量之间所存在的关系。变量关系的检验，除了具体明确的界定与陈述其关联或因果特定关系之外，常取决于研究者是否能够控制其他无关的干扰变量，减少分析过程的混淆因素。为了达到有效控制的目的，可以从研究设计着手,在抽样过程尽可能随机化,使研究程序标准化等,此种**过程控制**(procedural control)的策略,可以间接防止混淆因素的作用。但另一种积极的策略,则是在研究过程中,针对有可能造成干扰的变量加以测量,再利用实验设计的操作与统计的方法,将该因素的效果以“自变量”的角色纳入分析。此种策略的原理是**实验控制**(experimental control),多出现在实验研究中,用以确保实验操作的单纯化效果。

实验控制的操作,是将控制变量与自变量共处一室,去讨论与因变量的关系,也就是一种多因子设计研究。作为控制变量的因子,是以**分层变量**(strafication variable)的角色,与其他自变量(因子)一起纳入平均数方差检验;或以重复量数设计法,将控制变量在不同时段(如实验前后)各测量一次,作为控制项处理,进而观察主要效果与交互效果的变化。这些多因子方差分析设计,除了分析难度较高,解释过程繁杂,尚有控制变量必须为连续变量、各组人数必须相等或成特定比例等各种限制。更进一步的,以重复量数设计,前面的实验处理(treatment)会对后面的实验处理发生影响(或前测分数对后测分数有影响),有其操作上的疑义,以配对样本来代替重复量数设计时,避免重复测量的影响,但是使用不同的样本,研究数据又失之精确,应用范围有限。于是在统计学领域,为了处理干扰变量的影响,发展出**协方差分析法**(analysis of covariance;简称 ANCOVA),以数学原理进行统计控制(statistical control),来处理控制变量与其他自变量共同影响因变量的情形。

二、连续变量作为协方差

协方差分析是方差分析家族中的一员,其数学原理是将一个典型的方差分析中的各个量数,加入一个或多个连续性的协方差(即控制变量),以控制变量与因变量间的共变为基础,进行“调整”(correction),得到排除控制变量影响的单纯(pure)统计量。所谓单纯,是指自变量与因变量的关系,因为先行去除控制变量与因变量的共变,因而不再存有该控制变量的影响,单纯地反映研究所关心的自变量与因变量关系。

在实验研究中,协方差分析多用于具有前后测设计的研究中。由前测(pretest)所测得变量可以作为控制变量,因变量则为实验之后针对同一个变量再次测量所得到的后测(post-test)分数。值得注意的是,控制变量大多比较稳定,不易受到实验操纵的影响(例如,智商、社会经济地位等),因此控制变量的测量是否必须在实验前完成,可否随着研究的方便性在研究进行中或完成后进行测量或收集,研究者并无定论,必须视个别研究的情况而定。

三、协方差分析的原理

(一)回归的应用

两个连续变量可以计算协方差(covariance),协方差可以进一步转换成相关系数,并以回归技术建立回归方程式来进行预测。协方差分析即是以回归的原理,将控制变量以预测变量处理,计算因变量被该预测变量解释的比率。当因变量的变异量可以被控制变量解释的部分被计算出来后,剩余的因变量的变异即排除了控制变量的影响,而完全归因于自变量效果(实验处理)。

$$Y_{ij} = \mu + \alpha_j + \beta_j(X_{ij} - \bar{X}_{..}) + \varepsilon_{ij} \tag{8.15}$$

上式中，可以很清楚地看到协方差分析与方差分析最主要的差异在于增加了一项代表协方差的作用项 $\beta_j(X_{ij}-\bar{X}_{..})$，其中 β_j 称为**组内回归系数**（within groups regression coefficient），代表各组的 $X\rightarrow Y$ 的回归系数，由样本推导得出的估计数以 $\hat{\beta}_j$ 表示。如果自变量有 k 组，就有 k 个回归系数，在 ANCOVA 中，各组回归系数应具有同质性。

（二）误差变异的调整

假设有两班学生，其中一班接受实验操纵（生涯辅导），为实验组；另一班未接受任何辅导，为对照组。实验因变量是学生们生涯目标的明确性，两班平均数分别为 $\bar{Y}_1$（实验组）与 $\bar{Y}_2$（对照组），方差为 S_1^2 与 S_2^2。由于学业成绩是影响实验数据分析的混淆因子，因此可将学业成绩以协方差（X）处理。假设两组学生在学业成绩上有相同的平均数与方差，且两组学生的 X 与 Y 变量的线性关联强度相当，两组学生的 X 与 Y 线性方程式有相同的斜率（$b_1=b_2$），那么协方差（X 轴）与因变量（Y 轴）的关系，以及实验组与对照组的数据关系可以图 8.2 表示之。此时，纵轴为因变量分布，称为**边际分布**（marginal distribution），X 与 Y 平面中的共变称为**条件分布**（conditional distributions），表示不同的 X 水平下的 Y 变量的分布。

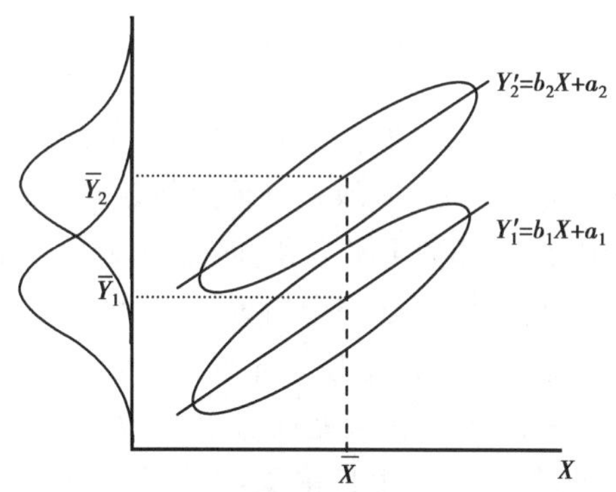

图 8.2　协方差分析的变量关系概念图

在协方差分析中，被用来进行分析的是条件分布，传统的 ANOVA 则是边际分布。条件分布说明了 X 与 Y 的关系，两条个别回归方程式代表不同自变量水平下的 X 与 Y 的关系。从时间先后来看，协方差分析先处理的是因变量与协方差的关系，其次才是自变量的作用。

在方差分析当中，作为误差变异的是各组的组内变异总和，也就是 Y 轴上代表两组的两个边际分布的变异和。然而在协方差分析中，由于 Y 变量变异被 X 所解释，当 X 与 Y 的关系越强，Y 变异被解释的部分越大，残差越小。而残差就是图 8.2 当中条件分布的面积，即协方差，代表 X 对 Y 无法解释的变量变异，也就是说，误差变异为各条件分布中 X 与 Y 协方差和（图 8.2 的椭圆面积和）。从数学上来看，各水平下的 X 与 Y 协方差和会小于 Y 变量方差和，当 X 与 Y 变量的相关越高，椭圆部分面积和越小，误差变异越小，当两者为完全相关 $r=1.00$ 时，误差变异为 0，显示 ANCOVA 可以减低误差变异。

当以 X 与 Y 的共变关系来进行分析时，也就是以两条回归方程式来取代原先的两组 Y 变量分数的变动关系，若两条回归方程式的斜率相同，则两组的集中趋势的差距（$\bar{Y}_1-\bar{Y}_2$）则无改变，即为两条回归方程式的截距的差（a_1-a_2）。由此可知，在各假设成立的前提下（例如各组的斜率相等），图 8.2 所表现的协方差分析中，自变量对于 Y 变量的作用

程度 $\overline{Y}_1 - \overline{Y}_2$ 并未改变,但是误差变异则因为相关的存在而变小,因此整体所得到的统计检验值将会放大。

四、变异量拆解

方差分析是将因变量的总变异量,拆解成自变量效果(组间)与误差效果(组内)两个部分,再进行 F 检验。协方差分析则是利用回归原理,将因变量的总变异量先行分割为协方差可解释部分(SP_{XY})与不可解释部分,不可解释的变异再由方差分析原理来进行拆解。因此在统计检验中,多先行检验协方差对于因变量解释力的 F 检验,一并整理于摘要表中。变异量拆解关系式:$SS_T = SP_{XY} + (SS_B' + SS_W')$。拆解的统计量可整理成如表 8.6的 ANCOVA 摘要表。

表 8.6 独立样本单因子协方差分析摘要表

变异来源	SS	df	MS	F
协方差	SS_C	C	SS_c/df_c	MS_c/MS_w
组间	SS_b	$k-1$	SS_b/df_b	MS_b/MS_w
组内(误差)	SS_w	$N-k-C$	SS_w/df_w	
全体	SS_T	$N-1$		

值得注意的是,在 ANCOVA 当中,协方差对因变量影响的排除,是先于组间与组内变异分割前处理,因此在摘要表中的 SS_C,应取未排除组间效果前的协方差对因变量的回归变异量,在 SPSS 软件操作中,需选择型 I 平方和,而非预设的型 Ⅲ 平方和。

在实务操作上,单因子方差分析配合一个协方差或多个协方差,仅在方差摘要表上增列一栏"协方差变异来源"即可。不论是独立样本设计或相关样本设计,原始的方差分析摘要表的各项数值计算维持不变,仅在误差项自由度,因为增加一个协方差,因而减少一个自由度,若有 c 个协方差,则减少 c 个自由度。同理,相关样本协方差分析的变异量拆解,也是增加一项协方差,而减少一个自由度。

五、平均数的调整

协方差加入了方差分析可能产生的另一个作用是因变量平均数的变化。前面图 8.2 中,各组在协方差(学业成绩)的平均数并无差异,亦即$\overline{X}_1 = \overline{X}_2 = \overline{X}$,如果各组的斜率相等,各组在 Y 变量的平均数差异等于截距的差异,但是当各组在协方差上的平均数存在差异时,Y 变量的平均数估计值便会随之调整。

图 8.3(a)表示为各组在协方差的平均数并无差异($\overline{X}_1 = \overline{X}_2 = \overline{X}$)的情形,$Y$ 变量平均数差异为截距的差异,如果平均数差异缩小,两条方程式越趋接近,如图 8.3(b)所示。如果各组在协方差上的平均数存在差异时($\overline{X}_1 \neq \overline{X}_2$),即产生图 8.3(c)与图 8.3(d)两种状况。其中图(c)表示当第一组在协方差平均数大于第二组时($\overline{X}_1 > \overline{X}_2$),回归线垂直距离缩小,各水平在 Y 变量的平均数估计值将降低。相对的,若第一组在协方差的平均数小于第二组($\overline{X}_1 < \overline{X}_2$),回归线的垂直距离扩大,各水平在 Y 变量平均数将增大,如图 8.3(d)所示。

当协方差上的平均数有组间差异时,会对 Y 变量的平均数估计产生调整作用,称为**调整后平均数**(adjusted mean)。当第一组的因变量平均数大于第二组时,如果协方差的平均数也是第一组大于第二组,此时协方差上的平均数正差异即会使因变量平均数差异向下调整(变小);反之,如果协方差的平均数反而是第二组大于第一组,此时协方差上的平均数负差异即会使因变量平均数差异向上调整(变大),加强了因变量上两组的差异量。

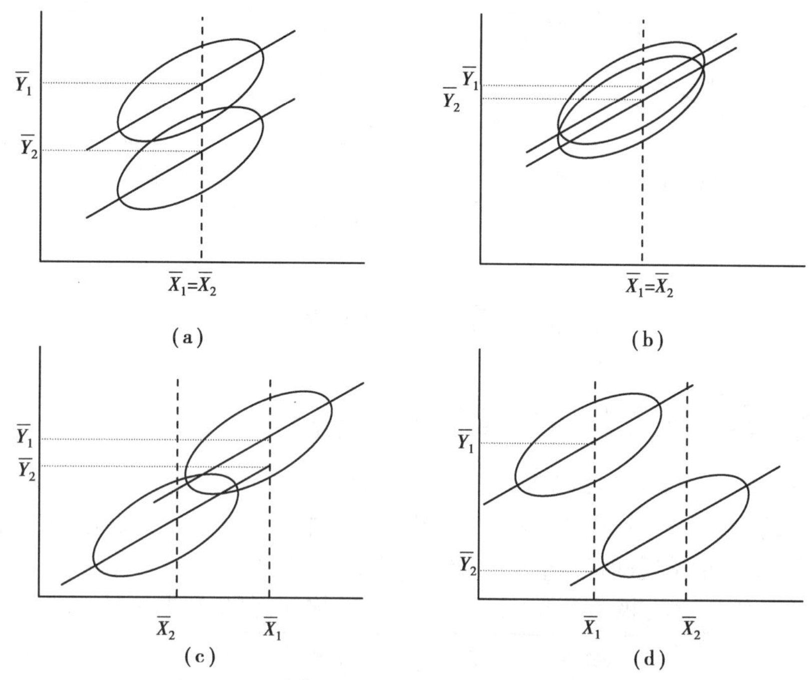

图 8.3　协方差分析对于平均数的调整图示

六、回归同质假设

回归同质假设(assumption of homogeneity of regression)是 ANCOVA 的一项重要假设。回归同质假设说明了协方差与因变量的关联性在各组内是相同的,对于回归同质假设的检验,是执行 ANCOVA 的必要工作,亦即对于回归系数是否相等的虚无假设检验:$H_0:\beta_1=\beta_2=\cdots=\beta_j$。

为了确保协方差的控制效果在各组等同,在进行 ANCOVA 之前,必须针对此一假设进行检验,如果虚无假设被接受,表示协方差造成的调整效果在各组内具有一致的作用,组间的差异在不同的协方差数值之下具有一致性,如图 8.4(a)所示。相对的,如果虚无假设被拒绝,表示协方差造成的调整效果在各组内不一致,协方差与因变量的回归方程式在各组内有不一样的回归系数,此时所推导出来的组间差异比较结果是扭曲的,如图 8.4(b)所示。此时不宜采用协方差分析。

在实际操作上,组内回归系数同质假设的检验,是检验协方差与自变量的交互作用是否显著。在 SPSS 当中,可以自行调整模型,增加协方差与自变量的交互作用项,即可获得检验数值。

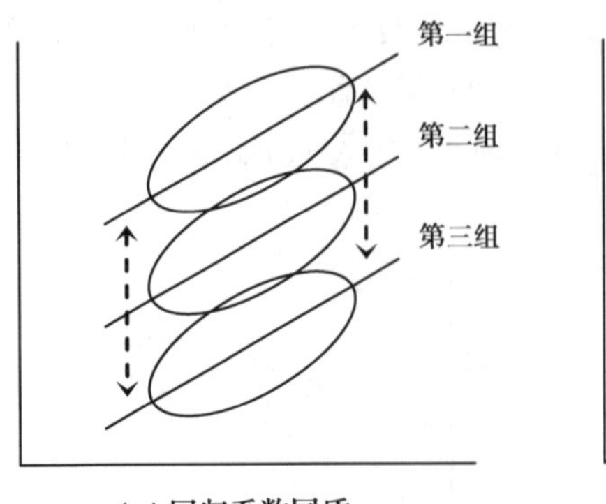

(a)回归系数同质

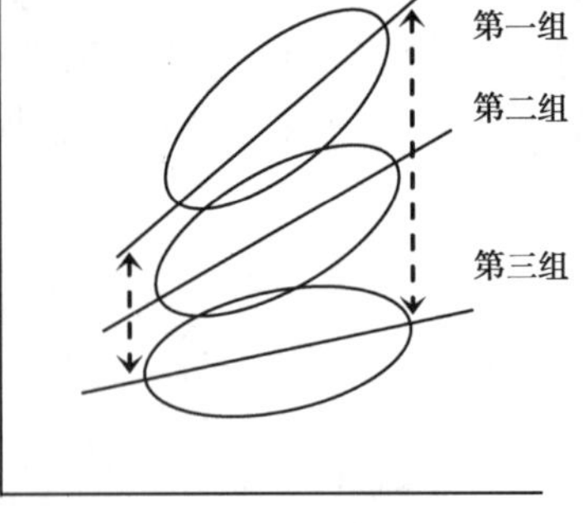

(b)回归系数不同质

图 8.4 回归系数同质假设图示

第六节 范例解析

范例 8.1 独立样本单因子方差分析

某位社会心理学家认为婚姻生活会影响人们的生活质量,他的研究假设是"处于不同婚姻状态的成人,其生活满意度有所不同"。他将婚姻状态区分为鳏寡、离异、未婚、已婚四种情况,每一种情况随机选取了5位受访者,请他们在生活满意度问卷上作答,每一个人最后的得分介于0(极不满意)至6(非常满意)之间,测量数据如下:

鳏寡	离异	未婚	已婚
1	3	5	4
0	1	6	6
0	2	4	2
2	2	2	5
0	1	5	6

【A.操作程序】

方法一:单因子方差分析。
步骤一:输入数据。婚姻状态与生活满意度各占一栏。
步骤二:点选 分析 → 比较平均数法 → 单因子变异数分析 。
步骤三:进入单因子方差分析对话框,点选因变量与因子(自变量)移至右侧清单内。
步骤四:选择所需的附加功能。如 选项 中的描述性统计、同质性检验, Post Hoc 检验 中的事后比较等。

方法二:一般线性模式。
步骤一:同方法一。
步骤二:点选 分析 → 一般线性模式 → 单变量 。
步骤三:选取变量与因子(自变量)。
步骤四:选择所需的附加功能。

【B. 步骤图示】

方法一:单因子方差分析

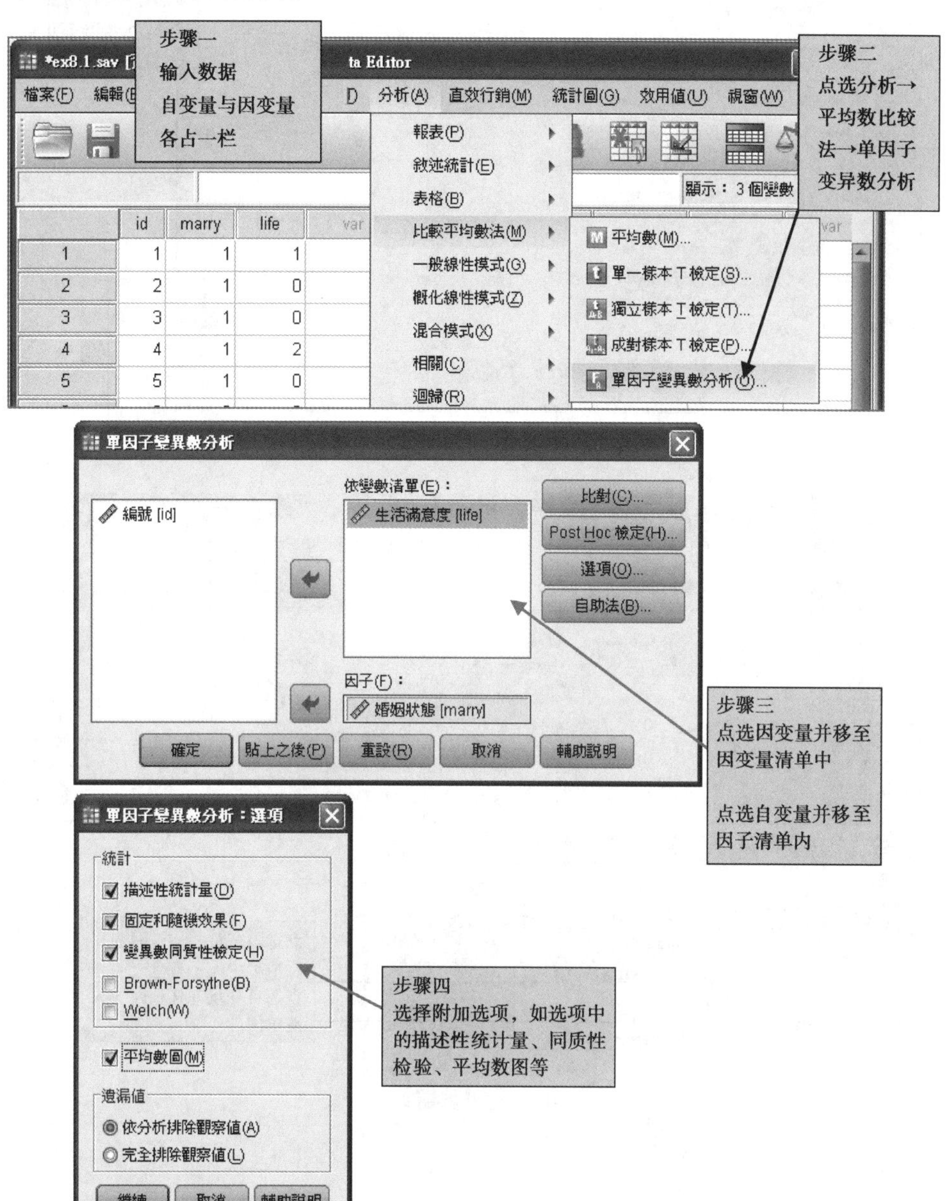

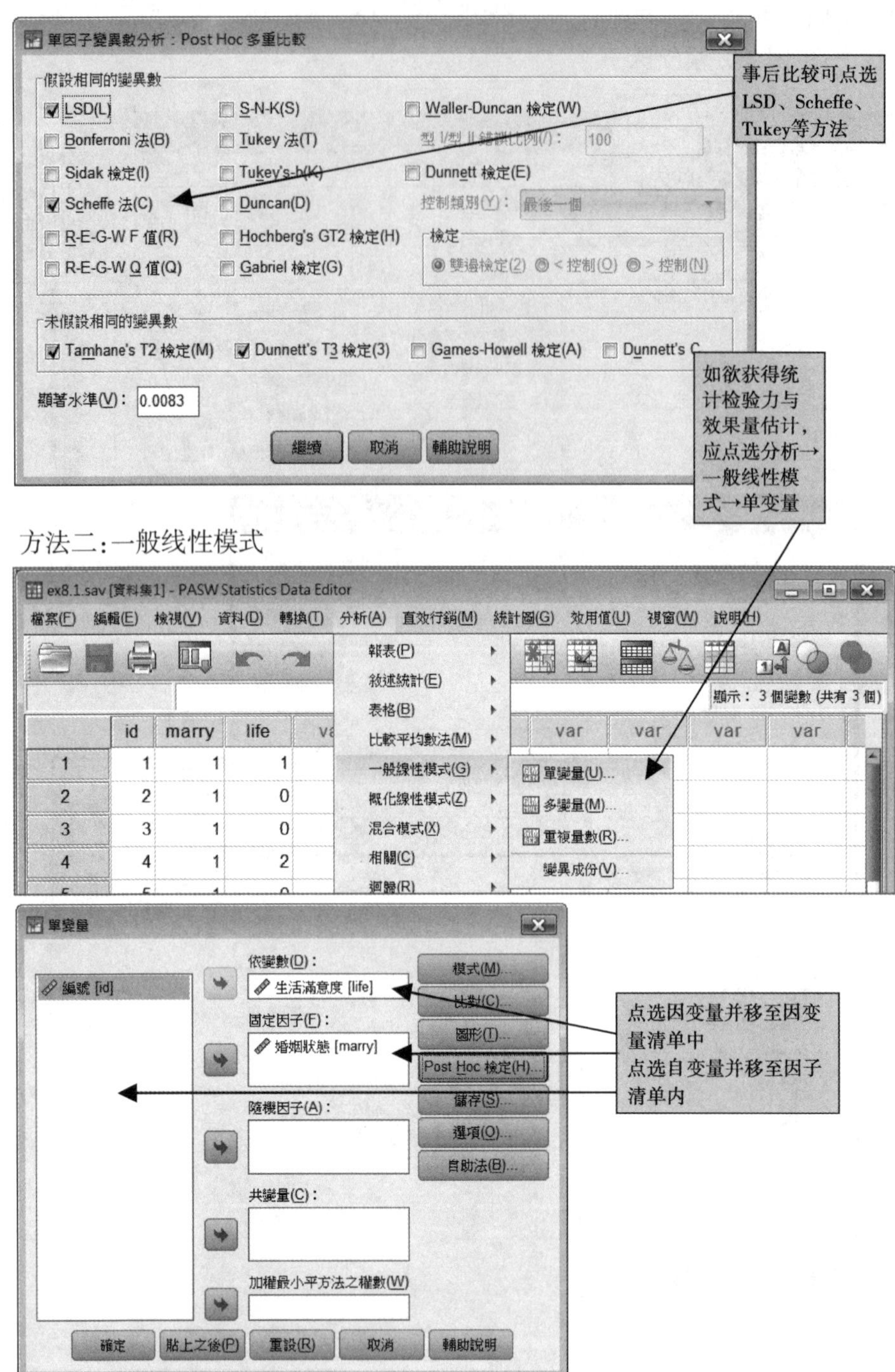
事后比较可点选LSD、Scheffe、Tukey等方法
如欲获得统计检验力与效果量估计，应点选分析→一般线性模式→单变量
方法二：一般线性模式
点选因变量并移至因变量清单中
点选自变量并移至因子清单内

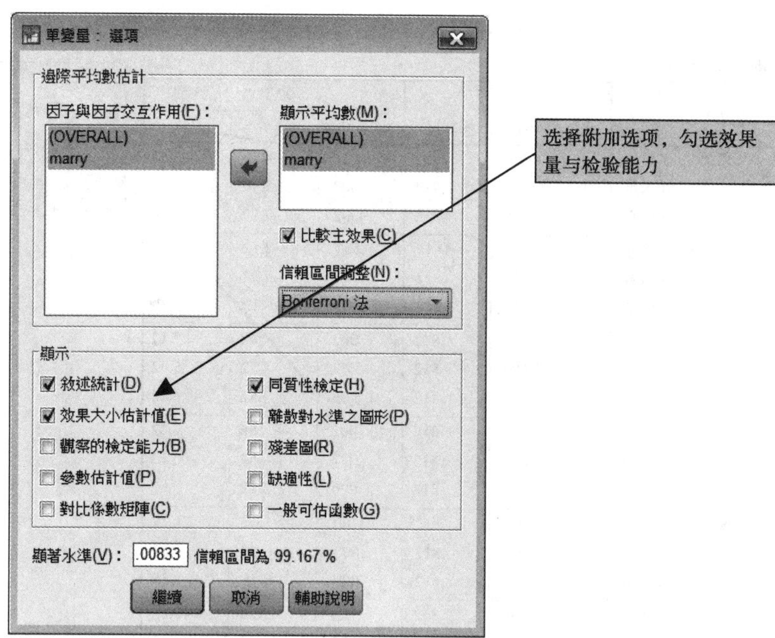

【C.结果输出】

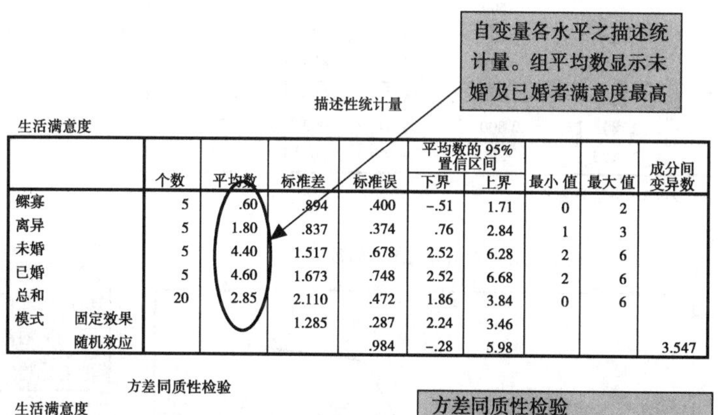

描述性统计量

生活满意度

		个数	平均数	标准差	标准误	平均数的95%置信区间 下界	上界	最小值	最大值	成分间变异数
鳏寡		5	.60	.894	.400	-.51	1.71	0	2	
离异		5	1.80	.837	.374	.76	2.84	1	3	
未婚		5	4.40	1.517	.678	2.52	6.28	2	6	
已婚		5	4.60	1.673	.748	2.52	6.68	2	6	
总和		20	2.85	2.110	.472	1.86	3.84	0	6	
模式	固定效果			1.285	.287	2.24	3.46			
	随机效应				.984	-.28	5.98			3.547

方差同质性检验

生活满意度

Levene统计量	分子自由度	分母自由度	显著性
1.047	3	16	.399

方差同质性检验
Levene 统计量未达显著，假设未违反

被试间效应项的检验

因变量: life生活满意度

来源	型 III 平方和	自由度	平均平方和	F检验	显著性	净相关 Eta 平方	Noncent. 参数	观察的检验能力[a]
校正后的模式	58.150[b]	3	19.383	11.747	.000	.688	35.242	.996
截距	162.450	1	162.450	98.455	.000	.860	98.455	1.000
marry	58.150	3	19.383	11.747	.000	.688	35.242	.996
误差	26.400	16	1.650					
总和	247.000	20						
校正后的总数	84.550	19						

a.R平方=0.688(调过后的R平方=0.629)
b.使用alpha=0.05 计算

摘要表
传统的 ANOVA摘要表。由显著值可知 MS_b 除以 MS_w 的 F 值达显著水平

多重比较

因变量：life生活满意度

	(I) marry 婚姻	(J) marry 婚	平均差异(I-J)	标准误	显著性	99.17%置信区间	
						下界	上界
Scheffe法	1 鳏寡	2 离异	-1.200	.812	.551	-4.52	2.12
		3 未婚	-3.800*	.812	.003	-7.12	-.48
		4 已婚	-4.000*	.812	.002	-7.32	-.68
	2 离异	1 鳏寡	1.200	.812	.551	-2.12	4.52
		3 未婚	-2.600	.812	.043	-5.92	.72
		4 已婚	-2.800	.812	.027	-6.12	.52
	3 未婚	1 鳏寡	3.800*	.812	.003	.48	7.12
		2 离异	2.600	.812	.043	-.72	5.92
		4 已婚	-.200	.812	.996	-3.52	3.12
	4 已婚	1 鳏寡	4.000*	.812	.002	.68	7.32
		2 离异	2.800	.812	.027	-.52	6.12
		3 未婚	.200	.812	.996	-3.12	3.52
LSD	1 鳏寡	2 离异	-1.200	.812	.159	-3.65	1.25
		3 未婚	-3.800*	.812	.000	-6.25	-1.35
		4 已婚	-4.000*	.812	.000	-6.45	-1.55
	2 离异	1 鳏寡	1.200	.812	.159	-1.25	3.65
		3 未婚	-2.600*	.812	.006	-5.05	-.15
		4 已婚	-2.800*	.812	.003	-5.25	-.35
	3 未婚	1 鳏寡	3.800*	.812	.000	1.35	6.25
		2 离异	2.600*	.812	.006	.15	5.05
		4 已婚	-.200	.812	.809	-2.65	2.25
	4 已婚	1 鳏寡	4.000*	.812	.000	1.55	6.45
		2 离异	2.800*	.812	.003	.35	5.25
		3 未婚	.200	.812	.809	-2.25	2.65

*.平均差异在0.008 3水平是显著的。

事后比较
由显著性可知 1 vs. 2 以及 3 vs. 4 未达显著

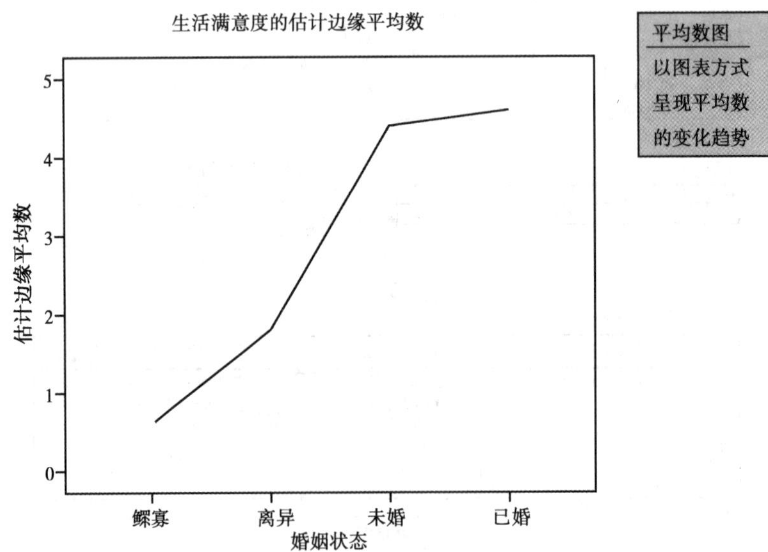

平均数图
以图表方式呈现平均数的变化趋势

【D. 结果分析】

由上述的报表可以得知：此一独立样本单因子方差分析的四个水平平均数各为0.6、1.8、4.4、4.6，Levene 的方差同质性检验并不显著（Levene = 1.047，$p = 0.399$），表示这四个样本的离散情形并无明显差别。整体检验结果发现，处于不同婚姻状态的受测者，其生活满意度有所不同（$F(3,16) = 11.75, p < 0.01$），人们的生活满意度的确会因婚姻生

活的不同而有所差异。经事后比较 HSD 检验发现,生活满意度的平均数中,鳏寡(0.6)与离异者(1.8)显著低于已婚(4.4)与未婚者(4.6),显示问题婚姻较未婚或正常婚姻者有较差的生活满意度,但是鳏寡与离异,以及未婚及已婚之间没有显著差异。婚姻状态自变量对于因变量的解释力,以 η^2 系数来看,达 68.8%,显示自变量与因变量的关联性很高,统计检验力达 0.996,表示统计检验能力颇高。

范例 8.2　相关样本单因子方差分析:重复量数

捷运行车控制中心想要探讨列车驾驶员是否因为工作时间增长而出现注意力降低现象。13 位驾驶员参与了这项研究,研究期间,每位驾驶员工作时间维持固定,每隔 2.5 小时测量他们要花多久的时间察觉计算机屏幕上信息的变化。测量的时段分为上班初期、午饭前、午饭后、下班前四个时段,因变量则为他们察觉实验者所设计的计算机屏幕讯号的反应时间(毫秒)。请问,工作时间是否与注意力改变有关?

编号	上班时 9:00	午饭前 11:30	午饭后 14:00	下班前 16:30	编号	上班时 9:00	午饭前 11:30	午饭后 14:00	下班前 16:30
1	6.2	6.7	7.4	7.8	8	6.1	5.8	6.4	6.7
2	5.9	4.8	6.1	6.9	9	4.9	5.1	5.2	6.8
3	8.4	8.7	9.9	10.3	10	8.2	8.6	9.3	10.4
4	7.6	7.8	8.7	8.9	11	5.7	5.7	6.5	7.2
5	4.1	4.7	5.4	6.6	12	5.9	6.4	6.9	7.6
6	5.4	5.3	5.9	7.1	13	6.9	6.6	7.1	7.5
7	6.6	6.7	7.2	7.5					

【A.操作程序】

操作要点:重复量数模式的相关样本 ANOVA 特点是必须将数据依照每一次重复,以一个单独的变量来输入,再利用被试内因子来综合多次重复测量的结果。报表的整理则较为复杂。

步骤一:输入数据。将每一水平以一个变量来输入。

步骤二:点选 分析 → 一般线性模式 → 重复量数。

步骤三:进入定义因子清单,输入被试内因子名称及水平数,并可输入标签,完成后点击 定义。

步骤四:进入重复量数对话框,依序点选各重复的水平至被试内变量。

步骤五:选择所需的附加功能。如选项中的叙述统计与事后比较。

步骤六:点击 确定 执行。

【B. 步骤图示】

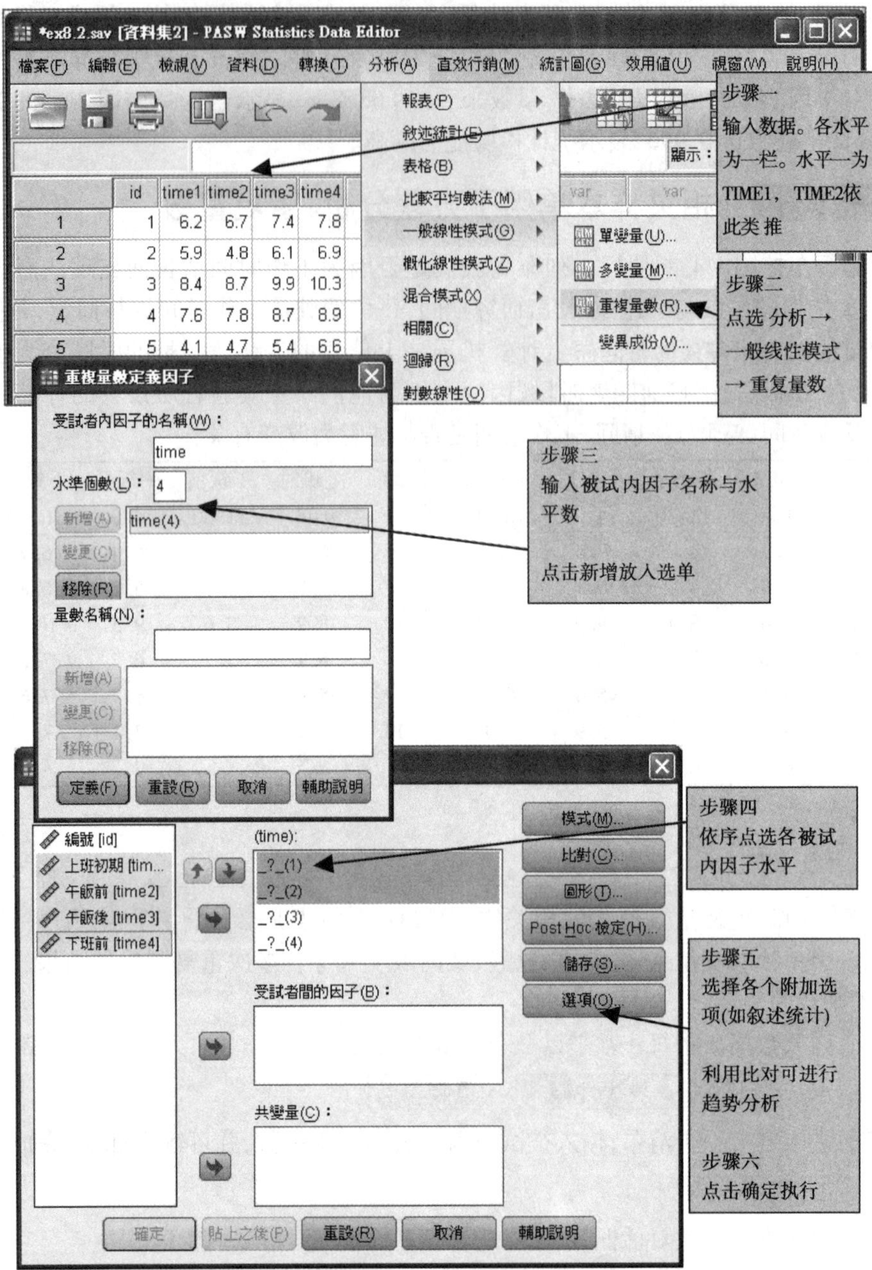
步骤一
输入数据。各水平为一栏。水平一为TIME1，TIME2依此类推
步骤二
点选 分析→一般线性模式→重复量数
步骤三
输入被试内因子名称与水平数
点击新增放入选单
步骤四
依序点选各被试内因子水平
步骤五
选择各个附加选项(如叙述统计)
利用比对可进行趋势分析
步骤六
点击确定执行

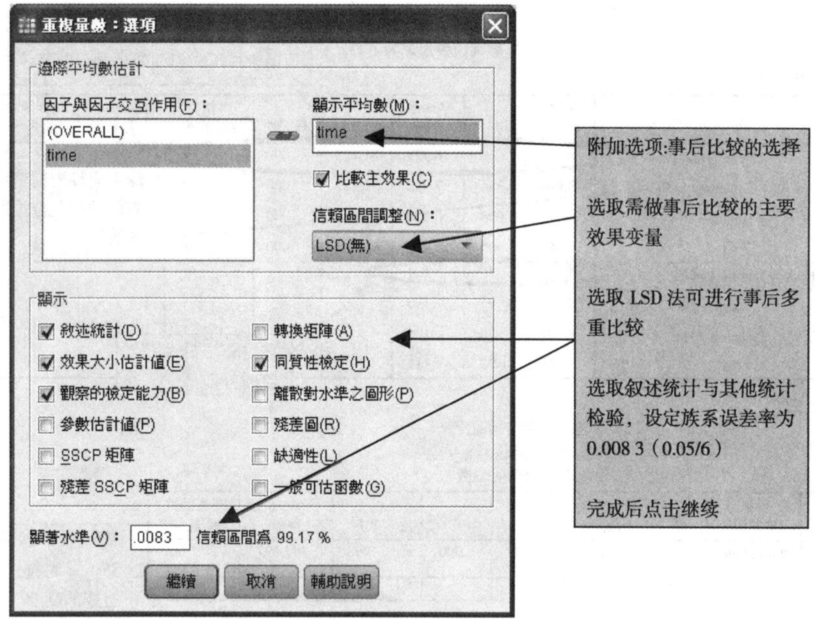

【C. 结果输出】

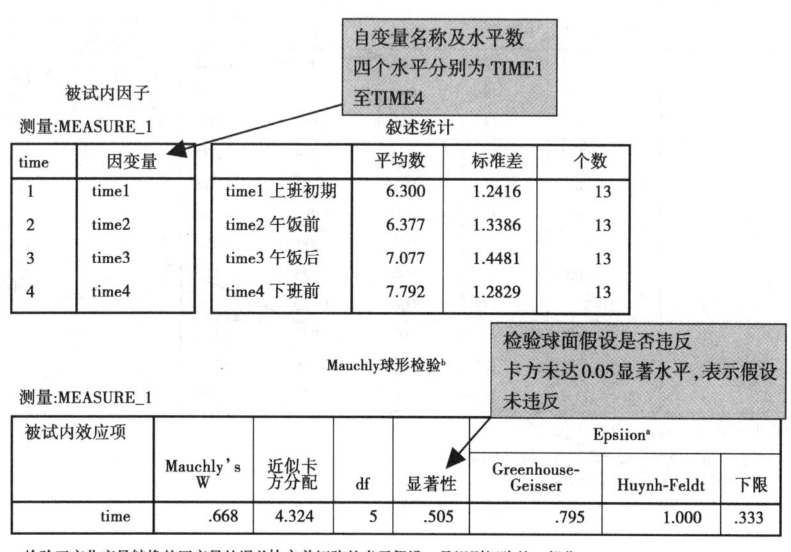

被试内因子

测量:MEASURE_1

time	因变量
1	time1
2	time2
3	time3
4	time4

叙述统计

	平均数	标准差	个数
time1 上班初期	6.300	1.2416	13
time2 午饭前	6.377	1.3386	13
time3 午饭后	7.077	1.4481	13
time4 下班前	7.792	1.2829	13

Mauchly球形检验[b]

测量:MEASURE_1

被试内效应项	Mauchly's W	近似卡方分配	df	显著性	Epsiion[a]		
					Greenhouse-Geisser	Huynh-Feldt	下限
time	.668	4.324	5	.505	.795	1.000	.333

检验正交化变量转换的因变量的误差协方差矩阵的虚无假设，是识别矩阵的一部分。

a.可用来调整显著性平均检验的自由度。改过的检验会显示在“Within-Subjects Effects”表检验中。

b.Design：截距

被试内设计: time

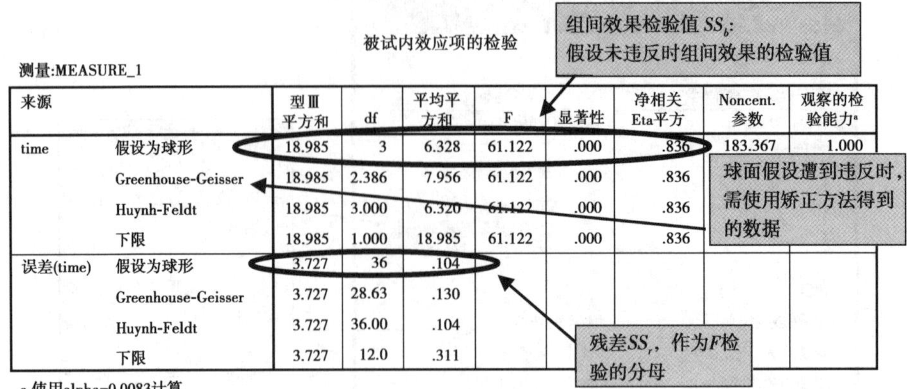

被试内效应项的检验

测量:MEASURE_1

来源		型Ⅲ平方和	df	平均平方和	F	显著性	净相关Eta平方	Noncent.参数	观察的检验能力[a]
time	假设为球形	18.985	3	6.328	61.122	.000	.836	183.367	1.000
	Greenhouse-Geisser	18.985	2.386	7.956	61.122	.000	.836		
	Huynh-Feldt	18.985	3.000	6.328	61.122	.000	.836		
	下限	18.985	1.000	18.985	61.122	.000	.836		
误差(time)	假设为球形	3.727	36	.104					
	Greenhouse-Geisser	3.727	28.63	.130					
	Huynh-Feldt	3.727	36.00	.104					
	下限	3.727	12.0	.311					

a.使用alpha=0.0083计算

被试间效应项的检验

测量:MEASURE_1

转换的变量:均数

来源	型Ⅲ平方和	df	平均平方和	F	显著性	净相关Eta平方	Noncent.参数	观察的检验能力[a]
截距	2 466.069	1	2.466E3	364.497	.000	.968	367.497	1.000
误差	81.188	12	6.766					

a.使用alpha=0.0083计算

被试效果检验值SS_{block}：因重复量数造成的影响

成对比较

测量:MEASURE_1

(I)time	(J)time	平均差异(I-J)	标准误差	显著性[a]	差异的99.17%置信区间[a] 下界	上界
1	2	-.077	.127	.557	-.478	.324
	3	-.777*	.126	.000	-1.173	-.381
	4	-1.492*	.163	.000	-2.008	-.977
2	1	.077	.127	.557	-.324	.478
	3	-.700*	.086	.000	-.972	-.428
	4	-1.415*	.121	.000	-1.797	-1.034
3	1	.777*	.126	.000	.381	1.173
	2	.700*	.086	.000	.428	.972
	4	-.715*	.122	.000	-1.100	-.331
4	1	1.492*	.163	.000	.977	2.008
	2	1.415*	.121	.000	1.034	1.797
	3	.715*	.122	.000	.331	1.100

根据估计的边缘平均数而定

a.调整多重比较:最低显著差异(等于未调整值)。

*.平均差异在0.0083水平是显著的。

事后检验:1与2对比不显著，其他配对显著

族系误差率的设定结果

被试内对比的检验

测量:MEASURE_1

来源	time	型Ⅲ平方和	df	平均平方和	F	显著性	净相关Eta平方
time	线性	17.420	1	17.420	108.925	.000	.901
	二次方	1.325	1	1.325	14.960	.002	.555
	三次方	.240	1	.240	3.864	.073	.244
误差(time)	线性	1.919	12	.160			
	二次方	1.063	12	.089			
	三次方	.745	12	.062			

趋势分析:线性模式达到显著，二次趋势亦达显著，显示平均数的变化模式可以利用多项式函数来表示

【D.结果分析】

由上述的报表可以得知:此一相关样本的球面检验并未违反，Mauchly's W 系数为

0.688($\chi^2 = 4.324, p = 0.505$),因此不需进行修正。四个组的平均数差异达显著水平,组间效果 $F(3,36) = 61.122, p = 0.000 < 0.05$,表示不同的测量时段下,驾驶员的注意力的确有所不同。从事后比较可以看出,四个水平平均数的两两比较,除了上班时(time1)与午餐前(time2)相比不显著之外,其他均达显著水平,平均数呈现逐步增高趋势,显示时间越晚,反应时间增加,注意力越差。以第四次测量(下班前 $M = 7.792$)的注意力最差。趋势分析的结果则指出平均数的变化趋势呈现二次方程式,方差分析摘要表见表8.7。

表8.15 相关样本单因子方差分析摘要表

变异来源	*SS*	*df*	*MS*	*F*
组间 A	18.985	3	6.328	61.122**
组内				
受试者间 S	81.188	12	6.766	
残差(A×S)	3.727	36	.104	
全体 Total	103.9	51		

范例8.3 单因子协方差分析

以前述运动有助于睡眠的研究为例,不同的运动量对于睡眠有所影响,如果将被试平时的睡眠量作为协方差,加入单因子方差分析一起讨论,即成为单因子协方差分析。在 SPSS 的运算逻辑中加入一个协方差就好比增加一个自变量,使得原本单因子方差分析成为多因子方差分析。

轻度运动量组		中度运动量组		重度运动量组	
X	Y	X	Y	X	Y
平时	运动后	平时	运动后	平时	运动后
8.2	6.5	7.2	7.4	6.6	8.0
7.0	7.3	7.4	6.8	7.5	7.7
8.0	6.6	8.2	6.7	7.2	7.1
7.2	7.4	7.1	7.3	7.4	7.6
7.0	7.2	6.2	7.6	6.9	6.6
6.8	6.8	6.6	7.4	7.9	7.2
6.9	7.1	6.9	7.4	7.5	8.2
7.5	7.9	6.0	8.1	7.7	8.5
6.4	8.2	6.2	8.2	6.9	9.5
6.8	7.7	7.0	8.0	7.1	8.7
7.4	7.5	7.2	7.6	7.2	9.6
5.5	7.6	6.2	8.0	7.0	9.4

【操作要点:在 SPSS 执行协方差分析的重点在于,要检验协方差的效果时,必须将平

方和改为 SS-1,也就是看协方差的解释力时,不控制自变量效果。但要看其他主要效果与交互效果时,仍须采用 SS-3。此外,报告平均数时,应采用调整后平均数。另外,为了检验组内回归系数同质性,则需额外执行协方差与自变量的交互作用检验,以确定可以执行 ANCOVA。】

【A. 操作程序】

步骤一:输入数据。自变量、协方差与因变量各占一栏。

步骤二:点选 分析 → 一般线性模式 → 单变量 。

步骤三:进入因子分析对话框,点选因变量、因子(自变量)以及协方差移至右侧清单内。

步骤四:选择所需的附加功能。如 选项 中的叙述统计、同质性检验,为了得到调整后平均数与事后比较数据,需选择 边际平均数估计 与 比较主效应 。

步骤五:选择 模式 ,调整平方和成为 型 I 。

步骤六:点击 确定 执行。

注:如果欲执行组内回归系统同质检验,在步骤五中,在 模式 中选择 自订 ,然后在 建立效果项 中,依序放入协方差、自变量与交互作用项,最后的交互作用项的检验显著性即为同质检验。

【B. 步骤图示】

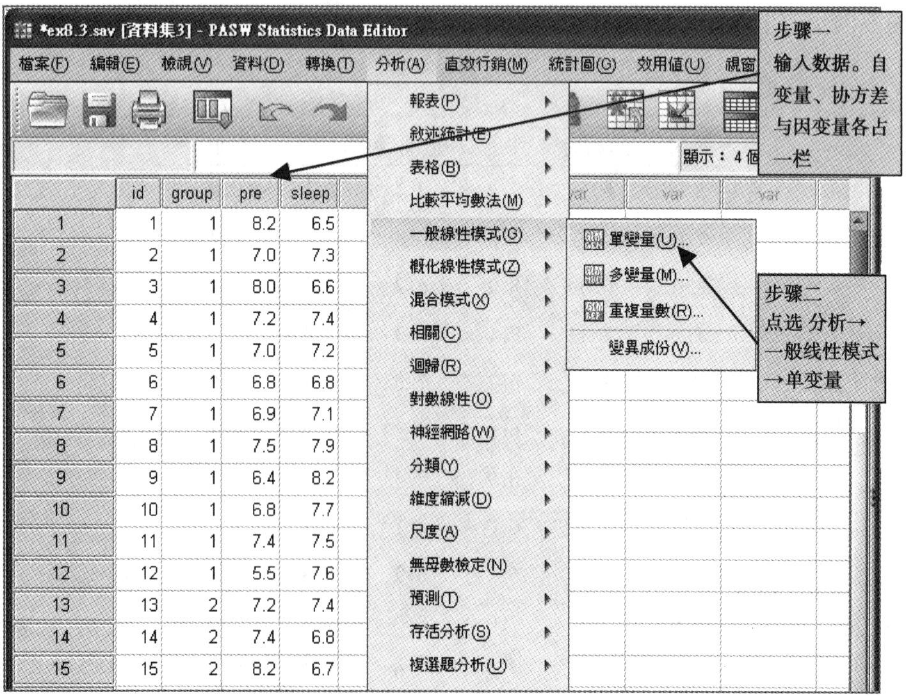

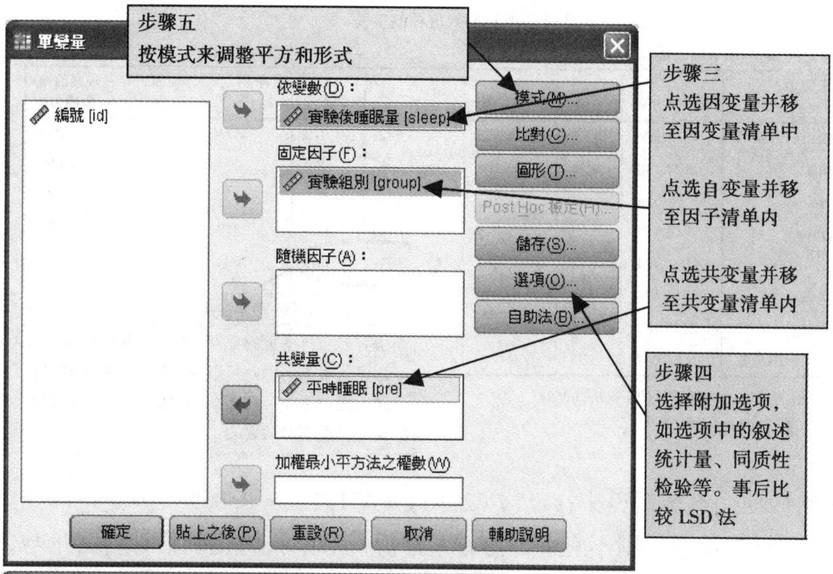

步骤五
按模式来调整平方和形式
單變量
依變數(D)：
實驗後睡眠量 [sleep]
固定因子(F)：
實驗組別 [group]
隨機因子(A)：
共變量(C)：
平時睡眠 [pre]
加權最小平方法之權數(W)
編號 [id]
模式(M)...
比對(C)...
圖形(T)...
Post Hoc 檢定(H)...
儲存(S)...
選項(O)...
自助法(B)...
確定
貼上之後(P)
重設(R)
取消
輔助說明
步骤三
点选因变量并移至因变量清单中
点选自变量并移至因子清单内
点选共变量并移至共变量清单内
步骤四
选择附加选项，如选项中的叙述统计量、同质性检验等。事后比较 LSD 法

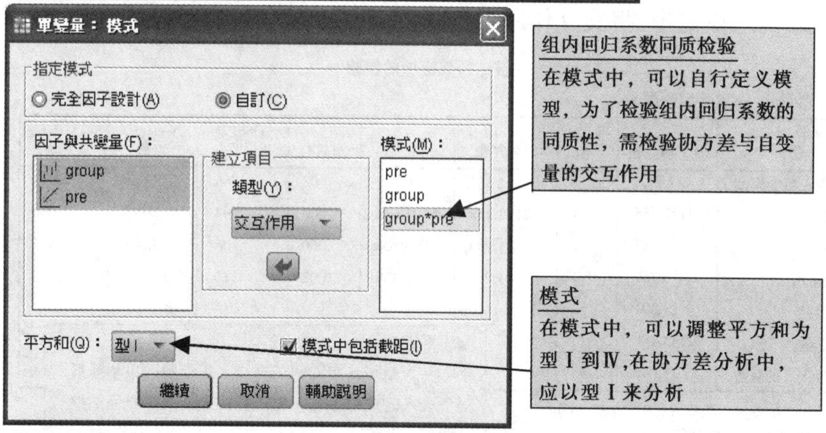

單變量：模式
指定模式
完全因子設計(A)
自訂(C)
因子與共變量(F)：
group
pre
建立項目
類型(Y)：
交互作用
模式(M)：
pre
group
group*pre
平方和(Q)：
型 I
模式中包括截距(I)
繼續
取消
輔助說明
组内回归系数同质检验
在模式中，可以自行定义模型，为了检验组内回归系数的同质性，需检验协方差与自变量的交互作用
模式
在模式中，可以调整平方和为型 I 到Ⅳ,在协方差分析中，应以型 I 来分析

【C. 结果输出】

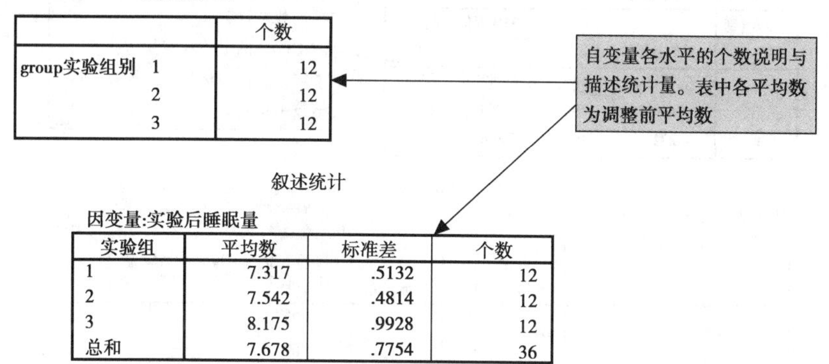

被试间因子

		个数
group实验组别	1	12
	2	12
	3	12

自变量各水平的个数说明与描述统计量。表中各平均数为调整前平均数

叙述统计

因变量:实验后睡眠量

实验组	平均数	标准差	个数
1	7.317	.5132	12
2	7.542	.4814	12
3	8.175	.9928	12
总和	7.678	.7754	36

被试间效应项的检验

因变量:step实验后睡眠量

来源	型Ⅰ平方和	df	平均平方和	F	显著性	净相关Eta平方	Noncent.参数	观察的检验能力[b]
校正后的模型	7.866[a]	5	1.573	3.582	.012	.374	17.909	.865
截距	2122.138	1	2122.138	4831.708	.000	.994	4.832E3	1.000
pre	1.583	1	1.583	3.604	.067	.107	3.604	.451
group	6.159	2	3.079	7.011	.003	.319	14.022	.900
group*pre	.124	2	.062	.141	.869	.009	.283	.070
误差	13.176	30	.439					
总数	2143.180	36						
校正后的总数	21.042	35						

a.R平方=0.374(调整后的R平方=0.269)
b.使用alpha=0.05计算

组内回归系数同质检验
协方差与自变量的交互作用用的*F*值为0.141，未达显著水平，因此可以断定组内回归系数具有同质性。（注：正式结果的摘要表应使用没有交互作用项的摘要表）

由于组内回归系数假设未违反($F(2,30)=0.141, p=0.869$),因此得以继续进行协方差分析(如果假设违反则不宜进行协方差分析)。此时,为正确估计自变量与协方差的效果,应返回模式设定中,将交互作用项移除,重新进行分析,结果如下。

被试间效应项的检验

因变量:sleep实验后睡眠量

来源	型Ⅰ平方和	df	平均平方和	F	显著性	净相关Eta平方	Noncent.参数	观察的检验能力[b]
校正后的模型	7.742[a]	3	2.581	6.209	.002	.368	18.626	.941
截距	2122.138	1	2122.138	5105.684	.000	.994	5.106E3	1.000
pre	1.583	1	1.583	3.808	.060	.106	3.808	.473
group	6.159	2	3.079	7.409	.002	.316	14.817	.918
误差	13.301	32	.416					
总数	2143.180	36						
校正后的总数	21.042	35						

a.R平方=0.368(调整后的R平方=0.309)
b.使用alpha=0.05计算

型Ⅰ平方和
平方和为型一，表示前一个进入模型的效果不受后一个进入的效果影响，因此协方差的效果是原始的共变

估计值

因变量:sleep实验后睡眠量

实验组别	平均数	标准误差	95%置信区间	
			下界	上界
1	7.321[a]	.186	6.942	7.700
2	7.440[a]	.190	7.053	7.827
3	8.272[a]	.190	7.886	8.659

平均数估计数
ANCOVA的平均数需使用调整后平均数，可以从边际平均数估计结果中得到

成对比较

因变量:sleep实验后睡眠量

(I)实验组别	(J)实验组别	平均差异(I-J)	标准误差	显著性[a]	下界	上界
1	2	-.119	.266	.657	-.791	.553
	3	-.951*	.265	.001	-1.622	-.281
2	1	.119	.266	.657	-.553	.791
	3	-.832*	.273	.005	-1.523	-.142
3	1	.951*	.265	.001	.281	1.622
	2	.832*	.273	.005	.142	1.523

事后比较
由显著性可知 1 vs. 3 与 2 vs. 3 达显著，但是 1 vs. 2 无显著差异

根据估计的边缘平均数而定
a.调整多重比较：最低显著差异(等于未调整值)。
*.平均差异在0.0167水平是显著的。

【D. 结果分析】

由上述的报表可以得知：此一协方差分析的三个水平平均数各为 7.32、7.54、8.18，调整后的平均数分别为 7.32、7.44、8.27，然而 Levene 的方差同质性检验为显著，$F(2,33)=10.597$，$p<0.001$，违反同质性假设，表示这三个样本的离散情形具有明显差别。

另外，组内回归系数同质性检验的结果则显示，自变量与协方差的交互作用项 $F(2,30)=0.141$，$p=0.869$，未达显著水平，表示各组内的协方差与因变量的线性关系具有一致性。

协方差效果的检验则发现，$F(1,32)=3.808$，$p=0.06$，未达显著水平，表示协方差对于因变量的解释力没有统计意义，但是由于 ANCOVA 的目的在控制协方差的影响，降低误差变异量，调整协方差的平均值差异，因此即使不显著，仍有其存在的实务意义。

组间效果的检验则达显著水平，$F(2,32)=7.41$，$p<0.01$，表示不同的运动量影响睡眠时间，效果量的 $\eta^2=0.316$，显示自变量对因变量的解释力颇高。事后比较的结果则指出重度运动量(平均睡眠 8.27 小时)显著较中度(7.44)与轻度运动量(7.32)的被试睡得多，但是轻度与中度则无差异，显示运动量要大到一定程度才有助于睡眠。

第九章　多因子方差分析

第一节　基本概念

社会与行为科学家在探讨问题之时，往往不会只取用一个自变量去探讨对于因变量 Y 的影响。如果研究者同时采用两个或以上的自变项 X_A、X_B……对于某一个因变量的影响，称为**多因子设计**(factorial design)，所涉及的平均数差异检验，称为**因子设计方差分析**(factorial analysis of variance)。研究中包含两个自变量，称为**二因子方差分析**(two-way analysis of variance)，三个自变量，称为**三因子方差分析**(three-way analysis of variance)。因子越多，平均数变异来源越复杂，分析越困难，一般在研究上，三因子以上的方差分析检验已很少出现。

另一方面，基于研究设计的考虑，自变量可能是独立样本设计，也可能是相关样本设计，导致多因子设计会有完全独立(每一个因子都是独立样本设计)、完全相关设计(每一个因子都是相关样本设计)、混和设计(部分因子是独立、部分因子是相关样本设计)等不同形式。

一、多因子方差分析的数据形式

现以一个研究的范例来说明二因子方差分析的基本形式。在前一章运动与睡眠的研究范例中，因为只有一个因子，故为单因子方差分析检验。但如果研究者认为，除了运动量的多寡会影响睡眠之外，在白天以及在夜间两个不同时段从事运动，也会对睡眠有不同的影响。此时，影响睡眠时间的自变量，除了运动时段(白天或夜间)的不同(A 因子)，还有运动量的差异(重、中、轻)(B 因子)。

若将 36 位参加实验的学生，随机分配到六个不同的组别，分别为在白天从事重度、中度、轻度运动量的三个组与晚上从事重度、中度、轻度运动量的三个组，六个组(单元格)的学生是通过随机抽样而定，彼此相互独立，此时即成为一个典型的 2×3 完全独立二因子方差分析研究。表 9.1 为 36 位学生参与实验的模拟数据的**双向表**(double entry table)。其中一个自变量放在行(column)上，另一个自变量放在列(row)上，每一位学生在因变量上的原始得分记录于表中每一单元格(cell)内，使读者可以一目了然。两个自变量分别是运动时段(A 因子)与运动量(B 因子)，A 因子具有白天与夜间两个水平，B 因子有重度、中度、轻度三个水平。

表9.1　2×3二因子方差分析数据范例

因子		运动量(B)			合计
		轻度(b_1)	中度(b_2)	重度(b_3)	人数与平均数
时段(A)	白天(a_1)	6.5	7.4	8.0	18
		7.3	6.8	7.7	7.26
		6.6	6.7	7.1	
		8.0	7.3	7.6	
		7.7	7.6	6.6	
		7.1	7.4	7.2	
		7.20	7.20	7.37	
	晚间(a_2)	7.1	7.4	8.2	18
		7.9	8.1	8.5	8.37
		8.2	8.2	9.5	
		8.2	8.0	8.7	
		8.5	7.6	9.6	
		9.5	8.0	9.4	
		7.88	8.23	8.98	
合计	人数	12	12	12	36
	平均数	7.72	7.54	8.17	7.81

注:单元格内为睡眠时数(小时),带有底线的数字为平均数。

二、多因子方差分析的各种效果

多因子方差分析与单因子方差分析最大的不同,在于造成平均数变动的效果(effects)更加复杂。最主要的效果有两种:主要效果与交互效果。所谓**主要效果**(main effects)是指自变量对因变量所造成的影响,反映在自变量的各水平平均数差异上;**交互效果**(interaction effects)则是指多个自变量共同对因变量产生影响,也就是各因子间具有彼此修正调整的**调节作用**(moderation effects)。

以表9.1的数据为例,表中除了36个原始分数之外,共有三类不同的平均数:A因子的a_1与a_2"行"平均数、B因子的b_1、b_2、b_3"列"平均数,以及AB交互作用的a_1b_1、a_1b_2、a_1b_3、a_2b_1、a_2b_2、a_2b_3六个"单元格"平均数。A因子平均数差异称为A主要效果(A main effect),B因子平均数差异称为B主要效果(B main effect),单元格平均数的变异称为交互效果。

其中,A与B主要效果相互独立,分别代表A与B变量与因变量的关系,可以被视为是两个独立的单因子方差检验。A×B交互效果的意义是指"A因子对因变量的影响,受到B因子的调节;而B因子对因变量的影响,也受到A因子的调节,A与B两个因子互相具有调节作用",也就是两个自变量对于因变量的影响相互调节。若交互作用存在,则需进一步进行**单纯主要效果**(simple main effect)检验,来探讨调节作用的发生情形。

三个因子以上的方差分析,还有一种**单纯交互效果**(simple interaction effect),发生在三阶以上的交互效果具有统计显著性时。例如考察A×B×C的交互效果时,必须检验低阶的二因子交互效果如何受到第三个因子的调节,亦即"A×B对于因变量的交互影响,受到C因子的调节",依此类推。如果被调节下的交互作用显著,还必须进行单纯主要效果检验,程序相当复杂,得到的结果也不利于解释。这就是为什么一般研究比较少看到三因子以上的方差分析的原因。

第二节　多因子方差分析的统计原理

一、方差拆解

基本上,多因子方差分析的原理是从单因子方差分析延伸而来,因此方差拆解的原理相仿。所不同的是因为自变量数目(因子数目)较多,因此总变异(SS_{total})分解的方式较为复杂。

在一个具有A因子(p个水平)与B因子(q个水平)的$p \times q$二因子方差分析中,A因子各水平的平均数变异情形,可以计算出A因子组间离均差平方和(SS_A);B因子各水平的平均数变异情形,可以计算出B因子组间离均差平方和(SS_B)。单元格间离均差平方和(SS_{AB})则用以反映交互效果的强度。这三项SS均与两个因子对各单元格平均数的作用有关,都可视为“组间”离均差平方和。

至于各单元格内(组内)的变异情形,则是随机误差所造成的结果,各单元格离均差平方和可加总得出组内离均差平方和(SS_w)。各离均差与相对应的自由度及样本数均具有一定的加成关系:

$$SS_{total} = SS_A + SS_B + SS_{AB} + SS_W \tag{9.1}$$

$$df_{total} = df_A + df_B + df_{AB} + df_W \tag{9.2}$$

$$(N-1) = (k-1) + (l-1) + (k-1)(l-1) + (N-kl) \tag{9.3}$$

SS_A、SS_B、SS_{AB}三个与自变量效果有关的效果项除以自由度后得到各组间均方和,除以误差方差,即得到F统计量,可进行F检验。

二、整体检验与事后检验

(一)整体检验

多因子方差分析的整体效果检验与单因子方差分析概念相同。主要效果与交互效果都是整体检验,各效果的均方和作为分子,误差变异误(MS_w)作为分母,相除得到F值。摘要表如表9.2所示。

表9.2　二因子方差分析摘要表(完全独立样本设计)

变异来源	SS	df	MS	F
组间				
A	SS_A	$k-1$	SS_A/df_A	MS_A/MS_w
B	SS_B	$l-1$	SS_B/df_B	MS_B/MS_w
AB	SS_{AB}	$(k-1)(l-1)$	SS_{AB}/df_{AB}	MS_{AB}/MS_w
组内(误差)	SS_w	$N-kl$	SS_w/df_w	
全体	SS_t	$N-1$		

(二)事后检验

方差分析的事后检验,是指在整体检验显著之后所进行的后续检验程序。二因子方差分析的各主要效果如果达到显著，如果各因子仅包含两个水平（$k=2$），即无须进行事后多重比较。但如果具有三个以上的水平（$k\geq 3$），必须进行多重比较。图 9.1 列出了二因子方差分析的事后检验决策过程。

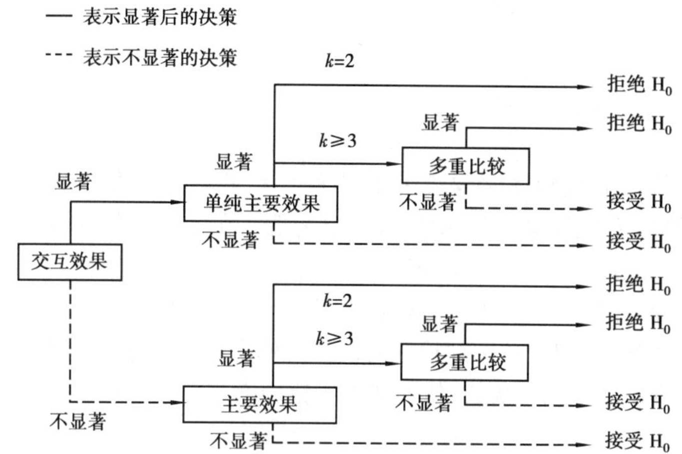

图 9.1 二因子方差分析假设检验决策树

对于交互效果，当交互效果显著时，表示主要效果是一个过度简化、没有考虑到其他因子的检验。如果直接对某一显著的主要效果加以解释或讨论其事后多重比较结果，会扭曲了该因子的真实效果。此时需进行进一步的事后检验程序，包括（1）对于限定条件的主要效果进行整体比较，又称为单纯主要效果检验，以及（2）单纯主要效果检验达显著后，该限定条件的单纯主要效果的多重比较。

单纯主要效果具有整体检验与事后检验两种身份，对于交互效果来说，单纯主要效果是一种事后检验，但单纯主要效果本身则是整体检验。如果单纯主要效果未达显著，或是虽然显著但是比较的平均数数目为 2 个（$k=2$）时，即可直接拒绝 H_0 并进行解释；但如果得到显著的单纯主要效果且比较的平均数数目超过 2 个（$k\geq 3$），即必须再进行单纯主要效果的事后比较（多重比较），因此，简单主要效果可以称为事后的整体检验。本范例中，B 因子包含三个以上的水平，因此当 B 因子的单纯主要效果检验达显著时，须进行进一步的两两平均数配对比较。图 9.1 中被实线箭头指到的效果均为事后检验。

三、单纯主要效果检验

单纯主要效果之所以称为“单纯”，是指在“特定条件下”所进行的主要效果显著性检验，特定条件下的效果即是一种调节效果。

在二因子检验中，若 A 因子有 a_1 与 a_2 两个水平，B 因子有 b_1、b_2、b_3 三个水平，单纯主要效果检验是从两方面的六次检验来检验调节效果：第一，当“在考虑 A 的不同水平条件下，检视 B 因子对于因变量的影响”，须分别检验在 a_1 与 a_2 两种限定条件下的 B 因子效果，称为 B 因子单纯主要效果检验；第二是“在考虑 B 的不同水平条件下，检视 A 因子对于因变量的影响”，须分别检验在 b_1、b_2、b_3 三种限定条件下的 A 因子效果，称为 A 因子单纯主要效果检验。各效果的虚无假设如下：

A 因子的单纯主要效果检验：

当限定于 B 因子的 b_1 水平时： $H_0: \mu_{a1b1} = \mu_{a2b1}$

当限定于 B 因子的 b_2 水平时：　$H_0:\mu_{a1b2}=\mu_{a2b2}$
当限定于 B 因子的 b_3 水平时：　$H_0:\mu_{a1b3}=\mu_{a2b3}$

B 因子的单纯主要效果检验：

当限定于 A 因子的 a_1 水平时：　$H_0:\mu_{a1b1}=\mu_{a1b2}=\mu_{a1b3}$
当限定于 A 因子的 a_2 水平时：　$H_0:\mu_{a2b1}=\mu_{a2b2}=\mu_{a2b3}$

单纯主要效果的 F 检验，以在限定条件下的离均差均方和为分子，以组内离均差均方和为分母，计算出 F 统计量，据以决定统计显著性。在二因子分析中，一个完整的单纯主要效果检验，是由 $p+q$ 次独立的限定条件单因子方差分析检验所组成。

值得注意的是，不论是事后多重比较或单纯主要效果检验，皆属于多次配对比较，多次检验会导致型Ⅰ错误率膨胀，因此检验时的型Ⅰ错误率需采用族系错误率 α_{FW}，将各检验的 α_{FW} 以原来的 α 除以比较次数，使整体型Ⅰ错误率控制在 0.05 水平。

第三节　相关样本多因子方差分析

一、基本概念

前述有关二因子 ANOVA 的讨论，是基于独立样本的实验设计。即每一位受测者均只在某一组别中出现一次，同时每一位受测之间均无任何关联。如果同一位受测者在某一个因子上重复在不同的组别中出现（重复量数设计），或不同组别的受测者之间具有配对关联时（配对样本设计），这就成为相关样本设计。如果多因子实验的各因子都使用相关设计，需采用完全相关设计多因子方差分析（correlated sample ANOVA），如果仅是部分的因子采用相关设计，称为混合设计多因子方差分析（mixed design ANOVA）。

不论是重复量数或配对样本，由于相关样本的存在，使得分数的变异来源，除了因为自变量的效果、交互效果、随机误差的效果，还增加了一项由于被试重复测量或配对关系的个别差异误差效果（被试间效果），使得平均数结构更加的复杂。

一般看到的相关样本研究多为重复量数设计，而重复量数或配对设计的分析原则与程序完全相同，因此本文仅以重复量数混合设计为例。

二、方差拆解

相关设计由于多了一项被试间平均数的差异，使得影响因变量的变异来源有三：导因于自变量、导因于误差项、导因于被试间。以变异量来表示，就是 SS_b、$SS_{residual}$（以 SS_r 表示）与 $SS_{b.subject}$。其中 SS_b 的概念与计算方法与独立样本设计相同，是指各组平均数的变异量，但为配合说明，本章改以 SS_A 表示自变量的组间处理效果。而 SS_r 与 $SS_{b.subject}$ 则是独立样本设计的组内变异（SS_w）的重新分割，SS_r 称为残差变异，$SS_{b.subject}$ 反映被试间平均数变异。具有下列关系：

$$SS_{total}=SS_A+SS_{b.subject}+SS_r \tag{9.4}$$

由公式 9.4 可知，SS_A、SS_r 与 $SS_{b.subject}$ 三项的总和，即为总离均差平方和。被试间离均差平方和（$SS_{b.subject}$）反映的是各被试的平均数离散程度，计算方法与 SS_b 相同，也是直接计算各区组平均数与总平均数的离均差平方和。最后，SS_r 可以直接以 $SS_w - SS_{b.\ subject}$ 求得，换言之，残差变异就是将组内变异再扣除被试间平均数的变异。

三、整体效果的假设检验

依据先前有关独立样本设计的原理，组间效果（包括 A 因子主要效果、B 因子主要效果与交互效果的）的 F 检验，误差项的均方和仅有 SS_w 一个。相关设计的误差项则有 SS_r 与 $SS_{b.\ subject}$ 两个，在计算 F 值时，不同组间效果，因受误差变异的来源不同，误差项也就不同。

对于采用独立设计的 A 因子主要效果，由于不受任何重复量数的被试影响，F 检验的误差项与被试之间的个别差异有关，故取 $MS_{b.\ subject}$（即 $SS_{b.\ subject}/df_{b.\ subject}$）作为误差项，因该项真正反映随机误差的变异来源。而至于 B 主要效果与 AB 交互效果，由于均与相关设计有关，误差来源与“人”的内在差异有关，因此误差项取被试间变异 MS_r（即 SS_r/df_r）。摘要表列于表 9.3。

表 9.3　混合设计方差分析摘要表（以组间与组内的分割呈现）

变异来源	SS	df	MS	F
组间	$SS_{between}$	$pq-1$		
A	SS_A	$p-1$	SS_A/df_A	$MS_A/MS_{b.s}$
B_b	SS_B	$q-1$	SS_B/df_B	MS_B/MS_r
$A\times B_b$	SS_{AB}	$(p-1)(q-1)$	SS_{AB}/df_{AB}	MS_{AB}/MS_r
组内	SS_{within}	$pq(n-1)$	SS_w/df_w	
b. subject	$SS_{b.s}$	$p(n-1)$	$SS_{b.s}/df_{b.s}$	
残差（误差）	SS_r	$p(n-1)(q-1)$	SS_r/df_r	
全体	SS_{total}	$npq-1$		

注：标示 b 者为相关设计因子。

第四节　多因子方差分析的平均数图示

一、平均数图示原理与判断原则

方差分析的各种效果，可以利用平均数折线图来描述，并协助我们进行效果的解释。尤其是交互效果，特别适合于以图示法来描述。但交互效果折线图一般仅适用于两个类别自变量的交互效果的呈现，超过两个因子时，建议逐次取两个自变量来绘制折线图。

在一个交互效果折线图中，Y 轴为因变量的平均数，而两个自变量，一个放置于 X 轴（各水平依序描绘于 X 轴上），另一个则以个别线来呈现（每一个水平为一条折线），如此一来，各单元格的平均数即可标示于折线的相对应位置，如图 9.2 是一个 2×3 的二因子方差分析平均数折线图，其中 A 因子有两个水平（a_1 与 a_2），以个别线表示，B 因子有三个水平（b_1、b_2 与 b_3），标示于 X 轴上，图中的各折线上的折点，为各单元格平均数，由于 2×3 的二因子方差分析共有六个单元格，因此图中会出现六个标示点（六个单元格平均数)。

一般来说,交互效果如果存在,折线图中会出现非平行折线,如图 9.2(a)至(c),各个别折线与各点的相对关系即反映了单纯主要效果的情况。相对的,当各折线呈现平行或接近于平行时,表示交互效果应不显著,如图 9.3(a)至(d)所示。

当各折线呈现水平情况时,表示 B 因子的各水平平均数在 A 因子的特定水平下没有差异;当各折线呈现非水平情况时,表示 B 因子的各水平平均数在 A 因子的特定水平下具有差异,B 单纯主要效果显著。以图 9.2(a)为例,B 因子各水平平均数在 a_1 水平下为 $b_1 < b_2 < b_3$,在 a_2 水平下为 $b_1 > b_2 > b_3$。显示 B 因子的效果受到 A 因子的调节。

A 单纯主要效果则是指不同折线当中,垂直对应的各单元格平均数的距离。图 9.2(a)当中,B 因子 b_1、b_2 与 b_3 三个水平下的 A 因子效果分别为 $a_1 < a_2$、$a_1 < a_2$、$a_1 > a_2$,其中 b_1 与 b_3 两个水平下 A 因子平均数差异都很明显,A 单纯主要效果应达显著水平,但是在 b_2 水平下,a_1 与 a_2 较为接近,显示 A 单纯主要效果在 b_2 水平下可能未达显著。但是这些效果是否具有统计的意义,须利用 F 检验来检验。

二、次序性与非次序性交互效果

在图 9.2 中,包含了非次序性与次序性两种不同形式的交互效果。**非次序性交互效果**(disordinal interaction)如图 9.2(a)所示。交叉的折线说明了两个自变量对于因变量具有交互效果,而且各**单元格的相对关系**是不一致的,不具有特定的次序关系。**次序性交互效果**(ordinal interaction)发生于当两个自变量对于因变量具有交互效果,但是各单元格的相对关系是一致的,具有特定的次序关系,它的特色是折线虽不平行,但是也不会有交会的折线,如图 9.2(b)所示。

在图 9.2(a)的非次序性交互效果中,a_1 的平均数在 b_1 与 b_2 两个水平下虽然一致的高于 a_2,但是在 b_3 水平下,则低于 a_2,表示 A 因子在不同的 B 因子水平下,对于因变量的影响不一致。图 9.2(b)的各单元格平均数均出现一致的相对关系,也就是 a_1 的平均数在 b_1、b_2 与 b_3 三个水平下都是一致的高于 a_2,而 b_1、b_2 与 b_3 的平均数在 a_1、a_2 两个水平下的顺序也相同,都是 $b_1 > b_2 > b_3$,称为次序性交互效果。

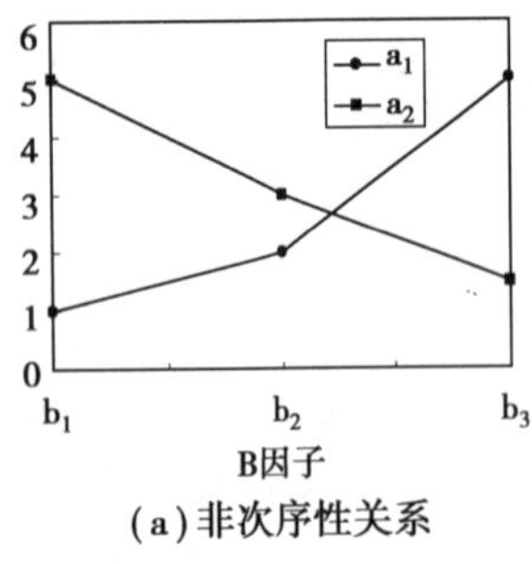

(a)非次序性关系

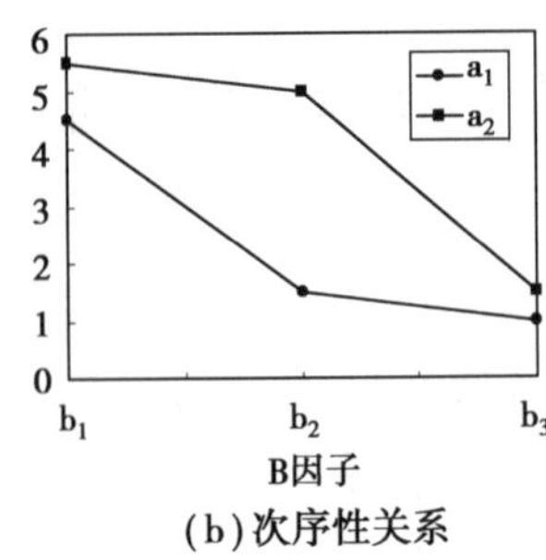

(b)次序性关系

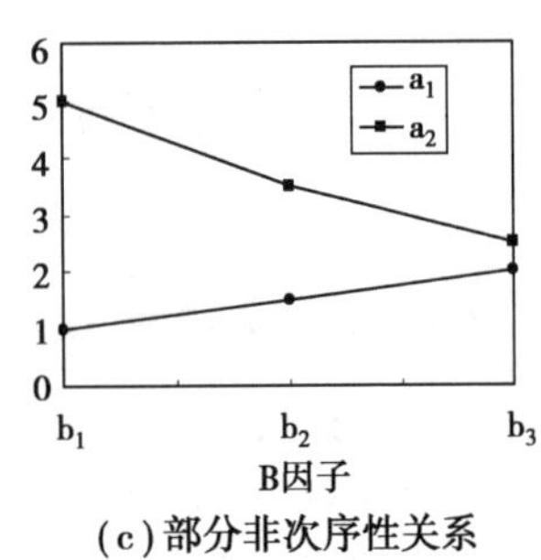

(c)部分非次序性关系

图 9.2 非次序性与次序性交互效果图示

交互效果当中,其中一个因子是次序性关系,但另一个因子为非次序性关系时,称为**部分非次序性交互效果**(partially disordinal interaction)(图 9.2(c))。例如 a_1 的平均数在 b_1、b_2 与 b_3 三个水平下都是一致的高于 a_2,是一种次序性关系,但是对于 B 因子,b_1、b_2 与 b_3 的平均数在 a_1、a_2 两个水平下的顺序关系不同,在 a_1 时为 $b_1 < b_2 < b_3$,但在 a_2 时为 $b_1 > b_2 > b_3$,表示 B 因子在不同的 A 因子水平下,对于因变量的影响不一致,为一种非次序性现象。

基本上,由于交互效果同时包括各因子的作用进行检验,因此只要有部分因子出现了非次序关系,统计上一律以非次序性现象来处理,也就是不针对主要效果进行解释。因为任何非次序交互效果的存在,主要效果需"视状况而定"。当交互效果为次序性时,主要效果本身是否加以解释就比较没有严格的限制,因为次序性交互效果意味着因子间的调节作用不会影响效果的次序关系,因此主要效果的解释,可以作为次序性交互效果的补充解释。

三、主要效果的图表判断

平均数折线图除了可以用于检查交互效果的型态,也可以用来检查主要效果的趋势与强弱状态,如图9.3所示。而主要效果的判断,必须在图9.3当中增加一条主要效果平均数折线(虚线)来表示X轴因子主要效果(B因子),而另一个因子(A因子)的主要效果则以各个别线的整体的垂直差距来表示。

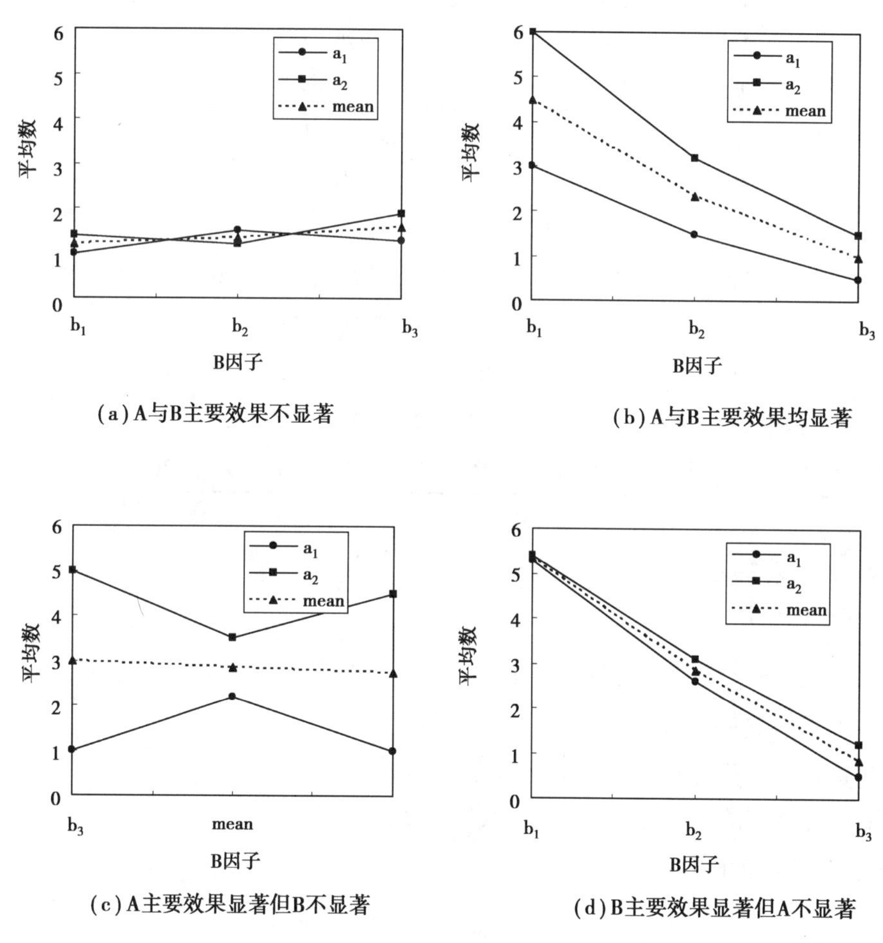

(a) A与B主要效果不显著

(b) A与B主要效果均显著

(c) A主要效果显著但B不显著

(d) B主要效果显著但A不显著

图9.3　交互效果不显著的主要效果图示

以图9.3(a)为例,B因子主要效果虚线呈现平坦状,显示B因子各水平平均数十分接近,B主要效果可能不显著,代表A因子主要效果的个别折线垂直距离也很接近,显示A因子各水平的平均数十分接近,A主要效果亦可能不显著。图9.3(b)是当A与B主要效果均达显著的状况。其中 B 主要效果折线呈现陡峭的不平坦状况,A 主要效果的各个别折线的垂直距离很大,表示 A 与 B 两个因子的各水平平均数差异颇大。图 9.3(c)与(d)则说明了其中一个主要效果不显著的情形。

值得注意的是,图示法仅是一种目视的检测,其统计意义需以统计显著性检验来检验。

第五节　范例解析

范例 9.1　二因子方差分析(完全独立设计)

为了提高某汽车公司业务员的业绩,某位人力资源主管引进一套自我肯定训练课程。为了了解训练课程的效果,他搜集了 27 位参加训练课程员工的训练后的业绩表现,并将员工分成水平下、水平中以及水平上三类型,探讨不同能力水平的员工,接受训练课程的效果是否具有差异。另外也收集了 27 位没有参加训练的员工的业绩表现,同样分成水平下、水平中、水平上三个层次以进行比较。所得到的业绩数据如下:

训练课程 Training	业绩能力(Ability)								
	水平下			水平中			水平上		
无自我肯定训练	10	14	16	16	17	23	21	24	23
	12	14	13	19	20	15	20	23	25
	15	11	13	19	18	21	21	26	22
有自我肯定训练	15	18	22	18	24	19	21	19	20
	18	21	17	22	21	20	23	24	24
	18	16	16	20	22	23	22	25	20

1. 主要效果的检验

【A. 操作程序】

步骤一:输入数据。两个自变量与因变量各为单一变量,各占一栏。共三栏。

步骤二:点选 分析 → 一般线性模式 → 单变量 。

步骤三:进入因子分析对话框,点选因变量、因子(自变量)。

步骤四:选择所需的附加功能。定义折线图等功能。

步骤五:点击 确定 执行。

【B. 步骤图示】

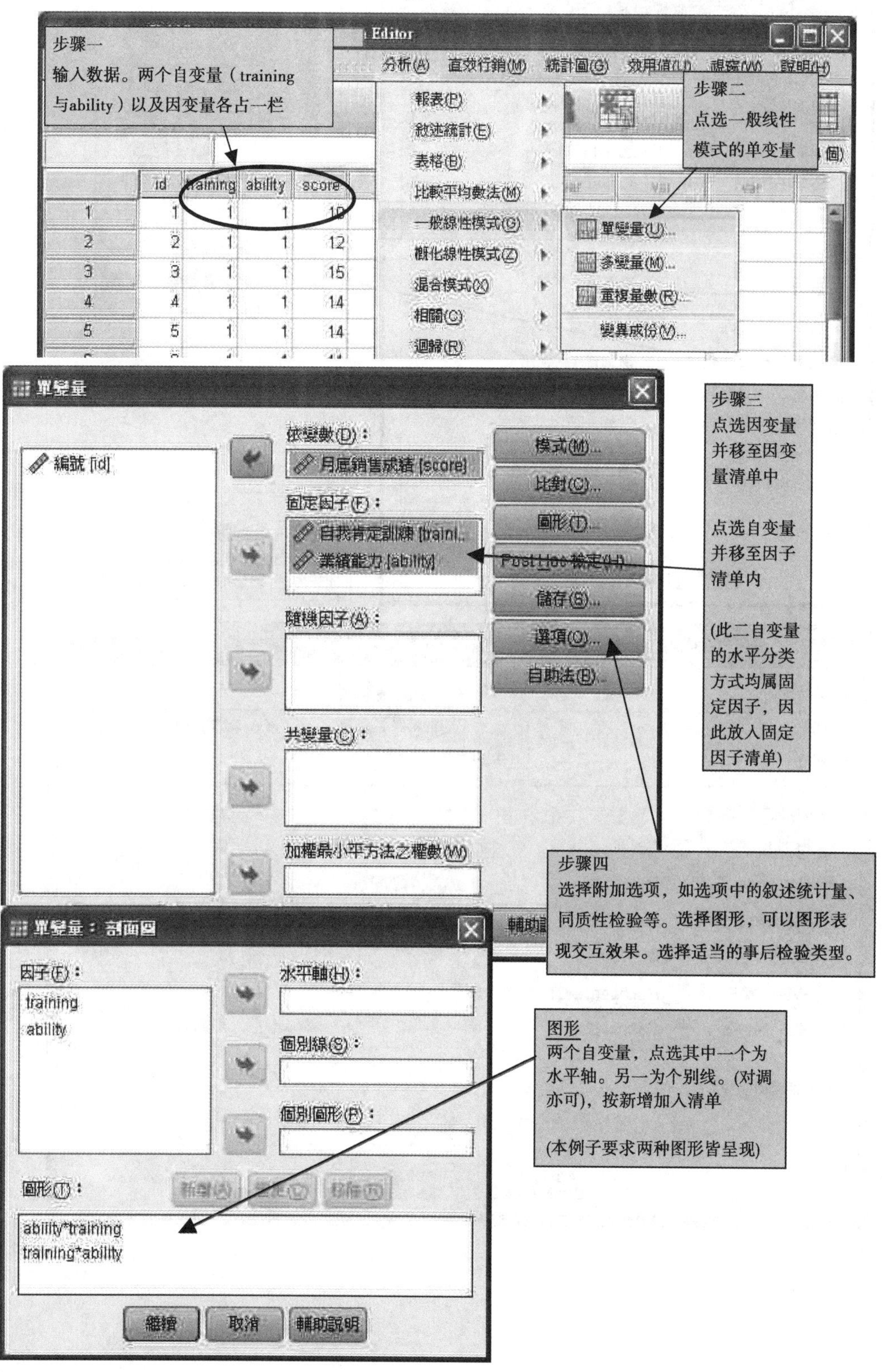
步骤一
输入数据。两个自变量（training与ability）以及因变量各占一栏
步骤二
点选一般线性模式的单变量
步骤三
点选因变量并移至因变量清单中
点选自变量并移至因子清单内
(此二自变量的水平分类方式均属固定因子，因此放入固定因子清单)
步骤四
选择附加选项，如选项中的叙述统计量、同质性检验等。选择图形，可以图形表现交互效果。选择适当的事后检验类型。
图形
两个自变量，点选其中一个为水平轴。另一为个别线。(对调亦可)，按新增加入清单
(本例子要求两种图形皆呈现)

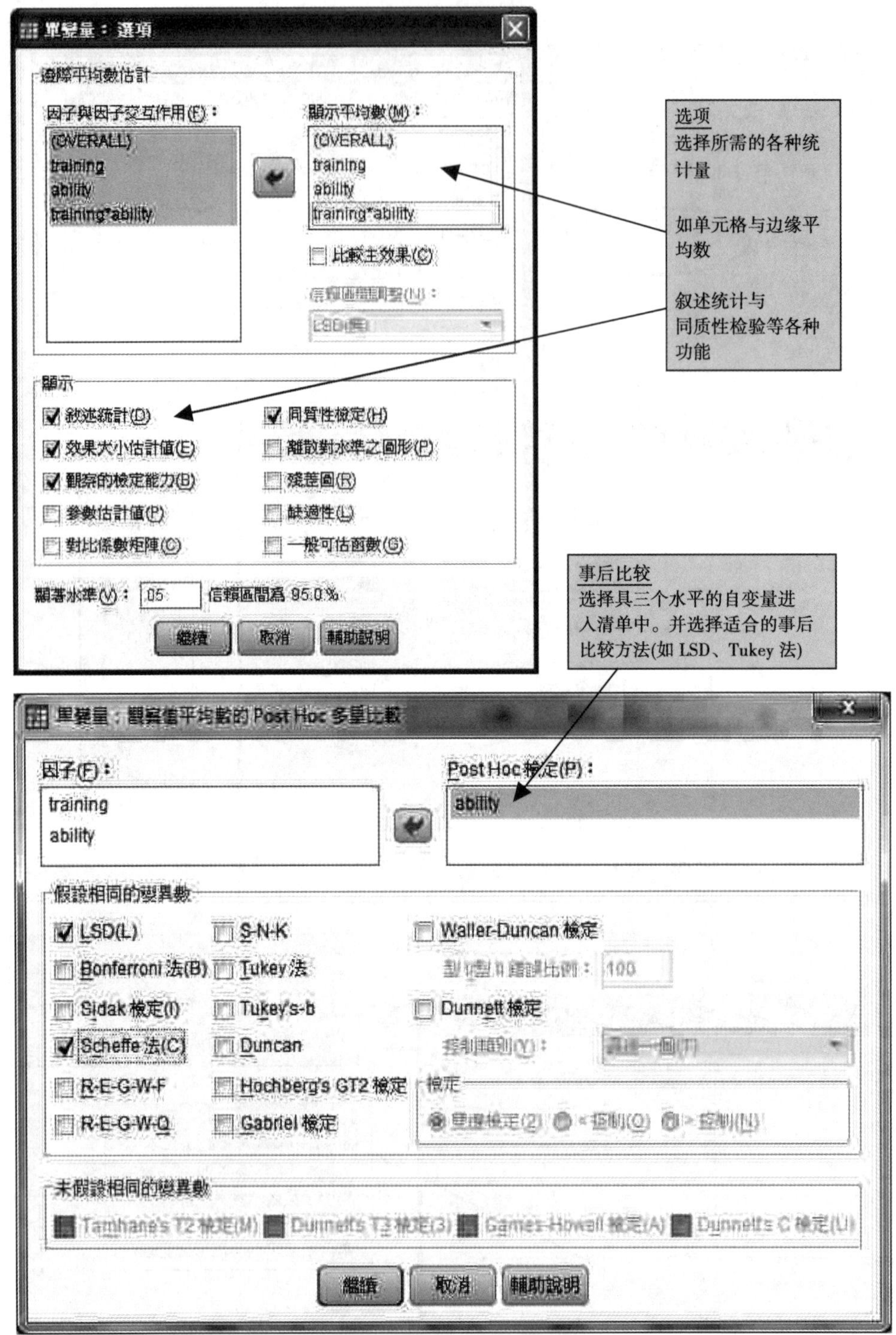
單變量：選項
邊際平均數估計
因子與因子交互作用(F)：
(OVERALL)
training
ability
training*ability
顯示平均數(M)：
(OVERALL)
training
ability
training*ability
比較主效果(C)
選項
選擇所需的各种统
计量
如单元格与边缘平
均数
叙述统计与
同质性检验等各种
功能
顯示
敘述統計(D)
同質性檢定(H)
效果大小估計值(E)
離散對水準之圖形(P)
觀察的檢定能力(B)
殘差圖(R)
參數估計值(P)
缺適性(L)
對比係數矩陣(C)
一般可估函數(G)
顯著水準(V)：.05 信賴區間為 95.0%
繼續 取消 輔助說明
事后比较
选择具三个水平的自变量进
入清单中。并选择适合的事后
比较方法(如 LSD、Tukey 法)
單變量：觀察值平均數的 Post Hoc 多重比較
因子(F)：
training
ability
Post Hoc 檢定(P)：
ability
假設相同的變異數
LSD(L)
S-N-K
Waller-Duncan 檢定
Bonferroni 法(B)
Tukey 法
Sidak 檢定(I)
Tukey's-b
Dunnett 檢定
Scheffe 法(C)
Duncan
R-E-G-W-F
Hochberg's GT2 檢定
R-E-G-W-Q
Gabriel 檢定
未假設相同的變異數
Tamhane's T2 檢定(M)
Dunnett's T3 檢定(3)
Games-Howell 檢定(A)
Dunnett's C 檢定(U)
繼續 取消 輔助說明

【C.结果输出】

①方差的单变量分析

因子内容说明
二因子方差分析共有两个因子。
名称与人数如表列

被试间因子

		数值批注	个数
TRAINING 自我肯定训练	1	无	27
	2	有	27
ABILITY 业绩能力	1	水平下	18
	2	水平中	18
	3	水平上	18

描述统计结果
列出各单元格与边缘平均数、标准差及个数等

叙述统计

因变量: score 月底销售成绩

training 自我肯定训练	ability 业绩能力	平均数	标准差	个数
1 无	1 水平下	13.11	1.900	9
	2 水平中	18.67	2.500	9
	3 水平上	22.78	1.986	9
	总和	18.19	4.532	27
2 有	1 水平下	17.89	2.315	9
	2 水平中	21.00	1.936	9
	3 水平上	22.00	2.121	9
	总和	20.30	2.715	27
总和	1 水平下	15.50	3.204	18
	2 水平中	19.83	2.479	18
	3 水平上	22.39	2.033	18
	总和	19.24	3.851	54

方差同质性检验
探讨各样本的变异情形是否同质。
F值为0.18，显著性为0.969，显示假设并未违反

误差变异量的Levene检验等式[a]

因变量:SCORE 月底销售成绩

F检验	分子自由度	分母自由度	显著性
.180	5	48	.969

检验各组别中因变量误差变异量的虚无假设是相等的。

a. Design:截距+training+ability+training*ability

方差分析摘要表
两个主要效果均达显著
交互效果亦显著

被试间效应项的检验

因变量: score 月底销售成绩

来源	型Ⅲ平方和	自由度	平均平方和	F检验	显著性	净相关Eta平方	Noncent.参数	观察的检验能力[a]
校正后的模式	566.537[b]	5	113.307	24.797	.000	.721	123.984	1.000
截距	19991.13	1	19991.1	4375.0	.000	.989	4374.96	1.000
training	60.167	1	60.167	13.167	.001	.215	13.167	.945
ability	436.593	2	218.296	47.773	.000	.666	95.546	1.000
training * ability	69.778	2	34.889	7.635	.001	.241	15.271	.934
误差	219.333	48	4.569					
总和	20777.00	54						
校正后的总数	785.870	53						

a. R平方=0.721(调整后的R平方=0.692)。

b. 使用alpha=0.05 计算。

②剖面图

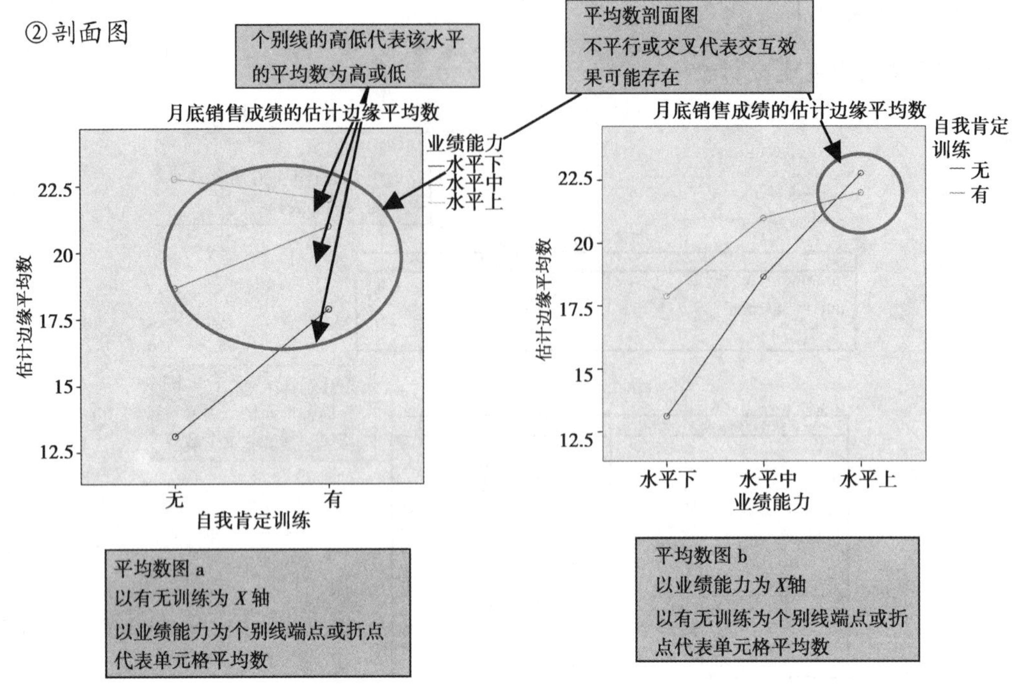

【D.结果分析】

由上述的报表可以得知:此一独立样本二因子方差分析不论是两个主要效果,或交互效果均达显著水平。显示参加和没参加训练的人,其月底业绩具有显著的差别($F(1,48)=13.167, p=0.001$)。业绩能力高低强弱不同的人也如预期般的具有业绩表现的显著不同($F(2,48)=47.773, p=0.000$。更进一步的,业绩能力与训练课程会交互影响业绩表现($F(2,48)=7.635, p=0.001$)。由于交互效果达显著水平,主要效果即失去分析价值,而应进行单纯主要效果检验,讨论在何种情况下,业绩表现会提高或降低。

二因子方差分析摘要表

来源	型ⅢSS	自由度	平均平方和	F 检验	显著性	净 η^2
A(训练)	60.167	1	60.167	13.167	.001	.215
B(能力)	436.593	2	218.296	47.773	.000	.666
A×B	69.778	2	34.889	7.635	.001	.241
误差	219.333	48	4.569			
总数	785.870	53				

2. 单纯主要效果检验

单纯主要效果最为复杂之处,在于需进行数据分割,使得被检验的自变量的主要效果被限定在另一个自变量的特定水平下来检验。

【A. 操作程序】

步骤一:分割数据。以其中一个自变量为分割变量,探讨另一个自变量与因变量的关系。如先以训练课程为分割变量。点选 数据 → 分割档案 → 确定 。

步骤二:点选 比较群组 ,并选择分割的类别自变量,移至依此群组中,并按 确定 执行。完成分割。

步骤三:执行单因子方差分析。点选 分析 → 比较平均数法 → 单因子变异数分析 对话框。

步骤四:点选因变量、因子变量并选择所需的附加功能。如 选项 中的叙述统计、同质性检验,事后比较 LSD 法。

步骤五:点击 确定 执行。

步骤六:重复上述一至五步骤,但以另一个自变量为分割变量进行分割,执行单因子方差分析。

【B. 步骤图示】

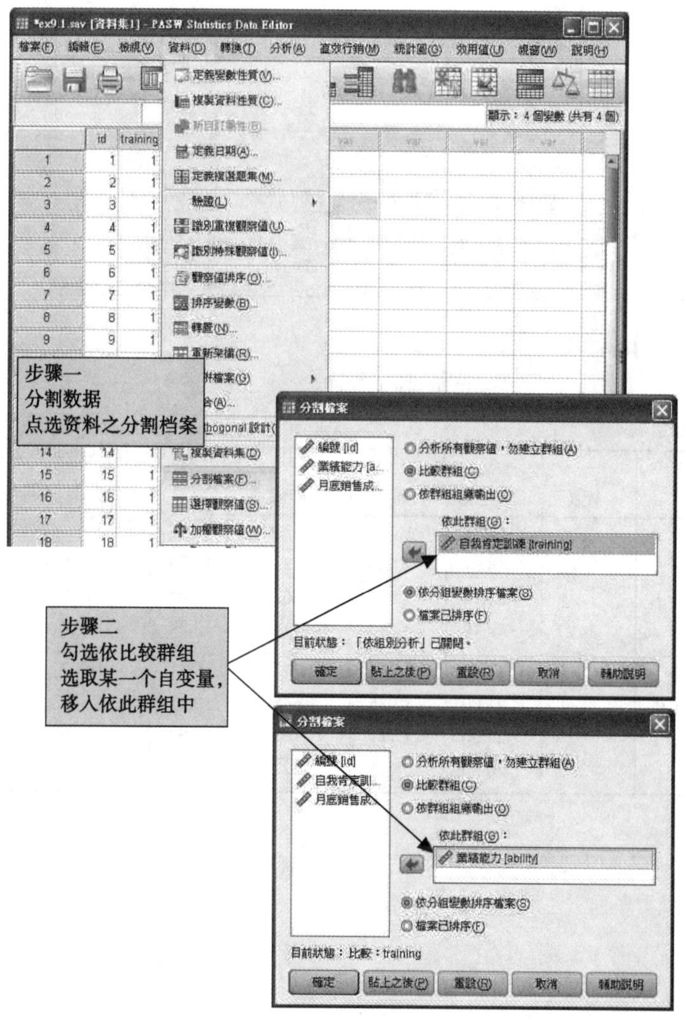

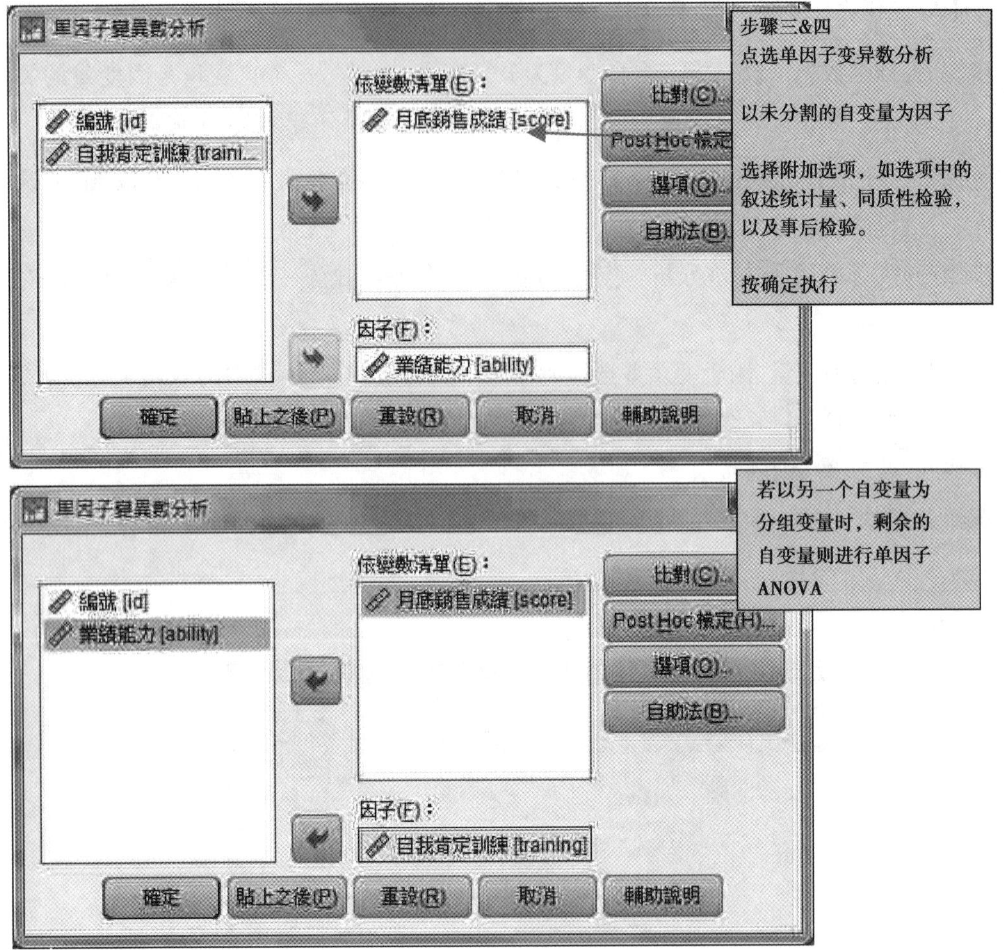

【C. 结果输出】

描述性统计量

score 月底销售成绩

> 分组描述统计结果
> 限定后，无训练者与有训练者各单元格与边缘平均数、标准差及个数等

training自我肯定训练		个数	平均数	标准差	标准误	平均…			
						下…			
1无	1 水平下	9	13.11	1.900	.633				[illegible]
	2 水平中	9	18.67	2.500	.833	16.74	20.59	15	23
	3 水平上	9	22.78	1.986	.662	21.25	24.30	20	26
	总和	27	18.19	4.532	.872	16.39	19.98	10	26
2有	1 水平下	9	17.89	2.315	.772	16.11	19.67	15	22
	2 水平中	9	21.00	1.936	.645	19.51	22.49	18	24
	3 水平上	9	22.00	2.121	.707	20.37	23.63	19	25
	总和	27	20.30	2.715	.522	19.22	21.37	15	25

ANOVA

score月底销售成绩

training 自我肯定训练		平方和	自由度	平均平方和	F	显著性
1无	组间	423.630	2	211.815	46.028	.000
	组内	10.444	24	4.602		
	总和	534.074	26			
2有	组间	82.741	2	41.370	9.118	
	组内	108.889	24	4.537		
	总和	191.630	26			

方差分析摘要表

在两个限定条件下的F检验结果，但是F并不正确。分母须改用整体检验的F检验分母MS_w，因此这个报表的目的在产生SS_b

ANOVA

score月底销售成绩

ability 业绩能力		平方和	自由度	平均平方和	F	显著性
1 水平下	组间	102.722	1	102.722	22.898	.000
	组内	71.778	16	4.486		
	总和	174.500	17			
2 水平中	组间	24.500	1	24.500	4.900	.042
	组内	80.000	16	5.000		
	总和	104.500	17			
3 水平上	组间	2.722	1	2.722	.645	.434
	组内	67.556	16	4.222		
	总和	70.278	17			

【D. 结果分析】

单纯主要效果必须分别以两个独立变量进行数据的分割，上述报表仅列出以自我肯定训练作为切割变量的单纯主要效果的检验。以业绩能力（水平下、水平中、水平上）进行分割后的单纯主要效果检验则省略。总计五次的以单因子方差分析所进行的单纯主要效果的摘要表如表 9.4。为避免型 I 错误率膨胀，需采族系错误率 α_{FW}，将各检验的 α_{FW} 设为 $\alpha/5=0.05/5=0.01$，使整体型 I 错误率控制在 0.05 水平。各 F 检验的显著性概率由 SPSS 函数转换结果如下：

表 9.4　单纯主要效果方差分析摘要表

单纯主要效果内容	*SS*	*df*	*MS*	*F*	*P*	*Post hoc tests*
业绩能力						
在无训练条件下	423.630	2	211.815	46.36	.000	上>中 上>下 中>下
在有训练条件下	82.741	2	41.370	9.05	.001	上>下 中>下
自我肯定训练						
在水平下条件下	102.722	1	102.722	22.48	.000	—
在水平中条件下	24.500	1	24.500	5.36	.025	—
在水平上条件下	2.722	1	2.722	.60	.442	—
误差	219.333	48	4.569			

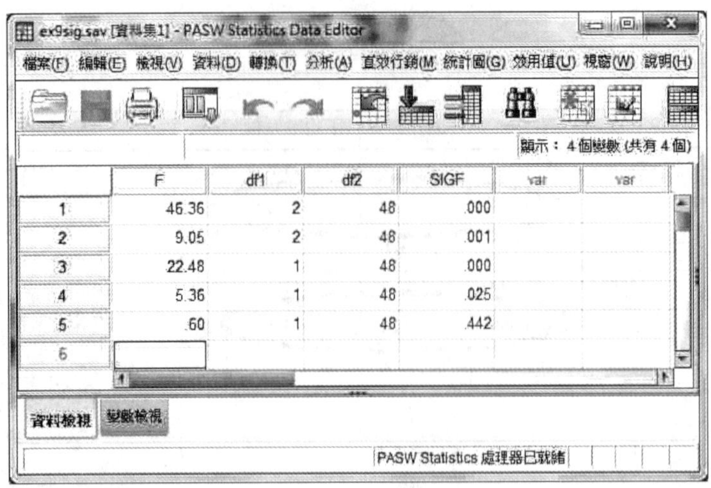

	F	df1	df2	SIGF	var	var
1	46.36	2	48	.000		
2	9.05	2	48	.001		
3	22.48	1	48	.000		
4	5.36	1	48	.025		
5	.60	1	48	.442		
6						

由表9.4可以得知：自我肯定训练与业绩能力对于月底销售成绩的交互影响，在不同的限定条件下有所不同。不同程度的业务员在无训练情况下，月底销售成绩具有明显的差异，$F(2,48)=46.36$，$p=0.000$，事后比较检验的结果发现，水平上业务员的成绩(22.78)，显著高于水平中(18.67)，也高于水平下业务员(13.11)，两两比较皆达显著。然而，当条件限定在有参加训练课程的学生时，业绩能力因子对月底销售成绩的影响虽然仍显著，但已经降低，$F(2,48)=9.05$，$p=0.000$，事后比较检验的结果，则发现参加训练课程后，水平上业务员的成绩(22)并未显著高于水平中业务员(21)，仅高于水平下业务员(17.89)，从平均数来看，可知水平中与水平下业务员，受到自我肯定训练的影响较大。

从业绩能力的三个不同限定条件的分割，来分析有无训练对于月底销售成绩的影响，可以看出对于水平上业务员，自我肯定训练并无效果$F(1,48)=0.60$，n.s.，对于水平中业务员与水平下业务员则有显著效果，水平中业务员有无训练的差异达显著，$F(1,48)=5.36$，$p=0.025$，水平下业务员在训练有无的差异亦达显著$F(1,48)=22.48$，$p=0.000$，显示自我肯定训练对于水平中业务员最有帮助，没有参加训练的水平中业务员成绩为18.67，有参加课程的业务员成绩达23.67，比水平上业务员还高分。没有参加训练的水平下业务员成绩只有13.11，但是有参加课程的业务员，成绩达17.89，亦显著增加。由于自我肯定训练的单纯主要效果只有两个水平，因此无须进行事后检验，可以直接比较两组样本的平均数。

由此一范例可以明确地看出，交互效果达显著后，执行单纯主要效果的重要性。对于因变量的影响，两个自变量或许皆有显著的影响，但是一个显著的交互效果，显示主要效果的解释，必须考虑两个自变量的互动性。事实上，前面整体检验中所提供的剖面图示法，已经可以清楚看出两个自变量对于因变量的交互影响作用，这便是许多研究者喜欢使用剖面图来判断交互效果的主要原因。

范例9.2　二因子方差分析(混合设计)

以捷运行车控制中心的操作人员研究为例，心理学家假设，工作时间增长，注意力降低，在一天当中的四次测量，被试的反应时间显著变长，印证了研究假设。在随机挑选的13名操作人员当中，有七名为男性，六名为女性。研究者想观察性别是否是另一个影响注意力的因素,此时即可以视为是一个二因子混合设计方差分析,其中被试内设计的因子为四个不同的测量时间:上班初期、午饭前、午饭后、下班前四个时段(重复量数),而被试间设计则为性别差异(独立样本)。因变量仍为反应时间(秒)。请问,性别差异、工作时间对于注意力是否有影响?

No.	性别	上班初期 9:00	午饭前 11:30	午饭后 14:00	下班前 16:30
1	男	6.2	6.7	7.4	7.8
2	男	5.9	4.8	6.1	6.9
3	男	8.4	8.7	9.9	10.3
4	女	7.6	7.8	8.7	8.9
5	女	4.1	4.7	5.4	6.6
6	女	5.4	5.3	5.9	7.1
7	女	6.6	6.7	7.2	7.5
8	女	6.1	5.8	6.4	6.7
9	女	4.9	5.1	5.2	6.8
10	男	8.2	8.6	9.3	10.4
11	男	5.7	5.7	6.5	7.2
12	男	5.9	6.4	6.9	7.6
13	男	6.9	6.6	7.1	7.5

1. 主要效果检验

混合设计方差分析是独立设计与相关设计的综合体,因此数据的输入格式与分析方法是两种分析的合成。由于各项效果的 F 检验有不同的误差项,因此在整理报表需格外谨慎,取用正确的误差项。

【A. 操作程序】

步骤一:输入数据。每一位被试占一列。重复测量的各水平以单独的一个变量来输入。独立样本独立变量则为独立一栏。

步骤二:点选 分析 → 一般线性模式 → 重复量数 。

步骤三:进入定义因子清单,输入重复量数因子名称(timing)及水平数,并可输入变量的标签,点击 定义 。

步骤四:进入重复量数对话框,依序点选重复的水平(time1 至 time 4),输入独立因子,移至因子清单。

步骤五:选择所需的附加功能。如 选项 中的叙述统计与事后比较。

步骤六:点击 确定 执行。

【B. 步骤图示】

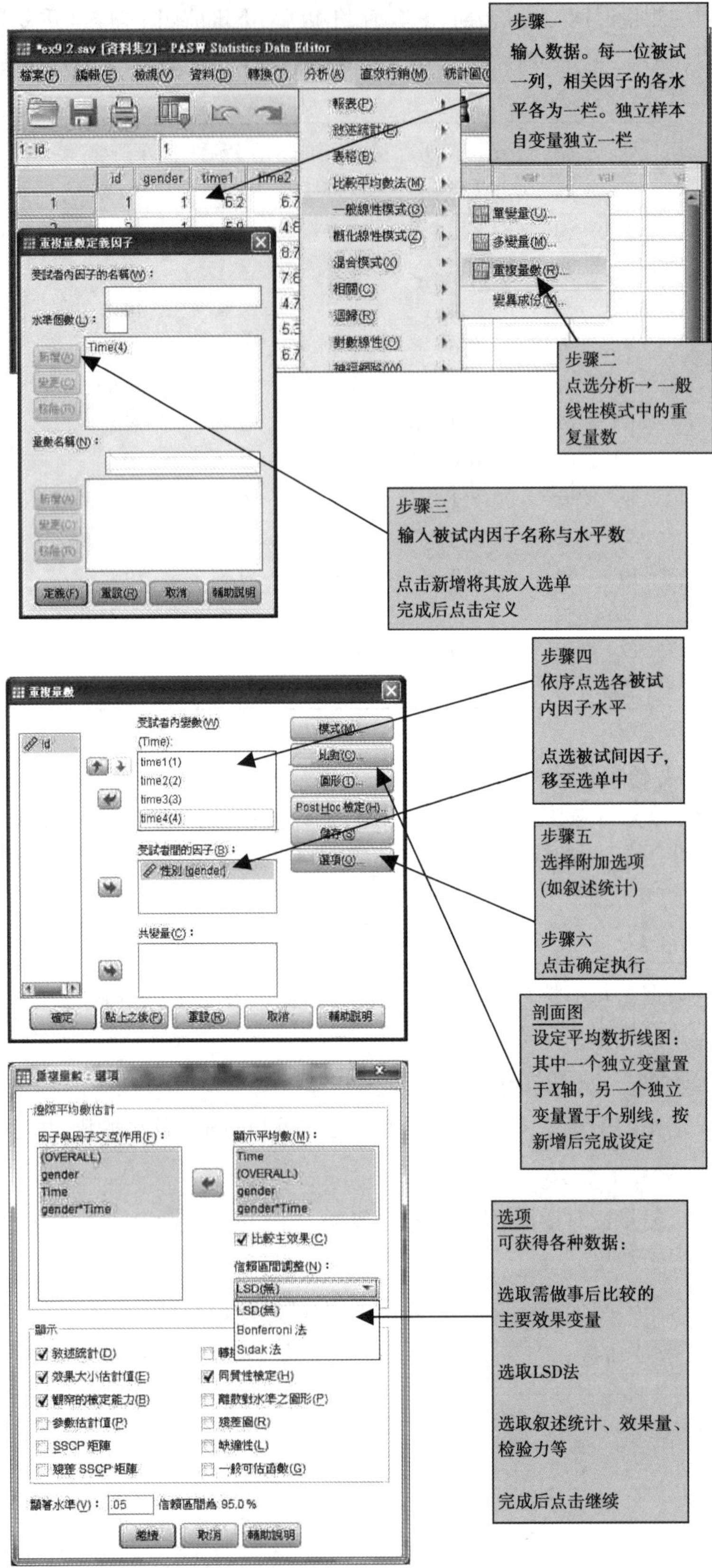
步骤一
输入数据。每一位被试一列，相关因子的各水平各为一栏。独立样本自变量独立一栏
步骤二
点选分析→ 一般线性模式中的重复量数
步骤三
输入被试内因子名称与水平数
点击新增将其放入选单
完成后点击定义
步骤四
依序点选各被试内因子水平
点选被试间因子，移至选单中
步骤五
选择附加选项
(如叙述统计)
步骤六
点击确定执行
剖面图
设定平均数折线图：其中一个独立变量置于X轴，另一个独立变量置于个别线，按新增后完成设定
选项
可获得各种数据：
选取需做事后比较的主要效果变量
选取LSD法
选取叙述统计、效果量、检验力等
完成后点击继续

【C. 结果输出】

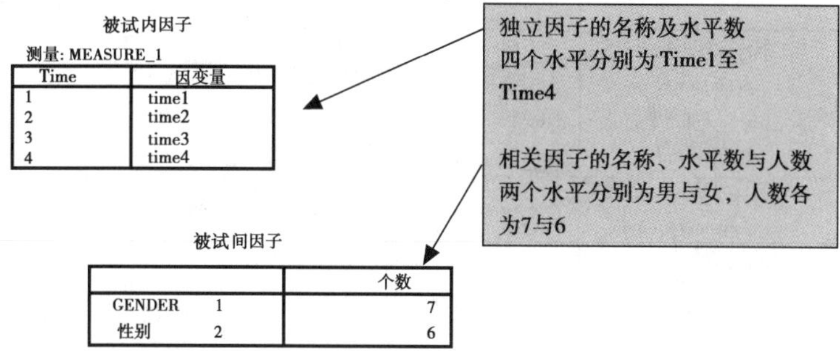

被试内因子

测量: MEASURE_1

Time	因变量
1	time1
2	time2
3	time3
4	time4

被试间因子

		个数
GENDER 性别	1	7
	2	6

叙述统计

	GENDER 性别	平均数	标准差	个数
time1 上班初期	1	6.743	1.1326	7
	2	5.783	1.2513	6
	总和	6.300	1.2416	13
time2 午饭前	1	6.786	1.4300	7
	2	5.900	1.1576	6
	总和	6.377	1.3386	13
time3 午饭后	1	7.600	1.4387	7
	2	6.467	1.3110	6
	总和	7.077	1.4481	13
time4 下班前	1	8.243	1.4684	7
	2	7.267	.8641	6
	总和	7.792	1.2829	13

描述统计
列出所有单元格与边缘平均数、标准差与个数

协方差矩阵等式的Box检验[a]

Box's M	13.255
*F*检验	.777
分子自由度	10
分母自由度	537.746
显著性	.651

检验因变量的观察协方差矩阵的虚无假设，等于交叉组别。

a.Design:截距+gender

被试内设计:Time

BOX's 的协方差矩阵同质性检验
检验性别在四个重复测量的协方差矩阵是否同质，
M=13.255，F=0.777，p=0.651 不显著，假设成立

Mauchly 球形检验[b]

测量:MEASURE_1

被试内效应项	Mauchly's W	近似卡方分布	自由度	显著性	Epsilon[a] Greenhouse-Geisser	Huynh-Feldt值	下限
Time	.599	4.977	5	.421	.767	1.000	.333

检验正交化变量转换之因变量的误差协方差矩阵的虚无假设，是识别矩阵的一部分。

a. 可用来调整显著性平均检验的自由度。改过的检验会显示在"Within-Subjects Effects"表检验中。

b.Design:截距+gender

被试内设计:Time

球形假设检验
卡方未达0.05显著水平，
表示假设未违反

被试内效应项的检验

测量:MEASURE_1

来源		型Ⅲ平方和	df	平均平方和	F	显著性	净相关Eta平方	观察的检验能力[a]
Time	假设为球形	18.788	3	6.263	57.056	.000	.838	1.000
	Greenhouse-Geisser	18.788	2.300	8.170	57.056	.000	.838	1.000
	Huynh-Feldt	18.788	3.000	6.263	57.056	.000	.838	1.000
	下限	18.788	1.000	18.788	57.056	.000	.838	1.000
Time*gender	假设为球形	.105	3	.035	.319	.811	.028	.105
	Greenhouse-Geisser	.105	2.300	.046	.319	.759	.028	.098
	Huynh-Feldt	.105	3.000	.035	.319	.811	.028	.105
	下限	.105	1.000	.105	.319			
误差(Time)	假设为球形	3.622	33	.110				
	Greenhouse-Geisser	3.622	25.297	.143				
	Huynh-Feldt	3.622	33.000	.110				
	下限	3.622	11.000	.329				

被试内设计检验
球形假设未违反时，主要效果的检验值。从显著性可知为显著

球形假设遭到违反时，需使用矫正方法所得到的数据

交互效果
F值为0.319，p=0.811未达显著水平

残差
表误差变异，作为相关因子的F检验误差项

误差变异量的Levene检验等式[a]

	F	df1	df2	显著性
time1 上班初期	.023	1	11	.881
time2 午饭前	.158	1	11	.699
time3 午饭后	.140	1	11	.715
time4 下班前	2.866	1	11	.119

检验各组别中因变量误差变异量的虚无假设是相等的。

a.Design:截距+gender
被试内设计:Time

独立因子检验值
性别独立变量主要效果的检验值。从显著性p=0.182可知未达显著

被试间效应项的检验

测量:MEASURE_1
转换的变量:均数

来源	型Ⅲ平方和	df	平均平方和	F	显著性	净相关Eta平方	Noncent. 参数	观察的检验能力[a]
截距	2424.47	1	2424.479	389.016	.000	.973	389.016	1.000
gender	12.635	1	12.632	2.027	.182	.156	2.027	.256
误差	68.556	11	6.232					

被试间差异
即被试间平均数的变异量

成对的比较

测量:MEASURE_1

(I) Time	(J) Time	平均数差异(I-J)	标准误	显著性[a]	差异的95%置信区间[a] 下限	上限
1	2	−.080	.133	.560	−.372	.212
	3	−.770*	.129	.000	−1.054	−.486
	4	−1.492*	.171	.000	−1.869	−1.115
2	1	−.080	.133	.560	−.212	.372
	3	−.690*	.082	.000	−.872	−.509
	4	−1.412*	.126	.000	−1.689	−1.135
3	1	−.770	.129	.000	.486	1.054
	2	−.690*	.082	.000	.509	.872
	4	−.721*	.125	.000	−.998	−.445
4	1	1.492*	.171	.000	1.115	1.869
	2	1.412*	.126	.000	1.135	1.689
	3	−.721*	.125	.000	.445	.998

根据估计的边际平均数而定
a.调整多重比较：最低显著差异(等于未调整值)。
*.平均差异在0.05水平是显著的.

事后检验
Time1 vs Time2不显著，其他配对均显著

剖面图

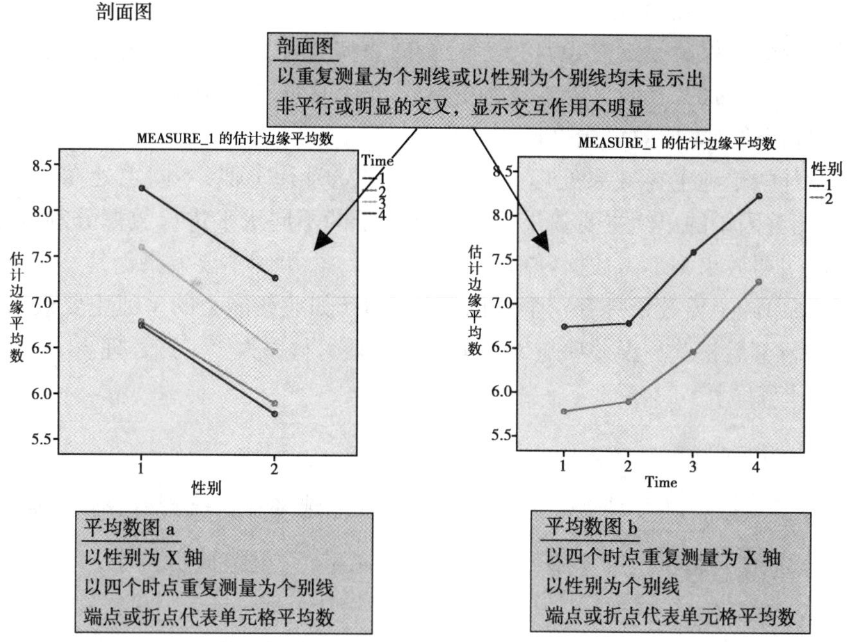

【D. 结果分析】

由上述的报表可以得知：此一相关样本的球形检验并未违反，Mauchly's W 系数为 0.599（$\chi^2=4.977$，$p=0.421$），因此不需使用修正公式得到的数据。交互效果 $F(3,33)=0.319$，$p=0.811$，未达显著，因此无须进行单纯主要效果分析。若从剖面图来观察，亦可发现无明显的交叉或非平行线段。

两个独立变量的主要效果分析发现，被试间设计自变量（性别）并未达到显著，$F(1,33)=2.027$，$p=0.182$，显示性别与反应时间没有关系；但被试内设计的四个样本平均数差异达显著水平，组间效果 $F(3,33)=57.056$，$p=0.000$，表示不同的测量时段下，操作员的注意力的确有所不同。方差分析摘要表见表 9.5。

事后比较可以看出，四个水平平均数的两两比较，除了水平 1 与水平 2 相比（平均数差为 −0.08，$p=0.560$）为不显著之外，其他各水平的两两比较均达显著水平，且平均数呈现逐步增高，显示时间越晚的水平，所需反应时间越长，注意力变差。以第四次测量（下班前）的注意力最差，平均数为 7.792 秒。

表 9.5　相关样本单因子方差分析摘要表

变异来源	*SS*	*df*	*MS*	*F*	*P*
性别（独立因子）	12.632	1	12.632	2.027	.182
时段 b（相关因子）	18.788	3	6.263	57.056	.000
性别 × 时段 b	.105	3	.035	.319	.811
组内	72.178	44			
被试间（Block）	68.556	11	6.232		
残差	3.622	33	.110		
全体 Total	103.900	51			

注：标示 b 者为区组设计因子，需以残差为误差项。

2. 单纯主要效果检验

单纯主要效果检验是混合设计方差分析的重要程序，虽然本范例的交互效果不显著，但为了示范的目的，我们仍以本范例的数据进行说明，在实际研究上，交互效果不显著时，不必进行单纯主要效果检验。

混合设计的单纯主要效果处理方式与完全独立设计类似，不同之处在于数据的分割，在检验相关因子的单纯主要效果时就独立因子的不同水平进行数据分割，但是独立因子的单纯主要效果则不需数据分割。基本上，每一个单纯主要效果仍是一个单因子方差分析，如果单纯主要效果具有三个或以上的水平（如业绩能力的单纯主要效果），达显著后还需进行事后检验。误差项与 *F* 值的计算必须另行以人工方式处理。

【A. 操作程序】

一、相关因子的单纯主要效果检验

步骤一：分割数据。以类别独立变量为分割变量，点选 资料 → 分割档案 → 确定 。

步骤二：点选 比较群组 ，并选择分割的类别自变量，移至依此群组中，并按 确定 执行，完成分割。

步骤三：执行单因子方差分析。点选 分析 → 一般线性模式重复量数 对话框。

步骤四：依照重复量数 ANOVA 原理，选择相关因子的四个水平为因变量，进行单因子相关样本方差分析。并选取如 选项 中的事后比较 LSD 法。按 确定 执行。

二、独立因子的单纯主要效果检验

步骤一：还原分割后，以全体观察值进行单因子方差分析。点选 分析 → 比较平均数法 → 单因子变异数分析 。

步骤二：将四相关因子水平逐一移至因变量，将独立因子移至因子清单，并选择所需的附加功能。如 选项 中的叙述统计、同质性检验，事后比较 LSD 法。按 确定 执行。

步骤三：完成摘要表（注意需以人为方式选取误差项）。

【B. 步骤图示】

★相关因子的单纯主要效果检验

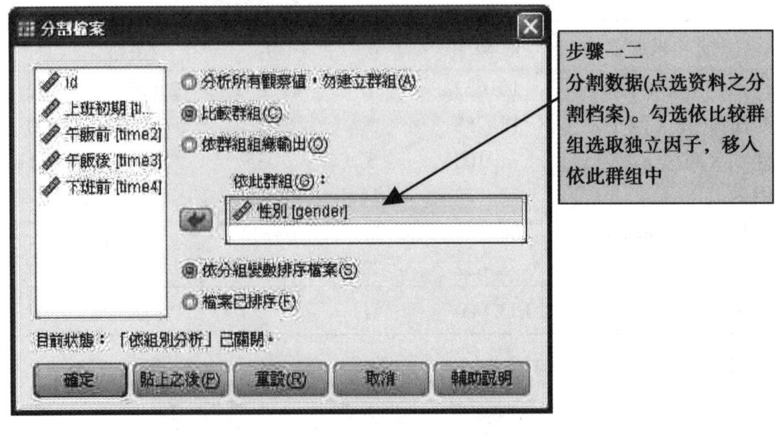

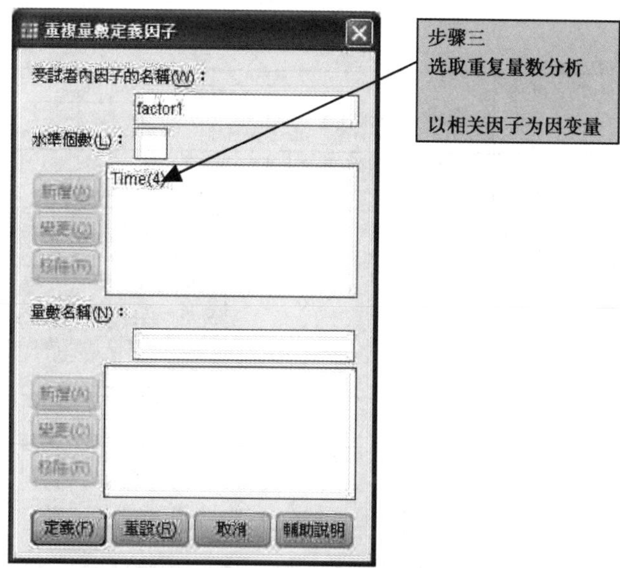

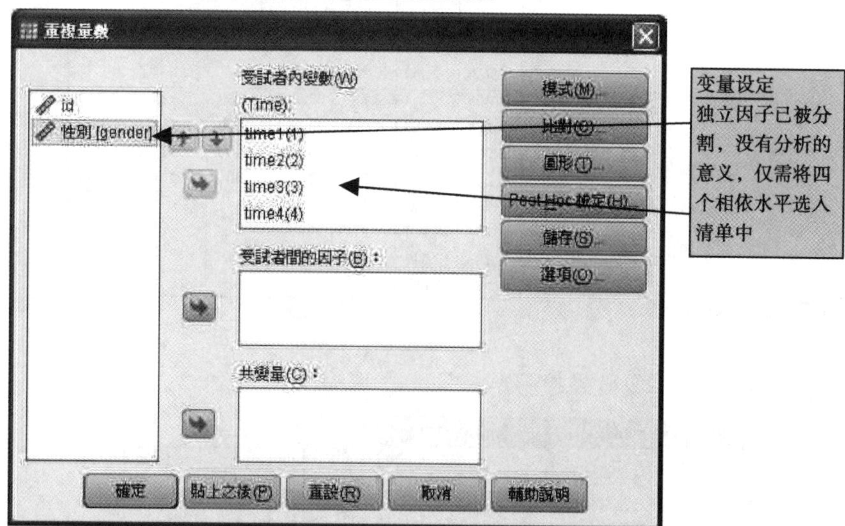

【C. 结果输出】

叙述统计

gender性别		平均数	标准差	个数
1	time1 上班初期	6.743	1.1326	7
	time2 午饭前	6.786	1.4300	7
	time3 午饭后	7.600	1.4387	7
	time4 下班前	8.243	1.4684	7
2	time1 上班初期	5.783	1.2513	6
	time2 午饭前	5.900	1.1576	6
	time3 午饭后	6.467	1.3110	6
	time4 下班前	7.267	.8641	6

分割后的描述统计数据

将独立因子分割后，相关因子各水平的描述统计量

Mauchly球形检验[b]

测量:MEASURE_1

gender性别	被试内效应项	Mauchly's W	近似卡方分配	df	显著性	Epsiion[a]		
						Greenhouse-Geisser	Huynh-Feldt	下限
1	Time	.403	4.290	5	.516	.685	1.000	.333
2	Time	.160	6.810	5	.249	.561	.814	.333

检验正交化变量转换之因变量的误差协方差矩阵的虚无假设，是识

a.可用来调整显著性平均检验的自由度。改过的检验会显示在"W

b.Desigh：截距

被试内设计：Time

方差分析摘要表

分别就两个限定条件进行 F 检验，但是F检验结果并不正确。分母须改用整体检验的F检验分母 MS_w，因此这个报表的目的在产生SS_b

被试内效应项的检验

测量:MEASURE_1

gender性别	来源		型Ⅲ平方和	df	平均平方和	F	显著性	净相关Eta平方	观察的检验能力[a]
1	time	假设为球形	10.826	3	3.609	35.315	.000	.855	1.000
		Greenhouse-Geisser	10.826	2.054	5.270	35.315	.000	.855	1.000
		Huynh-Feldt	10.826	3.000	3.609	35.315	.000	.855	1.000
		下限	10.826	1.000	10.826	35.315	.001	.855	.998
	误差(time)	假设为球形	1.839	18	.102				
		Greenhouse-Geisser	1.839	12.325	.149				
		Huynh-Feldt	1.839	18.000	.102				
		下限	1.839	5.000	.307				
2	time	假设为球形	8.265	3	2.755	23.177	.000	.823	1.000
		Greenhouse-Geisser	8.265	1.683	4.909	23.177	.000	.823	.998
		Huynh-Feldt	8.265	2.443	3.384	23.177	.000	.823	1.000
		下限	8.265	1.000	8.265	23.177	.005	.823	.966
	误差(time)	假设为球形	1.783	15	.119				
		Greenhouse-Geisser	1.783	8.417	.212				
		Huynh-Feldt	1.783	12.213	.146				
		下限	1.783	5.000	.357				

a.使用alpha=0.05计算

★独立因子的单纯主要效果检验

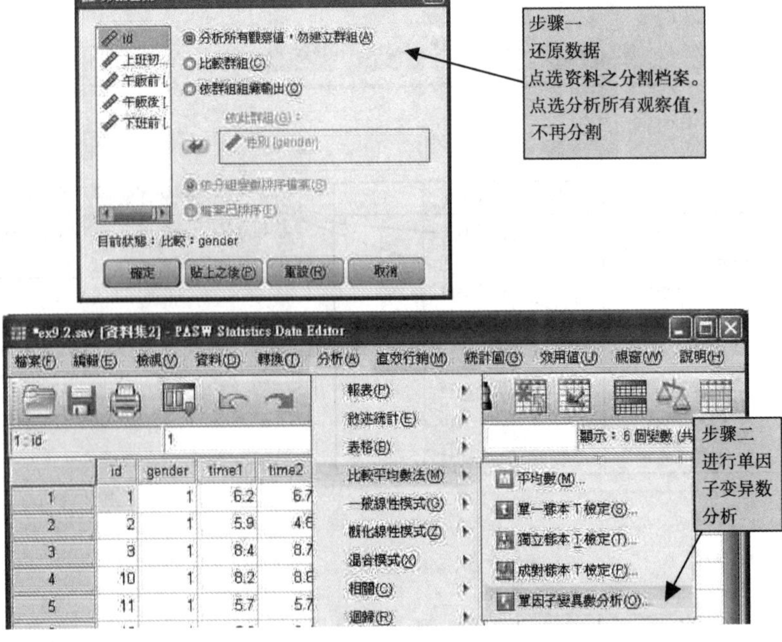

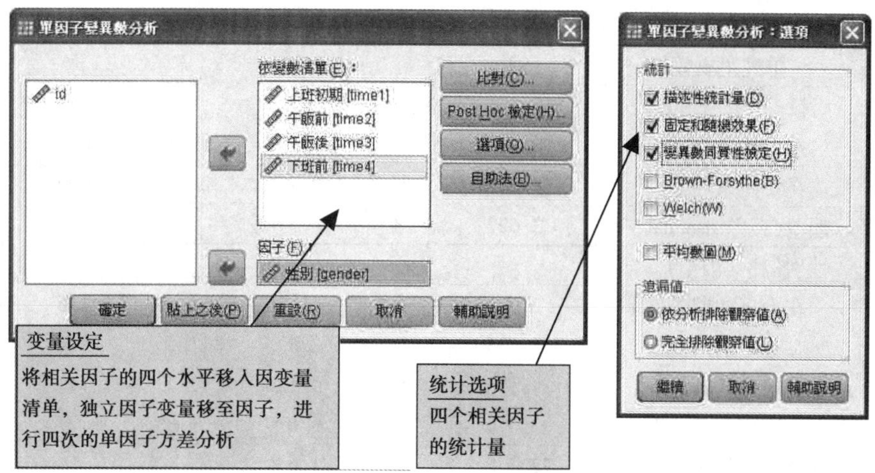

【C. 结果输出】

ANOVA

		平方和	自由度	平均平方和	F	显著性
time1 上班初期	组间	2.975	1	2.975	2.107	.174
	组内	15.525	11	1.411		
	总和	18.500	12			
time2 午饭前	组间	2.535	1	2.535	1.470	.251
	组内	18.969	11	1.724		
	总和	21.503	12			
time3 午饭后	组间	4.150	1	4.150	2.172	.169
	组内	21.013	11	1.910		
	总和	25.163	12			
time4 下班前	组间	3.079	1	3.079	2.032	.182
	组内	16.670	11	1.515		
	总和	19.749	12			

方差分析摘要表
四个相关因子水平的单因子*F*检验结果，*F*检验值并不正确，需以人工方式重新计算。我们可以从本表中获得*SS*数值。

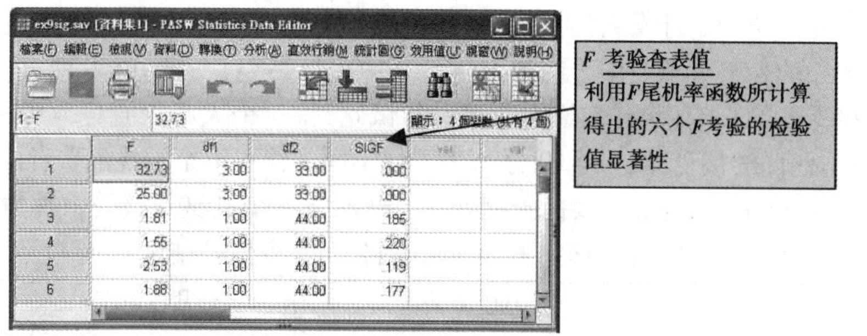

	F	df1	df2	SIGF
1	32.73	3.00	33.00	.000
2	25.00	3.00	33.00	.000
3	1.81	1.00	44.00	.185
4	1.55	1.00	44.00	.220
5	2.53	1.00	44.00	.119
6	1.88	1.00	44.00	.177

【D. 结果分析】

混合设计的单纯主要效果检验，是分别以两个自变量为条件化变量，进行单因子方差分析检验。相关因子的单纯主要效果检验，分母为残差均方和（MS_r），而独立设计因子的单纯主要效果检验，分母不是区组间均方和，而是单元格内均方和（MS_w），因为独立因子的简单主要效果检验是在不同的相关条件下进行检验，并没有把个别差异的区组间效果排除，因此误差要以全体单元格内的变异为之，也就是完全独立设计的误差项（由此可知，我们建议读者采用传统的组间对比组内的 ANOVA 摘要表，如此即可轻易地获知 MS_w 的数值）。混合设计的单纯主要效果摘要表如表 9.6。

表 9.6　混合设计单纯主要效果方差分析摘要表

单纯主要效果	*SS*	*df*	*MS*	*F*	*p*
时段(相关因子)					
在男性条件下	10.826	3	3.60	32.73	.000
在女性条件下	8.265	3	2.75	25.00	.000
误差(残差 residual)	3.622	33	.110		
性别(独立因子)					
在上班初期条件下	2.975	1	2.975	1.81	.185
在午饭前条件下	2.535	1	2.535	1.55	.220
在午饭后条件下	4.150	1	4.150	2.53	.119
在下班前条件下	3.079	1	3.079	1.88	.177
误差(残差 residual)	72.178	44	1.64		

本范例的交互作用不显著,因此不必进行单纯主要效果检验。本节仅作示范,但可以从摘要表看出,时段自变量在两个独立因子的水平下,均达显著差异,型Ⅰ错误率采族系错误率 $\alpha_{FW}=0.05/6=0.0083$ 下,男性水平下为 $F(3,33)=32.73$,$p=0.000$,女性水平下为 $F(3,33)=25.00$,$p=0.000$,两者 p 值皆小于 0.0083,这两个检验值与不区分性别水平下的主要效果 $F(3,33)=57.056$,$p=0.000$,结论相同,均达显著水平。表示不同的测量时段下,操作员的注意力的确有所不同,而且在男性与女性条件下均一致。

另一方面,性别自变量在四个相关因子的水平下,均未有显著差异,$F(1,44)$分别为 1.81,1.55,2.53,1.88,这些个别检验值与完整的性别变量主要效果 $F(1,33)=2.027$,$p=0.182$,结论相同,表示性别与反应时间不论在什么情况下皆无关系。

范例 9.3　二因子方差分析(完全相关设计)

某家食品公司为了开发新的姜母茶饮料,选请一些消费者至实验室中进行试吃,食品公司所关心的是姜母茶当中姜的浓度(低姜、中姜与高姜)与糖分(低糖、普通糖)对于消费者的接受度的影响,计有 5 位消费者参与试吃,每一个人必须吃完六种不同成分的饮料,并评估他们的接受度(1 至 10 分),为了使不同的饮料不至干扰消费者的判断,每一次试吃均间隔 30 分钟,并做必要的控制处理。此时每一个被试均接受六种情况,为一完全相关样本设计范例。实验数据如下,请问食品公司获得何种结论?

糖　分(A)	低甜度(*a*1)			普通甜度(*a*2)		
姜浓度(B)	低(*b*1)	中(*b*2)	高(*b*3)	低(*b*1)	中(*b*2)	高(*b*3)
1	3	5	8	7	6	4
2	1	3	8	8	7	5
3	4	6	7	5	10	6
4	5	9	9	6	9	7
5	3	9	9	5	10	6

1. 主要效果检验

【A. 操作程序】

步骤一:输入数据。每一位被试占一列。重复测量的各水平以单独的一个变量来输入。计有六个变量。

步骤二:点选 分析 → 一般线性模式 → 重复量数 。

步骤三:进入定义因子清单,输入重复量数因子名称(sugar)水平数(2)以及重复量数因子名称(ginger)水平数(3),然后点击 定义 。

步骤四:进入重复量数对话框,依序点选重复的水平至全部点选完毕。

步骤五:选择所需的附加功能。如选项中的叙述统计。点选对比,选择多重比较的比较内容。

步骤六:点击 确定 执行。

【B. 步骤图示】

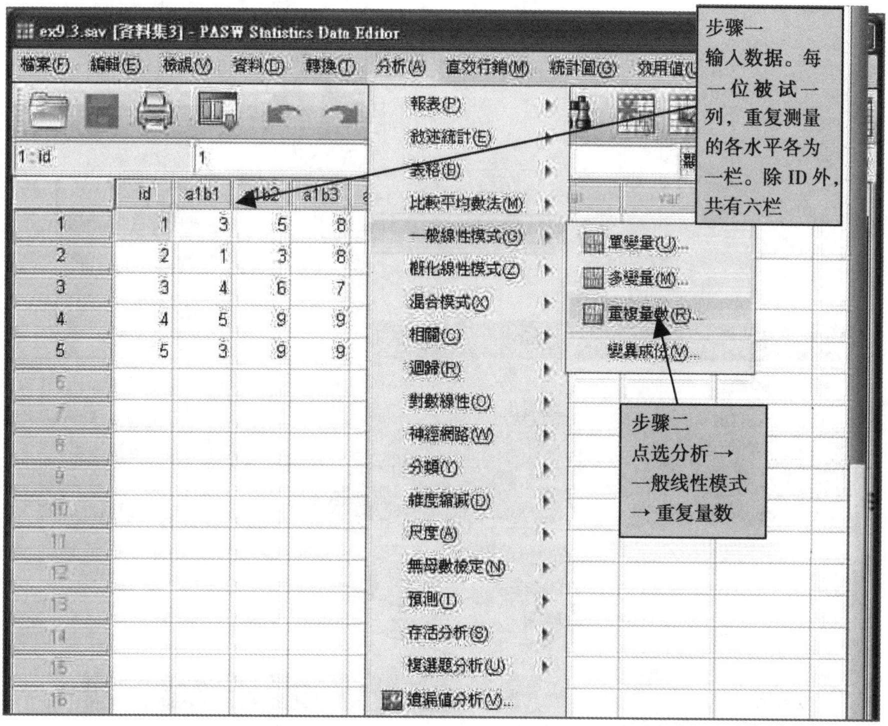

步骤一
输入数据。每一位被试一列，重复测量的各水平各为一栏。除 ID 外，共有六栏

步骤二
点选分析 →
一般线性模式
→ 重复量数

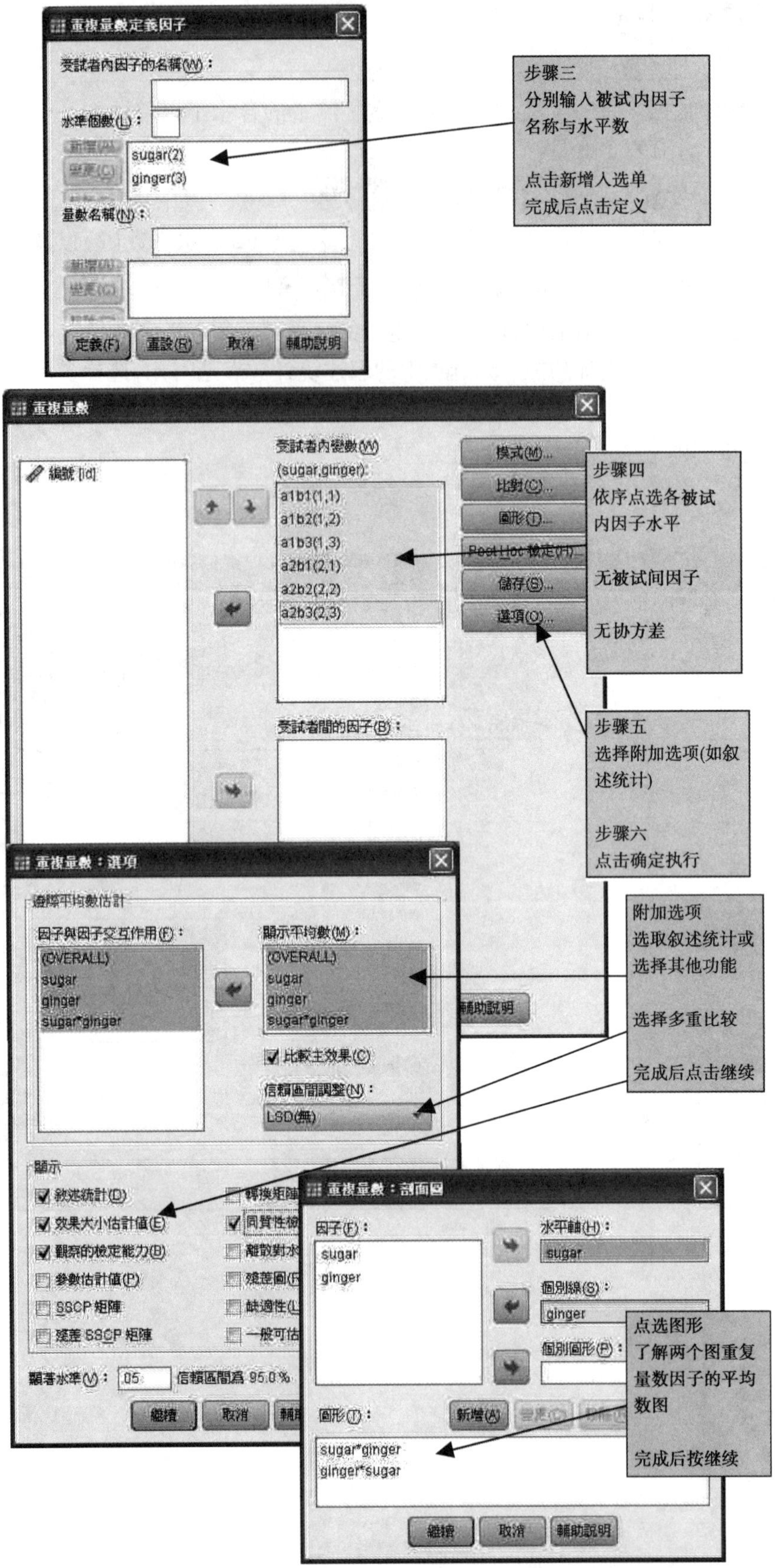

步骤三
分别输入被试内因子名称与水平数

点击新增入选单
完成后点击定义

步骤四
依序点选各被试内因子水平

无被试间因子

无协方差

步骤五
选择附加选项(如叙述统计)

步骤六
点击确定执行

附加选项
选取叙述统计或选择其他功能

选择多重比较

完成后点击继续

点选图形
了解两个图重复量数因子的平均数图

完成后按继续

【C. 结果输出】

被试内因子

测量:MEASURE_1

sugar	ginger	因变量
1	1	a1b1
	2	a1b2
	3	a1b3
2	1	a2b1
	2	a2b2
	3	a2b3

自变量名称及水平数
自变量 1: Sugar(两个水平)
自变量 2: Ginger(三个水平)
共六个水平

叙述统计

	平均数	标准差	个数
a1b1 低糖低姜饮料	3.20	1.483	5
a1b2 低糖中姜饮料	6.40	2.608	5
a1b3 低糖高姜饮料	8.20	.837	5
a2b1 普通糖低姜饮料	6.20	1.304	5
a2b2 普通糖中姜饮料	8.40	1.817	5
a2b3 普通糖高姜饮料	5.60	1.140	5

各变量描述统计量
每一个样本的平均数、标准差、个数

Mauchly 球形检验[b]

测量: MEASURE_1

被试内效应项	Mauchly's W	近似卡方分布	自由度	显著性	Epsilon[a] Greenhouse-Geisser	Huynh-Feldt值	下限
sugar	1.000	.000	0		1.000	1.000	1.000
ginger	.202	4.791	2	.091	.556	.617	.500
sugar*ginger	.532	1.895	2	.388	.681	.912	.500

检验正交化变量转换之因变量的误差协方差矩阵的虚无假设，是识别矩阵的一部分。
a.可用来调整显著性平均检验的自由度。改过的检验会显示在"Within-Subjects Effects"表检验中。
b.Design:截距
被试内设计:sugar+ginger+sugar*ginger

球形检验
Sugar只有两组，没有检验值，其他各检验未显著，表示没有违反

被试内效应项的检验

测量: MEASURE_1

来源		型Ⅲ平方和	自由度	平均平方和	F检验	显著性	净相关Eta平方
sugar	假设为球形	4.800	1	4.800	2.165	.215	.351
	Greenhouse-Geisser	4.800	1.000	4.800	2.165	.215	.351
	Huynh-Feldt 值	4.800	1.000	4.800	2.165	.215	.351
	下限	4.800	1.000	4.800	2.165	.215	.351
误差(sugar)	假设为球形	8.867	4	2.217			
	Greenhouse-Geisser	8.867	4.000	2.217			
	Huynh-Feldt 值	8.867	4.000	2.217			
	下限	8.867	4.000	2.217			
ginger	假设为球形	41.267	2	20.633	8.092	.012	.669
	Greenhouse-Geisser	41.267	1.113	37.089	8.092	.040	.669
	Huynh-Feldt 值	41.267	1.234	33.439	8.092	.034	.669
	下限	41.267	1.000	41.267	8.092	.047	.669
误差(ginger)	假设为球形	20.400	8	2.550			
	Greenhouse-Geisser	20.400	4.451	4.584			
	Huynh-Feldt 值	20.400	4.936	4.133			
	下限	20.400	4.000	5.100			
sugar*ginger	假设为球形	44.600	2	22.300	12.990	.003	.765
	Greenhouse-Geisser	44.600	1.362	32.7[illegible]	12.990	.011	.765
	Huynh-Feldt 值	44.600	1.823	24.4[illegible]	12.990	.004	.765
	下限	44.600	1.000	44.600	12.990	.023	.765
误差(sugar*ginger)	假设为球形	13.733	8	1.717			
	Greenhouse-Geisser	13.733	5.448	2.521			
	Huynh-Feldt 值	13.733	7.294	1.883			
	下限	13.733	4.000	3.433			

A主要效果检验值 SS_A
糖分变量的主要效果检验显著性 $p=0.215$，可知未达显著

B主要效果检验值SS_B
姜浓度变量的主要效果检验显著性$p=0.012$，达显著

交互效果检验值 SS_{A*B}
糖分*姜浓度两自变量交互效果的显著性$p=0.003$，可知十分显著

被试间效应项的检验

测量:MEASURE_1
转换的变数:均数

来源	型Ⅲ平方和	自由度	平均平方和	F检验	显著性	净相关Eta平方
截距	1203.333	1	1203.333	229.206	.000	.983
误差	21.000	4	5.250			

被试效果检验
即被试间平均数的变异量

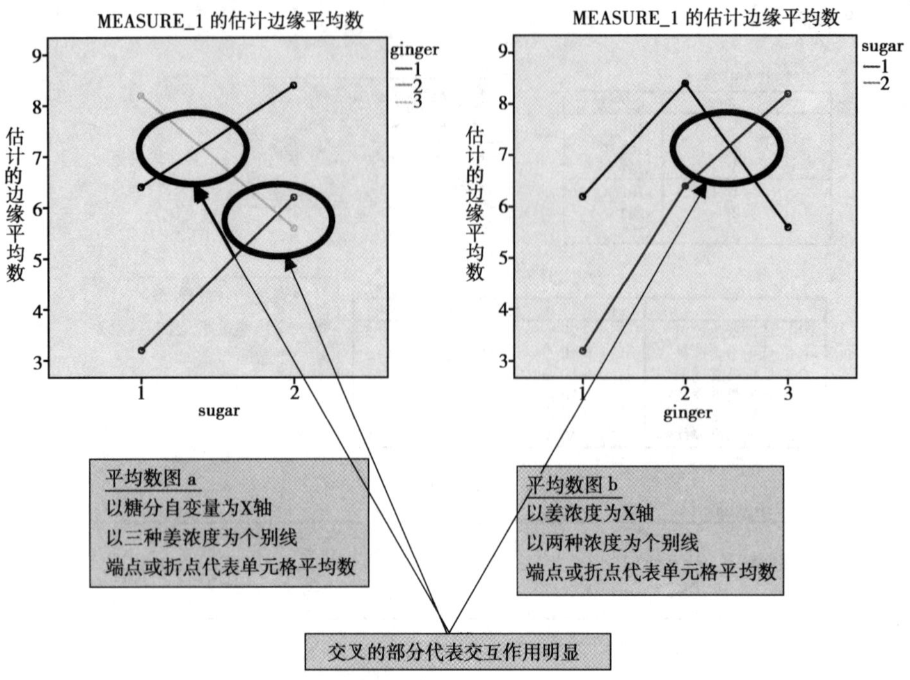

【D. 结果分析】

分析的结果发现，相关样本的球形检验并未违反，Mauchly's W 系数为 0.202(χ^2 = 4.791，p > 0.05)及 0.532(χ^2 = 1.895，p > 0.05)，因此不需使用修正公式得到的数据。

由被试内效应项的检验，可以看出两个自变量主要效果中糖分自变量(suger)并未达到显著水平，$F(1,4)=2.165$，$p>0.05$，姜浓度(ginger)则有显著的效果，$F(2,8)=8.092$，$p<0.05$，但是 sugar × ginger 交互作用项达显著，$F(2,8)=12.99$，$p<0.01$，以剖面图来观察，亦可发现有明显的交叉或非平行线段。因此 B 主要效果即使显著，也不须进行处理。方差分析摘要表见表 9.7。

表 9.7　二因子方差分析(完全相关设计)摘要表

变异来源	*SS*	*df*	*MS*	*F*
组间	90.67	5		
SUGER(A 主要效果)	4.80	1	4.80	2.16
GINGER(B 主要效果)	41.27	2	20.63	8.10 *
SUGER * GINGER(交互作用)	44.60	2	22.30	12.99 **
组内	64	24	2.67	
被试间 S	21.00	4	5.25	
残差(A × S)	8.87	4	2.22	
残差(B × S)	20.40	8	2.55	
残差(AB × S)	13.73	8	1.72	
全体 Total	154.67	29		

* $p<0.05$　** $p<0.01$

2. 单纯主要效果检验

本范例是一个交互作用显著的完全相关设计二因子方差分析,由于交互作用显著,研究结果必须等单纯主要效果分析完后才能得到。而由于两个自变量都是被试内设计变量,因此单纯主要效果仍必须分别就两个因子来讨论。讨论糖分变量的 A 单纯主要效果时,需依姜浓度自变量的三个水平分成低姜 b1、中姜 b2、高姜 b3 三个单纯主要效果分别来分析;相对的,讨论姜浓度变量的 B 单纯主要效果时,需依另一个自变量糖分的两个水平分成低糖 a1、正常糖 a2 两条件分别来进行,共计进行五次单纯主要效果检验(重复量数)。

对于 A 单纯主要效果而言,在 b1,b2 或 b3 三个 B 因子水平下进行单纯主要效果检验,都是重复量数的双样本平均数统计检验,可以使用相关样本 t 检验的概念或单因子方差分析重复量数设计来检验。然而,对于 B 单纯主要效果,在 a1 或 a2 两个水平下,因为 B 因子具有三个水平,都属于重复量数的三样本平均数统计检验,必须使用单因子方差分析的重复量数设计来检验,且 B 单纯主要效果若达显著,还需进行事后检验,比较 B 因子三个不同水平的差异情形。检验的程序与结果说明如后:

【A. 操作程序】

步骤一:点选 分析 → 一般线性模式 → 重复量数,进入定义对话框。

步骤二:在 b1 条件下进行 A 简单主要效果检验时,被试内设计因子只需输入 A 因子名称(SUGAR)及水平数(2)。点击 定义。

步骤三:进入重复量数对话框,将与 b1 有关的变量点选至右方清单中,并选择所需附加功能。如 选项。点击 确定 执行。

步骤四:重复上述一至三步骤,但以 B 因子的其他水平,进行相同的重复量数单因子方差分析。

步骤五:在 a1 条件下进行 B 简单主要效果检验时,被试内设计因子输入 B 因子名称(GINGER)及水平数(3)。按 定义。

步骤六:进入重复量数对话框,将与 a1 有关的变量点选至右方清单中,并选择所需附加功能,加选 B 因子事后检验。点击 确定 执行。

步骤七:重复上述五六步骤,但以 A 因子的其他水平,进行相同的重复量数单因子方差分析。

【B.步骤图示】

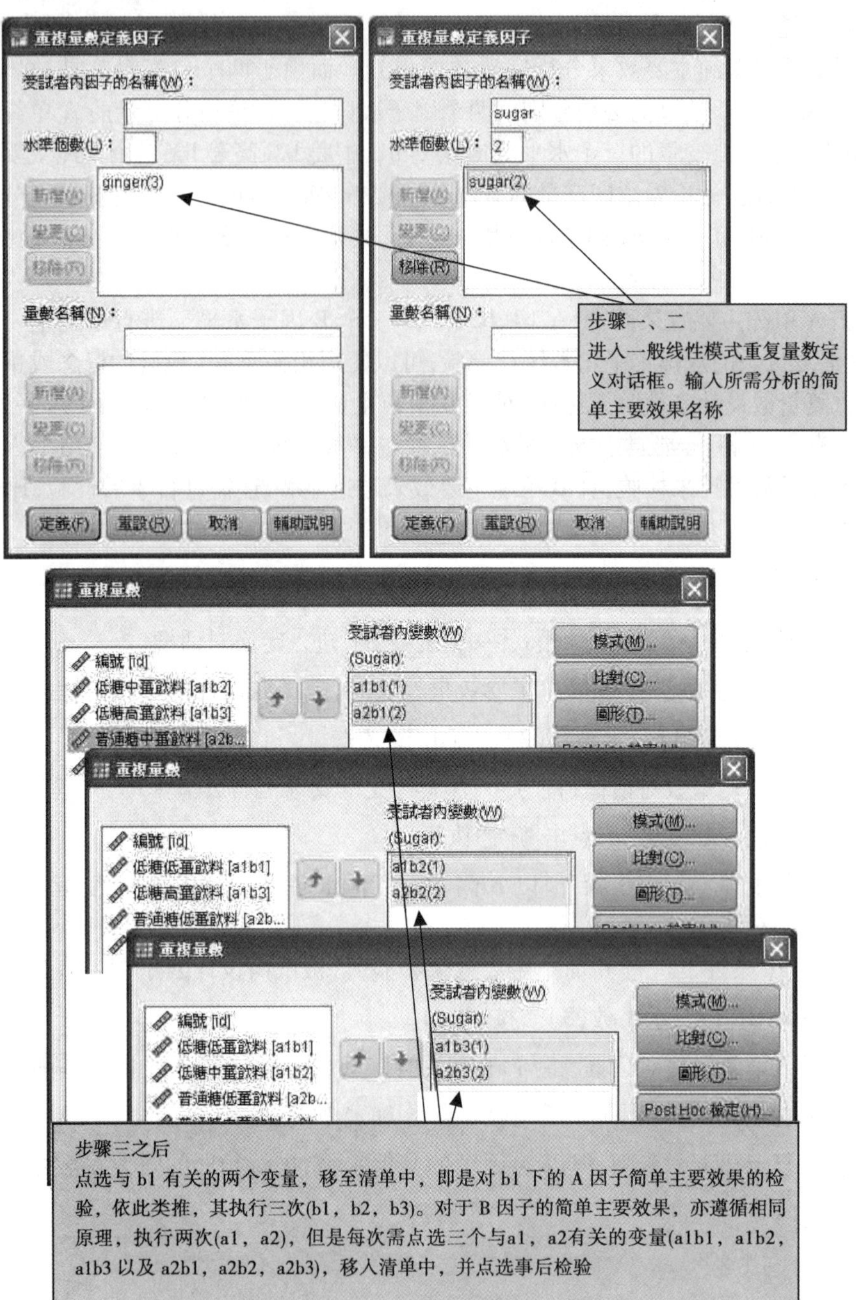

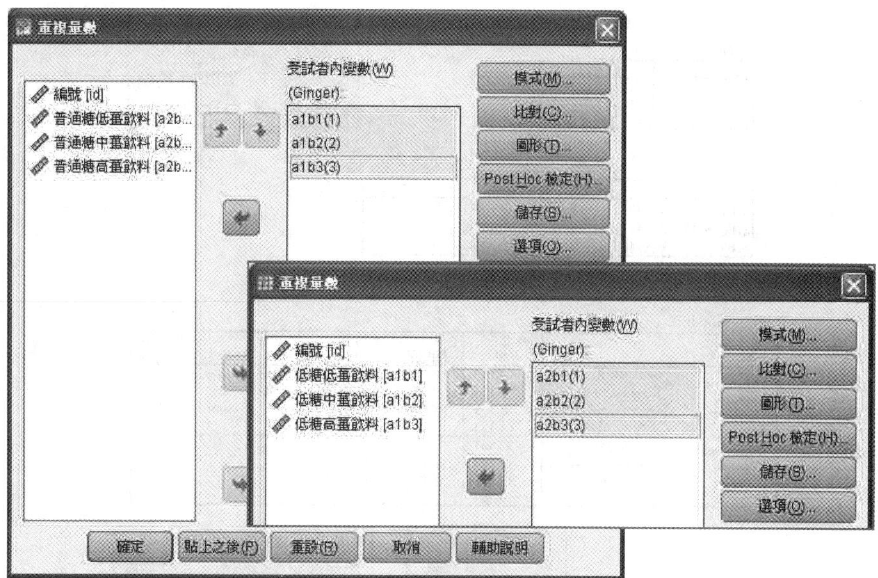

【C. 结果输出】

(1)A 因子单纯主要效果

(注:A 因子单纯主要效果共计需执行三次,仅列出一次之结果。)

被试内因子

测量:MEASURE_1

suger	因变量
1	a1b1
2	a2b1

显示纳入分析因变量

为在 b1 条件下的A因子效果 a1b1与a2b1

叙述统计

	平均数	标准差	个数
a1b1 低糖低姜	3.20	1.483	5
a2b1 普通糖低姜	6.20	1.304	5

被试内效应项的检验

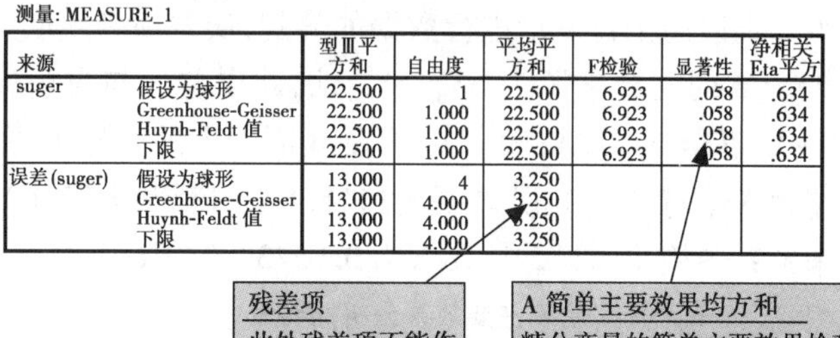
测量: MEASURE_1

来源		型Ⅲ平方和	自由度	平均平方和	F检验	显著性	净相关 Eta平方
suger	假设为球形	22.500	1	22.500	6.923	.058	.634
	Greenhouse-Geisser	22.500	1.000	22.500	6.923	.058	.634
	Huynh-Feldt 值	22.500	1.000	22.500	6.923	.058	.634
	下限	22.500	1.000	22.500	6.923	.058	.634
误差(suger)	假设为球形	13.000	4	3.250			
	Greenhouse-Geisser	13.000	4.000	3.250			
	Huynh-Feldt 值	13.000	4.000	3.250			
	下限	13.000	4.000	3.250			

残差项

此处残差项不能作为F检验的分母

A 简单主要效果均方和

糖分变量的简单主要效果检验必须以人工方式计算

(2)B 因子单纯主要效果

(注:B 因子单纯主要效果共计需执行两次,仅列出一次之结果。)

被试内因子

测量:MEASURE_1

ginger	因变量
1	a1b1
2	a1b2
3	a1b3

显示纳入分析因变量为在a1条件下的B因子效果a1b1，a1b2 与 a1b3

叙述统计

	平均数	标准差	个数
a1b1 低糖低姜饮料	3.20	1.483	5
a1b2 低糖中姜饮料	6.40	2.608	5
a1b3 低糖高姜饮料	8.20	.837	5

被试内效应项的检验

测量: MEASURE_1

来源		型 Ⅲ 平方和	自由度	平均平方和	F检验	显著性	净相关 Eta平方
ginger	假设为球形	64.133	2	32.067	18.500	.001	.822
	Greenhouse-Geisser	64.133	1.754	36.561	18.500	.002	.822
	Huynh-Feldt 值	64.133	2.000	32.067	18.500	.001	.822
	下限	64.133	1.000	64.133	18.500	.013	.822
误差 (ginger)	假设为球形	13.867	8	1.733			
	Greenhouse-Geisser	13.867	7.017	1.976			
	Huynh-Feldt 值	13.867	8.000	1.733			
	下限	13.867	4.000	3.467			

残差项
此处残差项不能作为F检验的分母

B 简单主要效果均方和
姜浓度变量的简单主要效果检验需另行以人工方式计算

成对的比较

事后比较(LSD)法
姜浓度简单主要效果：三个水平3>1，但是 3:2 与 2:1 未达显著

测量:MEASURE_1

(I)ginger	(J)ginger	平均数差异(I-J)	标准误	显著性[a]	下限	上限
1	2	-3.200*	.800	.016	-6.408	.008
	3	-5.000*	.707	.002	-7.835	-2.165
2	1	3.200*	.800	.016	-.008	6.408
	3	-1.800	.970	.137	-5.688	2.088
3	1	5.000*	.707	.002	2.165	7.835
	2	1.800	.970	.137	-2.088	5.688

根据估计的边际平均数而定

a.调整多重比较：最低显著差异(等于未调整值)。

*.平均差异在0.016水平是显著的。

族系误差率的设定结果

【D. 结果分析】

单纯主要效果必须分别以两个自变量进行数据的分割，误差项必须取用相对应的误差变异。B 因子在 A 因子下的变异来源为 SS_B，SS_{AB}，因此误差项与自由度需为 SS_B 与 SS_{AB}的误差项和(20.4 + 13.73 = 34.13)；而 A 因子在 B 因子下的变异来源为 SS_A，SS_{AB}，因此误差项与自由度需为 SS_A 与 SS_{AB}的误差项之和(8.87 + 13.73 = 22.6)。另外，F 检验必须以族系误差率来考察各检验的显著性，α_{FW}为 0.05/3 = 0.016。

表 9.8 单纯主要效果分析摘要表

单纯主要效果内容	SS	df	MS	F	P	事后比较
A 糖分因子						
在低姜条件下	22.5	1	22.5	11.97	.005	
在中姜条件下	10.0	1	10.0	5.32	.040	
在高姜条件下	16.9	1	16.9	8.99	.011	
误差(A + AB * block)	22.6	12	1.88			
B 姜浓度因子						
在低糖条件下	64.13	2	32.07	15.06	.000	3 > 1
在普通糖条件下	21.73	2	10.87	5.10	.019	3 > 2
误差(B + AB * block)	34.13	16	2.13			

由表9.8数据可以得知:糖分高低对于消费者的影响,在低姜、中姜与高姜条件下均具有显著差异。低糖低姜饮料平均满意度为3.2,但是普通糖低姜饮料则有6.2,$F(1,12)=11.97$,$p=0.005$。低糖中姜饮料平均满意度为6.4,普通糖中姜饮料为8.4,$F(1,12)=5.327$,$p=0.040$。有趣的是,低糖高姜饮料平均满意度为8.2,但是普通糖高姜饮料反而有较低的满意度(5.6),$F(1,12)=8.99$,$p=0.011$,显示出非次序性的交互作用(平均数大小关系倒置)。

另一方面,姜浓度的影响在低糖的情况下有显著的差异,$F(2,16)=15.06$,$p=0.000$。从平均数的高低可以看出,低糖高姜的接受度最佳(8.2),低糖中姜次佳(6.4),低糖低姜差(3.2),事后检验发现低糖高姜与低糖中姜($p=0.137$),以及低糖中姜与低糖低姜没有显著差异($p=0.016$),显示消费者仅对于低糖的高低姜成分的接受度有区辨力($p=0.002$)。

综合上述发现,糖分与姜的浓度具有交互效果,因此对于新产品的成分不能分别就甜度与姜浓度两个独立变量来讨论,而需由交互作用的分析来看。单纯主要效果的分析发现,低糖高姜是最佳的成分,不但较普通糖高姜为佳,亦较低糖低姜为佳,但是与低糖中姜的区别不明显。所以研发单位的结论报告应是采用低糖高姜为上策,但亦可考虑低糖中姜的成分配方。

第十章　线性关系的分析——相关与回归

第一节　基本概念

连续变量是社会及行为科学研究者最常接触的数据，单独一个连续变量可以用一般的次数分布表与图示法来表现出数据的内容与特性，或以平均数及标准差来描绘数据的集中与离散情形。然而，一个研究所涉及的问题，往往同时牵涉到两个以上连续变量关系的探讨，此时，两个连续变量的共同变化的情形，称为**共变**（covariance），是连续变量关联分析的主要基础。

在统计学上，涉及两个连续变量的关系多以线性关系的形式来进行分析。线性关系分析是将两个变量的关系以直线方程式的原理来估计关联强度，例如积差相关就是用来反映两个连续变量具有线性关系强度的指标；积差相关系数越大，表示线性关联越强，反之则表示线性关联越弱，此时可能是变量间没有关联，或是呈现非线性关系。

另一方面，回归分析则是运用变量间的关系来进行解释与预测的统计技术。在线性关系假设成立的情况下，回归分析是以直线方程式来进行统计决策与应用，又称为**线性回归**（linear regression）。一般来说，两个变量的关系先以相关系数去检验线性关联的强度，若相关达到统计显著水平，表示线性关系是有意义的，便可进行回归来进行进一步的预测与解释。

两个连续变量间的共变关系可能有多种形式，其中最简单也是最常见的关联型态是**线性关系**（linear relationship），亦即两个变量的关系呈现直线般的共同变化，数据的分布可以用一条最具代表性的直线来表达的关联情形。例如身高与体重，身高越高者，体重也可能越重，两个变量的关系是同方向的变动关系，如图 10.1 所示。象限内的点为每一位样本在两个变量上的**成对观察值**（paired raw scores），其散布情形显示出两变量的关联情形，称为**散布图**（scatter plot）。

由图 10.1 可知，两个变量的关系沿着直线呈现相同方向的变动，该直线方程式如公式 10.1 所示：

$$Y = bx + a \tag{10.1}$$

其中，斜率 b 为 $\Delta y/\Delta x$，即为每单位的 X 变动时，在 Y 轴上所变动的量。当斜率为正值时，显示两变量具有正向的关联；当斜率为负值时，则为负向关联。当相关系数具有统计上的意义时，该线性方程式就可以拿来进行统计决策应用，因此又称为**回归方程式**（regression equation）。

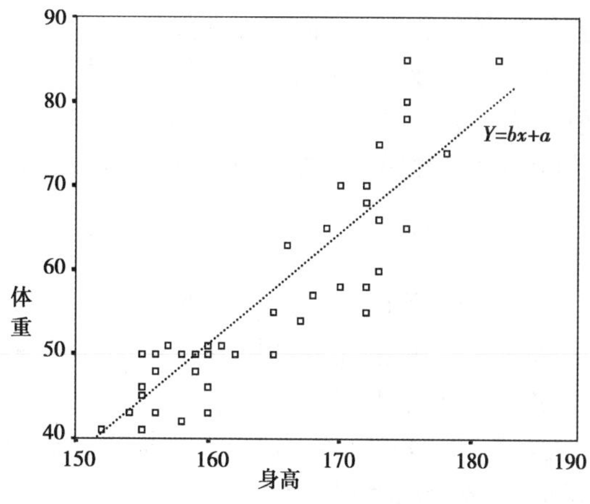

图 10.1 身高与体重散布图

值得注意的是,直线方程式(公式 10.1)只是一个假设的概念,在一群分散的配对观察值中,可以不同方法求得该线性方程式,因此,线性关系是否存在,如何求得“最佳”的回归方程式来代表这些观察值的关系这些问题,必须通过统计程序来回答。也只有当我们能够证实线性关系有其存在的合理基础(也就是具有显著的相关)时,我们才能运用回归方程式来进行应用的工作。

第二节 积差相关的原理与特性

两个连续变量的线性关系,可以利用**相关**(correlation)的概念来描述。用以描述相关情形的量数,称为**相关系数**(coefficient of correlation),若以总体数据求得的相关系数以希腊字母 ρ(rho)表示,以样本数据求得的相关系数则以小写英文字 r 表示。现将相关系数的原理说明如下。

一、方差与协方差

相关系数的原理可以从方差的概念来说明。在单一连续变量中,方差越大,代表一个变量的数值越分散。对于某一个具有 N 个观察值的样本,总体方差的无偏估计数是将离均差平方和(SS)除以 $N-1$ 而得,亦即求取以平均数为中心的离散性的单位面积:

$$\text{Variance}(X) = \frac{\sum (X - \bar{X})^2}{N-1} = \frac{SS_x}{N-1} \tag{10.2}$$

由公式 10.2 可知,方差是描述单一变量的离散情形的统计量数。现在若要以一个统计量数来描述两个连续变量 X 与 Y 的分布情形,则因为两个变量各有其不同的离散情形,故需各取离均差 $X-\bar{X}$ 与 $Y-\bar{Y}$ 来反映两者的离散性,两个离均差相乘之后加总,得到**积差和**(sum of the cross-product;简称 SP),除以 $N-1$ 后所得到的离散量数,即为总体的两个变量的共同变化无偏估计值,即**协方差**(covariance)如公式 10.3 所示:

$$\text{Cov}(X,Y) = \frac{\sum (X - \bar{X})(Y - \bar{Y})}{N-1} = \frac{SP_{xy}}{N-1} \tag{10.3}$$

协方差的正负号代表两变量的变动呈现正向或负向关系。协方差若要为正值,两个离均差必须同时为正值或负值,也就是两个变量需同时在平均数的左侧或右侧,表示两个变量有同方向的变动关系。相反,要得到一个负的协方差,则两个离均差必须同时一为正值、一为负值,也就是两个变量有反方向的变动关系。

从上述的数学关系式来看,方差是协方差的一个特殊情况,也就是连续变量自己与自己的共变。因此一般在统计报表的呈现上以矩阵的方式来列出各变量间的协方差时,就包含了方差的数值,因此又称为**方差/协方差矩阵**(variance/covariance matrix)。

二、积差相关系数

协方差就像方差一样,是带有单位的量数,其数值没有一定的范围,会随着单位的变化而变化。因此若能将单位去除,标准化后的协方差将具有可比较性,其可理解性亦增加。而去除单位的做法,即是以两个变量的标准差作为分母,将协方差除以两个变量的标准差,即得到标准化关联系数,此一方法由 Pearson 提出,因此称为 Pearson's product moment correlation coefficient(**皮氏积差相关系数**),简称 Pearson's r。公式如下:

$$r = \frac{\mathrm{cov}(x,y)}{s_x s_y} = \frac{\sum(X-\bar{X})(Y-\bar{Y})}{\sqrt{\sum(X-\bar{X})^2(Y-\bar{Y})^2}} = \frac{SP_{xy}}{\sqrt{SS_x SS_y}} \tag{10.4}$$

除了将协方差除以标准差来计算积差相关系数,亦可将两个变量转换为标准化 Z 分数来求得系数值。这两种方式推导过程虽不同,但其数学原理相同。

三、积差相关系数的特性

由于相关系数为一标准化系数,其值不受变量单位与集中性的影响,系数值介于 ±1 之间。相关系数值越接近 ±1 时,表示变量的关联情形越明显。$r = \pm 1.00$ 称为完全正(负)相关,在社会及行为科学当中,完全相关几乎不曾出现,因为几乎没有任何两变量的关系可以达到完全相关。

值得注意的是,相关系数为标准化系数,系数数值不呈等距关系,因此系数数值不能被视为等距尺度,系数的加减乘除没有意义,仅可以顺序尺度的概念,来说明数值的相对大小。此外,相关系数的解释与应用,必须经过显著性检验来决定系数的统计意义,一旦显著之后,研究者即可依据表 10.1 来解释系数的强度,给予实务意义。

在统计学上,统计意义与实务意义是两个截然不同的概念,有时,一个很微弱的相关(例如 0.10),可能会因为样本数很大而达到统计的显著水平,具有统计意义,但是实务意义低;但一个很强的相关(例如 0.60),可能因为样本数太小而没有显著的统计意义,但是其实务意义颇高。很明显的,样本数的大小是影响相关系数统计显著性的重要因素。提高样本数可以提升统计的意义,但不改变实务意义。影响实务意义大小的决定因子并非样本规模,而是变量间的实质关系。两者间的关系非常微妙。

表 10.1　相关系数的强度大小与意义

相关系数范围(绝对值)	变量关联程度
1.00	完全相关
.70 至 .99	高度相关
.40 至 .69	中度相关
.10 至 .39	低度相关
.10 以下	微弱或无相关

四、积差相关的推论统计问题

(一)总体相关系数的无偏估计数

由前所述,Pearson 相关系数是将样本所搜集得到的两个变量 X 与 Y,计算出协方差并加以标准化而得。换言之,Pearson 相关系数是一个样本统计量,如果要拿此一相关系数去推论总体的相关情形则会有高估的可能,因为 Pearson 相关系数并非总体相关系数的无偏估计数。如果要推知总体的相关情形,应以公式 10.5 进行校正:

$$r^* = \sqrt{1 - \frac{(1 - r^2)(N - 1)}{N - 2}} \tag{10.5}$$

上式中,N 为样本数,当样本数很大时,$r = r^*$,当样本数缩小时,修正的幅度越大。例如当 $N = 100$ 时,$r = 0.5$ 的无偏估计数为 $r^* = 0.492$,但是当 $N = 10$ 时,$r = 0.5$ 的无偏估计数降为 $r^* = 0.395$。

(二)单一相关系数的显著性检验

相关系数数值虽可以反映两个连续变量关联情形的强度大小,但相关系数是否具有统计上的意义,则必须通过 t 检验来判断,相关系数的 t 检验公式如 10.6。

$$t = \frac{r - \rho_0}{s_r} = \frac{r - \rho_0}{\sqrt{\frac{1 - r^2}{N - 2}}} \tag{10.6}$$

公式 10.6 中,分子为样本统计量的相关系数 r 与总体相关系数 ρ_0 的差距,分母为抽样标准误 s_r。分子与分母两者相除后,得到 t 分数,配合 t 分布,即可进行统计显著性检验。相关系数的 t 检验的自由度为 $N - 2$,因为两个变量各取一个自由度进行样本方差估计。

一般来说,研究者所关心的是样本相关是否显著不等于 0,也就是说从样本得到的 r 是否来自于相关为 0 的总体,即 $H_0: \rho_{XY} = 0$,因此分子可写为 $r - 0$。如果研究者想要从样本得到的 r 是否来自于某一相关不为 0(例如 0.5)的总体,也可以利用 $H_0: \rho_{XY} = 0.5$ 的虚无假设检验来检验,此时分子理应为 $r - 0.5$。但是,由于相关系数不是正态分布,样本相关系数与总体相关系数必须经过公式 10.7 进行费舍尔(Fisher)Z 转换,分别称为 z_r 与 z_ρ。

$$z = \frac{1}{2}\log\left(\frac{1 + r}{1 - r}\right) \tag{10.7}$$

在样本数足够的情况下(例如 N > 10),费舍尔 Z 转换值后的抽样分布呈平均数为 z、方差为 $1/(N - 3)$ 的正态分布,因此样本相关系数与总体相关系数的差异即可进行 Z 检验(公式 10.8)。当 $|Z_{obt}| \geq 1.96$ 时,表明具有显著差异,即可推翻虚无假设。

$$Z_{obt} = \frac{z_r - z_\rho}{\sqrt{\frac{1}{N - 3}}} \tag{10.8}$$

除了显著性检验,也可利用区间估计来确定样本相关系数的 $(1 - \alpha)$ 置信区间,如果区间没有涵盖总体相关系数,则表示该样本相关系数显著不等于总体相关系数。区间估计的公式如下:

$$z_\rho \leqslant z_r \pm z_{\frac{\alpha}{2}} \sqrt{\frac{1}{N-3}} \tag{10.9}$$

求出置信区间的两个端点值 $z_{\rho H}$ 与 $z_{\rho L}$ 后，以公式 10.10 进行对数转换成相关系数形式后即可进行判读。

$$\rho = \frac{\exp(2z_\rho) - 1}{\exp(2z_\rho) + 1} \tag{10.10}$$

例如 50 位学生的身高与体重相关为 0.2，经费舍尔 Z 转换得到 $z_r = 0.203$，其 95% 置信区间为：$z_\rho \leqslant 0.203 + 1.96\sqrt{\frac{1}{50-3}}$，亦即 $-0.083 \leqslant z_\rho \leqslant 0.489$ 。

经对数转换回相关系数形式后，得到 $-0.083 \leqslant \rho \leqslant 0.453$ 。由于 95% 置信区间未涵盖 0，表示该系数没有显著不等于 0。

（三）两个相关系数的差异显著性检验

如果研究者想要比较两个相关系数是否不同，必须进行相关系数的差异检验，检验两个相关系数差异为 0 的虚无假设是否成立：$H_0: \rho_1 - \rho_2 = 0$。此种检验类似于双总体平均数差异检验，所不同的是要检验相关系数的差异而非平均数的差异，但原理相似。

首先，两个被检验的样本相关系数先经费舍尔 Z 转换，得到 z_r1 和 z_r2，在样本足够大的情形下，两者抽样分布呈正态，两者差异分数的抽样分布亦呈平均数为 $z_r1 - z_r2$，方差为 $[1/(N_1-3)] + [1/(N_2-3)]$ 的正态分布。此时即可使用 Z 检验，检验 $z_r1 - z_r2$ 是否不等于 0。如果研究者并不是要检验两个相关系数的差异是否为 0，而是特定的总体相关系数的差异量，例如 $\rho_1 - \rho_2$，此时也需把总体相关系数差异转进行费舍尔 Z 转换，得到 $z_{\rho1} - z_{\rho2}$，来进行显著性检验，如公式 10.11。换言之，两个相关系数差异为 0 只是其中一个特例（当 $z_{\rho1} - z_{\rho2} = 0$）。

$$Z_{obt} = \frac{(z_{r1} - z_{r2}) - (z_{\rho1} - z_{\rho2})}{\sqrt{\frac{1}{N_1-3} + \frac{1}{N_2-3}}} \tag{10.11}$$

同样的，相关系数差异量也可计算出 $(1-\alpha)100\%$ 的置信区间，区间估计的公式如公式 10.12，求出置信区间的两个端点值 $z_{\rho H}$ 与 $z_{\rho L}$ 后，进行对数转换成相关系数形式后即可进行判读。

$$z_{\rho1} - z_{\rho2} \leqslant (z_{r1} - z_{r2}) \pm z_{\frac{\alpha}{2}} \sqrt{\frac{1}{n_1-3} + \frac{1}{n_2-3}} \tag{10.12}$$

第三节　其他相关的概念

一、净相关与部分相关

在线性关系中，如果两个连续变量之间的关系，可能受到其他变量的干扰，或研究者想要把影响这两个变量的第三个变量效果排除，也可以利用控制的方式，将第三变量的效果进行统计的控制。在统计上，依控制方法的不同可以区分为**净相关**（partial correlation）与**部分相关**（part correlation）两种不同形式。

所谓净相关(或称为偏相关),是指在计算两个连续变量 X_1 与 X_2 的相关时,将第三变量(X_3)与两个相关变量的相关 r_{13} 与 r_{23} 予以排除之后的纯净相关,以 $r_{12.3}$ 表示,如公式 10.13。

$$r_{12.3}=\frac{r_{12}-r_{13}r_{23}}{\sqrt{1-r_{13}^2}\sqrt{1-r_{23}^2}} \tag{10.13}$$

在计算排除效果时,如果仅处理第三变量与 X_1 与 X_2 当中某一个变量的相关,所计算出来的相关系数,称之为部分相关,或称为**半净相关**(semipartial correlation),因为部分相关控制的深度,仅达净相关控制深度的一部分。

由于部分相关仅处理特定 X_1 与 X_2 中的某一个变量,其符号的表示有两种形式,$r_{1(2.3)}$ 表示 X_1 与 X_2 的部分相关系数,且将第三变量(X_3)与第二变量 X_2 的关系排除之后的相关。$r_{2(1.3)}$ 则表示 X_1 与 X_3 的相关排除后,X_1 与 X_2 的部分相关系数。净相关与部分相关的差别仅在分母项,净相关多除了一项 $\sqrt{1-r_{13}^2}$,该项为小数点,因此部分相关系数值比净相关小。公式如下:

$$r_{1(2.3)}=\frac{r_{12}-r_{13}r_{23}}{\sqrt{1-r_{23}^2}} \tag{10.14}$$

二、斯皮尔曼等级相关

Pearson 相关系数适用于两个连续变量的线性关联情形的描述,**斯皮尔曼等级相关**(Spearman rank order correlation coefficient,Rho;r_s)应用于顺序变量线性关系的描述。当两个变量中,有任一变量为顺序变量时,必须使用下列公式求得 Spearman 相关系数 r_s,例如有 N 个学生参加口试,他们的名次的数据是由 1 到 N 的数值,此时的顺序数据具有类似于等距尺度的固定单位,因此可以利用 r_s 系数仿照积差相关的原理,来计算出两个顺序变量的关联性。进行计算时,r_s 系数取每一个观察值在两个顺序变量的配对差异分数来分析关联性,数值介于 -1 到 1 之间,越接近 ±1,表示关联性越高。若 N 为人数,D 为两个变量上的名次差距 $R(X_i)-R(Y_i)$。公式如下:

$$r_s=1-\frac{6\sum D_i^2}{N(N^2-1)} \tag{10.15}$$

三、点二系列相关

当 X 与 Y 两个变量中,一为连续变量,另一为二分类别变量(如性别)时,两个变量的相关系数称为**点二系列相关**(point-biserial correlation)。若 $\overline{X}_p$ 与 $\overline{X}_q$ 为两水平在连续变量的平均数,p,q 为两组人数百分比。依下列公式可求出点二系列相关公式,其系数值与以 Pearson 相关系数公式所得出的系数值完全相同,原因是二分变量只有两个数值,数值之间的差距反映出一种等距关系,因此二分变量也可以视为一种连续变量,其与其他任何连续变量的相关,即等于皮氏相关系数。点二系列相关系数的公式如下:

$$r_{pb}=\frac{\overline{X}_p-\overline{X}_q}{S_t}\sqrt{pq} \tag{10.16}$$

四、eta 系数

当求取类别变量与连续变量的关联强度时,可利用 η(eta)系数。其原理是计算类别变量的每一个数值(类别)下,连续变量的离散情形占全体变异量的比例;也就是求取各类别中,在连续变量上的组内离均差平方和,占总离均差平方和的百分比,此一百分比是以 X 无法解释 Y 的误差部分,比例越小,表示两变量的关联越强。公式如下:

$$\eta = \sqrt{\frac{\sum (Y - \bar{Y})^2 - \sum (Y - \bar{Y}_k)^2}{\sum (Y - \bar{Y})^2}} = \sqrt{1 - \frac{\sum (Y - \bar{Y}_k)^2}{\sum (Y - \bar{Y})^2}} \quad (10.17)$$

其中$\bar{Y}$为连续变量的平均数,$\bar{Y}_k$ 为类别变量各组下的连续变量平均数。η 系数数值类似积差相关系数,介于 0 至 1 之间,取平方后称为 η^2,具有削减误差百分比(PRE)的概念,又称为**相关比**(correlationratio)。因此可以利用 η^2,解释为类别变量对连续变量的削减误差百分比,是一种非对称性 PRE 型态关联量数。在方差分析(ANOVA)中,亦使用 η^2 的概念来描述类别自变量对连续因变量的解释力,也就是效果量的概念。

第四节　回归分析

线性关系是社会科学研究的重要概念,相关分析的目的在于描述两个连续变量的线性关系强度,而回归则是在两变量之间的线性关系基础上,进一步来探讨变量间的解释与预测关系的统计方法。如果研究者的目的在于预测,就是用某一自变量去解释/预测另一个因变量,则可通过回归方程式的建立与检验,来检测变量间关系并进行预测。

回归一词的起源,可以溯自 1855 年,英国学者 Galton 以"Regression toward mediocrity in heredity stature"为题的论文中,分析孩童身高与父母身高之间的关系,发现可以父母的身高预测子女的身高,当父母身高越高或越矮时,子女的身高会较一般孩童高或矮,但是有趣的是,当父母亲身高很高或很矮(极端倾向)时,子女的身高会不如父母亲身高那么极端化,而**朝向平均数移动**(regression toward mediocrity),这就是著名的**均值回归**(regression toward the mean)现象。自此之后,regression 这个名词,也就被研究者视为研究变量间因果或预测关系的重要同义词,沿用至今。

一、回归分析的概念

当两个变量之间具有显著的线性关系时,可以利用一个线性方程式,代入特定的 X 值,求得 Y 的预测值。此种以单一自变量 X(或称为解释变量、预测变量)去解释/预测因变量 Y 的过程,称为**简单回归**(simple regression)。例如以智力(X)去预测学业成就(Y)的回归分析,可获得一个回归方程式,利用该方程式所进行的统计分析,称为 Y 对 X 的回归分析(Y regress on X)。方程式如下:

$$Y' = bX + a \quad (10.18)$$

在线性关系中,若变量之间的关系是完全相关时(即 $r = \pm 1$),X 与 Y 的关系呈一直线,两个变量的观察值可以完全地被方程式 $Y' = bX + a$ 涵盖。但是,当两个变量之间的关系未达到完全相关时(即 $r \neq \pm 1$),X 与 Y 的关系是分布在一个区域内的,无法以一条直线来表示,而必须以数学方式求取最具代表性的线,称为**回归线**(regression line)。

更具体地说,对于某一个配对观察值(X,Y),将 X 值代入方程式所得到的数值为对 Y 变量的预测值,记为 Y',两者的差值 $Y - Y'$称为**残差**(residual),表示利用回归方程式无法准确预测的误差,最小平方法即为求取最小化的残差平方和 $\min \sum (Y - Y')^2$,所求得的回归方程式称为**最小平方回归线**(least square regression line),此种分析称为**一般最小平方回归分析**(ordinal least square regression,简称 OLS 回归)。

二、回归系数

(一)回归系数的推导

根据 OLS 回归的最小平方法原理,回归方程式的斜率与截距计算式如下:

$$b_{y.x}=\frac{\operatorname{cov}(x,y)}{s_x^2}=\frac{\sum(X_i-\overline{X})(Y_i-\overline{Y})}{\sum(X_i-\overline{X})^2}=\frac{SS_{xy}}{SS_x} \tag{10.19}$$

$$a_{y.x}=\overline{Y}-b\overline{X} \tag{10.20}$$

由于 X 与 Y 变量两者都有可能作为因变量,因此使用回归线去推测 X 与 Y 的预测关系,有以 X 预测 $Y(X\rightarrow Y)$ 与以 Y 预测 $X(Y\rightarrow X)$ 两种可能,方程式分别为:

$$Y'=b_{y.x}X+a_{y.x} \qquad X'=b_{x.y}+a_{x.y}$$

回归方程式中,斜率 $b_{y.x}$的意义是当 X 每变化一个单位时,Y 的变化量;$b_{x.y}$则表示当 Y 每变化一个单位时,X 的变化量。两变量只有一个相关系数 r,但有两个回归系数 $b_{y.x}$与 $b_{x.y}$,三者间具有 $r^2=b_{y.x}\times b_{x.y}$的关系。一般 r^2 被称为决定系数,因其决定了回归的预测力。$b_{y.x}$与 $b_{x.y}$系数是一个带有单位的非标准化统计量,可以反映预测变量对于因变量影响的数量,但由于单位的差异,无法进行相对比较,若要进行回归系数的比较,必须将回归系数进行标准化处理。

(二)标准化回归系数

在回归方程式中,$b_{y.x}$为带有单位的未标准化回归系数,如果将 $b_{y.x}$值乘以 X 变量的标准差再除以 Y 变量的标准差,即可去除单位的影响,得到一个**标准化回归系数**(standardized regression coefficient),称为β(Beta)系数。系数也是将 X 与 Y 变量所有数值转换成 Z 分数后,所计算得到的斜率:

$$\beta_{y.x}=b_{y.x}\frac{S_x}{S_y} \tag{10.21}$$

由于标准化的结果,β 系数的数值类似相关系数,介于 -1 至 $+1$ 之间,其绝对值越大者,表示预测能力越强,正负向则代表 X 与 Y 变量的关系方向。在简单回归中,由于仅有一个自变量,因此其值恰好等于相关系数。

三、回归解释力

OLS 回归分析使用最小平方法,自 X 与 Y 两个变量的原始观察值(X_i,Y_i)当中,寻求一条最佳回归预测线 $Y'=bX+a$。一旦方程式建立之后,代入一个 X_i值,可以获得一个预测值 Y_i',在完全相关的情况下,该值等于原始配对值 Y_i;但是在非完全相关的情况下,Y_i'与 Y_i之间存在一定的差距,是回归无法解释的误差部分(e)。每一个原始配对值(X_i与 Y_i)可用 $Y_i=bX_i+a+e$ 来表示,$e=Y_i'-Y_i$。误差平方和 $\sum(Y_i-Y')^2$ 表示回归方程式无法充分解释因变量的变异比例。

相对于回归无法充分预测的部分,预测值 Y_i'与 $\overline{Y}$ 的离均差平方和$(Y_i'-\overline{Y})^2$,则是导入回归后所能解释的变异。这两个部分加总即得到 Y 变量的总离均差的平方和 $\sum(Y'-\bar{Y})^2$（如图 10.2 所示）。以 SS 形式表示如下：

$$SS_t = \sum(Y_i - \bar{Y})^2 = \sum(Y' - \bar{Y})^2 + \sum(Y_i - Y')^2 = SS_{reg} + SS_e \quad (10.22)$$

同除 SS_t后得到：

$$1 = \frac{SS_{reg}}{SS_t} + \frac{SS_e}{SS_t} = \frac{\sum(Y'_i - \bar{Y})^2}{\sum(Y_i - \bar{Y})^2} + \frac{\sum(Y_i - Y'_i)^2}{\sum(Y_i - \bar{Y})^2} \quad (10.23)$$

令：

$$R^2 = 1 - \frac{SS_e}{SS_t} = \frac{SS_{reg}}{SS_t} = PRE \quad (10.24)$$

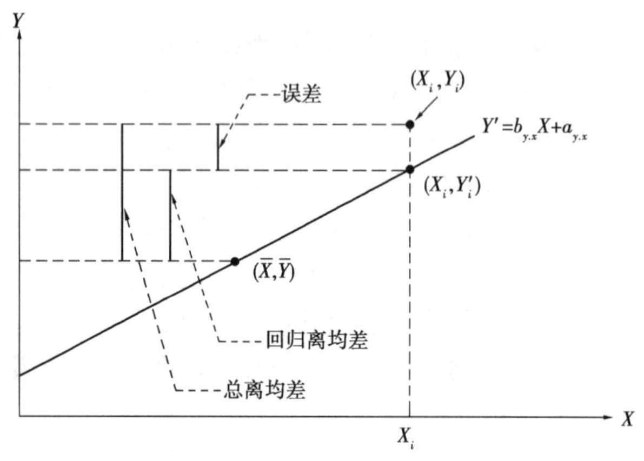

图 10.2 回归分析各离均差概念图示

此时 R^2 反映了回归模型的解释力，即 Y 变量被自变量所削减的误差百分比。当 R^2 为 0 时，表示自变量对因变量没有解释力；当 R^2 为 1 时，表示自变量能够完全解释因变量的变异。R^2 开方后可得 R，称为**多元相关**（multiple correlation），为因变量数值 Y 与预测值 Y' 的相关系数。

值得注意的是，在回归分析中，如果研究者不断增加解释变量，虽然不一定增加模型解释力，但是 R^2 并不会减低（R^2 为解释变量数目的非递减函数），导致研究者往往为了提高模型的解释力，而不断投入解释变量，每增加一个自变量，则损失一个自由度，最后模型中无关的自变量过多，自由度太低，失去了**简效性**（parsimony）。为了处罚增加解释变量所损失的简效性，R^2 公式中将自由度作为分子与分母项的除项加以控制，得到**调整后 R^2**（adjusted R^2），可以反映因为自变量数目变动而导致的简效性损失的影响，如公式 10.25。

$$adjR^2 = 1 - \frac{SS_e/df_e}{SS_t/df_t} = 1 - \frac{SS_e/(N-p-1)}{SS_t/(N-1)} \quad (10.25)$$

从上式可以看出，自变量数目（p）越多，$adjR^2$ 值越小，也就是对于简效性损失的处罚越大。如果研究者的目的在比较不同模型的解释力大小，各模型的自变量数目的差异会造成简效程度的不同，宜采用调整后 R^2。一般而言，样本数越大，对于简效性处罚的作用越不明显。当样本数较少时，自变量数目对于 R^2 估计的影响越大，应采用调整后 R^2 来描述模型的解释力。如果样本数越大，R^2 与调整后 R^2 就会逐渐趋近而无差异。在简单回归时，因为自变量仅有一个，调整前与调整后的数据不会有差异。

四、回归系数的显著性检验

回归分析除了通过 R^2 了解整个回归方程式的预测效果，个别的回归系数 b 则可以用于说明预测变量对因变量的解释力，其值的大小亦需经过假设检验来证明其显著性。换句话说，R^2 的 F 检验可以说是回归分析的**整体检验**(overall test)，如果 R^2 具有统计意义，则可继续针对回归系数的统计检验进行检验。如公式 10.26 所示。

$$F(p,N-p-1)=\frac{MS_{reg}}{MS_e}=\frac{SS_{reg}/df_{reg}}{SS_e/df_e}=\frac{SS_{reg}/p}{SS_e/N-p-1} \tag{10.26}$$

Y 变量离均差平方和可以拆解成回归离均差平方和与误差平方和，若将两项各除以自由度，即可得到方差，相除后得到 F 统计量，配合 F 分布，即可进行回归模型的方差分析检验，用以检验回归模型是否具有统计意义。

由于回归无法解释的误差为平均数 0，方差为 σ_e^2 的正态随机变量。以样本来计算求得变异误为 S_e^2，开方后的 S_e 称为**估计标准误**(standard error of estimate)。标准误越大，估计误差越大，标准误越小，估计误差越小。

$$s_e=\sqrt{\frac{\sum(Y-Y')^2}{N-K-1}}=\sqrt{\frac{SS_e}{df_e}} \tag{10.27}$$

对于个别的回归系数 b 的统计检验则与相关系数检验的原理相同，使用 t 检验来进行，假设可以写成 $H_0:\beta=0$。t 检验公式如下，s_b 为回归系数标准误，反映了回归系数 b 的随机变动情形。$df=N-p-1$：

$$t=\frac{b}{S_b}=\frac{b}{\sqrt{\frac{S_e^2}{SS_x}}} \tag{10.28}$$

五、回归分析的基本假设

回归分析进行变量关系的探讨，是基于某些统计假设之下的。当这些假设被违反时，将导致偏误的发生。以下将介绍五个回归分析的重要假设，至于**无多元共线性假设**因为涉及多元回归，将留待下一章讨论。

(一)固定自变量假设(fixed variable)

在回归分析中，自变量是研究者在进行研究之初，依照文献或理论所挑选出来的能够解释因变量的主要变量，然后再从样本所获得的自变量数据来建立回归方程式，此时自变量数据并非随机选择得来，应被视为已知数，因此无须受到统计分布的限制，亦即自变量被视为是固定变量的原因。如果一个研究可以被重复验证，特定自变量的特定数值应可以被重复获得，也因此得到相同的回归模型。

(二)线性关系假设(linear relationship)

由于回归分析是在相关基础上的延伸应用，因此必须建立在变量之间具有线性关系的假设之上。非线性的变量关系，需将数据进行数学转换才能视同线性关系来进行回归分析，或是改用曲线回归等非线性模型来处理。若为类别自变量，则需以虚拟变量的方式，将单一的类别自变量依各水平分成多个二分自变量，以视同连续变量的形式来进行。

(三)正态性假设(normality)

回归分析中的一个重要假设,是误差呈正态分布。也就是说,预测值 Y' 与实际 Y 之间的残差应呈正态分布,$N(0,\sigma_e^2)$。对于一个观察值的线性方程式 $Y=bX+a+e$,其中 $bX+a$ 即为回归模型,各项均不是随机变量,仅有残差 e 为正态化随机变量,故 Y 也应呈正态分布。

(四)误差独立性假设(independence)

误差项除了应呈随机化的正态分布,不同的 X 所产生的误差之间应相互独立,无相关存在,也就是**无自我相关**(nonautocorrelation),而误差项也需与自变量 X 相互独立。当误差项出现自我相关时,虽然仍可进行参数估计,但是标准误会产生偏误从而降低统计检验力,容易产生回归模型被拒绝的结果。残差自我相关的现象与衍生的问题,在时间序列分析或纵贯研究中较常发生。

(五)误差等分散性假设(homoscedasticity)

延续上一个假设,特定 X 水平的误差项,除了应呈随机化的正态分布,且其变异量应相等,称为误差等分散性,如图 10.3(a)。不相等的误差变异量(即**误差变异歧异性**,heteroscedasticity),如图 10.3(b),反映出不同水平的 X 与 Y 的关系不同,不应以单一的回归方程式去预测 Y,当研究数据中有极端值存在时,或非线性关系存在时,误差方差歧异性的问题就容易出现。违反假设时,对于参数的估计检验力也就不足。

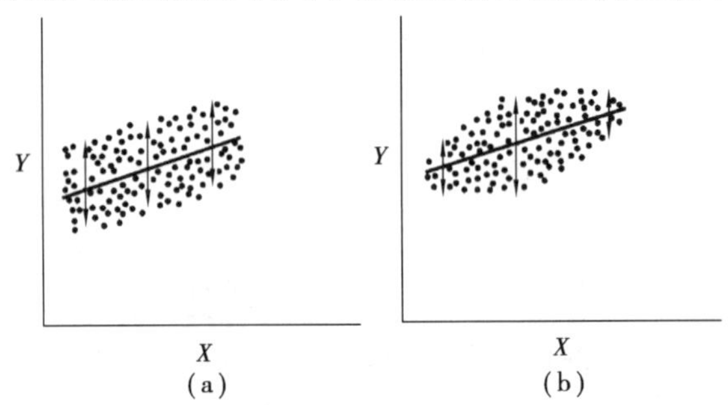

图 10.3 误差等分散性与误差变异歧异性图示

第五节 范例解析

范例 10.1 Pearson、Spearman、点二系列相关

某研究所 10 名学生修习高等统计课程期中考与期末考成绩如下,请问这两次考试成绩是否相关?性别与成绩有关吗?

学生编号	1	2	3	4	5	6	7	8	9	10
性别	男	男	女	女	男	男	女	男	男	女
期中考分数	78	80	90	90	70	88	82	74	65	85
期末考分数	84	83	89	90	78	89	87	84	78	80
期中考名次	7	6	1	1	9	3	5	8	10	4
期末考名次	5	7	2	1	9	2	4	5	9	8

【A. 操作程序】

步骤一:输入数据。
步骤二:选取 分析 → 相关 → 双变量 。
步骤三:选择欲分析的两个变量。
步骤四:勾选所需的相关系数与 选项 内容。
步骤六:按 确定 执行。

【B. 步骤图示】

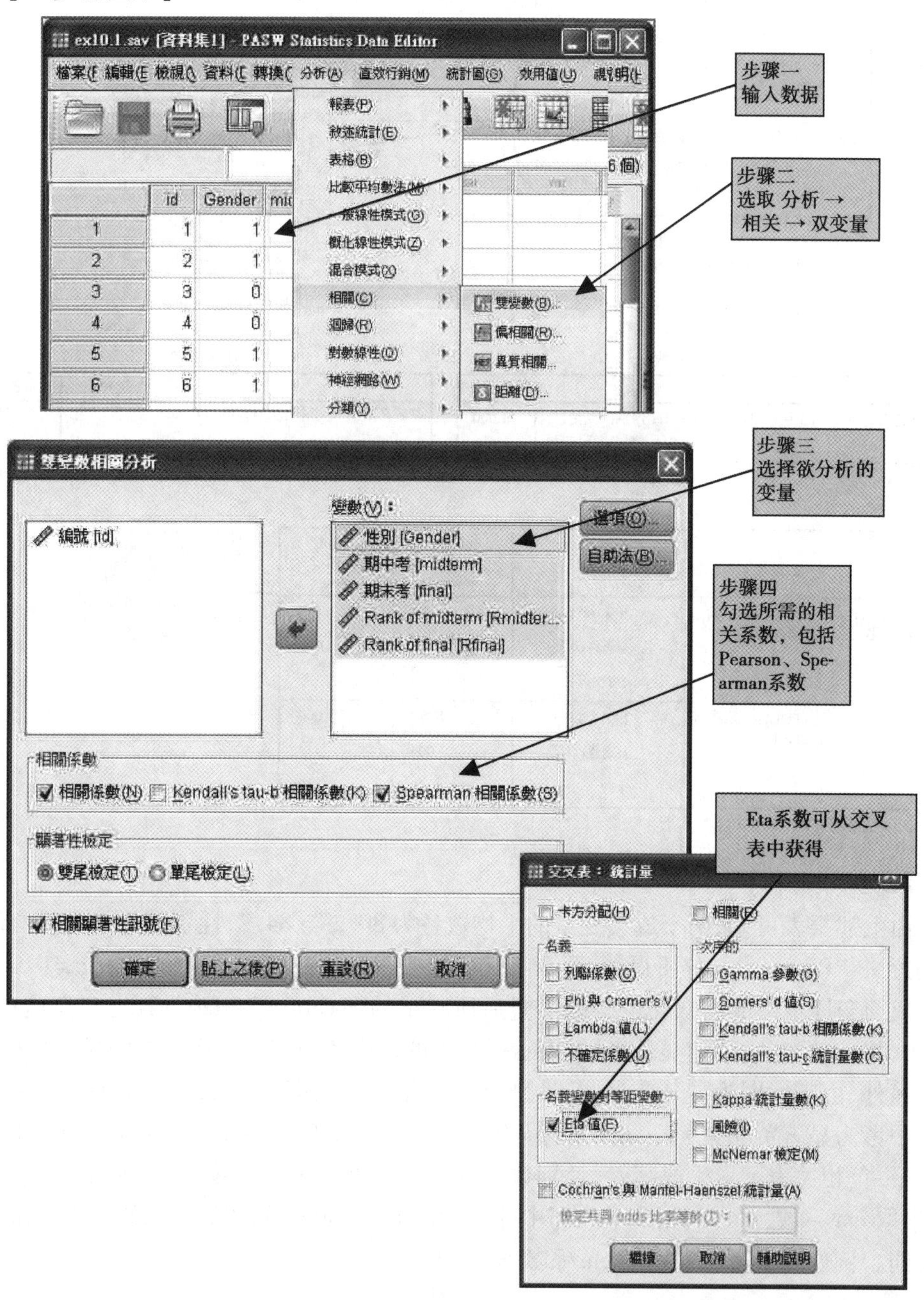

【C. 结果输出】

描述性统计量

	平均数	标准差	个数
midterm 期中考	80.20	8.548	10
final 期末考	84.20	4.517	10

相关

		Gender 性别	midterm 期中考	final 期末考
Gender 性别	Pearson相关	1	-.659*	-.438
	显著性(双尾)		.038	.205
	个数	10	10	10
midterm 期中考	Pearson相关	-.659*	1	.822**
	显著性(双尾)	.038		.004
	个数	10	10	10
final 期末考	Pearson相关	-.438	.822**	1
	显著性(双尾)	.205	.004	
	个数	10	10	10

*.在显著水平为0.05时(双尾)，相关显著。

**.在显著水平为0.01时(双尾)，相关显著。

Pearson 相关系数
可知两连续变量之间达到了0.822的显著高相关

点二系列相关系数
性别为二分变量，此处所计算出来的系数即为点二系列相关。均为负值，表示男生成绩差。以双变量相关求出结果与交叉表求得的ETA值相同

Gender 性别 * midterm 期中考

方向性量数

			数值
以名义量数和间隔为主	Eta值	Gender 性别因变量	1.000
		midterm 期中考因变量	.659

Gender 性别 * final 期末考

方向性量数

			数值
以名义量数和间隔为主	Eta值	Gender 性别因变量	.890
		final 期末考因变量	.438

相关

			Rmidterm Rank of midterm	Ffinal Rank of final
Spearman's rho系数	Rmidterm Rank of midterm	相关个数	1.000	.825**
		显著性(双尾)		.003
		个数	10	10
	Ffinal Rank of final	相关个数	.825**	1.000
		显著性(双尾)	.003	
		个数	10	10

**.相关的显著水平为0.01(双尾)。

等级相关系数
等级相关显示两个名次的相关系数达0.825

【D. 结果分析】

由上述报表可知，两个成绩变量的平均数各为80.2与84.2，性别的平均数没有解释上的意义。Pearson's r 分析得知，两个考试成绩变量之间的相关高达0.822($p=0.004$)，若将成绩变量转换成名次化的等级变量后所求出的Spearman's rho系数也有高达0.825($p=0.003$)的相关，均达显著水平，表示研究生的期中考与期末考成绩之间显著高相关。

另外，由于性别为二分变量，与性别有关的相关系数即为点二系列相关。其中性别与期中考为显著负相关 $r=-0.659$($p=0.038$)，与期末考 $r=-0.438$($p=0.205$)未达显著水平，负相关表示男生成绩差(性别数值越大时成绩则越低)。如果把性别当作名义变量，求取eta系数，可以利用交叉表当中的统计量中的eta系数，得到的系数与点二系列相关相同。例如期中考与性别的eta系数=0.659：

范例 10.2　净相关与部分相关

延续前一个范例，若同时测得 10 名学生的统计焦虑分数，请问期中考与期末考成绩的净相关如何？两个部分相关又如何？

学生编号	1	2	3	4	5	6	7	8	9	10
期中考	78	80	90	90	70	88	82	74	65	85
期末考	84	83	89	90	78	89	87	84	78	80
统计焦虑	9	5	3	4	6	5	5	7	10	5

1. 净相关

【A. 操作程序】

步骤一：输入数据。

步骤二：选取 分析 → 相关 → 偏相关 。

步骤三：选择欲分析的两个变量与控制变量。

步骤四：在 选项 勾选统计量。

步骤五：按 确定 执行。

【B. 步骤图示】

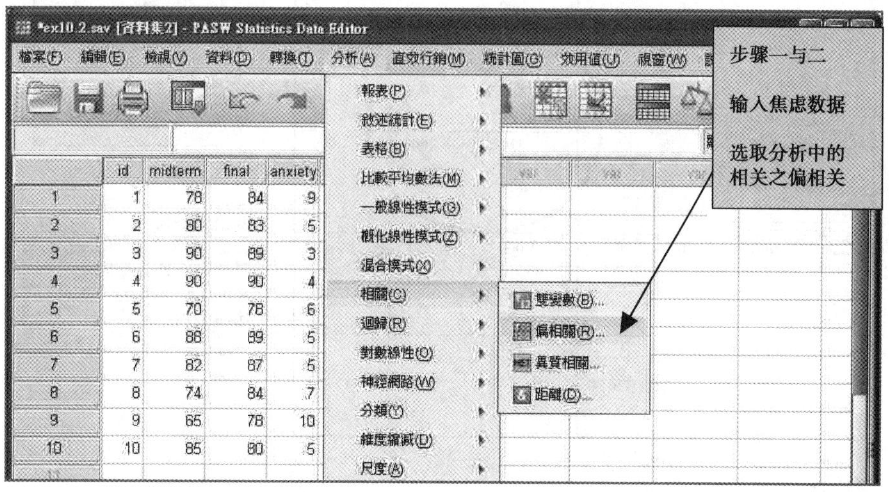

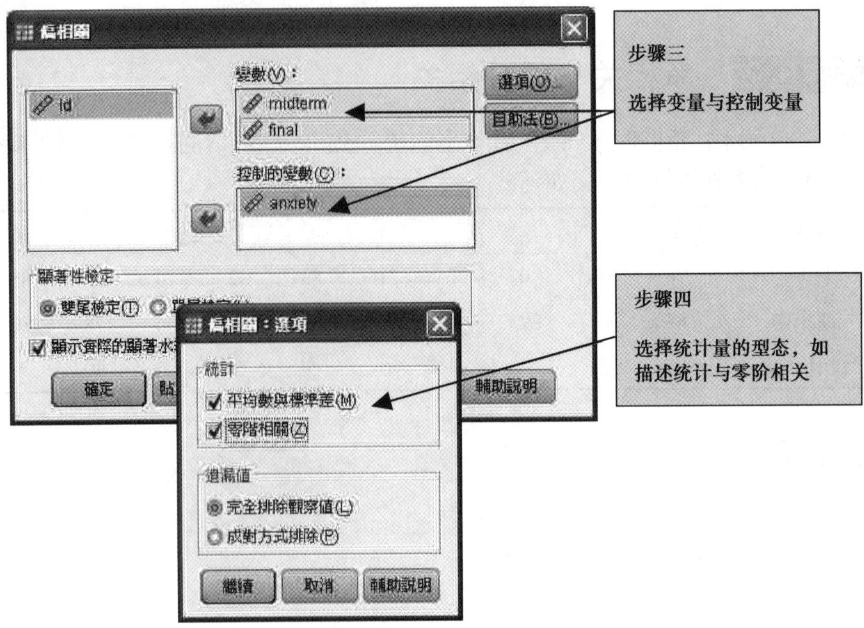

【C. 结果输出】

相关

控制变量			midterm	final	anxiety
-无-a	midterm	相关	1.000	.822	-.814
		显著性(双尾)		.004	.004
		df	0	8	8
	final	相关	.822	1.000	.606
		显著性(双尾)	.004		.063
		df	8	0	8
	anxiety	相关	-.814	-.606	1.000
		显著性(双尾)	.004	.063	
		df	8	8	0
anxiety	midterm	相关	1.000	.711	
		显著性(双尾)		.032	
		df	0	7	
	final	相关	.711	1.000	
		显著性(双尾)	.032		
		df	7	0	

a.单元格含有零阶(Pearson相关系数)相关

零阶相关系数

即为Pearson相关，期中考及期末考相关仍为0.821 9。焦虑与期中考及期末考的相关均达显著，分别为-0.814 5与-0.606 2

偏相关系数

两变量的相关系数降为0.711，*p*=0.032,.仍达显著均达显著

2. 部分相关

【A. 操作程序】

步骤一:选取 分析 → 回归 → 线性。

步骤二:将一个变量移入因变量,其他变量与控制变量作为自变量。

步骤三:将 统计量 勾中,选取部分与净相关。

步骤四:按 确定 执行。

【B. 步骤图示】

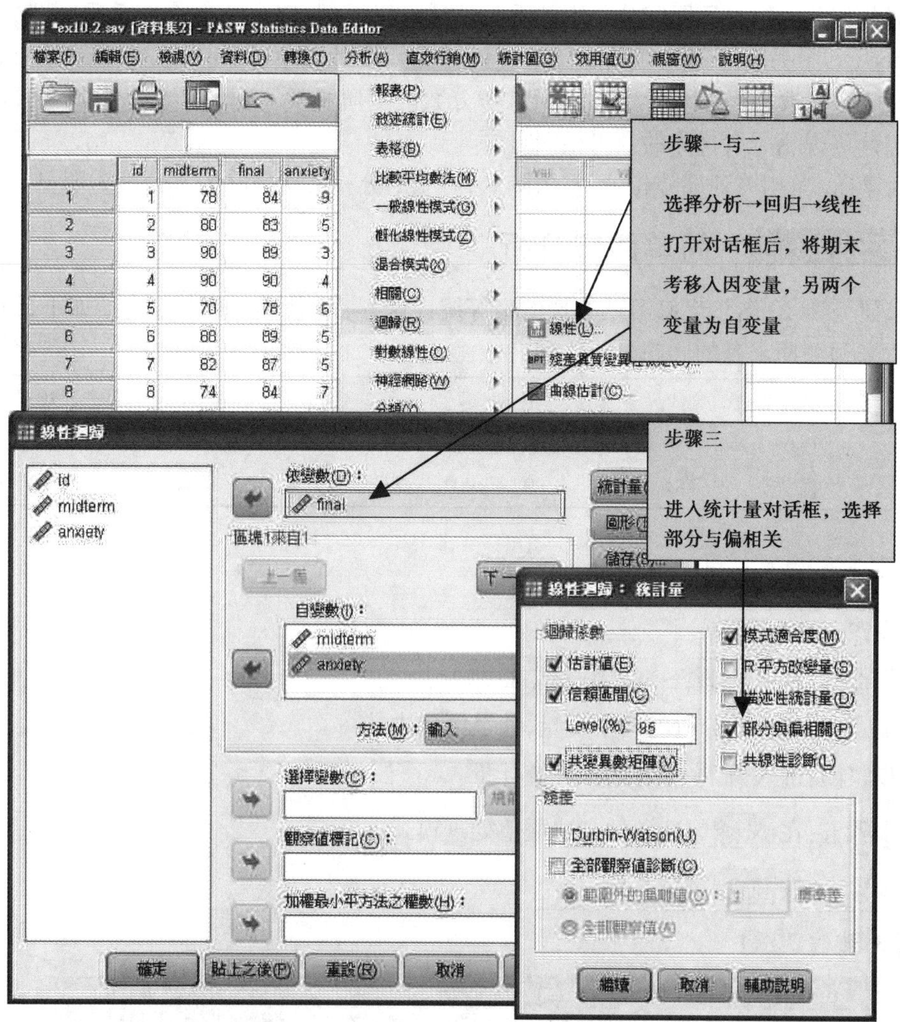

【C. 结果输出】

系数[a]

模式		未标准化系数		标准化系数			B的95.0%置信区间		相关		
		B之估计值	标准误差	Beta分配	t	显著性	下界	上界	零阶	偏	部分
1	(常数)	40.591	19.248		2.109	.073	-4.924	86.106			
	midterm	.515	.192	.975	2.677	.032	.060	.970	.822	.711	.566
	anxiety	.389	.753	.188	.516	.622	-1.393	2.170	-.606	.191	.109

a.因变量:final

系数估计

系数估计值。包括部分相关与净相关，两变量净相关为0.711。部分相关为0.566

【D. 结果分析】

由上述的报表可知,期中考与期末考成绩的净相关为0.711(p=0.032),显示两者仍有显著的高相关,但是已较零阶 Pearson 相关0.822降低许多,原因是焦虑与两次考的相关均十分明显,分别为期中考的-0.815(p=0.004)与期末考的0.606(p=0.063),值得注意的是焦虑与期末考相关未达显著。应采用部分相关为宜,因为可能统计焦虑不用与期末考求控制相关。

部分相关的结果用回归分析中的系数估计可以得到，期中考排除焦虑后的部分相关为0.566，其中另一个部分相关为统计焦虑排除期中考成绩后，与期末考的部分相关，为0.109，此一系数与当初统计焦虑与期末考分数的零阶相关 -0.606 减少甚多，显示期中考与统计焦虑相关所排除的效果很明显。

由零阶、净相关到部分相关，系数降低，可见部分相关所排除的部分最为明显。

范例 10.3　简单回归分析

某研究所10名学生修习某教授的高等统计课程，期中考与期末考成绩如下，请问以期中考来预测期末考的回归分析为何？

学生编号	1	2	3	4	5	6	7	8	9	10
期中考	78	80	90	90	70	88	82	74	65	85
期末考	84	83	89	90	78	89	87	84	78	80

【A. 操作程序】

步骤一：输入数据。
步骤二：选取 分析 → 回归 → 线性 。
步骤三：选择欲分析的两个变量，移至清单中。
步骤四：进入 统计量 勾选各种统计量。
步骤五：在 选项 勾选条件与遗漏值处理模式。
步骤六：按 确定 执行。

【B. 步骤图示】

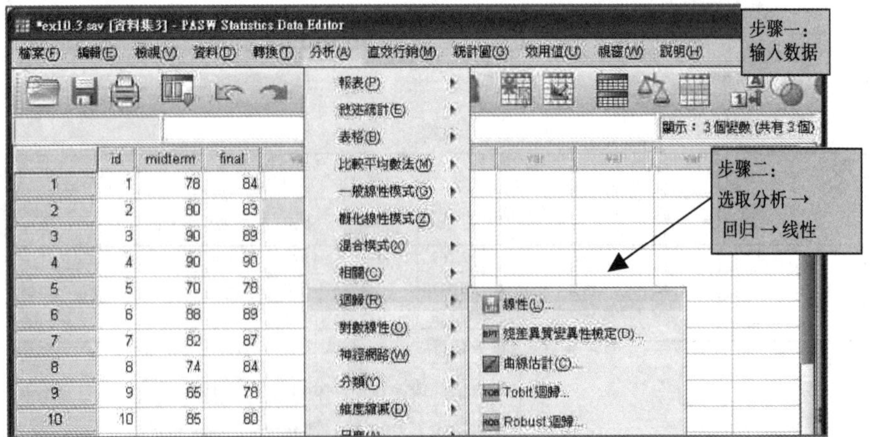

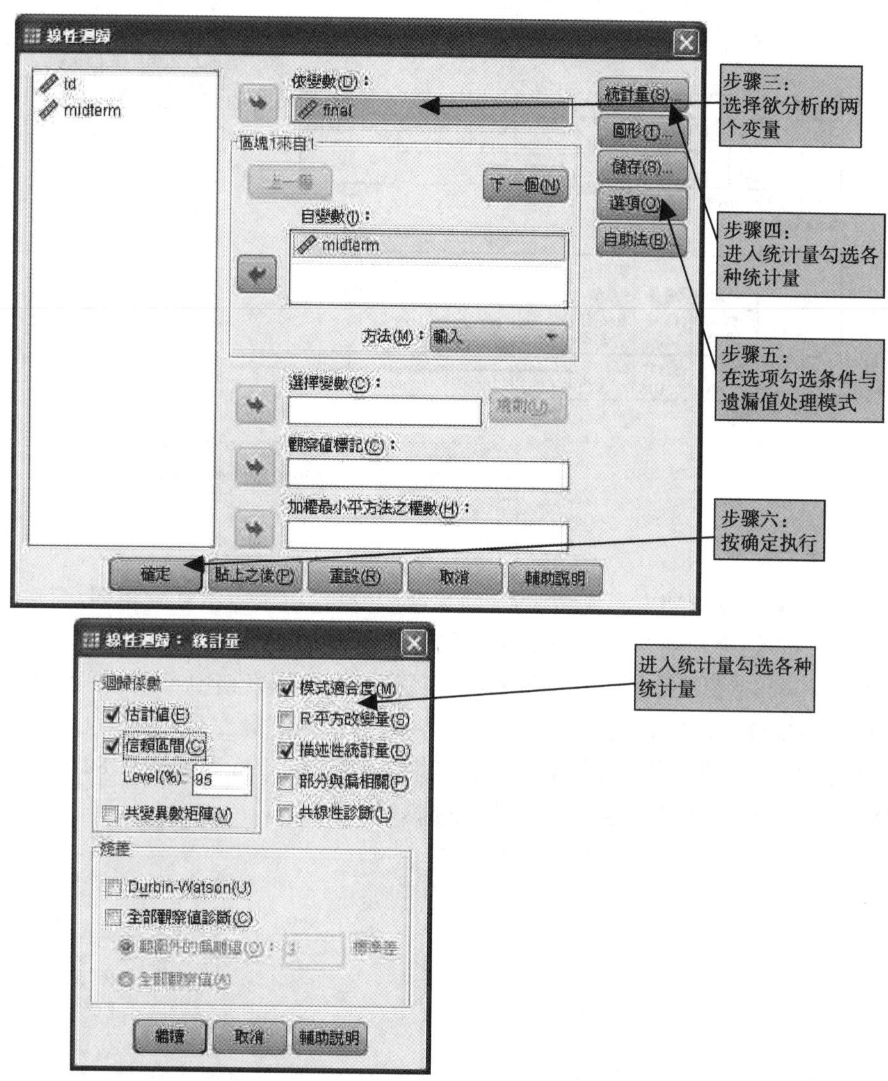

【C.结果输出】

叙述统计

	平均数	标准差	个数
final	84.20	4.517	10
midterm	80.20	8.548	10

描述统计
各变量的描述统计量,各变量的平均数、标准差与个数

模式摘要

模式	R	R平方	调过后的R平方	估计的标准误
1	.822[a]	.676	.635	2.729

a.预测变量：(常数)，midterm

模式摘要
自变量对因变量的整体解释力。期中考成绩可以解释因变量67.6%的变异。调整后的R平方为63.5%

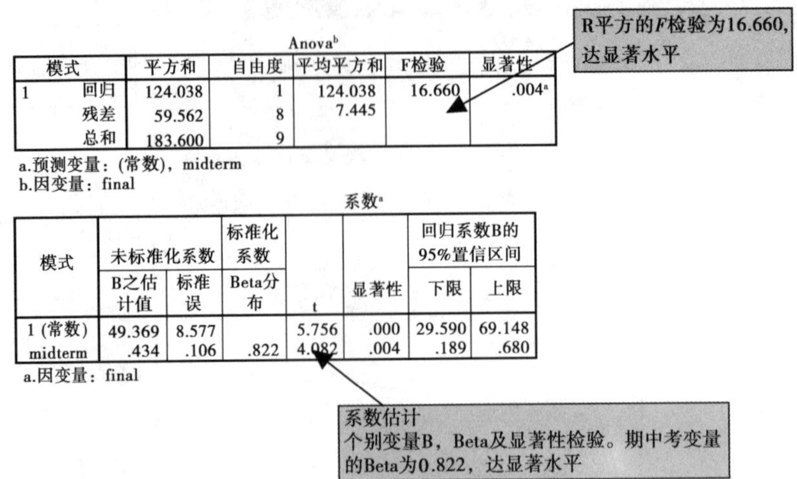

Anova[b]

模式		平方和	自由度	平均平方和	F检验	显著性
1	回归	124.038	1	124.038	16.660	.004[a]
	残差	59.562	8	7.445		
	总和	183.600	9			

a.预测变量：(常数)，midterm
b.因变量：final

系数[a]

模式	未标准化系数		标准化系数	t	显著性	回归系数B的95%置信区间	
	B之估计值	标准误	Beta分布			下限	上限
1 (常数)	49.369	8.577		5.756	.000	29.590	69.148
midterm	.434	.106	.822	4.082	.004	.189	.680

a.因变量：final

【D.结果分析】

以期中考成绩预测期末考成绩，为一简单回归分析，由于数学基础相同，简单回归与相关分析的主要结果相同。Pearson 相关系数、Multiple R 与 Beta 皆为 0.822，这几个系数的检验值均相同，达显著水平。R^2 则提供回归变异量，显示以期中考成绩预测期末考成绩有 63.5% 的解释力，$F(1,8)=16.66$，$p=0.004$，显示该解释力具有统计上的意义。系数估计的结果指出，期中考成绩能够有效预测期末考成绩，Beta 系数达 0.822（$t=4.082$，$p=0.004$），表示期中考成绩越高，期末考成绩越好。

第十一章　多元回归

第一节　基本概念

回归分析是利用线性关系来进行解释与预测。如果研究者使用单一解释变量去预测因变量,称为简单回归,但通常一个研究中,影响因变量的解释变量不止一个,此时需建立一套包含多个解释变量的多元回归模型,同时纳入多个自变量来对因变量进行解释与预测,称为**多元回归**(multiple regression)。例如研究者认为智商(X_1)、阅读时数(X_2)、与他人讨论频率(X_3),是影响学业表现的三个原因,对因变量的多元回归方程式则如公式 11.1 所示:

$$Y' = b_1X_1 + b_2X_2 + b_3X_3 + a \tag{11.1}$$

由于多元回归必须同时处理多个解释变量,计算过程较为繁复。尤其是解释变量之间的共变关系,会影响回归系数的计算,因此必须特别小心地处理。另一方面,多个解释变量对于因变量的解释可能有次序上的先后关系,使得多元回归的运作更加复杂。

基于**预测**(prediction)或**解释**(explanation)的不同目的,多元回归可被区分为预测型回归与解释型回归两类。在预测型回归中,研究者的主要目的在于实际问题的解决或实务上的预测与控制;解释型回归的主要目的则在于了解自变量对因变量的解释情形。两者异同如下:

1. 分析策略的不同

在操作上,预测型回归最常使用的变量选择方法是**逐步回归法**(stepwise regression)。逐步回归分析可以满足预测型回归所强调的目的:以最少的变量来达成对因变量最大的预测力。因为逐步回归法是利用各解释变量与因变量之间相关的相对强弱,来决定哪些解释变量应纳入和何时纳入回归方程式,而不是从理论的观点来取舍变量。

相对的,解释型回归的主要目的在于厘清研究者所关心的变量间关系,以及如何对因变量的变异提出一套具有最合理解释的回归模型。因此,不仅在选择解释变量时必须慎重其事、详加斟酌,同时每一个被纳入分析的解释变量都必须仔细检视它与其他变量的关系,因此对于每一个解释变量的个别解释力,都必须予以讨论和交代。此时,除了整体回归模型的解释力,各解释变量的标准化回归系数(Beta 系数)也要作为各解释变量影响力相互比较之用。一般学术上所使用的多元回归策略,多为**同时回归法**(simultaneous regression),也就是不分先后顺序,一律将解释变量纳入回归方程式,进行同时分析。

2. 理论所扮演的角色

除了分析策略上的差异,理论所扮演的角色在两种回归应用上也有明显的不同。基本上,理论基础是学术研究非常重要的一环,借由理论,研究者得以决定哪些变量适合用来解释因变量,一旦分析完成之后,在报告统计数据之余,也必须回到理论架构下,来解释研究发现与数据的意义,因此,在解释型回归研究中,理论的重要性不仅在于决定解释变量的选择与安排,也影响研究结果的解释。相对的,预测型回归由于不是以厘清变量的关系为目的,而是以建立最优方程式为目标,因此解释变量的选择所考虑的是是否具有最大的实务价值,而不是基于理论上的适切性。理论在预测型回归中,多被应用于说明回归模型在实务应用的价值,以及有效达成问题解决的机制,以期在最低的成本下,获得最大的实务价值。

值得注意的是,不论预测型回归还是解释型回归,如果解释变量具有理论上的层次关系,必须以不同的阶段来处理不同的解释变量对于因变量的解释,这时可以利用**阶层回归分析**(hierarchical regression)的**区组选择程序**(blockwise selection),依照理论上的先后次序,逐一检验各组解释变量对于因变量的解释。

第二节　多元回归的原理与特性

一、多元相关

在多元回归中,对于因变量进行解释的变量不止一个,这一组解释变量与因变量之间的关系,若以相关的概念来表示,即为**多元相关**(multiple correlation;以 R 表示)。多元相关的数学定义,是因变量的回归预测值(Y')与实际观测值(Y)的相关,多元相关的平方为 R^2,表示 Y 被 X 解释的百分比:

$$R = \rho_{Y'Y} \tag{11.2}$$

在简单回归时,由于仅有一个解释变量,因此对于因变量的解释仅有一个预测来源,此时多元相关 R 恰等于解释变量与因变量的积差相关系数 r,R^2 则表示该解释变量对于因变量的解释力。

若在一个有两个解释变量的多元回归中,对于因变量的解释除了来自于 X_1,还有 X_2,此时多元相关不是 X_1 与 Y 的相关或 X_2 与 Y 的相关,而是指 X_1 与 X_2 整合后与因变量的相关。由于解释变量之间(X_1 与 X_2 之间)可能具有相关,因此在计算 R^2 时,需考虑解释变量间共变的部分,如图 11.1 的(c)与(d)。

比较特别的是图 11.1(b),当两个解释变量彼此相互独立时,r_{12} 为 0,此时多元相关平方为 r_{y1} 与 r_{y2} 两个相关的平方和,共线性为 0,属于最单纯且最理想的一种情况,也就如公式 11.3 所示:

$$R^2_{y.12} = r^2_{y1} + r^2_{y2} \tag{11.3}$$

但是在图 11.1(c)与(d)中,两个解释变量之间具有相关,$r_{12} \neq 0$,因此 R^2 需将 r_{1y} 与 r_{2y} 两个相关的平方和扣除重叠计算的区域。

$$R^2_{y.12} \neq r^2_{y1} + r^2_{y2} \tag{11.4}$$

在重复面积的扣除方法上如果有不同的处理,对于各变量的解释也会有所不同,显

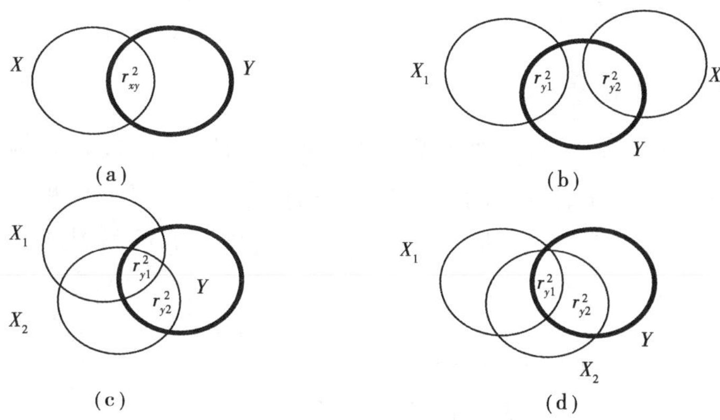

图 11.1　回归分析多元相关的概念图示

示多元回归受到解释变量间关系的影响甚巨，称为**多元共线性**(mulitlinearility)问题。

以图 11.1(d)为例，X_1与X_2之间具有高度的关联，而X_1变量对于Y变量的解释也几乎完全被解释变量间的相关所涵盖，呈现高度共线性。在进行多元回归分析时，X_1变量的解释力会因为不同的变量选择程序而产生不同的结果，形成截然不同的结论。

二、多元回归方程式

多元回归方程式也是利用最小平方法，导出最能解释因变量变异的方程式，估计出回归系数。方程式的斜率（公式 11.5）反映了各解释变量对于因变量的净解释力，也就是当其他解释变量维持不变的情况下，各解释变量的单纯影响力。斜率与截距公式如下：

$$b_1 = \frac{SS_2SP_{y1} - SP_{12}SP_{y2}}{SS_1SS_2 - SP_{12}^2} \qquad b_2 = \frac{SS_1SP_{y2} - SP_{12}SP_{y1}}{SS_1SS_2 - SP_{12}^2} \tag{11.5}$$

$$a_{y.12} = \bar{Y} - b_1\bar{X}_1 - b_2\bar{X}_2 \tag{11.6}$$

公式 11.5 的两个斜率公式中，分母相同，分子则为各解释变量对因变量的解释效果。分子越大，表示该解释变量每单位的变动对于因变量的变化解释较多，解释力较大。截距$a_{y.12}$则是指当两个解释变量皆为 0 时的因变量起始值。若两个解释变量都经过**平减**(centering)，亦即变量数值扣掉平均数，则$a_{y.12}$截距数值为因变量平均数。

若将b系数去除单位效果（乘以解释变量标准差，除以因变量标准差），得到标准化回归系数β，可用以说明解释变量的相对重要性：

$$\beta_1 = b_1\frac{s_1}{s_y} \qquad \beta_2 = b_2\frac{s_2}{s_y} \tag{11.7}$$

值得注意的是，β系数是一个标准化的系数，仅适合线性强度的描述与各解释变量的相互间比较，但不能用于加减乘除运算的统计量，如果要检验各变量的统计意义或进行区间估计，则必须使用未标准化的回归系数。

一旦导出多元回归方程式后，即可以将解释变量数值代入，得到预测值，并进而计算出残差。回归模型所能够解释的变异，可以利用总离均差平方和SS_t减去SS_e得到，也可以利用下列算式求出：

$$SS_{reg} = b_1SP_{y1} + b_2SP_{y2} \tag{11.8}$$

由公式 11.8 各项，即可以计算出R^2，然后利用F检验来检验显著性。分子为回归解释方差(SS_{reg}/df_{reg}),分母为误差方差(SS_r/df_r),相除即可得到 F 值,原理与前一章的简单回归相同。

三、回归系数的显著性检验

多元回归分析 R^2 反映了回归模型的解释力,若 R^2 具有统计显著性,则需进行回归系数的统计检验,来决定各解释变量的解释力。检验的原理与简单回归相同,也是利用 t 检验来检验回归系数 b 的统计显著性。以两个解释变量的多元回归为例,回归系数的 t 检验如下:

$$t_{b1} = \frac{b_1}{s_{b1}} = \frac{b_1}{\sqrt{\dfrac{s_e^2}{SS_1(1 - R_{12}^2)}}} \qquad t_{b2} = \frac{b_2}{s_{b2}} = \frac{b_2}{\sqrt{\dfrac{s_e^2}{SS_2(1 - R_{12}^2)}}} \tag{11.9}$$

其中 s_e^2 是回归模型的估计变异误,R_{12} 为解释变量间的相关系数。自由度为误差项的自由度($N-k-1$)。

如果要比较两个解释变量解释力的差异是否具有显著差别,则需进行回归系数差异 t 检验。此时 t 检验的标准误为两个系数差异的合成标准误 s_{b1-b2},其计算式涉及回归系数的方差 c_{11}、c_{22} 与协方差 c_{12}(相关细节可参考 Pedhazur, 1997; p. 150):

$$t_{b_1-b_2} = \frac{b_1 - b_2}{s_{b_1-b_2}} = \frac{b_1 - b_2}{\sqrt{c_{11} + c_{22} - 2c_{12}}} \tag{11.10}$$

四、共线性诊断

共线性问题可以说是影响多元回归分析最重要的因素之一。一般的统计软件,提供了**容忍值**(tolerance)或**方差膨胀因素**(variance inflation factor, VIF)来评估共线性的影响。

$$\text{VIF} = \frac{1}{\text{Tolerance}} = \frac{1}{1 - R_i^2} \tag{11.11}$$

公式 11.11 中,R_i^2 为某一个解释变量被其他解释变量当作因变量来预测时,该解释变量可以被解释的比例。R_i^2 比例越大,容忍值越小,自变量相关越高,共线性问题越严重。一般当 VIF 大于 5 时(容忍值大于 0.2),自变量之间就有很高的相关,VIF 大于 10 时(容忍值大于 0.1),表示共线性已经严重威胁参数估计的稳定性。

除了个别解释变量的共线性检验之外,整体回归模型的共线性诊断也可以通过**特征值**(eigenvalue;λ)与**条件指数**(conditional index;CI)来判断。特征值越小,表示解释变量间具有共线性,当特征值为 0 时,表示解释变量之间有**完全线性相关性**。

在各种变量组合下的各个特征值中,最大特征值除以最小特征值开根号,称为**条件值**(condition number;CN),也就是最后一个线性整合的 CI 值,反映了整个回归模型受到共线性问题影响的严重程度。CI 值越高,表示共线性严重,当 CI 值低于 30,表示共线性问题缓和,30 至 100 间,表示回归模型具有中至高度共线性,100 以上则表示严重的共线性(Belsley,1991;Belsley, Kuh & Welsch,1980)。

在计算特征值的同时,还可计算各变量间线性组合在各解释变量的回归系数变异误的**方差比例**(variance proportions),当同一个线性整合的 CI 值中,有两个或以上的解释变量有高度方差比例时,显示它们之间具有共线性。当任两个或多个回归系数方差在同一个 CI 值上的方差比例均很高(大于 50%)且接近 1 时,表示可能存在共线性组合。

第三节 多元回归的变量选择模式

多元回归分析包括了多个解释变量，基于不同的目的，研究者可以采用不同的解释变量选择程序以得到不同的结果。在应用 SPSS 等统计软件时，可以利用同时法、逐步法、阶层法等不同的程序来进行回归分析。兹将各种程序的性质与原理，利用一个实际的范例来说明。

表 11.1 为 60 位参与科学竞赛活动学生的性别(D_1)、年龄(D_2)、参赛成绩(Y)与赛前所搜集的能力测验得分。能力测验包括六项能力的测验成绩：数理能力(X_1)、科学实作能力(X_2)、语文能力(X_3)、美术能力(X_4)、沟通能力(X_5)与社会人际能力(X_6)。主办单位之所以纳入能力变量的测量，是因为想要探讨科学竞赛表现优异者，是否由于其具有特殊的认知能力或人际互动能力。因此，主办单位特别邀请认知与测量心理学家参与，希望能够对于心理与社会能力如何影响科学能力提出一套解释模型。

表 11.1 六十位科学竞赛活动参赛者背景数据与各种测量数据

变量	平均数	标准差	相关							
			D_1	D_2	X_1	X_2	X_3	X_4	X_5	X_6
D_1性别	.43	.50	1.00							
D_2年龄	17.18	1.39	-.203	1.00						
X_1数理能力	65.10	18.87	-.366	.523	1.00					
X_2科学实作能力	71.55	18.67	-.365	.682	.784	1.00				
X_3语文能力	72.97	11.69	-.305	.362	.367	.474	1.00			
X_4美术能力	70.10	12.23	.043	.069	.164	.197	.346	1.00		
X_5沟通能力	8.55	3.00	-.384	.673	.708	.825	.587	.209	1.00	
X_6社会人际能力	9.06	3.67	-.360	.627	.700	.796	.603	.196	.951	1.00
Y竞赛成绩	54.10	16.10	.401	.666	.776	.860	.492	.241	.858	.849

注：相关系数具有底线者，表示未达 0.05 显著性。

一、同时回归分析

最单纯的变量处理方法，是将所有的解释变量同时纳入回归方程式当中来对于因变量进行影响力的估计。此时，整个回归分析仅保留一个包括全体解释变量的回归模型。除非解释变量间的共线性过高，否则每一个解释变量都会一直保留在模型中，即使对于因变量的边际解释力没有达到统计水平，也不会被排除在模型之外。

以同时回归(simultaneous regression)技术来进行的回归分析，又可称为解释型回归，因为研究者的目的，是在厘清研究者所提出的解释变量是否能够用来解释因变量。一般在学术研究上，由于每一个解释变量对于因变量的影响都是研究者所欲探讨的对象，因此不论显著与否，都有学术上的价值与意义，因此多采用同时法来处理变量的选择。

解释型回归的第一个工作是仔细检视各变量的特性与相关情形。也就是检验各变量的相关情形。由表 11.1 的数据可以看出，各解释变量对于因变量的相关均十分明显，其中 X_2，X_5，X_6 三个解释变量与因变量的相关达到 0.80 以上。除了美术能力与参赛成绩的相关($r=0.241$，$p=0.064$)，以及美术能力与其他能力间的相关未达显著水平之外，其余大多数相关系数均达显著水平。

解释变量间的高度相关,透露出共线性的隐忧。其中沟通能力与社会人际能力的相关高达0.91,显示两者几乎是相同的得分趋势。在后续的分析中,这些高度重叠性多元共线性现象将影响结果的解释。

其次,解释型回归的第二个工作,是计算回归模型的整体解释力与显著性检验。表11.2列出以同时回归法所得到的模型摘要与参数估计结果,由 $R^2=0.841$ 可以看出,整个模型可以解释因变量的84.1%,如果考虑模型简效性,调整后 R^2 亦有0.816,解释力仍然非常高,表示这些能力指标与人口变量确实能够解释参赛者的表现。

表11.2　科学竞赛数据的同时回归法估计结果与模式摘要

DV = 竞赛成绩	未标准化系数					共线性	
	B	s_e	Beta	t	p	容忍值	VIF
(常数)	-12.77	15.31		-.84	.408		
D_1 性别	-2.40	2.05	-.074	-1.17	.247	.78	1.29
D_2 年龄	1.17	.94	.101	1.24	.220	.48	2.11
X_1 数理能力	.15	.08	.172	1.84	.072	.36	2.80
X_2 科学实作能力	.26	.10	.298	2.48	.017	.22	4.63
X_3 语文能力	-.07	.10	-.053	-.71	.480	.55	1.80
X_4 美术能力	.11	.08	.084	1.37	.177	.83	1.21
X_5 沟通能力	.61	1.08	.113	.56	.578	.08	13.02
X_6 社会人际能力	1.36	.82	.310	1.65	.105	.09	11.27
整体模型	$R^2=.841$　$adj\ R^2=.816$ $F(8,51)=33.628\ (p=.000)$						

进一步检视各变量的个别解释力,发现仅有科学实作能力具有显著的解释力,Beta系数为0.298,$t(51)=2.48$,$p=0.017$。科学实作能力越高者,参赛表现越理想,但强度仅有中度水平。其他各变量的解释力则未达显著。值得注意的是,社会人际能力的Beta系数甚至高于科学实作能力(Beta=0.31),但是 $t(51)=1.65$,$p=0.105$,未达显著水平。很明显的,社会人际变量的 t 值未达到显著水平,可能是因为标准误过大,导致反映因变量变动量的 b 系数无法越过统计上的门坎,显然因为高度共线性所造成的问题。

总结同时回归分析得到的结果发现,能够对于竞赛成绩进行解释的预测变量只有一个,即"科学实作能力",其他各解释变量的边际解释力并没有统计显著性。但是未达显著水平的解释变量并不能忽略,因为各变量都是研究者所关心的。因此得到最终方程式如下:

$$Y=-2.4D_1+1.16D_2+.15X_1+.26X_2-.07X_3+.11X_4+.61X_5+1.36X_6-12.77$$

二、逐步回归分析

以逐步回归分析(stepwise regression)策略来决定具有解释力的预测变量,多出现在以预测为目的的探索性研究中。一般的做法是投入多个解释变量后,由各变量的相关高低来决定每一个预测变量是否进入回归模型或淘汰出局,最后得到一个以最少解释变量解释最多因变量变异量的最佳回归模型。逐步回归有多种不同的变量选择程序,兹介绍于后。

（一）向前法

向前法是以各解释变量当中，与因变量相关最高者首先被选入，其次为未被选入的解释变量与因变量有最大的偏相关者，也就是能够增加最多的解释力（R^2）的预测变量。在实际执行时，研究者必须选定选入的临界值作为门坎，例如以 F 检验的显著水平 $p=0.05$ 为临界值，如果模型外的变量所增加的解释力（ΔR^2）最大者的 F 检验值的显著性小于0.05，即可被选入模型中。以 SPSS 执行向前法的结果列于表11.3。

表11.3　逐步回归的向前法所得到的模式中与排除系数估计值

模型内的变量	B	标准误	Beta	t	p
模型1（$R^2=.739$）					
X_1科学实作能力	.74	.06	.860	12.81	.000
模型2（$R^2=.813$）					
X_1科学实作能力	.43	.08	.502	5.31	.000
X_2社会人际能力	1.97	.41	.450	4.76	.000
模型3（$R^2=.826$）					
X_1科学实作能力	.33	.09	.387	3.58	.001
X_2社会人际能力	1.80	.41	.412	4.38	.000
X_6数理能力	.16	.08	.185	2.02	.049

以表11.1的数据为例，与因变量相关最高者为 X_2科学实作能力（0.860），因此首先被选入回归方程（模式1）。此时，表11.3的模型外尚有七个预测变量，各变量与因变量的偏相关（排除其他自变量的效果）以 X_6"社会人际能力"的0.533最高，而且该自变量预测力达到0.05的显著水平（$t=4.76, p=0.000$），因此是第二个被选入模型的变量。

选入后，模型2就同时包含了两个自变量"科学实作能力"与"社会人际能力"，Beta系数分别为0.502与0.450，两者的 t 检验均达显著水平。此时，模型外尚有四个自变量，其中还有 X_1"数理能力"的偏相关（0.260）显著性（0.046）小于0.05，因此成为第三个被纳入的变量，纳入后的模型3，三个自变量的Beta系数分别为0.387，0.412，0.185，其中以"社会人际能力"的相对重要性最高。此时，模型外的五个变量的偏相关系数均未达到0.05的统计显著性，因此选择变量程序终止，留下相对预测力最佳的三个自变量于方程式中。

（二）向后法

向后法的原理与向前法恰好相反，是先将所有的解释变量投入回归模型，再将最没有预测力的解释变量（t 值最小者）依序排除，也就是各解释变量对因变量的净解释力显著性检验未能达到研究者所设定的显著水平者（例如 $p=0.10$），依序加以排除，以得到最佳的方程式。

前面的例子经过向后法淘汰不佳的自变量后，最后保留了三个自变量"科学实作能力""社会人际能力"与"数理能力"，得到的结果与向前法完全一样，请直接参考表11.3。

（三）逐步法

逐步法整合了向前法与向后法两种策略，首先是依据向前法的原理，将与因变量相关最高的自变量纳入方程式，然后将具有次大预测力且 F 检验的显著性大于0.05的变量纳入方程式中。此时,模型中已经包含了两个自变量,如果第二个变量纳入后,原先模型中的自变量的 F 检验显著性低于0.10,则会被排除于模型外。依循此一原理进行反复的纳入和排除变量的检验,直到没有任何变量可被选入或排除之时,即得到最后的模型。

由上述的原理可知,逐步法是以向前法的选入程序为主,因此得到的结果与向前法的结果会非常类似,只是在过程中,增加了排除较低预测力的自变量的检验,兼具了向后法的精神,因此较受使用者的欢迎。一般研究者所使用的逐步法,即是指同时兼采向前法与向后法的逐步法。由于逐步法的结果与表11.3完全相同,因此不予赘述。

依据前述的程序,不论是向前法、向后法、逐步法,得到的结果都相同,最佳方程式包含有 X_2,X_6,X_1 三个自变量,可以解释因变量变异的82.6%($R^2=0.826$),得到最终方程式如下:

$$Y=.33X_2+1.8X_6+.16X_1+3.59$$

三、阶层回归分析

阶层回归分析(hierarchical regression)也是一种区分成多个步骤,“逐步依序”来进行的回归分析。所不同的是,逐步回归分析的进入模式,是由相关大小的 F 统计量作为解释变量取舍的依据,阶层回归分析则由研究者基于理论或研究的需要而定。

在一般的学术研究中,解释变量间可能具有特定的先后关系,必须依特定顺序来进行分析。例如,以性别、社会经济地位、自尊、焦虑感与努力程度来预测学业表现时,性别与社会经济地位两变量在概念上属于人口变量,不受任何其他解释变量的影响,而自尊与焦虑感两变量则为情意变量,彼此之间可能具有高度相关,亦可能受到其他变量的影响,因此四个解释变量可以被区分为两个阶段,先将人口变量视为一个**区组**(block),以强迫进入法或逐步回归法进行回归分析,计算回归系数,其次再将情意变量以第二个区组,投入回归模型,计算自尊、焦虑感各自的预测力,完成对于因变量的回归分析,此种方法称为阶层分析法。

在实际执行上,阶层回归分析最重要的工作是决定变量的阶层关系与进入模式。变量间的关系如何安排,必须从文献、理论或现象上的合理性来考量,也就是必须要有理论根据,而不是研究者可以任意为之,或任由计算机决定。

以前述的范例来看,可以将“年龄”与“性别”变量视为人口变量区组,而“沟通能力”与“社会人际能力”这类和人际互动有关的自变量视为同一个区组,其他与认知或行为能力有关的自变量视为另一个区组。由于人口变量发生于最先,一般均以第一个区组处理之,认知能力可能因为人口变量的影响而有个别差异,因此将其视为第二个区组,在人口变量投入后再进入模型,使得人口变量的差异可以最先获得控制,人际能力最后投入。各区组内以同时回归法来分析,结果列于表11.4。

由表11.4可知,第一个区组人口变量对于因变量具有显著的解释力,$R^2=0.517$,$F(2,57)=30.55$,$p=0.000$。两个自变量能够解释因变量变异的51.7%。“性别”的个别解释力(Beta)为-0.278($t(57)=-2.96$,$p=0.005$),“年龄”为0.610($t(57)=6.49$,$p=0.000$),“年龄”对于因变量的解释力大于“性别”。性别变量系数的负号表示性别数值越高者(男),参赛成绩越低。

第二个区组认知能力变量投入模型后,模型解释力达到 $R^2=0.797$,$F(6,53)=34.588$,$p=0.000$。区组解释力 $\Delta R^2=0.279$,$\Delta F(4,53)=18.186$,$p=0.000$,显示认知能

力区组的投入能够有效提升模型的解释力,也就是区组的**增量**(increment)具有统计意义,亦即在控制了人口变量的影响下,认知能力变量能够额外"贡献"27.9%的解释力。四个自变量当中,以"科学实作能力"的贡献程度最大,Beta=0.472($t(53)=3.89$,$p=0.000$),其次为"数理能力"的0.251($t(53)=2.49$,$p=0.016$),显示认知能力区组的贡献,主要是由"科学实作能力"与"数理能力"所创造。

表11.4 阶层回归分析各区组模型摘要与参数估计值

		区组一			区组二			区组三		
	模型内的变量	Beta	t	p	Beta	t	p	Beta	t	p
自变量	D_1 性别	-.278	-2.96	.005	-.088	-1.26	.214	-.074	-1.17	.247
	D_2 年龄	.610	6.49	.000	.167	1.94	.058	.101	1.24	.220
	X_1 数理能力				.251	2.49	.016	.172	1.84	.072
	X_2 科学实作能力				.472	3.89	.000	.298	2.48	.017
	X_3 语文能力				.063	.83	.412	-.053	-.71	.480
	X_4 美术能力				.077	1.14	.261	.084	1.37	.177
	X_5 沟通能力							.113	.56	.578
	X_6 社会人际能力							.310	1.65	.105
模型摘要	R^2	.517			.797			.841		
	F	30.55			34.588			33.628		
	P	.000			.000			.000		
	ΔR^2	.517			.279			.044		
	ΔF	30.55			18.186			7.051		
	Δp	.000			.000			.002		

值得注意的是,第一个区组的两个人口变量的解释力呈现下降的趋势,其中"性别"由-0.278降至-0.088($t(53)=-1.26$,$p=0.214$);"年龄"则由0.610降至0.167($t(53)=1.94$,$p=0.058$),两者均不具有统计意义,显示两者已不足以解释因变量。但是,在模型中仍扮演着控制变量的角色,因为有这两个变量的存在,我们可以说认知能力对于参赛成绩的解释力,是在控制了人口变量的影响下所得到的数据。

到了第三阶段,新增加的人际互动能力区组对于因变量的解释力增量为$\Delta R^2=0.044$,$\Delta F(6,51)=7.051$,$p=0.002$,具有统计的意义,显示人际互动能力区组的投入能够有效提升模型解释力,使全体模型的解释力达到0.841,$F(8,51)=33.628$,$p=0.000$。但是,"沟通能力"与"社会人际能力"两者个别净解释力未达显著水平,但是人际互动能力区组的解释力增量$\Delta R^2=0.044$却达显著水平。此一区组解释力达显著,但个别变量解释力没有统计意义的矛盾现象,是因为两个自变量之间具有高度共线性使然。

阶层回归分析的结果呈现方式与同时回归方法相似。先报告模型的整体解释力R^2,并配合F检验的检验数据,说明模型解释力的统计意义。一旦显著之后,即可进行各参数的解释。所不同的是阶层回归包含多阶段的分析,各阶段之间的解释力增量反映了各区组的附加解释力,是阶层分析最重要的数据之一。而最后一个区组纳入方程式后,所有自变量全部包含在回归方程式中,此时得到的结果完全等同于同时回归法,也就是所有的变量同时进入回归模型。由此可知,同时回归法是阶层回归法的一个特殊情况。

四、三种回归方法的比较

由前述的原理与分析实例可以看出,解释型回归所重视的是研究者所提出的解释变量是否具有解释力,以及参数的相对重要性的比较。至于回归方程式本身,以及分数的预测,并不是研究的焦点。更具体来说,解释型回归的每一个解释变量都是研究者经过深思熟虑,或是基于理论检视所提出的重要变量,不重要的或无关的自变量都尽可能省略,以减少不必要的混淆。因此,在多元回归模型建立上,多采用同时分析法来检验各变量的关系,如果采用的是逐步分析法,则有违解释型回归分析对全体自变量相互比较与复杂关系探究的初衷。

解释型回归的另一个特性是对于共线性问题非常敏感。因为共线性问题除了反映解释变量在概念上可能存在混淆关系,也影响了每一个解释变量对于因变量解释力的估计。相对的,预测型回归则将共线性问题交给逐步分析来克服,而不作理论上的讨论。这就是为什么学术上的回归分析多为同时分析法或阶层分析法,而实务上的回归应用则多采用逐步回归法。学术上对于多元回归的应用,重视 R^2 的检验与 Beta 系数的解释与比较,而实务上对于多元回归的应用以建立最佳方程式,以及进行分数的预测与区间估计,复核效化检验等目的为主。

最后,阶层回归可以说是弹性最大、最具有理论与实务意义的回归分析程序。由于变量的投入与否可以由研究者基于理论或研究需要来决定,反映了阶层回归在本质上是一种验证性的技术,而非探索性的方法。在科学研究上,有其独特的价值与重要性。从技术层次来看,阶层法能够将解释变量以分层来处理,如果结合同时进入法,适合于学术性的研究来决定一组解释变量的重要性;如果结合逐步法,则类似于预测型回归分析,可用于以分层来决定最佳模型。此外,当解释变量是类别变量,欲进行**虚拟回归**(dummy regression)、多项式回归、解释变量间具有交互作用等状况时,也都必须采用阶层回归程序。由此可知,阶层回归是一种整合性的多层次分析策略,兼具统计决定与理论决定的变量选择程序,是一种弹性很大的回归分析策略。

第四节　虚拟回归

一、类别数据的回归分析

线性关系是回归分析重要的基本假设,因此回归模型中的自变量必须是连续变量,类别变量基本上并不适用于线性回归分析。但是在社会及行为科学研究中,类别变量经常是重要的研究变量,例如性别、年级、婚姻状况等;此外,在实验研究中,通常会将受测者区分为实验组与对照组,此时组别效果亦属类别自变量。为了使类别变量也能够进行回归分析,或是与其他连续变量一起纳入回归模型进行预测,必须以虚拟化方式,将类别自变量转换成**虚拟变量**(dummy variable),称为**虚拟回归**(dummy regression)。

类别变量的虚拟化处理,最重要的一个步骤是进行重新编码,常用的编码方式有**虚拟编码**(dummy coding),亦即将类别变量转换成一个或多个数值为 0 与 1 的二分变量,然后将虚拟变量作为一个区组投入回归方程式中进行回归分析。例如前面的范例中,以 0 与 1 编码的性别变量即是一个虚拟变量,由于性别变量仅有两个数值,可视为连续变量的一种特例,而不需要另外进行编码处理即可直接投入回归方程式进行分析。

除了编码处理之外,虚拟回归的解释方法与多元回归略有不同。主要是因为虚拟回归仅是将虚拟变量视同连续变量,在本质上并非连续变量,对于虚拟变量效果的解释必须谨慎。此外,当水平数大于2的类别自变量改以虚拟变量处理时,原来的类别变量被拆解成 $k-1$ 个虚拟变量,利用阶层回归分析将整组的 $k-1$ 个虚拟变量纳入后,所得到的结果才是该类别自变量对于因变量的效果,此时虽然可以利用回归分析的数据来解释类别自变量的整体效果,但是个别虚拟变量的解释则必须就虚拟化的设定方法来说明。读者必须注意的是,虽然虚拟回归可以将类别自变量纳入回归分析,但仅是一种权宜策略,使用上有诸多限制。回归分析终究不擅长处理类别变量,如果类别变量真的那么重要,建议配合方差分析或协方差分析来探讨该变量的作用。

现以婚姻状况(Marriage)为例,此一类别变量可以分成鳏寡(1)、离异(2)、未婚(3)、已婚(4)四种状况,因为1至4四个数字并未具有等距或顺序的特性,若直接以此变量进行回归分析,势将违反线性关系的假设。此时,若将此一类别变量,依四个水平分成四个二分变量(dichotomous) D_1(鳏寡)、D_2(离异)、D_3(未婚)、D_4(已婚),每一个变量的数值为0与1,0代表非,1代表是,这四个变量即为婚姻状况的虚拟变量。以下是五位受测者的假设性数据。编号001为未婚,虚拟变量 D_1、D_2 与 D_4 皆为0,仅在 D_3 计为1,依此类推。

表11.5 虚拟回归的假设性数据

被试编号	原始变量	虚拟变量			
ID	Marriage	D_1	D_2	D_3	D_4
001	3	0	0	1	0
002	2	0	1	0	0
003	1	1	0	0	0
004	4	0	0	0	1
005	4	0	0	0	1

由此一范例可知,一个具有k个水平的类别变量,经转换可得k个虚拟变量,但是在实际执行回归分析时,虚拟变量的数目为k-1个,也就是最后一个水平并不需要设定相对应的虚拟变量(如果设定第四个虚拟变量,并投入回归方程式,将会造成多元共线性问题)。以婚姻状况为例,由于前三个虚拟变量代表婚姻状况的前三个类别,在这三个虚拟变量上的数值都是0的样本,自动成为第四水平(已婚),而无须再行设定一个虚拟变量。此时回归方程式如公式11.12,整个方程式的解释力即为婚姻状况变量对Y进行解释的影响力。

$$Y' = b_1D_1 + b_2D_2 + b_3D_3 + a \tag{11.12}$$

使用k-1个虚拟变量去处理类别变量时,未经虚拟处理的水平称为参照组(reference group),参照组不一定是类别变量的最后一个水平,而宜取用内容明确清楚、样本数适中的水平作为参照组(Hardy,1993)。例如"其他",就不适宜做为参照组。此外,如果是具有顺序关系的变量,如教育水平,研究者可以选择等级最高、最低或中间的等级类别作为参照组。

二、多因子虚拟回归

当回归模型中出现一个类别自变量时,可以利用先前的虚拟变量或效果变量来进行虚拟回归分析。同理,如果出现两个或两个以上的类别自变量时,可以利用虚拟回归来分析多个自变量对于因变量的影响,但是如同多因子方差分析一样,当自变量越多,影响因变量的原因除了各个自变量的作用,还有自变量相互作用的交互效果。因此,多元类别变量的虚拟回归,原理虽与多因子设计 ANOVA 相同,但是因为必须进行编码处理,自变量越多,虚拟回归的处理程序就更显得复杂,而且多个自变量之间可能存在对 Y 的交互效果,因此还必须创造一个交互作用项,才会得到一个与二因子 ANOVA 一样的结果。尽管如此,多元类别变量的虚拟回归仍是社会科学研究常见的统计分析策略,主要是因为研究上的需要以及多元回归在学术上的重要地位,使得研究者在建立回归模型时,面对多个类别变量时,必须采用**多因子虚拟回归**(factorial dummy regression)程序。

假设有两个变量,例如性别与婚姻状态,都仅有两个水平:{男,女}、{未婚,已婚},都编码成{0,1},这两个虚拟变量 D_1 与 D_2 的交互效果 $D_1 \times D_2$ 可直接以两个虚拟变量相乘而得,所形成的方程式进行回归分析将会得到与二因子 ANOVA 相同的结果(关于多因子虚拟回归的操作将在范例中说明),如方程式 11.13 所示。

$$Y' = b_1D_1 + b_2D_2 + b_3D_1D_2 + a \tag{11.13}$$

第五节 范例解析

范例 11.1 同时回归分析(解释型回归)

某位老师以缺席次数、期中与期末考试成绩、作业成绩,进行学期总分的评分工作,要了解这些变量对于学期总分的影响,甚至加入性别的作用,则可作为一个多元回归的范例,数据如下:

学生编号	1	2	3	4	5	6	7	8	9	10
性别	男	男	女	男	女	男	男	女	女	男
缺席次数	2	1	0	0	5	2	1	1	0	1
作业分数	80	85	90	85	75	80	80	75	80	85
期中考	78	80	90	90	70	88	82	74	65	85
期末考	84	83	89	90	78	89	87	84	78	80
学期总分	80	82	89	95	70	87	85	82	80	84

【A. 操作程序】

解释型回归的目的在分析研究者所挑选的自变量对于因变量的解释力。自变量应全部一起纳入模型中,而不采取任何变量选择程序,因此应选择强迫进入法。

步骤一:输入数据。
步骤二:选取 分析 → 回归 → 线性 。
步骤三:选择欲分析的因变量与自变量,移入清单中。
步骤四:选择输入进行同时回归。
步骤五:进入 统计量 勾选各种统计量。
步骤六:进入 统计图 勾选各种统计图。
步骤七:在 选项 勾选条件与遗漏值处理模式。
步骤八:按 确定 执行。

【B. 步骤图示】

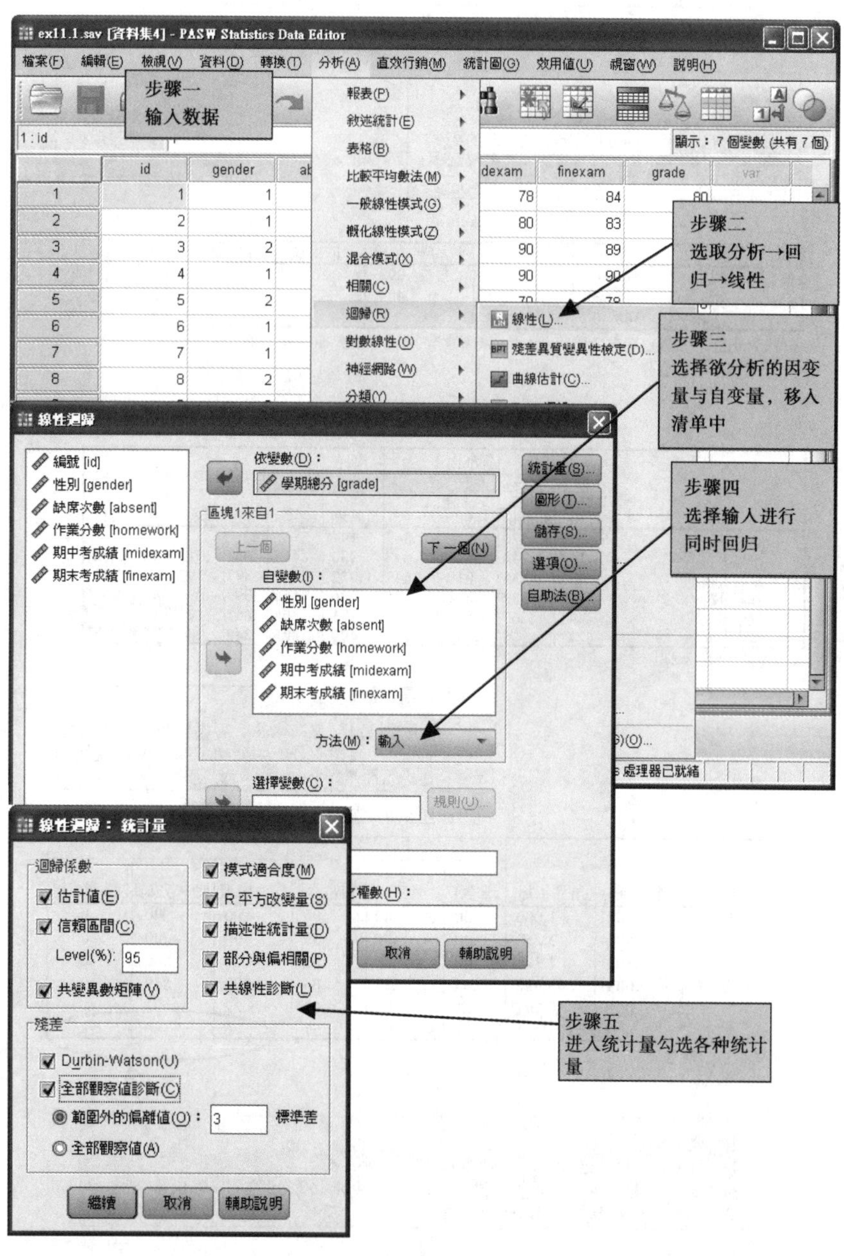

【C. 结果输出】

叙述统计
各变量的描述统计，由此可看出各变量的平均数、标准差与个数

叙述统计

	平均数	标准差	个数
学期总分	83.40	6.569	10
性别	1.40	.516	10
缺席次数	1.30	1.494	10
作业分数	81.50	4.743	10
期中考成绩	80.20	8.548	10
期末考成绩	84.20	4.517	10

模式摘要[b]

模式	R	R^2	调过后的 R^2	估计的标准误	变更统计量					Durbin-Watson 检验
					R^2改变量	F 改变量	分子自由度	分母自由度	显著性 F改变	
1	.977[a]	.954	.896	2.18	.954	16.522	5	4	.009	1.797

a.预测变量：(常数)，期末考成绩，性别，缺席次数，作业分数，期中考成绩
b.因变量：学期总分

模式摘要
显示自变量对因变量的整体解释力。所有自变量可以解释因变量95.4%的变异。调整后的*R*平方为89.6%，因样本小，自变量多，宜采校正后的*R*平方

残差检验
检验预测残差是否具有自我相关，越接近2越理想

Anova[b]

模式		平方和	自由度	平均平方和	F 检验	显著性
1	回归	370.462	5	74.092	16.522	.009[a]
	残差	17.938	4	4.484		
	总和	388.400	9			

a. 预测变量：(常数)，期末考成绩，性别，缺席次数，作业分数，期中考成绩
b. 因变量：学期总分

模式检验
检验回归模型的显著性

系数[a]

模式		未标准化系数		标准化系数	t	显著性	相关			共线性统计量	
		B 之估计值	标准误	Beta 分配			零阶	偏	部分	容忍值	VIF
1	(常数)	51.625	33.376		1.547	.197					
	性别	-.163	1.740	-.013	-.093	.930	-.413	-.047	-.010	.617	1.621
	缺席次数	-2.683	.735	-.610	-3.649	.022	-.761	-.877	-.392	.413	2.423
	作业分数	-.279	.322	-.201	-.865	.436	.656	-.397	-.093	.214	4.680
	期中考成绩	.441	.265	.574	1.668	.171	.806	.641	.1[illegible]9	.097	10.3[illegible]
	期末考成绩	.271	.365	.186	.742	.499	.825	.348	.080	.083	5.450

a.因变量：学期总分

共线性估计
个别变量预测力的检验。容忍值越小，VIF越大表示共线性明显。如期中考与其他自变量的共线性严重

共线性诊断[a]

模式	维度	特征值	条件指标	方差比例					
				(常数)	性别	缺席次数	作业成绩	期中考成绩	期末考成绩
1	1	5.387	1.000	.00	.00	.00	.00	.00	.00
	2	.507	3.259	.00	.00	.39	.00	.00	.00
	3	.102	7.275	.00	.53	.01	.00	.00	.00
	4	.003	43.982	.05	.37	.03	.02	.19	.00
	5	.001	60.797	.21	.01	.06	.22	.01	.15
	6	.000	181.422	.94	.08	.51	.76	.80	.85

a.因变量：学期总分

整体模型的共线性检验
特征值越小，条件指标越大，表示模型的共线性越明显。
条件指标181.422显示有严重的共线性问题，偏高的方差比例指出作业成绩(0.76)、期末考(0.80)与期中考(0.85)之间具有明显共线性

【D. 结果分析】

本范例为解释型回归分析范例，目的在检验各自变量对于因变量的解释力，因此采用强迫进入法来进行回归模型的检验。结果发现五个自变量对于学期成绩的影响，具有高度的解释力，整体的 R^2 高达 0.954，表示五个自变量可以解释学期成绩 95.4% 的变化量，因为样本数少且自变量多，宜采用调整后 R^2，但也达 89.6% 的解释比率。模型检验的结果，指出回归效果达显著水平（$F(5,4)=16.522, p=0.000$），具有统计上的意义。

进一步对于个别自变量进行事后检验，系数估计的结果指出，缺席次数具有最佳的解释力，Beta 系数达 −0.610，显示缺席次数越多，学期成绩越差。其次为期中考成绩，Beta 为 0.574，表示期中考成绩越高，学期成绩越高。其中，t 检验结果指出期中考成绩的 Beta 虽较高，但是却不具备统计意义（$t=1.668, p=0.171$, n. s. ），缺席次数的 Beta 系数则具有统计意义（$t=-3.649, p=0.022$）。主要的原因之一是期中考成绩具有明显的共线性问题（容忍值仅 0.097，VIF 高达 10.266），因此在进行参数估计时，会有偏误的情形发生。

范例 11.2　逐步回归分析（预测型回归）

预测型回归的目的是通过变量选择程序来建立一个最佳的预测方程，以用于实际的预测分析。为了选择最佳自变量组合，应使用逐步法、向前法、向后法，以数学方法决定最佳模型。本范例仅需改为选择 逐步回归分析法，其他各步骤与同时回归法相同。

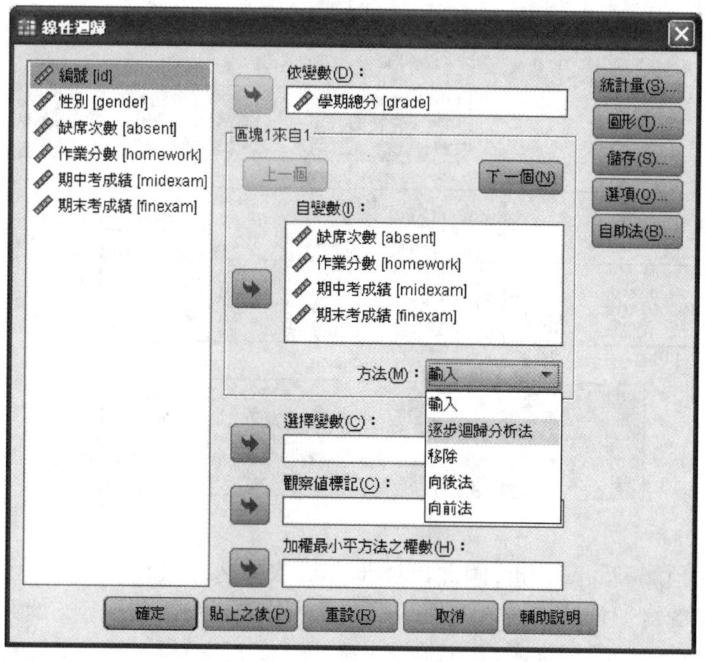

【C. 结果输出】

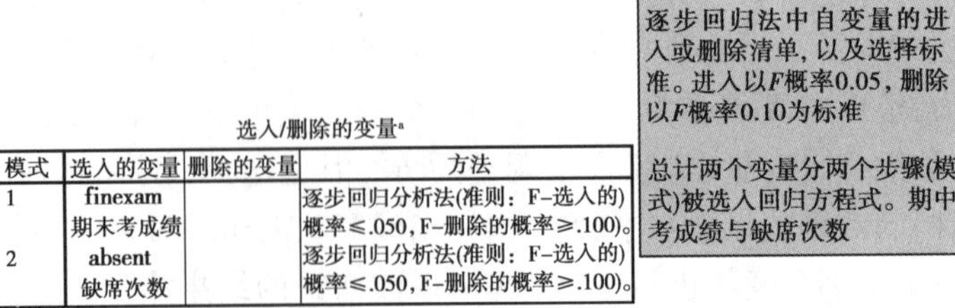

选入/删除的变量[a]

模式	选入的变量	删除的变量	方法
1	finexam 期末考成绩		逐步回归分析法(准则：F–选入的)概率≤.050，F–删除的概率≥.100)。
2	absent 缺席次数		逐步回归分析法(准则：F–选入的)概率≤.050，F–删除的概率≥.100)。

a.因变量：grade学期总分

模式摘要[c]

模式	R	R平方	调整后的R平方	估计的标准误	变更统计量：R平方改变量	F改变	分子自由度	分母自由度	显著性F改变	Durbin Watson检验
1	.825[a]	.680	.640	3.942	.680	16.997	1	8	.003	1.589
2	.947[b]	.898	.868	2.383	.218	14.895	1	7	.006	

a.预测变量：(常数)，finexam期末考成绩

b.预测变量：(常数)，finexam期末考成绩，absent缺席次数

c.因变量：grade学期总分

模式摘要
整体模型的解释力各为0.680与0.898。其中0.898(=0.680+0.218)为累积解释量

两个步骤下，个别自变量可以解释的变异量为0.680与0.218。均达0.05显著水平，因而被选入

Anova[a]

模式		平方和	自由度	平均平方和	F检验	显著性
1	回归	264.096	1	264.096	16.997	.003[a]
	残差	124.304	8	15.538		
	总和	388.400	9			
2	回归	348.659	2	174.330	30.707	.000[b]
	残差	39.741	7	5.677		
	总和	388.400	9			

a.预测变量：(常数)，finexam 期末考成绩

b.预测变量：(常数)，finexam 期末考成绩，absent 缺席次数

c.因变量：grade学期总分

模型显著性整体检验
模式一的R^2(0.680)，F检验值16.997，模式二的R^2(0.898)，F检验值30.707，均达显著，表示回归效果具有统计意义

系数[a]

模式		未标准化系数：B之估计值	标准误	标准化系数：Beta分布	t	显著性	共线性统计量：容忍值	VIF
1	(常数)	−17.585	24.526		−.717	.494		
	finexam 期末考成绩	1.199	.291	.825	4.123	.003	1.000	1.000
2	(常数)	10.639	16.531		.644	.540		
	finexam 期末考成绩	.899	.192	.618	4.673	.002	.836	1.196
	absent 缺席次数	−2.243	.581	−.510	−3.859	.006	.836	1.196

a.因变量：grade学期总分

逐步系数估计
模式一表示首先进入的自变量为期中考，Beta为0.825，t检验达到显著。无共线性问题
模式二再加入一个新的预测变量缺席次数，Beta为−0.510，期中考的Beta则降为0.618，表示经过相互排除共变后的净预测力

【D. 结果分析】

本范例为预测型回归分析，因此以逐步分析法来选择最佳自变量组合，计算机自动选取相关最高的自变量首先进入模型，可以暂时回避共线性的问题。此时，第一个以最佳自变量角色进入的是期末考成绩，在第一阶段(模式一)即被选入，期末考成绩可以自解释学期成绩的68%变异量($F(1,8)=16.997, p=0.003$)，以调整后R^2来表示，仍有64%的解释力。第二个被选入的自变量为缺席次数，该变量可以单独解释因变量21.8%的变异量，F改变量为14.895，($p=0.006$)，符合被选入的标准，因此模型二共有期末考成绩与缺席次数两个自变量，总计可以解释因变量89.8%的变异量，调整后为86.8%，根据F检验结果，此一解释力具有统计意义($F(2,7)=30.707, p=0.000$)。最后得到的方程式将包括两个自变量，方程式如下：

$$Y' = 0.899X_{期末考成绩} - 2.243X_{缺席次数} + 10.639$$

利用这个方程式，可以进行实际的成绩预测，估计标准误为 2.38。

逐步分析的系数估计发现，期末考成绩首先被纳入模式一中，该变量可以独立预测因变量，Beta 为 0.825，t 值为 4.123($p=0.003$)。因为此时只有单独一个变量被纳入，所以无共线性的问题，也就是期末考成绩对于学期成绩的预测力并没有受到其他四个变量的干扰。模式二的系数估计中，增加了缺席次数的进入，其 Beta 为 −0.510($t=-3.859$, $p=0.006$)，而期末考成绩的 Beta 此时降为 0.618，t 值为 4.673($p=0.002$)，显示期末考变量的效果因为排除了缺席次数的影响而降低，部分相关系数(0.565)接近 Beta 系数可以证明此一影响。

范例 11.3 阶层回归分析

【A. 操作程序】

步骤一与二同前。
步骤三：选择第一个区组变量，移到自变量清单中。
步骤四：选择 输入进行阶层回归 。
按 下一个 设定第二个区组，直到各区组设定完成，其他各步骤相同。

【B. 步骤图示】

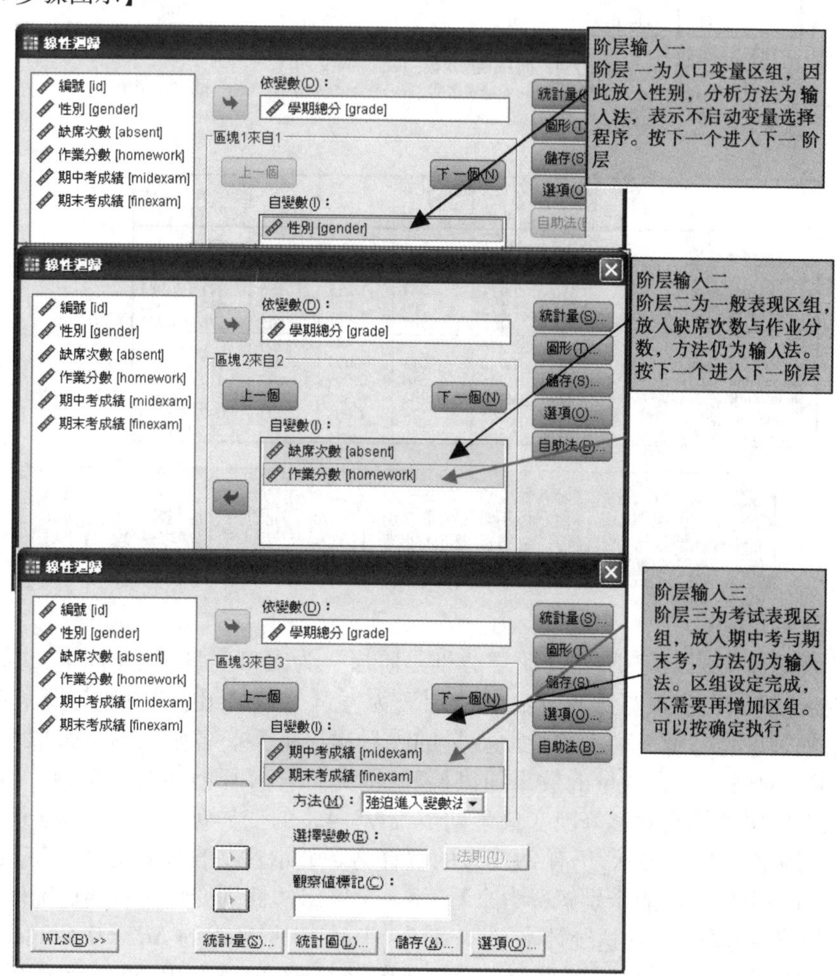

【C. 结果输出】

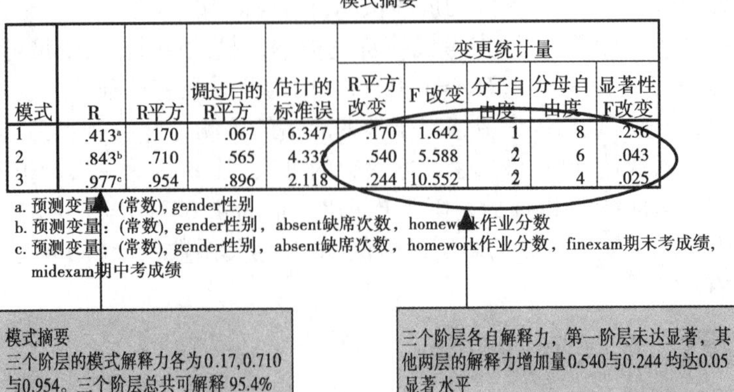

模式摘要

模式	R	R平方	调过后的R平方	估计的标准误	变更统计量				
					R平方改变	F 改变	分子自由度	分母自由度	显著性F改变
1	.413[a]	.170	.067	6.347	.170	1.642	1	8	.236
2	.843[b]	.710	.565	4.332	.540	5.588	2	6	.043
3	.977[c]	.954	.896	2.118	.244	10.552	2	4	.025

a. 预测变量：(常数), gender性别
b. 预测变量：(常数), gender性别，absent缺席次数，homework作业分数
c. 预测变量：(常数), gender性别，absent缺席次数，homework作业分数，finexam期末考成绩，midexam期中考成绩

模式摘要
三个阶层的模式解释力各为0.17, 0.710与0.954。三个阶层总共可解释 95.4%

三个阶层各自解释力，第一阶层未达显著，其他两层的解释力增加量0.540与0.244 均达0.05显著水平

Anova[d]

模式		平方和	自由度	平均平方和	F 检验	显著性
1	回归	66.150	1	66.150	1.642	.236[a]
	残差	322.250	8	40.281		
	总和	388.400	9			
2	回归	275.825	3	91.942	4.900	.047[b]
	残差	112.575	6	18.762		
	总和	388.400	9			
3	回归	370.462	5	74.092	16.522	.009[c]
	残差	17.938	4	4.484		
	总和	388.400	9			

a. 预测变量：(常数), gender性别
b. 预测变量：(常数), gender性别，absent缺席次数，homework作业分数
c. 预测变量：(常数), gender性别，absent缺席次数，homework作业分数，finexam期末考成绩，midexam期中考成绩
d. 因变量：grade学期总分

三个阶层整体解释力的显著性检验，分别为1.642，4.9与16.522，系针对R^2=0.17,0.71与0.954的显著性检验。第二与第三阶层的模型整体解释力达到显著水平

系数[a]

模式		未标准化系数		标准化系数	t	显著性	共线性统计量	
		B之估计值	标准误	Beta 分布			容忍值	VIF
1	(常数)	90.750	6.077		14.934	.000		
	gender 性别	-5.250	4.097	-.413	-1.281	.236	1.000	1.000
2	(常数)	68.610	34.986		1.961	.098		
	gender 性别	-3.656	2.913	-.287	-1.255	.256	.921	1.085
	absent 缺席次数	-2.635	1.233	-.599	-2.136	.077	.614	1.630
	homework 作业分数	.286	.401	.207	.714	.502	.576	1.737
3	(常数)	51.625	33.376		1.547	.197		
	gender 性别	-.163	1.740	-.013	-.093	.930	.617	1.621
	absent 缺席次数	-2.683	.735	-.610	-3.649	.022	.413	2.423
	homework 作业分数	-.279	.322	-.201	-.865	.436	.214	4.680
	midexam 期中考成绩	.441	.265	.574	1.668	.171	.097	10.266
	finexam 期末考成绩	-.271	.365	.186	.742	.499	.183	5.450

a.因变量：grade学期总分

各阶层的系数估计数与显著性检验。
第一阶层的性别Beta=-0.413但不显著。第二层的缺席与作业也没有达到统计水平，显示共线性问题导致没有任何一个自变量能有效解释因变量。第三阶层的考试变量亦未有任何参数达到显著，问题依旧

【D. 结果分析】

本范例为阶层回归分析，三个阶层分别是阶层一为人口变量区组(性别)，阶层二为平时表现区组(缺席次数与作业分数)，阶层三为考试分数区组(期中考与期末考)。这三个区组的顺序是考量三种不同性质变量的先后次序关系。各阶层内不采取变量选择程序，要求针对每一个自变量的效果加以检验，因此符合解释型回归的精神。得到的结果发现三个区组能够有效解释因变量学期成绩 95.4% 的变异量($F(5,4)=16.522$, $p=0.009$)，以调整后 R^2 来表示，仍有 89.6% 的解释力。显示这些自变量对于因变量的解释力很高。但是由各阶层的个别解释力来看，第一个区组的性别变量没有到达统计水平，另外两阶层的解释力增加量均达统计水平，分别为“平时表现”区组的 $\Delta R^2=0.540$($F(2,6)=5.588$, $p=0.043$)与“考试成绩”区组的 $\Delta R^2=0.244$($F(2,4)=10.552$, $p=0.025$)。各

阶层分析后的系数估计结果如表 11.6。

表 11.6 阶层回归分析各区组模型摘要与参数估计值

			区组一 人口变量			区组二 平时表现			区组三 考试成绩		
	模型内的变量		Beta	t	p	Beta	t	p	Beta	t	p
自变量	一	性别	-.413	-1.28	.236	-.287	-1.26	.256	-.013	-.09	.930
	二	缺席次数				-.599	-2.14	.077	-.610	-3.65	.022
		作业成绩				.207	.71	.502	-.201	-.87	.436
	三	期中考							.574	1.67	.171
		期末考							.186	.74	.499
模型摘要		R^2			.170			.710			.954
		F			1.642			4.9			16.522
		P			.236			.047			.009
		ΔR^2			.170			.540			.244
		ΔF			1.642			5.588			10.552
		Δp			.236			.043			.025

由表 11.6 可知，三个区组的解释力当中，性别并没有达到显著性，但是性别的Beta = -0.413，数据颇高，由于女生为 2，男生为 1，负的数值表示男生表现较差，未达显著的原因可能是人数过少。

到了第二个区组时，性别的影响力降低了，而“平时表现”的两个自变量均未达显著水平，缺席次数的 Beta = -0.599（$t(6) = -2.14, p = 0.077$），作业成绩的 Beta = 0.207（$t(6) = 0.71, p = 0.502$）。这两个变量的 Beta 是在控制了性别之后的结果，性别变量在此一区组内的角色是控制用途。

第三个区组的情况也类似，在控制了性别、缺席次数与作业成绩后，考试成绩区组的增加解释力虽达显著，但是两个变量的解释力均未达显著水平，分别为期中考的 Beta = 0.574（$t(4) = 1.67, p = 0.171$），期末考的 Beta = 0.186（$t(4) = 0.74, p = 0.499$）。系数数值高，但是因为样本少，因此没有统计显著性。阶层分析的结果发现，缺席次数在第二区组时、期中考在第三区组时，以及性别在第一区组时，解释力均高，可惜的是虽然具有实务上的意义，但未具有统计显著性。

范例 11.4 单因子虚拟回归分析

研究者认为婚姻生活会影响人们的生活品质，处于不同婚姻状况的成人，其生活满意度有所不同，某位研究者收集了 20 位受测者的婚姻状况 X（鳏寡、离异、未婚、已婚）以及生活满意度程度 Y，得分介于 0（极不满意）至 6（非常满意）之间，测量数据如下：

ID	X	Y	ID	X	Y	ID	X	Y	ID	X	Y
1	1	1	6	2	3	11	3	5	16	4	4
2	1	0	7	2	1	12	3	6	17	4	6
3	1	0	8	2	2	13	3	4	18	4	2
4	1	2	9	2	2	14	3	2	19	4	5
5	1	0	10	2	1	15	3	5	20	4	6

【A. 操作程序】

虚拟回归的主要工作在于将类别变量进行虚拟化处理。然后将虚拟化变量一起纳入模型中进行多元回归分析。虚拟化处理有虚拟编码与效果编码两种方式,操作方法相同,解释上则稍有不同。

步骤一:输入数据。类别数据以原始型态输入。
步骤二:虚拟化处理类别变量:选取 转换 → 重新编码成不同变数 ,以 旧值与新值 指令设定新变量的条件。此步骤需重复 k－1 次。并查阅数据编辑视窗是否存在 k－1 个新变量。
步骤三:选取 分析 → 回归 → 线性 。
步骤四:选择因变量。
步骤五:选择虚拟变量移入自变量清单中。
步骤六:选择输入。按确定执行。

【B. 步骤图示】

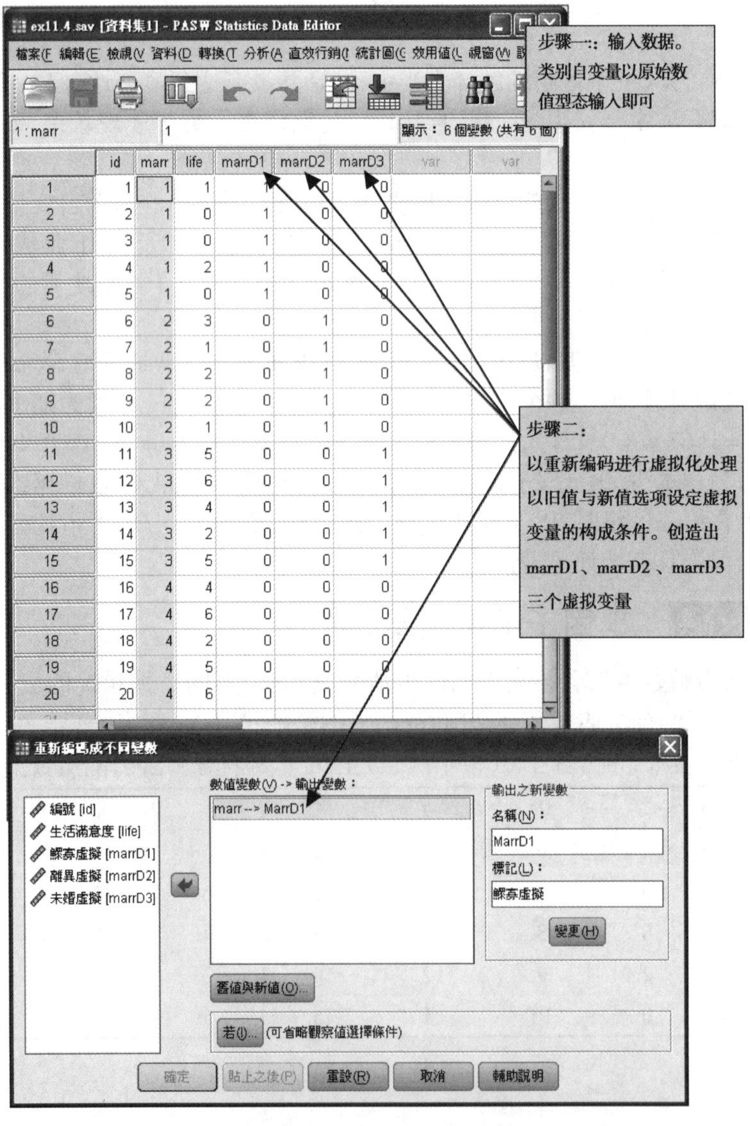

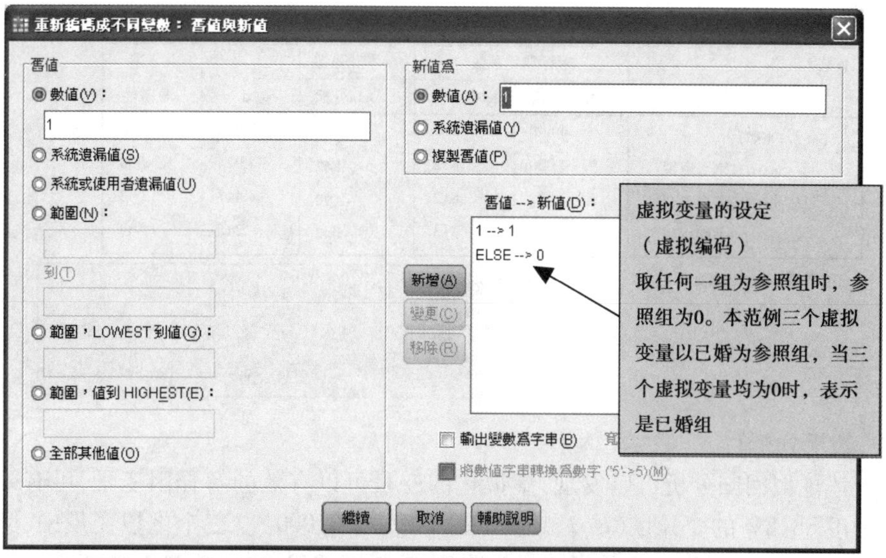

虚拟变量的设定（虚拟编码）

取任何一组为参照组时，参照组为0。本范例三个虚拟变量以已婚为参照组，当三个虚拟变量均为0时，表示是已婚组

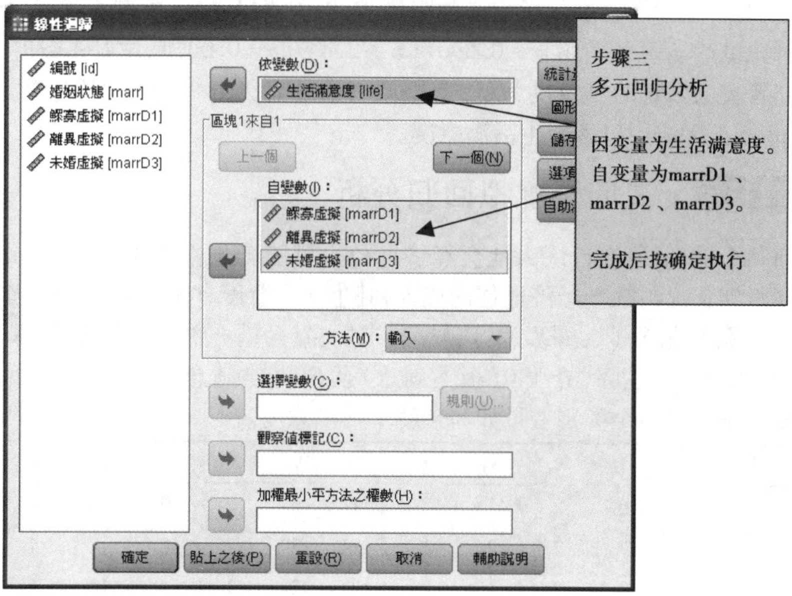

步骤三 多元回归分析

因变量为生活满意度。自变量为marrD1、marrD2、marrD3。

完成后按确定执行

【C.结果输出】

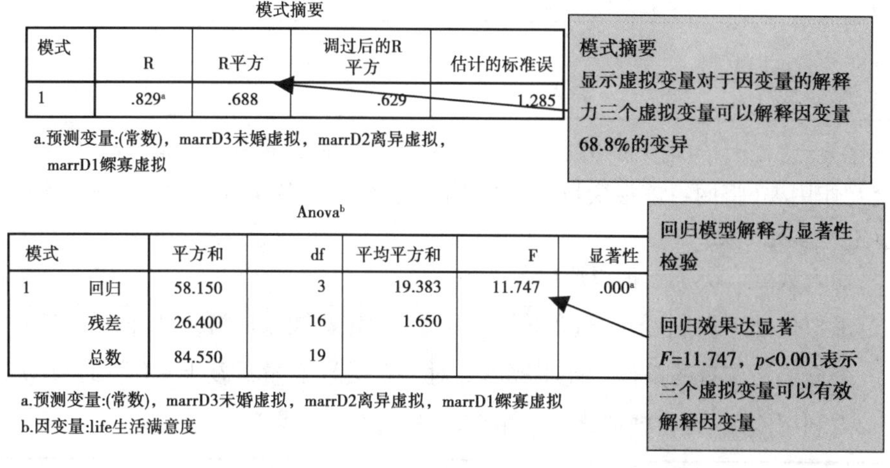

模式摘要

模式	R	R平方	调过后的R平方	估计的标准误
1	.829[a]	.688	.629	1.285

a.预测变量:(常数)，marrD3未婚虚拟，marrD2离异虚拟，marrD1鳏寡虚拟

Anova[b]

模式		平方和	df	平均平方和	F	显著性
1	回归	58.150	3	19.383	11.747	.000[a]
	残差	26.400	16	1.650		
	总数	84.550	19			

a.预测变量:(常数)，marrD3未婚虚拟，marrD2离异虚拟，marrD1鳏寡虚拟
b.因变量:life生活满意度

系数[a]

模式		未标准化系数		标准化系数	t	显著性
		B之估计值	标准误差	Beta分配		
1	(常数)	4.600	.574		8.008	.000
	marrD1鳏寡虚拟	-4.000	.812	-.842	-4.924	.000
	marrD2离异虚拟	-2.800	.812	-.590	-3.447	.003
	marrD3未婚虚拟	-2.00	.812	-.042	-.246	.809

a.因变量:life生活满意度

系数估计与检验(虚拟变量的结果)
三个虚拟变量中，鳏寡、离异解释力达显著t=-4.924与-3.447，表示相对于已婚者，鳏寡、离异者满意度低

【D.结果分析】

由上述虚拟回归分析可以发现,虚拟化的变量可以有效的解释因变量,可有效解释生活满意度68.8%的变异量($F(3,16)=11.747, p=0.000$)。三个虚拟变量中,鳏寡与已婚的对比,对于生活满意度的影响最为明显,$\beta=-0.842$($t=-4.924, p=0.000$),离异与已婚的对比也达显著水平,$\beta=-0.590$($t=-3.447, p=0.003$),由β系数的负号可知,鳏寡与离异者较已婚者的满意度为低,未婚则与已婚者无异($\beta=-0.042, t=-0.246, p=0.809$, n.s.),无法用以解释生活满意度。

范例11.5　二因子虚拟回归分析

接续前一个范例,研究者认为社会经济地位也可能影响生活满意度,因此研究者假设处于不同婚姻状况与社会经济地位的成人,其生活满意度有所不同。研究者收集了20位受测者的婚姻状况X_1(1:鳏寡、2:离异、3:未婚、4:已婚)、社会经济地位X_2(1:低、2:高)以及生活满意度程度Y(介于0(极不满意)至6(非常满意)之间),数据如下。现以多元虚拟回归来检验两个类别变量如何预测生活满意度。

ID	X_1	X_2	Y	ID	X_1	X_2	Y	ID	X_1	X_2	Y	ID	X_1	X_2	Y
1	1	2	1	6	2	1	3	11	3	2	5	16	4	1	4
2	1	1	0	7	2	2	1	12	3	2	6	17	4	2	6
3	1	1	0	8	2	1	2	13	3	1	4	18	4	1	2
4	1	2	2	9	2	1	2	14	3	1	2	19	4	2	5
5	1	1	0	10	2	2	1	15	3	2	5	20	4	2	6

【A.操作程序】

操作要点:二因子虚拟回归的主要工作除了将类别变量进行虚拟化处理外,还需处理交互作用项(将两组虚拟变量相乘)的检验。然后将各个虚拟化变量一起纳入模型中。进行多元回归分析。

步骤一:输入数据。类别数据以原始型态输入。

步骤二:虚拟化处理类别变量:选取 转换 → 重新编码成不同变数 ,以 旧值与新值 指令设定新变量的条件。此步骤需针对两个类别变量重复k-1与l-1次,且需利用 计算 将各虚拟化变量相乘,以创造交互效果项。

步骤三：执行阶层回归分析：选取 分析 → 回归 → 线性

步骤四：选择因变量。

步骤五：将第一组虚拟变量移入自变量清单中，按下一步将第二组虚拟变量移入自变量清单中，按下一步将交互效果项移入自变量清单中，各阶层分析方法均为输入法。

步骤六：选择 统计量，完成设定后按 确定 执行。

【B. 步骤图示】

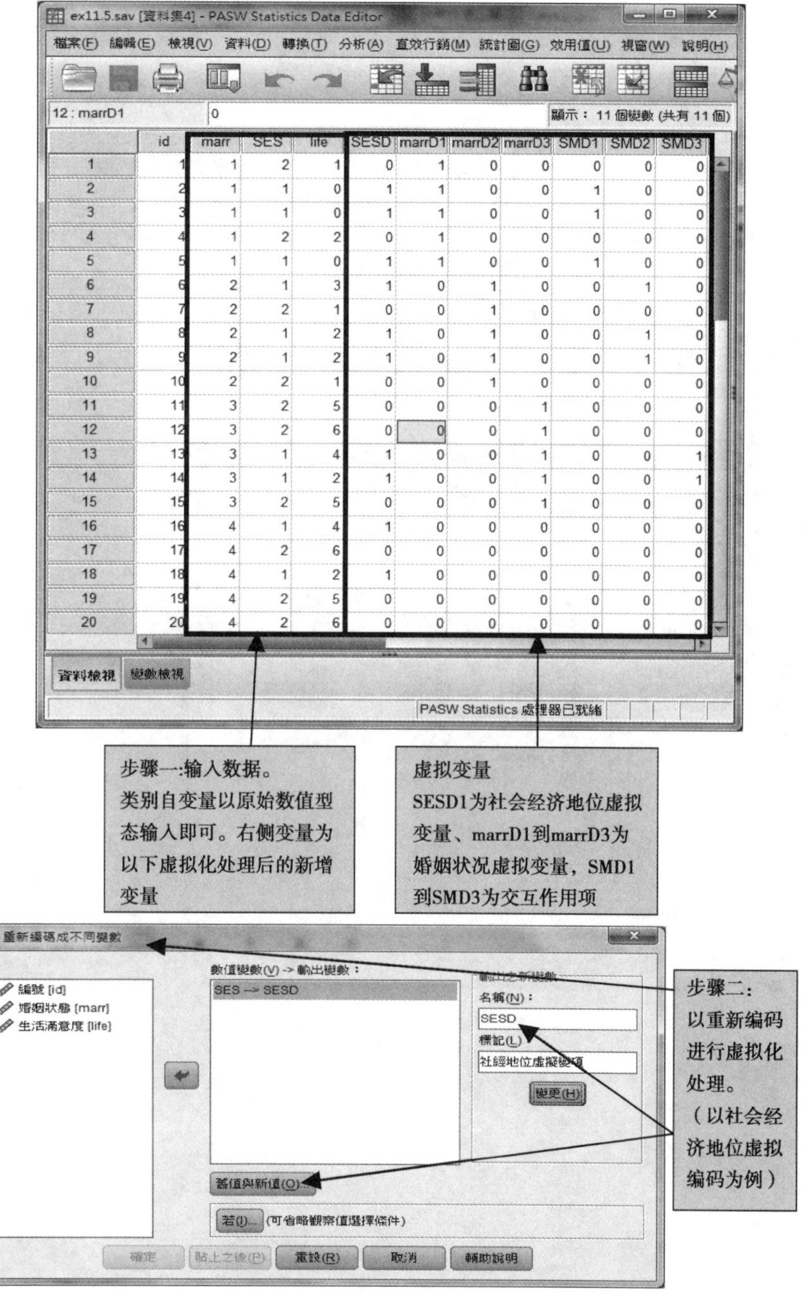

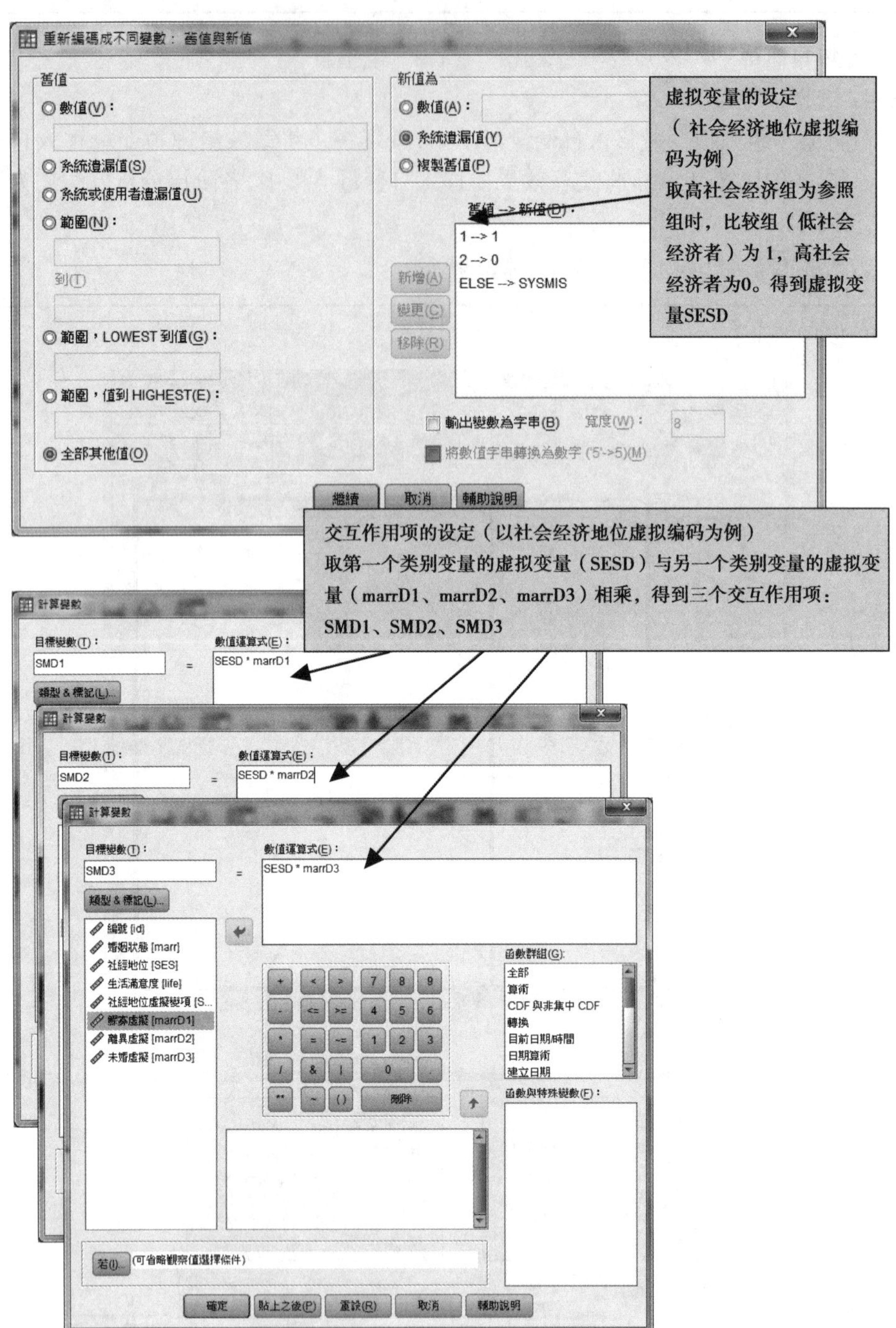
重新編碼成不同變數：舊值與新值
舊值
數值(V)：
系統遺漏值(S)
系統或使用者遺漏值(U)
範圍(N)：
到(T)
範圍，LOWEST 到值(G)：
範圍，值到 HIGHEST(E)：
全部其他值(O)
新值為
數值(A)：
系統遺漏值(Y)
複製舊值(P)
舊值 --> 新值(D)：
1 --> 1
2 --> 0
ELSE --> SYSMIS
新增(A)
變更(C)
移除(R)
輸出變數為字串(B)
寬度(W)：
8
將數值字串轉換為數字 ('5'->5)(M)
繼續
取消
輔助說明
虚拟变量的设定（社会经济地位虚拟编码为例）
取高社会经济组为参照组时，比较组（低社会经济者）为1，高社会经济者为0。得到虚拟变量SESD
交互作用项的设定（以社会经济地位虚拟编码为例）
取第一个类别变量的虚拟变量（SESD）与另一个类别变量的虚拟变量（marrD1、marrD2、marrD3）相乘，得到三个交互作用项：SMD1、SMD2、SMD3
計算變數
目標變數(T)：
SMD1
數值運算式(E)：
SESD * marrD1
類型 & 標記(L)...
計算變數
目標變數(T)：
SMD2
數值運算式(E)：
SESD * marrD2
計算變數
目標變數(T)：
SMD3
數值運算式(E)：
SESD * marrD3
類型 & 標記(L)...
編號 [id]
婚姻狀態 [marr]
社經地位 [SES]
生活滿意度 [life]
社經地位虛擬變項 [S...
鰥寡虛擬 [marrD1]
離異虛擬 [marrD2]
未婚虛擬 [marrD3]
函數群組(G)：
全部
算術
CDF 與非集中 CDF
轉換
目前日期/時間
日期算術
建立日期
函數與特殊變數(F)：
刪除
若(I)...
(可省略觀察值選擇條件)
確定
貼上之後(P)
重設(R)
取消
輔助說明

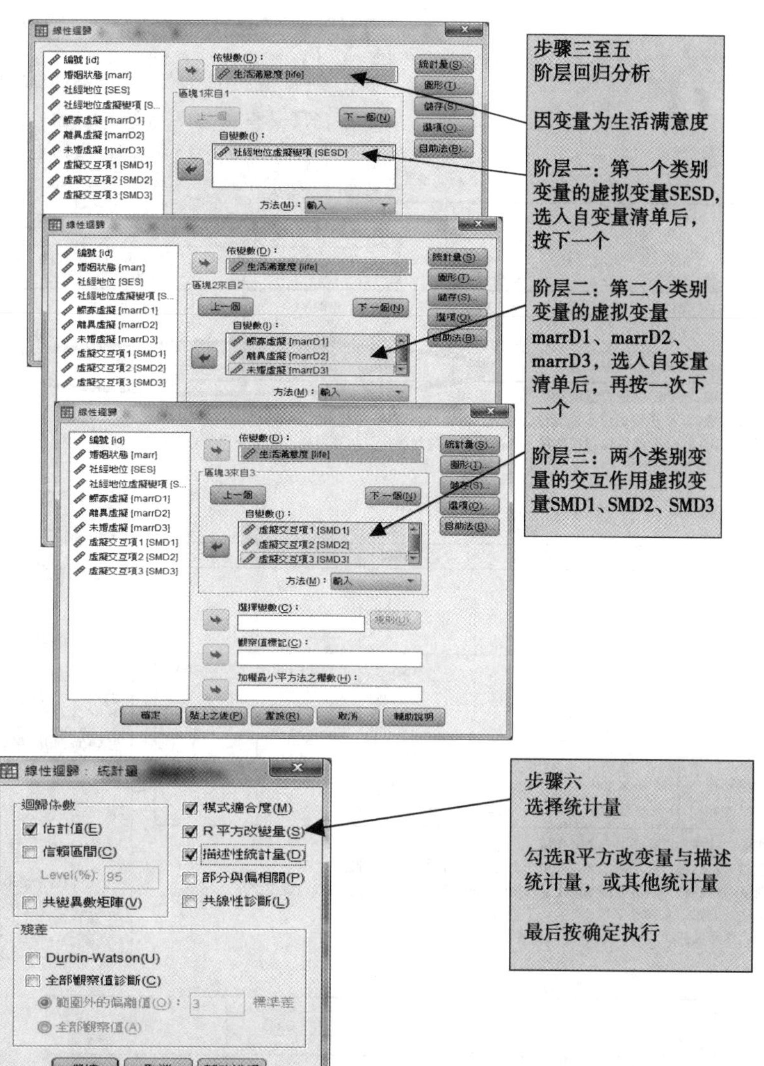

【C. 结果输出】

进入/删除的变量[b]

模式	进入的变量	删除的变量	方法
1	社会经济地位虚拟变量[a]	.	选入
2	未婚虚拟，离异虚拟，鳏寡虚拟[a]	.	选入
3	虚拟交互项3，虚拟交互项2，虚拟交互项1[a]		选入

a.所有要求的变量已输入
b.因变量：生活满意度

阶层回归自变量清单

三个阶层的选入变量，第一层为社会经济地位，第二层为三个婚姻状况虚拟变量，第三层为三个交互作用虚拟变量

模式摘要

显示三个阶层的虚拟变量对于因变量的解释力

三阶层的全体模型可解释因变量92.3%的变异，第三阶层为交互作用项的显著性检验，ΔR^2为0.141，*F*检验=7.318达显著水平

模式摘要

模式	R	R平方	调过后的R平方	估计的标准误	变更统计量				
					R平方改变量	F改变	分子自由度	分母自由度	显著性F改变
1	.462[a]	.213	.170	1.922	.213	4.886	1	18	.040
2	.885[b]	.782	.724	1.107	.569	13.079	3	15	.000
3	.961[c]	.923	.878	.7[illegible]6	.141	7.318	3	12	.005

a.预测变量:(常数),社会经济地位虚拟变量

b.预测变量:(常数),社会经济地位虚拟变量，未婚虚拟，离异虚拟，鳏寡虚拟

c.预测变量:(常数),社会经济地位虚拟变量，未婚虚拟，离异虚拟，鳏寡虚拟，虚拟交互项3，虚拟交互项2，虚拟交互项1

d.因变量：生活满意度

方差分析[d]

模式		平方和	自由度	平均平方和	F检验	显著性
1	回归	18.050	1	18.050	4.886	.040[a]
	残差	66.500	18	3.694		
	总和	84.550	19			
2	回归	66.158	4	16.540	13.489	.000[b]
	残差	18.392	15	1.226		
	总和	84.550	19			
3	回归	78.050	7	11.150	20.585	.000[c]
	残差	6.500	12	.542		
	总和	84.550	19			

a.预测变量:(常数),社会经济地位虚拟变量

b.预测变量:(常数),社会经济地位虚拟变量，未婚虚拟，离异虚拟，鳏寡虚拟

c.预测变量:(常数),社会经济地位虚拟变量，未婚虚拟，离异虚拟，鳏寡虚拟，虚拟交互项3，虚拟交互项2，虚拟交互项1

d.因变量：生活满意度

各阶层回归模型显著性考验

各阶层回归效果均达显著，表示各虚拟变量以及各种组合可以有效解释因变量

第三阶层的显著性检验为全体模型（包含A、B、AB效果）的显著性检验

系数[a]

模式		未标准化系数		标准化系数	t	显著性
		B之估计值	标准误	Beta分配		
1	(常数)	3.800	.608		6.252	.000
	社会经济地位虚拟变量	-1.900	.860	-.462	-2.210	.040
2	(常数)	5.117	.535		9.566	.000
	社会经济地位虚拟变量	-1.292	.505	-.314	-2.556	.022
	鳏寡虚拟	-3.742	.708	-.788	-5.288	.000
	离异虚拟	-2.542	.708	-.535	-3.592	.003
	未婚虚拟	-.200	.700	-.042	-.286	.779
3	(常数)	5.667	.425		13.336	.000
	社会经济地位虚拟变量	-2.667	.672	-.648	-3.969	.002
	鳏寡虚拟	-4.167	.672	-.878	-6.202	.000
	离异虚拟	-4.667	.672	-.983	-6.946	.000
	未婚虚拟	-.333	.601	-.070	-.555	.589
	虚拟交互项1	1.167	.950	.203	1.228	.243
	虚拟交互项2	4.000	.950	.695	4.210	.001
	虚拟交互项3	.333	.950	.049	.351	.732

a.因变量：生活满意度

系数估计与检验（虚拟变量）

三阶层的虚拟变量中，社会经济地位的影响力达显著t=-2.210，表示相对于高社会经济者，低社会经济者生活满意度低。

第二及第三阶层的变量多，解释上较为困难

【D. 结果分析】

由上述二因子虚拟回归分析可以发现，两个类别变量的交互作用达到统计显著水平，第三阶层解释增量 ΔR^2 为 0.141，$F(3,12)=7.318$，$p=0.005$。包含三个阶层的整个回归模型总共可以解释因变量的92.3%，调整后 R^2 亦达0.878，显著性检验为 $F(7,12)=20.585$，$p=0.000$，具有统计显著性。如果研究者想要利用这个方程式去进行预测，则可利系数估计报表当中的模式三，建立一组多元回归方程式。

完整的多因子虚拟回归的分析摘要表的整理步骤需从各个报表中整理各项数据，$SS_A=18.05$ 为第一阶层的 SS_{reg}，$df_A=1$；$SS_B=48.108$ 为第二阶层的 SS_{reg}(66.158)减去第一阶层的 SS_{reg}(18.05)，$df_B=3$，最后 $SS_{AB}=11.892$，为第三阶层的 SS_{reg}(78.05)减去第二阶层的 SS_{reg}(66.158)，$df_{AB}=3$；误差项的 $SSerror=6.5$，为第三阶层的方差分析的误差项，这些数据整理出如表 11.7 的摘要表。

表 11.7　二因子虚拟回归的方差分析摘要表

来源	ΔR^2	SS	df	MS	F
A(社会经济地位)	.213	18.050	1	18.050	33.323**
B(婚姻状况)	.569	48.108	3	16.036	29.605**
A×B	.141	11.892	3	3.964	7.318*
误差		6.5	12	.542	
总数		84.550	17		

*$p<0.01$　**$p<0.001$

第十二章　回归的延伸应用——控制、调节、中介与路径分析

第一节　绪　论

中介(mediation)与**调节**(moderation)是社会科学研究中重要的方法学概念,近年来越来越受到研究者的重视。主要原因是研究者经常遇到第三变量的混淆与干扰,使得自变量与因变量的解释关系受到影响。例如当研究者想探讨工作动机对于工作绩效的影响时,员工的性别或年龄可能会干扰回归系数的估计。对于一个重要的第三变量,如果没有正确的纳入控制或分析,不仅可能会造成系数估计的偏误(高估或低估),也可能忽略第三变量可能与解释变量存在的交互作用,从而无法掌握第三变量对变量解释关系的条件化作用。

在文献上,Baron 与 Kenny 于 1986 在《人格与社会心理学》期刊所撰写的中介与调节效果论文,详述了这两个概念与检验程序,普遍被视为是中介效果分析的正式程序。后来 Aiken 与 West 于 1991 年出版了 *Multiple regression: Testing and interpreting interactions* 一书,详述调节效果的处理策略,也成为众所公认的标准程序。

一、第三变量的影响

基本上,回归分析关心两种变量:自变量Ⅳ(X)对因变量 DV(Y)的解释与预测,以 $X \rightarrow Y$ 表示。但如果存在一个第三变量(Z),可能影响 $X \rightarrow Y$ 的关系时,即形成一个**第三变量效果**(three-variable effect)模式,Z 变量可能以不同的形式(例如类别或连续变量)存在,且发生不同类型的影响。

Mackinnon(2008)整理了第三变量的各种可能形态,例如**干扰变量**(confounder),意指因为它同时与Ⅳ与 DV 有关,而可能影响Ⅳ与 DV 之间关系的**混淆**(obscures)与**突出**(accentuates)。Ⅳ与 DV 之间的关系若受到干扰变量的影响呈现减弱、弱化时,称为**虚假关系**(spurious relationship)。相反的,Ⅳ与 DV 之间的关系可能因为干扰变量的存在而提升时,干扰变量称为**压抑变量**(suppressor 控制、调节、中介与路径分析 variable)。不论是弱化或强化,干扰变量对于原来的Ⅳ与 DV 的关系会产生一种扭曲与混淆效果,甚至把Ⅳ与 DV 的关系的正负方向完全逆转,此时此一干扰变量称之为**逆转变量**(distorter variable)(Rosenberg, 1968),一般在学术界多以统计控制策略来排除干扰变量的影响。在实际研究中,当模型中某个变量要排除该变量的干扰效果时,普遍被称之为**控制变量**

(control variable)。

另一种第三变量称为**协方差**(covariate),是指当 Z 与 X 都能解释 Y,但是 X 与 Z 之间关系不明显。一般来说,干扰变量与协方差的区分不甚明显,但干扰变量被视为不利于 $X \to Y$ 效果的解释而欲除之的**骚扰变量**(nuisance variables),而协方差则是有助于理解 $X \to Y$ 效果的解释变量,因此又被称为**共存变量**(concomitant variable),因为它对于模型解释力的影响明显,不能轻易的从模型中移出。在回归分析中,这类变量被视为主要的解释变量而加以详细检视。

另外两种第三变量即是本章所要讨论的重点:中介者与调节者。在一个统计模型中,**中介者**(mediator)扮演 IV 与 DV 中继的角色,**调节者**(moderator)则让 $X \to Y$ 效果有条件的产生变化,换言之,解释变量与调节变量会对结果变量产生**交互作用**(interaction effect),使得在调节变量的不同水平下,$X \to Y$ 的效果产生系统性变化。

二、第三变量的回归模型

对于前述提及的 X、Y、Z 三变量效果问题,若以回归模型来处理,可以利用图 12.1 表示。以方程式来描述这四种回归模型,分别列于方程式 12.1 至 12.5。

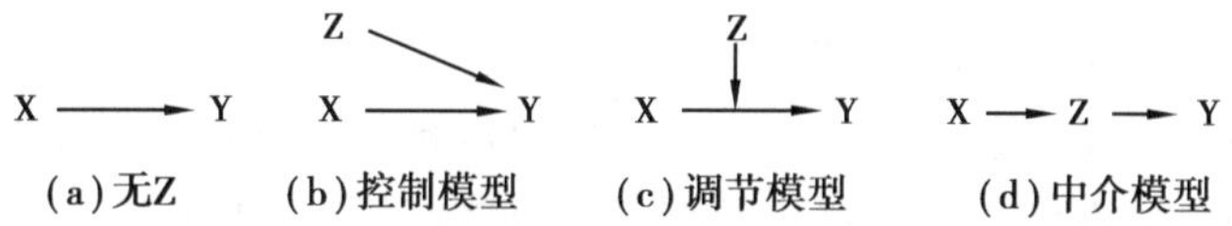

X ——→ Y　(a)无Z
Z ↘ Y; X ——→ Y　(b)控制模型
Z ↓; X ——→ Y　(c)调节模型
X → Z → Y　(d)中介模型

图 12.1 第三变量在回归分析中的作用的简要图示

$$Y' = b_1X + a_1 \tag{12.1}$$

$$Y' = b_1X + b_2Z + a_1 \tag{12.2}$$

$$Y' = b_1X + b_2Z + b_3XZ + a_1 \tag{12.3}$$

$$Y' = b_2Z + a_1 \tag{12.4}$$

$$Z' = b_1X + a_2 \tag{12.5}$$

由三个随机变量 X、Y 与 Z 所组合的不同形式方程式中,作为被解释的因变量为 Y 与 Z,变量 X 仅作为解释变量,变量 Z 可为解释变量(方程式 12.2 与 12.3)或结果变量(方程式 12.5),可见变量 Z 具有复杂的角色。尤其在方程式 12.3 中,变量 X 与 Z 除了本身的解释力之外,还包括了一个交互作用项 XZ,反映了 Z 对 $X \to Y$ 关系的调节作用(图 12.1(c))。

从回归分析的观点来看,方程式 12.1 至 12.3 分别为简单回归、控制效果回归、调节效果回归,对应于图 12.1 的(a)、(b)、(c),三者具有阶层变化关系,因此可以一并探讨。换言之,控制模型与调节模型具有连带的关系,在回归分析时必须进行包裹检验。此外,方程式 12.4 与 12.5 则可组合成中介效果回归,对应于图 12.1(d),因而被视为另一类型的回归应用。

第二节　控制与调节效果分析

一、基本概念

调节效果的概念源起于实验设计中的交互效果。所谓交互效果,即是自变量 A 与 B 会“联合”对于因变量 Y 发生作用。此时两个自变量在因变量上所造成的效果称为主要效果,两个变量联合对 Y 所产生的效果 AB 称为交互效果或交互作用。交互效果的显著性检验,即是检验 A 因子(具有 p 个水平)与 B 因子(具有 q 个水平)所形成的 $p \times q$ 个水平(或称为单元格)在因变量上的得分状况是否具有显著差异。

在回归分析中,控制与调节效果也可经由一组类似于实验设计效果拆解的调节回归方程式来表述。其中,X 对 Y 的简单回归方程式如方程式 12.1 所示。如果有一个 Z 变量做为调节 $X \rightarrow Y$ 的调节变量,方程式 12.1 必须增加两项来满足调节效果。其中一项反映调节变量本身对结果变量的影响力(主要效果),即方程式 12.1 或 12.2 中的回归系数 b_2,另外一项 XZ 则反映调节变量所存在的交互作用,其效果由方程式 12.2 中的回归系数 b_3 表示。当 b_3 达显著水平时,表示交互作用存在。

因为 Z 被视为调节变量,b_3 反映了 X 对 Y 的影响会受到 Z 的强度而变,此一带有交互作用项的回归模型被称为调节效果模型。换言之,当考虑了 Z 的作用后,X 对 Y 的影响($X \rightarrow Y$ 的斜率)不再只有单独的 b_1,而为 b_1 与 b_3 的合成。如果交互作用显著($b_3 \neq 0$),X 对 Y 的影响力随 Z 的不同状况而变(被调节);如果交互作用不显著($b_3 = 0$),Z 的调节力即可忽略,X 对 Y 的解释力不随 Z 的不同状况而变(不被调节),方程式 12.3 可以简化为方程式 12.2。

值得注意的是,方程式 12.2 中虽然没有交互作用项,但是调节变量 Z 并没有完全消失,方程式中仍保有 b_2Z,此时 Z 不再作为调节变量而成为 X 的控制变量。系数 b_1 与 b_2 皆为主要效果,b_2 反映了 Z 在控制了 X 的情况下对 Y 的净解释力。反之,b_1 反映了 X 在控制了 Z 的情况下对 Y 的净解释力。因此方程式 12.2 称为控制效果模型。

二、净解释力与调节解释力

方程式 12.2 与 12.3 中的 b_1 都是指当 Z 固定时 X 的斜率;b_2 也都是指当 X 固定时 Z 的斜率,但两个模型中的 b_2 不但数值不同,意义也不同。在控制模型中,b_2 是控制其他解释变量解释力之后对 Y 的“净解释力”;在调节模型中,b_2 则是考虑了高阶交互作用 XZ 后的解释力,由于 XZ 与 Z 及 XZ 与 X 之间可能具有高度相关或是同时变动,因此调节模型中的 b_1 与 b_2 并非控制变量模型中的“净”效果,而是一种调节效果,各解释变量的解释力是一种条件化解释力,亦即是在调节变量的不同水平下会有不同的解释力,称为“调节解释力”,回归系数 b_3 表示调节力的强弱。b_3 表示的调节影响力可由公式 12.3 的变式来得知其意义,如方程式 12.6 所示。

$$Y' = b_1X + b_2Z + b_3XZ + a_1 = (b_1 + b_3Z)X + b_2Z + a_1 \qquad (12.6)$$

由方程式 12.6 可知,在带有交互作用项的调节回归分析中,X 对 Y 的影响并不是单由 b_1 反应,而是 $(b_1 + b_3Z)$。换言之,$X \rightarrow Y$ 的斜率除了 X 变量自身的主效果 b_1 之外,还要加上 Z 的影响(或调整):当 $Z = 1$ 时,$X \rightarrow Y$ 的斜率为 $b_1 + b_3$,当 $Z = -1$ 时,$X \rightarrow Y$ 的斜

率为 $b_1 \to b_3$。当 $Z=0$ 时，$X \to Y$ 的斜率维持不变。Z 变量的影响由 b_3 反应，如果 b_3 的强度很小，表示 Z 变量对 $X \to Y$ 斜率的影响很小，如果 b_3 不显著，Z 变量的调节效果可以忽略，此时就可以放心的解释 $X \to Y$ 的影响力。

在交互作用显著的情况下，回归系数的解释有两点注意事项，第一，解释变量的主要效果 b_1 与 b_2 不宜以传统的“控制其他变量后的解释变量影响力”来解释，因为模型中还有一个显著的 b_3 存在，某自变量的主要效果须“视另一个自变量的不同水平而定”，亦即一种需使用**简单效果**（simple effect）的概念来描述自变量的影响力。

第二，调节回归中的回归系数不宜以标准化系数来解释，而应采用未标准化系数来呈现各变量的影响力。因为除非自变量之间为完全零相关，否则 XZ 的平均数不为零。一般统计软件并不会觉察 XZ 的平均数不为零，这使得交互作用项的标准化系数不是标准化的结果。

由于方程式 12.3 的 X 、Z 及 XZ 具有相关，为避免多元共线性影响系数的解释，调节回归的一个重要工作是对解释变量进行中心化（或称为平减），使得回归系数的意义更加合理明确。

三、类别与连续性调节变量

当我们从方法学的角度来讨论第三变量的影响时，对于第三变量的性质并不会特别限定。但是从统计原理与回归操作来看，第三变量 Z 是类别变量或连续变量，会影响分析的策略。但是为避免以下的讨论趋于复杂，我们将 Z 视为与 X 相似的连续变量。如果 Z 是类别变量，在只有两个水平时（亦即二分变量），Z 仍可视为连续变量的一种特殊情况，而可以直接以传统线性回归来处理。但是如果 Z 是超过两个水平的多类别变量，则必须经过虚拟处理（参见第 11 章的内容）。

由于第三变量的作用相对复杂，因此 Z 若要作为调节变量，最简单的处理是采用二分变量（例如性别、产业类别），此时不仅调节变量的水平数少，统计处理容易，事后的简单效果分析会容易许多，更重要的是，调节作用的不同水平意义明确（例如 1 是男、0 是女，或 1 是甲产业、0 是乙产业），$X \to Y$ 的调节作用可以很清楚的描述与解释。相对之下，如果 Z 是连续变量，那么 $X \to Y$ 的调节作用究竟在 Z 的哪一个水平下会如何，就很难说明清楚，事后的简单效果分析会相当复杂，需要额外的数学处理（例如要对 Z 进行两组或三组的分割处理）或另给操作性定义。更何况连续变量 Z 与其他变量可能存在非线性关系，此时不仅可能要改用其他统计策略，方法学上的意涵也会改变。因此，一般的建议是，调节变量最好是选取明确易懂的二分变量，如果是连续变量，则需依照正式的统计程序来处理［参见 Aiken 与 West（1991）］。

四、调节回归的平减议题

当调节变量为连续变量时，进行交互作用检验之前的一个重要步骤是将解释变量进行平减。基本上，在带有交互作用项的回归分析中，变量平减是一个标准作业程序（Aiken & West，1991；KraeZr & Blasey，2004），但如果调节变量是二分变量，一般可以省略平减处理。

一般而言，中心化发生在当研究者有特殊需要时，将解释变量的中心原点平移至另一处时的数学转换。亦即将变量减去一个常数。在调节回归当中的中心化是将解释变量减去变量的平均数,亦即将观察数据的原点平移至平均数的位置,因此称之为**平均数中心化**(mean centering),由于是减去平均数,故在本章称之为**平减**。

经过平减后的解释变量将成为一个平均数为 0 而方差不变的**离均差分数**(deviation score),其原点改变(变成 0)但分数相对位置不变,因此在涉及平均数概念的统计运算时,例如在回归分析的截距项,平减会影响其参数与变异误的估计,以及在截距项与其他变量斜率估计值的关系时,平减会影响其协方差的估计;但是在不涉及截距项的其他的统计运算中,例如回归分析的其他斜率项,平减则不影响其估计结果;至于平减的变量与其他变量的相关同样不会改变。

在简单回归中,方程式仅有一个解释变量 X,对 X 进行平减后(以 X^* 表示),如方程式 12.7:

$$Y' = b_1X^* + a_1^* = b_1(X - \bar{X}) + a_1^* \tag{12.7}$$

与方程式 12.1 相比,X 平减后的回归方程式斜率与误差维持不变,即截距则与原截距差一个常数 $b_1\bar{X}$。由于回归方程式通过 X 与 Y 变量的平均数 $\bar{Y} = b_0 + b_1\bar{X}$,因此新截距项 a_1^* 可知为 Y 的平均数($\bar{Y}$)。换言之,对解释变量进行平减的主要影响,是将截距转换成 $\bar{Y}$ 且其他参数(斜率与误差)维持不变。换言之,如果 X 未经平减,则截距所反映的是当 $X=0$ 时 Y 的数值。如果 $X=0$ 代表绝对零点或 X 数值范围包括 0,此时截距可解释成 Y 的起始值,但如果 X 的数值范围不包括 0,X 未平减时的截距则无解释上的意义。

平减的另一个优点,是使原本会有高相关的两组变量:X 与 XZ、Z 与 XZ 的高相关削减至低度水平,减轻自变量间的共线性威胁(Cohen, Cohen, West, & Aiken, 2003)。由于 XZ 是 X 与 Z 的乘积,因此 XZ 与 X 及 Z 自然会有高相关,若 X 与 Z 皆呈正态,XZ 与 X 的共变如下:

$$Cov(X,XZ) = s_x^2\bar{Z} + \mathrm{cov}(X,Z)\bar{X} \tag{12.8}$$

但如果将 X 与 Z 变量进行平减,上式的 $\bar{Z}$ 与 $\bar{X}$ 为零,自变量平减使得 $Cov(X, XZ)$ 降至零,增加参数估计的稳定性与标准误不偏性。

在调节回归中,方程式中同时存在 X、Z 与 XZ,若令 X^* 与 Z^* 分别表示平减后的解释变量与调节变量,回归方程式成为:

$$Y' = b_1^*X^* + b_2^*Z^* + b_3^*X^*Z^* + a_1^* \tag{12.9}$$

值得注意的是,经过平减的 X^* 与 Z^* 原点为零,理论上会使得方程式截距回到 $\bar{Y}$ 的位置,但是平减后相乘的交乘积项 X^*Z^* 并非平均数为零的新变量,而是期望值为 X 与 Z 的协方差这个新变量(Bohrnstedt & Gikdberger, 1969; Hays, 1988):

$$E((X - \bar{X})(Z - \bar{Z})) = \mathrm{cov}(X,Z) \tag{12.10}$$

如果方程式截距要回到 $\bar{Y}$ 的位置,X^*Z^* 还必须再进行一次平减:协方差中心化(减去 X^*Z^* 的平均数)(以 XZ^* 表示),否则仅针对 X 与 Z 进行平减,忽略乘积项的协方差中心化,并无法还原截距成为结果变量的平均数。

X、Z、XZ 三者经过平减之后所进行的调节回归分析,交互作用的参数估计与显著性检验不会改变,但低阶的主要效果系数 b_1^* 与 b_2^* 一来因为变量间的相关降低而得以避免共线性问题,二来各参数变得更容易解释。b_1^* 是指当 Z^* 为零($Z=\bar{Z}$)时 X^* 的斜率的条件效果、b_2^* 是指当 X^* 为零($X=\bar{X}$)时 Z^* 的斜率的条件效果。此外,各项经过原点归 0,截距即可反映结果变量的平均数 $\bar{Y}$。

五、控制与调节效果回归的统计处理

基于多元回归原理，模型中同时存在的解释变量互相皆可称为控制变量，因为任何一个解释变量的效果皆是在其他变量已在模型当中被控制的情况下所得到的净效果，因此，控制效果具有双向性。同样的，调节效果也具有双向性，例如，若研究者将 Z 视为调节变量，表示 Z 影响了 X 对 Y 的解释，通过交互作用项可以检测 Z 对于以 $X \to Y$ 的回归系数的影响幅度。更具体来说，如果 $X \to Y$ 的解释力在 Z 的不同水平下有所不同，此种回归系数必须“视 Z 的状况而定”。相对的，如果选择 X 为调节变量，前述解释仅需把 X 与 Z 对调即可。

当交互作用项显著之后，调节效果的讨论可以从两个方向来分析，亦即 X 对 Y 的效果会被 Z 调节，而 Z 对 Y 的效果也会被 X 所调节，换言之，X 与 Z 可互为调节变量来决定对 Y 的解释力。虽然控制与调节都具有双向性，但一般在进行研究时，研究者多会将其中一个视为影响 Y 的主要变量（例如 X），将另一个变量（例如 Z）作为控制变量或调节变量，从而专注于 X 对 Y 的影响如何受到 Z 的干扰或调节。

在多元回归的操作上，控制效果与调节效果的检验具有连带的关系。如果同时将 X 与 Z 放入方程式对 Y 进行解释，可称之为控制效果模型，进一步地增加 XZ 交乘积项（交互作用项）后，则可进行调节效果分析，此时可称之为调节效果模型。在统计应用实务上，若多元回归方程式包含了解释变量的交互作用项，借以作为调节效果分析的依据时，称为**调节回归**（moderated multiple regression; MMR），如果交互作用不显著则可保留解释变量，移除交互作用项，进行控制效果的讨论。

六、简单效果检验：调节效果分析

从统计操作的角度来看，真正的调节效果分析是当交互作用显著之后所进行的简单效果（simple effect）检验。换言之，交互作用是一个整体检验，检验是否两个变量会“联合”对因变量产生影响。简单效果检验则是事后检验，检验在某一个变量为调节变量的情况下，其不同水平下的另一个解释变量对因变量的影响是否具有统计意义。

（一）类别调节变量的简单效果检验

前面已经提及，调节变量可能有类别与连续两种形式。类别调节变量的水平数少，简单效果检验相对单纯。当交互作用显著之后，研究者仅需分别就调节变量的不同水平，进行 $X \to Y$ 的回归分析。当调节变量有两个水平时，需进行两次回归，如果有 K 组，则进行 K 次回归。如果调节变量是二分变量，更直接的做法是利用带有交互作用项的调节回归方程式：$Y' = b_1X + b_2Z + b_3XZ + a_1$，令 $Z = 0$ 与 $Z = 1$ 求得两个简单回归方程式。

作图时，仅需绘制出各水平下的回归线，$X \to Y$ 的解释力的差异将反应在回归线的斜率差异，截距差异则反映了平均数的差异（图例请参见下一节的范例所示）。唯一要特别注意的是，在进行显著性检验时，需考量族系误差率的稳定，显著水平 α 需除以 K，使型一误差维持在恒定的水平下。

（二）连续调节变量的简单效果检验

如果调节变量 Z 与解释变量 X 都是连续变量时，由于连续调节变量的数值为一连续的光谱,简单效果检验与图示就不如前述的类别调节变量单纯,而且手续繁复。Aiken 与 West(1991)详细说明了当调节变量为类别或连续时的简单效果检验原理与图示技术。

基本做法是当交互作用显著后,研究者指定其中一个变量为调节变量(以 Z 为例),另一个为主要变量(以 X 为例),计算当 Z 在平均数以及正负一个标准差时,主要变量对结果变量的回归方程式,将 Z 分成三个**条件值**(conditional value; CV)来进行回归的做法,就类似于把 Z 分成高中低三个强度,类似于类别化调节变量,建立三组条件回归方程式来检视 $X \to Y$ 的影响力。亦即:

$$CV_{ZH} = \bar{Z} + 1SD_Z: Y' = b_1X + b_2CV_{Z_H} + b_3XCV_{Z_H} + a = a^Hb^HX + a^H$$

$$CV_{ZM} = \bar{Z} + 0SD_Z: Y' = b_1X + b_2CV_{Z_M} + b_3XCV_{Z_M} + a = b^MX + a^M$$

$$CV_{ZL} = \bar{Z} - 1SD_Z: Y' = b_1X + b_2CV_{Z_L} + b_3XCV_{Z_L} + a = b^LX + a^L$$

这三组回归的截距与斜率称为**简单斜率**(simple slope)与**简单截距**(simple intercept),其各自的显著性可以利用调整标准误 s_b^* 来进行 t 检验, s_b^* 算式如下(Aiken & West, 1991, p.16):

$$s_b^* = \sqrt{s_{11} + 2Zs_{13} + Z^2s_{33}} \tag{12.11}$$

其中 s_{11} 与 s_{33} 是回归系数 b_1(解释变量 X 的主效果)与 b_3(X 与 Z 的交互作用项效果)的方差,可以从回归分析的报表中,找出回归系数的方差与协方差矩阵中获得。t 检验自由度为 $n-k-1$,n 为样本数,k 为自变量个数(调节回归有 X、Z 与 XZ 三项,因此 $k=3$)。

为避免繁复计算,另一种替代做法是以取三个条件值:CV_{Z_H}、CV_{Z_M}、CV_{Z_L},分别执行三次调节回归,所得到的 t 检验值即为前述调整标准误所计算得到的检验值(Darlington, 1990):

$$Y' = b_1^HX + b_2^HCV_{Z_H} + b_3^HXCV_{Z_H} + a^H$$

$$Y' = b_1^MX + b_2^MCV_{Z_M} + b_3^MXCV_{Z_M} + a^M$$

$$Y' = b_1^LX + b_2^LCV_{Z_L} + b_3^LXCV_{Z_L} + a^L$$

至于高低组的斜率差异是否达到显著,则可以利用差异标准误 s_d 来进行 t 检验(Aiken & West, 1991, p.20),如公式 12.12:

$$t = \frac{d}{s_d} = \frac{(Z_H - Z_L)b_3}{\sqrt{(Z_H - X_L)^2 s_{33}}} = \frac{b_3}{\sqrt{s_{33}}} \tag{12.12}$$

第三节　控制与调节效果分析范例

本范例利用 SPSS 软件所提供的范例数据 employee data.sav(可在 SPSS 软件的子目录下得到该文件)来进行示范。该数据库搜集了 474 位员工的人事与薪资数据,重要变量包括性别(为字串变量,需虚拟化成{0,1}的数值变量)、受教育年数、在该公司的年资、先前的工作资历、是否为少数民族、起薪与目前薪资。本范例以目前薪资为因变量,教育程度与起薪为解释变量,范例 12.1 示范起薪对目前薪资的影响时,以教育程度为调节变量,范例 12.2 示范教育程度对目前薪资的影响时,以性别为调节变量。

由于起薪与教育程度在本范例中是连续变量,因此必须加以平减。性别变量为二分虚拟变量,为简化分析,不予以平减。以下就是对各解释变量以及交互作用项进行平减的语法(SPSS 使用者可以利用转换功能计算)。转换后的各变量描述统计量如下表12.1。平减后的各变量平均数均为 0,标准差则无改变。

COMPUTE C_educ = educ - 13.4916.　(教育程度减去教育程度平均数)
COMPUTE C_salb = salbegin - 17016.0865.　(起薪减去起薪平均数)
COMPUTE Inter1 = C_educ * C_salb.　(交互作用项为两个平减变量相乘)
COMPUTE C_Inter = C_educ * C_salb - 14346.7444.　(交互作用项平减)
COMPUTE Inter2 = C_ educ * gender.　(性别与教育的交互作用项)
EXECUTE.

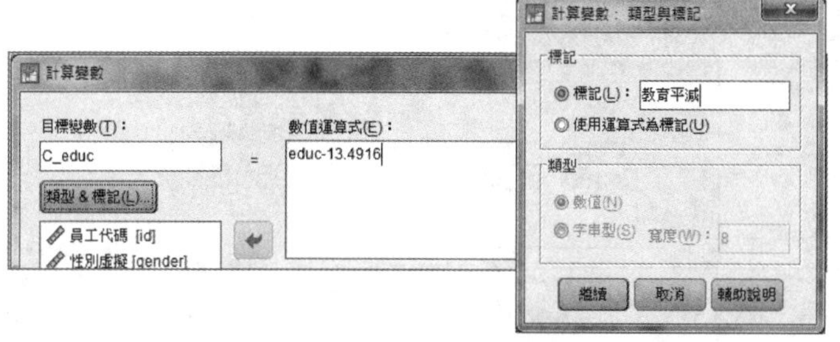

表 12.1　应用于调节回归的各变量描述统计量

	个数	最小值	最大值	平均数	标准差
educ 教育程度(年)	474	8	21	13.4916	2.8848
C_educ 教育平减	474	-5.4916	75084	.0000	2.8848
salbegin 起薪	474	$9000	$79980	$17016.0865	$7870.6382
C_salb 起薪平减	474	-8016.0865	62963.9135	.0000	7870.6382
Inter1 教育起薪交互作用	474	-24960.3054	346830.4211	14346.7444	31201.6388
C_Inter 教育起薪交互平减	474	-39307.05	332483.68	.0000	31201.6388
gender 性别虚拟	474	0	1	.5443	.4986
Inter2 性别教育交互作用	474	-5.49	7.51	.5109	2.2454
salary 目前薪资	474	$15750	$135000	$34410.2133	$17083.9938
有效的 N(完全排除)	474				

范例 12.1　连续调节变量:起薪与教育程度对目前薪资的影响(以教育为调节变量)

1. 交互作用回归

调节回归分析采用阶层回归程序,依照方程式 12.1 至 12.3 逐一放入各变量:解释变量、调节变量、交互作用项。并在回归分析统计量中勾选 R 平方改变量,即可获得各阶层解释力改变的显著性检验结果。阶层回归操作画面如下:

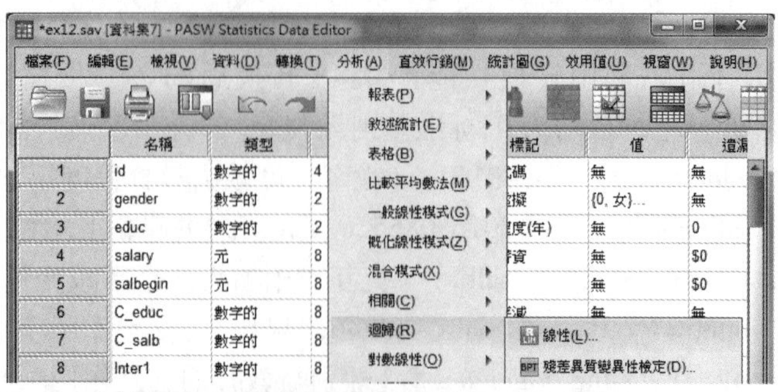

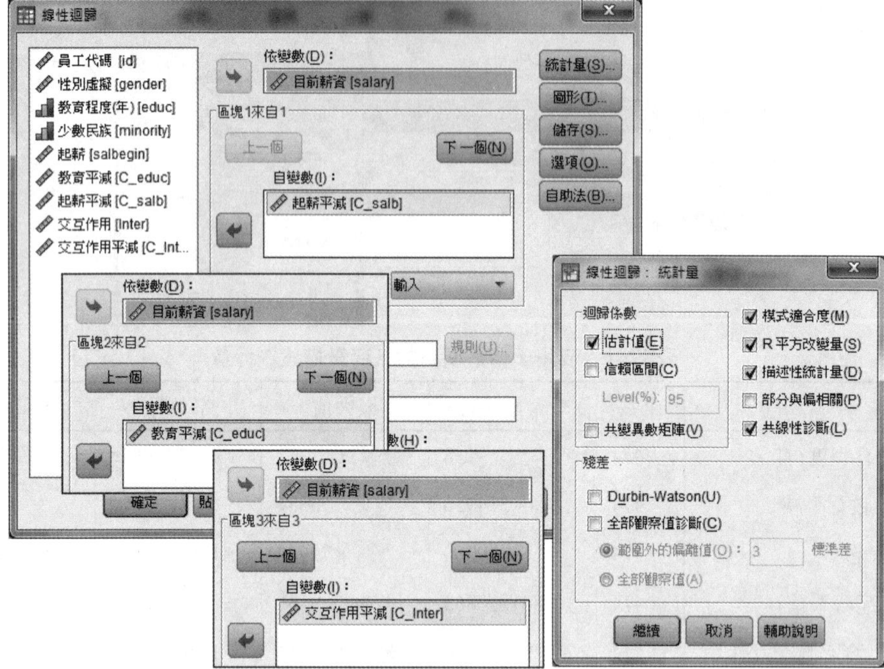

【A. 结果输出】

模式摘要

模式	R	R平方	调过后的R平方	估计的标准误	变更统计量 R平方改变量	F改变	df1	df2	显著性F改变
1	.880[a]	.774	.774	$8121.838	.774	1620.817	1	472	.000
2	.890[b]	.792	.791	$7802.882	.018	40.376	1	471	.000
3	.890[c]	.793	.791	$7806.335	.000	.583	1	470	.445

Anova[d]

模式		平方和	df	平均平方和	F	显著性
1	回归	106916001368.777	1	106916001368.777	1620.817	.000[a]
	残差	31135124061.511	472	65964245.893		
	总数	138051125430.288	473			
2	回归	109374305272.994	2	54687152636.497	898.204	.000[b]
	残差	28676820157.294	471	60884968.487		
	总数	138051125430.288	473			
3	回归	109409859959.249	3	36469953319.750	598.468	.000[c]
	残差	28641265471.039	470	60938862.704		
	总数	138051125430.288	473			

a.预测变量(常数)，C_salb起薪平减
b.预测变量(常数)，C_salb起薪平减，C_educ教育平减
c.预测变量(常数)，C_salb起薪平减，C_educ教育平减，C_Inter交互作用平减
d.因变量：salary目前薪资

系数[a]

模式		未标准化系数		标准化系数	t	显著性	共线性统计量	
		B之估计值	标准误差	Beta分配			容忍值	VIF
1	(常数)	34410.213	373.048		92.241	.000		
	C_salb起薪平减	1.910	.047	.880	40.259	.000	1.000	1.000
2	(常数)	34410.253	358.398		96.011	.000		
	C_salb起薪平减	1.673	.059	.771	28.411	.000	.599	1.669
	C_educ教育平减	1021.006	160.681	.172	6.354	.000	.599	1.669
3	(常数)	34410.255	358.557		95.969	.000		
	C_salb起薪平减	1.614	.097	.744	16.561	.000	.219	4.567
	C_educ教育平减	1063.639	170.167	.180	6.251	.000	.535	1.871
	C_Inter交互作用平减	.016	.020	.028	.764	.445	.319	3.132

a.因变量：salary目前薪资

【B.结果分析】

由阶层回归分析可知，带有交互作用项的调节回归方程式如下：

$$Y' = 1.614X + 1063.639Z + 0.016XZ + 34410.255$$

其中交互作用项不显著，$\Delta R^2 = 0.000$，($\Delta F(1,470) = 0.583, p = 0.445$)。从参数估计的结果也可以看到交互作用项的 t 检验不显著($t = 0.764, p = 0.445$)。对于两个主要效果的检验则发现，起薪与教育程度对目前薪资的净解释力分别为 0.771$t = 28.411, p = 0.000$)与 0.172($t = 6.354, p = 0.000$)，两者均显著，表示两者在控制彼此的效果后，都具有显著的增量解释力，分别为 $0.771^2 = 0.5944 = 59.44\%$ 与 $0.172^2 = 0.0296 = 2.96\%$，这两者相加会小于模式二整体解释力(0.792)，就是因为两个主要效果之间的共线性被排除掉所致，其百分比为 $79.2\% - (59.44\% + 2.96\%) = 16.8\%$。

因此，本范例的结果推翻了起薪与教育程度两个自变量对目前薪资具有交互作用的假设，教育程度对起薪→目前薪资的解释力($\beta = 0.016$)没有显著的调节作用。但是控制模型成立($R^2 = 0.792$, $F(2,471) = 898.204, p = 0.000$)，教育程度与起薪各自对目前薪资的解释力达显著。控制回归方程式如下：

$$Y' = 1.673X + 1021.006Z + 34410.253$$

2. 简单效果检验

虽然交互作用未达显著，基于示范的目的，以下说明如何执行简单效果检验。本范例的调节变量为教育程度，平减后的平均数为0，标准差为2.8848(见表12.4)，可计算出条件值如下：

$$CV_{Z_H} = \bar{Z} + 1SD_Z = 2.8848$$

$$CV_{Z_M} = \bar{Z} + 0SD_Z = 0$$

$$CV_{Z_L} = \bar{Z} - 1SD_Z = -2.8848$$

将条件值带入调节回归方程式：

$$Y' = 1.614X + 1063.639 \times (\pm 2.8848) + 0.016 \times (\pm 2.8848)X + 34410.255$$

即可得到条件回归方程式，并得以绘制出回归线来说明 $X \to Y$ 的关系是否受到 Z 的调节：

$$Y'^H = 1.660X + 37478.641$$

$$Y'^{M} = 1.614X + 34410.255$$

$$Y'^{L} = 1.568X + 31341.869$$

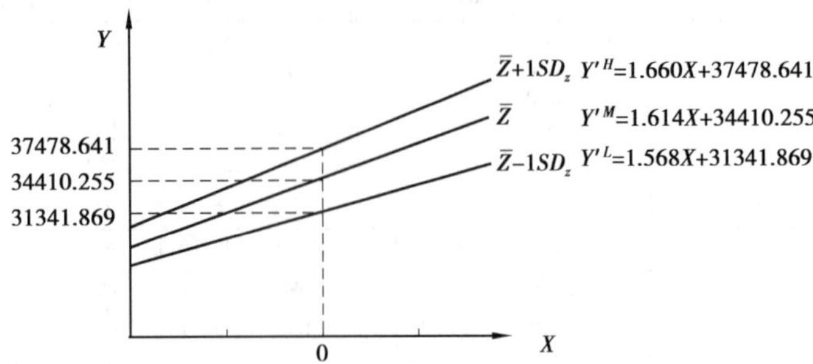

范例 12.2　类别调节变量：教育程度与性别对目前薪资的影响（以性别为调节变量）

【A. 交互作用检验与结果输出】

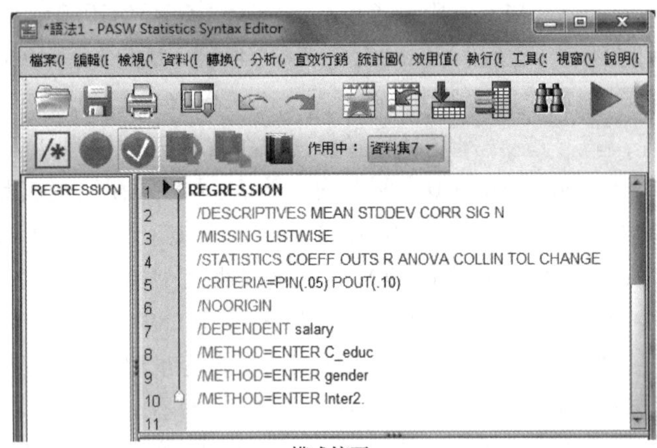

模式摘要

模式	R	R平方	调过后的R平方	估计的标准误	变更统计量				
					R平方改变量	F改变	df1	df2	显著性F改变
1	.661[a]	.436	.435	$12840.381	.436	365.306	1	472	.000
2	.700[b]	.489	.487	$12234.647	.053	48.894	1	471	.000
3	.724[c]	.523	.520	$11830.955	.034	33.691	1	470	.000

系数[a]

模式		未标准化系数		标准化系数	t	显著性	共线性统计量	
		B之估计值	标准误差	Beta分配			容忍值	VIF
1	(常数)	34410.365	589.778		58.345	.000		
	C_educ教育平减	3911.587	204.656	.661	19.113	.000	1.000	1.000
2	(常数)	29814.785	864.717		34.479	.000		
	C_educ教育平减	3392.161	208.671	.573	16.256	.000	.873	1.145
	gender性别虚拟	8443.006	1207.448	.246	6.992	.000	.873	1.145
3	(常数)	27970.279	894.532		31.268	.000		
	C_educ教育平减	1747.086	347.914	.295	5.022	.000	.294	3.404
	gender性别虚拟	9504.792	1181.850	.277	8.042	.000	.852	1.173
	Inter2性别教育交互作用	2478.968	427.085	.326	5.804	.000	.322	3.108

a.因变量：salary目前薪资

【B. 简单效果检验与结果输出】

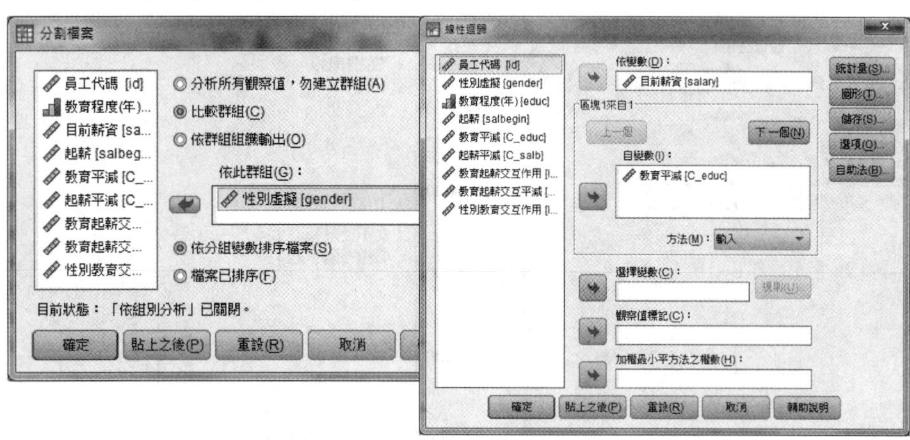

叙述统计

gender性别虚拟		平均数	标准差	个数
0女	salary目前薪资	$26011.39	$7576.522	216
	C_educ教育平减	-1121230	2.3191522	216
1男	salary目前薪资	$41441.78	$19499.214	258
	C_educ教育平减	.938633	2.9793349	258

模式摘要

gender性别虚拟	模式	R	R平方	调过后的R平方	估计的标准误	变更统计量				
						R平方改变量	F改变	df1	df2	显著性F改变
0女	1	.535[a]	.286	.283	$6417.045	2.86	85.715	1	214	.000
1男	1	.646[a]	.417	.415	$14918.320	.417	183.064	1	256	.000

a.预测变量:(常数)C_educ教育平减

系数[a]

gender性别虚拟	模式		未标准化系数		标准化系数	t	显著性
			B之估计值	标准误差	Beta分配		
0女	1	(常数)	27970.279	485.189		57.648	.000
		C_educ教育平减	1747.086	188.706	.535	9.258	.000
1男	1	(常数)	37475.071	973.948		38.478	.000
		C_educ教育平减	4226.054	312.345	.646	13.530	.000

a.因变量：salary目前薪资

【C. 结果分析】

由阶层回归分析可知，性别与教育程度的交互作用项达显著，$\Delta R^2 = 0.034$ ($\Delta F(1,470) = 33.691, p = 0.000$)。从参数估计的结果也可以看到交互作用项的 t 检验显著($t = 5.804, p = 0.000$)。此一结果显示，性别与教育程度彼此会调节对目前薪资的影响。本范例以性别为调节变量，因此结论为：性别对教育程度与目前薪资的解释具有调节效果，不同性别的员工，教育程度对目前薪资的影响程度不同。

事后的简单效果检验发现，在性别的不同水平下，教育程度对目前薪资的解释力不同：对男性而言，教育程度能解释目前薪资变异的 41.7%（$F(1,256) = 85.715, p = 0.000$），对女性而言仅有 28.6%（$F(1,214) = 183.064, p = 0.000$）。对男性而言，每多读 1 年书，薪水多了 4226.054 元，对女性而言薪水只增加 1747.086 元，两者的解释力分别为男性的 $\beta = 0.646$($t = 13.53$, $p = 0.000$)与女性的 $\beta = 0.535$($t = 8.258$, $p = 0.000$)。以散布图来呈现两者解释力大小如下图所示。

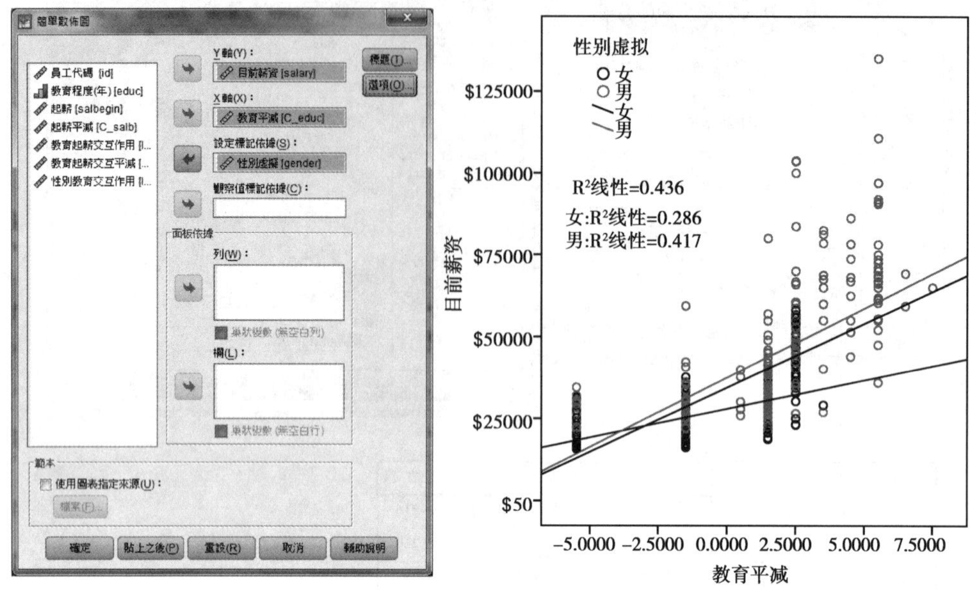

第四节　中介效果与路径分析

一、中介效果的概念

在 $X \rightarrow Y$ 的关系中,第三变量 Z 除了可能以调节者的身份介入回归方程式,也可能是以中介者的角色存在,换言之,X 对 Y 的影响系通过 Z 的作用。根据韦伯字典的定义,**中介**(mediate)一词是指位居中间的位置(to be in an intermediate position or sides),或是联系两个人或物的中间传递者(to be an intermediary or conciliator between persons or sides)。Baron 与 Kenny(1986)从统计方法学的角度,提出了中介效果的完整概念体系与检验程序,普遍为社会科学领域研究者所接受。

Baron 与 Kenny 的中介效果检验是利用三条回归方程式来检测四个条件是否成立,如图 12.2 所示。

首先,中介效果的第一个条件为 b_c 的估计值必须具有统计显著性。当 b_c 的估计值显著,代表 X 对 Y 有影响,亦即 Y 变量的变异可以被 X 所解释,如图 12.2(a)所示。图 12.2(a)显示了 X 对 Y 的总效果估计,此时中介变量 Z 并未进行任何的处理,如方程式 12.13:

$$Y' = b_c X + a_1 \tag{12.13}$$

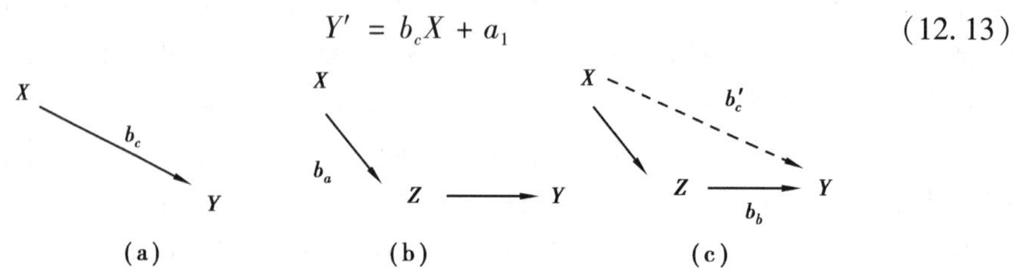

图 12.2　中介效果图示

中介效果的第二个条件为 b_a 的估计值必须具有统计显著性。当 b_a 的估计值显著,

代表自变量 X 对中介变量 Z 有影响，亦即 Z 变量的变异可以被自变量 X 所解释，如图 12.2(b)所示。图 12.2(b)显示了中介变量对自变量 X 的回归，如回归方程式 12.14：

$$Z' = b_a X + a_2 \tag{12.14}$$

第三个条件是在同时考虑自变量 X 与中介变量 Z 对于因变量的影响时，中介变量 Z 必须具有统计显著性。亦即在包含 X 与 Z 变量的多元回归方程式中，β_b 系数必须具有统计显著性，方可证明中介变量 Z 在排除自变量 X 后仍对因变量 Y 有净影响，如方程式 12.15。

$$Y' = b_c' X + b_b Z + a_3 \tag{12.15}$$

方程式 12.15 即为图 12.2(c)的表述，在同时考虑中介变量 Z 与自变量 X 进入回归方程式后，其中介变量 Z 与自变量 X 独特对 Y 的影响。第四个条件为当控制中介变量 Z 后，原先的自变量 X 其净效果消失，亦即 b_c 的估计值没有到达统计显著水平。

如果上述四项条件完全符合，亦即 Z 完全中介 $X \to Y$ 的效果，称为**完全中介效应**(completed mediation effects)；如果 b_c' 虽有变化，但仍具有统计显著性，若其绝对值小于 b_c 的估计值，则称为 Z 部分中介 X 对 Y 的效果，亦即**部分中介效应**(partial mediation effects)。

$X \to Y$ 的直接效果在两个方程式中的系数 b_c 与 b_c' 的差异，代表 X 经过 Z 对 Y 的间接效果，即是中介效果，可以 $b_c - b_c'$ 表示。回归系数具有公式 12.16 的关系(MacKinnon, Warsi, & Dwyer, 1995)。

$$b_c - b_c' = b_a \times b_b \tag{12.16}$$

二、中介效果的显著性检验

中介效果可以由两个直接效果的估计数 $\hat{b}_a \hat{b}_b$ 来推知，如果可以找出 $\hat{b}_a \hat{b}_b$ 的分布，估计其标准误，即可进行显著性检验。Sobel(1982)推导出样本估计量 $\hat{b}_a \hat{b}_b$ 标准误的一阶与二阶泰勒展开估计值，使得中介效果的检验得以利用 t 检验来诊断，称为 **Sobel's *t* 检验**。

$$t = \frac{b_a b_b}{\sqrt{s_{\hat{b}_b}^2 \hat{b}_a^2 + s_{\hat{b}_a}^2 \hat{b}_b^2}} \tag{12.17}$$

上式分母中的数值可以利用传统 OLS 回归分析或 SEM 的估计数中获得。但由于两个正态化的回归系数相乘后并不服从正态分布(呈现峰度为 6 的高狭峰分布)(Lomnicki, 1967; Springer & Thompson, 1966)，如果变量的平均数不为零，还有偏态问题。Sobel(1982)所导出的标准误为偏估计值(biased estimator)。Sampson 与 Breuning(1971)提出了不偏估计标准误的 t 检验，如公式 12.18：

$$t^* = \frac{b_a b_b}{\sqrt{s_{\hat{b}_b}^2 \hat{b}_a^2 + s_{\hat{b}_a}^2 \hat{b}_b^2 - s_{\hat{b}_b}^2 s_{\hat{b}_a}^2}} \tag{12.18}$$

虽然公式上式修正了非正态问题，但是当样本数太小时(少于 200)常会发生估计数为负值的非正定问题而无法有效估计。Bobko 与 Rieck(1980)建议在进行中介效果分析前，先将变量进行标准化，并利用 X、Z、Y 三者的相关系数来计算标准误。

虽然标准误的公式相继被提出，但经过模拟研究发现，Sobel(1982) 所提出的原始公式仍是效率最佳的中介效果标准误(Mackinnon, 2008)，这也是为何多数的软件(例如

LISREL、EQS、MPLUS)仍以 Sobel(1982)作为中介效果(间接效果)的显著性检验方法。

中介效果的强度简单来说就是取 $X \rightarrow Z \rightarrow Y$ 的两个标准化回归系数相乘,在路径模型中又称为**路径系数**(path coefficient)(Wright, 1960)或**结构系数**(structural coefficient)(Duncan, 1975)。其检验原理与中介效果相同。从最简单的三变量关系来看,$X \rightarrow Z \rightarrow Y$ 的间接效果其实就是中介效果。换言之,X 对 Y 的影响力除了可以从直接效果来看,更重要的是通过 Z 的中介效应来解释,甚至只有当 $X \rightarrow Y$ 的效果从原来不考虑 Z 的情况下为显著,而考虑 Z 之后变成不显著时,才被称为完全中介效应(两个变量间只有间接效果而无直接效果)。

三、路径分析的概念

当 $X \rightarrow Y$ 的关系中存在着至少一个中介变量,形成一个 $X \rightarrow Z \rightarrow Y$ 的中介效果。Mackinnon(2008)指出一般所谓的路径分析,即是一连串中介效果的组合所形成的复杂模型,路径分析的关键就是中介变量,以及中介变量之间的复杂关系。换言之,路径分析是整体模型的总称,中介关系则是路径分析的核心,串连中介关系的元素就是变量的共变结构。

路径分析的概念最初由遗传学家 Sewall Wright 于 1921 年所提出,至 1960 年代才广泛受到重视。传统上,路径分析由一系列的回归分析所组成,通过假设性的架构,将不同的方程式加以组合,形成结构化的模型,以 SPSS 或 SAS 等软件进行多次回归即可完成模型参数的估计,称为回归取向(regression approach)的路径分析。

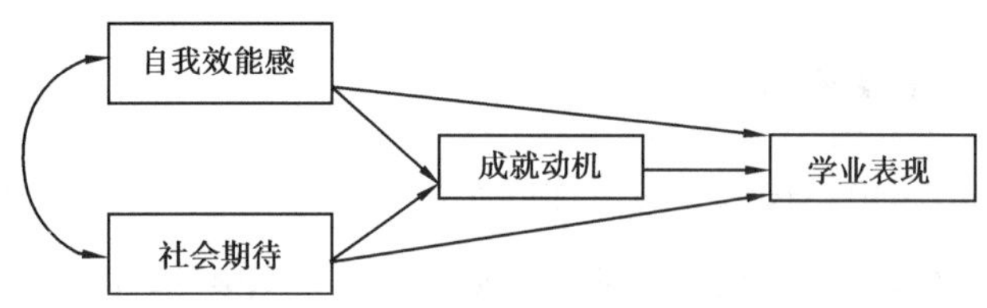

图 12.3 路径分析的路径模型图

基本上,路径分析是一种验证性的统计分析技术,首先需要基于理论或文献基础提出一个路径模型,以**路径图**(path diagram)的方法呈现(如图 12.3 所示),然后再利用回归来进行参数估计。例如图 12.3 描述了四个变量之间的结构关系,包括自我效能感、社会期待、成就动机与学业表现。单箭头代表因果方向,双箭头则代表相关。事实上,此一结构关系,是由下列两组假设所组成:

假设一:自我效能感与社会期待影响个人的成就动机。

假设二:自我效能感、社会期待与成就动机影响学业表现。

上述假设可以下列的方程式来表现:

$$Y_1(\text{成就动机}) = b_1X_1(\text{自我效能感}) + b_2X_2(\text{社会期待}) + a_1$$

$$Y_2(\text{学业表现}) = b_3X_1(\text{自我效能感}) + b_4X_2(\text{社会期待}) + b_5X_3(\text{成就动机}) + a_2$$

这两个方程式构成一套**结构方程式**(structural equation),即称为**路径模型**(causal model),各变量与因变量之间的关系系数 b_i,称为**路径系数**。路径模型除了必须满足回归分析的所有假设,例如变量之间的关系均必须是线性且具有可加性(linear and additive),变量皆属可量化的连续变量,误差项为正态且独立等。

图 11.3 中,成就动机变量同时具备自变量(X3)与因变量(Y1)的双重身份。而自我

效能感与社会期待两变量仅作为自变量,不受其他变量的影响,称之为**外衍变量**(exogenous variable)或外因变量,其变异量由不属于路径模型的其他变量所决定,外衍变量之间可能具有相关,也可能相互独立,但是它们之间的关系并不影响路径模型内的因果关系。另一方面,学业表现则纯为因变量,其变异量完全由路径模型中的其他变量的线性组合所决定,称之为**内衍变量**(endogenous variable)或内因变量。值得注意的是,成就动机变量同时具备自变量与因变量的双重身份,即为**中介变量**,其自身的变异量,由路径模型中的自我效能感与社会期待两个自变量所决定,因此也属于内衍变量。也就是说,内衍变量可为因,也可为果,但是外衍变量则仅能为因。

四、路径模型的统计分析

(一)回归取向的路径分析

以多元回归分析来进行路径分析有几个步骤,第一,计算变量的方差与协方差。第二,计算外衍变量对于内衍变量的直接效果。每一个内衍变量即是一组独立的多元回归,如果有 K 个内衍变量,即必须执行 K 次多元回归分析。每一次多元回归所得到的 R^2 为内衍变量可以被解释的百分比。第三,计算**残差变异**(disturbance),指每一个内衍变量所不能被外衍变量解释的部分,其数值为 $1-R^2$ 再乘以内衍变量方差。最后即可以将各参数与残差方差的估计结果以路径图方式呈现(如图 12.4 所示)。第四是进行效果分析,说明路径模型中的直接效果、间接效果与总效果。

由图 12.4 可知,自我效能感对于成就动机与学业表现均有**直接效果**(direct effect),路径系数分别为 0.29 与 0.63,同时由于成就动机对于学业表现亦有显著的直接效果,因此,自我效能感对于学业表现的影响($\beta=0.21$),除了具有直接效果之外,尚有一个由成就动机所中介的间接效果。对于社会期待而言,由于对成就动机的预测力不足($\beta=0.02$, n. s.),直接效果不明确,但是对于学业表现仍具有直接预测力($\beta=0.16$),但是,社会期待已无法通过自我效能感间接影响学业表现。

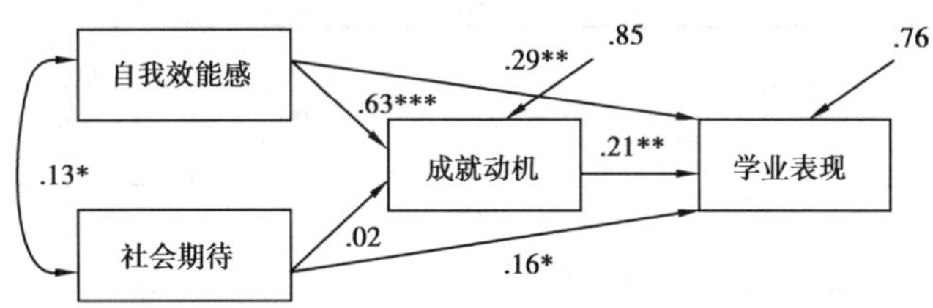

图 12.4 路径分析参数估计图

间接效果(indirect effect)的强度可直接由两端点变量之间的直接效果标准回归系数相乘而得。自我效能感对于学业表现的间接效果由两个直接效果(自我效能感→成就动机,成就动机→学业表现)所组成,取两者的回归系数相乘得到间接效果 $0.63\times0.21=0.13$,代表每一标准差单位的两个自变量的变动,对学业表现造成变动量为 0.13 个单位。间接效果的显著水平无法从回归分析直接获得,必须自行计算。

每一个自变量对于每一个内衍变量的**总效果**(total effect),可以从路径模型当中与该自变量与内衍变量有关的所有显著与不显著的直接效果与间接效果的回归系数值加总而得之。以自我效能对学业表现的整体效果为例,取 0.29(自我效能→学业表现)+0.13(自我效能→成就动机→学业表现)=0.42,代表每一标准差单位的自变量(自我效能感)

的变动,对于学业表现造成的变动量为0.79个单位。对于自我效能对成就动机的影响而言,整体效果即为唯一的一个直接效果0.63,无间接效果的存在,该值表示每一标准差单位的所有自变量的变动(自我效能感),对于学业表现造成的整体变动量为0.63个单位。

(二)SEM取向的路径分析

自从结构方程模型(structural equation modeling; SEM)发展以来,路径分析已经逐渐改由LISREL、EQS、AMOS、MPLUS等SEM软体来处理,称为结构方程模型取向(SEM approach)的路径分析。其主要特色是可以利用变量间的共变情形,同时(simultaneously)估计模型当中所有的参数,过程中可以把用以估计**潜在变量**(latent variable)的因素分析技术融合在路径模型中,配合研究者所提出的特定假设模型或竞争模型,来检验理论模型与观察数据的适切性,找出最佳的模型,近年来此种带有**潜在变量的路径分析**(path analysis with latent variable)或一般结构方程模型(general structural equation modeling)深受社会科学领域的关注,成为当代最重要的统计方法之一[1]

第五节 中介效果与路径模型分析范例

范例12.3 中介效果分析

延续先前employee data.sav的薪资数据范例,本节提出下列几项假设,构成一个中介效果模型的检测范例:

H1:教育程度X(受教育年数)会影响目前薪资Y。
H2:教育程度X(受教育年数)会影响起薪Z。
H3:起薪Z会影响目前薪资Y。
H4:起薪Z为教育程度X对目前薪资Y的影响的中介变量。

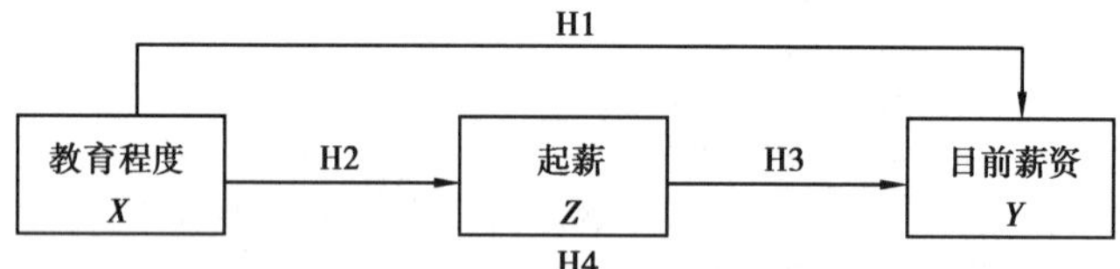

根据Baron与Kenny的四项判断原则:
条件一:b_c估计值必须具有统计显著性。$Y' = b_cX + a_1$
条件二:b_a估计值必须具有统计显著性。$Z' = b_aX + a_2$
条件三:b_b估计数在控制b_c的情形下具有统计显著性。$Y = b_c'X + b_bZ + a_3$
条件四:b_c估计数在控制b_b的情形下无统计显著性。$Y = b_c'X + b_bZ + a_3$

1. OLS回归分析与结果

前述四条件仅需要三个回归方程式即可估计完毕。在OLS回归的操作上,可针对Y与Z进行三次回归分析,即可获得各系数估计数。

---

1 有兴趣的读者可以参考邱皓政(2010)的《结构方程模型:LISREL的理论、技术与应用》(双叶书廊)或余民宁(2006)、黄芳铭(2002)。

【A. 步骤图示】

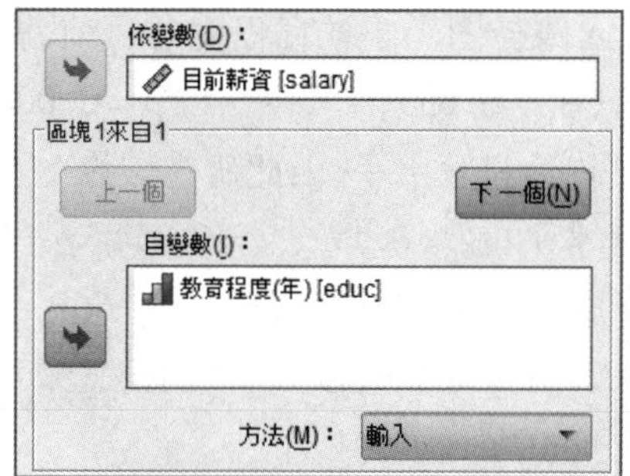

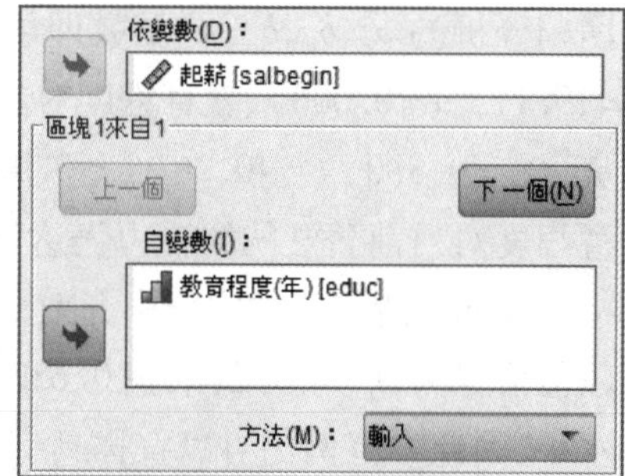

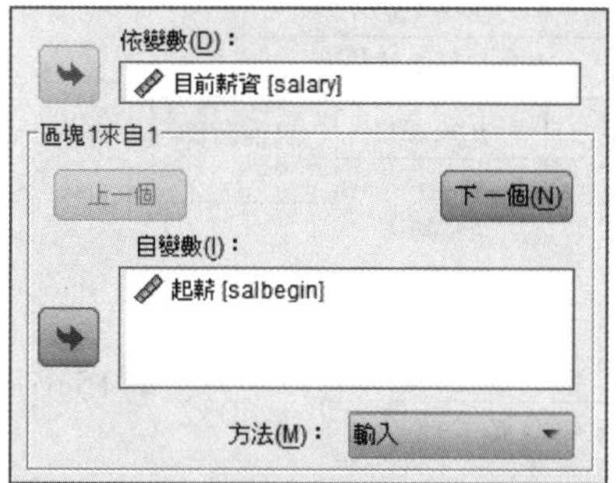

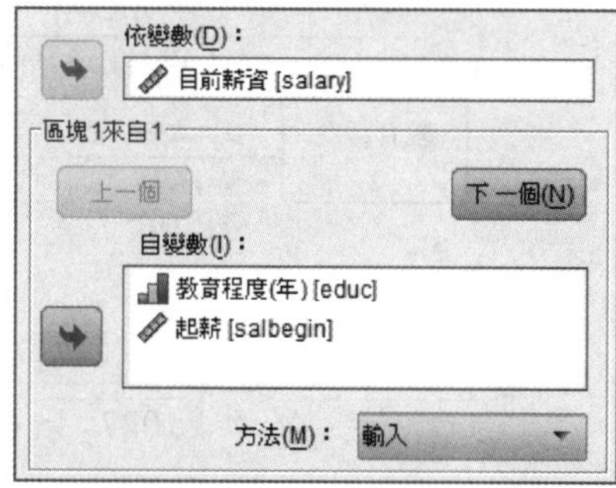

【B. 结果输出】

系数[a]

模式		未标准化系数		标准化系数	t	显著性
		B之估计值	标准误差	Beta分配		
1	(常数)	-18363.199	2823.416		-6.504	.000
	educ教育程度(年)	3911.587	204.656	.661	19.113	.000

a.因变量：salary目前薪资

系数[a]

模式		未标准化系数		标准化系数	t	显著性
		B之估计值	标准误差	Beta分配		
1	(常数)	-6290.967	1340.920		-4.692	.000
	educ教育程度(年)	1727.528	97.197	.633	17.773	.000

a.因变量：salbegin起薪

系数[a]

模式		未标准化系数		标准化系数	t	显著性
		B之估计值	标准误差	Beta分配		
1	(常数)	1905.935	889.390		2.143	.033
	salbegin起薪	1.910	.047	.880	40.259	.000

a.因变量：salary目前薪资

系数[a]

模式		未标准化系数		标准化系数	t	显著性
		B之估计值	标准误差	Beta分配		
1	(常数)	-7836.858	1755.291		-4.465	.000
	educ教育程度(年)	1021.006	160.681	.172	6.354	.000
	salbegin起薪	1.673	.059	.771	28.411	.000

a.因变量：salary目前薪资

【C. 结果分析】

三次回归分析的 b_a、b_b、b_c、b'_c系数即可填入路径图中。教育程度对目前薪资(β_c = 0.661, t = 19.11, p = 0.000)、教育程度对起薪(β_a = 0.633, t = 17.77, p = 0.000)、起薪对目前薪资(β_b = 0.880, t = 40.26, p = 0.000)均达显著水平,因此研究假设 1 至 3 均成立。但教育程度对目前薪资的解释力仍达显著水平(β'_c = 0.172, t = 6.354, p = 0.000),因此 Baron 与 Kenny 所定义的完全中介效果不成立。β_c 到 β'_c明显降低,0.661 − 0.172 = 0.489,其数值恰好为 β_a 与 β_b 的乘积 0.633 × 0.771 = 0.489,以 Sobel 的公式来进行检验亦达显著水平,因此本范例仍可以宣称具有部分的中介效果。

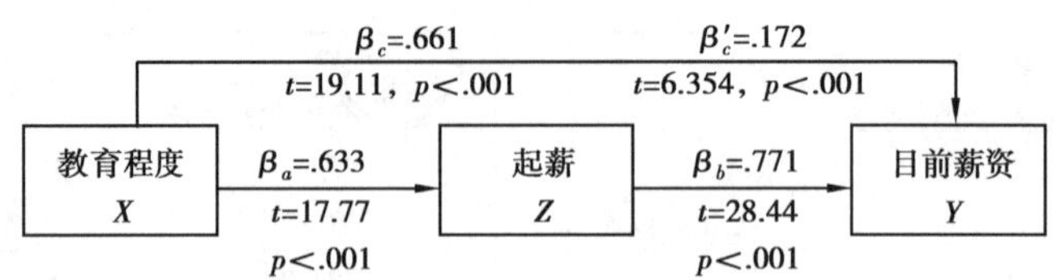

$$t = \frac{b_a b_b}{\sqrt{s^2_{\hat{b}_b}\hat{b}^2_a + s^2_{\hat{b}_a}\hat{b}^2_b}} = \frac{.633 \times .771}{\sqrt{.027^2 \times .633^2 + .036^2 \times .771^2}} = \frac{.489}{.032} = 15.07$$

2. LISREL 中介效果分析

中介效果的分析亦可由 SEM 软件来估计,以下即列出 LISREL 与 AMOS 的估计结果,结果与先前 OLS 估计结果一致。LISREL 的间接效果 indirect effects 的 t 检验值即为 Sobel t 检验值。读者可以自行加以比对。

LISREL/SIMPLIS 语法

```
Title Mediation Effect
Observed variables:
Educ Salbegin Salary
Correlation matrix
1
.633 1
.661 .880 1
Sample size =474
Relationships:
Salbegin = Educ
Salary = Salbegin Educ

Path diagram
Lisrel output EF SS SC nd =4
End of Program
```

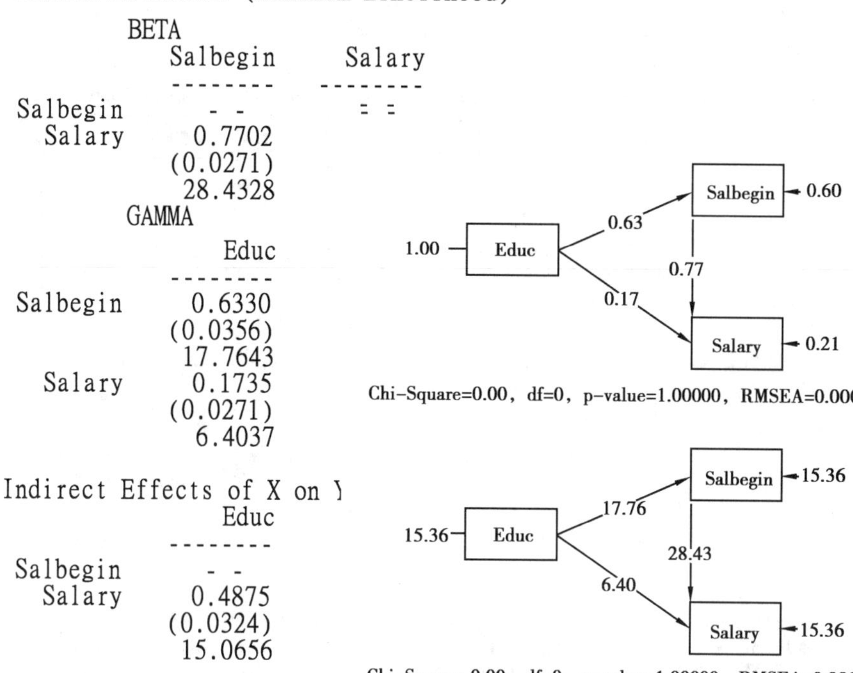

图 12.5 以 LISREL 估计得到的参数、t 检验值与图示

范例 12.4 路径分析

路径分析可以说是中介效果分析的延伸。分析程序是先由研究者依据理论文献，提出路径模型，将每一个内衍变量视为一个回归模型，分别进行分析后加以组合，即可得到路径分析的结果。本范例以 employee data. sav 的完整文件来进行薪资结构的路径分析。数据库中共有 474 位员工的人事与薪资数据，重要变量包括性别(为字串变量，需虚拟化成{0,1}的数值变量)、受教育年数、在该公司的年资、先前的工作资历、是否为少数民族、起薪与目前薪资。根据这些变量，提出一个路径模型如下：

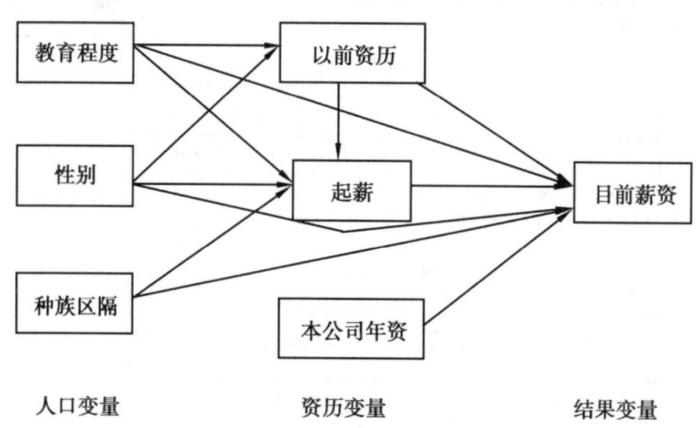

【A. 步骤图示】

将三个内衍变量：目前薪资、起薪、以前资历分别作为因变量，将各有关的自变量纳入回归模型进行三次多元回归分析，取标准化回归系数为路径系数后，即可完成路径分析。

【B.结果输出】

模式摘要与检验

以三个内衍变量为因变量的多元回归结果模式摘要，可用来计算估计标准误

模式摘要

模式	R	R平方	调过后的R平方	估计的标准误
1	.903ª	.815	.812	$7397.678

a.预测变量:(常数),jobtime在本公司的年资(月)，prevexp以前的资历(月)，salbegin起薪，minority种族区隔，GenderD性别虚拟，educ教育程度(年)

模式摘要

模式	R	R平方	调过后的R平方	估计的标准误
1	.706ª	.499	.494	$5596.641

a.预测变量:(常数),prevexp以前的资历(月),minority种族区隔,GenderD性别虚拟,educ教育程度(年)

模式摘要

模式	R	R平方	调过后的R平方	估计的标准误
1	.371ª	.138	.134	97.310

a.预测变量:(常数),GenderD性别虚拟,educ教育程度(年)

系数[a]

模式		未标准化系数		标准化系数	t	显著性
		B之估计值	标准误差	Beta分配		
1	(常数)	−14478.538	3267.573		−4.431	.000
	educ教育程度(年)	589.259	166.359	.100	3.542	.000
	GenderD性别虚拟	2418.777	799.012	.071	3.027	.003
	minority种族区隔	−1377.447	851.277	−.033	−1.618	.106
	prevexp以前的资历(月)	−18.764	3.601	−.115	−5.210	.000
	salbegin起薪	1.707	.061	.787	27.868	.000
	jobtime在本公司年资(月)	156.511	34.048	.092	4.597	.000

a.因变量：salary目前薪资

回归系数

Beta系数即为路径系数（直接效果）

系数[a]

模式		未标准化系数		标准化系数	t	显著性
		B之估计值	标准误差	Beta分配		
1	(常数)	−6935.866	1416.652		−4.896	.000
	educ教育程度(年)	1574.258	102.343	.577	15.382	.000
	GenderD性别虚拟	3670.725	578.845	.233	6.341	.000
	minority种族区隔	−2339.717	634.479	−.123	−3.688	.000
	prevexp以前的资历(月)	12.812	2.659	.170	4.818	.000

a.因变量：salbegin起薪

系数[a]

模式		未标准化系数		标准化系数	t	显著性
		B之估计值	标准误差	Beta分配		
1	(常数)	236.772	21.572		10.976	.000
	educ教育程度(年)	−12.913	1.660	−.356	−7.780	.000
	GenderD性别虚拟	61.181	9.604	.292	6.371	.000

a.因变量：prevexp以前的资历(月)

【C.结果分析】

以 OLS 多元回归功能进行三次多元回归得到的结果显示，三个内衍变量能够有效的被解释，解释变异量分别是目前薪资的 0.815（$F(6,467)=342.191$，$p=0.000$）、起薪的 0.499（$F(4,469)=116.615$，$p=0.000$）、以前资历的 0.138（$F(2,471)=37.69$，$p=0.000$），而起薪与以前资历扮演了中介变量的角色，教育、性别与种族区隔都可以借由中介变量间接影响目前薪资。整个模型估计的结果如路径图所示。

对于各变量的效果分析摘要表列于表 12.2，结果显示教育程度是对于目前薪资的影响最重要的解释变量，不仅具有直接效果（0.100）也具有多重间接效果，间接效果的总和达 0.602，总效果为 0.702。如果与原来观察相关（0.661）相比（样本相关矩阵如下方所示），总效果与观察相关数值非常接近，但是如果没有考虑间接效果，仅用直接效果来说明教育程度与目前薪资的关系，会出现明显低估的现象。

★估计误差估计：

目前薪资：$R^2=0.815$，$s_e=\sqrt{1-R^2}=\sqrt{0.185}=0.430$

起薪：$R^2=0.499$，$s_e=\sqrt{1-R^2}=\sqrt{0.501}=0.708$

以前资历：$R^2=0.138$，$s_e=\sqrt{1-R^2}=\sqrt{0.862}=0.928$

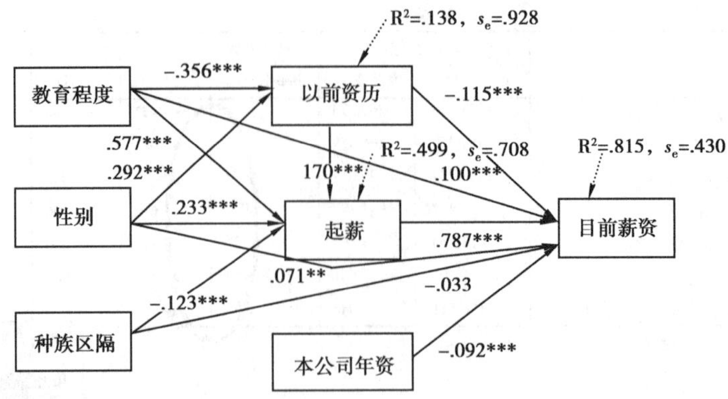

★间接效果与总效果的计算,以教育程度对于目前薪资的效果为例:
直接效果:教育→目前薪资:0.100
间接效果1:教育→以前资历→目前薪资:-0.356×-0.115=0.041
间接效果2:教育→起薪→目前薪资:0.577×0.787=0.454
间接效果3:教育→以前资历→起薪→目前薪资:-0.356×0.170×-0.115=0.007
总效果=0.100+(0.041+0.454+0.007)=0.100+0.502=0.602

表12.2　薪资模型路径分析各项效果分解说明

自变量		因变量:内衍变量		
		以前资历	起薪	目前薪资
外衍变量				
educ 教育程度	直接效果	-.356	.577	.100
	间接效果	—	.061	.602
	总效果	**-.356**	**.637**	**.702**
gender2 性别	直接效果	.292	.233	.071
	间接效果	—	.050	.189
	总效果	**.292**	**.283**	**.260**
minority 种族区隔	直接效果	—	-.123	-.033
	间接效果	—	—	-.097
	总效果	—	**-.123**	**-.130**
jobtiZ 年资	直接效果	—	—	-.092
	间接效果	—	—	—
	总效果	—	—	**-.092**
内衍变量				
prevexp	以前资历直接效果	—	.170	-.115
	间接效果	—	—	.134
	总效果	—	**-.170**	**.021**
salbegin 起薪	直接效果	—	—	.787
	间接效果	—	—	—
	总效果	—	—	**.787**

值得注意的是,以前资历对于目前薪资的影响。以前资历的直接效果是 -0.115,显示以前资历越久者薪资越低,但以前资历会通过起薪间接影响目前薪资,路径系数(0.170×0.787=0.134)为正值,表示以前资历越久者,起薪越高;起薪越高,则目前薪资越高,间接效果的影响甚至大于直接效果,两相抵消之下,总效果仍有 0.021。此一结果凸显了一个问题,即以传统的回归模型来解释变量关系,无法侦测出微妙的**中介效果**(Mediation effect)。以本范例的数据显示,以前资历的直接效果为负值,显示以前资历的多寡对于目前薪资的高低是有害处的;但增加了间接效果之后,总效果成为正值,显示以前资历对于薪资是有帮助的。同一个数据库得到的研究结论恰好相反,显示当我们使用了不同的分析方法,得到结果会有不同,此时,究竟哪一个结论才是正确的,成为一个学术的罗生门。因此,深入了解各种方法的差异与优劣、审慎使用统计方法来分析数据、正确解读研究的数据,是量化研究方法训练非常重要的一环。

第四篇
量表编制的分析技术

标准化的测量工具能够提供客观的量化数据，被社会与行为科学研究者大量采用。一套良好的测验量表，不但可以作为研究工具，更可以供实务工作者进行评量与诊断。为了获得良好的工具，测验编制者除了发展适切的题目，进行必要的先导研究，还必须借重统计与数据分析，检验测验量表的质量，以提出有利的证据，确认测验编制工作的圆满完成。

项目分析是测验编制过程中，第一个与数据分析发生关系的工作，目的在确认测验题目的可用程度，必要时得将不良试题予以删除。除了个别的试题，整套量表的稳定可靠性则可以借由信度估计来检验。

如果项目分析与信度检验是测验工具的基石，效度检验就是充实内涵的检验技术。因素分析技术为效度检验提供了一套客观实用的策略，协助研究者进行复杂的因素抽取工作。传统因素分析抱持探索的观点，得以了解量表背后的结构，当代因素分析则采用验证的观点，试图从理论出发来获得数据的支持，两者虽然泾渭分明，但却殊途同归，对于量表发展都是不可或缺的重要分析技术。

第十三章　量表编制与信效度

测验、量表与测量工具的发展,在心理学、教育学与社会学等相关领域有其重要的地位与悠久的历史。中国人早自汉唐时代,就已经发展出一套严谨的科举考试制度来鉴别能力高低,西方人在13世纪也有了考试制度。到了19世纪时,随着科学的发展,测验与评量领域有了更快速的发展。

基本上,一个研究如果涉及心理特质、能力与态度等抽象构念的评量,首要工作是通过标准化程序来发展测量工具。在心理测验领域,这些不可直接测量观察的抽象构念以**潜在变量**(latent variable)的形式存在,通过间接测量的程序,自一群可测量的变量(即测验题目)来估计潜在变量的强弱高低。用来测量的题目称为**测量变量**(measured variable)或**外显变量**(manifest variable),它们可能是一组类似的问卷题目(如自陈式问题)、一些具有同质性的统计数据(如代表社会经济地位的薪水层级、教育程度、职业等级),或是一些具体的行为测量(如创造思考测量得到的流畅力、变通力、独创力与精进力分数),这些观察变量的共同变化背后,都受到潜在变量的影响,借由统计程序,我们可以把构念从观察变量的相关之中萃取出来,此时,信度与效度指标是说明测量是否理想的重要指标。

反过来说,如果研究者所关心的问题并非与潜在变量有关,所测量的对象不是构念,而是一些客观的事实或态度意见,例如家里有几个未成年子女?一个星期看几场电影?对于政府的施政满不满意?这些意见调查是社会现象的反映,研究者可以直接就每一题的作答情形进行分析,而不用涉及所谓信度与效度问题。

基本上,测验的编制既是一门科学,也是一种艺术。过程中涉及一连串的质性与量化方法,也不时需要研究者进行决策与判断。从研究方法的角度来看,量表与测验往往是研究者最主要的研究工具,因此量表编制是非常基本的学术训练。从实务工作的角度来看,量表与测验是重要的筛选与诊断评量工具,测量工具的适用性与质量更直接影响实务工作者的工作内容,因此量表编制的原理与实务是心理学科非常重要的专业课题,本章将针对这些议题加以探讨。

第一节　量表编制的程序与步骤

量表编制的主要工作包括项目分析、信度估计与效度评估等,整个流程如图13.1所示。

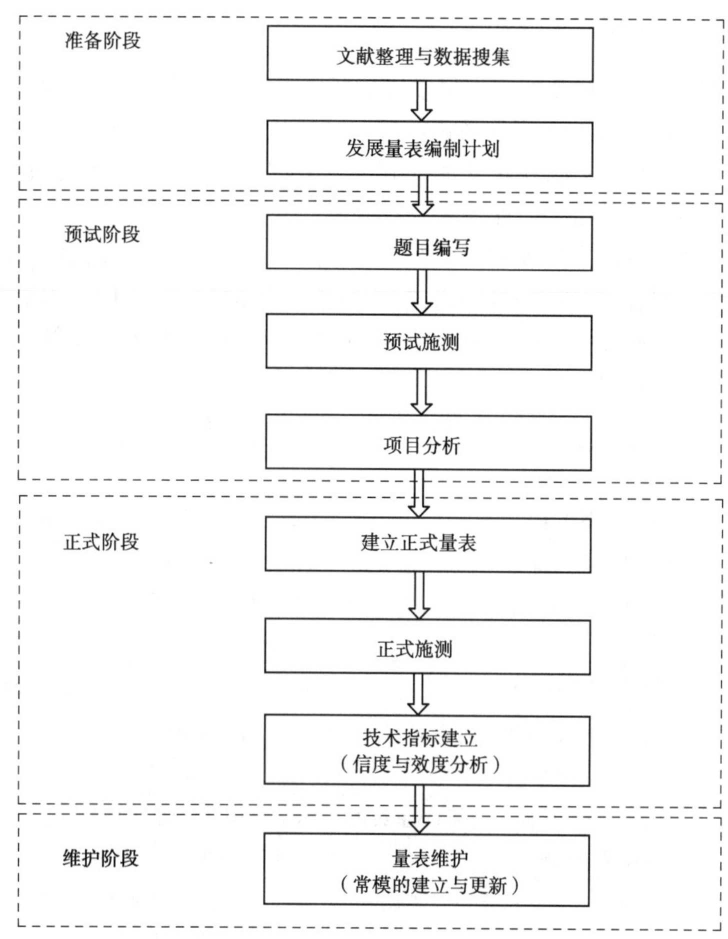

图 13.1　量表编制的基本流程

一、准备阶段

(一)文献整理与定向

一个新量表或测验的编制,必须进行充分的准备工作。研究者在进行一项研究之前,对于所关心的主题会有一个初步的概念,但未必对于研究需使用哪些工具,测量哪些东西有足够认识。随着研究的进展,研究者逐渐厘清所关心的问题、变量的内容,并发展操作性定义。从前人的研究文献当中,如果可以找到由他人发展出来的测验或量表,研究者就不必耗费精力自行编制一份新的测验,但是如果没有既成的量表,必须从国外翻译或自行编制,或因过去的量表已陈旧不堪使用,研究者必须先行重新修订,才能进行研究工作。

如果要自行编制测量工具,研究者必须清楚掌握测量的目的、内容与对象。此一阶段,必须倚赖理论或文献的引导,协助研究者进行定向的工作。如果研究者所探讨内容是一个前人没有探讨过的,或是研究者认为必须重新自理论基础的发展来出发,研究者就必须进行前导性研究,自行发展理论建构。

(二)量表编制计划

一旦定向的工作完成,研究者即可以针对所需发展的量表,订定编制计划。事实上,测量工具的发展本身就是一个完整的研究,一旦量表编制完成,研究者可以将量表编制的过程与成果整理成为论文,在正式的期刊上发表,让社会大众与相关领域的专业人员认识这个新的测验,使其接受公评与大众的检视。

一般而言,虽然每一个量表的目的与内容不同,但是一个量表编制计划应该具备量表的名称、目的与内容、对象、测量的格式与尺度、量表的长度与时间、预试施测的计划、正式施测的计划、信效度分析的计划、常模建立、成本估计、时间流程图等几项基本元素,详细的内容与范例说明见表13.1。

表13.1 量表编制计划的内容与说明

项目名称	项目内容	范例
量表的名称	说明量表的名称	组织创新气氛知觉量表、创造认知思考量表
量表的目的与内容	说明量表所欲测量的内容,必要时举出相关理论观点来说明概念的内容与理论基础	创意思考量表的目的在于测量发散性思考的能力,是基于Torrence所提出的概念,包括了流畅力等四个成分……
量表的对象	说明量表实际适用的对象	十八岁以上的成人、高中阶段的青少年
量表的格式与尺度	说明量表所使用的测量方式、评定格式	本量表是Likert式的五点量表,1代表非常不同意,5为非常同意
量表的长度与时间	决定量表最终版本的可能题数或可能花费的时间	本量表长度预估为20题,每一个分量表为5题,作答时间约为10分钟
预试施测	说明预试施测的总体与样本规模,以及(项)题目检验与(目)分析的相关事项	本量表预定以大台北地区的中学生为预试总体,将随机抽取两个班级的学生约100人作为预试样本
正式施测	说明正式施测的总体与样本规模及相关事项。包括抽样的详细程序,以及随同正式量表一并施测的效标或其他量表的介绍	本量表为适用于全体中学生,正式施测以全台湾地区的中学为总体,正式施测将采用分层随机多级抽样,建立2000人的样本规模
信效度分析	说明正式量表所欲提出的各项信效度技术指标	本量表除了进行内部一致性信度估计,还将进行三个月的再测信度。效度则采用效标关连效度,以被试学期末的学业成绩为效标
常模建立	说明常模的建立程序与内容	本量表将建立中学生的性别与年级百分等级常模
成本估计	预估编制量表所需投入的相关成本与人力规划	本量表将聘任助理×名,所需经费人事部分为×××元,施测费用为×××元,其他支出为×××元
时间流程图	说明量表编制的步骤与时间安排	以图表的形式来呈现

二、预试阶段

当量表编制者准备就绪之后，研究者即可进入具体的编制过程，首先是编写题库，并利用预试样本进行项目分析，决定题目的优劣，以作为正式量表的决策依据，此一阶段可以称为预试阶段。

（一）题库编写

预试工作的第一步，是编写量表试题，建立量表的**题库**（item pool）。题目的选择与编写，必须符合先前定向工作所决定的测量的范畴、内涵，并符合理论的界说。但是，由于抽象构念具有不明确性，使得研究者无法以单一的题目来测量，因此必须编写收集一系列的题目来测量某一个构念。

理论上，测量某一个构念的题目有无限种可能性，如果把构念的现象当作一个总体，研究者所编写收集的题目可以视为从中随机挑选的一组**行为样本**（behavioral sample）。就像抽样理论的原则，这组行为样本当中的每一个被观察行为必须具有随机性与代表性，同时也必须涵盖充分的内容广度，也就是内容效度，才能反映潜在的心理构念。

一般而言，初步量表题库题目需达最后所需题数的数倍，经过逐步删减，成为最终的正式量表题目。如果研究者预定编制一个十题的自尊量表，他可能先行编制出一个二十至三十题的题库，进行预试的工作，容许部分不良题目被删除的空间。因此题库越大，可供删减的空间也就越大。但是，题目编写有其困难度，不仅要能熟悉测量的内容，更要有创意。一般建议供做预试的题目，至少为最终量表题数的两倍。

题目编写有几点必须注意的事项。第一，题目不宜过长，以精简、易于阅读为原则。因为心理测验的量表长度越长，题目的字数越多，对于填答者的负担越重。第二，题目必须适合适用对象的阅读与理解能力，否则填答者可能无法以其个人的情况，或依循研究者预设的方向来回答。第三，使用必要的措施来应对填答者的特殊作答风格与反应心向，例如利用反向题来防止填答者的草率与恶意作答。并在题目编排之时，将正反向题以适当的方式排放。

试题编写阶段的另一个工作是决定量表的尺度与尺度精密度。在第二章已经介绍了各种不同的量表尺度，例如 Likert 量尺、Guttman 量尺、Thurston 量尺等，各种量尺有其优劣与适用性，所采用的精密度越高，对于量表的质量越有帮助，能够使用的统计分析越丰富，但是填答者所需付出的心力可能会越高。有些量表尺度的编制困难度与成本较高，这些都是研究者在决定测量尺度时所需考量的问题。

（二）预试（try-out）

当研究者准备好一套预试的题本之后，接下来进行的便是预试的工作。预试多半使用立意抽样或便利性抽样，建立一个小型样本，施以预试版本测验，以决定题目的可用程度，据以删除不良的题目，决定正式量表，这个过程称之为**项目分析**（item analysis）。预试样本的人数虽不用太多，但是考虑到统计分析的稳定性，样本人数也不宜过少，学者建议 300 人是一个可以努力达到的数字（Ghiselli，Campbell & Zedeck，1981）。

除了实际的施测，预试也可以多种方式同时并进，例如将试题交给相关的学者专家或实务工作者，请其评估题目的良窳（yǔ，恶劣之意）。通常专家所评定的内容不仅是“题目看起来像不像是测量该特质的题目”(所谓**表面效度** face validity),更可以协助进行内容效度的评估,指出是否题目包含了适当的范围与内容,同时,更可以借由专家的意见,针对题目是否适合用来测量某一构念进行讨论,提供类似于构念效度的评估意见,因此专家评估是多数测验学者也会一并采用的预试策略。

(三)项目分析

项目分析可以说是量表编制非常关键的一项工作,其主要目的是针对预试题目进行适切性的评估。项目分析可分为质的分析与量的分析,前者主要着重于量表项目的内容与形式的适切性的讨论,后者在一般能力测验的发展过程当中,主要指试题的难度与鉴别度项目的检验。对于非认知测验(如人格测验与态度量表),则可从各种量化的指标来检验项目的适切性,这些指标包括了项目总分相关系数、项目变异量与平均数等(DeVellis,2003)。经由项目分析的执行,研究者得以剔除不良的项目,以提高量表的质量。我们将在下一章详细讨论项目分析的操作原理与计量方法。

三、正式阶段

经过了预试的检验,调整初步编写的题目内容及删除不良的试题之后,正式题本得以决定,研究者可以进行最后的排版,决定背景变量等,完成正式测量问卷,并选取具有代表性的样本,进行正式施测。正式施测的目的在进行信效度的评估,决定一个测验量表的整体可用程度,并得以建立常模。

信度的评量可以说是证明一个量表可用程度的必要条件,如果信度不良,表示该量表受到测量误差的威胁很大。目前最常用的信度估计方法为 Cronbach(1951)所发展的 α 系数。在心理学研究中,几乎所有的测量工具都须报告 Cronbach’s α 值,以说明该量表的信度。有些量表不适合报告 α 系数,可采用**再测信度**(test-retest reliability)来估计量表在两个时点之间的稳定情形。

效度反映了测量分数的真实内涵与意义,虽然信度系数保证了测量分数是否能够测到真实分数,但是接下来的问题却是,这个真实分数到底是什么?对于一个量表进行效度的评估,目的就是在回答这个问题。有趣的是,效度的评定只是一种参考性的价值,不像信度系数可以对于量表的稳定性进行绝对性的评定。效度的好坏评定程序并没有一套共同的标准,在量表评估中可以视为一个充分条件,若各种效度指标系数十分理想,表示量表的效度良好,对于量表有相当的加分效果,但是效度系数偏低,不一定表示量表质量不佳。

四、维护阶段

量表编制的最后一个步骤,是进行量表的持续研究与维护工作,以提高量表的实用性。除了编制各种参考手册,正式出版之外,研究者需将研究结果发表在学术会议或学术期刊上,与其他研究者进行讨论,分享心得。另一个重要的工作,是持续发展与修订**常模**(norm),提高量表分数的使用价值。所谓常模,是研究者针对某特定团体,选取一个代表性样本,施以该量表,并将该特定团体的常模样本的测量结果,制作成一个分数对照表,任何一个受测者,可以依照该表将其原始分数轻易转换成相对分数(例如百分等级),获知相对的高低。

第二节　信　度

一、信度的意义

信度(reliability)即是测量的**可靠性**(trustworthiness),是指测量结果的**一致性**(consistency)或**稳定性**(stability)。测量误差越大,测量的信度越低,因此,信度亦可视为测验结果受测量误差影响的程度。如果测量误差不大,不同题目的得分应该趋近一致,或是在不同时点下,测验分数前后一致具有稳定性。基本上,信度并非全有或全无,而是一种程度的概念。任何一种测量,或多或少会有误差,误差主要由概率因素所支配,但也可能受到非概率因素的影响。

传统的测验观点认为,对于任何一个被测量的特质,每个人都具有一个特定的水平或强度,测验的主要目的,就是利用一套计量的尺度去反映每一个人在这个特质上的水平或强度,如果测验真的可以测到这个人真实的特质强度,反映在测验得分上,称为**真分数**(true scores)。这个真分数其实是一个理论上存在的分数,代表受测者的实际心理特质内涵与真实的心理运作历程,在测验实务上,准确测得人类心理特质的真分数是所有测验的终极目标。

若测验工具所测得的分数(称观察分数)等于真分数,那么我们可以说这个测量是一个完美、正确的测量。但是通常测验无法如此精确地测得构念特质的内容,而会包含一些误差的成分。如下列的关系式所示:

观察分数 = 真分数 + 误差分数

当误差为0,观察分数可以完全反映真分数。当误差不为0,即必须对于误差发生的情况进行了解,了解误差的统计特性,若能找出误差的分布,即可利用概率理论来进行估计与推论。这套理论,称为**古典测验理论**(classical test theory)。

二、信度系数的原理

古典测量理论最主要的论述就是,测量误差是测量分数的一部分,能估计测量误差就可以掌握真分数。若以方差的概念来表示,观察变异(σ^2_{total})等于真分数变异(σ^2_{true})加上误差变异(σ^2_e):$\sigma^2_{\text{total}} = \sigma^2_{\text{true}} + \sigma^2_e$,经过移项,可以得到下列的关系:

$$1 = \frac{\sigma^2_{\text{true}}}{\sigma^2_{\text{total}}} + \frac{\sigma^2_e}{\sigma^2_{\text{total}}} \tag{13.1}$$

上式中,真分数变异除以观察总变异,代表一个测量分数能够测得真分数的能力,称为**信度系数**(coefficient of reliability),以 r_{xx} 表示。如下所示:

$$r_{xx} = \frac{\sigma^2_{\text{true}}}{\sigma^2_{\text{total}}} = 1 - \frac{\sigma^2_e}{\sigma^2_{\text{total}}} \tag{13.2}$$

由数学原理来看,信度系数是一个介于0与+1之间的分数,数值越大,信度越高。在毫无误差的情况之下,真分数的变异等于测量变量的总变异量,得到信度系数为1.00;反之,信度为0表示测验测得的分数变异完全由随机因素造成,完全无法反映真分数。

三、测量误差与测量标准误

真分数的变异量占总变异量的比重反映了信度的大小,然而真分数究竟为何无法得知,但误差则可以估计。因此在测验实务上,皆是以误差大小来估计测量的信度。基本上,测量误差是一种随机的波动,有时会高估,有时会低估,系统性的高估或低估被视为是测量偏误(bias)而非测量误差。因此,测量误差被假设成一个平均数为0,方差为 σ_e^2 的正态分布(此一假设称为正态假设)。同时题目的测量误差与真分数应当彼此独立不相关,不同题目之间的误差也应独立无关(误差独立假设)。若将方差开方,即得**测量标准误**(standard error of measurement; SE_m),反映测验受到测量误差威胁的程度。测量标准误若从样本观察数据获得,公式如下:

$$SE_m = SD_x\sqrt{1 - r_{xx}} \tag{13.3}$$

其中 SD_x 为测验得分的标准差,r_{xx} 为信度系数。由于 SD_x 为测量后的结果,不是研究者所能够控制的部分,因此测量标准误的大小主要受到信度的影响,当信度越低,标准误越大,信度越高,标准误越小。测量标准误是学者评估测量分数有无信度的主要量数,进一步可以应用于测验分数的区间估计与相互比较。

假设今天以某测验进行测量后的全量表标准差为10,信度为0.8,测量标准误为 $SE_m = 10\sqrt{1-0.8} = 4.5$。如果某生的测验得分是80分,那么他的真分数有95.44%的机会可以在得分上下两个标准误的区间内(71至89分)被正确估计:

$$\text{真分数的 95.44\% 正确区间} = 80 \pm 2SE_m = 80 \pm 2 \times 4.5 = 71 \sim 89$$

造成测量误差的原因相当多,施测的环境、时间的因素、量表的设计不良、受测者的心理状态、施测者的因素等,都可能使得受测者所测出来的观察分数与真分数有出入。要获得一个完全无误差的测量结果几乎是不可能的事。所以量表编制者一方面要致力于发展一个不受测量误差影响的测验工具,维持一个不受干扰的测量过程,更重要的是能够估算出测量的结果受到测量误差多大的威胁,提供他人有关误差发生的充分信息,并据以应用在测验分数的解释上。

四、信度的估计方法

前面已经提及,真分数无法获知,但是误差可以估计,因此实际上在衡量测验信度时,多是以多次测量的方法来求出得分波动与变异(亦即误差),进而推导出测量的信度。如果测验反映真分数的能力很强,那么多次测量或以不同的题目来测量,测得的分数差异应很小,相关系数应该很高;相反的,如果测量误差很大,多次或多题的测量分数差异很大,相关系数很低。以下列举几种常用的信度估计方法。

(一)再测信度

再测信度(test-retest reliability)是指将一个测验在同一群受测者身上前后施测两次,然后求取两次测验分数的相关系数作为信度的指标。一个无误差的测量,在前后两次测量上得分应相同,相关为1.00。但是由于测量误差的存在,受测者在前后两次的测量上得分不同,相关便不会是1.00。此时误差是因为时间所造成,信度系数反映了测量分数的稳定程度,又称**稳定系数**(coefficient of stability)。再测信度越高,代表测验分数越不会因为时间变动而改变。

在实际作上,再测的时距是一个重要的决策,两次测量相隔的时间越长,信度(稳定系数)自然越低。不同时距的选择,影响误差大小,因此再测信度的误差来源可以说是对测量的**时间抽样**(time sampling)。最适宜的相隔时距随着测验的目的和测量的内容性质而异,少者一两周,多则六个月甚至一二年。

(二)复本信度

再测信度的一个问题是同一个受测者要重复填写两次相同的测验,时距过短可能会有记忆效果,时距过长则有信度下降的问题,另一方面也造成研究者要追踪受测者的负担。此时若测量工具有两个内容相似的复本,令同一群被试同时接受两种复本测验,两个版本测验得分的相关系数,即为**复本信度**(alternate-form reliability)。

复本信度的误差来源是题目差异,亦即是一种**内容抽样**(content sampling)的误差,因此复本信度反映的是测验分数的内部一致性或稳定性。在实施复本时有几个注意事项,第一,两个复本必须同时施测。如果两个复本施测的时间不同,造成误差的来源即混杂了时间取样与内容取样。第二,复本的内容必须确保相似性,题目的类型、长度、指导语、涵盖的范围等应保持一致,但题目内容不能完全相同。如果测验所测量的内容很容易产生迁移与记忆学习效果,那么就必须避免使用复本信度。通常的做法是将两个版本的量表题目一起发展,一并检测,最后再将测验拆成两份,而非分开独立发展。

(三)折半信度

折半信度(split-half reliability)与复本信度非常相似,也是求取两个复本间的相关来表示测量的信度。所不同的是折半信度的两套复本并非独立的两个测验,而是把某一套测验依题目的单双数或其他方法分成两半,根据受测者在两半测验上的分数,求取相关系数而得到折半信度。因此折半信度可以说是一种特殊形式的复本信度,造成误差的来源也是因为内容取样的问题,操作上比复本信度简单许多。

由于计算折半信度时,相关系数是以半个测验长度的得分来计算。当题目减少,相关也随之降低,造成信度的低估,必须使用**史布公式**(Spearman-Brown formula)来校正相关系数:

$$r_{SB} = \frac{nr_{xx}}{1 + (n - 1)r_{xx}} \tag{13.4}$$

上式中,r_{xx}为折半相关系数,n为测验长度改变的倍率。折半信度会使测验长度减少一半,$n=2$,公式如下:

$$r_{SB} = \frac{2r_{xx}}{1 + r_{xx}} \tag{13.5}$$

(四)内部一致性信度

在计算测验信度时,如果直接计算测验题目内部之间的一致性,作为测验的信度指标时,称为**内部一致性系数**(coefficient of internal consistency)。这种系数由于直接比较测验题目之间的同质性,因此测量误差也是一种内容抽样的结果。

1. KR20 与 KR21 信度

库李信度(Kuder-Richardson reliability)是 Kuder & Richardson (1937)所提出的适用于二分题目的信度估计方法。其原理是将k个题目通过百分比(p)与不通过百分比(q)相乘加总后除以总变异量(s^2):

$$r_{KR20} = \frac{k}{k-1}\left(1 - \frac{\sum pq}{s^2}\right) \tag{13.6}$$

此式为库李所推导的第20号公式,因此称为库李20信度。由公式可知,各题都有各自的p与q数值,表示题目难度不同。如果将每一个题目难度都假设为相同,或者是研究者不重视试题难度的差异,而将试题难度设定为常数(通常以平均难度取代),可以用KR21公式来计算内部一致性系数:

$$r_{KR21} = \frac{k}{k-1}\left(1 - \frac{m(k-m)}{ks^2}\right) \tag{13.7}$$

2. Cronbach's α

从前面的介绍可以得知,KR20与KR21适用于二分变量的测验类型(例如能力测验与教育测验),但是在社会与行为科学研究中,多数的测量不是对错二分的测量,而多以评定量尺作为测量工具,因此Cronbach(1951)将KR20加以修改,得到α系数,如公式13.8所示。

$$\text{Cronbach's } \alpha = \frac{k}{k-1}\left(1 - \frac{\sum s_i^2}{s^2}\right) \tag{13.8}$$

其中s_i^2表示各题的方差。Cronbach's α所求出的数据,在数学原理上等同于计算题目之间的相关程度。且由公式可知,Cronbach's α与库李信度的原理相似,所不同之处仅在于对个别题目方差的求法,Cronbach's α采用的是每一个题目方差的和,因此α系数可用于二分或其他各种类型的量表尺度。

(五)评分者间信度

当测量的进行使用的工具是"人",而非量表之时,不同的评量者可能打出不同的分数,分数误差变异的来源是评分者间的差异,若计算各得分的相关,即是**评分者间信度**(inter-rater reliability)。评分者间信度所反映的是不同的评分者在测验过程当中进行观察、记录、评分等各方面的一致性。相关越高,表示量表的信度越高。如果评分者所评定的分数不是连续变量,而是等级(顺序尺度),不宜使用传统的Pearson相关系数,而应采用Spearman相关或Kendall和谐系数。评分者间信度的误差变异来源是评分者因素,也就是评分者抽样问题(rater sampling),而非题目的内容抽样问题。

五、影响信度的因素

从前述的讨论可知,信度与误差之间具有密切的关系。误差变异愈大,信度愈低;误差变异愈小,信度愈高。探讨影响信度的因素,基本上即是在探讨误差的来源。使用者可以针对自己的需要以及研究设计的可行性,取用适当的信度指标。

基本上,造成测量误差的原因很多,包括被试因素(如受测者的身心健康情况、动机、注意力、持久性、作答态度等)、主试因素(如非标准化的测验程序、主试的偏颇与暗示、评分的主观性等)、测验情境因素(测验环境条件如通风、光线、声音、桌面、空间因素等皆可能产生影响)、测验内容因素(试题抽样不当、内部一致性低、题数过少等),以及时间因素。

上述各项因素中,前三项属于测验执行过程的干扰与误差,属于程序性因素。后者则属于工具本身的因素,有赖量表编制的严谨程序。很显然,要提高测量的可靠性,降低测量的误差,无法单从编制来着手,而需兼顾研究执行的过程与严谨的工具发展。

除了前述因素之外,样本的异质性也会影响测验的信度。在影响信度的技术因素中,从前面的方差拆解公式当中,我们可以得知信度是1减去误差分数的变异与测验得分总变异的比值。因此,在其他条件保持不变的情况下,如果接受测验的受测者的异质性越大,总分变异越大,得到的信度系数就会越高。换句话说,在估计一个测验的信度之时,若采用异质性较高的样本,可以获得较理想的信度。例如实施一个智力测验于大学生身上得到信度,会较一个包含初中、高中与大学生不同层级学生的样本得到的信度为低。

在量表编制过程中,运用了信效度评估的正式施测,样本规模通常不会太小,样本所涵盖的次团体也可能不止一个,因此在报告信度系数时,除了报告全体样本的总体信度,也应该报告各个次团体的信度系数,从这些系数当中,我们可以据以判断在哪一个次团体上,该测验的使用有最佳的稳定性,而在哪一个次团体中,测验的分数有较大的波动性。

第三节 效 度

一、效度的意义

效度(validity)即测量的正确性,指测验或其他测量工具确实能够测得其所欲测量的构念之程度,亦即反映测验分数的意义为何。测量的效度愈高,表示测量的结果愈能显现其所欲测量内容的真正特征。效度是心理测验最重要的条件,一个测验若无效度,则无论其具有其他任何要件,亦无法发挥其测量功能。因此,无论选用标准测验或自行设计编制测量工具,都必须审慎评估其效度,详细说明效度的证据。同时,在考虑测量的效度之时,必须顾及其测量目的与特殊功能,使测量所测得的结果,能够符合该测量的初始目的。

在评估测量的效度之时,必须先确定测量的目的、范围与对象,进而能够掌握测验的内容与测验目的相符合的程度。一般使用的效度评估方法,主要有**判断法**(informed judgment)与**实证法**(gathering of empirical evidence)两个策略,前者着重于测量特性与质(quality)的评估,通常依赖研究者对于数据的主观判读;实证法则根据具体客观的量化指标来进行效度的评估。事实上,这两种策略都很重要,一般皆以质性的评估为先,实证的检测为后,使测量的质量得以确保。

二、效度的类型与原理

效度的评估有内容效度、效标关联效度、构念效度三种主要形式,介绍如下。

(一)内容效度

内容效度(content validity)反映测量工具本身内容范围与广度的适切程度。内容效度的评估,需针对测量工具的目的和内容,以系统的逻辑方法来分析,又称为**逻辑效度**(logical validity)。另一种与内容效度类似的效度概念为**表面效度**(face validity),指测量工具在外显形式上的有效程度,为一群评定者主观上对于测量工具形式上有效程度的评估。

内容效度强调测量内容的广度、涵盖性与丰富性,以作为外在推论的主要依据,表面效度则重视工具外显的有效性,两者具有相辅相成之效。在研究上,为了取得被试的信任与合作,良好的表面效度具有相当的帮助,确保作答时的有效性,因此在测量工具的编制与取材上,必须顾及被试的经验背景与能力水平,保有一定水平的内容效度和表面效度。不过这两种效度的共同点是都缺乏实证评估的指标,因此需以判断法来进行。

一般在能力测验或态度测量中,内容效度可以借由**测验规格**(test specification)的拟定来评估。所谓测验规格是将测验所欲测量的能力属性与测量内容范围列出一个清单,设定比重,量表编制者即依照此一规格表来进行测验题目的编制,以求符合最初研究者的需要。例如,某系转学考试的统计学考试,范围涵盖描述统计与推论统计,但是由于推论统计范围大,因此出题的比重较大,量表编制者可以罗列所欲评量的项目与比重,据以编制题目。另外,对于餐厅满意度的评量,包括服务质量、环境卫生、食材与价格等各方面,也可以列出测验规格来指导题目的编写。

在一些以人格特质为测量对象的非认知测验中,由于构念的测量内容与范围多无从得知,因此甚少可以提出前述架构清晰完整的测验规格表来指导题目的编写。研究者所能做的是参酌一些理论观点或是前导研究的发现,从不同的理论角度或面向来编写题目,尽力达成测量面向的完整涵盖。

(二)效标关联效度

效标关联效度(criterion-related validity)又称**实证效度**(empirical validity)或**统计效度**(statistical validity),是以测验分数和特定效标之间的相关系数,表示测量工具有效性之高低。

效标关联效度最关键的问题在于**效标**(criterion)的选用。作为测量分数有效性与意义度的参照标准,效标必须是能够反映测量分数内涵与特质的独立测量,同时也必需是为社会大众或一般研究者接受的能够具体反映某项特定内涵的指标。因此研究者除了利用理论文献的证据作为选用效标的基础,还需能提出具有说服力的主张,来支持其效标关联效度检验的评估。

测量的效标,如果是在测量的同时获得的数据,称之为同时效标,如果效标的数据需在测量完成之后再行搜集,称之为预测效标,由这两种类型的效标所建立的效标关联效度又称为**同时效度**(concurrent validity)与**预测效度**(predictive validity)。在实务上,同时效度由测量分数与同时获得的效标数据之间的相关表示之;预测效度则是由测量分数与未来的效标测量分数间的相关表示之。

(三)构念效度

构念效度(construct validity)是指测量工具能测得一个抽象概念或特质的程度。构念效度的检验,必须建立在特定的理论基础之上,通过理论的澄清,引导出各项关于潜在特质或行为表现的基本假设,并以实证的方法,查核测量结果是否符合理论假设的内涵。最常提及的构念效度评量技术,是由 Campbell 和 Fiske 于 1959 年所提出的**多元特质多重方法矩阵法**(multitrait-multimethod matrix,MTMM),以多种方法(如自评法、同侪评量法)

来测量多种特质，据以检验**聚敛效度**（convergent validity）及**区辨效度**（discriminant validity）。

另一种与构念效度有直接关系的效度则为**因素效度**（factorial validity），也就是一个测验或理论背后的因素结构的有效性。因素效度主要以因素分析技术来检测，近年来伴随**验证性因素分析**（confirmatory factor analysis）的发展而更加受到重视。例如某研究者认为工作动机应包括两种成分或因素，他所编制的量表测得的分数即应获得两个因素的结果，同时，每一个题目应有其指定的因素。如果因素分析的结果支持此一因素模型，则其因素构念的假设即可获得支持。

三、其他效度

（一）增益效度

增益效度（incremental validity）是指某特定测验对于准确预测某一效标，在考量其他测量分数对于效标的影响后的贡献程度（Sechrest，1963）。对于某一个测验分数 A，效标为 Y 变量，增益效度是指 A 对于 Y 的解释是否优于另一个 B 变量对于 Y 变量的解释。如果 A 变量优于 B 变量，那么 A 变量对于 Y 变量的解释，在 B 变量被考虑的情况下，应仍具有解释力。例如，如果某项能力测验（A）果真能够反映个体的认知能力，那么该能力测验应可以用以解释学生的学习成果（Y），而且在将努力因素（B）排除之后，能力测验仍然能够有效解释学习成果的话，即可说明能力测验具有相当程度的增益效度。

Cohen 与 Cohen（1983）以**半净相关**（semipartial correlation）作为增益效度的强弱指标。若要计算 B 变量下，A 变量对于 Y 变量的影响，如公式 13.9。

$$r_A = \frac{r_{YA} - r_{YB}r_{AB}}{\sqrt{(1 - r_{AB}^2)}} \tag{13.9}$$

此外，增益效度也可利用阶层回归分析来检验 A 变量对于效标的解释是否在 B 变量加入后仍然存在。首先以 B 变量纳入回归模型中，计算出对 Y 变量的解释力（R square），第二步再将 A 变量纳入回归模型，此时模型中已有两个自变量，而第二步所纳入的变量可以计算解释力的增加量（R square change）并进行显著性检验（F change），即代表增益效度。

由于增益效度反映了测验效标的关联情形，因此可以被视为一种效标关联效度的应用，但从其操作原理，增益效度亦带有构念效度的区辨/聚敛效度的色彩（Bryant，2000），因其所检测的是某测验与另一个测量分数或数个变量的整合分数的关系，也就是检验在排除其他概念之后，某一个测验得分的预测力。但由于增益效度可以纳入其他多个“B”变量，来检验某测验分数的解释力，在实务操作上，B 变量可以是各种不同性质的变量与影响来源，这些变量是否对于测验分数具有抑制作用，可以利用统计方式进行估计并检验其显著性，是相当具有应用价值的一种效度衡量概念与技术。另一方面，增益效度对于特别重视效标的解释力的领域有其实务价值（例如人事甄选与组织绩效的评量，格外重视工作满意度、离职意愿的效标关联效度），因此增益效度近年来获得实务领域相当程度的重视。

（二）区分效度

心理测验的分数除了反映测量特质的内容之外，另一个重要的目标是能够鉴别个别差异。个别差异的鉴别除了可以通过效标的回归分析来评估之外(也就是效标关联效度),亦可以从测验分数对于不同行为作业或不同效标情境的表现的差异来评估,这就是**区分效度**(differential validity)的概念(Anastasi,1997)。

具体来说,心理测验的效标关联效度数据,若以相关系数来表示,那么在不同的效标上,相关系数应有所不同,以反映这些效标与测验得分间的理论差异性。区分效度所反映的是测验分数 X 与 A、B 两个不同效标具有不同的相关系数,例如 r_{XA} 为 0.8,r_{XB} 为0.0。区分效度的概念特别适用于当一个测验具有分类的目的与功能时,例如学生的职业性向分类,不同领域的性向得分必须能够在不同的职业表现效标上有所差异。相较于性向测验,智力测验就不是用来鉴别职业表现的理想测验,因为传统智力测验是在评量个体的一般性认知能力,对于不同职业的适应与表现,智力测验并不会有理想的区分效度。

在实际的分析策略上,区分效度可以通过直接比较两个相关系数的大小差异得到,若测验分数为多向度的测验题组(test battery),也可以利用多元回归分析,计算不同效标的 R^2 来加以比较。甚至可以利用假设检验的形式,对于两个相关或回归系数进行差异检验。

有关区分效度利用传统的参数差异检验来进行,在统计领域仍有一些未尽理想之处(Wilcox,2003)。但如果应用 SEM 技术,这些参数的差异比较可以利用竞争模型的比较来进行。也就是将不同效标变量的参数设定为等同,与没有设定等同的基准模型进行**嵌套比较**(nested comparison),再利用模型契合指标来判断,即可获得区分效度的证据。由于 SEM 大幅度提高了区别效度的操作简易度,未来有关区别效度的应用将具有更大的空间。

(三)复核效化

所谓**复核效化**(cross-validation)是指测量的结果具有跨样本或跨情境的有效性。在测量领域,复核效化概念很早就受到重视,早期是应用于回归分析的一种统计技术,用于检测回归系数的稳定性(Mosier,1951;Cattin,1980),但随着测量理论与统计技术的发展,凡是测量的结果在不同情境下的稳定性的检验,都可以视为复核效化的一种做法。

复核效化的概念反映了**效度类化**(validity generalization)的能力,研究者从不同样本上重复获得证据,证明测量分数的有效性的一个动态性、累积性的过程。在某一个复核效化研究中,或许可以重复证明某一个模型是最佳模型,但是单一一次的复核效化检验也不足以作为测量分数在不同样本或情境下均有效的证据,需要多次的反复验证,才能累积充分的证据,证明效度可以类化到不同的情形中。

四、效度衡鉴技术

虽然效度的分析方法会随着效度的类型有所不同,同一种效度概念也可以利用不同的统计方法来获得,传统上用来评估测验效度的技术主要包括了相关分析、回归分析、因素分析、多重特质多重方法矩阵(MTMM)等。近年来,则有越来越多学者运用结构方程模型来进行信效度的衡鉴。有关这些效度衡鉴技术分别介绍于下:

(一)相关分析

效度系数最常用到的计量方法就是相关系数。测验分数与效标的相关系数反映了测验所测量的特质与另一个概念间的变动的一致性的程度，利用相关系数，可以很容易地将两个变量间的关系强度显示出来。例如效标关联效度，利用相关系数来反映测验的效度，是一个最直接的方式，因此长期以来，效标关联效度均以相关系数为之。对于构念效度来说，使用相关系数的机会虽然也是相当的大，但是相关的求取已非专指测验分数与效标的相关（也就是不一定涉及效标的概念），而是求取与其他类似心理构念的测量的一致性，或进行测验得分的潜在结构分析。

在效标关联效度的分析上，**典型相关**（canonical correlation）也是一种常用来检验测验分数与效标分数之间关联情形的统计技术。尤其是当测验包括不同分量表或子因素时，且效标测量也涉及多向度、多因素的数据时，两组测量分数之间的关系涉及这两组测量分数之间的潜在结构，典型相关则是两个组合分数的相关，用来评估效标关联效度时，典型相关就是两组潜在结构之间的相关性。但是随着SEM的兴起，典型相关逐渐被验证性因素分析取代。

（二）多元回归

多元回归也是检验效度的普遍做法，尤其适用于效标关联效度的检测。如果一个测验具有多个分量表，而这些分量表亦具有相当程度的相关，利用多元回归可以将分量表间的相关，通过统计控制的程式来加以排除，以获得测验分数对于效标的纯解释力。

除了一般性的多元回归，先前所提及的增益效度则使用阶层回归来检验不同测验分数对于效标解释的增益效能的检验，此外，当效标以二分变量的形式存在时（例如录取与否、通过考试与否），则可应用逻辑斯回归来进行效标关联效度的检验。

（三）因素分析

随着统计技术的发展，**因素分析**（factor analysis）已然成为量表编制过程当中不可或缺的工具。主要是因为心理测验多与抽象特质有关，因此如何从实际的测量题目的相关系数中，去了解题目背后的潜在构念成为心理测验检验构念效度的最主要议题，而因素分析法即是寻找变量间的相关结构的最有效的策略，因此受到测验学者的重用。

因素分析最大的功能，在于协助研究者进行构念效度的验证。利用一组题目与抽象构念间关系的检验，研究者得以提出计量的证据，探讨潜在变量的因素结构与存在的形式，确立潜在变量的因素效度。传统上，因素分析在心理测验领域，主要被用来寻找一组变量背后潜藏的因素结构与关系，此时称为**探索性因素分析**（exploratory factor analysis；EFA）。如果研究者在研究之初就已经提出某种特定的结构关系的假设，例如某一个概念的测量问卷是由数个不同子量表所组成的，此时因素分析可以被用来确认数据的模式是否就是研究者所预期的形式，称为**验证性因素分析**（confirmatory factor analysis；CFA）（Hayduk，1987；Long，1983；Jöreskog，1969），具有理论检验与确认的功能。在技术层次来说，CFA是结构方程模型的一种次模型，除了作为因素分析之用，还可以与其他次模型整合，成为完整的结构方程模型分析。有关EFA与CFA的原理与应用，将在本书最后两章中讨论。

（四）结构方程模型

心理测验所关心的是不可直接测量的抽象构念。结构方程模型整合了传统的因素分析与路径分析的概念，大幅扩展了潜在变量的应用范围。结构方程模型的验证性因素分析部分可以用来萃取构念，反映了构念效度或内容效度的问题，而路径模型部分则可以应用在效标预测的估计上。因此，SEM 模型，对于效度的衡鉴具有重要的价值。

在近期的一篇文献中，Noar(2003)整理了结构方程模型在心理量表编制上所扮演的角色。Noar 以一份实际的研究为示范，说明结构方程模型在量表编制中可以应用的范围。在效度部分，他具体说明了如何以 CFA 来检验测验的构念/因素效度，以及使用**结构方程模型**(structural equation modeling; SEM)来进行效标关联效度的检验。

五、影响效度的因素

(一)测量过程因素

前面有关信度的讨论中，提及测量的过程是影响测验分数波动的主要因素之一。除了影响测量的稳定性，不良的测验实施程序更可能导致效度的丧失。例如主试不当地控制测验情境，有意图地引导作答方向，将影响测验结果的正确性。因此实施过程的标准化可以说是测验实施的重要原则，不遵照标准化的程序进行测量工作，必然使效度降低，失去客观测量的意义。

(二)样本性质

效度的评估与选用的样本具有密切的关系。首先，由同质性样本所得到的测量分数变异量较低，在信度估计时不至于影响内部一致性等指标的估计，但是可能因为测量变异量不足，导致与效标之间的相关降低，造成效度的低估。因此为提高测量的效度，宜选用异质性高的样本。例如，以大学入学考试成绩来预测大学学业表现，可能会得到不甚理想的预测效度，因为大学生是一个同质性样本，能够成为大学生者，在入学考试成绩上皆有一定的水平，若以大学生为样本，以大学学业成绩为效标，即面临效度低估的威胁。

其次，样本的代表性也可能影响效度的评估。效度评估所使用的样本，必须能够代表某一测验所欲适用的全体对象。一般研究者在发展测量工具时，多以学生为样本，但是实际适用的范围则可能为全体青少年，此时以学生为样本代表性可能不足，对于学生有意义的测量，不一定对于其他非学生被试有相同的意义。

(三)效标因素

测量效标的适切与否是实证效度的先决条件，不适当的效标选用，可能造成效度无法显现或被低估。其次，效标本身的测量质量，即信度与效度，或是效标数据在测量过程的严谨程度，也同样影响效度的评估。在统计上，测验本身的信度、效标的信度，以及测验与效标间的真正相关，是影响效度系数高低的决定因素。因此，一般均建议效标应采用客观数据或行为指标，避免采用构念性的测量，以避免效标与测验本身双重信效度混淆。

(四)干扰变量

构念效度的检测容易受到其他特质或干扰测量的影响，造成效度的混淆。从被试本身的角度看，被试的智力、性别、兴趣、动机、情绪、态度和身心健康情况等，皆可能伴随着测量工具的标准刺激而反映在测验分数中，成为效度评估的**干扰变量**（moderator variable）。如果某些特质具有关键的影响，而研究者无力将其效果以统计控制或平行测量来进行分割，即可能受到影响，使得效度失去参考的价值。

例如，当研究者想要对于特质性的**焦虑倾向**（long-term anxiety）进行测量时，测验的得分却与情境引发的**状态焦虑**（state anxiety）具有高度的相关（Spielberger, Gorsuch & Lushene, 1970），如果忽略了状态焦虑的存在，长期焦虑的效度即可能受到相当影响。

总而言之，测验效度受到多方面因素的影响，远较信度的影响层面广泛且深远。测验效度的增进，除依赖研究者丰富的实务操作经验之外，还必须落实测验编制与实施程序的标准化模式，留意被试的行为反应与意见，方能建立符合测量目的与功能的效度。

第四节 信度与效度的关系

心理测验最大的挑战，除了确保测验分数具有意义之外（效度），就是测量误差的问题，也就是信度的问题。信度与效度是两项心理测验与评量的重要指标，两者在概念与内容上均有显著的不同，但是在测量实务上却无法切割。从定义来看，信度代表的是测量的稳定性与可靠性，效度则是测量分数的意义、价值与应用性。因此一般学者均将信度视为测量的先决条件，而以效度作为测验质量的充分要件。也就是说，一个没有信度的测量分数，势必无法达成测量目的，提供有意义的数据，因此有效度的测验，必定有信度为基础，但是有信度的测验，不一定保证具有效度。

从实证的角度看，信度系数的估计多有实证性的指标作为依据，同时研究者之间也有普遍接受的检验程序与评估标准，因此被广泛作为测量良莠的评定标准。相比之下，效度的评估牵涉广泛，从理论的界定到实施的方式，均有很大的变异，同时易受到干扰因素的影响，举证不易，论定一个测量是否缺乏效度也比较难，因此效度高低的评估，并无一套共识做法，而由研究者个别性论述与证据来支持，间接造成了信度是前提，效度是辩证的现象。

一般而言，效度以量表与其他效标或其他测量分数之间的相关系数来表示，但是，当量表的信度不是 1.00 的时候，以相关系数为效度证据会有低估（削弱）的现象。Nunnally（1978）以具体的数学模式，说明信度与效度的关系。当某一个测验（x）与效标（y）求得实际的效度系数为 r_{xy} 时，若两者的信度分别为 r_{xx}、r_{yy}，完美效度系数以 $r_{xy\max}$ 表示，为两个完美的测验所求得的预期相关。下列**削弱相关校正公式**（correction for attenuation）显示四者的关系：

$$r_{xy\max} = \frac{r_{xy}}{\sqrt{r_{xx}r_{yy}}} \tag{13.10}$$

依此公式可知，当两个测量本身均为相同的特质，或可以完全测量时，此时 $r_{xy\max}$ 应可达 1.00，上述公式即成为

$$1.0 \geqslant \frac{r_{xy}}{\sqrt{r_{xx}r_{yy}}} \tag{13.11}$$

或

$$\sqrt{r_{xx}r_{yy}} \geqslant r_{xy} \tag{13.12}$$

此时，若效标为无误差测量，如具体的行为频率次数变量，r_{yy} 可视为 1.00，此时实际

效度的大小与信度具有下列特性:

$$实际效度(r_{xy}) \leqslant 信度(r_{xx})的平方根$$

也就是说,信度的平方根是效度系数的上限。信度越高,效度系数即可能越大。此一关系虽然说明信度与效度的假设性逻辑关系,但是两者彼此并非互为决定因素,要由信度来精确推导效度仍是不可能的任务。测量研究者仍需回归到信效度估计的原始目的,进行测量质量的判定,并掌握信度系数所具备的指标性意义与效度评估的辩证性价值,才能有效运用测量工具来达成研究的使命。

第十四章　项目分析与信度估计

在量表编制过程中，预试是检验测量题目是否适切的一个重要程序，其主要目的在于了解题目的基本特性，确认量表题目的可用程度，必要时可以对量表的内容进行修改增减，使得量表的题目在最终正式题本定稿之前，有一个先期检验的机会。一旦量表的题目经过各种检测，量表编制者就可以继续进行全量表的信效度检验，提供更进一步的技术指标，作为测验与量表良窳(yǔ,恶劣之意)程度的具体证据。

预试当中最重要的工作为项目分析。此外，为了掌握测量的稳定性，多数研究者在预试阶段会进行试探性的信度分析，以作为题目改善的依据。因此，本章以预试阶段可能应用的数据分析程序进行讨论，有关效度检验最常使用的因素分析则在后续的章节中介绍。

第一节　项目分析的基本概念

题目的好坏如何鉴别，就好像要去判定一个人是不是好人，是一项困难而没有绝对标准的工作。除了从各种量化指标来检验项目的适切性，也必须从理论或研究者需要的层次来评估。以下介绍题目诊断的几个重要概念。

一、项目难度

项目难度(item difficulty)是指一个测验的试题对受测者能力水平的反映程度，主要适用于能力测验或教育测验的项目评估，因为测验题目是用于判定能力的强弱，其计分通常是正确与否两种答案。

在一个对错二分的题型下，项目难度通常以所有受测者在该项目上正确回答的百分比来表示，也就是通过人数百分比(percentage passing)，以 p 来表示。p 值越高，表示题目越简单，例如 $p=0.7$ 代表有 70% 的受测者可以正确回答该题，$p=0.2$ 代表只有 20% 的受测者可以答对该题。如果一个题目难度太低，每一个人都可以通过，或是难度太高，每一个人都无法通过，这些测验题目就失去了侦测受测者能力水平的能力。为了使测验题目反映受测者能力水平的侦测能力达到最大，一个测验题目的难度以 0.5 为宜，此时约有一半的受测者可以正确回答该题，有一半的受测者无法回答该题。

如果是人格与态度测量，多半是以多点尺度(例如 Likert 量表)来评量受测者的个别差异，此时最适合作为难度指标的就是题目的平均数。当平均数过低或过高时，代表测验题目过于偏激或冷涩,导致全体受测者均回答出类似的答案。

值得注意的是,个别的题目难度决定个别题目的通过率或平均数高低,一组题目的整体平均难度则决定了整个测验得分的落点。如果某一个测验的题目难度都很高,假设整体的平均难度为 $p=0.2$,那么全体受测者测得的分数即会偏低,分数的分布会呈现正偏态。反之,如果平均难度为 $p=0.8$,那么全体受测者测得的分数即会偏高,分数的分布会呈现负偏态。当平均难度接近 0.5 时,全体受测者测得的分数居中,分布呈现正态。如图14.1所示。一般情形下,我们会希望测验的难度适中,如此可以得到受测者最大的个别差异,并且让得分呈现正态分布,有利于区辨所有的受测者。

图 14.1 不同难度测验得分的分布情形

二、项目鉴别度

测验题目的特性,除了反映难度的差异之外,更重要的是测验项目是否能够精确、有效地侦测出心理特质,也就是项目鉴别度的概念。**项目鉴别度**(item discrimination)反映了测验题目能够正确测得受测特质的内容的程度,并能够鉴别个别差异的能力。一般除了利用**鉴别指数**(the index of discrimination),也常使用相关系数法来反映项目鉴别度。

(一)认知能力测验的项目鉴别度

在能力测验中,题目得分多为二分变量,此时可以将受测者分成两个极端组,计算将这两组人通过人数(答对者)百分比,以 p_H 与 p_L 来表示,若将这两个百分比相减,可以得到一个差异值 D,即可以用来反映一个题目的鉴别力。

鉴别度指数 D 值是一个介于 100 到 -100 的数值。对于某一题来说,D=100 代表高分组的受测者全部答对(p=1.00),而低分组的受测者全部答错(p=0.00);D= -100 代表高分组的受测者全部答错(p=0.00),而低分组的受测者全部答对(p=1.00);如果高分组与低分组的受测者都有一半的受测者答对(p=0.50),D 值为 0。D 值为负值的题目,显示低分组的表现优于高分组,表示该题可能是一个反向计分的题目,或是一个有问题的题目。对个别的题目来说,D 值越高,鉴别度越高;对于整个量表来说,如果每一个题目的鉴别度都很高,全体的 D 值平均数越高,测验的整体信度也就越理想。

D 值的大小与项目的难度高低有关,当项目难度为中等(p=0.5)时(高分组全部通过而低分组全部失败),可以获得最大的 D 值(100);如果难度逐渐提高或降低,D 值便会降低,难度在适中水平时,会有最佳的鉴别度。

(二)非认知测验的项目鉴别度

在非认知测验中,每一个题目的计分通常是多点量尺,得到的反应是不同程度的权数(例如 1 到 5 的强度评估),此时可以求取受测者在每一题的得分与效标变量的得分的共变情形(也就是相关系数),来表示项目的鉴别度。相关越高,代表受测者该题得分高者,在效标得分也高,在测验题目上得分低者,在效标得分也低;相对的,如果相关很低或是呈现负相关时,表示测验题目得分高低与效标得分高低没有一致的方向,也就表示项目没有鉴别度。

对于二分变量的题型,若效标为连续变量,项目与效标之间的相关可使用点二系列相关;如果测验项目与效标均为二分变量,项目与效标之间的相关须使用 ϕ 相关。

如果外在的效标不容易取得,此时项目鉴别度的检验也可以利用测验的总分高低来作为效标。如果一个题目有其效度,它应该跟总分有明显的正相关,如果一个题目不是很好的题目,无法鉴别特质的内容,那么它与总分的相关就会比较低,此时总分是一个来自测验内部的效标,各题目与总分之间的高相关反映了测验题目之间的一致性与同质性。另一种类似的做法,是将受测者的得分依照高低顺序排列,然后选出最高分(前27%)与最低分(后27%)的两群人,称为效标组。然后比较每一个题目在这两个效标组的得分,是否达到显著的差距,称为**极端组比较法**(comparisons of extreme groups)。

Anastasi 与 Urbina(1997)指出,使用不同的鉴别度指标去检测测验的题目所得到的差异性,远不及同一个测验实施于不同样本之时,用同一个方法得到的鉴别度数据的波动性。也就是说,重点并不在于使用何种指标,而是在测验项目本身的好坏。

就认知与能力测验而言,测验项目的鉴别度除了与外在效标来比较之外,还可以利用实验设计的原理,比较有无接受特定训练指导下的受测者在每一个项目上的得分状况,决定题目是否有效。接受训练处理的受测者,他们的答题状况应有显著的不同,此时,训练的有无即成为重要的效标。

第二节　项目分析的计量方法

项目分析是量表编制最为根本的一项工作,其主要目的是针对预试题目进行适切性评估。从计量的观点来看,项目分析因为涉及多种统计数据或指标的判别,因此在数据分析运作上,占有相当重要的地位。在本章的实例中,将介绍几种常用的项目分析策略:遗漏值检验、项目描述统计检验、极端组比较法、相关分析法与因素分析法。兹将各种方法的原理介绍于后。

一、遗漏值判断法

首先,遗漏值的数量评估法,主要目的在检验受测者是否抗拒或难以回答某一个题目,导致遗漏情形的发生。过多的遗漏情形表示该题目不宜采用。至于遗漏人数达到多少就必须将该题删除,并没有绝对的标准,研究者必须从各题目的遗漏情况来相对比较检视,如果某一题遗漏人数显然比其他题目为多,即有详加检视的必要。

遗漏值判断法适合于设计量表之初使用,因为测验的题目尚未经过实际的施测,因此容易发现具有大量遗漏的题目。在量表编制的中后期时,题目已经经过修饰与调整,遗漏现象应不至于大量发生,即使发生了,也应属于随机性遗漏。

二、描述统计指数

描述统计评估法利用各题目的描述统计量来诊断题目的优劣。例如题目平均数的评估法,认为各题目的平均数应趋于中间值(亦即难度适中),过于极端的平均数代表过难、过易、偏态或不良的试题。而题目方差的评估,则指出若一个题目的变异量数太小,表示被试填答的情形趋于一致,题目的鉴别度低,属于不良的题目。此外还可以从题目的偏态与峰度来评估。

(一)平均值的偏离检验方法

一般而言,平均数的偏离有三种方法来判断,第一是与量尺的中间数相比较,如果量尺是1到5的五点尺度,中间数是3,那么项目的平均数若高于或低于3过多,即可能是一个不良的题目。第二种方法是以该题平均数与全量表每一个题目加总后的总平均数相比较,该题目的平均数若高于或低于总平均数过多,即可能是一个不良的题目。这两种方法中,平均数超过多少即可视为不理想题目,可以取两倍标准差作为标准,因为依照 t 检验的原理,超过两个标准差的差异即具有统计显著性。第三种方法是利用偏态系数来协助判断,因为如果过低或过高的项目平均数,势必伴随着正偏态或负偏态的问题,因此当我们发现一个平均数极高或极低的题目,可以同时检查偏态是否具有统计意义。

(二)方差的检验方法

题目方差过小表示题目的鉴别度不足,可以视为不理想的题目而予以删除。删除的标准,可以参考正态分布的概念,一个正态分布的全距通常不超过六个标准差(因为 Z 分数在正负3的概率即达99.74%),因此一个题目如果是6点量表,全距大约为6时,标准差即不宜低于1,依此类推。

基本上,何谓过高或过低的平均数,以及何谓过小的方差(或标准差),必须由研究者自行斟酌分析,而没有共同标准。但是,偏态与峰度则可利用 t 检验,来决定偏态与峰度系数是否具有统计的显著性(请参考第5章描述统计与数据图示章节的介绍)。

三、题目总分相关法

相关分析技术是项目分析最常使用的判准。最简单的相关分析法是计算每一个项目与总分的简单积差相关系数,一般的要求在0.3以上,且达统计的显著水平。SPSS软件特别在信度分析功能中,提供一项**校正项目总分相关系数**(corrected item-total correlation),是每一个题目与其他题目加总后的总分(不含该题目本身)的相关系数,使研究者得以清楚地辨别某一题目与其他题目的相对关联性。

SPSS另外提供一个类似的指标,也就是删除该题后的内部一致性系数(Cronbach's α),如果删除该题之后,整个量表的内部一致性系数比原来增加,此题可被视为是内部一致性欠佳者;相对的,如果某个题目删除之后,整个量表的内部一致性系数比原来降低,表示该题是内部一致性优异的题目,删除该题不但没有好处,还会造成内部一致性的降低,因此不宜删除。

特别值得注意的是,如果一个量表的因素结构在研究之初已经决定(基于特定理论或研究者的指定),那么不同因素的题目应该分开来执行此项检验,如果把不同因素的题目混合在一起执行项目总分相关,可能会造成相关低估的问题。因为总分的计算基础并不是将同一个构念的题目加总,而是将多个不同构念的总分加总,如此将会削弱相关系数。最谨慎的方法,是在进行项目总分相关分析之前,先进行探索性因素分析,大致了解题目的因素组成,如果量表的因素结构复杂,必须特别小心处理"总分"应该由哪些题目加总得到的问题。

四、内部一致性效标法

第四种策略为内部一致性效标法(小样本分析),亦即极端组检验法,是将预试样本在该量表总分的高低,取极端的27%分为高低二组,然后计算个别的题目,在两个极端组的得分平均数。具有鉴别度的题目，在两个极端组的得分应具有显著差异，t 检验达到显著水平（此时 t 值又称为决断值或 CR 值，用于决定是否具有鉴别度）。

值得注意的是，在取极端组时，需取用全样本的百分之多少为适宜比例，是一个非常难以决定的问题。虽然前面已经提及 27% 是多数研究者采用的标准，但是在不同的情况下，仍有变动的可能。例如当我们的预试样本人数很少时，可能要放宽选取的百分比，以获得充分的高低组人数（各组人数不宜低于 30 人）；反之，当我们的预试样本人数很多时，即可能取更极端的百分比。但是如果人数多时，建议仍维持 27% 的比例，因为如果取用更极端的样本，会出现**过度拒绝**（over-rejection）的现象，t 检验值（CR 值）几乎不会不显著。

一般在进行 t 检验时，为了避免过度拒绝的问题发生，所使用的显著水平多采用 $\alpha=0.01$，亦即 CR≥2.58 表示具有良好鉴别度；或 $\alpha=0.001$，亦即 CR≥3.29 时表示具有良好鉴别度。约略的标准可以设定在 CR 值≥3，会比 CR 值≥1.96 来的严谨许多。

五、因素负荷量判断法

最后，许多研究者运用探索性因素分析的**因素负荷量**（factor loading）大小来进行项目的诊断。由于心理测验由一系列问题所组成，在这些项目的背后可能存在多个不同的因素，同时，不同的因素间亦可能存在某种程度的相关，因此以全部题目计算出的总分来作为个别项目的参考点并不恰当。此时研究者可使用因素分析来探索因素的结构，并使用因素负荷量来判断个别项目与相对因素的关系。

对于因素个数的决定，如果一个量表只是在测量单一面向的构念，可以利用探索性因素分析（主轴萃取法），将因素设定为 1，检验因素负荷量的高低。但是如果研究者认为量表不是单一构面，此时建议研究者先利用探索性因素分析来确立因素结构，然后分别把各因素的题目分开执行因素分析（每一次的因素分析都指定因素数数目为 1），来得到因素负荷量的信息。例如，如果研究者的量表有 20 题，探索性因素分析得到 4 个因素，那么应就这四个因素的各个题目分开来执行因素分析。

如果研究者对因素结构采取某种理论观点，此时可直接使用验证性因素分析就研究者所主张的因素结构来估计因素负荷量。不论是探索性或验证性因素分析，因素负荷量的性质都代表了测量题目能够反映构念内容的程度，其数值高低建议达 0.70 以上，亦即题目解释变异量达 50%（详细内容请参考第 15 章有关因素负荷量数值的讨论）。

第三节　项目分析范例

本节所采用的范例为“组织创新气氛知觉量表”（邱皓政、陈燕祯、林碧芳，2009）的发展实例，该量表是用来测量组织环境对于创意行为的有利程度，作为组织诊断与管理变革的依据。研究者首先以质性研究的方式，探讨组织创新的概念建构，确立创意组织气氛所应涵盖的范畴与内容，并以访谈与自由反应问卷等方式所搜集到的内容，作为编写题目与发展题库的依据。预试样本为 217 位来自制造业（包括高科技与一般制造业）、军公教人员，以及服务业（包括一般服务业与金融服务业）的受访者，经过项目分析与因素分析，保留三十一题，完成正式题本的建立，共计抽取出“团队默契”“组织理念”“工作风格”“领导能耐”“学习成长”与“资源运用”等六因素，也就是组织创新气氛的六项指标。经过更进一步的背景分析，显示出量表的信效度颇佳，足可进行大样本的后续研究。

范例 14.1　遗漏检验与描述统计检测

遗漏检验的目的是针对量表试题发生遗漏情况进行趋势分析。而描述统计检测是以各题的平均数、标准差、偏态与峰度等数据来判断。

遗漏检验与描述统计检验可以利用同一个指令来执行，如下所述：

【A. 操作程序】

步骤一：选取 分析 → 报表 → 观察值摘要。
步骤二：进入对话框，选取欲分析的题目移至清单中。
步骤三：进入统计量对话框，选择平均数、标准差、偏态与峰度等描述统计选项，移至清单中。
步骤四：按 确定 执行。

【B. 步骤图示】

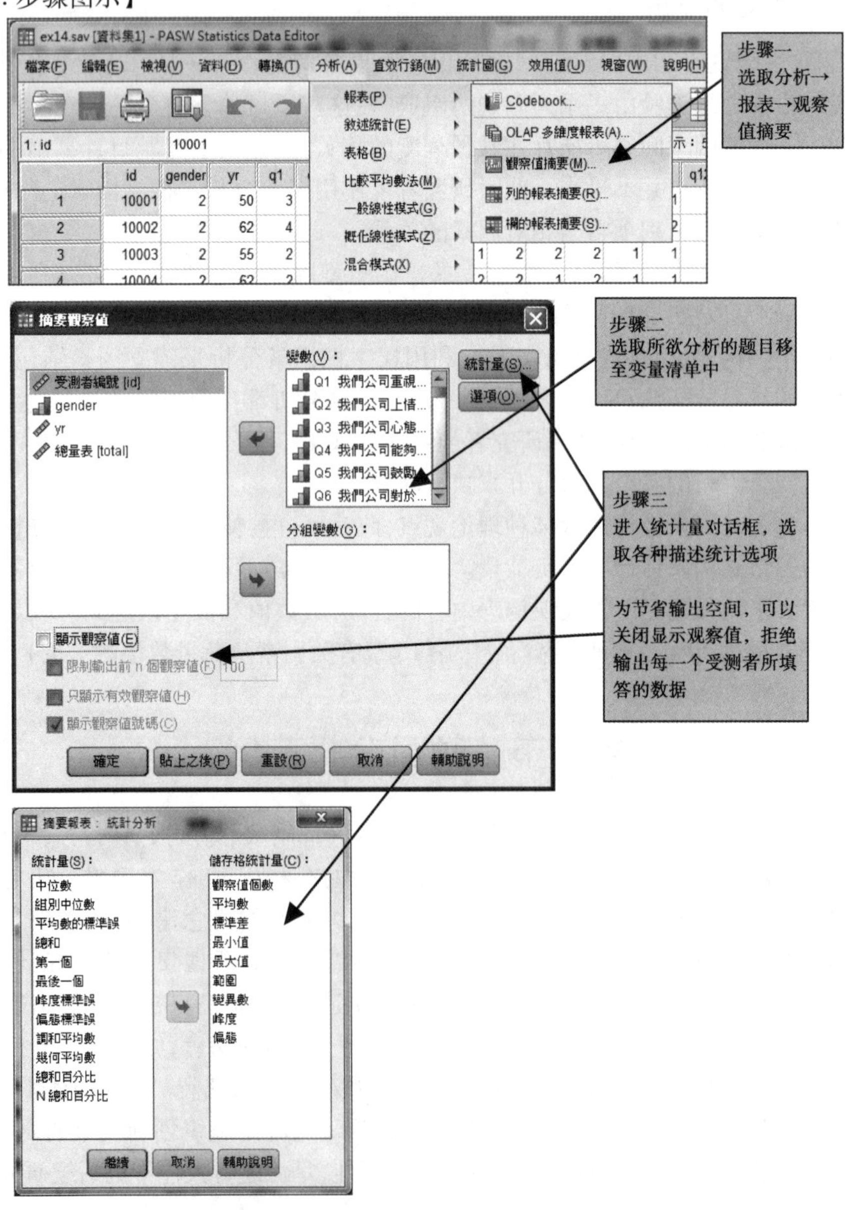

【C.结果输出】

观察值处理摘要

	观察值					
	包括		排除		总和	
	个数	百分比	个数	百分比	个数	百分比
Q1 我们公司重视人力资产、鼓励创新思考。	218	97.8%	5	2.2%	223	100.0%
Q2 我们公司上情下达、意见交流沟通顺畅。	222	99.6%	1	.4%	223	100.0%
Q3 我们公司心态保守、开创性不足。	219	98.2%	4	1.8%	223	100.0%
Q4 我们公司能够提供诱因鼓励创新的构想。	216	96.9%	7	3.1%	223	100.0%
Q5 我们公司鼓励尝试在错中学习的做事精神。	219	98.2%	4	1.8%	223	100.0%
Q6 我们公司对于风险相当在意、忌讳犯错。	215	96.4%	8	3.6%	223	100.0%
Q7 我们公司崇尚自由开放与创新变革。	218	97.8%	5	2.2%	223	100.0%
Q8 当我有需要,我可以不受干扰地独立工作。	222	99.6%	1	.4%	223	100.0%
Q9 我的工作内容有我可以自由发挥与挥洒的空间。	221	99.1%	2	.9%	223	100.0%
Q10 我可以自由的设定我的工作目标与进度。	220	98.7%	3	1.3%	223	100.0%
Q11 我的工作多半是一成不变、例行性的工作事项。	223	100.0%	0	.0%	223	100.0%
Q12 我的工作十分具有挑战性。	220	98.7%	3	1.3%	223	100.0%
Q13 当我工作时,往往有许多杂事会干扰着我。	221	99.1%	2	.9%	223	100.0%
Q14 时间的压力是我无法有效工作的困扰因素。	222	99.6%	1	.4%	223	100.0%
Q15 我的工作负荷庞大、工作压力沉重。	222	99.6%	1	.4%	223	100.0%
Q16 我拥有足够的设备器材以进行我的工作。	217	97.3%	6	2.7%	223	100.0%
Q17 我可以获得充分的数据与信息进行我的工作。	222	99.6%	1	.4%	223	100.0%
Q18 只要我有需要,我可以获得专业人员的有效协助。	219	98.2%	4	1.8%	223	100.0%
Q19 我经常获得其他机构或单位厂商的支持而有效推动工作。	209	93.7%	14	6.3%	223	100.0%
Q20 我的工作经常因为预算、财务或资金的问题而有所阻碍。	207	92.8%	16	7.2%	223	100.0%
Q21 我的工作经常因为各种法规与规则限制而有所阻碍。	212	95.1%	11	4.9%	223	100.0%
Q22 对于我们工作上的需要,公司会尽量满足我们。	219	98.2%	4	1.8%	223	100.0%
Q23 我的工作伙伴与团队成员具有良好的共识。	218	97.8%	5	2.2%	223	100.0%
Q24 我的工作伙伴与团队成员具有一致的目标。	220	98.7%	3	1.3%	223	100.0%
Q25 我的工作伙伴与团队成员能够相互支持与协助。	220	98.7%	3	1.3%	223	100.0%
Q26 我的工作伙伴与团队成员能够多方讨论、交换心得。	221	99.1%	2	.9%	223	100.0%
Q27 我的工作伙伴与团队成员能以沟通协调来化解问题与冲突。	220	98.7%	3	1.3%	223	100.0%
Q28 我的工作伙伴与团队成员恶性竞争、批判性浓厚。	218	97.8%	5	2.2%	223	100.0%
Q29 我的工作伙伴与团队成员分工明确、责任清楚。	220	98.7%	3	1.3%	223	100.0%
Q30 我的主管能够尊重与支持我在工作上的创意。	216	96.9%	7	3.1%	223	100.0%
Q31 我的主管拥有良好的沟通协调能力。	217	97.3%	6	2.7%	223	100.0%
Q32 我的主管能够尊重不同的意见与异议。	220	98.7%	3	1.3%	223	100.0%
Q33 我的主管能够信任部属、适当的授权。	220	98.7%	3	1.3%	223	100.0%
Q34 我的主管以身作则,是一个良好的工作典范。	217	97.3%	6	2.7%	223	100.0%
Q35 我的主管固执己见、主观色彩浓厚。	214	96.0%	9	4.0%	223	100.0%
Q36 我的主管控制欲望强烈、作风专制武断。	219	98.2%	4	1.8%	223	100.0%
Q37 我的公司提供充分的进修机会、鼓励参与学习活动。	218	97.8%	5	2.2%	223	100.0%
Q38 人员的教育训练是我们公司的重要工作。	219	98.2%	4	1.8%	223	100.0%
Q39 我的公司重视信息收集与新知的获得与交流。	219	98.2%	4	1.8%	223	100.0%
Q40 我的公司重视客户的反应与相关厂商或单位的意见。	214	96.0%	9	4.0%	223	100.0%
Q41 要让公司引进新的技术设备或不同的工作理念十分困难。	209	93.7%	14	6.3%	223	100.0%
Q42 热衷进修与学习的同仁可以受到公司的支持与重用。	207	92.8%	16	7.2%	223	100.0%
Q43 公司经常办理研讨活动、鼓励观摩别人的作品与经验。	211	94.6%	12	5.4%	223	100.0%
Q44 我的工作空间气氛和谐良好、令人心情愉快。	222	99.6%	1	.4%	223	100.0%
Q45 我有一个舒适自由、令我感到满意的工作空间。	222	99.6%	1	.4%	223	100.0%
Q46 我的工作空间易受他人或噪音的侵扰。	218	97.8%	5	2.2%	223	100.0%
Q47 我的工作环境可以使我更有创意的灵感与启发。	217	97.3%	6	2.7%	223	100.0%
Q48 我可以自由安排与布置我的工作环境。	220	98.7%	3	1.3%	223	100.0%
Q49 整体而言,我的工作环境同仁关系良好、人际交流丰富。	223	100.0%	0	.0%	223	100.0%
Q50 在我的工作环境中,经常可以获得来自他人的肯定与支持。	219	98.2%	4	1.8%	223	100.0%

高遗漏题目

观察值摘要:项目描述统计

	平均数	标准差	偏态	峰度
Q1 我们公司重视人力资产、鼓励创新思考。	2.77	.93	-.215	-.859
Q2 我们公司上情下达、意见交流沟通顺畅。	2.86	.89	-.294	-.739
Q3 我们公司心态保守、开创性不足。	2.31	.96	.107	-.969
Q4 我们公司能够提供诱因鼓励创新的构想。	2.45	.90	.193	-.714
Q5 我们公司鼓励尝试在错中学习的做事精神。	2.59	.96	-.114	-.910
Q6 我们公司对于风险相当在意、忌讳犯错。	1.80	.85	.638	-.691
Q7 我们公司崇尚自由开放与创新变革。	2.58	.97	-.022	-.990
Q8 当我有需要,我可以不受干扰地独立工作。	2.53	.98	.099	-1.02
Q9 我的工作内容有我可以自由发挥与挥洒的空间。	2.69	.94	-.106	-.915
Q10 我可以自由的设定我的工作目标与进度。	2.68	1.01	-.199	-1.06
Q11 我的工作多半是一成不变、例行性的工作事项。	2.09	.94	.345	-.921
Q12 我的工作十分具有挑战性。	2.60	.94	-.196	-.841
Q13 当我工作时,往往有许多杂事会干扰着我。	1.94	.86	.592	-.371
Q14 时间的压力是我无法有效工作的困扰因素。	2.39	.88	-.157	-.817
Q15 我的工作负荷庞大、工作压沉重。	2.29	.89	.121	-.777
Q16 我拥有足够的设备器材以进行我的工作。	2.82	.89	-.242	-.753
Q17 我可以获得充分的数据与信息进行我的工作。	2.87	.85	-.433	-.349
Q18 只要我有需要,我可以获得专业人员的有效协助。	2.83	.91	-.333	-.698
Q19 我经常获得其他机构或单位厂商的支持而有效推动工作。	2.32	.96	.241	-.870
Q20 我的工作经常因为预算、财务或资金的问题而有所阻碍。	2.70	.94	-.329	-.736
Q21 我的工作经常因为各种法规、与规则限制而有所阻碍。	2.23	.98	.241	-.987
Q22 对于我们工作上的需要,公司会尽量满足我们。	2.79	.89	-.286	-.678
Q23 我的工作伙伴与团队成员具有良好的共识。	2.98	.80	-.452	-.262
Q24 我的工作伙伴与团队成员具有一致的目标。	3.12	.78	-.736	.379
Q25 我的工作伙伴与团队成员能够相互支持与协助。	3.20	.79	-.768	.159
Q26 我的工作伙伴与团队成员能够多方讨论、交换心得。	3.15	.85	-.824	.082
Q27 我的工作伙伴与团队成员能以沟通协调来化解问题与冲突。	3.07	.82	-.728	.159
Q28 我的工作伙伴与团队成员恶性竞争、批判性浓厚。	2.91	.92	-.506	-.541
Q29 我的工作伙伴与团队成员分工明确、责任清楚。	2.91	.83	-.318	-.561
Q30 我的主管能够尊重与支持我在工作上的创意。	2.95	.83	-.557	-.101
Q31 我的主管拥有良好的沟通协调能力。	2.95	.78	-.332	-.371
Q32 我的主管能够尊重不同的意见与异议。	2.91	.84	-.435	-.352
Q33 我的主管能够信任部属、适当的授权。	2.95	.86	-.523	-.325
Q34 我的主管以身作则,是一个良好的工作典范。	2.98	.88	-.523	-.478
Q35 我的主管固执己见、主观色彩浓厚。	2.51	.92	-.114	-.819
Q36 我的主管控制欲望强烈、作风专制武断。	2.67	.94	-.358	-.722
Q37 我的公司提供充分的进修机会、鼓励参与学习活动。	2.70	.95	-.174	-.922
Q38 人员的教育训练是我们公司的重要工作。	2.80	.91	-.301	-.729
Q39 我的公司重视信息收集与新知的获得与交流。	2.79	.92	-.247	-.800
Q40 我的公司重视客户的反应与相关厂商或单位的意见。	3.12	.85	-.642	-.355
Q41 要让公司引进新的技术设备或不同的工作理念十分困难。	2.46	.86	-.002	-.634
Q42 热衷进修与学习的同仁可以受到公司的支持与重用。	2.91	.82	-.262	-.597
Q43 公司经常办理研讨活动、鼓励观摩别人的作品与经验。	2.59	.87	-.054	-.667
Q44 我的工作空间气氛和谐良好、令人心情愉快。	2.99	.86	-.540	-.362
Q45 我有一个舒适自由、令我感到满意的工作空间。	2.98	.84	-.659	.037
Q46 我的工作空间易受他人或噪音的侵扰。	2.50	.87	-.086	-.646
Q47 我的工作环境可以使我更有创意的灵感与启发。	2.55	.87	.052	-.668
Q48 我可以自由安排与布置我的工作环境。	2.60	.99	-.140	-1.00
Q49 整体而言,我的工作环境同仁关系良好、人际交流丰富。	3.11	.80	-.844	.579
Q50 在我的工作环境中,经常可以获得来自他人的肯定与支持。	3.06	.72	-.468	.127

平均数偏离

高偏态

低变异量

【D.结果分析】

全部的223名受测者在五十题共计11 150次反应次数中，产生了249次的遗漏，占2.23%。其中有五个题的遗漏值超过5%，分别为第19,20,41,42,43题。高于3.5%则有第6,21,35,40题四个题。这些高遗漏值项目倾向于被优先删除，但值得注意的是，较高遗漏的题目有集中的趋势，显示出填答者在遭遇填答困难时，前后题目的填答亦受到干扰影响，因此题目的删除还需要结合对其他指标的考虑。

描述统计检测，以量表各项目的描述统计数据显示出题目的基本性质，过高与过低的平均数、较小的标准差与严重的偏态三种倾向，代表测验项目可能存在鉴别度不足的问题。本范例题本的量尺为四点量表（不包含“无法作答”之中性选项），中间值为2.5，各项目的平均数介于1.8至3.2，标准差介于0.72至1.01。对于题目的选取，研究者可以自行订定标准，判定项目的优劣。

以该研究为例，基于经验法则或研究的需要，作者提出几个检验标准：(1)项目平均数明显偏离（项目平均数超过全量表平均数的正负1.5个标准差，即高于3.41或低于2.01），计有第6,13题偏低；(2)低鉴别度（标准差小于0.75），以第50题偏小；(3)偏态明显（偏态系数接近正负1），计有第24,25,26,27,49五题高于0.7。这些低鉴别度指标同时发生于同一试题者，仅有第6题，故应优先删除。其他较差者留待最后统整讨论。值得注意的是，这几个标准由该研究者提出，仅适用于该研究，并非通则性的做法。

范例14.2 极端组比较

另一种项目鉴别度检验是极端组比较法，将所有被试当中，依全量表总分高低两极端者予以归类分组，各题目平均数在这两极端被试中，以 t 检验或 F 检验来检验应具有显著的差异，方能反映出题目的鉴别力（鉴别高低分者）。具体做法如下：

【A.操作程序】

步骤一：选取 转换 → 计算变数，增加新变量 total，计算量表总分。
步骤二：选取 分析 → 叙述统计 → 次数分布表，将量表总分变量移入清单中。
步骤三：点选 统计量，进入统计量对话框，勾选百分位数，输入并新增27与73，寻找前后27%被试的切割点。
步骤四：进入结果窗口，寻找27与73百分位数（为2.424与2.98）
步骤五：选取 转换 → 重新编码成不同变数，点选旧变量（total），填入新变量（group），进行标签后，点击 变更。
步骤六：点选新值与旧值选项。勾选范围，输入0至2.4284，并设定新值为数值1（低分组），按新增后，再输入2.9904至4，将值设定为2（高分组），按新增，按 继续 与 确定 执行。
步骤七：查阅数据编辑窗口产生新变量 group。
步骤八：进行 t 检验。选取 分析 → 比较平均数法 → 独立样本 t 检定，将欲分析的题目移至清单，以 group 为分组变量，定义组别为0与1。按 确定 执行。

【B. 步骤图示】

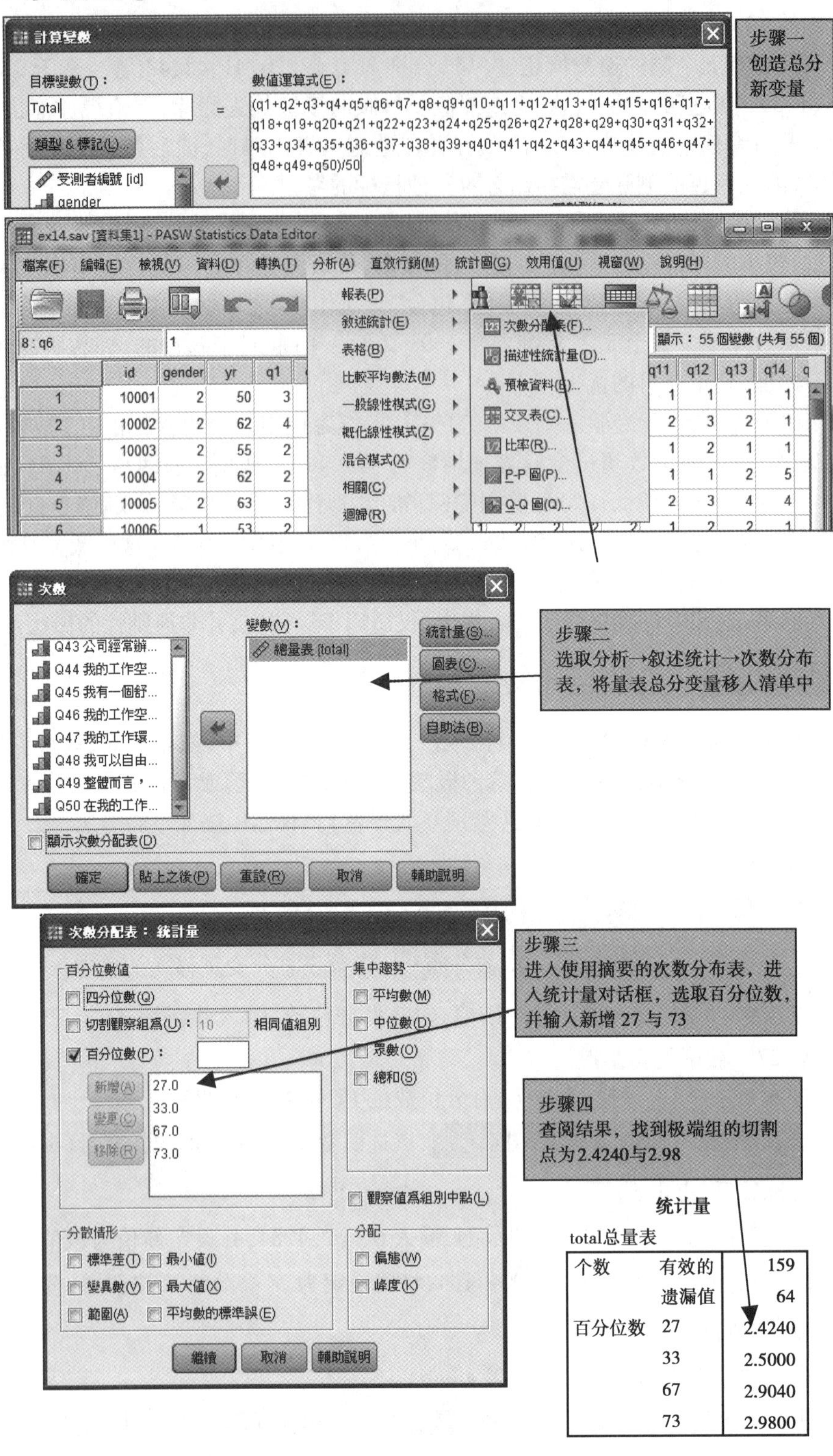

统计量

total总量表

个数	有效的	159
	遗漏值	64
百分位数	27	2.4240
	33	2.5000
	67	2.9040
	73	2.9800

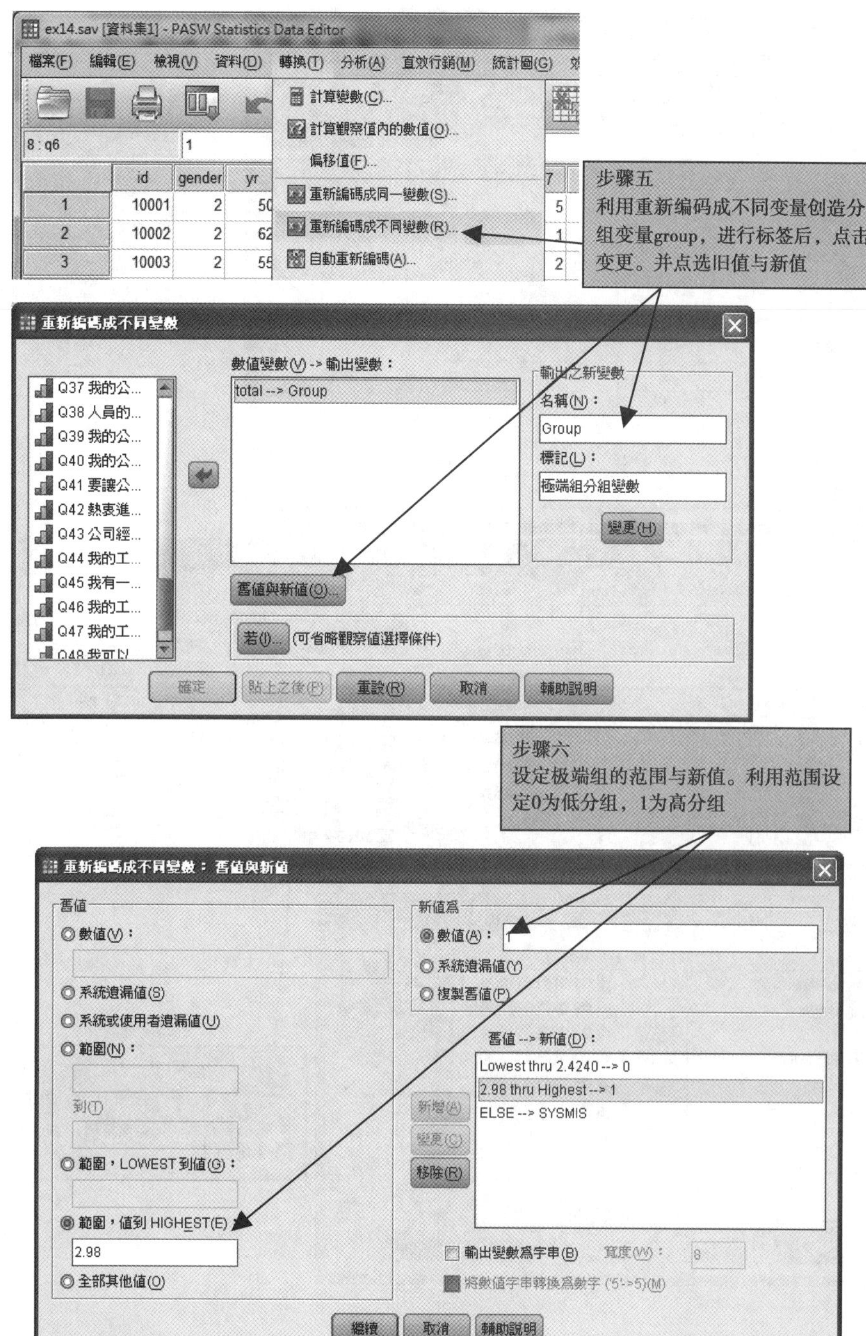

ex14.sav [資料集1] - PASW Statistics Data Editor
檔案(F) 編輯(E) 檢視(V) 資料(D) 轉換(T) 分析(A) 直效行銷(M) 統計圖(G)
計算變數(C)...
計算觀察值內的數值(O)...
偏移值(F)...
重新編碼成同一變數(S)...
重新編碼成不同變數(R)...
自動重新編碼(A)...
步骤五
利用重新编码成不同变量创造分组变量group，进行标签后，点击变更。并点选旧值与新值
重新編碼成不同變數
數值變數(V) -> 輸出變數：
total --> Group
輸出之新變數
名稱(N)：
Group
標記(L)：
極端組分組變數
變更(H)
舊值與新值(O)...
若(I)... (可省略觀察值選擇條件)
確定 貼上之後(P) 重設(R) 取消 輔助說明
步骤六
设定极端组的范围与新值。利用范围设定0为低分组，1为高分组
重新編碼成不同變數：舊值與新值
舊值
數值(V)：
系統遺漏值(S)
系統或使用者遺漏值(U)
範圍(N)：
到(T)
範圍，LOWEST 到值(G)：
範圍，值到 HIGHEST(E)
2.98
全部其他值(O)
新值為
數值(A)：
系統遺漏值(Y)
複製舊值(P)
舊值 --> 新值(D)：
Lowest thru 2.4240 --> 0
2.98 thru Highest --> 1
ELSE --> SYSMIS
新增(A)
變更(C)
移除(R)
輸出變數為字串(B) 寬度(W)：
將數值字串轉換為數字 ('5'->5)(M)
繼續 取消 輔助說明

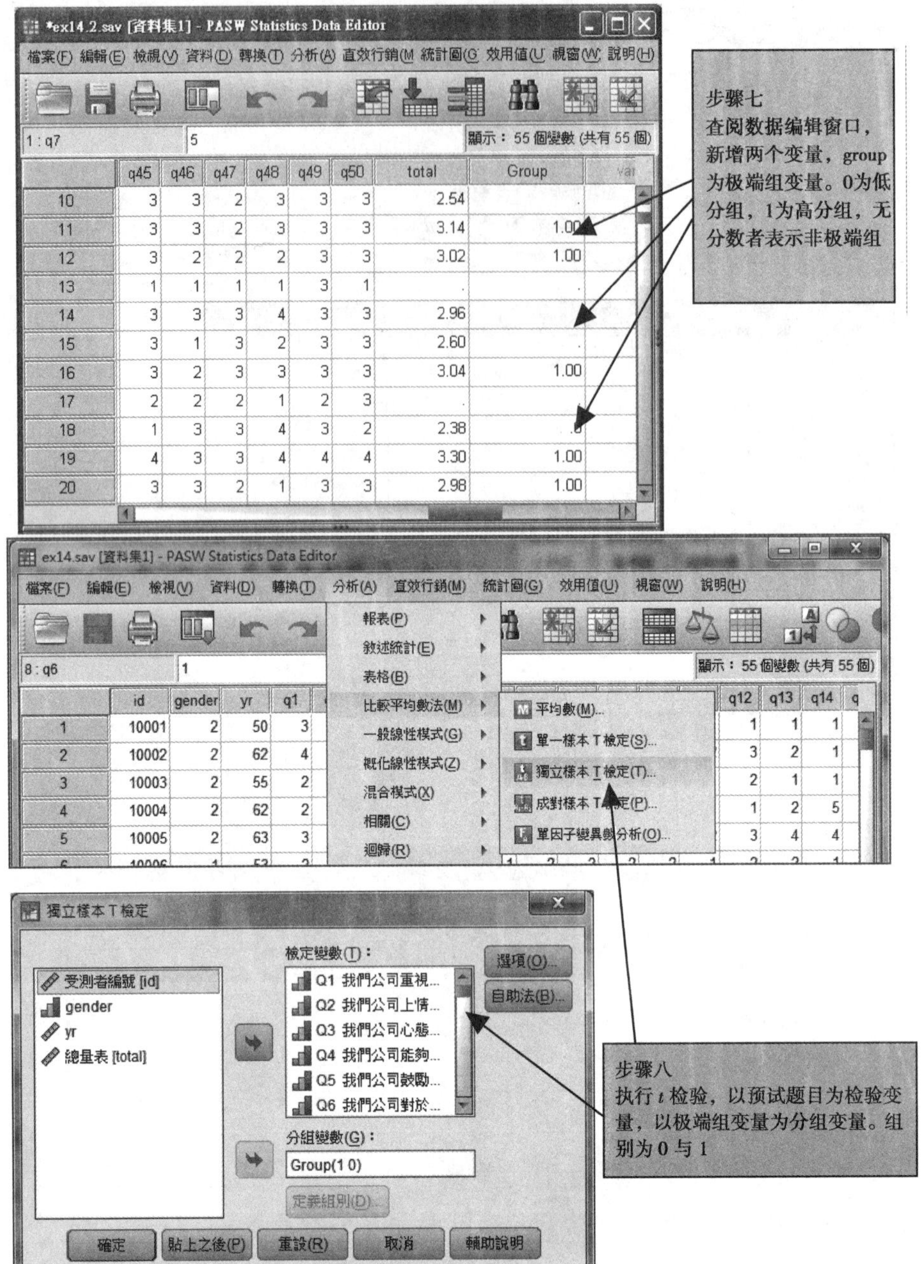
*ex14_2.sav [資料集1] - PASW Statistics Data Editor
步骤七
查阅数据编辑窗口，新增两个变量，group为极端组变量。0为低分组，1为高分组，无分数者表示非极端组
ex14.sav [資料集1] - PASW Statistics Data Editor
比較平均數法(M)
平均數(M)...
單一樣本T檢定(S)...
獨立樣本T檢定(T)...
成對樣本T檢定(P)...
單因子變異數分析(O)...
獨立樣本T檢定
檢定變數(T)：
分組變數(G)：
Group(1 0)
定義組別(D)...
確定
貼上之後(P)
重設(R)
取消
輔助說明
步骤八
执行t检验，以预试题目为检验变量，以极端组变量为分组变量。组别为0与1

【C. 结果输出】

独立样本检验

		方差相等的 Levene 检验		平均数相等的 t 检验				
		F 检验	显著性	t	自由度	显著性（双尾）	平均差异	标准误差异
Q1 我们公司重视人力资产、鼓励创新思考。	假设方差相等	2.362	.128	11.397	86	.000	1.511	.133
	不假设方差相等			11.369	84.067	.000	1.511	.133
Q2 我们公司上情下达、意见交流沟通顺畅。	假设方差相等	1.685	.198	11.416	86	.000	1.556	.136
	不假设方差相等			11.374	82.455	.000	1.556	.137
Q3 我们公司心态保守、开创性不足。	假设方差相等	.320	.573	8.389	86	.000	1.423	.170
	不假设方差相等			8.388	85.762	.000	1.423	.170
Q4 我们公司能够提供诱因鼓励创新的构想。	假设方差相等	.309	.580	7.636	86	.000	1.227	.161
	不假设方差相等			7.646	85.985	.000	1.227	.161
Q18 只要我有需要,我可以获得专业人员的有效协助。	假设方差相等	.952	.332	8.481	86	.000	1.255	.148
	不假设方差相等			8.444	81.492	.000	1.255	.149
Q19 我经常获得其他机构或单位厂商的支持而有效推动工作	假设方差相等	.000	.998	5.935	86	.000	1.099	.185
	不假设方差相等			5.943	85.978	.000	1.099	.185
Q20 我的工作经常因为预算财务或资金的问题而有所阻碍	假设方差相等	11.47	.001	1.820	86	.072	.355	.195
	不假设方差相等			1.807	75.935	.075	.355	.196
Q32 我的主管能够尊重不同意见与异议。	假设方差相等	2.861	.094	8.676	86	.000	1.208	.139
	不假设方差相等			8.617	76.867	.000	1.208	.140
Q33 我的主管能够信任部属适当的授权。	假设方差相等	3.353	.071	9.647	86	.000	1.321	.137
	不假设方差相等			9.581	76.942	.000	1.321	.138
Q34 我的主管以身作则,是一个良好的工作典范。	假设方差相等	17.84	.000	9.418	86	.000	1.409	.150
	不假设方差相等			9.293	62.283	.000	1.409	.152
Q35 我的主管固执己见、主观色彩浓厚。	假设方差相等	1.391	.242	2.266	86	.026	-.451	.199
	不假设方差相等			2.262	84.573	.026	-.451	.199
Q36 我的主管控制欲望强烈作风专制武断。	假设方差相等	4.426	.038	4.499	86	.000	.879	.195
	不假设方差相等			4.480	81.907	.000	.879	.195

【D. 结果分析】

在全体受测者 223 人当中,取全量表总分最高与最低的各 27%（各约 60 人）为极端组,进行平均数差异检验,数据显示,t 检验未达 0.05 显著水平的有第 20 题（$t_{(86)}=1.820, p=0.072$）,显示此题明显无法鉴别高低分者。未达 0.01 水平者为第 35 题（$t_{(86)}=2.266, p=0.026$）,46 题（$t_{(86)}=2.651, p=0.010$）,显示这两题的鉴别度稍差。其他较差的题目（t 值低于 4 者）还有第 6、13、15、21、41 等题。

范例 14.3 同质性检验

【A. 操作程序】

步骤一:求项目与总分相关。选取 分析 → 尺度 → 信度分析 。

步骤二:进入对话框,选取欲分析的题目移至清单中。点选 统计量 。

步骤三:进入统计量对话框,选择 删除题项后之量尺摘要 。

步骤四:按 确定 执行。

【B. 步骤图示】

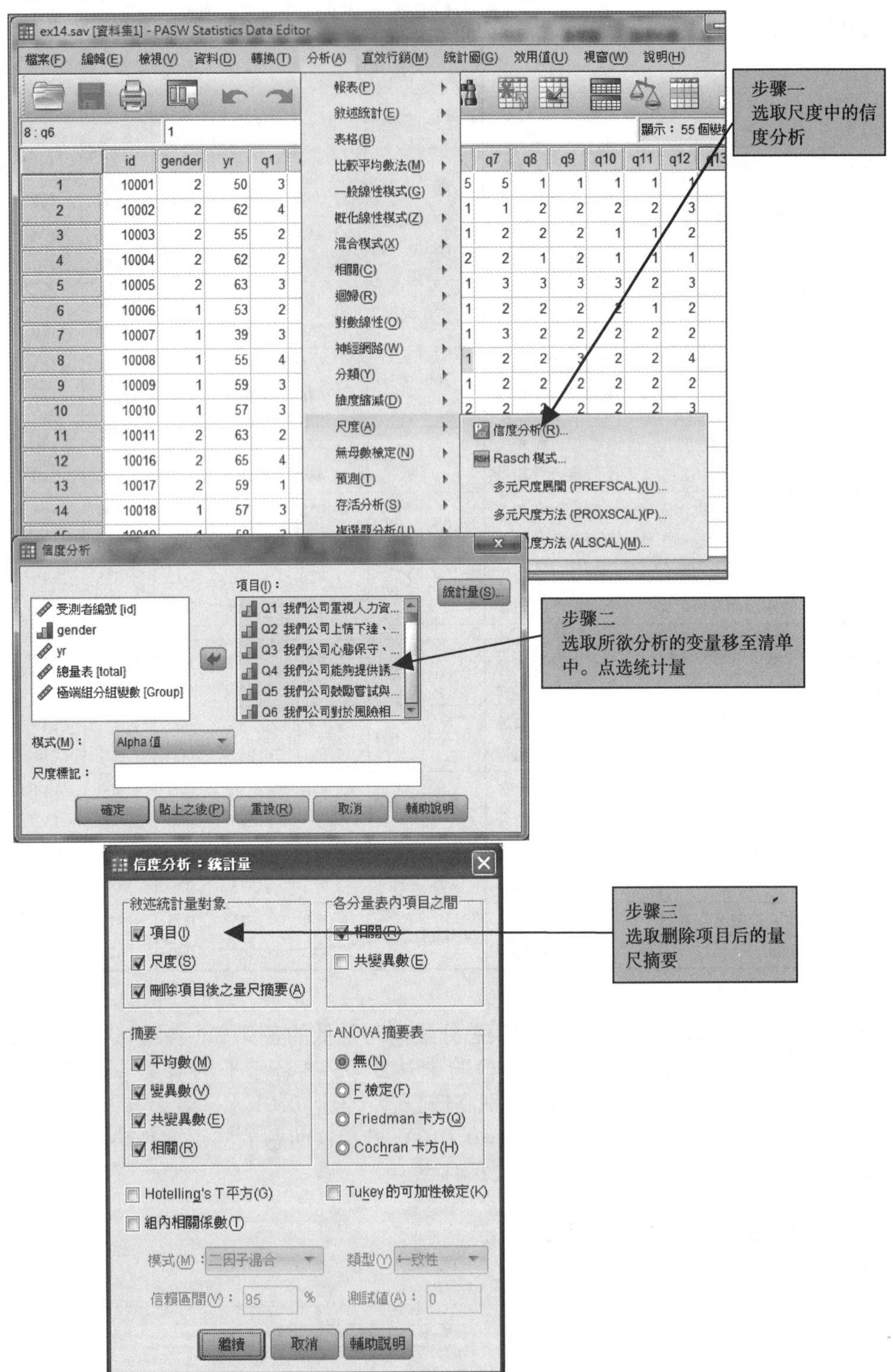
步骤一
选取尺度中的信度分析
步骤二
选取所欲分析的变量移至清单中。点选统计量
步骤三
选取删除项目后的量尺摘要

【C.结果输出】

项目与总分相关：

相关较低的题目
列入删除的可能名单中

项目整体统计量

	项目删除时的尺度平均数	项目删除时的尺度方差	修正的项目总相关	项目删除时的 Cronbach's Alpha值
Q1我们公司重视人力资产、鼓励创新思考。	132.91	483.359	.635	.942
Q2我们公司上情下达、意见交流沟通顺畅。	132.82	484.391	.627	.943
Q3我们公司心态保守、开创性不足。	1333.42	484.092	.589	.943
Q4我们公司能够提供诱因鼓励创新的构想。	133.25	486.503	.568	.943
Q5我们公司鼓励尝试与错中学习的任事精神。	133.05	484.833	.564	.943
Q6我们公司对于风险相当在意、忌讳犯错。	133.87	497.908	.291	.945
Q7我们公司崇尚自由开放与创新改革。	133.14	483.386	.618	.943

表 14.1　项目分析结果总表(列出 30 题)

题号	题目内容	遗漏检验	平均数	标准差	偏态	极端组 t 检验	相关[a]
1	我们公司重视人力资产、鼓励创新思考。	2.2%	2.77	.93	-.21	-14.7	.64
2	我们公司上情下达、意见交流沟通顺畅。	.4%	2.86	.89	-.29	-13.8	.63
3	我们公司心态保守、开创性十足。	1.8%	2.31	.96	.11	-10.2	.59
4	我们公司能够提供诱因鼓励创新的构想。	3.1%	2.45	.90	.19	-8.7	.57
5	我们公司鼓励尝试在错中学习的做事精神。	1.8%	2.59	.96	-.11	-9.8	.56
6	我们公司对于风险相当在意、忌讳犯错。	3.6%	1.80	.85	.64	-4.0	.29
7	我们公司崇尚自由开放与创新变革。	2.2%	2.58	.97	-.02	-11.7	.62
8	当我有需要，我可以不受干扰地独立工作。	.4%	2.53	.98	.10	-10.8	.60
9	我的工作内容有我可以自由发挥与挥洒的空间。	.9%	2.69	.94	-.11	-12.0	.66
10	我可以自由的设定我的工作目标与进度。	1.3%	2.68	1.01	-.20	-9.5	.55
11	我的工作多半是一成不变、例行性的工作事项。	.0%	2.09	.94	.34	-5.4	.28
12	我的工作十分具有挑战性。	1.3%	2.60	.94	-.20	-5.7	.38
13	当我工作时，往往有许多杂事会干扰着我。	.9%	1.94	.86	.59	-3.8	.31
14	时间的压力是我无法有效工作的困扰因素。	.4%	2.39	.88	-.16	-4.1	.29
15	我的工作负荷庞大、工作压力沉重。	.4%	2.29	.89	.12	-4.5	.27
16	我拥有足够的设备器材以进行我的工作。	2.7%	2.82	.89	-.24	-8.8	.50
17	我可以获得充分的数据与信息进行我的工作。	.4%	2.87	.85	-.43	-8.6	.56

续表

题号	题目内容	遗漏检验	平均数	标准差	偏态	极端组t检验	相关[a]
18	只要我有需要,我可以获得专业人员的有效协助。	1.8%	2.83	.91	-.33	-11.0	.60
19	我经常获得其他机构或单位厂商的支持而有效推动工作。	6.3%	2.32	.96	.24	-6.5	.46
20	我的工作经常因为预算、财务或资金的问题而有所阻碍。	7.2%	2.70	.94	-.33	-1.3	.13
21	我的工作经常因为各种法规与规划限制而有所阻碍。	4.9%	2.23	.98	.24	-4.2	.30
22	对于我们工作上的需要,公司会尽量满足我们。	1.8%	2.79	.89	-.29	-8.1	.50
23	我的工作伙伴与团队成员具有良好的共识。	2.2%	2.98	.80	-.45	-11.8	.64
24	我的工作伙伴与团队成员具有一致的目标。	1.3%	3.12	.78	-.74	-10.2	.59
25	我的工作伙伴与团队成员能够相互支持与协助。	1.3%	3.20	.79	-.77	-10.8	.60
26	我的工作伙伴与团队成员能够多方讨论、交换心得。	.9%	3.15	.85	-.82	-9.6	.51
27	我的工作伙伴与团队成员能以沟通协调来化解问题与冲突。	1.3%	3.07	.82	-.73	-10.1	.55
28	我的工作伙伴与团队成员恶性竞争、批判性浓厚。	2.2%	2.91	.92	-.51	-6.2	.39
29	我的工作伙伴与团队成员分工明确、责任清楚。	1.3%	2.91	.83	-.32	-8.1	.38
30	我的主管能够尊重与支持我在工作上的创意。	3.1%	2.95	.83	-.56	-10.3	.56
全量表		2.2%	2.71	.47	-.10		

a. 信度分析所提供的校正后题目总分相关(Correlated Item-Total Correlation)系数。

【D. 结果分析】

分析结果发现,全量表的同质性极高,内部一致性系数为0.95,显示出量表项目具有相当的同质性。个别试题的同质性检验以相关系数低于0.3或因素负荷量低于0.3为标准,这两项指标不够理想的项目计有第6,11,14,15,20,21,35,46共8题,仅因素负荷量低于0.3的为第13题。这些题目显示出与全量表不同质,应考虑予以删除。

★综合判断

项目分析的决定,是根据上述各项指标的数据来加以整体分析,各项目有至少一项指标未臻理想者计有19题。

题号	题目内容	遗漏检验	平均数	标准差	偏态	极端检验	相关	累计数
6	我们公司对于风险相当在意、忌讳犯错。	*	*		*	*	*	5
11	我的工作多半是一成不变、例行性的工作事项。					*	*	2
13	当我工作时,往往有许多杂事会干扰着我。		*			*		2
14	时间的压力是我无法有效工作的困扰因素。					*	*	2
15	我的工作负荷庞大、工作压力沉重。					*	*	2
19	我经常获得其他机构或单位厂商的支持而有效推动工作。	*						1
20	我的工作经常因为预算、财务或资金的问题而有所阻碍。	*				*	*	3
21	我的工作经常因为各种法规与规则限制而有所阻碍。	*				*	*	3

续表

题号	题目内容	遗漏检验	平均数	标准差	偏态	极端检验	相关	累计数
25	我的工作伙伴与团队成员能够相互支持与协助。				*			1
26	我的工作伙伴与团队成员能够多方讨论、交换心得。				*			1
27	我的工作伙伴与团队成员能以沟通协调来化解问题冲突。				*			1
35	我的主管固执己见、主观色彩浓厚。	*				*	*	3
40	我的公司重视客户的反应与相关厂商或单位的意见。	*						1
41	要让公司引进新的技术设备或不同的工作理念十分困难。	*				*		2
42	热衷进修与学习的同仁可以受到公司的支持与重用。	*						1
43	公司经常办理研讨活动、鼓励观摩别人的作品与经验。	*						1
46	我的工作空间易受他人或噪音的侵扰。					*	*	2
49	整体而言,我的工作环境同仁关系良好、人际交流丰富。				*			1
50	在我的工作环境中,经常可以获得来自他人的肯定与支持。			*				1

各项指标中,有五项指标不理想者有一题,为第 6 题“我们公司对于风险相当在意、忌讳犯错”。有三项不理想者计有第 20,21,35,46 题,达两项者为第 11,13,14,15 题,这些项目可考虑加予删除。因此,经过项目分析之后,删除 9 题,保留 41 题,用以进行下一阶段的正式量表施测。

整体而言,项目分析可以从多重角度来进行,如表 14.2,在判断上并无公认的标准,研究者可从个人需求出发,自行运用各种策略,来确认量表题目的品质。

表 14.2 量表编制的数据分析整理

	分析方法	目的与内容	判断方式
项目分析	项目描述统计 item descriptive statistics	运用各项目的描述统计数据来检验项目的好坏	1. 平均数:越接近中间值越佳 2. 标准差:越大越好 3. 最大与最小值:应触及两端点
	相关分析法 (项目与总分相关) item-scale (item-total) correlation	运用各项目与相对应总分的相关系数来检验项目的好坏	相关越高,题目越佳
	内部一致性效标法 (小样本分析) small group analysis	运用预试样本极端组平均数差异检验来检验项目的好坏	将全体样本依某一总分按照前后 27% 极端区分为高低组,比较二组在各题平均数上的差异是否显著
	鉴别指数(适用于成就测验)	运用各题通过人数比率来检验项目的好坏	1. 将全体样本依某一总分区分极端的 27% ~33% 受试者编入 k 变量 2. 计算各组每题通过人数百分比 3. 将两组的两个百分比数字相减得到鉴别系数 D 4. D 系数越高越好

第四节 信度估计范例

项目分析是检验一个测验量表个别题目的可靠程度,信度分析则是评估整份量表的可靠程度。一般而言,一份心理测验或量表,往往可以区分为多个次量表,用以测量某一个概念的不同层面或因素,例如自我概念可以分为学业自我概念、非学业自我概念,而组织创新量表可以再细分为组织理念、团队默契等六个不同的向度。因此,信度评估除了针对整份量表来进行检测之外,还必须就不同的分量表来进行。本书第十三章已针对信度与效度的概念进行说明。

本节仅就视窗版 SPSS 软件所提供的信度估计方法进行说明。由于视窗版一次仅能处理一组题目的信度估计,因此当有多个分量表要进行信度估计时,必须重复进行,但是如果配合使用语法窗口,将语法指令复制多次,使用者仅需更改分量表的题目内容,即可要求 SPSS 一次执行完毕所有的分量表信度估计。

范例 14.4 Cronbach's α 系数分析

以前述所提及的组织创新量表为例,共计抽取出“团队默契”等六因素。整套量表与六个因素的信度估计步骤如下:

【A. 操作程序】

步骤一:选取 分析 → 量尺法 → 信度分析 。
步骤二:进入对话框,选取欲分析的题目移至清单中。
步骤三:点选所需的信度估计模式,包括 ALPHA、折半信度、GUTTMAN、平行模式与严密平行模式检验。
步骤四:点选 统计量 。进入统计量对话框,选择适当的统计量。

【B. 步骤图示】

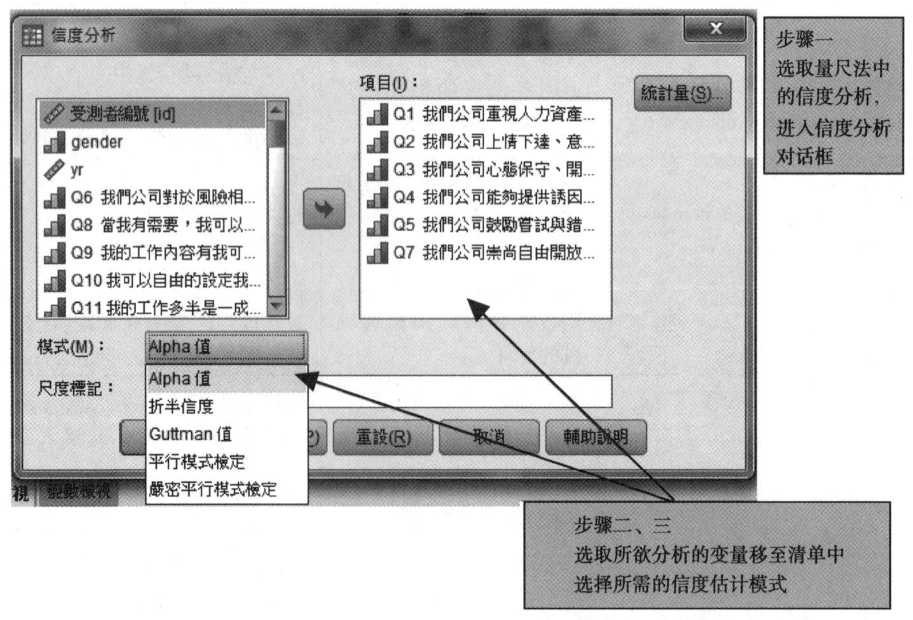

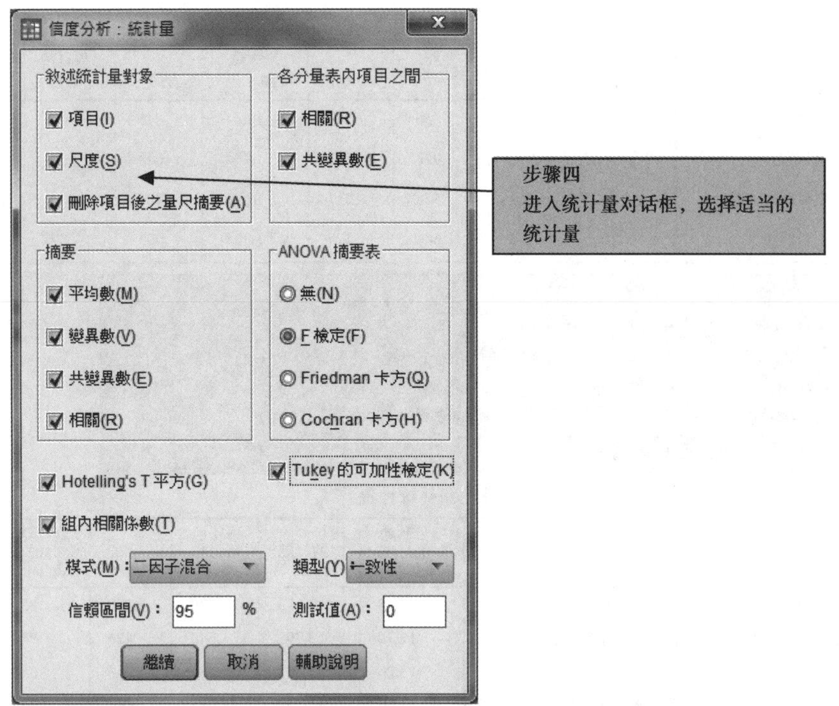

【C.结果输出】

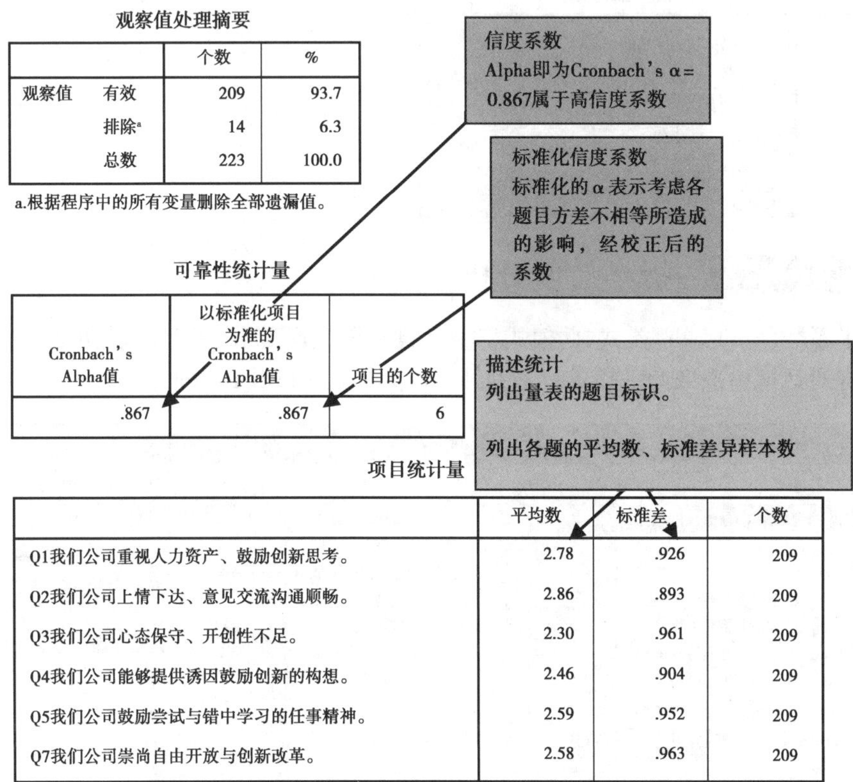

观察值处理摘要

		个数	%
观察值	有效	209	93.7
	排除[a]	14	6.3
	总数	223	100.0

a.根据程序中的所有变量删除全部遗漏值。

可靠性统计量

Cronbach's Alpha值	以标准化项目为准的Cronbach's Alpha值	项目的个数
.867	.867	6

项目统计量

	平均数	标准差	个数
Q1我们公司重视人力资产、鼓励创新思考。	2.78	.926	209
Q2我们公司上情下达、意见交流沟通顺畅。	2.86	.893	209
Q3我们公司心态保守、开创性不足。	2.30	.961	209
Q4我们公司能够提供诱因鼓励创新的构想。	2.46	.904	209
Q5我们公司鼓励尝试与错中学习的任事精神。	2.59	.952	209
Q7我们公司崇尚自由开放与创新改革。	2.58	.963	209

摘要项目统计量

	平均数	最小值	最大值	范围	最大值/最小值	方差	项目的个数
项目平均数	2.593	2.301	2.856	.555	1.241	.041	6
项目方差	.871	.797	.928	.131	1.164	.003	6
项目间协方差	.454	.341	.578	.237	1.695	.004	6
项目间相关	.521	.373	.648	.275	1.738	.005	6

量表统计摘要
列出有关本量表相关的各种量数
1.题目平均数统计量（题目平均数的平均数、最大与最小值、方差）
2.题目方差统计量（题目方差的平均数、最大与最小值、方差）
3.题目间方差统计量（题目方差的平均数、最大与最小值、方差）
4.题目间相关系数统计量（题目方差的平均数、最大与最小值、方差）

项目整体统计量

	项目删除时的尺度平均数	项目删除时的尺度方差	修正的项目总相关	方差	项目删除时的Alpha值
Q1我们公司重视人力资产、鼓励创新思考。	12.78	13.083	.730	.550	.832
Q2我们公司上情下达、意见交流沟通顺畅。	12.70	13.796	.640	.420	.848
Q3我们公司心态保守、开创性不足。	13.26	13.741	.585	.380	.858
Q4我们公司能够提供诱因鼓励创新的构想。	13.10	13.552	.671	.494	.843
Q5我们公司鼓励尝试与错中学习的任事精神。	12.97	13.605	.615	.414	.853
Q7我们公司崇尚自由开放与创新改革。	12.98	12.788	.743	.561	.830

项目与总量表的统计数，包括：
1.项目删除后量表总分
2.项目删除后方差大小
3.项目与总分相关
4.相关系数的平方
5.当该题删除后所能提高的信度系数

范例 14.5 折半信度分析

折半系数(Split-half)模式，此模式将量尺自动分成两部分，并且检验两部分的相关。可由信度对话框中选取此一模式。下列结果仅列出与 ALPHA 不同之处。

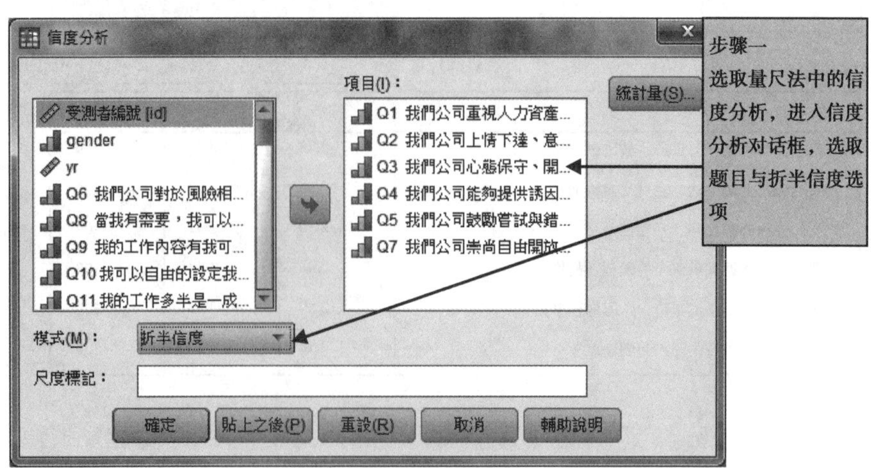

可靠性统计量

Cronbach's Alpha值	第1部分	数值	.764
		项目的个数	3[a]
	第2部分	数值	.794
		项目的个数	3[b]
	项目的总个数		6
形式间相关			.731
Spearman-Brown系数	等长		.844
	不等长		.844
Guttman Split-Half系数			.844

a.项目为\: Q1我们公司重视人力资产、鼓励创新思考。
Q2我们公司上情上达、意见沟通顺畅。
Q3我们公司心态保守、开创性不足。
b.项目为\: Q4我们公司能够提供诱因鼓励创新的构想。
Q5我们公司鼓励尝试与错中学习的任事精神。
Q7我们公司崇尚自由开放与创新改革。

折半信度分析摘要:
六个题目分成等长度的两个子量表。两个量表之间的相关系数为0.731
折半系数等长度下的斯布系数为0.844,不等长的校正系数也为0.844(因为本范例题数为偶数,校正结果无差异)

摘要项目统计量

		平均数	最大值	最大值	范围	最大值/最小值	方差	项目的个数
项目平均数	第1部分	2.644	2.301	2.856	.555	1.241	.090	3[a]
	第2部分	2.542	2.459	2.589	.129	1.053	.005	3[b]
	两部分	2.593	2.301	2.856	.555	1.241	.041	6
项目方差	第1部分	.859	.797	.923	.127	1.159	.004	3[a]
	第2部分	.884	.817	.928	.111	1.136	.003	3[b]
	两部分	.871	.797	.928	.131	1.164	.003	6
项目间协方差	第1部分	.446	.404	.472	.068	1.168	.001	3[a]
	第2部分	.496	.480	.521	.041	1.086	.000	3[b]
	两部分	.454	.341	.578	.237	1.695	.004	6
项目间相关	第1部分	.520	.471	.560	.089	1.188	.002	3[a]
	第2部分	.563	.523	.599	.076	1.145	.001	3[b]
	两部分	.521	.373	.648	.275	1.738	.005	6

a.项目为\: Q1我们公司重视人力资产、鼓励创新思考。
Q2我们公司上情上达、意见沟通顺畅。
Q3我们公司心态保守、开创性不足。
b.项目为\: Q4我们公司能够提供诱因鼓励创新的构想。
Q5我们公司鼓励尝试与错中学习的任事精神。
Q7我们公司崇尚自由开放与创新改革。

折半量表的各种统计量:
分成两个半量表说明。

【D.结果分析】

分析结果发现,以组织理念分量表为例的信度估计,Alpha 系数(0.87)较折半系数(0.85)高,主要原因在于折半系数的两个子量表,各只有一半的长度,当长度减小时,信度会下降,因此一般皆建议使用 Alpha 系数。

整体而言,全量表的同质性极高,内部一致性系数为 0.94,显示出量表项目具有相当的同质性。各因素所形成的分量表信度系数介于 0.75 至 0.87,(如表 14.3 对角线所列),显示出最后一个分量表(资源提供)的系数较低(因为题数较少),但是均在可接受的范围内。由表 14.3 的整理结果,亦可看出各因素之间具有中度的显著相关,显示组织创新的气氛具有相关性,反映出整体的量表内部一致性颇佳。

表 14.3 各因素间相关系数与信度系数

因素名称	组织理念	团队默契	工作风格	领导能耐	学习成长	资源提供
F1 组织理念	***.87***					
F2 团队默契	.59	***.89***				
F3 工作风格	.63	.54	***.81***			
F4 领导能耐	.63	.59	.52	***.81***		
F5 学习成长	.58	.66	.48	.61	***.87***	
F6 资源提供	.49	.54	.47	.60	.59	***.75***

注:对角线的斜粗体字为信度系数(Cronbach's α 系数)

第十五章　因素分析:探索取向

第一节　基本概念

什么是“爱情”“社会疏离感”“创造力”？爱情的内涵是什么？创造力又是由哪些成分所组成？社会与行为科学研究者常会问到一些抽象的问题。这些问题看似简单,但是如何给予一个操作性定义,如何精准地测量这些概念,并以具体的实证研究提供效度的证据,是测验学者的重大挑战。现以 Rosenberg(1965)所编写的测验题目为例:

X1. 大体来说,我对我自己十分满意
X2. 有时我会觉得自己一无是处
X3. 我觉得自己有许多优点
X4. 我自信我可以和别人表现得一样好
X5. 我时常觉得自己没有什么好骄傲的
X6. 有时候我的确感到自己没有什么用处
X7. 我觉得自己和别人一样有价值
X8. 我十分地看重自己
X9. 我常会觉得自己是一个失败者
X10. 我对我自己抱持积极的态度

这十个题目所共同反映的内容,是 Rosenberg 所谓的自尊,一个高自尊的人,会在这十个题目上得到高分,反之,低自尊者会得低分。或许每个题目各有偏重,但是影响这些题目分数高低的共同原因,就是自尊这一个构念。为了证实研究者所设计的测验的确在测量某一潜在特质,并厘清潜在特质的内在结构,能够将一群具有共同特性的测量分数,抽离出背后构念的统计分析技术,便是**因素分析**(factor analysis)。

值得注意的是,人们往往会把因素分析与**主成分分析**(principal component analysis; PCA)两者混为一谈。在现象上,PCA 与 FA 两者都是一种数据缩减技术,可将一组变量计算出一组新的分数,但在测量理论的位阶上两者却有不同,PCA 试图以数目较少的一组线性整合分数(称为主成分)来解释最大程度的测量变量的方差,FA 则在寻找一组最能解释测量变量之间共变关系的共同因素,并且能够估计每一个测量变量受到测量误差影响的程度。相对之下,PCA 仅在建立线性整合分数,而不考虑测量变量背后是否具有测量误差的影响。

基本上,会使用因素分析来进行研究的人,所关注的是为何测量数据之间具有相关?是否因为测量变量受到背后潜藏的抽象现象或特质所影响而产生关联,研究者的责任并非仅在进行数据缩减,而是如何排除测量误差的干扰,估计测量变量背后所存在的因素结构,因此 FA 所得到的萃取分数较符合潜在变量之所以称为“潜在”的真意,相对之下,PCA 所得到的组合分数仅是一种变量变换后的结果,而不宜称之为潜在变量。更具体来说,虽然两种方法都是应用类似的线性转换的统计程序来进行数据缩减,但 PCA 的数据缩减所关心的是测量变量的方差如何被有效解释,而 FA 则是进行因素萃取,排除测量误差以有效解释测量变量间的协方差。事实上,当研究者所从事的是试探性研究或先导研究时,兼顾采用这两种技术并加以比较,可以得到更多的信息。

第二节　因素分析的基本原理

一、潜在变量模型与基本原则

因素分析之所以能够探讨抽象构念的存在,主要是通过一个假设的统计模型,利用一套统计程序来估计潜在变量以证明构念的存在。换言之,因素分析所得到的潜在变量(统计结果),就是社会科学研究者所谓的抽象构念(方法学现象)。因而因素模型又被称为**潜在变量模型**(latent variable model)。

在潜在变量模型中,最重要的工作是潜在变量的定义。若依照发生的时间关系来区分,潜在变量有先验性或**事前**(priori),与经验性或**事后**(posteriori)两种不同形式。当研究者在尚未进行数据搜集工作之前,就对于所欲观察或测量的潜在变量的概念与测量方式加以说明,是先验性潜在变量,相对的,如果在数据搜集完成之后,由实证数据当中所整理获得的潜在变量,称为经验性或事后的潜在变量。

不论是经验性或先验性潜在变量模型,潜在变量的一个重要统计原则是**局部独立原则**(principle of local independence)(Bollen, 2002)。亦即如果一组观察变量背后确实存在潜在变量,那么观察变量之间所具有的相关,会在当潜在变量加以估计后消失,换言之,当统计模型中正确设定了潜在变量后,各观察变量即应不具有相关,具有统计独立性,相对的,如果观察变量的剩余变异量中仍带有关联,那么局部独立性即不成立,此时因素分析得到的结果并不适切。

因素分析对于潜在变量的定义与估计,有一个重要的方法学原则,称为**简效原则**(principle of parsimony)。在因素分析当中,简效性有双重涵义:结构简效与模型简效,前者是基于局部独立性原则,指观察变量与潜在变量之间的结构关系具有最简化的结构特性,后者则是基于未定性原则,对于因素模型的组成有多种不同方式,在能符合观察数据的前提下,最简单的模型应被视为最佳模型。测验得分背后的最佳化因素结构,称之为**简化结构**(simple structure),是因素分析最重要的基本原则(Mulaik, 1975)。

二、因素与共变结构

基本上,因素分析所处理的材料是观察变量之间的共变,亦即利用数学原理来抽离一组观察变量之间的共同变异成分,然后利用这个共同变异成分来反推这些观察变量与此一共同部分的关系。

如果有一组观察变量,以 X 表示,第 i 与第 j 个观察变量间具有相关 ρ_{ij},以因素模型的观点来看,ρ_{ij}是指两者的共同部分,此一共同部分可以系数 λ_i 与 λ_j(**因素负荷量** factor loading)来重制出 ρ_{ij}:

$$\rho_{ij} = \lambda_i \lambda_j \tag{15.1}$$

以三个观察变量(X_1、X_2、X_3)为例,两两之间具有相关的情况下,可以计算出三个相关系数(ρ_{12}、ρ_{23}、ρ_{13}),反映三个观察变量之间的关系强弱,如图 15.1 所示。

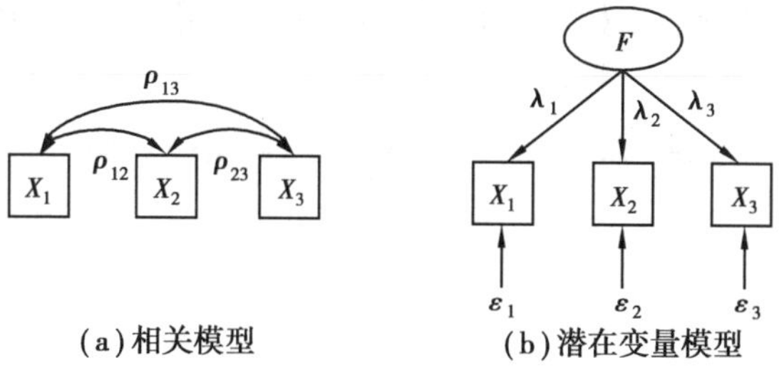

图 15.1 三个观察变量的相关模型与潜在变量模型

对于这三个观察变量的共同变异部分,可以 F 表示,其与三个观察变量的关系可以图 15.1(b)表示。此时即为一个具有单因素的因素模型。三个相关系数可以利用 λ_1、λ_2、λ_3 重制得出,亦即 $\rho_{12}=\lambda_1\lambda_2$、$\rho_{13}=\lambda_1\lambda_3$、$\rho_{23}=\lambda_2\lambda_3$。以不同的数学算则与限定条件下,可以求得前述方程式中重制ρ_{12}、ρ_{23}、ρ_{13}的 λ_1、λ_2、λ_3 三个系数的最佳解,此即因素分析所得到的参数估计结果。估计得出的共同部分 F 则称为**因素**(factor),此一因素模型建立后,研究者即可利用 F 的估计分数来代表这三个观察变量,达到数据简化的目的。或是将 F 这个影响观察变量变异的共同原因,解释成为潜藏在背后的抽象特质或心理构念。

三、因素分析方程式

根据前述的说明,ρ_{ij}是观察到的已知数,因此 λ 系数可以通过统计算则进行求解,估计出潜在变量,方程式如下:

$$F = b_1X_1 + b_2X_2 + b_3X_3 + \cdots + U \tag{15.2}$$

以自尊量表为例,X_1 到 X_{10} 十个观察变量用来估计“自尊”这一个**共同因素**(common factor),U 则是自尊这个构念无法被十个题目估计到的**独特部分**(uniqueness)。从这十个题目估计出背后的抽象构念,主要的工作就是计算出构成共同因素的权数 b_1、b_2、…、b_{10},称为**因素分数系数**(factor score coefficient)。反过来看,对于个别观察变量的得分,可以利用下列方程式来重制得出(或加以预测):

$$X_j = \lambda_1F_1 + \lambda_2F_2 + \lambda_3F_3 + \cdots + \lambda_mF_m = \sum \lambda_mF_m \tag{15.3}$$

从个别题目来看,各因素对题目的解释力可计算出**共同性**(communality),亦即每一个测量变量变异被因素解释的比例,以 h^2 表示,又称为**共同变异**(common variance)。

$$h^2 = \lambda_1^2 + \lambda_2^2 + \cdots + \lambda_m^2 = \sum \lambda_m^2 \tag{15.4}$$

相对的,无法解释的部分则称为独特性,又称为**独特变异**(unique variance),以 u^2 表示。萃取出来的各因素能够解释观察变量变异的能力越强,共同性越高,独特性越低,反之,萃取出来的各因素能够解释观察变量变异的能力越弱,共同性越低。测量变量的方差(σ^2)为共同性与独特性的和:$\sigma^2 = h^2 + u^2$。

值得注意的是,当因素分析以相关矩阵进行分析时,各测量变量是取标准分数来进行分析,因此各观察变量的方差为1,共同性 h^2 与独特性 u^2 均为介于0到1的正数,两者和为1,因此对其解释的方式可以百分比的概念为之。但是如果是以协方差矩阵进行分析时,各测量变量的方差即不一定为1,而反映各观察变量的变异强弱。一般而言,为了便于解释,去除各观察变量单位(量尺)差异的影响,因素分析均以相关系数作为分析矩阵,以确实掌握共同部分的内涵。如果研究者为了保持各观察变量的原始尺度,使因素或主成分的萃取能够保留原始单位的概念时,可以利用协方差矩阵来分析。

第三节 因素分析的程序

一、因素分析的条件

(一)共变关系的检测

到底一组测量变量适不适合进行因素分析,测量变量背后是否具有潜在构念,除了从理论层次与题目内容两个角度来推导之外,更直接的方式是检视测量变量的相关情形。表15.1自尊量表前六题的描述统计量与**观察相关矩阵**(observed correlation matrix),以R表示。该矩阵的各向量反映了各观察变量的两两相关。

第二种方法是利用净相关矩阵来判断变量之间是否具有高度关联,当测量变量的两两相关在控制其他观察变量所求得的**净相关**(partial correlation)矩阵(称为反映像矩阵),表示各题之间具有明显的共同因素,相对的,若净相关矩阵有多数系数偏高,表示变量间的关系不大,不容易找到有意义的因素。

反映像矩阵的对角线称为**取样适切性量数**(measures of sampling adequacy; MSA),为该测量变量有关的所有相关系数与净相关系数的比较值,该系数越大,表示相关情形良好,各测量变量的MSA系数取平均后即为KMO **量数**(Kaiser-Meyer-Olkin measure of sampling adequacy),执行因素分析的KMO大小判别标准如表15.2(Kaiser, 1974)。

表15.1 自尊量表前六题的描述统计量与相关矩阵(R)(N=1 000)

		M	*s*	*X*1	*X*2	*X*3	*X*4	*X*5	*X*6
*X*1	大体来说,我对我自己十分满意	3.535	1.123	1.00					
*X*2	有时我会觉得自己一无是处	2.743	1.400	.321	1.00				
*X*3	我觉得自己有许多优点	3.401	1.039	.494	.396	1.00			
*X*4	我自信我可以和别人表现得一样好	3.881	1.050	.392	.241	.512	1.00		
*X*5	我时常觉得自己没有什么好骄傲的	2.187	1.110	.163	.282	.253	.104	1.00	
*X*6	有时候我的确感到自己没有什么用处	2.808	1.368	.316	.651	.377	.223	.371	1.00

注:对角线下方的数值为Pearson相关系数。

表 15.2　KMO 统计量的判断原理

KMO 统计量	因素分析适合性
.90 以上	极佳的（marvelous）
.80 以上	良好的（meritorious）
.70 以上	中度的（middling）
.60 以上	平庸的（mediocre）
.50 以上	可悲的（miserable）
.50 以下	无法接受（unacceptable）

第三种方法是检查共同性。共同性为测量变量与各因素相关系数的平方和，表示该变量的变异量被因素解释的比例，其计算方式为在一变量上各因素负荷量平方值的总和。变量的共同性越高，因素分析的结果就越理想。

（二）样本数问题

在因素分析当中，样本的选取与规模是一个重要的议题。如果样本太小，最直接的问题是样本欠缺代表性，得到不稳定的结果。从检验力的观点来看，因素分析的样本规模当然是越大越好，但是到底要多大，到底不能多小，学者们之间存在不同甚至对立的意见（参见 Mac Callum，Widaman，Zhang，& Hong，1999 的整理）。一般而言，对于样本数的判断，可以从绝对规模与相对规模两个角度来分析。

早期研究者所关注的主要是整个因素分析的样本规模，亦即**绝对样本规模**（absolute sample size）。综合过去的文献，多数学者主张 200 是一个重要的下限，Comrey 与 Lee（1992）指出一个较为明确的标准是 100 为差（poor），200 还好（fair），300 为佳（good），500 以上是非常好（very good），1 000 以上则是优异（excellent）。

相对规模则是取每个测量变量所需要的样本规模（cases-per-variableratio；N/p）来判断，最常听到的原则是 10∶1（Nunnally，1978），也有学者建议 20∶1（Hair，Anderson，Tatham，& Grablowsky，1979）。一般而言，越高的比例所进行的因素分析稳定度越高，但不论在哪一种因素分析模式下，每个因素至少要有三个测量变量是获得稳定结果的最起码标准。

近年来，研究者采用模拟研究发现，理想的样本规模并没有一个最小值，而是取决于几个参数条件的综合考量，包括共同性、负荷量、每个因素的题数、因素的数目等。例如最近的一项模拟研究，de Winter，Dodou，& Wieringa（2009）指出，在一般研究情境中，如果负荷量与共同性偏低而因素数目偏多时，大规模的样本仍有需要，但是如果因素负荷量很高，因素数目少，而且每一个因素的题目多时，在 50 以下的样本数仍可以获得稳定的因素结构。例如在因素负荷量达到 0.80，24 个题目且只有一个因素的情况下，6 笔数据即可以得到理想的因素侦测。

当因素结构趋向复杂时，样本规模的需求也就提高。其中一个比较容易发生的问题是**因素间相关**（interfactor correlation；IFC），IFC 越高，正确的因素侦测所需要的样本数也就提高。此外，研究者习惯以每因素题数比例来检验因素分析所需要的样本数，de Winter，Dodou，& Wieringa（2009）的研究发现，p/f 比例本身并非重要的指标，而是这两个条件分别变动的影响。当此一比例固定时,题数与因素数目的变动所造成的样本量需求必需分开检视,例如当因素负荷量为0.8,p/f=6时,能够稳定侦测因素的最低样本数,在12/2时为11,但在48/8时为47。

二、因素的萃取

将一组测量变量进行简化的方法很多,但能够萃取出共同因素、排除测量误差的方法才被称之为因素分析(如主轴因素法)。在一般统计软件中所提供的主成分分析法,是利用变量的线性整合来化简变量成为几个主成分,并不合适用来进行构念估计。

主轴因素法与主成分分析法的不同,在于主轴因素法是试图解释测量变量间的协方差而非全体变异量。其计算方式与主成分分析的差异,是主轴因素法是将相关矩阵 R 以 $\tilde{R}$ 取代,以排除各测量变量的独特性。换言之,主轴因素法是萃取出具有共同变异的部分。第一个抽取出的因素解释了测量变量间共同变异的最大部分;第二个因素则试图解释第一个因素萃取后所剩余的测量变量共同变异的最大部分;其余因素依序解释剩余的协方差中的最大部分,直到共同变异无法被有效解释为止。

此法符合古典测量理论对于潜在构念估计的概念,亦即因素萃取(factor extraction)是针对变量间的共同变异,而非分析变量的总变异。若以测量变量的总变异进行因素估计,其中包含着测量误差,混杂在因素估计的过程中,主轴因素萃取法借由将共同性代入观察矩阵中,虽然减低了因素的总解释变异,但是有效排除无关的变异的估计,在概念上符合理论的需求,因素的内容较易了解(Snock & Gorsuch, 1989)。此外,主轴因素法的因子抽取以迭代程序来进行,能够产生最理想的重制矩阵,得到最理想的适配性,得到较小的残差。但是,也正因为主轴因素法需估计观察矩阵的对角线数值,因此比主成分分析估计更多的参数,模型简效性较低。但一般在进行抽象构念的估计时,理论检验的目的性较强,而非单纯化简变量,因此宜采用主轴因素法,以获得更接近潜在构念的估计结果。

另一种也常被用来萃取因素的技术是**最大似然法**(maximal likelihood method; ML),基于正态概率函数的假定来进行参数估计。由于因素分析最重要的目的是希望能够从样本数据中,估算出一个最能代表总体的因素模型。因此,若个别的测量分数呈正态分布,一组测量变量的联合分布也为多元正态分布,基于此一统计分布的假定下,我们可以针对不同的假设模型来适配观察数据,借以获得最可能的参数估计数,做为模型的参数解,并进而得以计算**模型配适度**(goodness-of-fit),检视理论模型与观察数据的适配程度。换言之,如果从样本估计得到的参数越理想,所得到的重制相关会越接近观察相关。由于样本的估计是来自于多元正态分布的总体,因此我们可以利用正态分布函数以迭代程序求出最有可能性的一组估计数作为因素负荷值。重制相关与观察相关的差异通过**损失函数**(lose function)来估计,并可利用显著性检验(卡方检验)来进行检验,提供了评估因素结构的客观标准。可惜的是,ML法比起各种因素分析策略不容易收敛获得数学解,需要较大的样本数来进行参数估计,同时比较可能得到偏误的估计结果,是其不利因素。

另一个与最大似然法有类似程序的技术称为**最小平方法**(least squares method),两者主要差异在于损失函数的计算方法不同。最小平方法在计算损失函数时,是利用最小差距原理,导出因素型态矩阵后,取原始相关矩阵与重制矩阵的残差的最小平方值,称为**未加权最小平方法**(unweighted least squares method),表示所抽离的因素与原始相关模型最接近。若相关系数事先乘以变量的残差,使残差大的变量(可解释变异量少者),比重降低,共同变异较大者被加权放大,进而得到原始相关系数/新因素负荷系数差异的最小平方距离,此时称为**加权最小平方法**(weighted least squares method)。在计算损失函数时,只有非对角网络的数据被纳入分析。而共同性是分析完成之后才进行计算。

还有一种萃取方法称为**映像因素萃取**(image factor extraction),其原理是取各测量变量的变异量为其他变量的投射。每一个变量的映像分数是以多元回归的方法来计算,映像分数的协方差矩阵系以 PCA 进行对角化。此方法虽类似 PCA 能够产生单一数学解,但对角线以 $\tilde{R}$ 替代,因此得以视为是因素分析的一种。但值得注意的是,此法所得到的因素负荷量不是相关系数,而是变量与因素的协方差。至于 SPSS 当中提供的 Alpha **法**(alpha factoring),则是以因素信度最大化为目标,以提高因素结构的类化到不同测验情境的适应能力。

三、因素个数的决定

对于因素数目的决定,Kaiser(1960, 1970)建议以特征值大于 1 为标准,也就是共同因素的方差至少要等于单一测量变量的标准化方差(亦即 1.00)。虽然 Kaiser 法则简单明确,被普遍当作统计软件预设的标准,但是的确有诸多缺点。例如,此一方法并没有考虑到样本规模与样本特性的差异。此外,当测量变量越多,越少的共同变异即可被视为一个因素。例如有 10 个测量变量时,1 个单位的共同变异占了全体变异的 10%,但是在 20 个测量变量时,1 个单位的共同变异仅占了全体变异的 5%,仍可被视为一个有意义的因素。Cliff(1988)即质疑此一原则会挑选出过多的无意义的因素,因而公开反对种标准的使用。

另一种方法则是**陡坡检验**(scree test)(Cattell,1966),如图 5.2 所示。其方法是将每一个因素,依其特征值排列,特征值逐渐递减。当因素的特征值逐渐接近,没有变化之时,代表特殊的因素已无法被抽离出来,当特征值急剧增加之时,即代表有重要因素出现,也就是特征值曲线变陡之时,即是决定因素个数之时。

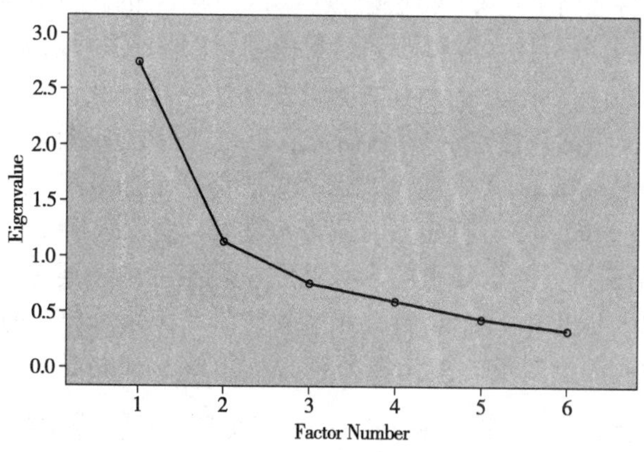

图 5.2　因素陡坡图

如果说前述的 Kaiser-Guttman 法则是一种特征值的绝对数量(大于 1.00)的比较,那么陡坡图的使用就是一种相对数量的比较。当重要且显著的因素存在时,从测量变量所逐一抽取的共同变异量会有明显的递变,但是当没有重要且显著的因素存在时,共同变异的抽取只是一种随机的变动,在陡坡图上展现出平坦的趋势线。陡坡图的使用可以判断出是否有重要的因素存在,但是由于何时可以视为平坦趋势线并无客观的标准,因此陡坡图多作为因素数目决定的参考(Gorsuch, 1983)。

另外,Horn(1965)提出了用**平行分析**(parallel analysis)来决定因素分析所萃取的合理因素数目,具体做法是利用蒙地卡罗模拟技术(Monte Carlo, Montanelli & Humphreys, 1976),从测量变量的真实分数中,另外创造一个随机分数矩阵,这个矩阵与真实矩阵数据具有一样的型态,但是数据却是随机分布的,据以进行因素分析。此时特征值的变动是一种抽样误差的影响,如果分数是完全随机的次序,所获得的相关矩阵应该是**等值矩阵**(identity matrix),特征值为以 1.0 为平均数的随机波动;反之,如果分数不是随机的次序,所获得的矩阵则是非等值矩阵,特征值则呈现一般陡坡图所呈现的递减趋近 1.00 的函数模型。借由原始矩阵与随机矩阵所得到的两组特征值的比较,可决定哪几个因素应该萃取,当原始观察矩阵得到的特征值大于随机矩阵的特征值时,因素是显著的,有其必要存在,但是特征值小于随机矩阵的特征值时,表示因素的特征值小于期望的水平,该因素是随机效果的作用而不宜抽取。

平行分析当中,随机次序分数所形成的特征值,其波动幅度与样本数大小以及测量变量的多寡有关。当样本数越大或测量变量越少时,波动范围越小。基本上,平行分析可能产生过多的因素,因此一般多把平行分析所得到的因素数目做为因素萃取数目的上限的参考信息。

四、特征向量、特征值与萃取变异

因素分析最关键的运算步骤,是基于主成分分析技术,利用矩阵原理在特定的条件下对测量变量的相关矩阵(R)进行**对角转换**(diagonalized),使得测量变量的相关矩阵得以缩减成一组直交的对角线特征值矩阵(L), L 矩阵对角网络的每一个向量值称为**特征值**(eigenvalue),代表各测量变量的线性整合分数的变异量,特征值越大者,表示该线性整合分数(或称为**主轴** principal axis)具有较大的变异量,又称为**萃取变异**(extracted variance)或**解释变异量**(explained variance)。经对角转换后的特征值矩阵与测量变量间的转换关系由一组特征向量矩阵(V)表示,具有 $L = V'RV$ 的转换关系。

传统上,以主成分分析技术进行对角转换(估计主轴)的过程,是利用各测量变量的方差作加权,主轴的方向多由方差大者的测量变量所主导,而解释力最大的主轴是最能解释测量变量总变异量的线性整合分数,研究者可以选择数个最能代表测量变量的几个主轴(称为主成分)加以保留,用来代表原来的测量变量,因此又称为主成分分析。

相对的,Spearman 的因素分析模型所侧重的是测量变量间相关情形的解释与心理构念的推估,因此测量变量方差解释量的多寡并非主轴萃取的主要焦点,测量变量方差不是潜在变量估计的主要材料。所以,对角化过程应将相关矩阵(R)的正对角线元素(1)改由估计的共同性或测量变量的**多元相关平方**(squared multiple correlation; SMC)所取代,称为**缩减相关矩阵**(reduced correlation matrix,以 $\tilde{R}$ 表示),令主轴的方向以测量变量的共同变异为估计基础,而非测量变量的方差。当对角线元素改由共同性元素所取代后重新估计得到新的共同性值,可以再次代回 $\tilde{R}$ 矩阵,进行迭代估计,当共同性不再变动时所达成的收敛解,是为最后的因素模型,此一方法称为**主轴萃取法**(principal axis method)。

以前述六题自尊测量的相关矩阵 R 为例,六个测量变量所形成的相关系数观察矩阵为6×6矩阵,因此矩阵运算最多能够产生与测量变量个数相等数量的特征值(6个)。特征值的大小反映了线性整合后的变量变异量大小,因此,过小的特征值表示其能够解释各测量变量相关的能力太弱,没有存在的必要而加以忽略。表15.2的相关矩阵经SPSS软件执行主轴萃取法的结果如表15.3。

表15.3 解说总变异量(以SPSS软件分析所得报表)

因子	初始特征值			平方和负荷量萃取			转轴平方和负荷量		
	总 数	方差%	累积%	总 数	方差%	累积%	总 数	方差%	累积%
1	2.742	45.705	45.705	2.307	38.451	38.451	1.555	25.911	25.911
2	1.126	18.768	64.473	0.671	11.182	49.633	1.417	23.612	49.523
3	0.756	12.605	77.078						
4	0.599	9.976	87.054						
5	0.438	7.295	94.348						
6	0.339	5.652	100						

萃取法:主轴因子萃取法。

从表15.3可以看出,以传统主成分技术针对相关系数矩阵R进行对角转换可能得到六个特征值(列于初始特征值),除前两个(2.742与1.126)能够解释较多的测量变量变异量之外,另外四个特征值太小则可加以忽略。但是如果以$\tilde{R}$进行因素萃取所到的前两大特征值,亦即最能解释测量变量协方差的前两个因素的特征值分别为2.307与0.671,两者的特征值数量均比主成分萃取得到的特征值低,显示缩减相关矩阵扣除了共变以外的独特变异,使得估计得出的共同变异(因素)反映扣除测量误差(测量变量独特性)后的真实变异,作为构念的估计数。前述特征值的计算与测量变量关系的矩阵推导关系为$L=V\tilde{R}V$:

$$L=\begin{bmatrix} .365 & .438 & .470 & .332 & .245 & .507 \\ .311 & -.309 & .442 & .479 & -.187 & -.591 \end{bmatrix}[\tilde{R}]\begin{bmatrix} .365 & .311 \\ .438 & -.309 \\ .470 & .442 \\ .332 & .479 \\ .245 & -.187 \\ .507 & -.591 \end{bmatrix}=\begin{bmatrix} 2.307 & .000 \\ .000 & .671 \end{bmatrix}$$

在因素分析的初始状态下,测量题目的总变异为各测量变量方差的总和,各因素萃取得到的特征值占全体变异的百分比称为萃取比例。表15.3当中六个题目总变异为6(每题方差为1),两个因素各解释2.307/6=38.45%与0.671/6=11.18%的变异量,合计为49.63%萃取变异量。

因素分析所追求的是以最少的特征值来解释最多的测量变量协方差,萃取因素越多,解释量越大,但是因素模型的简效性越低。研究者必须在因素数目与解释变异比例两者间找寻平衡点。因为如果研究者企图以精简的模型来解释测量数据,势必损失部分可解释变异来作为补偿,因而在FA中,研究者有相当部分的努力,是在决定因素数目与提高因素的解释变异。

五、因素负荷量与共同性

因素萃取是由特征向量对于相关矩阵进行对角转换得出的。因此,反映各萃取因素(潜在变量)与测量变量之间关系的**因素负荷量矩阵**(factor loading matrix,以 A 表示)可由矩阵转换原理从特征向量矩阵求得,亦即 $A=V\sqrt{L}$:

$$\tilde{R}=VLV'=V\sqrt{L}\sqrt{L}V'=(V\sqrt{L})(\sqrt{L}V')=AA' \tag{15.5}$$

以六个自尊测量的主轴萃取结果为例,因素负荷量矩阵如下:

$$A=\begin{bmatrix} .365 & .311 \\ .438 & -.309 \\ .470 & .442 \\ .332 & .479 \\ .245 & -.187 \\ .507 & -.591 \end{bmatrix}\begin{bmatrix} \sqrt{2.307} & 0 \\ 0 & \sqrt{.671} \end{bmatrix}=\begin{bmatrix} .562 & .255 \\ .674 & -.253 \\ .724 & .362 \\ .511 & .392 \\ .377 & -.153 \\ .781 & -.484 \end{bmatrix}$$

表 15.4 因素负荷量、共同性与解释变异量的关系

测量变量	因素一	因素二	共同性
X1	$(.562)^2$	$(.255)^2$	.381
X2	$(.674)^2$	$(-.253)^2$	.518
X3	$(.724)^2$	$(.362)^2$	.655
X4	$(.511)^2$	$(.392)^2$	.415
X5	$(.377)^2$	$(-.153)^2$	.166
X6	$(.781)^2$	$(-.484)^2$	.843
因素负荷平方和	2.307	.671	2.979
解释变异百分比	38.45%	11.18%	49.63%

因素负荷量的性质类似于回归系数,其数值反映了各潜在变量对于测量变量的影响力,例如本范例中的两个因素对第一个题目的负荷量分别为 0.562 与 0.255,表示因素一对第一题的解释力较强。同样的,各因素对于第二题进行解释的负荷量分别为 0.674 与 -0.253,表示因素一除对第二题的解释力较强之外,第二个因素对第二题的解释力为负值,表示影响方向相反,亦即第二个因素强度越强,第二题的得分越低。

如果把负荷量平方后相加,可得到解释变异量。对各题来说,两个因素对于各题解释变异量的总和,反映了萃取因素对于各题的总解释力,或是各测量变量对于整体因素结构所能够贡献的变异量的总和(亦即共同性)。此外,各因素在六个题目的解释变异量的总和,则反映了各因素从六个测量变量的 $\tilde{R}$ 矩阵所萃取的变异量总和,即为先前提到的解释变异量。计算的过程如表 15.4 所示。

至于因素负荷量多高才算是理想,Tabachnica 与 Fidell(2007)认为当负荷量大于 0.71,也就是该因素可以解释观察变量 50% 的变异量之时,是非常理想的状况,若负荷量小于 0.32,也就是该因素解释不到 10% 的观察变量变异量,是非常不理想的状况,通常这类题目虽然是形成某个因素的题项,但是贡献非常小,可以考虑删除(见表 15.5)。

表 15.5　因素负荷量的判断标准

λ	λ^2	判定状况
.71	50%	优秀
.63	40%	非常好
.55	30%	好
.45	20%	普通
.32	10%	不好
.32 以下		不及格

六、因素转轴

将前一步骤所抽取的因素,经过数学转换,使因素或成分具有清楚的区隔,能够反映出特定的意义,称为因素转轴(factor rotation)。转轴的目的,是在厘清因素与因素之间的关系,以确立因素间最清楚的结构。

转轴的进行,是使用三角函数的概念,将因素之间的相对关系,以转轴矩阵所计算出的因素负荷矩阵的参数,将原来的共变结构所抽离出来的项目系数进行数学转换,形成新的转轴后因素负荷矩阵(经正交转轴)或结构矩阵(经斜交转轴),使结果更易解释。进一步协助研究者进行因素的命名。

(一)直交转轴

因素的构成是由测量变量所决定的,而测量变量与因素间的关系则由因素负荷量表示,因此,因素负荷量可以说是用以判断因素内容与命名的重要参考。然而,经由初步萃取得出因素结构的因素负荷量并不容易。在执行上,因素分析提供多种转轴的方法,其中一种称为**直交转轴**(orthogonal rotation)。所谓直交,是指转轴过程当中,借由一组**转轴矩阵**(transformation matrix;Λ),使两因素平面坐标的 X 与 Y 轴进行夹角为 90 度的旋转,直到两因素之间的相关为 0 为止,重新设定各测量变量在两因素上的坐标(亦即因素负荷量)。转换公式如下为 $A\Lambda = A_{rotated}$。基于三角几何原理,从原 X 轴进行特定角度(Ψ)的转换系数矩阵:

$$\Lambda = \begin{bmatrix} \cos\Psi & -\sin\Psi \\ \sin\Psi & \cos\Psi \end{bmatrix}$$

以自尊量表的六个题目为例,经过与原 X 轴 42.6 度直交转轴后的新座标下的因素负荷量计算如下:

$$A_{rotated} = \begin{bmatrix} .562 & .255 \\ .674 & -.253 \\ .724 & .362 \\ .511 & .392 \\ .377 & -.153 \\ .781 & -.484 \end{bmatrix} \begin{bmatrix} .737 & .676 \\ -.676 & .737 \end{bmatrix} \begin{bmatrix} .242 & .567 \\ .668 & .269 \\ .289 & .756 \\ .112 & .634 \\ .381 & .142 \\ .902 & .171 \end{bmatrix}$$

直交转轴有几种不同的形式,**最大变异法**(varimax)使负荷量的方差在因素内最大,**四方最大法**(quartimax)使负荷量的方差在因素内最大,**均等变异法**(equimax rotation)综合前两者,使负荷量的方差在因素内与变量内同时最大。这三种转轴法所形成的简化结构有所不同,可利用 Γ(gamma)指标表示简化的程度,当 Γ=1 表示因素在各变量间有最简化结构,此时为最大变异法;Γ=0 表示变量在因素间有最清楚结构,但是因素间的简化性最低,此时为四方变异法;最后,均等变异法下,Γ=0.5,表示简化程度居于中间。

基本上,不论采用何种直交转轴,因素的结构与内在组成差异不大。在未转轴前,各因素的内部组成非常复杂,若要凭借因素负荷量来进行因素的解释与命名十分困难,但是转轴后的因素负荷量,则扩大了各因素负荷量的差异性与结构性。

由图 15.3 中的因素负荷量,我们可以清楚的看出,因素一当中,最重要的构成变量为第 i6 题,负荷量为 0.902,该题对于第二因素的负荷量仅有 0.171,其次是第 i2 题的 0.668,与第 i5 题的 0.381。这三个测量变量落在因素一的负荷量均高于因素二,也就是因素一为这三个测量变量的**目标因素**(target factor);相对的,第 i1、i3、i4 三个测量变量的目标因素则是因素二,负荷量分别为 0.567、0.756、0.634,均高于对因素一的负荷量 0.242、0.289、0.112,如此一来,我们即可以区分出因素一与因素二的主要构成题项是什么,适当的针对这两个因素加以解释与命名。确认因素的组成结构,使之具有最清楚明确的区分,是直交转轴最主要的功能。

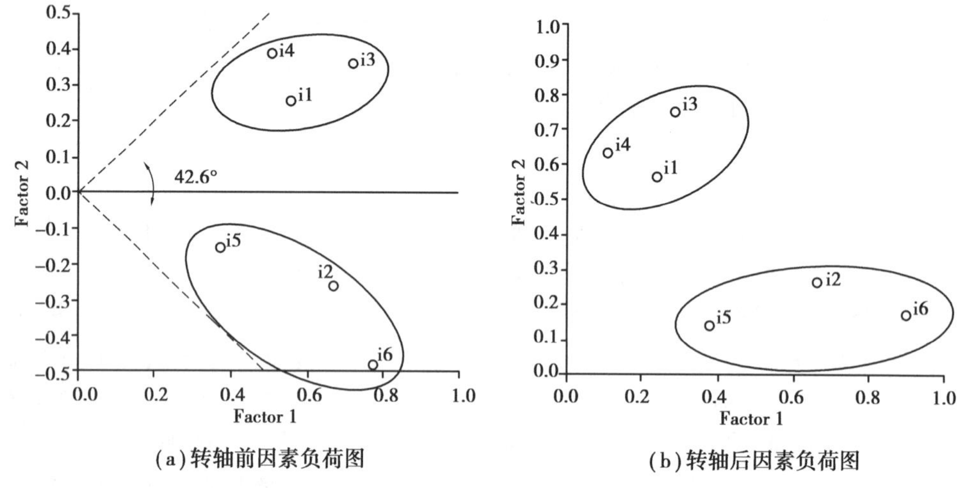

(a)转轴前因素负荷图　　(b)转轴后因素负荷图

图 15.3　转轴前与直交转轴后因素负荷量与因素分布图

值得注意的是,虽然每一个题目各有相对应的目标因素,但是对于非目标因素,各测量变量仍然具有一定的解释力,例如第 i5 题的目标因素是因素一,负荷量为 0.381,但是这一题在因素二的负荷量亦达 0.142,其他各题也多少会受到非目标因素的影响,因此,在对因素命名或解释时,除了针对测量变量与目标因素之间的对应关系进行解释外,也应考量到非目标因素的测量变量的影响。

另一个必须注意的地方,是经直交转轴后的各因素总解释变异量虽然维持不变,各测量变量的共同性也相同,但是各因素所能够解释的变异量则产生了明显的不同,显示直交转轴所影响的是各因素间的内部组成与相对关系,而非整体因素结构的萃取能力。

(二)斜交转轴

在转轴的过程当中,若容许因素与因素之间具有相关,称为**斜交转轴**(oblique rotation)。其中**最小斜交法**(oblimin roation)或**直接斜交法**(direct oblimin)可使因素负荷量的差积(cross-products)最小化;**最大斜交法**(oblimax rotation)、**四方最小法**(quartimin)则可使型态矩阵中的负荷量平方的差积(cross-products)最小化。Promax 法是将直交转轴的结果再进行有因素负荷差积最小化的斜交转轴;Orthoblique 则使用 quartimax 算式将因素负荷量重新量尺化(rescaled)以产生直交的结果,因此最后的结果保有斜交的性质。

斜交转轴针对因素负荷量进行三角函数数学转换,并估计因素负荷量的关系,因而会产生两种不同的因素负荷系数:**型态系数**(pattern coefficients)与**结构系数**(structure coefficients)。型态系数的性质与直交转轴得到的因素负荷量性质相同,皆为回归系数,为排除与其他因素之间相关之后的净相关系数来描述测量变量与因素间的关系。结构系数则为各测量变量与因素的积差相关系数,适合作为因素的命名与解释之用。如果是直交转轴,由于因素间没有相关,型态系数矩阵与结构系数矩阵相同,皆称为因素负荷系数。

以直交转轴转换得到的参数估计数,与因素间相互独立的简化原则相符,从数学原理来看,直交转轴将所有的测量变量在同一个因素或成分的负荷量平方的变异量达到最大,如此最能够达到简单因素结构的目的,且对于因素结构的解释较为容易,概念较为清晰,对于测验编制者,寻求明确的因素结构,以发展一套能够区别不同因素的量表,直交法是最佳的策略。但是,将因素之间进行最大的区隔,往往会扭曲潜在特质在现实生活中的真实关系,容易造成偏误,因此一般进行实证研究的验证时,除非研究者有其特定的理论作为支持,或有强而有力的实证证据,否则为了精确的估计变量与因素的关系,使用斜交转轴是较贴近真实的一种做法。

七、因素分数

一旦因素数目与因素结构决定与命名之后,研究者即可以计算因素分数(factor scores),借以描述或估计受测者在各因素的强弱高低。由于因素分析的主要功能在于找出影响测量变量的潜在导因(构念),因此因素分数的计算可以说是执行因素分析的最终目的。当研究者决定以几个潜在变量来代表测量变量后,所计算得到的因素分数就可被拿来进行进一步的分析(例如作为预测某效标的解释变量)与运用(例如用来描述病患在某些心理特质上的高低强弱)。

因素分数的计算有几种方式,最简单的方式是**组合分数**(composite scores),以因素负荷量为依据,决定各测量变量的目标因素为何,而将测量变量依照各因素自成一组,然后加总求取各题平均值来获得各因素的得分。此方法的优点是简单明了,每一个因素各自拥有一组测量变量,求取平均后可使平均数的量尺对应到原始的测量尺度(例如 1 为非常不同意,5 为非常同意),有利于分数强弱高低的比较与解释。但是其缺点是忽视了各题对应其因素各有权重高低的事实,对于潜在变量的估计不够精确。另一个缺点是未考量测量误差的影响,在估计因素间的相关强弱时,会有低估的现象。

另一种策略为线性组合法,利用因素分析求出的因素分数系数,将所有测量变量进行线性整合,得到各因素的最小平方估计数。其计算式是取因素负荷量与相关系数反矩阵的乘积,亦即 $B=R^{-1}A$,而因素分数即为各测量变量转换成 Z 分数后乘以因素分数系数而得,亦即 $F=ZB$。且由于各测量变量先经过了标准化处理才进行线性整合,因此因素分数的性质也是平均数为 0,标准差为 1 的标准分数,且由于各因素的尺度没有实质的单位意义,因此因素分数仅适合作为比较与检验之用(例如以 t 检验来比较性别差异),

因素分数的数值没有实际量尺的意义,且因素相关会受到转轴方式与萃取方式的不同而变化,在解释因素分数与因素相关时需要特别小心。

由于因素分数经常作为后续研究的预测变量,当各因素之间具有高相关时会出现多元共线性问题,然而研究者可以利用不同的转轴与因素分数估计法来获得不同的因素分数,控制因素间的相关,以避免多元共线性问题,尤其是当因素分数是以直交转轴所获得的分数时,将可确保直交转轴的因素分数为零相关,但如果采用斜交转轴,因素负荷量分离出型态矩阵与结构矩阵两种形式,因素之间即可能出现不同的相关强度估计数。如果研究者想要保留因素分数协方差矩阵的特征,可采用主成分萃取模型的一般线性回归策略来计算因素分数。

第四节　范例解析

范例 15.1　探索性因素分析

Rosenberg 所发展出来的自尊量表是一个广为研究者采用的评量自尊的工具,现以台湾地区 1 704 名高中生的施测结果(邱皓政,1997b),来进行探索式的因素分析,检验十题的自尊量表是否具有多重的因素结构。

由于研究者并无预设自尊的特定因素结构,同时因素分析的目的在于寻找可能的因素结构,因此适合以主轴法,抽取十个题目的共同的变异成分,并排除测量误差的影响。同时为建立因素间最简单的结构,采用直交转轴法寻求因素区隔的最大可能性。配合斜交转轴来了解因素间的关系。

【A. 操作程序】

步骤一:点选 分析 → 维度缩减 → 因子 ,进入因素分析对话框。

步骤二:点选量表的题目,移至变量清单中。

步骤三:点选描述统计量,进入描述统计量对话框。点选所需的统计量数,如单变量描述统计、未转轴统计量。点击 继续 。

步骤四:点选萃取。进入萃取对话框,决定因素抽取的方法,是否需要陡坡图,特征值的标准等。点击 继续 。

步骤五:点选转轴法。进入转轴法对话框,决定转轴方式,以及图示法。点击 继续 。

步骤六:点选选项。进入选项对话框,决定 因素 负荷量的排列方式。点击 继续 。

步骤七:点击 确定 执行。

【B. 步骤图示】

ex15.sav [資料集1] - PASW Statistics Data Editor
檔案(F) 編輯(E) 檢視(V) 資料(D) 轉換(T) 分析(A) 直效行銷(M) 統計圖(G) 效用值(U) 視窗(W) 說明(H)
報表(P)
敘述統計(E)
表格(B)
比較平均數法(M)
一般線性模式(G)
概化線性模式(Z)
混合模式(X)
相關(C)
迴歸(R)
對數線性(O)
神經網路(W)
分類(Y)
維度縮減(D)
尺度(A)
無母數檢定(N)
預測(T)
因子(F)...
對應分析(C)...
最適尺度(O)...
顯示：16 個變數 (共有 16 個)
因子分析
受試者問卷ID [id]
出生年 [yr]
出生月 [mt]
性別 [sex]
成績 [gpa]
成績等級 [gpal]
變數(V)：
大體來說，我對我...
有時我會覺得自己...
我覺得自己有許多...
我自信我可以和別...
我時常覺得自己沒...
有時候我的確感到...
我覺得自己和別人...
選擇變數(C)：
描述性統計量(D)...
萃取(E)...
轉軸法(T)...
分數(S)...
選項(O)...
取消
輔助說明
步骤一
进入因素分析对话框，选择变量并移入变量清单
选择变量，此栏可提供档案切割功能。如分割成不同性别两个独立因素分析
选项中依序选择各种附加功能
因子分析：描述性統計量
統計
單變量描述性統計量(U)
未轉軸之統計量(I)
相關矩陣
係數(C)
倒數模式(N)
顯著水準(S)
重製的(R)
行列式(D)
反映像(A)
KMO與 Bartlett 的球形檢定(K)
繼續
取消
輔助說明
步骤二
进入描述统计量对话框，选择所需的统计量
如单变量描述性统计量可以得到各题的平均数标准差等
点选 KMO与 Bartlett 检验以检验假设是否违反

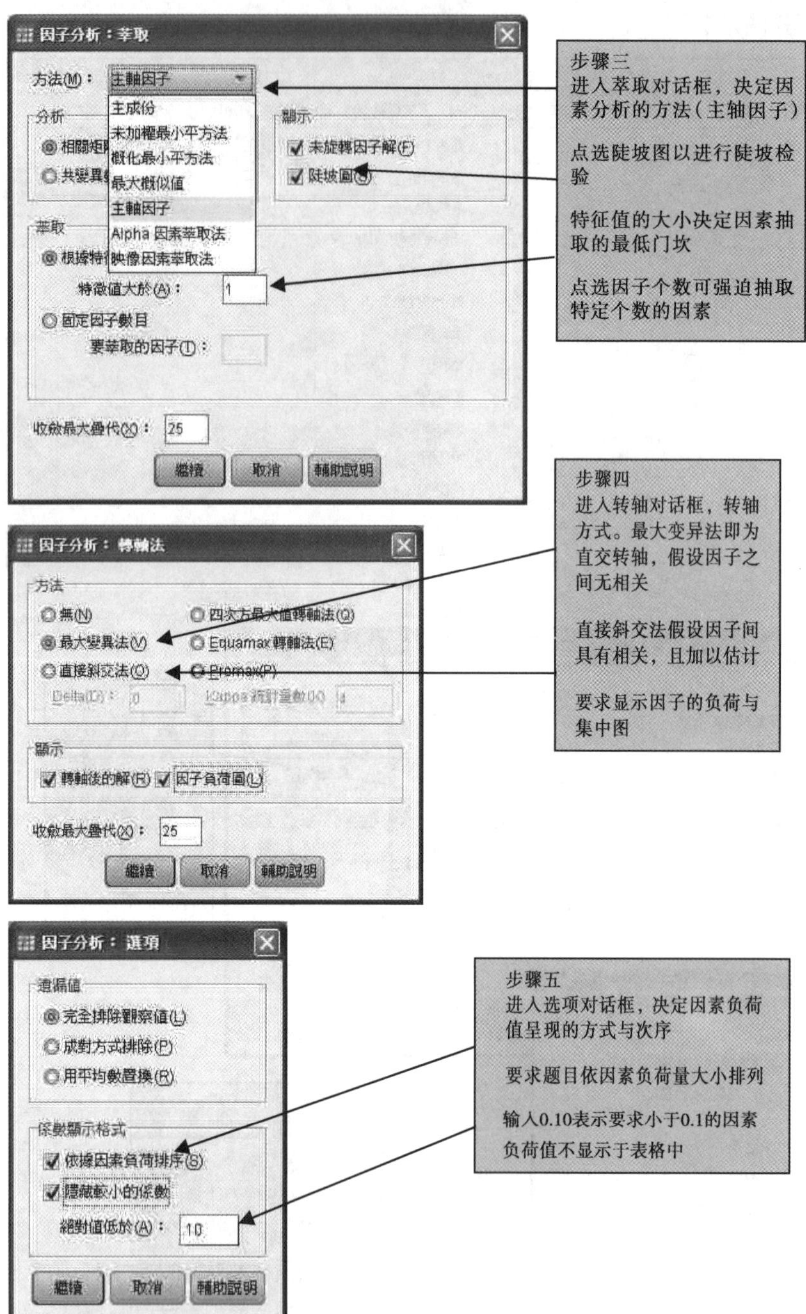
因子分析：萃取
方法(M)：主軸因子
主成份
未加權最小平方法
概化最小平方法
最大概似值
主軸因子
Alpha 因素萃取法
映像因素萃取法
分析
相關矩陣
共變異數
顯示
未旋轉因子解(F)
陡坡圖(S)
萃取
根據特徵值
特徵值大於(A)：1
固定因子數目
要萃取的因子(T)：
收斂最大疊代(X)：25
繼續
取消
輔助說明
步骤三
进入萃取对话框，决定因素分析的方法(主轴因子)
点选陡坡图以进行陡坡检验
特征值的大小决定因素抽取的最低门坎
点选因子个数可强迫抽取特定个数的因素
因子分析：轉軸法
方法
無(N)
四次方最大值轉軸法(Q)
最大變異法(V)
Equamax 轉軸法(E)
直接斜交法(O)
Promax(P)
Delta(D)：0
Kappa 統計量數(K)：4
顯示
轉軸後的解(R)
因子負荷圖(L)
收斂最大疊代(X)：25
繼續
取消
輔助說明
步骤四
进入转轴对话框，转轴方式。最大变异法即为直交转轴，假设因子之间无相关
直接斜交法假设因子间具有相关，且加以估计
要求显示因子的负荷与集中图
因子分析：選項
遺漏值
完全排除觀察值(L)
成對方式排除(P)
用平均數置換(R)
係數顯示格式
依據因素負荷排序(S)
隱藏較小的係數
絕對值低於(A)：.10
繼續
取消
輔助說明
步骤五
进入选项对话框，决定因素负荷值呈现的方式与次序
要求题目依因素负荷量大小排列
输入0.10表示要求小于0.1的因素负荷值不显示于表格中

【C. 结果输出】

叙述统计

	平均数	标准差	分析个数
I51　大体来说,我对我自己十分满意	3.50	1.117	1704
I52　有时我会觉得自己一无是处	2.69	1.381	1704
I53　我觉得自己有许多优点	3.28	1.066	1704
I54　我自信我可以和别人表现得一样好	3.83	1.066	1704
I55　我时常觉得自己没有什么好骄傲的	2.20	1.105	1704
I56　有时候我的确感到自己没有什么用处	2.76	1.337	1704
I57　我觉得自己和别人一样有价值	3.95	1.030	1704
I58　我十分地看重自己	3.71	1.068	1704
I59　我常会觉得自己是一个失败者	3.35	1.298	1704
I60　我对我自己抱持积极的态度	3.64	1.068	1704

描述统计量

显示各题目的基本统计量。平均数、标准差与个数

KMO 与 Bartlett 检验

Kaiser-Meyer-Olkin 取样适切性量数。		.879
Bartlett 球形检验	近似卡方分布	5569.703
	自由度	45
	显著性	.000

球形检验

KMO 取样适切性检验为0.879,接近1

球形检验卡方值为 5 569.703,达到显著,表示本范例适用于进行因素分析

共同性

	初始	萃取
I51　大体来说，我对我自己十分满意	.349	.408
I52　有时我会觉得自己一无是处	.426	.514
I53　我觉得自己有许多优点	.403	.456
I54　我自信我可以和别人表现得一样好	.366	.448
I55　我时常觉得自己没有什么好骄傲的	.151	.178
I56　有时候我的确感到自己没有什么用处	.512	.755
I57　我觉得自己和别人一样有价值	.473	.569
I58　我十分地看重自己	.456	.536
I59　我常会觉得自己是一个失败者	.391	.440
I60　我对我自己抱持积极的态度	.281	.320

萃取法：主轴因子萃取法

共同性

显示各题目的方差被共同因素解释的比例

共同性越高，表示该变量与其他变量可测量的共同特质越多。也就是越有影响力。(以 I56 最佳)

解说总变异量

因子	初始特征值			平方和负荷量萃取			转轴平方和负荷量		
	总和	方差的%	累积%	总和	方差的%	累积%	总和	方差的%	累积%
1	4.175	41.749	41.749	3.670	36.696	36.696	2.734	27.338	27.338
2	1.449	14.490	56.239	.956	9.557	46.254	1.892	18.916	46.254
3	.773	7.733	63.972						
4	.693	6.931	70.903						
5	.598	5.980	76.883						
6	.555	5.546	82.429						
7	.550	5.500	87.928						
8	.468	4.675	92.603						
9	.392	3.916	96.520						
10	.348	3.480	100.000						

萃取法：主轴因子萃取法

解释变异量

说明因素分析所抽取的因素能够解释全体变量方差的比例。

以特征值=1为萃取标准，得到两个重要因素，分别可以解释36.696%与9.557%的变量变异量。合计占46.254%。

转轴后两个因素的相对位置不变，但是因素的完整性增加，可解释的比重改变。分别为27.338%与18.916%。

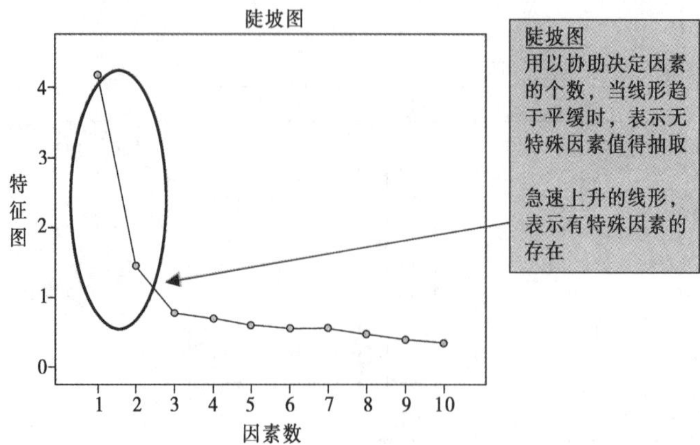

转轴后的因子矩阵[a]

	因子	
	1	2
I57 我觉得自己和别人一样有价值	.732	.182
I58 我十分地看重自己	.703	.204
I54 我自信我可以和别人表现得一样好	.666	
I53 我觉得自己有许多优点	.618	.273
I51 大体来说，我对我自己十分满意	.602	.214
I60 我对我自己抱持积极的态度	.529	.199
I56 有时候我的确感到自己没有什么用处	.218	.841
I52 有时我会觉得自己一无是处	.235	.677
I59 我常会觉得自己是一个失败者	.359	.558
I55 我时常觉得自己没有什么好骄傲的		.418

萃取方法：主轴因子。
旋转方法：含Kaiser正态化的Varimax法
a. 转轴收敛于3个迭代

转轴后成分矩阵

表示构成某一因素的题目内容与比重，经由直交转轴后的因素负荷量

相类似的题目构成某一特定的因素。因此因素的名称可以借由题目的内容来决定

因子转换矩阵

因子	1	2
1	.809	.587
2	-.587	.809

萃取方法：主轴因子。
旋转方法：含 Kaiser 正态化的 Varimax 法

因子转换矩阵
用以计算各项目负荷量的参数
功能在于说明转轴的方向及角度大小

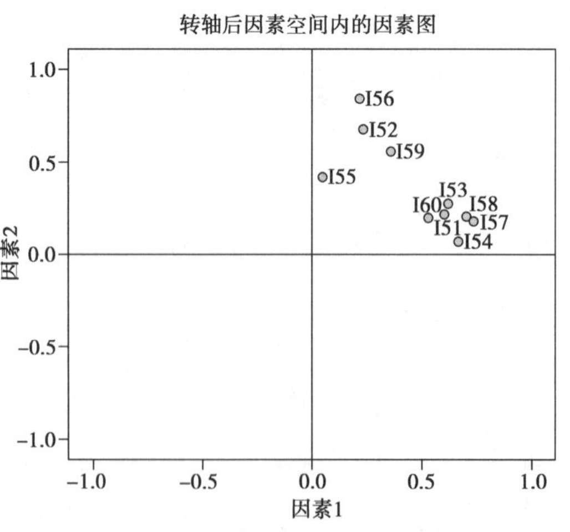

★斜交转轴结果

斜交转轴的不同在于假设因素之间具有相关，除了转轴后所产生的矩阵与直交转轴

有所不同外，其他量数并无差异。以下仅就**样式矩阵**(pattern matrix)与**结构矩阵**(structure matrix)的内容来说明。

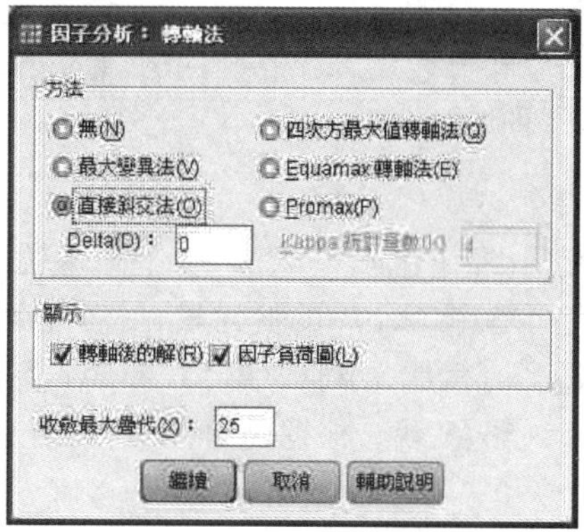

样式矩阵[a]

	因子	
	1	2
I57 我觉得自己和别人一样有价值	.763	
I58 我十分地看重自己	.725	
I54 我自信我可以和别人表现得一样好	.721	-.124
I53 我觉得自己有许多优点	.611	.116
I51 大体来说，我对我自己十分满意	.610	
I60 我对我自己抱持积极的态度	.533	
I56 有时候我的确感到自己没有什么用处		.864
I52 有时我会觉得自己一无是处		.678
I59 我常会觉得自己是一个失败者	.245	.509
I55 我时常觉得自己没有什么好骄傲的		.447

萃取方法：主轴因子

旋转方法：含 Kaiser 正态化的 Oblimin 法

a. 转轴收敛于4个迭代

样式矩阵
因素负荷值以偏回归系数求得，代表以成分去预测某一变量时，每一个因素的加权系数样式矩阵反映变量间的相对重要性。适合于做比较。如 I57 在因子“1”有较重要的影响力

结构矩阵

	因　子	
	1	2
I57 我觉得自己和别人一样有价值	.754	.354
I58 我十分地看重自己	.732	.368
I53 我觉得自己有许多优点	.668	.414
I54 我自信我可以和别人表现得一样好	.661	.227
I51 大体来说，我对我自己十分满意	.637	.354
I60 我对我自己抱持积极的态度	.563	.322
I56 有时候我的确感到自己没有什么用处	.431	.869
I52 有时我会觉得自己一无是处	.404	.714
I59 我常会觉得自己是一个失败者	.493	.628
I55 我时常觉得自己没有什么好骄傲的	.159	.418

萃取方法：主轴因子。

旋转方法：含 Kaiser 正态化的 Oblimin 法

结构矩阵
因素负荷值代表成分与变量之间的相关系数。结构矩阵的功能是反映因子与变量的关系。适合于因素命名的决定。不适合做变量间的比较，例如第一因素可以命名为“正面肯定”，第二因素为“负面评价”

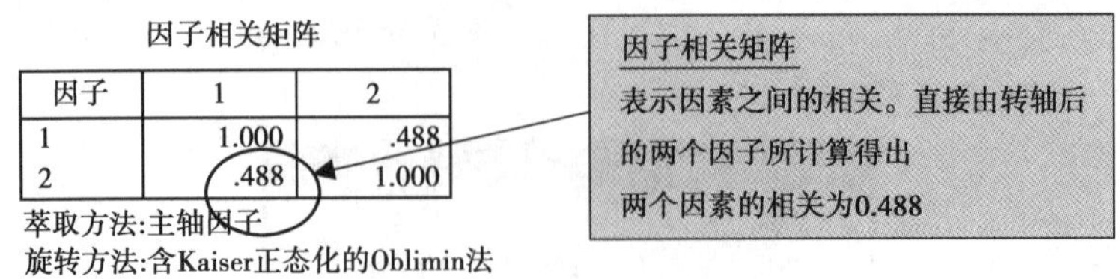

因子相关矩阵

因子	1	2
1	1.000	.488
2	.488	1.000

萃取方法:主轴因子
旋转方法:含Kaiser正态化的Oblimin法

【D. 结果分析】

自尊量表的因素分析发现,经由主轴萃取法,十个测量题目可以抽离出两个主要的因素,经过直交转轴后,前者可解释 27.3% 的变异量,后者可解释 18.9% 的变异量,合计为 56.2% 。构成因素一的题目有六题,分别为第 51、53、54、57、58、60 题,构成因素二的题目有四题,分别为第 52、55、56、59 题,根据题目的特性,分别可命名为"正面肯定"与"负面评价"。

各项检验支持因素分析的基本假设均未违反,所有的题项也具有相当程度的抽样适切性。经斜交转轴后,计算出两者之间具有 0.488 的相关,显示自尊的两个因素具有相当的关联性。详细的因素与其相对的题目请参考结构矩阵中的数据。

第五节　结　语

因素分析可以说是当代社会科学领域最重要的多变量统计应用技术之一。虽然此技术从 1904 年,统计学家 Spearman 提出其基本概念至今已有百余年的历史,但直到今日,有关因素分析在方法学与原理上的议题仍不断被提出,对于因素分析的批评声从未间断,但是使用者仍是前仆后继,在某些期刊上,有接近三成的论文都与因素分析有关(Fabrigar, et al., 1999)。在国内,因素分析法也普遍应用于心理与教育等社会科学领域(王嘉宁、翁俪祯, 2002)。因此,若将因素分析视为一门独立的因素分析学,有其历史脉络与范式传统、独特的数学原理、广泛的应用价值以及众多待解的议题与未来发展的潜力,实不为过。

因素分析之所以在当今学术领域占有重要的地位,一方面是拜计算机科技的发展所赐,使得繁复的计算估计程序可以快速演算进行,便捷的套装软件使操作更为简便。但更重要的是,因素分析技术能满足研究者对于抽象构念探究的需求,如果不是为了探索智力、创造力、自尊等这类的心理构念,因素分析的发展不会有今日的光景,换言之,因素分析的独特价值,是因为抽象构念的测量问题而存在。

心理计量学者 Nunnally(1978)认为,因素分析的主要贡献是得以对心理构念的效度进行客观的评估,因此是心理构念测量最重要的分析技术,数据简化只是因素分析次要功能。Guilford 在 60 年前,就已经认为因素分析能够为研究者提供因素效度证据,将是心理构念研究的重要方法学突破。他笃定的说,构念是否存在,一切都看因素(…the answer then should be in terms of factors)(Guilford, 1946, p. 428)。但是,这些评论都是在数字革命之前所提出,20 世纪 70 年代之后,计算机普及且效能不断提升,信息科技不仅改变了人们的生活,同时也影响了学术研究的技术发展,验证性因素分析诞生,让因素分析的应用脱胎换骨,更让心理计量学迈入新的纪元。

第十六章　因素分析:验证取向

第一节　基本概念

传统上,研究者在进行因素分析之前,并未对数据的因素结构有任何预期与立场,而借由统计数据来研判因素的结构,此种因素分析策略带有浓厚的尝试错误的意味,因此称为**探索性因素分析**(exploratory factor analysis; EFA)。然而,有时研究者在研究之初即已提出某种特定的结构关系的假设,例如某一个概念的测量问卷是由数个不同子量表所组成,此时因素分析可以被用来确认数据的模式是否即为研究者所预期的形式,此种因素分析称为**验证性因素分析**(confirmatory factor analysis; CFA),具有理论检验与确认的功能。

探索性因素分析与验证性因素分析最大的不同,在于测量的理论架构(因素结构)在分析过程中所扮演的角色与检验时机。对 EFA 而言,测量变量的理论架构是因素分析的产物,因素结构是从一组独立的测量指标或题目间,以数学程式与研究者主观判断所决定的一个具有计量合理性与理论适切性的结构,并以该结构代表所测量的概念内容,换句话说,理论架构的出现在 EFA 是一个事后(posterior)的概念;相对之下,CFA 的进行则必须有特定的理论观点或概念架构作为基础,然后借由数学程式来确认该理论观点所导出的计量模型是否确实、适当,换句话说,理论架构对于 CFA 的影响是于分析之前发生的,计量模型具有理论的先验性,其作用是一种事前(priori)的概念。

从统计方法学的角度来看,CFA 是 SEM 的子模型。其数学与统计原理都是 SEM 的一种特殊应用。由于 SEM 的模型界定能够处理潜在变量的估计与分析,具有高度的理论先验性,因此如果研究者对于潜在变量的内容与性质,在测量之初即非常明确、详细地加以推演,或有具体的理论基础,提出适当的测量变量组成测量模型,借由 SEM 即可以对潜在变量的结构或影响关系进行有效的分析。SEM 中对潜在变量的估计程式,即是在检验研究者先期提出的因素结构(测量模型)的适切性,一旦测量的基础确立了,潜在变量的因果关连就可以进一步的通过多元回归、路径分析的策略(结构模型)来加以探究。

第二节　验证性因素分析的特性

在 SEM 的术语中,测量模型的检验即是验证性因素分析。图 16.1 是一个典型的

CFA 测量模型。图 16.1 中有两个具有相关的潜在变量 F1 与 F2,F1 由 V1 至 V3 三个指标来测量,F2 由 V4 至 V6 三个指标来测量,E1 至 E6 分别代表六个测量变量的测量误差。从潜在变量指到测量变量的单箭头,代表研究者所假设的潜在变量对于测量变量的直接因果关系,经由统计过程对这些因果关系的估计数称为因素负荷量,有标准化与未标准化两种形式,性质类似于回归系数。

在整个模型中,研究者所能具体测量的是六个测量变量,其背后受到某些共同的潜在变量的影响,因此测量变量可以说是内生变量,潜在变量与测量误差则为外源变量。从变异量的拆解原理来分析,每个测量变量的变异量可以被拆解成两部分:**共同变异**(common variance)与**独特(或误差)变异**(unique variance)。以 F1 为例,V1、V2、V3 是用来测量潜在特质 F1 的指标或测量题目,其背后受到同一个潜在因素的影响,从数学关系来说,即是三个变量共变的部分,而测量误差的部分就是三个测量变量无法被该潜在变量解释的独特变异量或残差(disturbance),彼此相互独立。

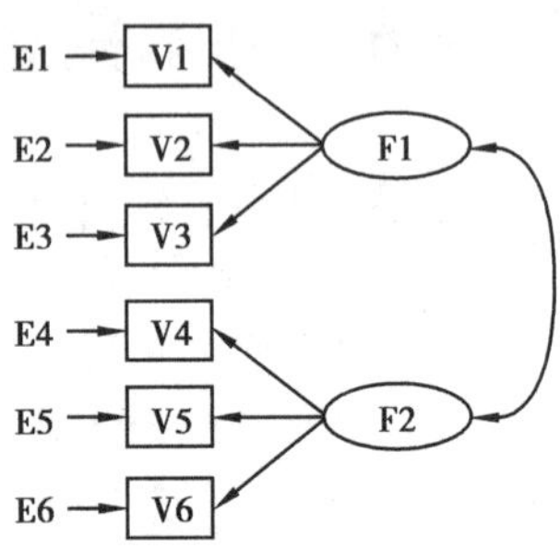

图 16.1　典型的 CFA 模型图

一、测量误差的估计

CFA 的优点之一是能够有效估计测量误差。基于潜在变量模型的概念,各观察变量的相关是因为背后存在一个(或多个)共同因素所造成,当研究者基于特定假设观点所建立的测量模型来指定测量变量与潜在的共同因素的对应关系后,即可对共同因素进行估计,同时也就能够对各观察变量独特的部分加以估计,使得 CFA 得以分离潜在变量与测量误差。

从测量变量拆解得出的独特变异可能包含两种类型的测量误差,第一是**随机误差**(random error),也就是传统信度估计所估计的测量误差。造成原因包括测量过程、被试个人因素、工具因素等,这些因素对测量分数并无系统化的影响(如系统性的高估或低估),因此称为随机性的误差来源。第二则是**系统误差**(systematic error),对测量分数会有系统化的影响,使测量分数以特定的模式偏离实际的真分数。理论上,系统化误差可以从测量变量中的独特变异量中抽离出来,因为系统性误差的存在,是由于在潜在变量之外仍有其他的影响分数的变异来源。最明显的一个例子是**方法效应**(method effect),也就是研究过程中对于变量的测量基于某一种特殊的方法,例如纸笔测验,造成测量分数的系统性变化,无法反映真分数的一种现象(Marsh,1988;Kenny & Kashy,1992)。

二、单维测量与多维测量

CFA 与 EFA 的主要不同点之一,在于测量变量与潜在因素之间的组合型态,可以不受限于单一变量只能被单一潜在变量影响,意即**单维测量**(unidimensional measurement)

模型。而可允许单一变量被多个潜在变量影响的**多维测量**(multidimensional measurement)模型。以图 16.2 为例,每一个测量变量皆与一个特定的潜在变量相联结,但是 V3 与 V5 则另外尚有额外的联结(V3←F2、V5←F1),也就是说 V3 与 V5 同时与两个潜在变量有关。

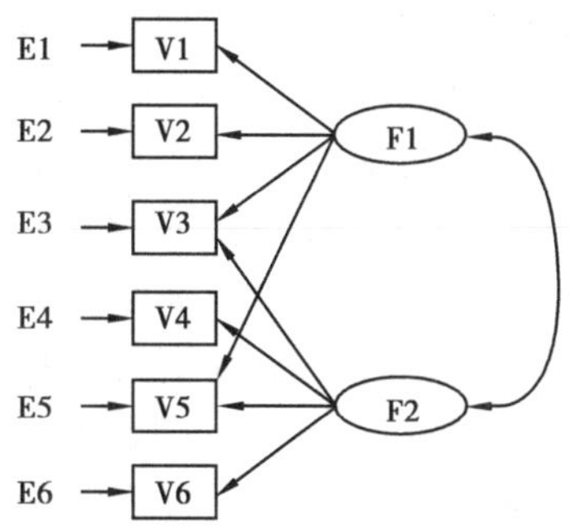

图 16.2　多维测量的 CFA 测量模型图

CFA 测量模型除了允许测量变量与潜在变量可以具有多维关系之外,测量变量的误差项也可以与其他变量存在共变,也就是说,CFA 测量模型在技术上允许测量变量的误差项为多维测量。最普遍的一种现象是使用**相关误差**(correlated measurement error)的测量模型,亦即误差项存在相关,代表测量变量除了受到特定潜在特质的影响之外,尚有其他未知的影响来源(如图 16.3)。

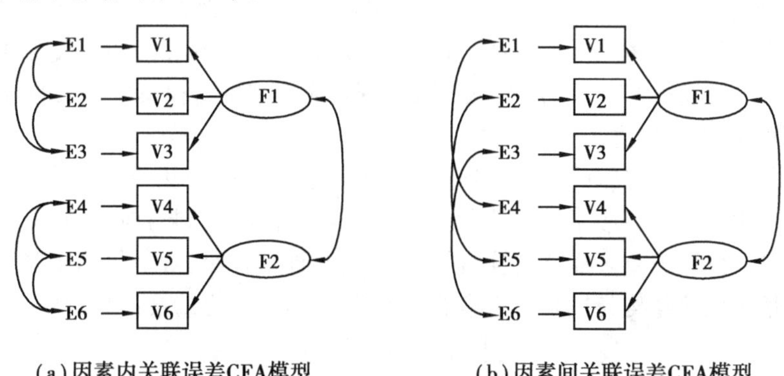

图 16.3　两种关联误差的 CFA 测量模型图

图 16.3(a)与(b)中,误差项之间具有假设存在的共变,图 16.3(a)的关联误差发生在同一个潜在因素内,称为因素内关联误差模型,而图 16.3(b)的关联误差则是跨越了不同的因素,称为因素间关联误差模型。

因素内关联误差模型最典型的例子是前一节提及的方法效应,也就是说测量变量都是由同一种测量工具所测量,例如 F1 是以三个 Likert-type 自陈量表题目 V1、V2、V3 来测定,F2 由另一种方法来测定,对于同一个因素(如 F1),三个测量变量除了受到该潜在因素的影响外,还受到方法效应的影响,反映在误差项的相关上(E1↔ E2、E1↔E3、E2↔E3)。

因素间关联误差模型最典型的例子是再测信度的测量。假设 F1 因素与 F2 因素分别代表在两个时间点下同一个潜在特质的两次测量,V1、V2、V3 与 V4、V5、V6 是同一组题目,即 V1 = V4、V2 = V5、V3 = V6,时间变动将造成测量分数的波动,三个题目在两次测量中的误差项的两两相关(E1↔E4、E2↔E5、E3↔E6)反映了特定题目因时间变动的波动情形。

三、初阶模型与高阶模型

一般而言,CFA 测量模型所处理的问题是测量变量与潜在变量的关系。利用一组测量变量实际测得的共变结构,抽离出适当的潜在因素,用以检测研究者所提出的假设模型是否合宜、适配,这些潜在因素直接由测量变量抽离得出,称之为**初阶因素**(first-order factors)。如果一个测量模型有多个初阶潜在因素,因素之间的共变关系可以加以估计,计算出两两因素相关系数来反映潜在变量之间的关系强度。此时,潜在因素之间存在的是平行的相关关系,各个初阶因素并无特定的隶属结构关系,称之为**初阶验证性因素分析**(first-order CFA);如果研究者认为在这些初阶潜在因素之间,存在着共同的、更高阶的潜在因素,可以利用图 16.4 的测量模型来进行检测,称为**阶层验证性因素分析**(hierarchical CFA; HCFA),那些假设存在的共同潜在因素称为**高阶因素**(higher-order factors)。初阶因素之上的一层潜在因素称为**二阶因素**(second-order factor)(如图 16.4 的 F3),第三层因素称为**三阶因素**(third-order factor),依此类推。阶层化验证性因素分析使得研究者可以提出更多的测量模型来加以检验,提高了分析的弹性,尤其在一些行为科学研究中,因素之间具有繁复的结构关系,SEM 的共变分析技术提供了检验的工具。

HCFA 对于因素的检验虽然较一般 CFA 复杂,但是 HCFA 的设定原理与操作方法与一般的 CFA 并无太大不同,如果读者已经熟悉了前面两个 CFA 范例的操作,就可以很轻易的学会如何操作 HCFA。然而因为 HCFA 可以针对高阶因素进行检验,可以非常轻易的处理"**潜在因素的因素分析**"(factor analysis on latent factors),或更为复杂的理论模型的检验,此一特性使得 CFA 的用途更加广泛,现在应用结构方程模型分析的研究中,已有许多是应用 HCFA 的概念。

总而言之,不论从误差的处理、多维假设的应用、或是阶层化分析的技术等各方面来看,CFA 测量模型分析突破了过去路径分析与因素分析的限制与应用范围,使得假设存在的潜在变量,得以进行多样化的实证检测。对于研究者而言,不仅是工具与技术方面的提升,也是在理论建构与检验的策略的一大进步,值得广泛的推广与运用。

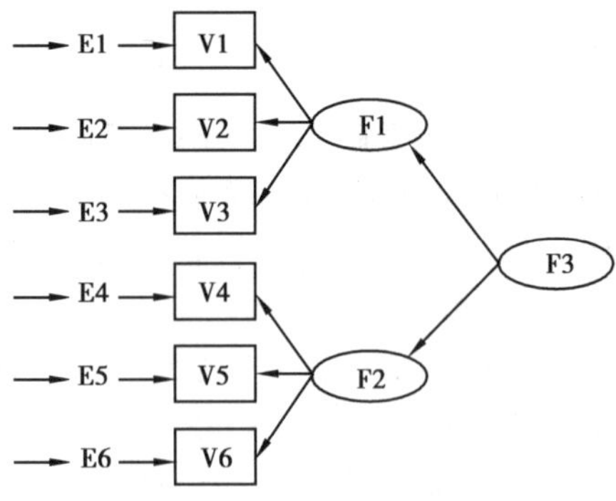

图 16.4　二阶的阶层验证性因素分析图

第三节　验证性因素分析的执行

一、CFA 的执行步骤

验证性因素分析的执行可以分成几个步骤,第一个步骤是**发展假设模型**(hypothetic model)。也就是针对测量的题目的潜在结构关系,基于特定的理论基础或先期的假设,提出一个有待检验的因素结构模型,从结构方程模型的术语来说,就是建立一套假设的测量模型。

第二个步骤是进行**模型辨识**(model identification),也就是将研究者所欲检验的模型,转换成统计模型,以便利用统计软件来进行分析。此一步骤的完成,必须非常谨慎的计算模型的辨识性,以避免 SEM 执行失败。除此之外,研究者必须熟悉 SEM 分析软件的程式语言或操作方式,将所欲检验的模型写入 SEM 分析软件的指令系统中。

步骤三是**执行 SEM 分析**,进行参数估计与模型检验。一般而言,SEM 所使用的数据型态可为**原始数据**(raw data),虽然方便,但是由于原始数据库中,往往包含有许多与 CFA 无关的变量,以及许多遗漏值,因此,如果要使用原始数据库,应先清理数据库。比较简单的方法则是直接取用测量变量的相关或协方差矩阵。

第四个步骤是进行**模型评鉴**(model evaluation)与参数报告分析,也就是研判 CFA 分析的报表结果,检验各项数据的正确性。基本上,CFA 可以用不同的估计方法来进行参数估计,而不同的方法所得到的结果也有所不同,因此,在 CFA 的研究报告中,应说明使用何种估计策略,并说明为配合该种策略,有无特殊的处理(例如样本规模的决定、变量经过正态校正等),使得读者可以清楚了解 CFA 的各项参数是在何种基础上估计出来的。

一般而言,最常用的估计方法是最大似然法(ML 法),ML 法的优点是在小样本时,或是变量有不太理想的峰度时,仍然可以获得理想的参数估计数,因此,不熟悉 CFA 分析的使用者,可以直接使用 ML 法来进行 CFA 分析。

最后一个步骤是对 CFA 分析进行最终报告,如果模型结果不甚理想,研究者可以进行模型修饰与调整,但由于此举可能有违当初研究者所提出的假设模型,因此文献上多不鼓励研究者在最后这个阶段因为结果不理想而进行过多的修正与调整。如果真有修饰模型的必要,也必须详加说明修饰的正当性与合理性,必要时引述文献理论的说法,以强化立论根据。

在分析 CFA 报表时,应分别就两个层次的数据进行处理,第一是过程性的数据,也就是在完成最终结论之前,我们必须详细检阅 CFA 分析的各项数据,观察这些数据的状态,必要时加以记载,作为报告撰写之用。第二是**终解**(final solution)的报告,也就是 CFA 分析的最后结论的各种参数数据,以及模型适配度的最终数据。

二、模型适配评鉴

CFA 模型是否可被接受,关键在于研究者所设定的模型是否能够反映观测数据的共变结构,称为**模型适配检验**(test for goodness offit)。模型适配指标的功能是用来评估一个 CFA 模型是否与观测数据适配。适配有两种不同的意义,第一是**绝对适配**(absolute fit),第二是**相对或增量适配**(relative or incremental fit)。前者反映的是模型导出的协方差矩阵与实际观测的协方差矩阵之间的适配情形,适配度数值大小,表示模型导出数与实际观测数差异的多寡。最常用的绝对适配统计量是 χ^2 值,χ^2 值的原理是计算从 CFA 模型估计得到的参数所导出的协方差矩阵与观察协方差矩阵的之间差异程度的残差,残差越大(表示参数估计结果与观察数据有落差),χ^2 值越大;反之,残差越小(表示参数估计结果与观察数据相符),χ^2 值越小。

至于相对与增量适配,则是指某一个模型的适配度,较另一个替代模型的适配度,增加或减少了多少适配度。例如一个模型假设潜在变量之间具有相关,替代模型则假设潜在变量之间没有相关(称为虚无或独立模型),计算出两个模型的适配度差异量后,以推知何者较能适配观测数据。

在这两种适配度的概念下,发展出不同的适配指标。一般学术报告均要求报告 χ^2 值以及与 χ^2 统计数的计算有关的信息(自由度、样本数、显著性),因为 χ^2 值反映了模型适配的原始状态,也因为许多适配指标是由 χ^2 值衍生而来。如果数据具有明显的非正态性性质,经过特殊校正,则可报告调整后的 χ^2(例如 SB 量尺化卡方 Scaled χ^2;Satorra & Bentler, 1994)与相对应调整后的模型适配指标(参见邱皓政,2010 关于 C1 至 C4 替代性卡方量数的介绍)。

GFI 指标可以说是绝对适配指标当中最常应用在 CFA 的指标,因为 GFI 指标反映了潜在变量的萃取能力,性质类似于回归分析的 R^2,数值越大,表示实际观察的协方差矩阵能够被假设模型解释的百分比越高,模型适配度越佳。至于增量适配,被 Hu 与 Bentler (1995)称为第二类型指标。如果样本够大而使用最大似然估计法时,NNFI(或称为 TLI 指标;Tucker & Lewis' index)是较常用的指标,但是当样本数少时(例如低于 150)则不建议使用,可以改用 IFI 指标。如果研究者采用的是 GLS 估计方法,以 IFI 指标的表现较理想。

Hu 与 Bentler(1995)指出第三类型指标是以非中央卡方为基础所发展的增量适配指标,较佳的选择是 CFI 指标(又称为 BFI 指标,Bentler, 1995;或 RNI 指标,McDonald & Marsh, 1990);RMSEA 指标则是近年来逐渐受到普遍采用的指标,因为 RMSEA 是第三类的非中央卡方指标当中,不受样本分布影响的指标。Hu 与 Bentler(1999)主张 CFI 与 RMSEA 两个指标都需报告在论文中。当研究者想去估计统计检验力时,RMSEA 是非常适合的指标。当研究者想要比较不同的模型,但是没有嵌套关系时,则可使用 ECVI、AIC 或 CAIC 指标[1]。

呈现数据时,如果模型很多,利用表格来整理呈现可以一目了然。在论文的文字叙述中,可以写为 $\chi^2(128, N=284)=506.23, p<0.001$, NNFI = 0.89, CFI = 0.91 的型态。值得注意的是,呈现 χ^2 数值时,应一并报告自由度与样本数数据。然后再就数值内容与意义加以说明。

三、内在适配检验

CFA 模型是否理想除了从模型适配程度来看,还必须从模型的内在质量来衡量潜在变量的适切性,又称为内部适配。换言之,当模型整体适配被接受之后,我们必须针对个

1 由于篇幅限制,关于适配指标的详细讨论请自行参考结构方程模型专著中的讨论(例如余民宁,2006;邱皓政,2010;黄芳铭,2002)。

别的因素质量进行检测。在本质上,模型适配检验是一种整体检验,个别因素的检验则是事后评估。Hair 等人(2006)认为,在 CFA 中,除了报告模型适配指标之外,还必须进一步了解测量模型当中的个别参数是否理想(项目信效度),各潜在变量的组合情形是否稳定可靠(构念的信效度),如果某些参数不甚理想,可以借由模型修饰来找出不良题项或增加参数,来提高模型的内在适配。在具体做法上,比较为人所采用的策略包括三项检验:项目质量、组合信度(ρ_c)、平均变异萃取量(ρ_v)、构念区辨力。

(一)项目质量检验

Bollen(1989)指出,潜在变量有效估计的前提,是找到一组能够反映潜在构念意义的观察指标,换言之,构成潜在变量的题目必须具有相当的信效度,否则无法支撑一个潜在变量模型。就组成一个因素的个别题目来说,当题项的测量误差越小,表示测量题目受到误差的影响越小,能够测到真分数的程度越高。Bagozzi 与 Yi(1988)认为测量模型当中的测量残差必须具有统计的显著性,才能确立一个潜在变量是由一组带有测量误差的观察变量所形成的这个前提基础,相反的,如果测量误差太微弱而未达统计显著性时(或因素负荷量太高,超过 0.95 时),意味该题足以完全反映该潜在构念的内容,测量模型的合理性即不复存在。除此之外,因素负荷量的系数正负号也应符合理论预期,更不应出现超过 ±1 的数值,这些条件的维系,称为**基本适配指标**(preliminary fit criteria)(Bagozzi & Yi, 1988)。

延续前述的讨论,因素负荷量一方面除了反映测量误差的影响之外,也同时反映了个别题目能够用来反映潜在变量的程度,Hair 等人(2006)认为一个足够大的因素负荷量,代表题项具有良好的**聚敛效度**(convergent validity)。一般而言,当因素负荷量大于 0.71时,即得以宣称项目具有理想质量,因为此时潜在变量能够解释观察变量将近 50% 的变异,这个 $\lambda \geqslant 0.71$ 指标可以说是基本适配指标当中最明确的一个判别(Bagozzi & Yi, 1988; Hair et al, 2006)。

事实上,$\lambda \geqslant 0.71$ 原则其实来自于传统因素分析当中共同性的估计,亦即个别题目能够反映潜在变量的能力指标。一般来说,社会科学研究者所编制的量表的因素负荷量都不会太高,这可能是受限于测量本质的特性(例如态度测量的范围太广不易聚焦、构念过于模糊不易界定)、外在干扰与测量误差的影响、甚至于构念本质是形成性或反映性等争议。此时,建议采用 Tabachnica 与 Fidell(2007)所建议的标准(例如 $\lambda \geqslant 0.55$ 即可宣称良好),而不必坚守 $\lambda \geqslant 0.71$ 原则。

从决定系数的角度来看,研究者可以利用**多元相关平方**(squared multiple correlation; SMC)来反映个别测量变量受到潜在变量影响的程度,当 SMC 越高,表示真分数所占的比重越高;相对的,当 SMC 越低,表示真分数所占的比重越低,信度越低。

$$SMC_{\text{vari}} = \frac{\lambda_i^2}{\lambda_i^2 + \Theta_{ii}} \tag{16.1}$$

其中 λ_i 为个别测量变量的因素负荷量,取平方后除以总变异量(解释变异量加误差变异量),即为个别题目的信度估计数。值得注意的是,SMC 的计算是以单维假设为基础的信度估计数,也就是一个测量变量仅受到单一一个潜在变量的影响(单一真分数变异来源)。如果一个测量变量受到两个或以上的潜在变量的影响,该式即不适用。

(二)组合信度(ρ_c)

CFA 模型的信度估计,基本上延续了古典测量理论的观点,将信度视为真实分数所占的比例,而测量误差的变异,即为观察分数中,无法反映真实分数的残差变异量。对于个别测量题目来说,由于测量变量分数的变动受到潜在因素与测量误差的影响,而潜在因素所影响产生的变异即代表真实分数的存在,因此,信度可以以测量变量的变异量**被潜在变量解释的百分比**(proportion of variance of ameasured variable)来表示。Fornell 与 Larker(1981)基于前述 SMC 的概念,提出了一个非常类似于内部一致性信度系数(Cronbach's α)的潜在变量的**组合信度**(composite reliability; CR 或ρ_c):

$$CR = \rho_c = \frac{\left(\sum \lambda_i\right)^2}{\left[\left(\sum \lambda_i\right)^2 + \sum \Theta_{ii}\right]} \tag{16.2}$$

上式中,$\left(\sum \lambda_i\right)^2$ 为因素负荷量加总后取平方的数值,$\sum \Theta ii$ 为各观察变量残差方差的总和。当测量模型中带有残差相关时,残差变异量估计数会因为残差间的相关而降低,因此 ρ_c 的估计必须将残差相关纳入计算(Raykov, 2004; Brown, 2006),如公式 16.3。

$$\rho_c = \frac{\left(\sum \lambda_i\right)^2}{\left[\left(\sum \lambda_i\right)^2 + \sum \Theta_{ii} + 2\sum \Theta_{ij}\right]} \tag{16.3}$$

其中 $\sum \Theta_{ij}$ 为第 i 与 j 题残差共变的总和,换言之,利用 SEM 来估计模型之余,尚可以进行测量工具的信度估计,而且,除了整体量表的信度可以估计之外,也可以计算个别测量题目的信度。唯一的缺点是在计算整个因素(量表)的信度之时,必须以人为的方式来计算,LISREL 尚无模块得以自动产生。

依据古典测量理论的观点,量表信度需达 0.70 才属比较稳定的测量,在 SEM 的测量模型也多沿用此标准,但此标准的达成必须当各题的因素负荷量平均达 0.70 以上,社会科学领域的量表不易达到此水平,因此 Bagozzi 与 Yi(1988)建议 ρ_c 达 0.60 即可,Raine-Eudy(2001)的研究指出,组合信度达 0.50 时,测量工具在反映真分数时即可获得基本的稳定性。

(三)平均变异萃取量(ρ_v)

先前已经提及,测量题目的因素负荷量越高,表示题目能够反映潜在变量的能力越高,因素能够解释各观察变量的变异的程度越大,因而可以计算出一个**平均变异萃取量**(average variance extracted; AVE 或ρ_v),来反映一个潜在变量能被一组观察变量有效估计的聚敛程度指标(Fornell & Larker, 1981)。公式如下:

$$AVE = \rho_v = \frac{\sum \lambda_i^2}{\left(\sum \lambda_i^2 + \sum \Theta_{ii}\right)} \tag{16.4}$$

上式中,分母为各题的因素负荷量平方加上误差变异,相加为 1。因此分母即为题数 n:

$$\rho_v = \frac{\sum \lambda_i^2}{n} \tag{16.5}$$

换言之,ρ_v 指标就是各因素的各题因素负荷量平方的平均值,如果配合前述的 $\lambda \geq 0.71$原则,那么 ρ_v 的判别标准也即是0.50(Anderson & Gerbing, 1988; Hair et al, 2006)。当ρ_v 大于 0.50,表示潜在变量的聚敛能力十分理想,具有良好的操作性定义(operationalization)。

从数学过程来看,ρ_v 的概念其实就是传统探索性因素分析当中的**特征值**(eigenvalue),亦即当各观察变量提供一个单位变异量时,各因素的解释变异量,也就是潜在变量变异量占总变异的百分比。换言之,验证性因素分析当中的每一个因素,就是执行一次单因素的探索性因素分析的结果,ρ_v 即为该单一因素的特征值。因此,ρ_v 的解释宜以概念的本身来解释,而不宜解释成聚敛效度(Hair et al, 2006)。

(四)因素区辨力

Hair 等人(2006)除了引用 ρ_v 作为聚敛能力的指标,也指出了验证性因素分析估计结果所得到的潜在变量必须具有**区辨效度**(discriminant validity),亦即不同的构念之间必须能够有效分离。

在具体的 CFA 操作技术上,有三种方式可以用来检验潜在变量的区辨力,第一种是相关系数的区间估计法,如果两个潜在变量的相关系数的95%置信区间涵盖了1.00,表示构念缺乏区辨力。

第二种方法是竞争模型比较法,利用两个 CFA 模型来进行竞争比较,一个 CFA 模型是令两个构念之间相关自由估计(效度模型),另一个 CFA 模型则是相关设为1.00(完全相关模型;此模型也即等同于单一因素模型),完全相关模型由于少一个有待估计的参数,自由度多1,模型的适配度也会较低。如果效度模型没有显著的优于完全相关模型,即代表两个构念间缺乏区辨力(Anderson & Gerbing,1988; Bagozzi & Phillip, 1982)。

第三种方法是平均变异萃取量比较法,亦即 ρ_v 的平方根必须大于相关系数,或是比较两个潜在变量的 ρ_v 平均值是否大于两个潜在变量的相关系数的平方(Fornell & Larker, 1981)。

Hair 等人(2006)将这些测量模型内在质量的各种要求加以整理后,认为这些检测都要符合的情况下,测量的构念效度即可获得确保。但是此说法应审慎为之,因为测量模型的内在适配理想或许可以提供聚敛与区辨效度的证据,但非构念效度的充分条件。

值得注意的是,测量的效度并非可以从单一统计量数来充分支持(Messick, 1989)。以上述这些程式来检验所获得的证据,或许可以作为测量模型质量评估的部分证据与参考,但是要作为测量工具能反映构念效度的充分证据,还有一段距离。换言之,测量工具的构念效度无法借由待测量表的本身来自我证实,而必须超越研究者所关心的测量工具本身,以其他测量相同特质的测量工具来求得合理的关系,或以实验手段来证实测量分数的有效性。

另一个值得注意的是,Hair 等人所谓的聚敛效度与传统的定义有所不同。Compbell与 Fiske(1959)认为聚敛效度是指以“不同方法”来测量相同特质的相关要高于所有的相关,此时不同方法是指不同的量表或不同的测量方式(例如自评与他评),而非一个分量表当中的不同题目(不同题目测量相同特质的相关或因素负荷量,反映的是测量信度)。进一步的,区辨效度的达成是当不同方法或相同方法测量不同特质的相关,要高于不同方法测量相同特质的相关,此观点也无法单纯从单一一个量表的检验中获得。

因此,本节虽然引述了 Hair 等人(2006) 诸多的策略与观点,说明了个别题目质量、

ρ_c、ρ_v、因素区辨力的做法,但是在此必须提醒读者在论及测量的"构念效度"时,应采取更审慎保守的态度。尤其应避免将 ρ_v 视为聚敛效度的唯一证据。

一般现行的验证性因素分析或结构方程模型分析研究,均把因素负荷量与测量误差当作测量稳定与一致性的指标,亦即信度的概念,而 ρ_c 与 ρ_v 也反映了潜在变量的整体稳定可靠性,也是信度的概念。至于通过验证性因素分析方法所获得的理想模型,多以测量工具具有**因素效度**(factorial validity)来相称(Byrne, 1994; Bentler, 1995),而因素效度仅是构念效度的一部分(Anastasi & Urbina, 1997)。这就好像进行探索性因素分析时,我们所得到的因素结构只能作为量表因素效度的证据,至于构念效度,还需要以其他方式来从待检工具以外的途径来举证(例如平行测量的相关)。

四、验证性因素分析的其他应用

CFA 虽然仅处理测量变量与潜在变量关系的检验,但是在实际研究中,可以应用在两种情况下:第一是应用在测量工具编制时,用以评估测量工具的因素结构是否恰当;第二是探讨潜在变量之间的关系,是否与特定的理论观点相符,称为理论概念的检验;第三,CFA 可以应用于 MTMM 等构念效度的检验;第四,CFA 可应用于跨样本测量恒等性的检验。

(一)CFA 与 MTMM 研究

多重特质多重方法(multitrait-multimethod design;MTMM)是一种用来检验测量的聚敛效度、区辨效度与效度恒等性的技术。传统上,MTMM 是利用相关系数的比对来检验效度,随着 SEM 的普及,MTMM 逐渐改以 CFA 来进行,图 16.5 即为一典型的范例。

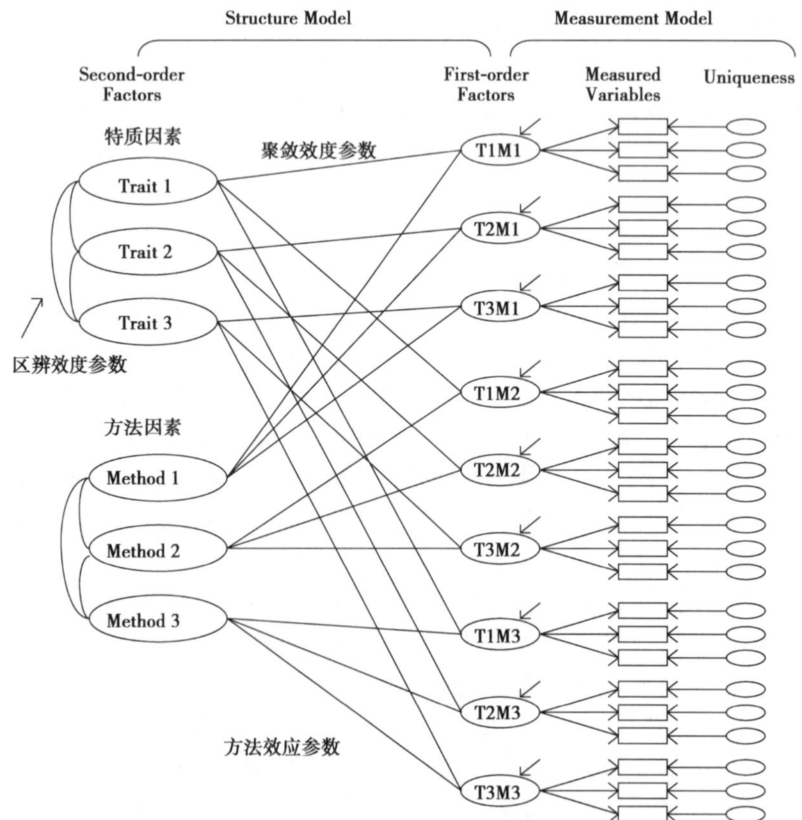

图 16.5　以 CFA 进行 MTMM 设计检验构念效度的图

CFA 的多重特质多重方法矩阵可针对多重方法效应问题进行统计检测(Chiou & Hocevar, 1995; Chiou, 1995; Lowe & Ryan-Wenger,1992; Marsh & Hocevar, 1988)。在文献上,CFA 测量模型的分析对于系统误差的处理能力受到学者相当的重视,对于解决计量研究者长期以来的困扰有一定的贡献(见 Fisicaro, 1988; Ilgen, Barnes-Farrell, & McKellin, 1993; Murphy, Jako, & Anhalt, 1993; Podsakoff & Organ,1986)。CFA 最大的贡献是将传统的 MTMM 设计所得到的各种相关系数以统计的方法来进行验证,其次是可以通过对**方法因素**(method factors)的估计(e. g. , Marsh, 1988),来排除方法效应的影响,大幅度提高测验的效用。

(二)测量恒等性检验

测量恒等性(measurement invariance)是指同一套测验施于不同的对象或于不同的时点上使用时,测验的分数应具有一定的恒等性(Reise, Widaman, & Pugh, 1993)。也就是说,当研究者利用一组测验题目测得一个心理的概念(例如焦虑或自尊)并应用于组间的比较(如男女性别或不同年级),研究者必须假设测验分数背后的项目分数与尺度对不同的被试具有相同的意义。

在测验编制上,一个测验即使被证明有良好的信度,并不能说明这些测验题目与其所测得的潜在因素在不同的被试身上有相同的意义,此时,因素恒等性的检验可以提供研究者因素架构、个别因素负荷量、误差估计在不同样本间的等同或歧异性。Byrne(1994)指出测验编制过程中,因素恒等性检测应有下列五个方向:

1. 测验项目在不同的总体样本上是否具有相等同的意义?
2. 测验所获得的因素结构在不同的总体样本是否等同?
3. 测验的因素结构中,某些特定的参数(如相关系数)在不同的总体样本是否等同?
4. 测验测得某个心理特质的分数在不同的总体样本是否等同?
5. 测验的因素结构在相同的总体中的不同样本上是否可以复制?

上述诸项检验工作的进行,皆可以通过 CFA 技术对测量模型的检验来完成。由于 CFA 可以先期指定一个特定的因素结构,指出每一条路径参数的相对关系,并将此模型配套于两个样本之上进行独立估计,若研究者同时设定**多样本分析**(multisample analysis),则两个样本的因素结构模型将可合并在一个 SEM 中检验,进一步地依研究者的指示检查每一组参数配对的差异是否达到统计显著性,也就是检验相同的一个路径或参数在两个不同样本的估计是否相同。

由于 CFA 所采用的原理是共变结构的分析,因此尽管不同样本产生不同的协方差矩阵,CFA 仍可将其纳入同一个分析架构,如此一来,便解决了传统以 EFA 来进行恒等性检验的诸项问题,避免多次比较所带来的 Type Ⅰ & Ⅱ error 威胁,对于复杂的参数估计得以采用假设检验的方式来进行。

恒定性检验涉及相当繁复的比较过程,主要原因是由于效度模型的组成除了代表效度与方法效应的参数,尚包括其他不同的参数(如误差项、因素方差等)估计,因此恒等性检验必须逐步地检查不同的参数恒定性,最终方能得到效度恒等性的检验。例如 Marsh(1994)与 Cheung & Rensvold(2002)都曾提出**恒等性阶层**(invariance hierarchy)用以检验不同层次的测量恒定性。Cheung 与 Rensvold(2002)建议以八个步骤来检验下列各类恒等性:因素结构的**形貌恒等**(configual invariance)、因素负荷量的**量尺恒等**(metric invariance)(包括构念层次与题目层次)、代表平均数的**截距恒等**(intercept invariance)(包括观察变量与潜在变量截距)、**测量残差恒等**(residual variance invariance)、**潜在变量方差与协方差恒等**(equivalence of variance/covariance)。同时 Cheung 与 Rensvold(2002)认为恒等性的检验不宜以卡方差异检验的显著与否来判定(因为χ^2受样本数的影响甚大),而建议以 CFI 的变动量少于 0.01 作为恒等性存在的判别标准。

第四节 验证性因素分析的实例

范例 16.1 验证性因素分析

CFA 是 SEM 中的测量模型检验。一个 SEM 模型中,如果仅涉及测量模型的检验,而没有结构模型的概念,即是验证性因素分析。在这种模型当中,SEM 所处理仅是测量变量与潜在变量的关系。

1. 模型设定

本范例是以组织创新气氛的测量为例,进行测量工具编制的验证性因素分析的操作示范。为了便于说明,本范例仅采用组织创新气氛量表(邱皓政,1999)的十八题短题本来进行操作示范。样本是 384 位来自台湾某家企业的员工。量表题目与描述统计量如表 16.1。

表 16.1 十八个组织创新气氛量表题目内容与描述统计量

题目内容	M	SD
v1 我们公司重视人力资源、鼓励创新思考。	4.42	.98
v2 我们公司下情上达、意见交流沟通顺畅。	4.31	1.02
v3 我们公司能够提供诱因鼓励创新的构想。	4.07	.97
v4 当我有需要,我可以不受干扰地独立工作。	4.02	1.16
v5 我的工作内容有我可以自由发挥与挥洒的空间。	4.25	1.16
v6 我可以自由的设定我的工作目标与进度。	4.24	1.09
v7 我可以获得充分的数据与信息以进行我的工作。	4.37	.98
v8 只要我有需要,我可以获得专业人员的有效协助。	4.34	1.03
v9 对于我们工作上的需要,公司会尽量满足我们。	4.31	1.05
v10 我的工作伙伴与团队成员具有良好的共识。	4.83	.91
v11 我的工作伙伴与团队成员能够相互支持与协助。	4.95	.84
v12 我的工作伙伴与团队成员能以沟通协调来化解问题与冲突。	4.83	.91
v13 我的上司主管能够尊重与支持我在工作上的创意。	4.63	.97
v14 我的上司主管拥有良好的沟通协调能力。	4.73	1.01
v15 我的上司主管能够信任部属、适当的授权。	4.70	.98
v16 我的公司提供充分的进修机会、鼓励参与学习活动。	4.23	1.17
v17 人员的教育训练是我们公司的重要工作。	4.63	1.09
v18 我的公司重视信息收集与新知的获得与交流。	4.49	.94

组织创新气氛量表为 Likert 式六点量尺自陈量表,用以测量组织成员对于组织创新气氛的知觉。该量表题目的编写,是由研究者所执行的前导研究,发现影响组织创新气氛知觉的因素,包括“组织价值”“工作方式”“团队运作”“领导风格”“学习成长”“环境气氛”等六个因素,因此针对这些因素编写题目,发展出评定量表。在本范例中,每一个因素仅取出三个题目作为代表,因此共有 18 个题目(代号 A1 至 E3)。受测者在这些题目的得分越高,代表所知觉到的组织气氛越有利于组织成员进行创新的表现。由于部分成员表示在部分题目上无法填答,因此,实际应用于 SEM 分析的样本为完全作答的 350 位。这个 18 题的评定量表,基于研究者所提出的先期结构(六因素测量模型),六个因素与 18 个测量变量的关系可以利用图 16.6 的假设模型表示。

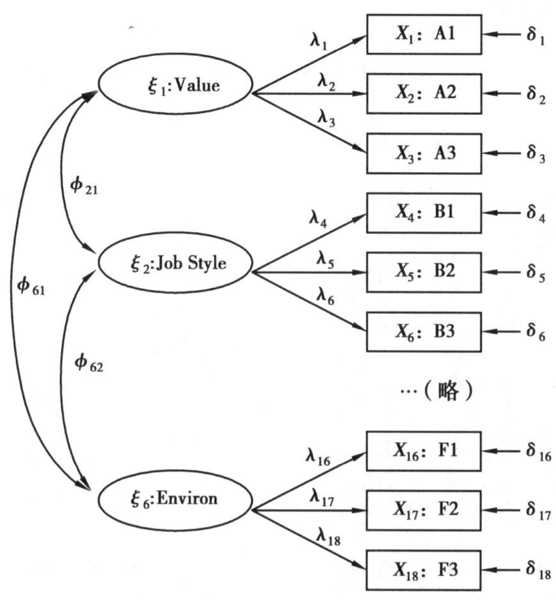

图 16.6　CFA 模型各参数路径图示

2. AMOS 的 CFA 操作与结果

完成模型设定之后,即可利用统计软件进行参数估计与模型适配的检验。目前常用来进行 CFA 分析的软件有 AMOS、LISREL、EQS、MPLUS 等。其中 AMOS 与 SPSS 相容度最高,为一种图示技术,操作方式非常简单,仅需依照下列十道步骤即可进行估计:

步骤一:**绘制假设模型**。依照研究者的理论架构,选择适当的图示与相关曲线,绘制完成一个 SEM 模型。

步骤二:**选取数据库**。打开存放观察变量的数据库。

步骤三:**选取变量**。依照研究者的理论模型,将各观察变量移至模型中长方形框框的空白位置。

步骤四:**潜在变量命名**。可以逐一命名,也可以利用 AMOS 提供的小工具(Plugins 中的 Name Unobserved Variables)来快速命名,潜在变量自动从 F1,F2…依序命名;误差自动从 e1,e2…依序命名。

步骤五:**点选分析的性质**(Analysis properties)**选择所需的报表数据**。例如选取模型修饰指标、标准化估计数、截距(数据存在遗漏值时)。

步骤六:**检查相关设定**。例如被箭头指到的潜在变量是否有增加残差变异的设定。或是各潜在变量有无适当的给定参照量尺化参数(AMOS 自动将第一条因素负荷设定为 1,如果要更改,可将鼠标移到变量或路径上,按右键选择 Object Properties 进行更改)。

步骤七:**点选计算估计**(Calculate estimate)**执行分析**。检查模型是否收敛成功(执行之前应先开启 SRMR 对话方块,使得估计完成后,同时出现 SRMR 的数据)。

步骤八:**检视最终解**。利用路径图来标示标准化解与非标准化解。

步骤九:**检视报表**。找出各项研究者所需要报告的信息。

步骤十:**存档并结束分析**。AMOS 的操作视窗如下图所示:

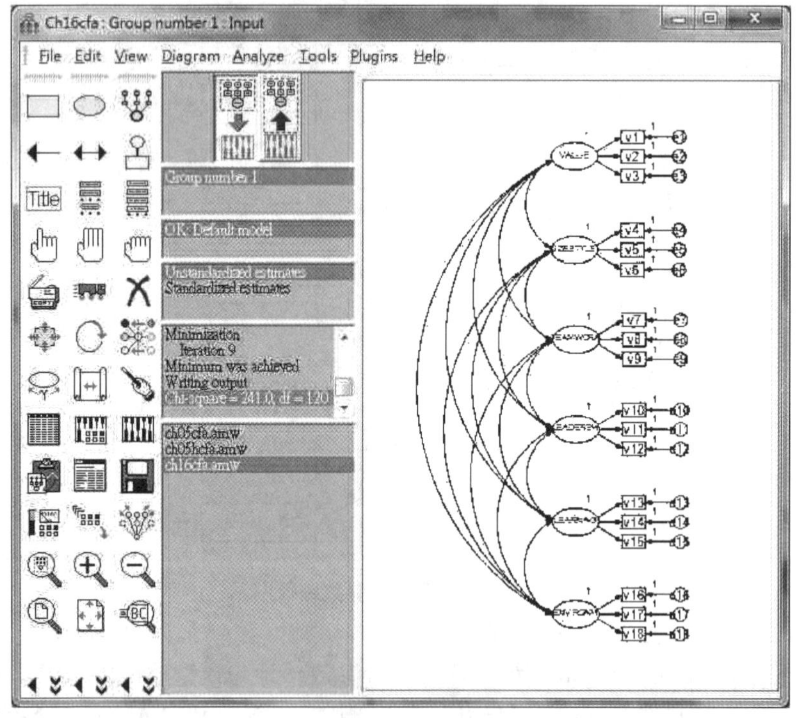

AMOS 报表有六项输出,包含分析摘要、变量摘要、模型记录、估计数、模型适配度与执行时间。本范例已事先将遗漏值进行处理,也就是当任何一个变量存在遗漏值,该笔数据即完全删除,只有完整作答的该笔数据,才会纳入分析,样本数共计 313 个。

变量的摘要显示模型中的所有变量,包含观察变量(内生变量)与非观察变量(外源变量),观察变量有 18 个,非观察变量有 24 个,共计 42 个变量。

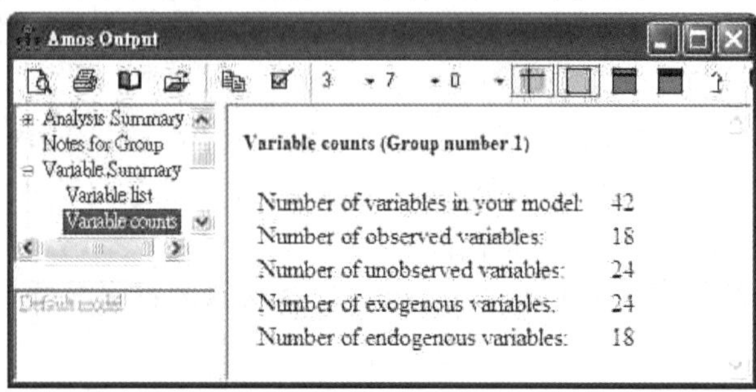

模型的记录显示模型的测量数据数为 171 个,有 51 个参数被估计,因此自由度为 120。在模型的记录也能看到卡方值与显著性。

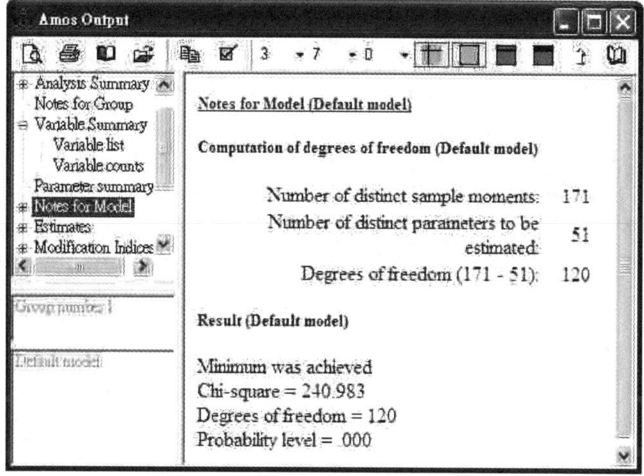

Notes for Model (Default model)

Computation of degrees of freedom (Default model)

Number of distinct sample moments:	171
Number of distinct parameters to be estimated:	51
Degrees of freedom (171 - 51):	120

Result (Default model)

Minimum was achieved
Chi-square = 240.983
Degrees of freedom = 120
Probability level = .000

在 AMOS 的报表中,各参数估计结果,提供了原始估计量(非标准化数值),也就是报表中的 Regression Weights、标准误与统计显著性等三种数据。从参数估计结果的报表数据可以得知,所有的参数值均达显著,因素负荷以 v14 的 0.906 最高,v16 的 0.550 最低。显示所提出的组织创新气氛的理论模型良好。

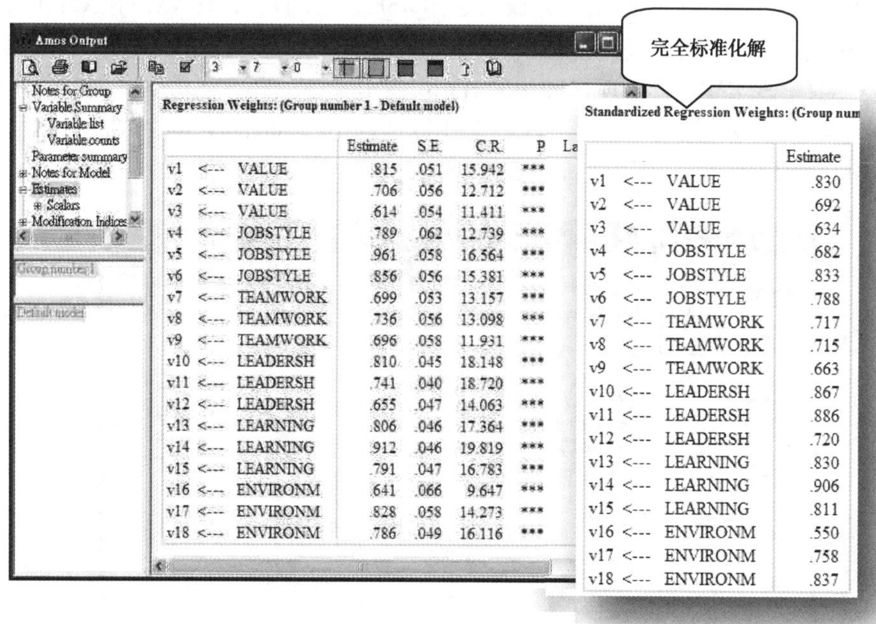

Regression Weights: (Group number 1 - Default model)

			Estimate	S.E.	C.R.	P
v1	<---	VALUE	.815	.051	15.942	***
v2	<---	VALUE	.706	.056	12.712	***
v3	<---	VALUE	.614	.054	11.411	***
v4	<---	JOBSTYLE	.789	.062	12.739	***
v5	<---	JOBSTYLE	.961	.058	16.564	***
v6	<---	JOBSTYLE	.856	.056	15.381	***
v7	<---	TEAMWORK	.699	.053	13.157	***
v8	<---	TEAMWORK	.736	.056	13.098	***
v9	<---	TEAMWORK	.696	.058	11.931	***
v10	<---	LEADERSH	.810	.045	18.148	***
v11	<---	LEADERSH	.741	.040	18.720	***
v12	<---	LEADERSH	.655	.047	14.063	***
v13	<---	LEARNING	.806	.046	17.364	***
v14	<---	LEARNING	.912	.046	19.819	***
v15	<---	LEARNING	.791	.047	16.783	***
v16	<---	ENVIRONM	.641	.066	9.647	***
v17	<---	ENVIRONM	.828	.058	14.273	***
v18	<---	ENVIRONM	.786	.049	16.116	***

Standardized Regression Weights: (Group num

			Estimate
v1	<---	VALUE	.830
v2	<---	VALUE	.692
v3	<---	VALUE	.634
v4	<---	JOBSTYLE	.682
v5	<---	JOBSTYLE	.833
v6	<---	JOBSTYLE	.788
v7	<---	TEAMWORK	.717
v8	<---	TEAMWORK	.715
v9	<---	TEAMWORK	.663
v10	<---	LEADERSH	.867
v11	<---	LEADERSH	.886
v12	<---	LEADERSH	.720
v13	<---	LEARNING	.830
v14	<---	LEARNING	.906
v15	<---	LEARNING	.811
v16	<---	ENVIRONM	.550
v17	<---	ENVIRONM	.758
v18	<---	ENVIRONM	.837

			Estimate	S.E.	C.R.	
VALUE	<-->	JOBSTYLE	.542	.054	9.973	***
JOBSTYLE	<-->	TEAMWORK	.697	.047	14.8	
VALUE	<-->	TEAMWORK	.494	.061	8.0	
TEAMWORK	<-->	LEADERSH	.522	.055	9.4	
LEADERSH	<-->	LEARNING	.557	.046	12.0	
LEARNING	<-->	ENVIRONM	.443	.056	7.9	
LEADERSH	<-->	ENVIRONM	.316	.062	5.1	
TEAMWORK	<-->	ENVIRONM	.600	.054	11.0	
JOBSTYLE	<-->	ENVIRONM	.391	.061	6.3	
VALUE	<-->	ENVIRONM	.695	.046	15.1	
TEAMWORK	<-->	LEARNING	.603	.050	12.1	
JOBSTYLE	<-->	LEARNING	.575	.048	12.0	
VALUE	<-->	LEARNING	.526	.052	10.0	
JOBSTYLE	<-->	LEADERSH	.447	.055	8.1	
VALUE	<-->	LEADERSH	.417	.058	7.1	

			Estimate
VALUE	<-->	JOBSTYLE	.542
JOBSTYLE	<-->	TEAMWORK	.697
VALUE	<-->	TEAMWORK	.494
TEAMWORK	<-->	LEADERSH	.522
LEADERSH	<-->	LEARNING	.557
LEARNING	<-->	ENVIRONM	.443
LEADERSH	<-->	ENVIRONM	.316
TEAMWORK	<-->	ENVIRONM	.600
JOBSTYLE	<-->	ENVIRONM	.391
VALUE	<-->	ENVIRONM	.695
TEAMWORK	<-->	LEARNING	.603
JOBSTYLE	<-->	LEARNING	.575
VALUE	<-->	LEARNING	.526
JOBSTYLE	<-->	LEADERSH	.447
VALUE	<-->	LEADERSH	.417

前面的参数估计透露出组织创新气氛的模型是一个不错的模型，主要的参数均达显著水平。整体效果评估也呈现相当理想的结果。

模型适配检验则指出模型有良好适配。卡方值为 240.983($p=0.00$)，规范卡方值(CMIN/DF)为 2.008。平均似然平方误系数 RMSEA =0.057；TLI(NNFI)、NFI、CFI、GFI 皆大于 0.90，显示组织创新气氛模型具有理想的适配度。值得注意的是，AMOS 模型适配度报表中只呈现 RMR，未呈现标准化的 RMR，使用者必须自行到功能表列的〈Plugins〉先打开的〈Standardized RMR 〉，再进行一次计算估计值(calculateestimates)，电脑自动计算出 SRMR 的适配指标。本范例的 SRMR =0.052；

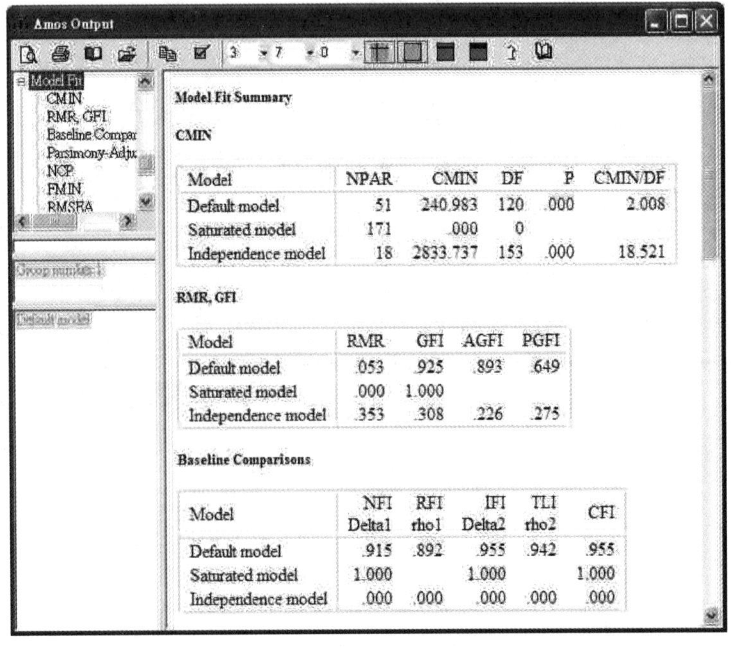

CMIN

Model	NPAR	CMIN	DF	P	CMIN/DF
Default model	51	240.983	120	.000	2.008
Saturated model	171	.000	0		
Independence model	18	2833.737	153	.000	18.521

RMR, GFI

Model	RMR	GFI	AGFI	PGFI
Default model	.053	.925	.893	.649
Saturated model	.000	1.000		
Independence model	.353	.308	.226	.275

Baseline Comparisons

Model	NFI Delta1	RFI rho1	IFI Delta2	TLI rho2	CFI
Default model	.915	.892	.955	.942	.955
Saturated model	1.000		1.000		1.000
Independence model	.000	.000	.000	.000	.000

3. Mplus 的 CFA 操作程序与结果

Mplus 与 LISREL 都是以语法为主的分析工具。相对于 LISREL 与 AMOS 的图表功能,Mplus 的操作与呈现非常简化,使用者只需参考指导手册的范例,撰写适当的指令即可获得重要的数据。以下即以 Mplus(请参阅语法档 ch16a. inp)来示范。

```
TITLE:     Ch16 Confirmatory Factor Analysis using MPLUS syntax
DATA:      FILE IS ch16. dat;
VARIABLE:NAMES ARE a1-a3 b1-b3 c1-c3 d1-d3 e1-e3 f1-f3;
MODEL:
   VALUE   by a1 * a2-a3;
   JOBSTYLE by b1 * b2-b3;
   TEAMWORK by c1 * c2-c3;
   LEADERSH by d1 * d2-d3;
   LEARNING by e1 * e2-e3;
   ENVIRONM by f1 * f2-f3;
   VALUE@1;
   JOBSTYLE@1;
   TEAMWORK@1;
   LEADERSH@1;
   LEARNING@1;
   ENVIRONM@1;
OUTPUT:
STANDARDIZED;
```

设定模型
VALUE by a1*a2-a3 是指 VALUE 因素有三个测量指标,其中a1的 λ 自由估计。若写做VALUE by a1-a3则Mplus自动设定第一条参数的 λ 为1。

设定因素方差为1
由于因素当中的每一条 λ 都自由估计,因此必须设定各因素方差为1。

打印标准化估计数
预设报表仅打印原始估计数,若需要完全标准化解,则需下达此一指令。

Mplus 与执行 CFA 得到的报表部分结果摘要如下:

```
TESTS OF MODEL FIT

Chi-Square Test of Model Fit
          Value                          241.755
          Degrees of Freedom                 120
          P-Value                         0.0000
Chi-Square Test of Model Fit for the Baseline Model
          Value                         2842.819
          Degrees of Freedom                 153
          P-Value                         0.0000
CFI/TLI
          CFI                              0.955
          TLI                              0.942
Loglikelihood
          H0 Value                     -6751.785
```

H1 Value	-6630.907	
Information Criteria		
Number of Free Parameters	69	
Akaike (AIC)	13641.569	
Bayesian (BIC)	13900.057	
Sample-Size Adjusted BIC	13681.211	
(n* = (n + 2)/24)		
RMSEA (Root Mean Square Error Of Approximation)		
Estimate	0.057	
90 Percent C.I.	0.047	0.067
Probability RMSEA <= .05	0.132	
SRMR (Standardized Root Mean Square Residual)		
Value	0.049	

STDYX Standardization

VALUE BY	Estimate	S.E.	Est./S.E.	Two-Tailed P-Value
A1	0.830	0.032	26.314	0.000
A2	0.692	0.038	18.205	0.000
A3	0.634	0.041	15.518	0.000
JOBSTYLE BY				
B1	0.682	0.036	18.754	0.000
B2	0.833	0.027	30.700	0.000
B3	0.788	0.030	26.634	0.000
TEAMWORK BY				
C1	0.717	0.038	19.037	0.000
C2	0.715	0.038	18.935	0.000
C3	0.663	0.041	16.301	0.000
LEADERSH BY				
D1	0.867	0.021	40.729	0.000
D2	0.886	0.020	43.694	0.000
D3	0.720	0.032	22.644	0.000
LEARNING BY				
E1	0.830	0.023	36.901	0.000
E2	0.906	0.017	51.860	0.000
E3	0.811	0.023	34.623	0.000

```
ENVIRONM BY
    F1            0.550     0.046     11.828    0.000
    F2            0.758     0.033     22.837    0.000
    F3            0.837     0.030     27.683    0.000
JOBSTYLE WITH
    VALUE         0.542     0.055      9.802    0.000
TEAMWORK WITH
    VALUE         0.494     0.063      7.825    0.000
    JOBSTYLE      0.697     0.047     14.824    0.000
LEADERSH WITH
    VALUE         0.417     0.059      7.068    0.000
    JOBSTYLE      0.447     0.055      8.067    0.000
    TEAMWORK      0.522     0.056      9.335    0.000
LEARNING WITH
    VALUE         0.526     0.054      9.677    0.000
    JOBSTYLE      0.575     0.048     11.974    0.000
    TEAMWORK      0.603     0.050     12.014    0.000
    LEADERSH      0.557     0.047     11.851    0.000
ENVIRONM WITH
    VALUE         0.695     0.046     15.263    0.000
    JOBSTYLE      0.391     0.061      6.394    0.000
    TEAMWORK      0.600     0.056     10.743    0.000
    LEADERSH      0.316     0.062      5.071    0.000
    LEARNING      0.443     0.056      7.909    0.000
```

Mplus 的 CFA 分析结果与前述的 AMOS 分析结果相近,模型的适配程度颇为理想。各因素负荷参数除了 F1 以外,各题都达到 0.60 以上。

4. LISREL 的 CFA 操作语法

在各种软件中,LISREL 是最早通行于学术界的分析工具,也是由 SEM 的发展者 Jöresgor 所发展。LISREL 提供两种语法:传统语法与简要语法 SIMPLIS,本范例的语法如表 16.2 所示。

表 16.2　验证性因素分析的 SIMPLIS 语法范例

```
Title ch16 CFA using SIMPLIS syntax
Observed Variables: A1 A2 A3 B1 B2 B3 C1 C2 C3 D1-D3 E1-E3
F1-F3
Raw data from file ch16.dat
Sample Size = 313
Latent Variables: VALUE JOBSTYLE TEAMWORK LEADERSH
LEARNING ENVIRONM
Relationships
A1-A3 = VALUE
B1-B3 = JOBSTYLE
C1-C3 = TEAMWORK
D1-D3 = LEADERSH
E1-E3 = LEARNING
F1-F3 = ENVIRONM
Set the Variance of VALUE-ENVIRONM equal 1
Path Diagram
LISREL Output SE TV RS MR FS SS SC MI
End of Program
```

以 LISREL 得到的参数估计结果如下：

Completely Standardized Solution

LAMBDA-X

	VALUE	JOBSTYLE	TEAMWORK	LEADERSH	LEARNING	ENVIRONM
A1	0.83	- -	- -	- -	- -	- -
A2	0.69	- -	- -	- -	- -	- -
A3	0.63	- -	- -	- -	- -	- -
B1	- -	0.68	- -	- -	- -	- -
B2	- -	0.83	- -	- -	- -	- -
B3	- -	0.79	- -	- -	- -	- -
C1	- -	- -	0.72	- -	- -	- -
C2	- -	- -	0.71	- -	- -	- -
C3	- -	- -	0.66	- -	- -	- -
D1	- -	- -	- -	0.87	- -	- -
D2	- -	- -	- -	0.89	- -	- -
D3	- -	- -	- -	0.72	- -	- -
E1	- -	- -	- -	- -	0.83	- -

E2	- -	- -	- -	- -	0.91	- -
E3	- -	- -	- -	- -	0.81	- -
F1	- -	- -	- -	- -	- -	0.55
F2	- -	- -	- -	- -	- -	0.76
F3	- -	- -	- -	- -	- -	0.84
PHI						
	VALUE	JOBSTYLE	TEAMWORK	LEADERSH	LEARNING	ENVIRONM
VALUE	1.00					
JOBSTYLE	0.54	1.00				
TEAMWORK	0.49	0.70	1.00			
LEADERSH	0.42	0.45	0.52	1.00		
LEARNING	0.53	0.57	0.60	0.56	1.00	
ENVIRONM	0.70	0.39	0.60	0.32	0.44	1.00

5. 内在适配检测

前述各步骤完成了组织创新气氛量表的验证性因素分析,确立了六因素模型的适切性。下一步即是进行测量模型内在适配的评估。组合信度(ρ_c)与变异萃取量(ρ_v),均能达到ρ_c大于0.7、VE大于0.50的水平,显示各因素的内在适配良好。兹以第一个因素(组织理念)为例,列出ρ_c与ρ_v的计算过程如下(因素负荷量请见上一页):

$$\rho_c = \frac{(\sum\lambda_i)^2}{[(\sum\lambda_i)^2 + \sum\Theta_{ii}]} = \frac{(0.83+0.69+0.63)^2}{(0.83+0.69+0.63)^2+(0.31+0.52+0.60)} = \frac{4.62}{6.05} = 0.76$$

$$\rho_v = \frac{\sum\lambda_i^2}{(\sum\lambda_i^2 + \sum\Theta_{ii})} = \frac{(0.83+0.69+0.63)^2}{(0.83+0.69+0.63)^2+(0.31+0.52+0.60)} = \frac{1.56}{3} = 0.52$$

在叙述上,ρ_c可以解释为因素内各观察变量的一致性,其数值接近因素内各因素负荷量的平均值。以组织理念因素为例,三个因素负荷量的平均为0.72,与ρ_c的0.76相差不远。ρ_v则反映了因素的解释力,0.52的ρ_v表示因素能够解释观察变量52%的变异。

最后,因素区辨力可以相关系数的95%是否涵盖1.00来判断。由LISREL报表中我们可以获得各相关系数的标准误,利用区间估计的公式,可以计算出各相关系数的95%置信区间,如果这些区间没有涵盖1.00,可视为构念间相关具有合理区辨力的证据之一。如表16.3,各因素之间的相关系数介于0.32至0.70之间,以最大的相关0.70(团队领导与工作方式间的相关系数)为例,其95%的**置信区间**(confidence interval; CI)为0.60至0.80, $95\%\ CI = 0.70 \pm 1.96(0.05) = 0.60 \sim 0.80$,未涵盖1.00,可以解释成该相关系数显著不等于1.00。

若以Fornell与Larker(1981)建议的ρ_v比较法,检验两个潜在变量的ρ_v平均值是否大于两个潜在变量的相关系数的平方。结果列于表16.4的第三列,所有各因素两两ρ_v的平均值均大于相关系数的平方,亦显示各构念之间具有理想的区辨力。

表 16.3 各因素区辨力检验摘要表

因素		组织理念	工作方式	团队运作	领导效能	学习成长
工作方式	$r(r^2)$	.54(.29)				
	95% CI	(.44,.64)				
	aveVE	.56				
团队运作	$r(r^2)$	.49(.24)	.70(.49)			
	95% CI	(.37,.61)	(.60,.80)			
	aveVE	.51	.54			
领导效能	$r(r^2)$	.42(.18)	45(.20)	.52(.27)		
	95% CI	(.30,.54)	(.33,.57)	(.40,.64)		
	aveVE	.61	.64	.59		
学习成长	$r(r^2)$	.53(.28)	.57(.32)	.60(.36)	.56(.31)	
	95% CI	(.43,.63)	(.47,.67)	(.50,.70)	(.46,.66)	
	aveVE	.62	.66	.61	.71	
环境气氛	$r(r^2)$	.70(.49)	.39(.15)	.60(.36)	.32(.10)	.44(.19)
	95% CI	(.60,.80)	(.27,.51)	(.50,.70)	(.20,.44)	(.32,.56)
	aveVE	.53	.56	.51	.61	.63

表 16.4 验证性因素分析结果摘要表

因素		题 目	λ	残差	ρ_c	ρ_v
组织理念	1	我们公司重视人力资源、鼓励创新思考	.83	.31	.76	.52
	2	我们公司下情上达、意见交流沟通顺畅	.69	.52		
	3	我们公司能够提供诱因鼓励创新的构想	.63	.60		
工作方式	4	当我有需要,我可以不受干扰地独立工作	.68	.53	.81	.59
	5	我的工作内容有我可以自由发挥与挥洒的空间	.83	.31		
	6	我可以自由的设定我的工作目标与进度	.79	.38		
团队运作	7	我的工作伙伴与团队成员具有良好的共识	.72	.49	.74	.49
	8	我的工作伙伴与团队成员能够相互支持与协助	.71	.49		
	9	伙伴与成员能以沟通协调来化解问题与冲突	.66	.56		
领导效能	10	我的主管能够尊重与支持我在工作上的创意	.87	.25	.87	.69
	11	我的主管拥有良好的沟通协调能力	.89	.22		
	12	我的主管能够信任部属、适当的授权	.72	.48		
学习成长	13	我的公司提供充分的进修机会与学习活动	.83	.31	.89	.72
	14	人员的教育训练是我们公司的重要工作	.91	.18		
	15	我的公司重视信息收集与新知的获得与交流	.81	.34		
环境气氛	16	我的工作空间气氛和谐良好、令人心情愉快	.55	.70	.76	.53
	17	我有一个舒适自由、令我感到满意的工作空间	.76	.43		
	18	我的工作环境可以使我更有创意灵感与启发	.84	.30		

注:所有系数均达 0.05 统计水平

经过前述的分析,量表的整体适配与内部质量均获得支持,因此研究者可以进行最后的整理。表16.4列出了18个题目的因素负荷量(完全标准化解)、残差、ρ_c 与 ρ_v。表中所有的参数的显著性检验均达0.05显著水平,虽然部分因素负荷量的数值未达0.71的理想水平,但除了第16题低于0.60以外,其他题目也都能保持在良好的水平之上,因此从个别题目来看,题目的质量良好。

LISREL分析的优点之一,是除了能够产生各种参数估计值之外,还可以将各项数据以路径图的方式呈现,免除人为制图的工作。因此,使用者可以将前面的标准化解结果整理后,辅之以路径图示来强化研究结果的说明,有效的利用文字软件来协助报告的完成。

基本上,LISREL、AMOS、Mplus等不同软件所估计出来的参数数值几乎完全相同,但是AMOS报表仅提供残差的原始估计数。

三种软件在估计模型整体适配性时差异比较明显。LISREL提供了两种最小适配函数 χ^2 与NT/WLS χ^2 两者,其中NT/WLS χ^2 数值较小,也因此导致CFI、TLI、RMSEA等各项指标比另外两个软件更理想。更进一步的比较在此省略,有兴趣的读者可以自行检视比较三种软件的差异。

第五节 结 语

CFA在结构方程模型整体的发展过程中,占有相当重要的地位,最初发展的先驱如Jöreskog等人,长期以来即积极地改善传统的因素分析的限制,扩大其应用范围,最后促成了结构方程模型的出现。在结构方程模型的分析架构中,CFA所检验的是测量变量与潜在变量的假设关系,可以说是结构方程模型最基础的测量部分,它不但是结构方程模型中其他后续高等统计检验的基础,更可以独立的应用在信效度的检验与理论有效性的确认上。

由于CFA使用的范围相当广泛,大大超越了传统EFA用来简化数据或抽取因素的单纯目的,CFA可以用来检验抽象概念或潜在变量的存在与否,评估测验工具的项目效度与信效度,并且检验特定理论假设下的因素结构,因此在SEM范式下,CFA经常被独立使用。但在此要提醒的是,研究者必须清楚知道自己的研究目的与需要,因为EFA与CFA两者的目的不同,适用时机也不一样。EFA与CFA各有所长也各有缺点,后起之秀的CFA欠缺EFA具有寻觅探询复杂现象的弹性,EFA则没有强而有力的理论作为后盾,两者皆无法取代对方,但两种技术的熟稔对于研究者探究科学命题具有相辅相成的功效,因此两者均要熟悉。

总而言之,如果不是为了探索智力、创造力、自尊等这类的心理构念,因素分析的发展不会有今日的光景,反过来说,因素分析的独特价值,是因为抽象构念的测量问题而存在,但是究其根本,都回归Spearman当初所关心的问题:为什么智力测验的测量分数之间会有高相关?是不是有一个智力的心理构念在背后?在心理计量方法与信息科技的联手合作下,不论是探索性或验证性取向,因素分析是研究者手中强而有力的工具,如果能够善用各种现代化的计量方法与科学工具,将能有助于这些问题的厘清。

参考文献

中文部分

王嘉宁,翁俪祯. 探索性因素分析国内应用之评估:1993 至 1999[J]. 中华心理学刊,2002(44):239-251.

余民宁. 潜在变项模式:SIMPLIS 的应用[M]. 台北:高等教育,2006.

林清山. 心理与教育统计学[M]. 台北:东华书局. 1992.

邱皓政. 组织创新环境的概念建构与测量工具发展[R]. 台北:政治大学技术创造力研讨会,1999.

邱皓政. 潜在类别模式:原理与技术[M]。台北:五南图书公司,2008.

邱皓政. 结构方程模式:LISREL 的原理、技术与应用[M]. 第二版. 台北:双叶书廊,2010.

邱皓政、陈燕祯、林碧芳. 组织创新气氛量表的发展与信效度衡鉴[J]. 测验学刊,2009,56(1):69-97.

黄芳铭. 结构方程模式理论与应用[M]. 台北:五南图书公司,2002.

英文部分

Aiken, L. S., & West, S. G. (1991). *Multiple regression: Testing and interpreting interactions.* Newbury Park, CA: Sage.

American Psychological Association (1952). Publication manual of the American Psychological Association. *Psychological Bulletin*, 49, 389-449.

American Psychological Association (1994). *Publication manual of the American Psychological Association* (4th Ed.), Washington, DC: American Psychological Association.

American Psychological Association (2010). *Publication manual of the American Psychological Association* (6th Ed.), Washington, DC: American Psychological Association.

Anastasi, A., & Urbina, S. (1997). *Psychological testing.* Upper Saddle River, NJ: Prentice-Hall.

Anderson, J. C., & Gerbing, D. W. (1988). Structural equation modeling in practice: A review and recommended two-step approach. *Psychological Bulletin*, 103, 411-423.

Anderson, J. L. (1971). Covariance, invariance, and equivalence: A viewpoint. General Relativity and Gravitation, 2:161.

Arnoult, M. D. (1976). Fundamentals of scientific method in psychology (2 ed.). Dubuque, IN: William C. Brown.

Bagozzi, R. P. (1993). Assessing construct validity in personality research: Applications to measure of self-esteem. *Journal of Research in Personality*, 27, 49-87.

Bagozzi, R. P., & Phillips, L. W. (1992). Representing and testing organizational theories: A holistic construal. *Administrative Science Quarterly*, 27(3), 459-489.

Bagozzi, R. P., & Yi, Y. (1988). On the evaluation of structural equation models. Journal of the *Academy of Marketing Science*, 16(1), 74-94.

Baron, R. M., & Kenny, D. A. (1986). The moderator-mediator variable distinction in social psychological research: Conceptual, strategic, and statistical considerations. *Journal of Personality and Social Psychology*, 51, 1173-1182.

Belsley, D. A. (1991). *Conditioning diagnostics: Collinearity and weak data in regression.* New York: John Wiley.

Belsley, D. A., Kuh, E., & Welsch, R. E. (1980). *Regression diagnostics: Identifying influential data and sources of collinearity.* New York: John Wiley. Bentler, P. M. (1995). *EQS structural equations program manual.* Encino, CA: Multivariate Software.

Berg, I. A. (1967). The deviation hypothesis: A broad statement of its assumptions and postulates. In I. A. Breg (Ed.), *Response set in personality assessment* (pp. 146-190). Chicago: Aldine.

Block, J. (1965). *The challenge of response sets.* New York: Appleton-Century-Crofts.

Bobko, P., & Rieck, A. (1980). Large sample estimators for standard errors of functions of correlation coefficients. *Applied Psychological Measurement*, 4, 385-398.

Bohrnstedt, G. W., & Knoke, D. (1988). *Statistics for Social Data Analysis.* (2nd Ed.). Itasca, IL: F. E. Peacock.

Bollen, K. A. (1989). *Structural equation modeling with latent variables.* New York: John Wiley.

Bollen, K. A. (2002). Latent variables in psychology and the social sciences. *Annual Review of Psychology*, 53, 605-634.

Brown, T. A. (2006). *Confirmatory factor analysis for applied research.* New York: Guilford Press.

Bryant, F. B. (2000). Assessing the validity of measurement. In: Grimm, Laurence G.; Yarnold, Paul R, *Reading and understanding more multivariate statistics.* (pp. 99-146). Washington, DC, US: American Psychological Association.

Byrne, B. M. (1994). *Structural equation modeling with EQS and EQS/Windows.* Newbury Park, CA: Sage.

Campbell, D. T., & Fiske, D. W. (1959). Convergent and discriminant validation by the multitrait-multimethod matrix. *Psychological Bulletin*, 56, 81-105.

Cattell, R. B. (1966). The scree test for the number of factors. *Multivariate Behavioral Research*, 1, 245-276.

Cattin, P. (1980). Note on the estimation of the squared cross-validated multiple correlation of a regression model. *Psychological Bulletin*, 87, 63-65.

Cheung, G. W., & Rensvold, R. B. (2002). Evaluating goodness-of-fit indexes for testing MI. *Structural Equation Modeling*, 9, 235-55.

Chiou, H.-J. (1995). *The estimation of reliability, validity, and method effects with invariance in the multipopulation-multitrait-multimethod design using hierarchical confirmatory factor analysis.* Unpublished Doctoral Dissertation, University of Southern California.

Chiou, H.-J., & Hocevar, D. (1995). *Examination of population-invariant construct validity in the Multipopulation-Multitrait-Multimethod design.* Paper presented at the 1995 Annual Convention of the American Psychological Association, New York, NY.

Cliff, N. (1988). The eigenvalues-greater-than-one rule and the reliability of components. *Psychological Bulletin*, 103(2), 276-279.

Cohen, B. H. (1996). *Explaining psychological statistics.* Pacific Grove, CA: Brooks/Cole Publishing.

Cohen, J. (1960). A coefficient of agreement for nominal scales, *Educational and Psychological Measurement*, 20 (1), 37-46.

Cohen, J. (1988). *Statistical power analysis for the behavioral sciences* (2nd ed.). Hillsdale, NJ: Eribaum.

Cohen, J., & Cohen, P. (1983). *Applied regression/correlation analysis for the behavior sciences.* (2nd Ed.), Hillsdale, NJ: Lawrence Erlbaum Associates.

Cohen, J., Cohen, P., West, S. G., & Aiken, L. S. (2003). *Applied multiple regression/correlation analysis for the behavioral sciences* (3rd ed.). Mahwah, NJ: Erlbaum.

Comrey, A. L. (1973). *A first course in factor analysis.* New York: Academic Press.

Comrey, A. L., & Lee, H. B. (1992). *A first course in factor analysis.* Hillsdale, NJ: Lawrence Erlbaum Associates, Inc.

Cook, T. D., & Campbell, D. T. (1979). *Quasi-experimentation: Design & analysis issues for field settings.* Chicago: Rand McNally.

Cooper, H., & Findley, M. (1982). Expected effect sizes: Estimates for statistical power analysis in social psychology. *Personality and Social Psychology Bulletin*, 8, 168-173.

Crandall, V. C., Crandall, V. J., & Katkovsky, W. (1965). A children's social desirability questionnaire. *Journal of Consulting Psychology*, 29, 27-36.

Cronbach, L. J. (1946). Response sets and test validity. *Educational and Psychological Measurement*, 6, 475-494.

Cronbach, L. J. (1951). Coefficient alpha and internal structure of tests. *Psychometrika*, 16, 297-334.

Cronbach, L. J., & Suppes, P. (1969). *Research for tomorrow's schools: Disciplined inquiry for education.* (Eds.) New York: Macmillan.

Crowne, D. P., & Marlowe, D. (1964). *The approval motive.* New York: Wiley.

Darlington, R. B. (1990). *Regression and linear model.* New Work: McGraw Hill.

De Winter, J. C. F., Dodou, D., & Wieringa, P. A. (2009). Exploratory factor analysis with small sample size. *Multivariate Behavioral Research*, 44, 147-181.

DeVellis, R. F. (2003). *Scale development: Theory and applications* (2nd Ed.). Newbury Park, CA: Sage.

Dewey, J. (1910). *How to think.* Boston: D. C. Heath.

Dicken, C. (1963). Good impression, social desirability, and acquiescence as suppressor variables. *Educational & Psychological Measurement*, 23, 699-720.

Dillehay, R. C., & Jernigan, L. R. (1970). The biased questionnaire as an instrument of opinion change. *Journal of Personality and Social Psychology*, 15, 144-150.

Duncan, O. D. (1975). *Introduction to structural equation models.* New York: Academic Press.

Dunnett, C. W. (1980). Pairwise multiple comparisons in the unequal variance case. *Journal of the American Statistical Association*, 75, 796-800.

Edwards, A. L. (1953). The relationship between the judged desirability of trait and the probability that the trait will be endorsed. *Journal of Applied Psychology*, 37, 90-93.

Edwards, A. L. (1957). *The social desirability variable in personality assessment and research.* New York: Dryden Press.

Fabrigar, L. R., Wegener, D. T., MacCallum, R. C., & Stranhan, E. J. (1999). Evaluating the use of exploratory factor analysis in psychological research. *Psychology Methods*, 4 (3), 272-299.

Fisicaro, S. A. (1988). A reexamination of the relation between halo error and accuracy. *Journal of Applied Psychology*, 73, 239-244.

Fornell, C., & Larcker, D. F. (1981). Evaluating structural equation models with unobserved variables and measurement error. *Journal of Marketing Research*, 18,

39-50.

Games, P. A., & Howell, J. F. (1976). Pairwise multiple comparison procedures with unequal N's and/or variances: A Monte Carlo study. *Journal of Educational Statistics*, 1, 113-125.

Ghiselli, E. E., Campbell, J. P., & Zedeck, S. (1981). *Measurement theory for the behavioral sciences.* San Francisco: Freeman.

Goldberg, D. P. (1972). *The detection of psychiatric illness by questionnaire.* London: Oxford University press.

Goodman, L. A., & Kruskal, W. H. (1954). Measures of association for cross classifications. Part I. *Journal of American Statistical Association*, 49,732-764.

Gorsuch, R. L. (1983). *Factor analysis.* Hillsdale, NJ: Lawrence Erlbaum.

Gough, H. G. (1952). On making a good impression. *Journal of Educational Research*, 46, 33-42.

Guilford, J. P. (1946). New standards for test evaluation. *Educational and Psychological Measurement*, 6, 427-439.

Hair, J. F., Anderson, R. E., Tatham, R. L., & Grablowsky, B. J. (1979). *Multivariate data analysis.* Tulsa, OK: Pipe Books.

Hair, J. F. Jr., Black, W. C., Babin, B. J., Anderson, R. E., & Tatham, R. L. (2006). *Multivariate data analysis* (6th ed.). Upper Saddle River, NJ: Prentice-Hall.

Hayduk, L. A. (1987). *Structural equation modeling with LISREL: Essentials and advances.* Baltimore, MD: John Hopkins University Press.

Hays, W. L. (1988). *Statistics* (4th Ed.). New York: Holt, Rinehart, & Winston. Helmstadter, G. C. (1970). *Research concepts in human behavior: Education, Psychology and Sociology.* NJ: Prentice-Hall.

Horn, J. L., & Engstrom, R. (1979). Cattell's scree test in relation to Bartlett's chi-square test and other observations on the number of factors problem. *Multivariate Behavioral Research*, 14, 283-300.

Horn, J. L. (1965). A rationale and test for the number of factors in factor analysis. *Psychometrika*, 30, 179-185.

Horn, J. L. (1969). On the internal consistency reliability of factors. *Multivariate Behavioral Research*, 4, 115-125.

Hoyle, R. H. (1995). *Structural equation modeling: Concepts, issues, and applications.* Newbury Park, CA: Sage.

Hu, L. T., & Bentler, P. M. (1995). Evaluating model fit. In R. H. Hoyle (Ed.), *Structural equation modeling* (pp. 76-99). Thousand Oaks, CA: Sage.

Hu, L. T., & Bentler, P. M. (1999). *Cutoff criteria for fit indexes in covariance structural Equation Modeling*, 6(1), 1-55.

Humphreys, L. G., & Montanelli, R. G. (1975). An investigation of the parallel analysis criterion for determining the number of common factors. *Multivariate Behavioral Research*, 10(2), 193-205.

Hunsley, J., & Meyer, G. J. (2003). The incremental validity of psychological testing and assessment: Conceptual, methodological, and statistical issues. *Psychological Assessment*, 15, 446-455.

Huynh, H., & Feldt, L. (1976). Estimation of the Box correction for degrees of freedom from sample data in the randomized block and split plot designs. *Journal of Educational Statistics*, 1, 69-82.

Ilgen, D. R., Barnes-Farrell, J. L., & McKellin, D. B. (1993). Performance appraisal process research in the 1980s: What has it contributed to appraisals in use? *Organizational Behavior and Human Decision Processes*, 54, 321-368.

Jackson, D. N., & Messick, S. (1958). Content and style in personality assessment. *Psychological Bulletin*, 55, 243-252.

Jackson, D. N., & Messick, S. (1962). Response styles and the assessment of psychopathology. In S. Messick & J. Ross (Eds.), *Measurement in personality and cognition* (pp. 129-155). New York: Wiley.

John, O., & Robins, R. (1994). Accuracy and bias in self-perception: Individual differences in self-enhancement and the role of narcissism. *Journal of Personality and Social Psychology*, 66, 206-219.

Jöreskog, K. G. (1969). A general approach to confirmatory maximum likelihood factor analysis. *Psychometrika*, 34, 183-202.

Jöreskog, K. G., & Sörbom, D. (1993). *LISREL8: Structural equation modeling with the SIMPLIS command language.* Hillsdale, NJ: Lawrence Erlbaum Associates.

Kaiser, H. F. (1960). The application of electronic computers to factor analysis. *Educational and Psychological Measurement*, 20, 141-151.

Kaiser, H. F. (1970). A second-generation little jiffy. *Psychometrika*, 35, 401-415.

Kaiser, H. F. (1974). An index of factorial simplicity. *Psychometrika*, 39, 31-36.

Kane, J. S., & Lawler, E. E., Ⅲ (1978). Methods of peer assessment. *Psychological Bulletin*, 85, 555-586.

Kenny, D. A., & Kashy, D. A. (1992). The analysis of the multitrait-multimethod matrix by Confirmatory factor analysis. *Psychological Bulletin*, 112, 165-172.

Kraemer, H. C., & Blasey, C. M. (2004). Centring in regression analyses: A strategy to prevent errors in statistical inference. *International Journal of Methods in Psychiatric Research*, 13(3), 141-151.

Kuder, G. F., & Richardson, M. W. (1937). The theory of estimation of test reliability. *Psychometrika.* 2, 151-160.

Kuhn, T. S. (1970). *The structure of scientific revolutions* (2nd ed.). Chicago: University of Chicago Press.

Lentz, T. F. (1938). Acquiescence as a factor in the measurement of personality. *Psychological Bulletin*, 35,

646-659.

Lomnicki, Z. A. (1967). On the distribution of products of random variables. *Journal of the Royal Statistical Society*, *Series B*, 29, 513-524.

Long, J. S. (1983). *Confirmatory factor analysis.* Newbury Park, CA: Sage.

Lord, F. M. (1980). *Applications of item response theory to testing problems.* Hillsdale, NJ: Erlbaum Associates.

Lowe, N. K., & Ryan-Wenger, N. M. (1992). Beyond Campbell and Fiske: Assessment of convergent and discriminant validity. *Research in Nursing and Health*, 15, 67-75.

MacCallum, R. C., Widaman, K. F., & Preacher, K. J. (2001). Sample size in factor analysis: The role of model error. *Multivariate Behavioral Research*, 36(4), 611-637.

MacCallum, R. C., Widaman, K. F., & Zhang, S. (1999). Sample size in factor analysis. *Psychological Methods*, 4(1), 84-99.

MacKinnon, D. P. (2008). *Introduction to statistical mediation analysis.* Mahwah, NJ: Erlbaum.

MacKinnon, D. P., Warsi, G., & Dwyer, J. H. (1995). A simulation study of mediated effect measures. *Multivariate Behavioral Research*, 30, 41-62.

Mandler, G., & Kessen, W. (1959). *The language of psychology.* New York: Wiley.

Marsh, H. W. (1988). Multitrait-multimethod analyses. In J. P. Keeves (Ed.), *Educational research methodology, measurement and evaluation: An international handbook.* Oxford, Pergamon.

Marsh, H. W. (1989). Confirmatory factor analyses of multitrait-multimethod data: Many problems and a few solutions. *Applied Psychological Measurement*, 13, 335-361.

Marsh, H. W. (1994). Confirmatory factor analysis models of factorial invariance: A multifaceted approach. *Structural Equation Modeling*, 1, 5-34.

Marsh, H. W., & Hocevar, D. (1988). A new, more powerful method of multitrait-multimethod analysis. *Journal of Applied Psychology*, 73, 107-117.

Mayer, J. M. (1978). Assessment of depression. In M. P. McReynolds (Ed.), *Advances in psychological assessment* (Vol. 4, pp. 358-425). San Francisco: Jossey-Bass.

McCare, R. R. (1982). Consensual validation of personality traits: Evidence from self-reports and ratings. *Journal of Personality and Social Psychology*, 43, 293-303.

McDonald, R. P., & Marsh, H. M. (1990). Choosing a multivariate model: Noncentrality and goodness-of-fit. *Psychological Bulletin*, 107, 247-255.

Meehl, P. E. (1959). Some rumination on the validation of clinical procedures. *Canadian Journal of Psychology*, 13, 102-128.

Meehl, P. E., & Hathaway, S. R. (1946). The K factor as a suppressor variable in the Minnesota Multiphasic Personality Inventory. *Journal of Applied Psychology*, 30, 525-564.

Messick, S. (1989). Validity. In R. L. Linn (Ed.), *Educational measurement* (pp. 13-103). Washington, DC: American Council on Education and National Council on Measurement in Education.

Miller, J. G. (1955). Toward a general theory for the behavioral sciences. *American Psychologist*, 10, 513.

Montanelli, R. G., & Humphreys, L. G. (1976). Latent roots of random data correlation matrices with squared multiple correlations on the diagonal: A Monte Carlo study. *Psychometrika*, 41(3), 341-348.

Murphy, K. R., Jako, R. A., & Anhalt, R. L. (1993). Nature and consequences of halo error: A critical analysis. *Journal of Applied Psychology*, 78, 218-225.

Neuman, W. L. (1991). *Social Research Methods.* Boston, MA: Allyn & Bacom.

Nunnally, J. C. (1978). *Psychometric theory* (2nd ed.). New York: McGraw-Hill.

Noar, S. M. (2003). The role of structural equation modeling in scale development. *Structural Equation Modeling*, 10, 622-647

Nunnally, J. C., & Bernstein, I. H. (1994). *Psychometric Theory* (3rd ed.). New York: McGraw-Hill.

Osgood, C. H., & Tannenbaum, P. H. (1955). The principle of congruity in prediction of attitude change. *Psychological Review* 62, 42-55.

Osgood, C. H., Suci, G. H., & Tannenbaum, P. H. (1957). *The measurement of meaning.* Urbana, IL: University of Illinois Press.

Paulbus, D. L. (1982). Individual differences, self-presentation, and cognitive dissonance: Their concurrent operation in forced compliance. *Journal of Personality and Social Psychology*, 43, 838-852.

Pedhazur, E. J. (1997). *Multiple regression in behavioral research: Explanation and prediction* (3rd ed.). New York: Holt, Rinehart & Winston.

Pedhazur, E. J., & Schmelkin, L. P. (1991). *Measurement, Design, and Analysis: An Integrated Approach.* Hillsdale, NJ: Lawrence Erlbaum Associates.

Podsakoff, P., & Organ, D. (1986). Self-reports in organizational research: Problems and prospects. *Journal of Management*, 12, 531-544.

Popper, K. R. (1983). *Postscript: Vol. 1. Realism and the aim of science.* Totowa, NJ: Rowman & Littlefield.

Raine-Eudy, R. (2000). Using structural equation modeling to test for differential reliability and validity: An empirical demonstration. *Structural Equation Modeling*, 7(1), 124-141.

Ray, J. J. (1983). Reviving the problem of acquiescent response bias. *Journal of Social Psychology*, 121, 81-96.

Raykov, T. (2004). Behavioral scale reliability and

measurement invariance evaluation using latent variable modeling. *Behavior Therapy*, 35, 299-331.

Reise, S. P., Widaman, K. F., & Pugh, R. H. (1993). Confirmatory factor analysis and item response theory: Two approaches for exploring measurement invariance. *Psychological Bulletin*, 114, 552-566.

Rosenberg, M. (1965). *Society and the adolescent self-image*. Princeton, NJ: Princeton University Press.

Sampson, C. B., & Breunig, H. L. (1971). Some statistical aspects of pharmaceutical content uniformity. *Journal of Quality Technology*, 3, 170-178.

Satorra. A., & Bentler, P. M. (1994). Corrections to test statistics and standard errors on covariance structure analysis. In A. von Eye & C. C. Clogg (Eds.), *Latent variables analysis* (pp. 399-419). Thousand Oaks, CA: Sage.

Sechrest, L. (1963). Incremental validity: A recommendation. *Educational and Psychological Measurement*, 23, 153-158.

Snock, S. C., & Gorsuch, R. L. (1989). Component analysis versus common factor analysis: A Monte Carlo study. *Psychological Bulletin*, 106 (1), 148-154.

Sobel, M. E. (1982). Asymptotic confidence intervals for indirect effects in structural equation models. Sociological Methodology, 13. 290-312.

Sokal, R. R., Rohlf, J. F. (1994). *Biometry: The Principles and Practice of Statistics in Biological Research* (3^{rd}ed), WH Freeman & Co., New York.

Spielberger, C. D., Gorsuch, R. L., & Lushene, R. D. (1970). *Test manual for the State-Trait Anxiety Inventory*. Palo Alto, CA: Consulting Psychologists Press.

Springer, M. D., & Thompson, W. E. (1966). The distribution of products of independent random variables. *SIAM Journal on Applied Mathematics*, 14, 511-526.

Stevens, S. S. (1951). Mathematics, Measurement, and Psychophysics. In S. S.

Stevens (Ed.), *Handbook of Experimental Psychology*. New York: Wiley.

Sudman, S., & Bradburn, N. M. (1974). *Response effects in surveys*. Chicago: Aldine.

Tabachnick, B. G., & Fidell, L. S. (2007). *Using Multivariate Statistics* (5^{th}Ed.). Needham Heights, MA: Allyn and Bacon.

Thompson, B. (2004). *Exploratory and confirmatory factor analysis*. Washington, DC American Psychological Association.

Thurstone, L. L. (1947). *Multiple factor analysis*. Chicago: University of Chicago Press.

Tukey, J. W. (1953). *The problem of multiple comparison*. Princeton, NJ: Princeton University, mimeographed monograph.

Tukey, J. W. (1977). *Exploratory data analysis*. Reading, MA: Addison-Wesley.

Underwood, B. J. (1957). *Psychological research*. New York: Appletion-Century-Crofts.

Waller, N. G., & Meelh, P. E. (2002). Risky Tests, Verisimilitude, and Path Analysis. *Psychological Methods*. 7(3), 323-337.

Waternaux, C. M. (1976). Asymptotic distribution of the sample roots for a nonnormal population. *Biometrika*, 63, 639-645.

Wiggins, J. S. (1962). Strategic, method, and stylistic variance in the MMPI. *Psychological Bulletin*, 59, 224-242.

Wiggins, J. S. (1964). Convergences among stylistic response measures from objective personality tests. *Educational and Psychological Measurement*, 24, 551-562.

Wiggins, J. S. (1973). *Personality and prediction: Principles of personality assessment*. Reading, MA: Addison-Wesley.

Wilcox, R. R. (2003). *Applying contemporary statistical techniques*. Los Angeles: Academic Press.

Wilcox, R. R., Charlin, V., & Thompson, K. L. (1986). New Monte Carlo results on the robustness of the ANOVA F, W, and F^* statistics. *Communications in Statistics-Simulation and Computation*, 15, 933-944.

Wiles, D. K. (1972). *Changing perpectives in educational research*. Warthington, Ohio: Jones.

Wright, S. (1960). Path coefficients and path regressions: Alternative or complementary concepts? *Biometrics*, 16, 189-202.

术语英汉对照表

alternate-form reliability　复本信度
absolute fit　绝对配适
absolute sample size　绝对样本规模
accentuates　突出
acquiescence　唯唯诺诺
additivity　可加性假设
adjusted mean　调整后平均数
adjusted R^2　调整后 R^2
adjusted standardized residual　调整后标准化残差
alpha level　α 水平
alternative hypothesis；　H_1 对立假设
analysis of covariance；ANCOVA　协方差分析
analysis of variance　方差分析
anchor effect　定锚效果
area transformation　面积转换
arithmetic mean　算术平均数
assertion　假说
assumption of homogeneity of regression　回归同质假设
assumption of normality　正态假设
available-case analysis　有效样本分析
Average Variance Extracted；AVE　平均方差萃取量
behavioral sciences　行为科学
biased estimator　偏估计值
bimodal distribution　双峰分布
bipolar adjective scale　双极形容词
blockwise selection　区组选择程序
canonical correlation　典型相关
careless responding　作答粗心
categorical measurement　类别性测量
categorical variable　类别变量
causal model　路径模型
ceiling effect　天花板效应
cells　单元格
centering　平减
Central Limit Theorem　中央极限定理
check point　查核点
checklist　检核表
chi-square test χ^2 test　卡方检验
classical test theory　古典测验理论
classification　分类
clinical significance　临床显著性
closed questionnaire　封闭式问卷
codebook　编码簿
coding leads tooling　编码引导工具
coding system　编码系统
coefficient of contigency　列联系数
coefficient of correlation　相关系数
coefficient of internal consistency　内部一致性系数
coefficient of reliability　信度系数
coefficient of stability　稳定系数
cold deck　冷层插补法
column　直行
common factor　共同因素
common variance　共同变异
communality　共同性
comparison-wise error rate　比较错误率
comparisons of extreme groups　极端组比较法
completed mediation effects　完全中介效应
composite reliability；CR　组合信度
composite scores　组合分数
Compute　计算变量
computerized raw data　电脑化的原始数据
concomitant variable　共存变量
concordant pairs　同序配对
concurrent validity　同时效度
condition number，CN　条件值
conditional distributions　条件分布
conditional index；CI　条件指数
confirmatory factor analysis；CFA　验证性因素分析
confounder　干扰变量
confounding variable　干扰变量
constant　常数
construct validity　构念效度
content sampling　内容抽样
content validity　内容效度
contingency table　列联表
continuous variable　连续变量
contrast　对比

control variable 控制变量
convergent validity 聚敛效度
corrected item-total correlation 校正项目总分相关系数
correction for attenuation 削弱相关校正公式
correlated sample ANOVA 相关设计多因子方差分析
correlation 相关
correlation coefficient 相关系数
correlation ratio 相关比
correlational research 相关研究
COUNT 计数
covariance 共变
criterion 效标
criterion-related validity 效标关联效度
critical value 临界值
Cronbach's coefficient Cronbach's 值
cross-table 列联表
cross-validation 复核效化
cumulative scales 累积量表
data analysis 数据分析
data definition 数据定义
data transformation 数据转换
degree of freedom;df 自由度
demand reduction techniques 压力减低技术
dependent variable; DV 因变量
descriptive statistics 描述统计
deviation 离异反应
deviation score 离均差分数
diagonalized 对角转换
differential validity 区分效度
direct effect 直接效果
direct oblimin 直接斜交法
disconcordant pairs 异序配对
discrete variable 间断变量
discriminant validity 区辨效度
disordinal interaction 非次序性交互效果
distorter variable 逆转变量
double entry table 双向表
dummy coding 虚拟编码
dummy regression 虚拟回归
dummy variable 虚拟变量
effect size 效果量
eigenvalue 特征值
empirical validity 实证效度
empirical studies 实证研究
endogenous variable 内衍变量
equal-appearing interval method 等距量表法
equimax rotation 均等变异法
eta square η^2 量数
exogenous variable 外衍变量
expectation maximization;EM 最大期望法
expected value 期望值
experiment-wise error rate;EWE 实验错误率
experimental control 实验控制
experimental method 实验法
explained variance 解释变异量
explanation 解释
exploratory factor analysis; EFA 探索性因素分析
extracted variance 萃取变异
extremity 极端反应
face validity 表面效度
factor analysis 因素分析
factor extraction 因素的萃取
factor loading 因素负荷量
factor rotation 因素转轴
factor score coefficient 因素分数系数
factor scores 因素分数
factorial analysis of variance 因子设计方差分析
factorial analysis of variance 多因子方差分析
factorial design 多因子设计
factorial dummy regression 多因子虚拟回归
factorial validity 因素效度
faking bad 伪恶
faking good 伪善
familywise error rate 族系错误率
final solution 终解
first-order CFA 初阶验证性因素分析
first-order factors 初阶因素
Fisher' sxactprobabiliy test 费舍尔正确几率检验
Fisher' sprotecte t- est Fisher 担保 *t* 检验
floor effect 地板效应
forced-choice scale 强迫选择法
format 格式
frequency distribution 次数分布表
frequency table 次数分布表
G^2 statistics G^2 统计法
gathering of empirical evidence 实证法
general structural equation modeling; SEM 一般结构方程模型
goodness-of-fit 模型配适度
goodness-of-fit test 适合度检验
Gordon Personal Inventory 高登人格测验
grand mean 总平均数
heteroscedasticity 误差变异歧异性
hierarchical CFA; HCFA 阶层验证性因素分析
hierarchical decomposition 阶层化拆解
hierarchical regression 阶层回归

higher-order factors 高阶因素
homogeneity of variance 方差同质性
homogeneity of variance 方差同质性假设
homoscedasticity 等分散性假设
Honestly Significant Difference 诚实显著差异
hot deck 热层插补法
hypothesis 假设
hypothesis testing 假设检验
hypothetic model 假设模型
identity matrix 单位矩阵
ignorable missingness 可忽略遗漏
image factor extraction 映像因素萃取
incomplete data 不完全数据
increment 增量
incremental fit 增量适配
incremental validity 增益效度
independent variable; IV 自变量
indirect effect 间接效果
informative missingness 讯息性遗漏
informed judgment 判断法
inter-rater reliability 评分者间信度
interaction effects 交互效果
interfactor correlation; IFC 因素间相关
interval scale 等距尺度
interview 访谈
invariance hierarchy 恒等性阶层
item analysis 项目分析
item difficulty 项目难度
item discrimination 项目鉴别度
item pool 题库
journal articles 期刊论文
Kaiser-Meyer-Olkin measure of sampling adequacy
KMO 量数
Kuder-Richardson reliability 库李信度
kurtosis 峰度
latent variable 潜在变量
latent variable model 潜在变量模型
law 定律
Least significant difference; LSD 最小显著差异法
least square regression line 最小平方回归线
least squares method 最小平方法
leptokurtic 高狭峰
level of significance 显著水平
linear regression 线性回归
linear relationship 线性关系
listwise deletion method 全列删除法
literary definition 文义定义
log-linear modeling 对数线性模型
logical or consistency checking 逻辑性查核
logistic regression 逻辑斯回归
1ogical validity 逻辑效度
lose function 损失函数
main effect 主要效果
manifest variable 外显变量
marigin-free 免边际
marginal distribution 边际分布
matched sample design 配对样本设计
maximal likelihood method; ML 最大似然法
maximum likelihood 最大似然
McNemar test 麦内玛检验
mean 平均数
mean-centering 平均数中心化
mean deviation 平均差
measured variable 测量变量
measurement 测量
measurement invariance 测量恒等性
measures of agreement 同意量数
measures of association 关联系数
measures of central location 集中量数
measures of relative position 相对地位量数
measures of sampling adequacy; MSA 取样适切性量数
measures of variation 变异量数
median 中位数
mediation 中介
mediator 中介者
mediocre 中庸倾向
mesokurtic 正态峰
meta-analyses 后设分析
method effect 方法效应
methodo1ogy 方法论
methodo1ogical articles 方法学论文
missing at random 随机性遗漏
missing cells 遗漏单元格
missing data 遗漏值
mixed design ANOVA 混合设计多因子方差分析
MMPI 明尼苏达多向人格测验
Mode; Mo 众数
model evaluation 模型评鉴
model identification 模型辨识
moderated multiple regression; MMR 调节回归
moderation 调节
moderation effects 调节作用
moderator 调节者
multicollinearity 多元共线性
multidimensional measurement 多维测量
multiple comparison 多重比较

multiple contingency table analysis 多重列联表分析
multiple correlation 多元相关
multiple correlation; R 多元相关
multiple imputation 多元取代法
multiple regression 多元回归
multiple response 复选题
multisample analysis 多样本分析
multitrait-multimethod design; MTMM 多重特质多重方法
multivariate analysis of variance 多变量方差分析
N-K 法 Newman-Keuls 法
negatively skewed 负偏
nested comparison 嵌套比较
nominal scale 名义尺度
nomological network 理络网路
non-ignorable missingness 不可忽略遗漏
nonautocorrelation 无自我相关
norm 常模
normal science 正态科学
normed χ^2 规范卡方值
nuisance variables 骚扰变量
null hypothesis H_0 虚无假设
oblimax rotation 最大斜交法
oblimin roation 最小斜交法
oblique rotation 斜交转轴
obscures 混淆
observed correlation matrix 观察相关矩阵
omega squared 量数
one-tailed test 单尾检验
oneway ANOVA 单因子方差分析
open-ended questionnaire 开放式问卷
operational definition 操作性定义
ordinal interaction 次序性交互效果
ordinal least square regression; OLS 一般最小平方回归分析
ordinal scale 顺序尺度
orthogonal rotation 直交转轴
out-of-range value 超过范围的数值
outliers 偏离值
Output labels 输出注解设定
output viewer 输出视窗
overall effect 整体效果
overall test 整体检验
paired raw scores 成对观察值
pairwise deletion method 配对删除法
parallel analysis 平行分析
parsimony 简效性
part correlation 部分相关
partial mediation effects 部分中介效应
partial sum of square 净平方和
partially disordinal interaction 部分非次序性交互效果
partial correlation 净相关
path analysis with latent variable 潜在变量路径分析
path coefficient 路径系数
path diagram 路径图
pattern coefficients 型态系数
Pearson' sproductmoment correlation coefficient 皮尔森积差相关系数
percentile point 百分位数
percentile rank 百分等级
pivoting trays 枢轴表
planned comparison 计画比较
platykurtic 低阔峰
point-biserial correlation 点二系列相关
positively skewed 正偏
posteriori comparisons 事后比较
power 统计检验力
practical significance 实务显著性
prediction 预测
predictive validity 预测效度
preliminary fit criteria 基本适配指标
principal axis 主轴
principal axis method 主轴萃取法
principal component analysis; PCA 主成分分析
principle of local independence 局部独立原则
principle of parsimony 简效性原则
priori comparisons 事前比较
procedural control 程序控制
proportioned reduction in error; PRE 削减误差比
proxy subject 受测代理人
psychomatrics 心理计量学
purely nested model 纯嵌状模型
Q2; second quartile 第二四分位数
qualitative variable 质性变量
quantitative research 量化研究
quantitative variable 量化变量
quartimax 四方最大法
quartimin 四方最小法
quasi-experimental method 准实验法
questionnaire 问卷
random error 随机误差
random sampling 随机取样
range 全距
RANK cases 等级观察值
rank response 排序题
rater sampling 评分者取样问题

ratio scale 比率尺度
real definition 真实性定义
RECODE 重新编码
reduced correlation matrix 缩减相关矩阵
reference group 参照组
region of rejection 拒绝区
regression equation 回归方程式
regression line 回归线
regression toward mediocrity 朝向平均数移动
regression toward the mean 均值回归
relation operator 关系运算子
relative fit 相对适配
reliability 信度
repeated measure design 重复量数设计
rescaled 重新量尺化
research method 研究方法
residual 残差
residual analysis 残差分析
response set 反应心向
response style 反应风格
review articles 回顾性论文
robust statistics 稳健统计量
row 横列
rule of star * 星星法则
sampling distribution of means 样本平均数的抽样分布
scaling 度量化
scatter plot 散布图
Scheffe's method 雪费法
scree test 陡坡检验
select cases 选择观察值
self-correcting 自我修正
self-reported 自陈报告
semantic differential scale 语意差别法
semi-interquartile range; QR 四分差
semi-structured questionnaire 半结构化问卷
semipartial correlation 半净相关
simple effect 简单效果
simple interaction effect 单纯交互效果
simple intercept 简单截距
simple main effect 单纯主要效果
simple regression 简单回归
simple slope 简单斜率
simple structure 简化结构
simultaneous regression 同时回归
skewness 偏态
Sobel'stest Sobel't 检验
social desirability 社会赞许性
social desirability scale 社会赞许量表
social research 社会研究
social sciences 社会科学
Spearman rank order correlation coefficient; r_s 斯皮尔曼等级相关
Spearman-Brown formula 斯布公式
Split File 分割文件
split-half reliability 折半信度
spurious relationship 虚假关系
squared multiple correlation; SMC 多元相关平方
standard deviation 标准差
standard error of estimate 估计标准误
standard error of measurement; *SEM* 测量标准误
standard normal distribution 标准化正态分配
standard scores 标准分数
standardized regression coefficient 标准化回归系数
standardized residual 标准化残差
statistic 统计数
statistical control 统计控制
statistical significance 统计显著性
statistical validity 统计效度
Stem-and-Leaf Plot 茎叶图
stepwise regression 逐步回归
stipulated definition 约定性定义
strafication variable 分层变量
structural coefficient 结构系数
structural equation 结构方程式
structural equation modeling, SEM 结构方程模型
structure coefficients 结构系数
structured questionnaire 结构化问卷
Studentized Range Test 差距检验法
sum of squares; SS 离均差平方和
sum of the cross-product 积差和
summated rating scales 总加量表法
suppressor 抑制变量
suppressor variable 压抑变量
survey research 调查研究
symmetrical 对称
syntax 语法
systematic bias 系统性偏误
systematic error 系统误差
systematic missing 系统性遗漏
T score T 分数
tailed probability 尾概率
test battery 测验题组
test for goodness of fit 模型适配检验
test for homogeneity 同质性检验
test of independence 独立性检验
test specification 测验规格

test statistic 检验统计量
test-retest reliability 再测信度
the index of discrimination 鉴别指数
theoretical articles 理论性论文
theory 理论
three-variable effect 第三变量效果
three-way analysis of variance 三因子方差分析
time sampling 时间抽样
tolerance 容忍值
tooling leads coding 工具引导编码
total effect 总效果
transformation matrix 转轴矩阵
transpose 转置
true scores 真分数
two-tailed test 双尾检验
two-way analysis of variance 二因子方差分析
type I error 型一错误
unbiased estimator 无偏估计数
unidimensional measurement 单维测量
unique variance 独特变异
unstructured questionnaire 非结构化问卷
unweighted least squares method 未加权最小平方法
validity 效度
validity generalization 效度类化
variable 变量
variance 方差
variance inflation factor; VIF 方差膨胀因素
variance proportions 方差比例
variance/covariance matrix 方差/协方差矩阵
variety 变异
varimax 最大变异法
visual analog measure 视觉类比测量
Visual Bander 数据分组
Weight cases 观察值加权
weighted estimate of σ^2 变异误加权估计数
weighted least squares method 加权最小平方法
wild code checking 可能性检查
within groups regression coefficient 组内回归系数
Yate's correction for continuity 耶兹校正
Z score Z 分数

万卷方法总书目

注：以下分类未必权威，仅供参考，有星号的表示为重复出现。

是我国第一套系统介绍学术研究方法的大型学习工具书，来自中国社科院、北京大学等数十所高等教育及学术研究机构的200余名学者参与了写作和翻译工作。目前已出版120多个品种，涉及统计技术与软件应用、量化（定量）研究方法、质性（定性）研究方法、研究设计与写作规范、测量与评估等诸多领域。

一、论文写作

《会读才会写：导向论文写作的文献阅读技巧》【菲利普·钟和顺】
《如何做好文献综述》【阿琳·芬克】
《顺利完成硕博论文：关于内容和过程的贴心指导》【克叶尔·埃瑞克·鲁德斯坦，雷·R.牛顿】
《研究设计与写作指导：定性、定量与混合研究的路径》【约翰·W.克雷斯威尔】
《如何撰写研究计划书》【洛柯】
《心理学论文写作：基于APA格式的指导》【拉尔夫·罗斯诺】
《学位论文全程指导：心理学及相关领域》【约翰·科恩、夏农·福斯特】
《APA格式：国际社会科学学术写作规范手册》【美国心理学协会】
《如何呈现你的研究发现：表格制作实践指南》【阿德尔海德·A.M.尼科尔，佩妮·M.皮克斯曼】
《如何呈现你的研究发现：插图制作实践指南》【阿德尔海德·A.M.尼科尔，佩妮·M.皮克斯曼】

二、通用型方法教材及方法论、方法理论

（一）通用型方法教材

《社会研究方法》【仇立平】
《社会调查设计与数据分析：从立题到发表》【徐云杰】
《研究项目的实施：手把手指南》【尼可拉斯·威廉】

（二）方法论

《社会学家的窍门：当我们做研究的时候应该想些什么》【贝克尔】
《范式与沙堡：比较政治学中的理论建构与研究设计》【芭芭拉·格迪斯】
《概念界定：关于测量、个案和理论的讨论》【加里·戈茨】
《社会科学方法论》【蒋逸民】
《社会科学研究：从思维开始》【肯尼斯·赫文】
《哲学史方法论十四讲》【邓晓芒】

（三）方法理论

《混合方法论：定性研究与定量研究的结合》【阿巴斯·塔沙克里】
《解释互动论》【诺曼·K.邓金】
《科学决策方法：从社会科学研究到政策分析》【沃恩·R.J】
《如何做综述性研究》【哈里斯·库珀】
《社会网络分析法 》【斯科特】
《实验设计原理：社会科学理论验证的一种路径》【戴维·维勒】
《网络交换论》【戴维·维勒】
《研究设计与社会测量导引》【德尔伯特·C.米勒】
《做自然主义研究：方法指南》【大卫·A.欧兰德森】

三、定量分析/量化分析

（一）量化方法和软件应用

《AMOS与研究方法》【荣泰生】
《爱上统计学》（注：本书以SPSS为示例）【尼尔·J.萨尔金德】
《管理学问卷调查研究方法》【罗胜强】
《结构方程模型：AMOS的操作与应用》【吴明隆】
《结构方程模型——Amos实务进阶》【吴明隆】
《结构方程模型——SIMPLIS的应用》【吴明隆】
《量化研究与统计分析——SPSS（PASW）数据分析范例解析》【邱皓政】
《潜变量建模与Mplus应用：基础篇》【王孟成】
《潜变量建模与Mplus应用：进阶篇》【王孟成】

《基于变量类型做好统计分析：SPSS 实例示范》【蓝石】
《图解 AMOS 在学术研究中的应用》【李茂能】
《问卷统计分析实务：SPSS 操作与应用》【吴明隆】
《应用 STATA 做统计分析》【劳伦斯・汉密尔顿】
《用 STATA 学微观计量经济学》【A. 科林・卡梅伦，普拉温・K. 特里维迪】
《应用 STATA 学习计量经济学原理》【阿迪金斯，希尔】

（二） 量化方法原理

《定量研究基础（测量篇）》【埃拉扎尔・J. 佩达泽】
《多层次模型分析导论（第 2 版）》【（美）克雷伏特】
《分类数据分析》【阿兰・阿格莱斯蒂】
《分组比较的统计分析》【（美）廖福挺】
《公共管理定量分析：方法与技术（第 2 版）》【袁政】
《广义潜变量模型：多层次、纵贯性以及结构方程模型》【安德尔・斯科荣德，索菲・拉比－赫斯科奇】
《回归分析：因变量统计模型》【鲁道夫 J. 弗洛伊德，威廉姆 J. 威尔逊】
《倾向值分析：统计方法与应用》【郭申阳，弗雷泽】
《如何解读统计图表》【彼得・M. 纳迪】
《社会统计学》【布莱洛克】
《实用数据再分析法（第 2 版）》【马克・W. 利普西】

四、定性分析 / 质性分析

《参与观察法》【丹尼・L. 乔金森】
《定性研究（第 1 卷）：方法论基础》【诺曼・K. 邓津，伊冯娜・S. 林肯】
《定性研究（第 2 卷）：策略与艺术》【诺曼・K. 邓津，伊冯娜・S. 林肯】
《定性研究（第 3 卷）：经验资料收集与分析的方法》【诺曼・K. 邓津，伊冯娜・S. 林肯】
《定性研究（第 4 卷）：解释、评估与描述》【诺曼・K. 邓津，伊冯娜・S. 林肯】
《分析社会情境：质性观察和分析方法》【约翰・洛夫兰德，莱恩・洛夫兰德】
《建构扎根理论：质性研究实践指南》【凯西・卡麦兹】
《焦点团体：应用研究实践指南》【理查德・A. 克鲁杰】
《民族志：步步深入（第 3 版）》【大卫・费特曼】
《民族志方法要义：观察、访谈与调查问卷》【斯蒂芬 L. 申苏尔 等】
《如何做质性研究》【大卫・希尔弗曼】
《田野工作的艺术》【哈里・F. 沃尔科特】
《文化研究：民族志方法与生活文化》【安・格雷】
《叙事研究：阅读、倾听与理解》【艾米娅・利布里奇】
《质的研究的设计：一种互动的取向》【约瑟夫・A. 马克斯威尔】
《质化方法在教育研究中的应用》【莎兰・B. 麦瑞尔姆】
《质性访谈方法》【赫伯特・J. 鲁宾】
《质性研究导引》【伍威・弗里克】
《质性研究的理论视角：一种反身性的方法论》【马茨・艾尔维森】
《质性研究的伦理》【梅拉尼・莫特纳】
《质性研究的基础》【M. 科宾，L. 施特劳斯】
《质性研究方法：健康及相关专业研究指南》【普拉尼・利亚姆帕特唐】
《质性研究中的访谈：教育及社会科学研究者指南》【埃文・塞德曼】
《质性研究中的资料分析——计算机辅助方法应用指南》【克里斯・汉恩】
《质性资料的分析：方法与实践（第 2 版）》【迈尔斯，休伯曼】
《进行叙事探究》【瑾・克兰迪宁】
《设计质性研究：有效研究计划的全程指导》【凯瑟琳・马歇尔，格雷琴・罗斯曼】

五、调查设计与技术

《标准化调查访问》【弗洛德・J. 福勒】
《抽样调查设计导论》【扎加 等】
《电话调查方法：抽样、筛选与监控》【保罗・J. 拉弗拉卡斯】
《调查问卷的设计与评估》【弗洛德・J. 福勒】
《调查研究方法（第 3 版）》【弗洛德・J. 福勒】
《量表编制：理论与应用》【罗伯特・F. 德维利斯】
《实用抽样方法》【加里・T. 亨利】
《问卷设计手册：市场研究、民意调查、社会与健康调查指南》【诺曼・布拉德伯恩】
《调查研究实操指导：细节与示例》【阿琳・芬克】

六、个案及研究经验分享

《客厅即工厂（质性研究个案阅读）》【（加）熊秉纯】
《社会科学研究：方法评论》【陈向明，朱晓阳，赵旭东】
《泰利的街角（质性研究个案阅读）》【艾略特・列堡】
《校长办公室的那个人（质性研究个案阅读）》【哈里・F. 沃尔科特】
《研究设计与社会测量导引》★【德尔伯特・C. 米勒】
《在中国做田野调查》【玛丽亚・海默】
《质性研究：反思与评论（第壹卷）》【陈向明 等】

《质性研究：反思与评论（第贰卷）》 【陈向明 等】
《质性研究：反思与评论（第叁卷）》 【陈向明 等】
《质性研究：实践与评论（第一卷）》 【朱志勇 等】
《质性研究：实践与评论（第二卷）》 【朱志勇 等】

七、其他方法

（一）案例研究方法

《案例研究：设计与方法》【罗伯特·K.殷】
《案例研究方法的应用》 【罗伯特·K.殷】

（二）内容分析方法

《传播学内容分析研究与应用》 【周翔】
《公共政策内容分析方法》【李钢，蓝石】

（三）话语分析方法

《话语分析导论》【詹姆斯·保罗·吉】
《话语研究：多学科导论》【图恩·迪克】

（四）评估方法

《项目评估：方法与案例》【埃米尔·波萨瓦茨，雷蒙德·凯里】
《评估：方法与技术（第7版）》 【罗希，李普希，弗里曼】
《社会评估：理论、过程与技术》 【泰勒，布莱恩，古德里奇】

（五）其他

《复杂调查设计与分析的实用方法》 【里斯托·雷同能】
《复杂性科学的方法论研究》 【黄欣荣】
《复杂性科学方法及其应用》 【黄欣荣】
《组织诊断：方法、模型和过程》【哈里森】

八、研究伦理

《心理学研究中的伦理冲突》【唐纳德·博塞夫】
《质性研究的伦理》★ 【梅拉尼·莫特纳】

九、学科方法

研究方法是通用的，本丛书的大部分都是可以各社科和人文学科共享的，但其中也有少数有较强的专业倾向，所以在此做一个补充性质的学科分类，帮助读者更方便地寻找目标读物。

（一）管理学

《管理学问卷调查研究方法》★【罗胜强】
《管理类专业学位论文研究及撰写》（MBA、MPA、MEM、MPAcc等均适用）【李怀祖 等】
《公共管理定量分析：方法与技术（第2版）》★【袁政】

（二）经济学

《用STATA学微观计量经济学》★【A.科林·卡梅伦，普拉温·K.特里维迪】
《应用STATA学习计量经济学原理》★【阿迪金斯，希尔】

（三）心理学

《如何做心理学实验》 【大卫·W.马丁】
《心理学论文写作：基于APA格式的指导》★ 【拉尔夫·罗斯诺】
《心理学研究方法导论》 【休·库利坎】
《心理学研究要义》 【詹妮弗·埃文斯】
《心理学研究中的伦理冲突》★ 【唐纳德·博塞夫】
《心理学质性资料的分析》 【莱昂斯，考利】
《学位论文全程指导：心理学及相关领域》★ 【约翰·科恩】

（四）政治学

《政治学研究方法：实践指南》 【罗杰·皮尔斯】
《范式与沙堡：比较政治学中的理论建构与研究设计》★ 【芭芭拉·格迪斯】
《概念界定：关于测量、个案和理论的讨论》★ 【加里·戈茨】
《公共政策内容分析方法》★ 【李钢，蓝石】
《社会科学研究：从思维开始》★ 【肯尼斯·赫文】

（五）传播学

《传播学内容分析研究与应用》【周翔】
《话语研究：多学科导论》【图恩·迪克】

（六）教育学

《教育研究：定量、定型和混合研究》 【伯克·约翰逊，拉里·克里斯滕森】
《教育研究方法论探索》 【孙振东】
《论教育科学：基于文化哲学的批判与建构》 【申仁洪】
《质化方法在教育研究中的应用》★ 【莎兰·B.麦瑞尔姆】
《质性研究中的访谈：教育及社会科学研究者指南》★ 【埃文·塞德曼】